中国博物馆志

中国国家文物局
中国博物馆协会　编

文物出版社

责任编辑：段书安
郭维富
装祯设计：张　瑛
责任印制：王少华
张　丽

图书在版编目（CIP）数据
中国博物馆志．湖北卷·云南卷·海南卷／中国国家文物局，
中国博物馆协会编.—北京：文物出版社，2012.12
ISBN 978-7-5010-3460-4
Ⅰ.①中…　Ⅱ.①国…　②中…　Ⅲ.①博物馆—概况—中国②博
物馆—概况—湖北省③博物馆—概况—云南省④博物馆—概
况—海南省　Ⅳ.①G269.2
中国版本图书馆CIP数据核字（2012）第103186号

中国博物馆志（第5册）·湖北卷·云南卷·海南卷
主　　编：中国国家文物局　中国博物馆协会
出版发行：文物出版社
地　　址：北京市东直门内北小街2号楼
http://www.wenwu.com
E-mail:web@wenwu.com
邮　　编：100007
经　　销：新华书店
制　　版：北京文博利奥印刷有限公司
印　　刷：文物出版社印刷厂
开　　本：889×1194毫米　1/16
印　　张：33.5
版　　次：2012年12月第1版第1次印刷
书　　号：ISBN 978-7-5010-3460-4
定　　价：精装530元

《中国博物馆志》编辑委员会

主 任 委 员：单霁翔

副主任委员：张　柏　董保华　童明康　顾玉才　宋新潮　张文彬

委　　　　员：（按姓氏笔画顺序排列）

马自树　王珍珍　王莲芬　王慧芬　王川平　王　丹
由少平　尼玛次仁　朱凤翰　刘兆和　安来顺　孙文
孙英民　苏桂芬　李文儒　李学良　李象益　吴炎亮
吴宏堂　谷同伟　辛泸江　汪顶胜　汪　俊　沈海宁
张正兴　张永康　张全国　张安琪　张建新　张春雨
张　瑛　陈文锦　陈　克　陈　良　陈远平　陈连营
陈建明　陈瑞德　陈燮君　范世民　罗　静　郑国珍
郑欣淼　赵川荣　赵永芬　段　勇　钟岭海　袁南征
夏燕月　徐延豪　殷春茂　高晓明　郭宪曾　郭得河
蒲天彪　曹国庆　阎秀芳　隋　缘　董　琦　覃　溥
舒　乙　舒小峰　翟利国

《中国博物馆志》顾问委员会

（按姓氏笔画顺序排列）

王宏钧、苏东海、沈庆林、饶宗颐、甄朔南

《中国博物馆志》编辑部

主　　编：张文彬　张　柏

荣誉主编：孙　文

副 主 编：马自树　李文儒

执行主编：范世民

编　　审：陈瑞德

艺术统筹：张　瑛

总目录

我国第一座国人创办的私营博物馆——南通博物苑（1905年建于江苏南通）

我国第一座国家设立的博物馆——国立历史博物馆（1912年，初设于北京国子监，1918年，迁入端门内午门城楼及东、西两庑）。

国立历史博物馆展厅一角

故宫

我国第一座世界闻名的大型国家博物馆——故宫博物院（1925年成立于北京紫禁城）

新中国成立后，1958年中共中央北戴河会议上决定建立的博物馆——中国革命博物馆与中国历史博物馆（1959年建成于北京天安门广场东侧，2003年，两馆合并，扩建为中国国家博物馆）。

我国第一次申请在上海举办国际博物馆协会第22届代表大会获得成功。2008年12月，国际博物馆协会主席库敏斯一行为上海大会前来考察，并出席“携手2010：宁波国际博物馆高峰论坛”。图为4日晚，国家文物局局长单霁翔在宁波会见国际博物馆协会主席一行。自左至右：国际博协总干事朱利安·安弗伦斯，国际博协副主席理查德·韦斯特，国际博协主席阿历桑德拉·库敏斯，中国博物馆学会副秘书长安来顺，国家文物局局长单霁翔，国际博协中国国家委员会主席、中国博物馆学会理事长张文彬，国家文物局副局长张柏。

总序

国际博物馆协会中国国家委员会主席
中国博物馆协会理事长

张柏

博物馆是社会主义文化事业的重要组成部分，是文化基础设施建设的重要方面，是公共文化服务体系建设的重要内容，是保障人民群众基本文化权益的重要阵地。加快博物馆事业发展，充分发挥博物馆的社会功能，对于大力弘扬优秀传统文化，推动社会主义文化大发展大繁荣，满足人民群众日益增长的精神文化需求，展示宣传中华民族的辉煌历史和伟大创造，增强民族自豪感和激发爱国热情，提高全民族思想道德素质和科学文化素质具有重要意义。

中国的博物馆事业起步于20世纪初，1905年，张謇先生以一己之力创办了南通博物苑，中国博物馆开始了自己从无到有的发展历程。1925年故宫博物院的建立使中国拥有了一座闻名世界的博物馆。1935年马衡、傅斯年、袁同礼、翁文灏、朱启钤、叶恭绰、李济等老一辈中国博物馆工作者共同发起成立了中国博物馆界的第一个行业组织——中国博物馆协会。1949年以来，中国博物馆事业得到全面振兴，发展速度不断加快。在新中国成立的60多年里，博物馆作为建设社会主义先进文化的重要力量，日益得到党和政府的高度重视。博物馆的公共文化服务特征日益彰显，社会关注度空前提高。建设了一大批在社会上产生积极影响的新馆、大馆，博物馆的藏品保护、利用和管理不断加强，博物馆加速融入社会，革命文物保护和革命纪念馆工作稳步推进。时至今日，全国博物馆以完善的体系、丰富的藏品、新颖的陈列展览、多种形式的社会教育活动、活跃的学术气氛、丰硕的研究成果、日益提高的科学管理和现代化水平而为人称道，享誉中外。

当前，我国博物馆事业正处于历史上最好的发展时期。推进中国博物馆事业又好又快发展，是全社会对博物馆界的殷切期盼，更是中国博物馆协会的崇高使命和工作目标。推进中国博物馆事业又好又快发展，必须首先了解中国博物馆行业的发展历程，摸清中国博物馆行业的家底情况，掌握有关中国博物馆行业的各方面知识。因此，编制一部全面反映和记录博物馆事业发展进程，总结全国各类博物馆的工作情况，主题鲜明、内涵丰富、资料翔实的博物馆专业志书，对于促进中国博物馆事业科学发展具有重要意义。

1995年，中国博物馆学会曾主持编制过一部《中国博物馆志》，共收录了20世纪90年代以前成立的全国各类博物馆1100余座，忠实地记录了当时我国博物馆事业的发展状况。但是，伴随着新世纪以来我国公共文化建设的高速发展，博物馆事业已经发生了巨大的变化，博物馆数量快速增长，质量和水平持续提升，门类日益丰富，功能不断完善，原有的《中国博物馆志》已经难以适应各界读者了解中国博物馆事业的基本需求。经国家文物局批准，中国博物馆学会从2006年起开始了新版《中国博物馆志》编纂修订工作。由于新版《中国博物馆志》涵盖的内容广泛，时间跨度大，涉及学科门类多，其编纂工作的难度可想而知。为此在编纂工作中，我们充分发挥了博物馆行业所特有的协作精神、团队精神和奉献精神。国家文物局高度重视新版《中国博物馆志》编纂工作，有关领导同志多次出席有关编纂工作的各种会议、活动，为编纂工作提供指导、把握方向；社会各界大力支持新版《中国博物馆志》编纂工作，香港SML集团主席孙文先生专门为新版《中国博物馆志》的编辑、出版资助了工作经费；各省、自治区、直辖市文物行政部门、博物馆行业组织以及各有关文、博单位的专家、学者也积极参与新版《中国博物馆志》编纂工作，许多省份专门成立了由文物行政部门主要负责同志挂帅的编纂工作协调小组，专门负责本地区《中国博物馆志》的组稿、编纂工作，各有关文、博单位也大都能够按照上级主管部门的要求，指定专人，按时、保质、保量完成本单位条目的编写工作。就这样，在国家文物局的正确指导下，在社会各界的关心支持下，在全国各地文、博工作者的密切配合下，经历了历时四年的艰苦编纂，新版《中国博物馆志》终于得以杀青。

值此《中国博物馆志》（2010年版）即将付梓之际，我谨代表中国博物馆协会理事会向参与新版《中国博物馆志》编纂工作广大文、博工作者致以崇高的敬意！向以孙文先生为代表的为新版《中国博物馆志》编纂工作提供帮助的社会各界人士表示深深的感谢！向以范世民先生为代表的新版《中国博物馆志》编辑工作团队表示亲切的慰问！

2010年，注定是中国博物馆事业发展史上的重要一年。这一年，博物馆、纪念馆免费开放工作取得了重要的成果，全国文化、文物系统归口管理的除遗址类博物馆以外的博物馆、纪念馆全部实现了免费开放；这一年，中国博物馆学会更名为中国博物馆协会，为中国博物馆的行业组织建设和行业管理工作打开了一个全新的境界；这一年，以“博物馆致力于社会和谐”为主题的国际博物馆协会第22届大会将在中国的上海召开，发展中的中国博物馆事业将第一次成为全世界博物馆同行关注的焦点。我们有理由相信，在2010年出版的新版《中国博物馆志》也必将以其丰富的内容、翔实的史料、新颖的视角在中国博物馆事业发展史上占据独特的地位！

2010年9月20日

2006版《中国博物馆志》启动仪式暨孙文先生受聘仪式在故宫博物院重华宫、漱芳斋举行
（左起李文儒、王红谊、马自树、张柏、孙文、张文彬、郑欣淼、舒乙、朱鹤亭、李富胜）

贺辞

SML集团公司主席
中国博物馆协会荣誉副理事长

孙文

2006年10月12日，我应国际博物馆协会中国国家委员会主席、中国博物馆学会理事长张文彬先生的邀请，参加了在北京故宫博物院重华宫、漱芳斋隆重举行的2006版《中国博物馆志》启动仪式。转眼间四年过去了，我虽身在香港，但心里一直都关心着志书的编撰情况，当我得知中国博物馆志的浙江卷、广东卷、香港卷、澳门卷将首批出版面世时，心里充满了喜悦并表示热烈的祝贺！

1905年，清末状元张謇在千年濠河之滨修建南通博物苑，这是中国人创办的第一座博物馆，其宗旨：集人文科学与自然科学于一体，“设为庠序学校以教，多识鸟兽草木之名”，揭开了中国博物馆事业百年发展的序幕。

中国博物馆在频繁的战乱中，筚路蓝缕，艰难发展。上个世纪初，全国只有屈指可数的几座博物馆，如1912年民国政府在北京国子监创办的历史博物馆（中国历史博物馆的前身）、1925年在紫禁城成立的故宫博物院、1933年民国政府在南京创办的国立中央博物院。1949年到1980年，博物馆的数量从几十座发展到几百座。近年来，若干现代化大馆的建设，专门类、行业类博物馆的建设，地区性的小馆建设如雨后春笋，方兴未艾。文物、地质、自然、冶金、纺织、农业、海洋、科技、美术、戏剧、电影、生态等两千多座不同体系、不同类型的博物馆蓬勃发展，其衍进嬗变的速度和轨道，折射出社会的发展、科学的进步和人民求知欲望不断增长的盛况。随着国内和国外博物馆职业人员学术交流平台的逐渐扩大，各种高水平展览的互动，开阔了中国博物馆人的眼界。中国博物馆事业和工作服务的内涵、外延出现了令人可喜的局面。特别是近十年来，平均每年约有百余座博物馆落成，而且服务模式也在不断地改进和提高，博物馆已悄然成为全民教育重要的社会课堂。看到博物馆事业欣欣向荣，争奇斗艳的繁荣景象，令人感到由衷的喜悦和自豪。

国家的强大，综合实力的提升，经济、文化及各项事业的腾飞，是促进博物馆事业发展的动力，我们有幸迎来了中国博物馆事业蓬勃发展的好时期。盛世修志、以志存史、以志资治、以志教化，这是中国自古以来的优秀传统。因此，国家文物局委托中国博物馆学会编撰修订《中国博物馆志》工作，就显得更加具有历史意义和现实意义。

我是一名企业家，由于对祖国珍贵文物的爱好与范世民先生相识并成为多年的挚友。2006年年初，我们在香港相聚时，谈及国家文物局将委托中国博物馆学会编撰修订《中国博物馆志》的事情，引起我极大的兴趣也萌发了

张文彬与孙文先生亲切交谈（左起张文彬、孙文）

作者在中国博物馆志编辑委员会办公室

我为编撰修订《中国博物馆志》做一点贡献的想法。随后，在中国博物馆学会及各有关方面的努力和帮助下，实现了我的这个愿望。2006年4月下旬，我荣幸地收到了国际博物馆协会中国国家委员会主席张文彬先生写给我的信，告知我被聘任为中国博物馆学会荣誉副理事长。

荣誉是和责任相连的。我虽然没有具体地参与《中国博物馆志》的组织和编撰工作，但此项工作的每一个环节都时时牵动着我的心，只要有机会，我就会和张文彬先生、张柏先生以及范世民先生提及编志的情况。有时我到北京出差，也要挤出时间到学会《中国博物馆志》编辑部去看看大家的工作。赵新先生、陈瑞德先生、张瑛女士、隋缘先生，他们都是我的朋友。看到他们对编志工作的执着、认真，我相信他们不论遇到多少困难，都不会退缩。我的这帧照片，就是张瑛女士在编辑部办公室为我拍摄的，我很喜欢。雄伟的山脉让人产生联想，给人以力量和坚强。

“博物馆是一个为社会及其发展服务的、非盈利的永久性机构，并向大众开放。它为研究、教育、欣赏之目的征集、保护、研究、传播并展出人类环境的物证。”《中国博物馆志》的出版，将为促进博物馆学的研究，推动博物馆的管理和发展做出贡献，从这点出发，参加编志工作的博物馆人，他们正在完成一项为社会服务的公益事业，他们和他们的工作应当得到社会的尊重和支持。

张柏先生担任第五届中国博物馆学会理事长后，我曾邀请他参加我在深圳举行的一次春茗，向他表达了我对学会工作的关心，我希望有更多的企业家支持博物馆学会的工作。支持博物馆事业。并借《中国博物馆志》这个平台，表达我的这一愿望。

祝《中国博物馆志》全集早日出齐

2010年 8 月 8 日

纪实

一、《中国博物馆志》修订缘起

1、2006年初，中国博物馆学会第四届理事长会议，研究了申办2010年国际博物馆协会第22届代表大会的工作，同时也讨论了配合申办还可以做哪些工作。在会上就提到修订《中国博物馆志》的问题。我国第一部全国性的《中国博物馆志》是在1995年出版的，主要总结了上个世纪90年代前我国博物馆的实际。十多年来，我国社会经济取得了巨大的发展，相应的，博物馆事业也取得了新的飞跃。不仅在数量上翻了一番，从上世纪90年代初1100多座博物馆发展到2200多座，而且突破了过去相对单一化的趋向，向多元化、多样化发展。进入新世纪后，一批大型的现代化的博物馆突兀而起，引领风骚。经过讨论，大家认为：通过修订《中国博物馆志》来记录这一历史发展的进程，阶段性的总结博物馆事业的发展，拓展博物馆学的深入研究，是必要的，适时的，应该把这一工作列入议程。

2、博物馆志的启动、筹备、修订工作，需要一笔经费。改革开放以来，一些有识的企业家热心赞助公益事业的事迹，已多见报道而不乏事例，在博物馆事业上也非无先例。大家就议论到，是否可以争取一些热心的企业家赞助。副理事长范世民介绍了孙文先生其人其事。孙文先生祖籍广东东莞，现居住香港，是商标织绣跨国集团公司的主席，著名的企业家。其公司在中国、美、英、法、德、墨西哥、秘鲁、印度、印度尼西亚、越南等37个国家和地区都有分公司，总部在香港，最大的分公司在其家乡东莞长安。他热爱祖国，关注文化事业，不吝金玉、慷慨资助文化事业的发展。国家文物局中国文物信息咨询中心赴加拿大中国古代玉器展，在经费出现困难时，就是孙文先生出资，通过加拿大驻我国使馆赞助的，从而圆满完成了在加拿大五大城市历时两年的巡展。展览受到了我驻加使馆的好评和加主流社会的普遍赞誉。不仅如此，他还资助香港童军、香港中文大学著名学者饶宗颐教授的学术馆，是该馆的主席。范世民向理事会提出可否进行接触。会议决定由范世民担任执行主编，组建编辑委员会及着手编书经费的筹措工作。

3、会后，范世民受命赴深圳拜访孙文先生。当孙文先生得知中国博物馆学会要进行中国博物馆志的修订工作时，认为这是一件很有意义的文化建设工作，表示愿为此尽一分力量，当即决定赞助100万元人民币作为编志的启动经费。

4月15日，范世民向学会理事长会议汇报了深圳之行的结果。理事长会议决定，聘请出资赞助修订工作的SML集团主席孙文先生为荣誉副理事长和2006版《中国博物馆志》荣誉主编、聘请国学大师饶宗颐先生担任顾问，并择定时间，举行受聘仪式。

张文彬理事长将理事长会议的决定专函孙文先生：“尊敬的SML集团主席孙文先生：您好！2006年4月15日（星期六），在北京红楼召开的中国博物馆学会理事长会议上，范世民副理事长介绍了贵集团的蓬勃业绩以及您对祖国文物事业的真诚关爱与慷慨资助的感人事迹，并且举荐您担任本学会荣誉副理事长，饶宗颐教授为本学会顾问。理事会通过了范先生的提案。

您是中国博物馆学会被聘任的第一位荣誉副理事长，从而开创了中国博物馆界文化平台与著名企业平台的对接，彼此促进，共谋发展的时期。毫无疑问，这是贵、我双方都值得永远铭记的事情。在此，我代表国际博物馆协会中国国家委员会、中国博物馆学会向SML集团，向主席您表示衷心的祝贺！

每年的5月18日，是国际博物馆协会规定的世界博物馆日，在2006年的这一天中国博物馆学会将启动《中国

奥地利维也纳国际博协大会会场 中国代表团接过国际博协会旗
前排左起郭得河、李象益、张柏、孙文、张文彬，后排左起安来顺、王红谊，举旗者隋缘，以及前来祝贺的国内外友人

博物馆志》的修订和编写筹备工程，得知您将出资慷慨赞助，中国博物馆界的广大同仁无不称颂。我代表本协会向孙文先生表示诚挚的谢意。”

二、 修订《中国博物志》筹备工作的开始

1、2006年5月28日至31日，国际博物馆协会第六十八届顾问委员会，在法国巴黎联合国教科文组织总部，为确定2010年国际博物馆协会第22届代表大会的申办城市召开着重要会议。会议投票的结果，中国上海获得了举办权。

载誉而归的第四届中国博物馆学会张文彬理事长，在首都机场受到了国家文物局张柏副局长的迎接。由此，2010年国际博物馆协会第22届代表大会（以下简称国际博协上海大会）在上海召开的筹备工作，正式拉开了序幕。

随即，学会也将修订《中国博物馆志》的筹备工作提上日程。

2、学会将2006年初确定的修订博物馆志工作，上报国家文物局，请示立项。

国家文物局于2006年6月7日复函（办函[2006]234号）中国博物馆学会：“你会《关于修订〈中国博物馆志〉工作的请示》收悉，经研究，意见如下：一、同意你会修订《中国博物馆志》。二、同意补助四十万元，分两次拨付，其中2006年度20万元，2007年20万元，请专款专用，确保绩效。三、请将具体工作方案报我局备案。”

3、《中国博物馆志》的修订工作，既是一项推动我国博物馆事业发展的继往开来的工程，也是一项复杂、庞大的组织和编纂、审定工作。如何做好工作方案，至关重要。编辑部根据张文彬理事长邀请专家论证的意见，于2006年8月9日邀请了资深博物馆专家和在一线工作的中青年文博领导、骨干来到学会，听取他们对编志工作的意见。苏东海先生通过对上个世纪八十年代以来，现代化大馆建设；专门类、行业类博物馆建设；地区性的小馆建设等三个方面的发展情况，强调了修志工作特别要注意的三个方面：历史沿革；藏品；新情况、新问题，可谓开门见山、言简意赅。甄朔南先生强调，要发动全国各个系统的博物馆界同仁共同编好新志；一定要做好“凡例”的讨论；注意2004年在韩国通过的对博物馆定义的修订；建议将博物馆学研究成果列入科研成果。王宏钧先生曾承担过1995年版《中国博物馆志》的常务副主编，他结合当时工作中的体会提出，“凡例”对于编纂一部书十分重要，建议可以1995年版《中国博物馆志》的凡例为参考，根据十多年来我国博物馆事业的蓬勃发展，加以保留和提高。原北京艺术博物馆馆长杨玲以关于修订再版《中国博物馆志》的几点思考为题，从“准确定位”、“增项扩容”、“中外兼顾”、“科学分类”、“准确表述”等五个方面，论述了她的思考，并请他的同事孔祥利先生和中国民族大学的潘寿永先生，分别提出了两种不同写法的修志方案供编辑部参考。中国文物报社副总编辑曹兵武先生从“以志存史 以志资治”的视角，从不同时期、不同行业、不同层面论述了编志工作的意义。他强调说，再详尽的记录总有过时的时候。但是如果在修志过程中对其历史记录性质予以足够的注意和重视，结果可就不同了。这样的中国博物馆志不仅在现在是很好的参考数据和工具书，在今后仍然会是一部很好的博物馆史书——博物馆志本身就应该是博物馆史的一种，是博物馆史的横断面。专家们的崇论闳议，言之凿凿，为编志方案的拟订开创了一个好局。

4、编辑部梳理了专家们的意见，拟出了“《中国博物馆志》修订编撰预案”等文件，由中国博物馆学会呈国家文局备案后，国家文物局办公室于2006年9月19日向全国各省、直辖市、自治区文物局（文化厅、文管会）发出关于请支持修订《中国博物馆志》的函（办发[2006]6号）：全文如下：“为全面反映和记录博物馆事业快速发展的进程，总结全国各类博物馆的工作情况，推动博物馆间的学术交流，促进博物馆学研究的深入和拓展，经我局研究，委托中国博物馆学会对1995年版的《中国博物馆志》进行修订，现将有关事项函告如下：一、工作方式本次修订工作采取分省编写，学会编辑部汇总的方式进行。请你省（直辖市、自治区）文物局（文化厅、文管会）确定一名负责人，组织本行政区的博物馆志的编写工作，并将人员名单于9月28日前报至《中国博物馆志》编辑委员会。二、中国博物馆学会将于10月10日至13日在北京召开各地文物局编志负责人及部分博物馆馆长会议，研究编写过程中的相关问题（具体安排将另文通知）。三、联系单位及方式：《中国博物馆志》编辑委员会地址：北京市朝阳区西坝河南路6号芳馨园西座1106室（注：后改为东座1508室）邮编：100028电话：010-84497466传真：010-84497466 电子信箱：icom.china@yahoo.com.cn联系人：范世民中国博物馆学会副理事长、《中国博物馆志》执行主编。”

由于中央会议的原因，研讨会未能如期召开。但2006版《中国博物馆志》启动及SML集团孙文先生的受聘仪式的地点和时间已经确定下来。我们仍按计划进行。

5、2006年10月12日中国博物馆学会和故宫博物院联合在重华宫、漱芳斋召开了2006年版《中国博物馆志》的启动仪式暨孙文先生受聘仪式。中华人民共和国文化部副部长、故宫博物院院长郑欣淼、国家文物局副局长张柏、全国政协委员、国际博物馆协会中国国家委员会主席张文彬出席了会议，并发表了热情洋溢的讲话。出资赞助编志的孙文先生发表了《修书编志为保护人类的共同文化遗产作贡献》讲话。出席大会的贵宾还有中国文物基金会理事长、中国博物馆学会常务副理事长马自树，国家文物局博物馆司司长宋新潮，全国政协委员、原中国文学馆馆长、中国博物馆学会副理事长舒乙，全国政协委员、原中国革命博物馆馆长夏燕月，中国国家博物馆副馆长董琦，中国人民革命军事博物馆副馆长李富胜，中国农业博物馆党委书记王红谊，中国钱币博物馆馆长黄锡全，新文化纪念馆馆长郭俊英，文物印刷厂党委书记刘殿林，恭王府博物馆馆长谷长江，鲁迅博物馆副馆长赵国顺，中华民族苑副馆长及中国博物馆学会秘书长袁南征，副秘书长隋缘；香港、深圳、广州、上海的贵宾有：朱鹤亭、何志侃、孙贺宜、孙景贤、孙满全、吴顺良、孙荣、邓伟雄、李绮年、夏朝霞、程也等。新闻媒体出席了会议，中央电视台在当晚的晚间新闻中报导了这一消息。

1.2006版《中国博物馆志》启动仪式暨孙文先生受聘仪式在故宫博物院重华宫、漱芳斋举行
2.出席启动仪式的贵宾
3.部分代表在漱芳斋前合影（前排：左起范世民、舒乙、张柏、郑欣淼、孙文、张文彬、朱鹤亭、王红谊、李绮年；后排：左起安来顺、孙荣、夏燕月、邓伟雄、李富胜、李文儒、马自树、宋新潮、谷长江、赵国顺、程也）

11月28日至11月30日全国编志工作代表研讨会在北京国谊宾馆成功召开。国家文物局副局长张柏、国家文物局博物馆司副司长李耀申、国际博物馆协会中国国家委员会主席张文彬、中国博物馆学会常务副理事长马自树、中国博物馆学会副理事长范世民、中国博物馆学会秘书长袁南征、副秘书长隋缘和全国31个省、市、自治区文物局、省博物馆学会、省博物馆的负责人和专家共55人出席了会议。国家文物局副局长张柏代表国家文物局对本次会议的召开表示热烈的祝贺。他希望大家紧紧抓住时代脉搏，全面、深刻地总结我国博物馆发展的现状和趋势，充分吸取第一版《中国博物馆志》编纂的经验教训，力争2006版博物馆志在全面性、科学性、系统性、规范性和丰富性等方面上一个新台阶。国际博物馆协会中国国家委员会主席张文彬回顾了中国博物馆事业发展的历史。他希望大家在各省、市、自治区文物局、文化局（厅）的领导下，圆满地完成编撰修订《中国博物馆志》的工作，向2010年世界博物馆大会在中国上海的召开献上一份厚礼。王宏钧、苏东海、甄朔南三位资深专家对修志工作也发表了颇具指导意义的讲话。与会代表们对领导和专家的讲话进行了认真热烈的讨论，对修志工作的顺利进行提出了许多好的建议和中肯的意见。11月30日上午代表们自由发言，最后由中国博物馆学会常务副理事长马自树做会议总结，大会圆满结束。

会后，赵新同志归纳出代表们提出的各种意见15条，其中比较普遍共性的意见有三条：一、建议由国家文物局以文物局的名义下发一个文件，作为编写博物馆志和年鉴的行政性法规，下发各省、市、自治区文化厅、文物局。文件中对成立编志的领导班子、保质、保量、按时完成任务等问题提出要求。强调各省、市、自治区文化厅、文物局成立编志委员会分会或领导小组，由文物部门的负责人担任领导。这样不但本系统容易布置工作，而且外系统也好打交道。二、建议国家文物局拨给一定的编写博物馆志的启动经费，每省2至3万元，这样钱虽然不多，但是说明国家文物局对这项工作的重视，各省再根据国家文物局函发文，可以比较容易从地方争取更多的经费，有利于开展工作。三、关于交稿时间。建议将2007年底交稿延长至2008年上半年。我们将整理后的意见正式上报国家文物局。

1.国谊宾馆2006版《中国博物馆志》《中国博物馆年鉴》编纂研讨会
主席台左起袁南征、李耀申、张柏、张文彬、马自树、范世民
2.分组讨论会

三、修订《中国博物志》工作正式启动

1、国家文物局向全国发文

四个月后，国家文物局于2007年4月12日，以文物博函（[2007]381号“关于请支援修订《中国博物馆志》和编撰《2006中国博物馆年鉴》函”发往各省、自治区、直辖市文物局、文管会（文化厅、局），再次强调：一、组建《中国博物馆志》编辑委员会 请各省、自治区、直辖市文物行政部门明确一名负责人担任《中国博物馆志》编辑委员会委员、分卷主编，负责编写组织协调工作；一名联系人为编辑组成员，负责具体组织本行政区的组稿工作，以及与《中国博物馆志》编辑委员会的联系工作。上述人员名单请于2007年4月30日前报送《中国博物馆志》编辑委员会。二、组稿（一）《中国博物馆志》的稿件，请各省、自治区、直辖市按照“《中国博物馆志》（第二版）编辑构架及撰写提纲”（见附件1）的要求组织撰写，并以省、自治区、直辖市为单位于2008年5月31日前送至《中国博物馆志》编辑委员会，同时须提供光盘（电子文件）。…至此，2006年版《中国博物馆志》修订工作正式开始。编辑部特邀原中国历史博物馆研究馆员陈瑞德先生加盟担任编审。

香港特别行政区和澳门特别行政区的博物馆，由于没有一个统一的主管机构，所以我们除了先向香港康乐及文化事务署和澳门民政署管理委员发函，邀请他们参加编撰《中国博物馆志》的香港卷、澳门卷，随后，编辑部又分别向港、澳分属其它系统的博物馆发函邀请，共襄盛举，得到他们的积极响应热情撰稿。

2、2008年的撰稿进展情况

2008年4月28日吉林来稿，2008年5月23西藏来稿。吉林、西藏是两个按照国家文物局要求，于2008年5月31日前交稿的省、自治区，令人鼓舞。2008年7月8日天津来稿；2008年7月15日北京来稿；2008年7月16日湖北来稿；2008年7月25日河北来稿；2008年8月18日浙江来稿…到2008年底，已有北京、天津、河北、内蒙、吉林、黑龙江、江苏、浙江、江西、湖北、广西、重庆、云南、西藏、陕西、甘肃、宁夏、澳门等18个省、市、自治区、特区已交稿;辽宁、香港、广东3个省、市、特区也已完稿待发。

3、编印样本

从来稿的情况，我们发现：1、各地撰稿的进度很不平衡，有不少地方进度很慢；2、已交来的稿件写法体例也不一致，详略各异，没有按照文件要求撰稿。鉴于这一情况，张文彬主编提出：可以先选编出一个样本提供给大家，听听反映，征求下各省同事的意见，同时也等于告知尚未完稿的省市，中国博物馆学会是在按国家文物局的要求认真编书，敬请各地抓紧撰写。出样书，要花不少钱，但是其对规范全书的体例，提高全书的质量，加快编撰出版的进度有益。经过研究，编辑部从已收到的稿件中选定浙江省的稿子，全力投入样本的编印，经统一体例、调整、加工、润色之后，又得国际友谊博物馆领导的支持，编辑部聘请张瑛研究员加盟编辑部为艺术统筹，最终由文物印刷厂印制完成。

浙江卷全彩样书，印制一千册，外观颜色为中国红，除文字、图片为未定稿外，其用纸、装祯、排版、印制完全按正式出版要求制作。于2009年11月中上旬通过邮局寄往全国33个省、市、自治区和特别行政区。

各地收到样书后，普遍的反映是认可，评价是肯定的，认为：构架合理，内容全面、简洁，纸张、色彩、印制、装帧，都很讲究，是一套内容、艺术上乘的，客观、真实反映中国博物馆事业发展的好书。不少地方如广东

《中国博物馆志》样书

省，收到样书之后，为了保证《中国博物馆志》全书体例的统一，内容大修大改，图片也进行了全面的调整，文图并茂，增色不少。浙江省也不止步于样书的水平，对印出的书样，认真核对，更替图片，补充未录入的博物馆，做了许多细致的工作。上海的书稿，审定、核校，几上几下，工作十分严谨。山东、云南的书稿，在地方汇总时，体例五花八门，编辑的任务很繁重，为了减少学会编辑部的困难，他们在紧迫的时间里完成了二稿。湖北、新疆、陕西、江苏、重庆、四川、天津、甘肃、青海、黑龙江等地也在积极调整、补充，如湖北来信说：今年年初以来，根据编委会对我省稿件的回馈意见，我局迅速组织专业人员，历时数月，在严格按照“撰写提纲”的要求对各单位稿件审阅校对的基础上，又有针对性地组织各单位稿件中存在的缺项进行了补充完善，并集中进行了进一步的编辑审核校对，为切实保证《中国博物馆志（湖北卷）》的编写出版质量，真实反映各博物馆的实力和特色，圆满完成稿件征集任务奠定了良好的基础。未完稿的省、市、自治区，表示要抓紧时间安排完稿。这一切说明，编印样本是取得了预期效果。

这次，本《志》的体例采取按项目表述的形式，首先是从方便读者检索、查阅考虑。《中国博物馆志》是一部具有科学性、数据性、实用性的大型工具书，不同的读者需要从中获取的信息是不同的。按项检阅要比通读全文便捷得多。其次，项目的设立，应能反映博物馆这一事物的特性，即：收藏、保护、研究、展示、传播物质文化遗产和非物质文化遗产的、非营利性的、服务社会的文化、教育常设机构。其中藏品、陈列、观众（即对公众开放）三要素更不可或缺。博物馆的分类，当前好像还没有法定的标准，本《志》还是采取传统地分为自然科学类、社会科学类和综合类而稍作变动。综合类是包含有自然科学和社会科学内容，一般相当于上世纪50年代的地志博物馆，既有自然之部，也有历史之部、艺术之部。一些县级的博物馆，内容遍涉本地各个方面而无固定专题，故归之于“地方综合性博物馆”。自然科学类和社会科学类，则将科技和艺术析出，分作科技类和艺术类，各類下分设若干专题。另外，本《志》只是总结当前博物馆实际的纪录，并非学术专著，对一些有争议的问题，如对个别传世文物的真伪问题，本《志》非鉴定专著，故不能作“以此为证”。

四、2010《中国博物馆志》出版

1、2010年初，已有24个地方编辑部完成修改稿送到编辑部，尚有9个地区正在按我们的要求，对稿件进行充实修改中。编辑部分析了当前撰稿的进展形势，认为出版工作应该提上日程来考虑了。修订后的《中国博物馆志》是按行政区域分卷，共设33卷（台湾暂缺）。卷数多，分量重。篇幅多，一次出全，困难很多。再加上各地撰稿进度不平衡，很容易会因个别而拖延整体。同时，由于各地区的博物馆发展也不平衡，有的地区多，有的地区相对就少，所以，一卷一册，也不实际。经研究，编辑部决定，视博物馆数量的多少，分别采取一卷一册或多卷一册的方式，分期分册出版。计划分册如下：

第一册　《中国博物馆志》北京卷
第二册　《中国博物馆志》天津卷 河北卷
第三册　《中国博物馆志》山西卷 内蒙古卷
第四册　《中国博物馆志》辽宁卷 吉林卷 黑龙江卷
第五册　《中国博物馆志》上海卷
第六册　《中国博物馆志》江苏卷
第七册　《中国博物馆志》浙江卷
第八册　《中国博物馆志》河南卷 安徽卷 福建卷
第九册　《中国博物馆志》山东卷 江西卷
第十册　《中国博物馆志》湖北卷
第十一册　《中国博物馆志》湖南卷 广西卷 海南卷
第十二册　《中国博物馆志》广东卷 香港卷 澳门卷
第十三册　《中国博物馆志》重庆卷 四川卷
第十四册　《中国博物馆志》云南卷 贵州卷 西藏卷
第十五册　《中国博物馆志》陕西卷
第十六册　《中国博物馆志》甘肃卷 青海卷 宁夏卷 新疆卷

2、经过编辑部对各地撰稿进展的分析和对来稿的审阅，初步认定，浙江、广东、香港、澳门四卷，出版条件较成熟，可以先出两册，即浙江卷一册，广东、香港、澳门三卷合为一册。随即，编辑部对文稿作排版前的通读，同时执行主编范世民为出版事宜与有关各方进行接触、沟通、磋商。4月18日张柏理事长、范世民等应邀赴深圳参加SML集团春茗，孙文先生得知博物馆志即将出版时，又主动赞助50万元人民币。同时，范世民也和广东、浙江反复磋商出版事宜，并动员买书，取得他们的全力支持。

3、《中国博物馆志》的修订，从开始策划，到今初见成果，已经过去了将近四年。风雨四年，感触良多，我们有过兴奋，有过焦躁，也有过无奈！但是，有国家文物局的关怀、指导，有全国各地文博领导部门的鼎力支持，有热心我国文化事业的企业家孙文先生的无私赞助，更有我们全国的同行们的辛勤劳动、热情撰稿，16册33卷的2010版《中国博物馆志》终于开始分期出版了，实现了作为向国际博物馆协会上海大会献礼的初衷。所以，我们有理由相信，全《志》面世，亦当指日可待。

《中国博物馆志》编辑部　2010·8·18

凡例

一 所收条目

1 正式向社会开放的、全国各省、自治区、直辖市、特别行政区、各个管理系统以及民营的、各种类型的博物馆。

2 具有博物馆功能的各种类型的纪念馆、科学馆、民族宫、艺术馆、文物保护单位。

3 历史上存在现已消失和尚未向社会开放的博物馆未收入。

二 条目主要内容

1 馆名全称（附英文译名）；

2 概述（类型、隶属关系、建馆时间、所在位置、面积、布局、建筑特点、历史沿革、历任馆长）；

3 业务活动（基本陈列、专题陈列、临时展览、藏品管理、宣传教育、科学研究、合作交流、其他）；

4 经营管理（单位性质、经费来源、机构设置、人员编制、服务观众项目、观众接待）；

5 参观指南（地址、邮编、电话、电传、电邮、网址、开放时间、票价）。

三　条目编排

1　按国家公布的行政区划（省、自治区、直辖市、特别行政区）分卷。全志分33卷（台湾卷暂缺），即：北京卷、天津卷、河北卷、山西卷、内蒙古卷、辽宁卷、吉林卷、黑龙江卷、上海卷、江苏卷、浙江卷、安徽卷、福建卷、江西卷、山东卷、河南卷、湖北卷、湖南卷、广东卷、广西卷、海南卷、重庆卷、四川卷、贵州卷、云南卷、西藏卷、陕西卷、甘肃卷、青海卷、宁夏卷、新疆卷、香港卷、澳门卷。

2　条目按馆名首字笔划由少至多顺序排列；笔划相同的按起笔笔形一（横）丨（竖）丿（撇）丶（点）乛（勾）的顺序排列；第一字相同时，按第二字；余此类推。

四　插图

本志在条目正文中配有各省、自治区、直辖市、特别行政区、各管理系统以及民营各种类型的博物馆的彩色插图。

五　其他

1　本志字体一律用《简化字总表》所列简化字。

2　本志所用数字，除习惯用汉字表示以外，一般用阿拉伯数字。

3　湖北卷收入条目125条，插图780幅。

云南卷收入条目52条，插图443幅。

海南卷收入条目7条，插图45幅。

中国博物馆志

湖北卷

《中国博物馆志》湖北卷

编辑委员会

序

湖北省文化厅副厅长
湖北省文物局局长

进入20世纪下半叶以来，人类逐渐步入后工业时代，出现了经济全球化、政治多极化的世界格局，和平与发展成为了新的时代主题。在这样的历史大背景下，不同国家、不同地区、不同民族之间政治、经济、文化的联系越来越密切，竞争也越来越激烈。随着后工业时代出现的种种社会矛盾和问题在世界范围内的蔓延和日益严重，人们对工业社会生产力飞速发展环境下的人与自然、人与社会之间的关系有了更多的理性思考，尊重自然，保护环境，以人为本，关注人的终身发展，提倡人的社会责任感等新的科学发展的理念不断出现。国家、社会的发展不再只以单一的经济指标的增长来衡量和体现，国家之间的竞争也由军事、经济上逐渐转变到文化上，世界进入了以文化软实力定成败的历史阶段。国际国内社会发展的大环境及其深刻变化，为我国的文化事业发展带来了巨大的冲击和良好的机遇。当然，也包括对我们的博物馆事业。

博物馆是人类文明历史发展最好最直接的见证和载体，是人们追忆过去、审视现在、预想未来的精神家园，也是人们终生学习的科学艺术殿堂。自清末张謇创办的南通博物苑在中国诞生百余年来，中国的博物馆在与生俱来地具有国际博物馆公共属性的同时，通过积极开展收藏、展示、研究、教育等业务活动，由小到大，积木成林，逐步发展为具有更多丰富内涵与更广历史使命的公益性文化服务机构，成为了社会主义文化事业的重要组成部分，为社会主义核心价值体系的建设、保障人民群众基本文化权益发挥了独特的重要作用。中国博物馆在国际博物馆界也占据了重要的一席之地。

湖北地处华中腹地，是楚文化的发祥池，自然资源丰富，历史文化璀璨，是全国知名的文化、文物大省之一。建国后特别是改革开放以来，在国家文物局和湖北省委、省政府的高度重视下，在各级地方党委政府的大力支持下，全省博物馆事业从无到有，得到了蓬勃发展，公共文化服务体系建设成效显著，步入了历史上最好的发展机遇期。截至2011年11月底，全省拥有各级各类博物馆、纪念馆145所，其中文物系统管理的博物馆为115所，数量居全国前列，以省直博物馆为龙头，以主要地市级博物馆为骨干，以特色县市级博物馆和行业民办博物馆为补充的“布局合理、大小兼顾、特色鲜明、内容丰富”的博物馆体系初步建成。

——博物馆建设高歌猛进。继2007年投资2.3亿元的湖北省博物馆二期工程建设完工后，编钟馆改造工程启动实施，总投资近10亿元的三期扩建工程目前完成国际招标并顺利开工，项目建成后博物馆总建筑面积将达到10万平方米，是建国以来湖北省投资最多、规模最大的单体文化建设项目。辛亥革命武昌起义纪念馆利用辛亥革命100周年的契机，完成了武昌起义军政府旧址主楼的维修，并全面实施了议员公所的维修复建。创新机制、大胆探索，实施了湖北明代藩王博物馆建设工程，目前已全面建成并对外免费开放。总投资3.34亿元、总建筑面积2.2万平方米的辛亥革命博物馆建成并对外开放。武汉市中山舰博物馆建成并对外开放。荆州博物馆2万平方米新综合陈列楼完成了概念设计的国际招标，启动了方案设计。向国务院和中央有关部委积极申报在南水北调中线工程核心水源区——十堰市建设中国南水北调博物馆，得到了中央有关领导的重视和支持。黄石工业遗址博物馆、荆州熊家冢遗址博物馆、建始人遗址博物馆等遗址类博物馆的建设强力推进。十堰、随州、黄石、襄阳、咸宁、鄂州、黄冈等一大批中等城市和宜城、钟祥、丹江口等重点县市相继建设博物馆新馆，全省掀起了博物馆建设的新的高潮。除文化文物系统以外，高校、科技、企业等其他行业及民办博物馆发展势头良好，办馆主体日趋多元化。仅武汉地区，即拥有行业和民办博物馆30余所。

——免费开放取得重大突破。2007年11月，湖北省博物馆率先在中部地区免费开放。2008年，我省被国家列为首批博物馆免费开放的7个试点省份之一。2008至2010年，中央补助全省79家免费开放博物馆专项资金2.3亿元。2009至2011年，年均观众量达800余万人次，比免费开放前增长120%。2011年，全省实施免费开放的博物馆达到87所，年度中央补助免费开放总经费达1.05亿元。全年共举办基本陈列超过500个，临时和专题展览100余个。免费开放加快了博物馆融入社会的步伐，使博物馆的文化辐射力和社会关注度得到空前提高，公共文化服务能力得到显著加强。

——管理水平明显提升。积极推进博物馆体制机制创新，推动博物馆纳入国民教育体系。经全国博物馆评估定级，湖北省博物馆、武汉博物馆、荆州博物馆等3所被评为国家一级博物馆，另有21所被分别评为国家二、三级博物馆。2009年，湖北省博物馆被确定为全国首批中央地方共建的8所博物馆之一。文物调查数据库管理系统建设试点项目顺利完成，实现三级以上馆藏珍贵文物“摸清家底、动态管理”的预期目标，确认全省一级文物2514件（套），位居全国前列。博物馆文物库房管理进一步规范，设施条件明显改善，武汉博物馆库房环境达标试点项目通过国家文物局验收。

——社会效益显著增强。积极贯彻落实“三贴近”要求，创新展示方式，陈列展览内容、科技含量和艺术感染力显著提升。注重提高新建博物馆的展陈水平和服务能力，扎实推进文物资源丰富特色县级博物馆展览改造提升工程。全省博物馆每年举办展览近400个，取得了良好的社会效益。在全国十大陈列展览精品评选中，湖北省博物馆《曾侯乙墓》荣获十大陈列精品奖“最佳服务奖”和“最佳新技术、新材料应用奖”，武当博物馆《道教文化展》荣获“最佳制作奖”。博物馆进社区、进校园等特色活动持续开展，彰显了博物馆文化影响力。

——文物对外交流亮点纷呈。湖北省博物馆等参加国家组织的《千古英雄——大三国特展》、《秦汉——罗马文明》、《天子——中国帝王艺术展》、《中国国宝展》、《走向帝国》、《明代艺术展》等大型对外文物展览，向世界人民介绍了博大精深的荆楚文化，彰显了荆楚文化的独特魅力。境外来鄂文物展览日趋增多，《意大利乌菲齐博物馆珍藏展》影响最为广泛，该展是自建国以来湖北引进的规模最大、规格最高的一次外展。与港澳台地区文化遗产交流形式多样、亮点频出，台湾湖北文化周、《剑舞楚天——楚文物特展》等对台文物展览引起良好反响。台湾《南张北溥——张大千、溥心畬书画展》、香港《岭南三高画艺展》等进一步拉近了鄂港台之间的距离。中俄国家年、冰岛中国文化周、韩国湖北文化周、挪威湖北文化周等重大外事活动中，博物馆文物展览作为“外交使者”、“城市名片”，密切配合全省外事工作，成为了荆楚文化的承载者、传播者。

成绩属于过去，荣誉鞭策未来。尽管几十年来湖北的博物馆事业取得了令人瞩目的成绩，但是相对于人民群众日益增长的精神文化需求，相对于湖北高速发展的社会经济，全省博物馆在展陈面积、服务质量、学术研究、人才队伍建设等方面仍亟待加强，博物馆的社会影响力和服务社会经济的能力也有待提高。博物馆发端于社会，又服务于社会，这是博物馆存在的社会价值和社会意义。“天将降大任于斯人也”，我们有理由相信，中国博物馆从它诞生的那一天起就深深地烙刻在自己身上的历史重任和社会责任，必将伴随其成长发展的历程得到永久地承担、延续。不可否认，构建博物馆事业的科学发展是一个复杂而艰巨的系统工程，需要政府、社会、博物馆等各方面的共同努力。作为“千秋著述之大业”的《中国博物馆志》的编修，同样是工程浩繁，需经年累月之功。可喜的是，在国家文物局的高度重视与大力支持下，中国博物馆协会对全国各省《中国博物馆志》的编修出版进行了高效的组织与实施，全国博物馆界亦付出了大量人力物力，充分体现了中国博物馆界对社会、对事业高度负责的专业态度和敬业精神。社会发展，时代前进，盛世修志，意义非凡。改革开放30年来湖北博物馆事业的巨变、最辉煌的篇章，尽现于这一本沉甸甸的《中国博物馆志》（湖北卷）中。

“潮平两岸阔，风正一帆悬”。党的十七届六中全会吹响了建设社会主义文化强国的进军号，为奋力构筑中部崛起重要战略支点的湖北，送来了强大的政治动力和精神动力。我们相信，在党的十七届六中全会精神的鼓舞下，以《中国博物馆志》（湖北卷）的编辑出版为契机，湖北的博物馆工作者必将不断解放思想，以改革创新为动力，以满足人民群众需要为出发点和落脚点，奋力推进湖北文化强省建设，为新时期我国文化遗产保护事业做出新的更大的贡献！

二〇一一年十二月二十二日

目录

二画

三画

四画

五画

六画

七画

八画

九画

十画

十一画

十二画

十三画

十四画

十五画

十七画

十堰市博物馆

Shiyan Museum

概述

类型 地方综合性博物馆

隶属关系 隶属于十堰文化体育（新闻出版）局

创建时间 1978年10月

所在位置 位于十堰市茅箭区，南水北调中线调水源头区，武当山山麓

1.十堰市博物馆鸟瞰 2.十堰市博物馆外观

面积 占地面积23333平方米、建筑面积11540平方米

布局 2007年7月十堰市博物馆新馆落成并对外开放。该建筑共三层，按功能分为陈列展览区、综合服务区两大部分。一层为综合服务区，设办公区、文物库房区、接待区，分别有独立入口。二、三层为陈列展览区，观众通过广场大台阶由入口上至二层平台后进入展厅，展厅左侧为服务台，右侧为展厅长廊，二者与建筑主体相互环绕合成一个梭形室外庭院。

建筑特点 外观设计以人的抽象眼睛作为构图。从空中俯瞰十堰博物馆犹如穿透十堰历史的“眼睛”，融入了十堰市特有的武当道教文化和汽车文化元素，既象征着武当太极八卦“阴阳鱼”，又是东风汽车商标形状。建筑外墙以石为主，使用石材体现博物馆特有的厚重与深沉；人行通道与休息区配以新颖的大面积点式玻璃幕墙，石材幕墙与玻璃幕墙之间建筑弧线相互咬合交叉，虚实的强烈对比，象征着武当山道教文化中的太极图案；北侧最大的陈列室弧形略微倾斜的墙屋面，发散状的纹理体现了中国传统建筑的外形元素。

历史沿革 1978年10月，根据郧地革[1978]25号文“关于成立郧阳地区博物馆的批复”，成立郧阳地区博物馆。1989年，根据十堰市编委[1989]59号文批复，与十堰市群众艺术馆合署办公，十堰市文物管理处成立。1993年7月21日，郧阳地区文物管理委员会成立。1995年4月13日，郧阳地区博物馆与十堰市文物管理处合并，更名为十堰市博物馆，迁入十堰市柳林路60号综合楼办公。

2005年6月27日，市博物馆新馆建设开工。2006年4月，十堰市编委批准，十堰市博物馆提升为副县级事业单位。2007年1月16日，十堰市博物馆迁址北京北路91号新馆。同年7月1日，十堰市博物馆新馆全面建成，加挂“湖北南水北调博物馆”牌子，并对外开放。

历任馆长 胡昌福（1978. 10）；胡文魁（1995. 4）；胡勤（2003. 12）。

业务活动

基本陈列 该馆陈列展览区别于编年史馆的博物馆，采用主题展览的形式，提炼本地历史文化特色，开设《走进恐龙时代》、《远古人类家园》、《仙山琼阁武当山》、《十堰与水》和《车与十堰》五个基本展览。展览精选代表十堰历史文化魅力的文物和艺术精品，采用高科技、多互动、大场景的现代陈列方式，给观众营造身临其境的体验式参观氛围。

《走入恐龙时代》 鄂西北曾是恐龙的栖息地。十堰拥有国内外罕见的单棘龙、巴克龙骨骼化石和郧县青龙山恐龙蛋化石群。该展览以十堰出土的恐龙、恐龙蛋为依托，向观众传播关于恐龙世界的科学知识，如恐龙生存环境、恐龙

恐龙厅

巴克龙化石

古人类厅

的繁衍、恐龙的种类、恐龙的习性和恐龙的灭亡之谜。

该展览面积650平方米。展厅采用舞台背景式和光电造型式以及仿真背景式衬托，营造一片开阔的亚热带丛林景观，数十具形态各异的恐龙，或立或卧，或跑或跃。里面的多媒体设计扬弃了触摸屏一体机的单一陈列方式，让观众可以躺着看、站着听、坐着玩。“恐龙如何生小宝宝”、“和霸王龙赛跑”、“恐龙拼图”，这些更加多元活泼的展示活动，给观众愉快的学习体验，体现博物馆的社会教育及休闲娱乐功能。

《远古人类家园》　该展厅以十堰出土的古人类化石、伴生动物化石及石制品为依托，向观众普及人类起源、进化和文明发展的知识；诠释十堰是远古人类繁衍活动的重要舞台；阐述十堰古人类化石在人类进化史上突出的地位和价值。

该展览面积680平方米。展出古人类化石32件，古生物化石45件石器、陶器、玉器等100余件。在展厅中央展柜内，陈列着两枚十堰出土的国宝级化石——郧县人头骨1号、2号。观众可以全方位、多侧面看清头骨，突出展现以“郧县人”为代表的考古发现在中国和世界人类进化史上的地位和价值。

《仙山琼阁武当山》　该展厅从宏观的视野，采用文字、建筑构件、图片、沙盘以及微缩的模型向观众介绍武当山的历史沿革、建筑文化、道教文化，用独特的视角展示世界文化遗产——武当山古建筑群的文化内涵和文化特性，使人们看到独特的武当山的文化魅力。

该展览面积780平方米。展出明代铜质造像7尊，明代石质造像1尊，道教乐器7件套，古建筑构件20件。展厅里着重展示最具代表性的治世玄岳牌坊、龟驮碑、一柱十二梁、龙头头香、金殿等。为了体现龟驮碑的厚重、高大，采用在宝塔形吊顶内镶反光镜的方法，借以折射出龟驮碑那种高耸入云的效果。金殿采用铜雕模型与紫荆城做成的台基结合，让人近距离欣赏金殿的杰出工艺。

《十堰与水》　该展厅主要宣传人类认识水、利用水并与水和谐相处的自然生态观和科学发展观；十堰市建国以来水利和水电开发的历史进程及其取得的辉煌建设成就；从世纪工程——南水北调中线工程入手，表现水源区十堰在中国水资源配置过程中的地位、作用和战略贡献，在工程建设、移民搬迁、文物及生态保护等方面所做出的奉献和牺牲，突出展现中线工程的决策过程和在世界调水史上的地位。

该展厅展览面积680平方米。展示春秋时代青铜器5件，民俗文物5件，还展示了十堰水利建设的洪灾图片、丹江口大坝微缩墙、领导关怀照片、移民浮雕、马灯、铁锹、扁担、篼箕、土篚、垫肩、独轮车、战旗、决心书、战报等实物。在“清水北送”为主题的展区，一幅巨型南水北调中线水源工程调水电子地图铺设在地面，成为该展厅的最大亮点。当观众沿着中线工程的输送线路走时，每到达一个城市，相应的电子显示屏会播放该城市风光，有助观众更好了解南水北调的重大意义。

《车与十堰》　该展厅提炼东风和十堰40年成长和发展史的区域文化精华，通过企业发展、社会进步、城市壮大、汽车文化等城市亮点，展示了十堰人和东风人艰苦创业的历史记忆，铺展十堰和东风汽车成长壮大的轨迹，彰显十堰与东风公司共生、共兴、共荣，具有深厚的血肉亲情；以及十堰人民和东风人艰苦奋斗、勇于奉献、开拓进取的伟大精神。

该展览面积800平方米。展示第二汽车制造厂第一代25Y军车1辆，汽车模型45件，汽车配件20余件，珍贵文件30余份。采用声光电等高科技、多互动、大场景展示手段，再现从20世纪60年代，在“备战备荒为人民”和“三

《车与十堰》展厅

线建设要抓紧”的指示下，第二汽车制造厂落户十堰，创造了“水上行车”、“陆地走船”的奇迹和用背篓、竹筐、扁担运输百吨机械的神话，打造了一座东方汽车城的光辉历程。而十堰这个偏僻而古老的山镇，也因车而建，因车而兴，发展成为一座现代化的汽车城。

专题陈列 《南水北调湖北库区出土文物展》 南水北调工程是继三峡工程后，我国又一项跨地区、跨流域的特大水利工程。十堰是南水北调中线工程核心水源区，随着丹江口水库大坝加高蓄水，库区内众多珍贵古文化遗址、古墓葬、古建筑将被大水淹没。2005－2009年以来，湖北省文物局在国家文物局、国务院南水北调办和省委、省政府的领导下，组织全国几十家专业科研单位和大专院校的考古工作者，深入十堰淹没区开展抢救性文物保护工作，在考古发掘中出土大量珍贵文物，取得了一系列重要发现。该展览面积710平方米。精选库区出土珍贵文物221件，分“石器时代——文明的起步”、“夏商周——文明的形成”、“秦汉以降——文明的发展”三个部分，充分汇报和展示该省在南水北调文物保护工作中取得的阶段性成果。

藏品管理

［藏品来源］ 主要通过征集、考古发掘、上缴（交）、捐赠、收购等途径取得。现有的文物藏品中，绝大多数为考古发掘的出土文物，以石器、陶器为主。

［藏品类别］ 古生物化石、造像、陶瓷器、玉器、青铜器、骨器、银器、书画、钱币等。馆内暂存南水北调湖北库区考古发掘出土旧石器时代手斧、夏商周陶器、春秋第一玉剑以及青铜礼器等3000余件珍贵文物。

［藏品统计］ 截止2009年底，十堰市博物馆现有馆藏文物33061件套，其中一级文物16件，二级文物31件，三级文物71件，共计118件。

［重要藏品］ 恐龙蛋化石；郧县人头盖骨化石；旧石器时代手斧；明高上玉皇本行集经；春秋蟠螭纹铜簠；春秋铜匜；春秋铜鼎；明鎏金铜真武像；明铜灵官像；明铜周公站像；明铜桃花站像；春秋玉柄铁剑；汉代陶锅。

［藏品保护］ 该馆建有专门的文物库房和配备相应的保护设施，严格按照《藏品管理办法》的各项规定进行管理。凡是具有历史、艺术或科学价值的一、二、三级藏品，经省级文物鉴定委员会专家组的严格鉴定，均建立文物藏品档案和电子文本；藏品的保管工作做到制度健全、账目清楚、鉴定确切、编目详明；并对一些破损藏品器物进行修复保存；库房内配备必要的温、湿度计、恒温计以及安全防火器材。按照《博物馆风险等级和安全防护级别》规定要求，馆内设立安全保卫科，坚持24小时值

郧县人头盖骨化石

旧石器时代 手斧

春秋 蟠螭纹铜簠

班制，完善《消防安全部24小时工作流程》和《保安值班24小时工作流程及规范》。安装了火灾自动报警、消防联动控制系统、防盗报警和闭路监视系统，制定《免费开放管理办法》、《观众参观须知》、《消防安全部工作流程及规范》和《协警保安工作流程及规范》，完善防火、防盗、防震以及防雪灾、冰雹等突发事件的应急预案，落实消防安全管理制度、交接班制度、来访人员登记制度等；日常工作中加强检查和演练工作。定期对消防安全设施安全隐患进行排查，发现问题及时整改到位。

考古发掘　考古发掘工作起始于80年代初考古工作者发现古墓，至2010年止，在市域内农田改造、基本建设、水利、交通等设施建设工程中，通过抢救发掘、民间征集等各种形式，经过20多年的考古发掘，出土了数千件文物标本（其中包括一些文物珍品），为研究十堰地区的古文化面貌和经济社会发展提供了不可或缺的实物依据。

科学研究

［科研队伍］　副研究馆员3人，馆员7人，初级助理馆员18人。

［科研成果］　近几年来，十堰市博物馆积极开展文博专业理论研究。编撰出版《鄂西北考古与研究》、十堰市博物馆陈列展览丛书《走入恐龙时代》、《远古人类家园》、《仙山琼阁武当山》、《十堰与水》和《你是我眼睛里的海——十堰市博物馆征文集》；先后在《人类学学报》、《华夏考古》、《江汉考古》和《中国文物报》等重点专业报刊杂志上发表《湖北旧石器文化初步研究》、《湖北丹江口水库旧石器调查简报》等论文40余篇。

宣传教育　积极开展爱国主义教育，主动与学校联系，把“请进来”和“展览讲解送出去”相结合。在做好讲解接待的同时，在“五·四”、“六·一”、“七·一”、国庆等纪念日，与学校联系，组织学生参观，并举行新团员入团和预备党员入党宣誓仪式，使学生逐步树立正确的世界观、人生观、价值观；在5.18国际博物馆日，举行“我与博物馆”参观、征文活动，免费接待全市17所中小学校两万多学生参观；共收到征文1506篇，并把征文编辑出版成集送给城区各中小学生；推出走进农村校园的主题宣传活动，送博物馆展厅展览和讲解到偏远地区校园；同时，编辑出版陈列布展丛书和博物馆相关知识宣传册5万余份，免费赠送未成年人阅读。开展志愿者服务活动。公开招募志愿者，并对志愿者进行博物馆相关业务知识、礼仪规范、讲解员职业道德等专业培训，选拔出一批优秀大学生志愿者在双休日、长假、暑假为观众服务。发挥馆内文博专家资源优势，开展文物基础知识讲座活动5次，受到了社会各界广泛好评。

交流合作　十堰博物馆与国内各级博物馆一直保持着良好的互动关系，相互交流临时展览，提供业务信息和资料，进行文物鉴定、修复、复制，派遣工作人员参观学习等。2007年以来，先后与襄樊、荆州、荆门和黄石博物馆以及陕西安康、四川达州、内蒙古包头博物馆等20余家博物馆进行互动访问交流，共同探讨博物馆建设与管理、汉水文化、武当文化等相关的学术课题，举办临时展览等。

经营管理

［单位性质］　社会公益性质的国营文化事业单位

［经费来源］　财政全额拨款

［机构设置］　实行馆长负责制。内设办公室（群工部）、陈列部（保管部）、考古部、消防保卫部4个职能部室。

［人员编制、组成］　核定人员编制35人，自筹编制8人，现有职工30人。大专以上文化程度30人，高级职称3人，中级职称7人，初级职称18人。

［服务观众项目］　开设咖啡厅、茶座、纪念品商店等休闲文化服务项目；配备语音导览器，提供针线盒、医务急救箱、残疾人轮椅车、婴儿车、雨具和休息椅等免费服务。向观众提供免费宣传资料，为入馆观众提供免费寄存服务，开通残疾人无障碍通道等。

［观众接待］　年参观人数15万人次

参观指南

［地址］　十堰市北京北路91号

［邮编］　442000

［电话］　0719-8489398、0719-8489300

［电子邮箱］　shiyanbowuguan@qq.com

［网址］　www.10ybwg.com.cn

［开放时间］　8:30—16:30

［票价］　免费

（撰文：胡勤、石义花）

七里坪革命纪念馆

Qiliping Revolutionary Museum

概述

类型　社会科学类历史遗址专题纪念馆

隶属关系　隶属于红安县文物事业管理局

创建时间　1982年

面积　256平方米

布局　建筑分为前后2进，前幢为业务办公场所，后幢

1.七里坪革命史陈列馆　2.红四方面军指挥部旧址　3.七里坪街道　4.红四方面军诞生地纪念碑

为纪念馆陈列展厅，原为列宁小学旧地

建筑特点　始建于清末，坐西朝东，砖木结构，硬山顶，屋面小布瓦铺盖；鼓皮隔扇墙，典型徽派建筑，展厅面积156平方米，其余为办公等用房。

历史沿革　1930年春，红安县苏维埃政府在七里坪创办了第一所初级小学——列宁小学。1932年夏，迁往河南省光山县郭家河。

1982年，七里坪革命旧地群以列宁小学旧地为依托，举办七里坪革命史陈列；1986年，红安县文物事业管理局成立，同时成立七里坪文管所；1988年1月13日国务院将七里坪革命旧地群公布为第三批全国文物保护单位；1989年6月14日经县委、县政府批准正式成立七里坪管理所；2003年至今主要负责七里坪革命旧址群的陈列展览和保护管理工作；2005年11月，该馆以“红安县七里坪革命纪念馆”之名，被中共中央宣传部公布为第三批“全国爱国主义教育示范基地”。

历任馆长　肖万斌（1986－1989）；潘雨林（1989.6－2003）；周宏桥（2003至今）。

业务活动

基本陈列　红安七里坪革命纪念馆的基本陈列，1982年面向大众开放，展出文物80余件，陈列面积150平方米，陈列内容分六个部分介绍：一、党的初期活动，农民的发展；二、黄麻起义的策源地；三、鄂豫皖苏区初创时期的中心区域；四、中国工农红军第四方面军诞生地；五、保卫革命老区，坚持艰苦卓绝的游击战争；六、建立抗日武装，开辟敌后根据地，支援大军南下，迎接全国解放。陈列采用大量的珍贵实物和旧地照片等。陈列以版面和展柜实物为形式，配置了照明灯光，配有讲解员。

专题陈列　一、七里坪工会旧址复原陈列图片实物展；二、中西药房旧址，郑位三同志生平展览；三、鄂豫皖苏维埃银行旧址复原陈列，图片实物展览；四、中国工农红军第四方面军总指挥部复原陈列实物展览；五、七里坪革命法庭旧址，复原陈列，图片、实物展览；六、鄂豫皖特区苏维埃政府旧址、复原陈列，图片展览。

藏品管理

［藏品来源］　主要通过征集、上缴（交）、捐赠、收购等途径取得。

［藏品类别］　文物藏品以革命文物为主，包括革命文献、金、银、铜、铁及钱币6大类型。

［藏品统计］　截至2008年底，藏品累计1563件，

1.中西药局旧址　2.总指挥部复原陈列　3.徐向前卧室复原

其中国家一级1件，国家二级5件，国家三级16件，未定级1541件。

［藏品保护］　该馆建有专门的相应保护设施，按照《博物馆安全保卫规定》和三级风险等级安全防护规定要求，选配专职保卫干部，重点要实部位安装技术安防设备和综合报警监控系统设施，落实完善了各项安全保卫制度，配备专职保卫人员坚持24小时执勤。

科学研究

［科研队伍］　馆员3人，初级助理馆员2人。

［科研设施］　因经济条件制约，科研设施落后，办公条件简陋。自2008年后，随着经济的快速发展，开展纪念馆业务工作的必要设施得到更新充实，办公条件不断改善，现已配备电脑3台，数码相机2台（套）及其它工作器材等。目前红安县七里坪革命纪念馆正在进行陈列提升筹展的各项准备工作。

经营管理

［单位性质］　社会公益性国营文化事业单位

［经费来源］　主要是上级免票收入

［机构设置］　设有七里坪文物管理所和七里坪革命纪念馆，两块牌子一套班子合署办公。

［人员编制、组成］　1975年为3人，1984年为4人，1986年为5人，1989年为6人，2003年至今为8人。全馆现有专业技术人员6人，其中文博专业技术人员5人。

［观众接待］　年观众人数约10－12万人次

参观指南

［地址］　红安县七里坪列宁小学

［邮编］　428400

［电话］　0713-5510534

［开放时间］　8:30－16:30

［票价］　免费

（撰文：七里坪革命纪念馆）

八七会议会址纪念馆

Baqi Conference Site Memorial Museum

概述

类型　社会科学类革命遗址专题纪念馆

隶属关系　隶属于武汉市文化局

开放时间　1978年8月7日

所在位置　武汉市江岸区

面积　占地面积438.62平方米、建筑面积1600平方米

建筑特点　整栋楼房为1920年英国人修建的三层俄式公寓（时称“怡和洋房”），会址位于鄱阳街139号（原三教街41号）二楼，纪念馆依托旧址而建，坐西朝东，砖混结构，当年一楼是印度人开设的百货商店，二楼是共产国际代表罗明纳兹的住宅。

历史沿革　“八七会议”会址经过反复调查研究，并经会议参加者亲临实地指点最后确定为鄱阳街139号二楼。

八七会址会址纪念馆外景

早在1959年调查会址时，就有建馆意向，1972年，当会址初步确定后，武汉市文物部门向中共湖北省委、武汉市委提出复原会址、筹建纪念馆的报告，得到批准。1976年基本按陆定一的回忆开始复原工作。1977年10月，中共武汉市委决定在会址复原基础上筹建纪念馆。建馆时根据会址的建筑情况，一楼辟为介绍“八七会议”历史的辅助陈列室，二楼为复原的会场，三楼为工作人员办公用房。筹建工作于1978年8月7日前完成。在“八七会议”召开五十一周年之际（1978年8月7日）举行了隆重的开馆典礼，湖北省委第一书记陈丕显剪彩，省市及省军区的领导人参加了开馆仪式。

1997年，国家文物局、武汉市政府拨款250万用于纪念馆的扩馆和维修。同年12月31日，市文物办与中国黑色金属公司中南分公司签订协议，将其所属鄱阳街八七会议会址毗邻的135号、137号房屋产权转让给八七会议会址纪念馆。至此，纪念馆扩大馆舍两倍多，展出场地由原来的一个厅，增加到两个厅，另外还辟有举办报告会活动的场所，为进一步利用八七会议会址，加强爱国主义和革命传统教育，创造更大的社会效益提供了良好的条件。

2001年，八七会议会址纪念馆被中宣部命名为“全国百家爱国主义教育示范基地”。2004年，纪念馆被国家发改委列入《全国红色旅游经典景区名录》，成为国家重点建设项目。2005年，八七会议会址纪念馆编制《红色旅游经典景区建设方案》（简称“建设方案”）和《可行性研究报告》，经国家、省、市发改委组织专家多次考察论证之后，2007年5月，国家发改委批复《建设方案》，总投资为2258万元。根据这一方案，八七会议会址纪念馆在2009年启动扩馆维修工程，环境整治和陈列展览更新建设也将随之同步进行。按照国家发改委批复的建设方案，八七会议会址纪念馆的面积将扩大一倍，达到3036平方米，其中2/3的面积即2024平方米作为陈列展厅。

“八七会议”会址纪念馆建馆三十年来，陈列水平和知名度不断提高，这是各级领导、社会各界以及文博工作者辛勤耕耘，努力工作的结果。随着形势的发展纪念馆今后将不断的开拓和探索新的工作思路，充分利用会址这一爱国主义教育资源，让其在丰富广大人民群众的精神文化生活方面多作贡献，在社会主义精神文明建设中发挥重大的作用。

历任馆长 郝刚以（1985.3－1988.5）；余楚雄（1988.6－1989.2）；鄂学玉（1989.3－1990.3）；童明兰（1990.4－1995.10）；赵晓琳（1995.11－2009.12）；许汉琴（2010.1至今）。

业务活动

基本陈列 馆内基本陈列展厅约500平方米，举办有《八七会议历史陈列》展览，分为“风云突变”、“重大转折”、“星火燎原”三个部分，展出的300多件文物、照片和珍贵历史资料，再现了八七会议的历史，讴歌共产党不畏艰险、力挽狂澜、挽救中国革命于危难之中的光辉历史。其中八七会议记录及其决议案、会议代表瞿秋白等

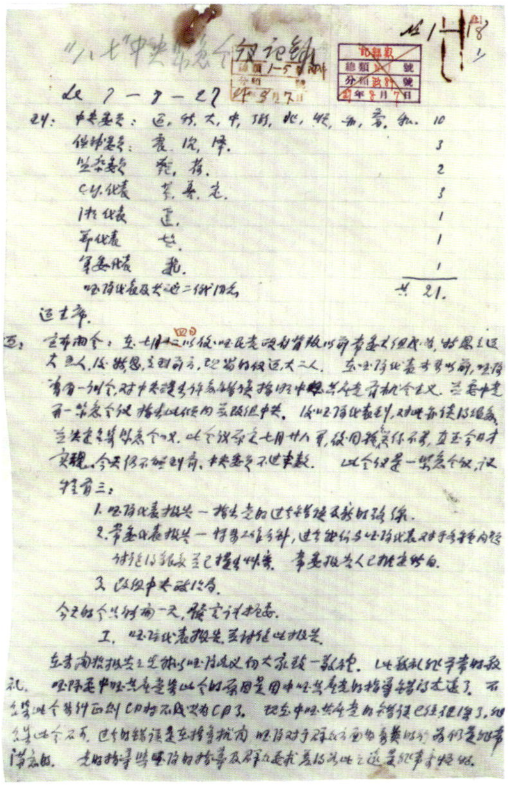

八七会议记录首页

1.八七会议会场复原 2.《毛泽东在湖北》展厅 3.毛泽东在蛇山与卖臭豆腐的老人亲切交谈

人用过的物品、李维汉的亲笔信函以及邓小平回忆八七会议的录音等，均是纪念馆的特色藏品。纪念馆还设有触摸视频，向观众介绍会址详情和代表生平等内容，是纪念馆内容的延伸和扩展。二楼的原状陈列，复原了八七会议会场，通过简单朴实的陈设，展示当年开会的实况。

专题陈列 馆内还辟有300平方米的专题陈列展厅，经常举办反映党史和祖国建设成就等方面的展览，先后举办《世纪伟人邓小平》、《毛泽东与湖北》大型图片展，介绍一代伟人生前从事的革命实践和社会活动，缅怀老一辈无产阶级革命家的丰功伟绩。特别是《毛泽东与湖北》展览，在毛泽东逝世110周年之际，各界人士纷纷到馆参观，短短一个月，观众近2万人次。

藏品管理

［藏品征集］ 纪念馆自建馆以来，坚持征集有关历史资料，主要征集土地革命时期或同期党史资料、文物及八七会议代表有关资料。

1996年以来，纪念馆加大征集力度，通过社会征集、个人捐助和馆际交换等多种方式征集到证章、布标、书籍等资料200余件。2004年以后，馆内有关人员先后到上海、北京、珠海等地，征集到会议代表郑超麟、任弼时、苏兆征等人用过的帽子、小提琴、箱子等珍贵文物20余件。1980年，邓小平、李维汉等党和国家领导人亲临视察，为八七纪念馆留下了珍贵的墨宝，邓小平为纪念馆题写的馆标已作为国家一级文物珍藏。纪念馆在2006年至2009年还先后征集到相关文物300余件。

［藏品统计］ 纪念馆现有文字资料590件、照片资料2000张、图书1136册、文物藏品560件。文物藏品以纸质藏品为主，其中一级藏品1件，二级藏品2件，三级藏品4件。

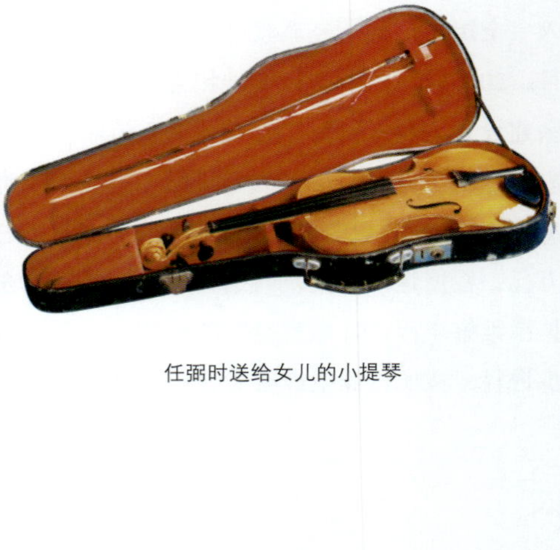

任弼时送给女儿的小提琴

［藏品保护］ 纪念馆设有文物库房，目前由于馆内房屋属于砖木结构，一、二级珍贵文物暂不能在此存放，由市博物馆代为保管。馆内现有文物藏品存放于专用文物藏品柜中，柜内放置干燥剂、樟脑丸等防潮防蛀设施；藏品放置合理有序，设置空调、干湿温度计等温控设备；库房还设有监控录监控探头和灭火器，确保文物安全100%。

科学研究 在编研工作方面"八七会议"会址纪念馆也取得了一定成果。1978年开馆以后，先后在国家、省、市刊物上发表《大革命时期武汉大事记》、《八七会议代表生平简历》、《再论八七会议的历史作用与意义》等有关文章100余篇，扩大了宣传，深化了研究。

为了进一步宣传党的光辉历史和老一辈无产阶级革命家的功绩，客观地评价八七会议的功绩，深化对八七会议的研究，1998年，纪念馆编辑出版了《丰碑——纪念八七会议七十周年文集》，这是八七会议七十周一年学术交流会的重大成果，也是建立纪念馆二十年来公开出版的第一本文集，在党史界引起了广泛关注。同年，还完成了国家文物局、中宣传编撰的《中国革命胜迹画册》、《武汉市爱国主义教育基地概览》、第二批《百个爱国主义教育示范基地丛书》、《中华圣地》等书籍的有关编写任务，刊登了介绍纪念馆内容近万字的文章。此外，纪念馆还多次应邀参加了八七会议代表张太雷、瞿秋白诞辰一百周年的纪念活动、全国毛泽东纪念馆联谊会等学术纪念活动，并提供论文参加交流。

经营管理

［单位性质］ 国营事业单位

［经费来源］ 财政补助

［机构设置］ "八七"会议会址纪念馆下设行政办公室和宣教业务部，分别负责行政和业务工作，并配设了专职保卫干事，负责纪念馆的安全保卫工作。

［人员编制、组成］ 1997年12月，"八七"会议会址纪念馆确定为副处级事业单位，目前编制10人，实际工作人员9人。初级职称以上专业人员8人，其中副高职称1名，中级职称人员3名。

［服务观众项目］ 纪念馆常年举办有基本陈列展览和专题陈列展览，结合形势举办专题巡展、演讲和报告会，为广大人民群众提供开展入队、入党宣誓等各类爱国主义教育活动的场所。近几年，纪念馆还根据广大观众的要求，三次修改、编印简介和门票。新的简介扩大了版面，设计更加新颖，内容更加充实，具有一定的收藏价值。

［观众接待］ 年均观众接待量5万人次

参观指南

［地址］ 湖北省武汉市汉口鄱阳街139号

［邮编］ 430017

［电话］ 027-82335088（传真）

［电子邮箱］ bq139@sina.com

［网址］ www.192787.cn

［开放时间］ 9:00－17:00（每周一闭馆）

［票价］ 免费

（撰文：王玲）

八路军武汉办事处旧址纪念馆

Site-Memorial of Wuhan Office of the 8th Route Army

概述

类型 社会科学类历史遗址专题博物馆

隶属关系 隶属于武汉市文化局

开放时间 1979年3月5日

所在位置 武汉市江岸区长春街与大连路交汇处的西北角

面积 占地面积1776.96平方米、建筑面积2624平方米

建筑特点 一幢ヨ式砖混结构建筑，坐西朝东，四面建楼，中设庭院。主楼（南面）四层，两侧三层，北面为二层，院内有一楼梯直达四楼，院内建有花坛和喷水池。

历史沿革 为了纪念和缅怀周恩来、董必武等老一辈无产阶级革命家的丰功伟绩，1977年湖北省委、省人民政府，武汉市委、市人民政府做出筹办复原"八路军武汉办事处旧址"和"周恩来同志抗战初期在武汉"陈列馆的决定。这个决定得到了广大人民群众的热烈拥护，中央和曾在八路军武汉办事处工作过的许多老同志给予了有力的支持和热情的关怀。

八路军武汉办事处旧址纪念馆全景

1978年初，筹建工作正式启动，市委宣传部、市城建委、市计委等单位组成复原八路军武汉办事处旧址筹备小组，筹备小组下设基建组、文物征集调查组。文物征集调查组由武汉市革命文物管理办公室抽调人员组成专班，具体负责文物调查征集、陈列设计等具体工作。工作人员经过反复访问调查论证，确定了八路军武汉办事处旧址准确位置（原房于1944年被炸毁）及旧址结构、形状特点等。随后将原有房屋进行拆除，依照当年旧址形状重建。担任复原任务的工人、干部、技术人员怀着对周恩来等老一辈无产阶级革命家无比崇敬的心情，精心设计、精心施工、忘我劳动，在不到一年的时间里就优质高速地完成了复建工程，保证了按时开馆。

1.1937－1938年时的八路军武汉办事处　2.周恩来，邓颖超的办公室兼卧室

1979年3月5日举行了隆重的开馆仪式。湖北省委书记许道琦主持开馆仪式，市委书记李任之讲话，原八路军武汉办事处老同志代表曹瑛也在会上发言，湖北省委第一书记陈丕显为开馆仪式剪彩。湖北省委、省政府、武汉市委、市政府、武汉部队，工、农、青、妇、部队代表以及各界人士，当年在“八路军武汉办事处”和武汉工作过的老同志郭述申、何连芝、童小鹏、夏之栩、廖其康、曹瑛、姜诚、袁超俊、宋一平、王清生、许云、邱南章、陈维清、吴群波、张海、巴方庭及军事博物馆、长沙、桂林八路军办事处纪念馆的代表等共700余人出席开馆了仪式。叶剑英委员长为纪念馆题写了馆标。

纪念馆开馆以来，先后接待了中央、省、市领导及许多当年在这里工作过的部分老同志张爱萍、方毅、伍修权、郭述申、吴官正、王首道、童小鹏、曾志、王光美等各界人士、青年学生及来自世界各地的友人，如路易·艾黎、马海德、前苏联空军志愿队老战士访问团、美国马可波罗－0422访问团、赞比亚全国政治博物馆等。

历任馆长　李子仪（1979.3－1979.8 武汉市文物管理处处长兼）；吴志康（1979.8－1989）；杨小毅（1989－1993 副馆长、馆长）；张炎炳（1993－1996.12）；童明兰（1997－2002）；陈益祥（2002－2010）。

业务活动

基本陈列　纪念馆一至四楼复原陈列有：八路军武汉办事处办公室、副官室、接待室；中共中央长江局会客室、会议室、机要科、电台室；中共领导人周恩来和邓颖超、董必武、叶剑英、秦邦宪的办公室兼卧室等。展出了周恩来在武汉时期用过的毛毯，董必武穿过的毛背心等实物4件，代用品61件，复制品23件。

在一楼大厅辟有《武汉抗战》陈列展，展厅面积为230余平方米，陈列采用半封闭式布展方式，配合放映影像资料片，设立资料触摸屏等形式，让观众全方位了解武汉抗战历史。展出八路军武汉办事处工作人员佩戴的证章、中共中央长江局交通用皮箱、中国空军击落日机残骸制作的脸盆、审判日军战犯时中国辩护律师的辩护词等63件文物及24件复制品，复印件10件，照片、图表230余幅；放映抗战时期荷兰著名电影导演伊文思摄制的纪录片《四万万同胞》。通过这些文物、照片及史料，全面、系统地展示了八路军武汉办事处和中共中央长江局及其主要领导人周恩来、董必武、叶剑英等在武汉领导抗日救亡运动，组织和

《武汉抗战》陈列展厅

动员民众，团结一切抗战力量，为推动国民党一致抗日，争取抗战最后胜利做出的伟大贡献，以及武汉人民在抗日战争中的英雄业绩。

专题陈列 纪念馆除复原基本陈列外，还举办一些主题鲜明、内容丰富的专题展览和临时展览，以满足不同观众的需求，深受广大观众的欢迎。开馆以来，先后举办了《周恩来同志抗战初期在武汉》、《中国共产党抗战初期在武汉》、《武汉抗战》、《纪念抗战爆发50周年——老同志书法展》、《孩子剧团》、《武汉抗战》等陈列。

1991年参加了由中国人民抗日战争纪念组织在北京举办的《全国八路军办事处暨新四军军部革命活动展》，1994年与武汉新四军研究会联合举办《新四军与武汉》专题陈列展，1996年与区团委联合举办《重走长征路——考察活动纪实展》，1997年举办了《叶挺将军摄影作品展》，1998年举办了《人民的好总理周恩来诞辰百年纪念展》，同时制作了一套流动展版，在武汉各地巡回展出。十年来，先后举办了《辉煌五十年》、《迎接99'澳门回归》、《与时俱进，继往开来》、《历史不容歪曲，罪责不容否认——日军侵华暴行暨南京大屠杀图片展》、《走近邓大姐》、《长征精神永存》、《伟大的旗帜光辉的历程——纪念中国共产党成立80周年》等近十套流动展板，送到公园、车站、码头、部队、机关、学校、江滩、广场，对广大人民群众进行爱国主义教育和革命传统教育；有的送到工读学校、少管所、劳教所，对失足青少年及犯罪人员进行宣传帮教，教育他们痛改前非，重新做人。

纪念馆以旧址为依托，以活动为载体，紧紧围绕爱国主义教育和国防主义教育基地两大主题，充分发挥示范基地功能，开展形式多样的共建活动，先后与武汉钢铁公司、武警武汉支队、湖北大学、武汉市外国语学校、武汉市艺术学校等近百个单位签订了“精神文明共建协议书”，与三十多所学（院）校和单位保持长期的共建活动，在重大节日、纪念日等，组织机关、团体、部队、学校在馆内举行入队、入团、入党、新兵入伍和成人宣誓仪式、书画笔会等灵活多样的共建活动，不断丰富教育内容。长期以来，与武汉市关心下一代工作委员会、江岸区委宣传部、区团委、区青教办、区教育局等单位联合举办各种爱国主义教育活动，如：暑期组织中小学生开展夏令营活动；自1985年起，每到清明节期间，组织辖区内单位、学校、部队及“共建单位”在纪念馆举行“江岸地区中华英烈凭吊周”活动，在社会上产生了重大的影响。配合学校德育工作和教学计划，编写各类题材的讲稿，利用学校周一早晨升国旗仪式时间，为学生做“国旗下的讲话”或与学校联合举办主题班队会、报告会、讲座等形式，对学生进行爱国主义教育和革命传统教育。通过这些活动，不断加深青少年对历史的了解，激发他们的爱国热情，陶冶他们的爱国情操，引导他们形成正确的人生观、世界观、价值观。

藏品管理

［藏品来源］ 建馆以来，始终把文物征集工作放在重要位置，每年制定计划，确定目标，组织专班，赴全国各地征集文物。

［藏品统计］ 纪念馆现有藏品3530件。其中：一级文物7件。即：八路军武汉办事处工作人员佩带的证章、彭雪枫赠送给周恩来的毛毯（平型关战斗中缴获日军的战利品）、八路军武汉办事处处长钱之光名章、董必武在武汉使用的公文包、周恩来、邓颖超在武汉使用围巾、国民政府军事委员会政治部抗敌宣传二队队旗、中共中央长江局交通用的牛皮箱；二级文物（3件）1套，一般文物230件，

八路军武汉办事处工作人员佩带的证章

1938年董必武在武汉使用的公文包

资料照片2000余张，文字史料1300份。另收藏老同志的书画作品130余幅，极大地丰富了馆藏资料，为纪念馆研究工作奠定了坚实的基础。

［藏品保护］　纪念馆设立有专门的文物库房，安装了铁门、铁窗，配置了空调，制定库房安全管理规定、完善库房安全管理设施，严格按照《藏品管理办法》的各项规定进行管理，凡属三级以上文物藏品，实行专柜管理，一件物品一个匣子，对文物藏品建档备案和建立电子文本。藏品保管工作真正做到制度健全、账目清楚、鉴定确切、编目详明。在库房内定期放置樟脑丸，定期检查藏品资料保管情况。每天交接班清点展厅内藏品，不定期进行防霉、防蛀检查处理，确保文物藏品的安全。

科学研究

［科研队伍］　纪念馆现有副研究馆员1人，馆员9人，初级助理馆员10人，为纪念馆科学研究与发展提供了必备的人员。

［科研成果］　科学研究是纪念馆展示自我，对外宣传与交流的有效手段，在纪念馆工作中具有重要的地位和作用。多年来在收集、整理、研究的基础上，不断将研究成果用于陈列展览和宣传教育研究工作中，先后在中央、省、市级各种报刊、杂志上发表文章近百篇，相关资料和专著9部（册）。如：编辑出版的《八路军武汉办事处》、《八路军武汉办事处大事记》、《国共合作大事记》三本以历史资料为主的小册子，对中小学生全面了解武汉抗战历史，有很高的实用价值。与武汉市档案馆、武汉市图书馆联合编撰《武汉抗战史料》书籍，出版了《八路军武汉办事处》、《武汉人民爱国故事选》，参加了中国人民解放军历史资料丛书《八路军、新四军驻各地办事机构》一书的资料整理及编辑工作。

1992年，组织举办了“全国八路军办事处纪念馆第二届学术研讨会”，编辑出版了研讨会论文集；1998年，与湖北大学联合举办“纪念武汉抗战暨中山舰遇难60周年国际学术研讨会”，来自加拿大、日本和海峡两岸的140余名专家、学者参加了研讨会，大会收到论文110余篇，有近百篇论文收入“研讨会论文集”。2007年与新四军研究会编辑了《新四军第一个军部——汉口军部》，2008年出版了《带你走进博物馆——八路军武汉办事处旧址纪念馆》。

经营管理

［单位性质］　国营文化事业单位

［经济来源］　财政全额拨款

［机构设置］　办公室、宣教部、陈列保管部

［人员编制］　现有工作人员26人，在编23人，聘用3人。

［观众接待］　自开馆以来共接待观众340余万人

［服务项目］　设有观众休息椅、残疾人服务岗，配有残疾人轮椅

参观指南

［地址］　武汉市江岸区长春街57号

［邮编］　430010

［电话］　6027-8273557、6027-82726420

［电子邮箱］　504769314@qq.com

［开放时间］　9:00—16:30（纪念馆常年对外开放）

［票价］　免费

（撰文：苏杰敏）

九口堰纪念馆

Jiukouyan Memorial Hall

概述

类型　社会科学类历史遗址专题纪念馆

隶属关系　隶属于随州市曾都区文物局

创建时间　1978年

所在位置　随州市洛阳镇白兆山脉中段罗山寺山脚下

九口堰纪念馆

面积 占地面积1452平方米

布局 新五师纪念馆（新五师司令部旧址）共有房屋56间，土木结构，三进两院，左右对称格局，始建于清雍正十一年（1733），是一处较为完整的古民居，其本身富有深厚的文化底蕴。占地面积1000余平方米的民俗文化广场位于大门的正前方，建有李先念铜像一座，供游人瞻仰。九口堰纪念馆接待中心、黄春庭烈士墓、革命英雄纪念碑依次毗邻于司令部旧址的西北方向，闻名遐迩的“九口堰”整齐的排列在接待中心门前。除主体建筑新五师司令部，周围五公里以内还分布了战地医院、新五师印刷厂、新五师被服厂、抗大十分校旧址、边区建设银行、挺进报社、随南军政联合办事处旧址、十三旅部旧址等抗战遗址。

建筑特点 九口堰纪念馆（五师司令部政治部旧址）主体采用明清徽派建筑风格，坐西朝东，原为当地大地主孙少楚的庄园，为两进院落四合院式布局，硬山式砖木结构，穿斗式梁架。分前堂、中厅、正房及左右偏房。前、中、后三层均为阔面一间，进深三间，通面阔25米，单进深5.8米，左右各开一门。前堂门框内收1米，墙封檐，中厅、正房前各有一宽1.2米走廊。偏房共六间，其中前部各二间，后院左右各一间，开间3.1米，进深4.3米，前有1米的走廊。该建筑始建于清雍正十一年（1733），共有房屋56间，占地面积1452平方米，建筑面积1278平方米。

战地医院旧址坐西朝东，有房屋两栋，前后排列，面阔三间，进深两间。开间4.5米，进深6.8米。为一般民房，硬山式砖瓦结构。医院原为随军医疗所，初始仅十余人，至随南后划归医务处管辖，成为纵队野战医院，编制扩大为35人，分内外及护理三科，有行政领导三人，主治医生八人，余皆为护理人员。

新五师印刷厂旧址坐东朝西，呈四合院式布局，两院并列。前砌围墙，中开门，两侧厢房面阔三间10米，进深3.2米，正屋面阔三间12米，进深5.6米，为硬山式砖瓦结构，现有房屋10间。

新五师被服厂旧址，坐西朝东，为前后两排瓦房，泥砖砌筑。原有房屋十五间，现仅有八间，开间3.4米，进深6.8米。

随南县政府旧址，1941年3月至1942年6月及1945年3月至1946年8月，随南县政府设于此地。坐落在桥湾自然村，主要为机要办公处。旧址坐东朝西，原为二层瓦房，共有房屋十五间，现仅有八间，亦分上下层，开间4米，进深58米。

历史沿革 1982年，随县人民政府在九口堰设立了洛阳九口堰革命旧址纪念馆。

1983年，更名为“九口堰文物管理处”，属洛阳区政府管理。

1984年4月，随州市人民政府在九口堰设立了洛阳九口堰文物管理处，由随州市文物事业管理局代管。

1987年12月，随州市编委同意将“九口堰文物管理处”更名为“随州市洛阳九口堰五师旧址纪念馆”，隶属随州市文物局。

1992年12月，湖北省人民政府在公布省级重点文物保护单位时将“洛阳九口堰五师司令部、政治部旧址”更名为“九口堰革命旧址”。

1996年8月，随州市人民政府命名九口堰革命旧址为“随州市爱国主义教育基地”。

2000年6月，成立地级随州市，“九口堰五师旧址纪念馆”隶属曾都区文化体育广播电视局，由曾都区文物局代管至今。

业务活动

基本陈列 九口堰文物处现共有四个展览区：革命旧址纪念馆、李先念铜像、革命英雄纪念碑、黄春庭烈士墓。

1、革命旧址纪念馆 该馆的历史文物于2005年重新进行布展后，又划分为司令部会议室、两个展厅、沙盘厅、油盘（战斗）厅、书画厅和实物厅六个部分。

（1）司令部会议室，展示的是当年纵队和五师的部分诗词和歌曲，正厅悬挂着一块书写为“一切为了战胜帝国主义”的毛泽东题词，配有音响设备，可自动播放新五师当年吟唱的部分歌曲。

（2）两个展厅，布置有展版，展示着征集到的一些珍贵的历史图片，分别列有开辟随南白兆山、保卫随南白兆山、凯旋随南白兆山、情系随南白兆山四大版块，展厅内

1.革命烈士纪念碑　2.李先念铜像

还陈列着锈迹斑斑的手榴弹、手枪、大刀等战斗实物，让人们感受到当年战争的激烈，并配有音响设备，有自动解说功能。

（3）沙盘厅（即政治部会议室），正厅悬挂着李先念主席的题词，侧壁悬挂着任质斌、齐光等原五师领导的部分题词。厅中央放置有随南白兆山根据地抗战形势要略图的沙盘，并配有自动解说音响设备。

（4）战斗厅是纪念馆请来湖北美院的美术师绘画的一幅《开辟随南北兆山战役》环型壁画，并配以声、光、电音响效果，重现当年新五师官兵英勇作战的历史场景，效果十分逼真，让观众有一种身临其境之感。

（5）书画厅则挂满了随州的文人骚客即兴发挥为新五师旧址创作的优秀作品，并安装音响设备，当游客欣赏字画时可播放古典音乐，增强精神文化的观赏性、趣味性，更富有感染力。

（6）实物厅陈列着石磨、擂子、马灯、纺车、水桶、木床、桌椅、织布机等生活用品，让人们体会到当年劳动大生产运动的艰辛。同时也让我们看到五师官兵乐观向上、追求真理的不懈精神。

2、李先念铜像　2005年征地修建了广场，广场前树立李先念36岁时的铜像，铜像高2.5米，台基高2米，造价15万元。

3、革命英雄纪念碑　2005年，革命烈士纪念碑因交通不便等原因，从纪念馆后山（罗什寺）迁至黄春庭烈士墓处，纪念碑造价20万元，墓碑采用大理石石料，镶汉白玉栏杆，高规格的革命英雄纪念碑在省内较为少见。

4、黄春庭烈士墓　由李先念题词。

九口堰纪念馆附近还有抗大十分校、十三旅部、边区建设银行，挺进报社及印刷厂、边区被服厂、毛巾厂、战地医院、兵工厂、机械厂等十几处革命遗址，这十几处革命遗址是发展革命传统教育开辟红色旅游的宝贵资源。

专题陈列　九口堰纪念馆为配合爱国主义教育，在全市组织了多次专题展览，包括《抗战与解放战争时期文物展》，展出了大量的文字与图片；《李先念及老一辈无产阶级革命家的光辉业绩》等。

藏品管理

［藏品来源］　主要通过遗留、征集、考古发掘、上缴（交）、捐赠、收购等途径取得。九口堰革命旧址陈列的文物以新四军第五师首长李先念、陈少敏等在此办公、生活的用品为主：办公桌、板椅、木床、文件袋、子弹袋、绑腿、手抢、手榴弹等。

［藏品类别］　生活用具、生产用具、武器装备、书

黄春庭烈士墓

画、图片等。

［藏品统计］ 纪念馆（新五师司令部旧址）共有房屋56间，展品277件，其中生活用具65件、生产用具50件、武器装备52件、书画40幅，图片70幅、李先念铜像一座。

［藏品保护］ 九口堰革命旧址纪念馆成立后，纪念馆工作人员一方面负责纪念馆的保护工作，一方面认真搞好旧址的保护档案工作，记录档案为主卷、副卷及备考卷。主卷主要记录旧址的地理位置、历史沿革，保存艺术价值和保护管理工作情况。副卷主要记载有关行政管理工作方面的材料。备考卷收载与主卷有关的文献资料、摄影照片、图片等资料。

九口堰纪念馆安全保卫措施主要如下：2003年，购置了部分消防设施、设备，开挖消防水井2口，修建消防水池一口，配备潜水泵2台，消防水带一百米，添置灭火器6支。2004年，进一步完善消防设施设备，购置室内、外消防柱和手抬机动泵、水带、水枪。从2004年至今一直被列为随州市消防重点单位。成立了防火安全领导小组及专职（义务）消防队。制定了消防安全重点单位十条职责，订立了八条消防管理人员职责，七条消防安全责任人职责。制订了灭火、应急疏散预案，安全保卫工作领导重视，群防群治，高度警惕，确保文物安全万无一失。

科学研究 九口堰纪念馆现有馆长一名，馆员四名，负责纪念馆的日常科学研究和交流合作工作。随着国家对红色爱国主义教育基地的进一步重视，纪念馆的科研条件得到了逐步改善，电脑、相机及其他科研设备相继配齐。1978年以来，纪念馆多次邀请部分新四军老战士后代、新四军史研究人员及附近村民举行座谈，积极追忆和探索新四军老前辈的丰功伟绩和革命精神，为弘扬当代的爱国主意精神发挥了很好的宣传和带动作用。纪念馆多年来一直积极配合和参与新四军研究会的工作，为《铁军》、《铁军纵横》、《随州日报》等杂志提供了丰富的理论观点和实例实证。同时，九口堰纪念馆还主动与兄弟纪念馆进行了多次交流活动，并与武汉大学和武汉理工大学结对共建、深入合作，共同为九口堰纪念馆的建设和发展出谋划策。

经营管理

［单位性质］ 社会公益性国营文化事业单位

［经费来源］ 曾都区财政全额拨款

［机构设置］ 设有馆长室、办公室、保卫室、值班室

［人员编制、组成］ 馆长1名、会计1名、馆员2名

［观众接待］ 年观众人数25万人

参观指南

［地址］ 随州市曾都区洛阳镇九口堰村

［邮编］ 441333

［电话］ 0722-4807569

［电子邮箱］ jkyjinianguan@126.com

［开放时间］ 8:30—16:30

［票价］ 免费

（撰文：九口堰纪念馆）

大冶市博物馆

Daye City Museums

概述

类型 地方综合性博物馆

隶属关系 隶属大冶市文化体育局

所在位置 位于大冶市城区中心地带青铜文化广场

面积 占地面积3500平方米

建筑特点及布局 按博物馆功能要求设置，为了充分发挥博物馆特色，体现博物馆的功能特点，在设计过程中

大冶市博物馆

将外部环境、外观效果、功能布局等方面作为重点建设，形成了民族特色鲜明的效果，各项功能基本齐全，安防、消防、疏散通道等设施俱全。博物馆附一楼至三楼有五个展厅，四楼为办公室，五楼为文物库房，一楼设有安全值班室和接待室。

历史沿革 大冶博物馆的前身是大冶县文化馆的一个科室，1981年6月正式成立大冶县博物馆，但办公地点依然在大冶文化馆。2005年大冶博物馆大量馆藏和文物库房狭小的矛盾引起市委、市政府的重视，市委、市政府决定兴建博物馆，以解决这一迫在眉睫的现实矛盾，2006年新馆正式建成并对外开放。2009年6月成立大冶市文物管理局，和博物馆（两块牌子一套班子）合署办公。博物馆现有馆藏文物3155件，其中一级文物7件，二级文物68件，三级文物537件。大冶全境已发现各类文化遗迹及革命旧址777处。

历任馆长 姜启周（1981－1984）；刘桂生（1984－1986）；余为民（1986－1996）；马国钧（199－1997）；姜胜（1997至今）。

业务活动

基本陈列 《大冶历史文化陈列》该陈列着重综合反映地区历史发展面貌的特点，坚持直观、通俗、简洁的原则，强调社会效益特别是针对青少年的宣教工作。内容以大冶地区出土和收集的各个历史时期的代表性文物为主线，分旧石器、新石器、商周、汉、六朝、唐宋至明清，陈列面积350平方米，展出藏品数量132件。重要展品有良金四铢、影青瓷碗、字画等。

专题陈列 主办以下长期专题陈列：《矿物晶体标本陈列》、《青铜文化史陈列》、《大冶历史名人录列》、《大冶革命斗争史陈列》。展厅面积1650平方米。特色展品有：矿物晶体、提梁卣、铜斧等。

矿物晶体

提梁卣

铜斧

藏品管理

［藏品来源］ 博物馆藏品主要来源为征集、出土、捐献。现有藏品主要为陶瓷器、青铜器等。

［藏品统计］ 藏品类别分为旧石器（13件）、复制旧石器（18件）、骨器（2件）、青铜器（317件）、铜币（1292枚）铁器（28件）、陶瓷器（629件）、化石标本（171件）、石器（16件）、新石器（50件）、字画善本（198件）、金银器（64件）、玉石器（64件）、漆木器（26件）、革命文物（267件）。藏品总数为3155件。

［重要藏品］ 铜砝码、石水注、铜斧、良金四铢、影青莲花瓣瓷碗等。

［藏品保护］ 采取分类保存的方式，杜绝各类文物之间的交叉感染，远离污染和放射物，保持库房空气流通，室内恒温。对易腐蚀，易破损的文物进行科学处理保护。

东周　铜砝码

汉　铁臿

良金四朱

宋　影青莲花瓣瓷碗

战国　铜鼎

经营管理

［单位性质］　全民公益性事业单位

［经济来源］　财政全额拨款

［机构设置］　设有考古调查科、陈列布展科、安全保卫科、文物调查勘探科、行政办公室。

［人员编制］　事业编制数12人，实有人数14人，专业技术人员14人，占总人数比例100%。

［服务观众项目］　为观众提供5个陈列展览，并配备有讲解人员，提供宣传资料和休息室。

［观众接待］　年观众参观人数在5万人以上

参观指南

［地址］　大冶市青铜文化广场（湛月路2号）大冶市博物馆

［邮编］　435100

［电话］　0714-8737790（传真）

［电子邮箱］　dayebwg@tom.com

［开放时间］　8:30—17:00

［票价］　免费

（撰文：大冶市博物馆）

大冶南山头革命纪念馆

Daye Nan Shantou Revolutionary Memorial Hall

概述

类型　社会科学类历史遗址专题纪念馆

隶属关系　隶属于大冶市文化体育局

所在位置　位于大冶市殷祖镇南山村

面积　占地面积400平方米

建筑特点及布局　由两部分组成，一处为大冶中心县委旧址，一处为现代仿明清建筑的陈列室，陈列室内设办公室和保卫室。

南山头革命纪念馆

历史沿革 原为南山村大地胡湾的祖祠“金公祠”，1929年大冶中心县委在此成立，2005年为配合党员先进性教育，大冶市委、市政府决定在南山头建立革命纪念馆。

历任馆长 陈锦玲（2005－2008）；饶崇柳（2008至今）。

业务活动

专题陈列 分两部分，一部分为旧址陈列，面积150平方米，主要为复原陈列；一部分为展厅陈列，面积250平方米，主要陈列大冶中心县委旧址相关的革命文物和图片。

藏品管理

[藏品来源] 主要由征集、捐献和复制等途径取得。

[藏品统计] 各类征集、捐献和复制的文物文献共109件。

[重要藏品] 未分级

[藏品保护] 所有藏品都作为陈列品在展厅展出。

经营管理

[单位性质] 全民公益性事业单位

[经济来源] 财政拨款

[机构设置] 保卫科、陈列室

[人员编制] 事业编制数3人，实有人数4人

[服务观众项目] 为观众提供1个陈列展览，并配备有讲解人员，提供宣传资料。

[观众接待] 年观众参观人数1.38万人次以上

参观指南

[地址] 大冶市殷祖镇南山村

[邮编] 435100

[开放时间] 8:30－17:00

[票价] 免费

（撰文：大冶南山头革命纪念馆）

大冶铁矿博物馆

Daye Iron Ore Museum

概述

类型 自然科学类矿业专题博物馆

隶属关系 隶属武钢集团矿业有限责任公司大冶铁矿

创建时间 2006年2月22日

所在位置 黄石市铁山区

面积 占地面积6400平方米

历史沿革 2004年9月开始总体设计施工建设，共5层。2006年2月建成正式对外开放。博物馆共设矿物陈列、

大冶铁矿博物馆

古代开采、近代开采、伟人视察等八大系列，共陈列实物483件、图片635幅及10余万字文字简介资料。博物馆是黄石国家矿山公园的一个主要组成部分，是中国第一座陈列矿山历史的博物馆，浓缩了自1784年，特别是近110年来矿山的创业史和发展史。

业务活动

基本陈列 该馆在《地质矿床室》共陈列大冶铁矿矿床发掘的各类矿石、岩石标本和化石237件，具有十分重要的地质矿床科研和教学价值；在《党和国家领导人与冶矿》陈列室，用珍贵的图片资料和实物，再现了毛泽东、董必武、叶剑英、彭德怀等党和国家领导人到大冶铁矿视察的情

1.矿石室 2.矿床室

景；在《近代开采》陈列室，最完整、最全面的展出了亚洲最大最早钢铁联合企业——汉冶萍公司历史照片及图表和实物，浓缩了中国近代“洋务运动”和钢铁工业曲折的发展史；在《日本对冶矿资源掠夺》的陈列室，用详实的历史资料和丰富的实物，反映和见证了日本对大冶铁矿的侵略和掠夺，是对青少年进行爱国主义教育的基地。

藏品管理

［藏品来源］ 主要通过征集、捐赠、收购等途径取得。

［藏品种类］ 矿石、岩石标本；古代采矿雕塑；近代开采图片及实物；工人运动时期图片及实物；日本掠夺铁矿资源时期图片及实物；矿山重建开采时期图片及实物；矿山双深战略的图片实物（即：深部勘探开采矿产资源；深度发展矿山文化资源）

［重要藏品］ 前东方剑齿象化石；德国时期生产的铁轨（1893年）及汉冶萍时期生产的铁轨（1913年）；汉冶萍时期原始股票；汉冶萍时期徽章；日本掠夺冶矿资源时期的工头章等。

矿石与方解石结晶

肾状矽孔雀石

经营管理

［单位性质］ 国有企业

［经费来源］ 大冶铁矿

［人员编制、组成］ 该馆现有工作人员9人，下设办公室、文物管理部、安保部、宣传筹划部等机构。

［观众接待］ 年约5000人次

参观指南

［地址］ 湖北省黄石市铁山区胜利路53号

［邮编］ 435006

［电话］ 0714-3811206

［传真］ 0714-3813816

［电子邮箱］ hsgjksgy@sina.com

［网址］ www.ksgy.cn

［开放时间］ 8:30—12:00，13:30—17:00

［票价］ 10元

（撰文：大冶铁矿博物馆）

大悟县革命博物馆

Dawu County Revolution Museum

概述

类型 社会科学类历史专题博物馆

隶属关系 隶属于大悟县文化体育局

创建时间 1976年10月1日

开馆时间 1981年

所在位置 大悟县城关镇礼山路广场后巷2号

面积 占地面积4790平方米、建筑面积1889平方米

历史沿革 大悟县革命博物馆成立于1976年10月1日。1978年6月馆舍破土动工，1980年竣工，1981年陈列展览对外开放。为国家三级博物馆。占地面积4790平方米，建筑

大悟县革命博物馆正面

面积1889平方米，砖木结构。下辖有宣化店纪念馆和新四军第五师纪念馆，现有干部职工35人，中级职称5人，初级职称16人。

历任馆长　陈济民（1979－1980）；段守纪（1980－1986）；魏有刚（1986－1991）；陈冬泉（1991－1996）；黄代胜（1996－1998）；汪作泉（1998－2000）；陈冬泉（2000.1至今）。

业务活动

基本陈列　《大悟县革命斗争史实陈列》；《徐海东将军革命事迹陈列》。

专题陈列　白果树湾《新五师发展壮大史实陈列》；宣化店《周恩来1946年与美蒋代表谈判——辅助陈列》、《中原军区部队十个月的战略坚持》、《胜利的中原突围陈列》。

藏品管理

［藏品来源］　通过征集，考古发掘，上交（缴），捐赠，收购等途径取得。现有的文物藏品中绝大多数为征集的文物。

［藏品类别］　馆文物藏品分为历史文物和革命文物两大类。

［藏品统计］　馆藏文物1316件，其中历史文物983件，革命文物333件。珍贵文物50件，其中一级文物2件，二级文物17件，三级文物31件。

［藏品保护］　该馆建有专门的文物库房和配备相应的保护设施，严格按照《藏品管理办法》的各项规定进行管理。凡是具有历史、文艺或科学价值的一、二、三级藏品，经省级文物鉴定委员会专家组的严格鉴定，均建立文物藏品档案和电子文本；藏品的保管工作做到制度健全、账目清楚、鉴定确切、编目详明。按照《博物馆安全保卫规定》和三级风险等级安全防护规定要求，馆内设立安全保卫组织，选配专职保卫干部。落实完善了各项安全保卫制度，配备专职保卫人员坚持24小时执勤。

考古调查　大悟县革命博物馆经过全国第二、三次文物普查并登录各类文物点756处，其中新发现文物点522处。

科学研究

［科研队伍］　馆员5人，助馆馆员18人。

［科研设施］　自2008年后，随着经济的快速发展，开展博物馆业务工作的必要设施得到更新充实，办公条件不断改善，现以配有电脑5台/套（包括台式、手提、复印机等），各型号数码相机2台/套，及其它工作器材等。

经营管理

［单位性质］　社会公益性国营事业单位

［经费来源］　地方财政（县级）全额拨款

［机构设置］　设有馆长室、办公室、文保业务科、安全保卫科。

［人员编制、组成］　核定人员编制27人，全馆现有专业技术人员23人，其中文博专业技术人员20人。

［观众接待］　年观众人数约143000人次

参观指南

［地址］　大悟县城关镇礼山路广场后巷2号

［邮编］　432800

［电话］　0712-7222517

［电子邮箱］　253402618@qq.com

［票价］　免费

（撰文：大悟县革命博物馆）

广水市博物馆

Guangshui City Museum

概述

类型　地方综合性博物馆

隶属关系　隶属于广水市文化体育局

创建时间　1988年3月

所在位置　广水市应山办事处东大街文昌路1号

面积　占地面积680平方米、建筑面积980平方米

布局　主体建筑为主体砖混结构，九间二层.附属有钢筋混凝土结构仿古楼阁形式三层建筑－魁星楼。文物展厅设于主楼二层右侧，二层左侧文物库房，其余为业务办公场所，魁星楼设人文展厅。

建筑特点　主体为半仿古建筑，砖混结构，九间二层。平面呈“一”字形，占地面积420平方米，魁星楼为仿古楼阁建筑，钢筋混凝土结构，三层。

广水市博物馆

魁星楼

历史沿革　建国后相当一段时间内都未设置专门的文物管理机构。直到1976年，县文化馆按照上级的指示和文物保护的要求成立文物组，隶属县文化馆，在文化馆的具体领导下开展文物收集和文物保护工作。1977年7月，应山县图书馆成立后文物工作由应山县图书馆代管。1982年又由应山县文化馆兼管，1988年3月19日，正式成立“应山县博物馆”（应编[1988]5号），定编4人，隶属应山县文化局。1989年1月撤县建市，原应山县博物馆更名为广水市博物馆。为了加强文物保护力度，市政府成立了“广水市文物保护管理委员会”，由分管文教卫的副市长任文管委主任，成员由宣传部、文体局、公安局等十个部门组成。2007年3月，经市编办批准，成立广水市文物管理所，同市博物馆合署办公。

历任馆长　黄永鑫（1988.7－1989.4）；柯长升（1989.4－1991.8）；周德华（1991.8－2003.12）；黄波（2003.12－2008.3）；张国红（2008.3至今　副馆长主持工作）。

业务活动

基本陈列　《鄂北重镇——广水》2009年10月面向社会开放，展出出土文物50余件，以大量的珍贵实物为信息载体，较为系统地展现古代广水地域文化的历史兴衰。展陈采用大通柜，使用人工照明方式，安装了报警器，配有讲解员。

专题陈列　广水市博物馆历年来都是以短期的专题陈列展览为主，为了宣传好《文物保护法》，先后深入到乡镇、办事处，举办了《文物保护法》和《中国精品文物》图片宣传展览50余场次。为了宣传展示广水市悠久的历史文化，举办了《广水市历史文物展》、《广水市打击文物走私成果展》、《历代货币展》、《新石器时代文物展》、《广水市出土文物展》、《广水市名人书画展》，在1991年与淮安市博物馆联合举办了《明代王伯安古尸及随葬品展》。

藏品管理

［藏品来源］　主要通过考古发掘、田野采集、社会调查征集、收购、接受捐赠、移交等方式取得。

［藏品类别］　藏品按照国家有关藏品管理规定进行分类，现行的共分20个类别，主要类别有石器、玉器、陶器、瓷器、铜器、其他金属器、石刻、砖瓦、牙骨器、书画、碑刻、文书、印章、漆木器、织绣品、货币、革命文物、自然标本、其它等。

［藏品统计］　截至2006年底，从新石器时代至民国各时期文物藏品总数为11766件。其中有国家一级文物6件，二级文物28件，三级文物178件。

［重要藏品］　唐代观音界石碑，春秋变形夔纹盖青铜壶，春秋变形夔纹青铜甗，春秋窃曲纹青铜盖簋，元大德六年青铜权。

唐　观音界石碑

春秋　变形夔纹盖青铜壶

春秋　变形夔纹青铜甗

春秋　窃曲纹青铜盖簋

元　大德六年青铜权

［藏品保护］　该馆建有专门的文物库房和配备相应的保护设施，严格按照《藏品管理办法》的各项规定进行管理。凡是具有历史、艺术或科学价值的一、二、三级藏品，经省级文物鉴定委员会专家组的严格鉴定，均建立文物藏品档案和电子文本；藏品的保管工作做到制度健全、账目清楚、鉴定确切、编目详明；运用传统方法对一些破损藏品器物进行修复保存；库房内配备必要的温、湿度计、恒温计以及安全防火器材；淘汰陈旧的文物橱柜架和过时落后设施，更新安全可靠的全封闭文物橱柜金属架等。按照《博物馆安全保卫规定》和三级风险等级安全防护规定要求，馆内设立安全保卫室，选配专职保卫干部。重点要害部位安装技术安防设备和综合报警监控系统设施，落实完善了各项安全保卫制度，配备专职保卫人员，坚持24小时执勤。

考古发掘　考古发掘工作起始于70年代初，从1976年考古工作者自原县吴店镇浆溪店墉塘畈村黑洞塆建水库工地出土第一件（战国青铜戈）文物开始，至2007年底止，市域内在农业（农田）改造、基建、水利、交通等设施建设工程中，通过发现、举报、勘踏等各种形式，经过30多年百余次的考古发掘，出土、收缴（交）了数千件地下文物（其中包括一些文物珍品），为县域的历史演变和经济社会发展研究提供了不可或缺的实物依据。

科学研究

［科研队伍］　馆员2人，助理馆员4人。

［科研设施］　广水市博物馆因经济条件制约，科研设施落后，办公条件简陋。自2001年后，随着经济的快速发展，开展博物馆业务工作的必要设施得到更新充实，办公条件不断改善，现已配备电脑3台/套（包括台式、手提等），数码相机1台（套）及其它工作器材等。目前广水市博物馆正进行新馆选址筹建的各项准备工作。

［科研成果］　《安陆王子山唐吴王妃杨氏墓》（《文物》第二期，1985）；《湖北应山吴店古墓清理简报》（《文物》，1989）；《湖北省广水市彭家湾古墓清理简报》（《江汉考古》，1990）；《广水黄家咀遗址》调查报告（《孝感地区东周古遗址古墓专辑》，1995）；1985－1991年，撰写了《中国文物普查资料汇编·湖北省卷》中的《广水市文物普查资料汇编》。

经营管理

［单位性质］　社会公益性质的国营文化事业单位

［经费来源］　地方财政（县级）全额拨款

［机构设置］　设有馆长室、办公室、文保业务科、安全保卫科。2007年3月，新成立广水市文物保护管理所，

与市博物馆两块牌子一套班子合署办公，并兼有市文管会办公室的业务职能工作。

［人员编制、组成］ 核定人员编制数1996年为6人，1999年为6人，2006年为14人（现实际在编人员6人）。全馆现有专业技术人员12人，其中文博专业技术人员7人。

［观众接待］ 年观众人数约30000人次

参观指南

［地址］ 广水市应山办事处东大街文昌路1号

［邮编］ 432700

［电话］ 0722-6232245

［开放时间］ 8:30—16:30

［票价］ 免费

（撰文：郑勇）

王昭君纪念馆

Wang Zhaojun Memorial Hall

概述

类型 社会科学类历史名人专题纪念馆

隶属关系 兴山县文化局

创建时间 1982年

位置 昭君故里古汉文化游览区位于香溪河畔

面积 2.7平方公里

建筑特点与布局 进入景区的是旅游广场，“王昭君纪念馆”这六个大字，是由我国著名的国学大师郭沫若亲笔题写的。

从旅游广场沿阶梯而上是昭君纪念馆，昭君纪念馆分为纪念馆和昭君宅两大部分，它复建于1976年，1982年正式对外开放，是一座仿明清的古建筑群。“昭君纪念馆”这块匾额，是由湖北省原文联主席周绍华题写的。纪念馆内有亭亭玉立的汉白玉昭君雕像，体通高3.3米，重3.3吨，是由我国著名的雕刻家张衡采用北京房山汉白玉雕刻而成的，前后共花了五年的时间，于1986年11月从内蒙古呼和浩特市抵运过来的。

走进陈列室，首先映入游客眼帘的是由内蒙古著名的书法家孙卓章题写的：“香溪连黑水，南北斯大同，有口皆成碑，昭君国士风”。馆内的题名“千秋垂泽”，是由内蒙古老书法家王乃新题写的。陈列室是以图文并茂的形

1.郭沫若书“王昭君纪念馆” 2.昭君纪念馆 3.汉白玉昭君雕像

式来描绘王昭君的生平事迹。记录了王昭君的出生，被选入宫再远嫁匈奴的整个过程。

走出陈列室，进入“紫竹苑”。“紫竹苑”内设有“抚琴台”，四周都是纪念碑群，是由国家领导人及名人题词。80年代以来，先后有乔石、李瑞环、邹家华、姜春云、钱其琛、李铁映、杨汝岱、宋健、胡绳、马万祺、任建新、张思卿等10多位党和国家领导人来昭君村视察。

走出“紫竹苑”就是“桃花潭”，是个仿桃子型的人工潭。

昭君书院中间有一块白色玉佩放大图案，上面有火凤朝阳的图案，象征和平。

昭君后花园是昭君小时候玩耍的地方，地面上铺的石块也是从香溪河捡上来的。昭君村三面环山，一面临水，坐北朝南，是一块风水宝地，以前叫“宝坪村”，后更名为“昭君村”。

穿过后花园就是昭君宅了，它的建筑风格是“明三暗五，三进五出”的格局，分为上、下院两大部分，上院是住宅区，下院是生产劳作的地方。上院有昭君家的中堂，右手边是昭君父母的房间，左手边是她哥嫂的房间。走出中堂，右手边是昭君的闺房，左手边是她琴棋书画、刺绣楼，琴棋书画楼后面最高的建筑群就是望月楼了。

这里有出土的文物，有招财进宝的“土地公公”、“土地婆婆”，有国家二级保护动物“镇宅石兽”、“青狮”、“白象”等，这些都是古代的吉祥物。这里的五尊彩塑记录了王昭君一生中的重要场景，有昭君浣纱、昭君别乡、临辞大会、昭君出塞、草原盛会。到下院两边的建筑群都是国家领导人和文人墨客所留下歌咏昭君的诗词，还有记录昭君生平的史书。

由台阶而下是昭君家的下院，左手边是她家的厨房、磨坊、榨坊等，右手边有“虎坐鸟架鼓”，它是战国时期，楚国最重要的乐器，后面是她家佣人所居住的。接下来是昭君家的大门，王昭君十六岁也就是从这个门走出来的，“昭君宅”这三个大字它也是由郭沫若题写的。

出了大门重回旅游广场，接着去梳妆台，梳妆台是昭君小时候与村里的姑娘在此梳妆打扮的地方，后来人们为了纪念她，在此建立了这个台。

历史沿革　1998年，湖北省人民政府、湖北省爱国主义教育授予“省级教育基地”。

2002年至2003年，被宜昌市旅游局、旅游协会评为“五好风景区”。

2003年被宜昌市消费协会评为“放心消费单位”。

2003年至2004年度被湖北省消费者委员会评为“消费者满意单位”。

2005年被宜昌市旅游局、旅游协会评为“十优景区”。

2006年度被兴山县人民政府评为“消防工作先进单位”。

2006年被全国名族事务委员会命名为“全国各族团结进步教育基地”。

2006年被宜昌市旅游局、旅游协会评为“十优景区”。

2010年被宜昌市文化局授予“十佳文物保护单位”。

历任馆长　兼宁平（1982 县旅游局局长兼馆长）；胡泽寒（2004）；别兆军（2006）；李章林（2008）；赵王春（2010）。

业务活动

基本陈列　主要展示昭君遣迹和保存完好的古汉民俗景观，展示昭君故里独特的地方文化及汉代宫廷仕女文化，是国家首批AAA级旅游区，是湖北省重点文物保护单位。景区历史文化内涵浓厚，绿竹滴翠，册水奇峻，现有昭君纪念馆、昭君宅、娘娘泉、楠木井、紫竹苑、后花园、昭君书院等20余处遗址遗迹。还有1982年在昭君宅出土的汉砖，有从内蒙古拓印到这里的拓片。

经营管理

[单位性质]　股份有限公司

[经营来源]　自筹自支

[机构设置]　馆长室、办公室、演艺室、保卫后勤科、导游室、售票室

[观众接待]　年观众量4－5万人次

参观指南

[地址]　宜昌市兴山县昭君镇昭君村

[邮编]　443700

[电话]　0717-2520023（传真）

[电子邮箱]　yczhaojuncun@163.com

[开放时间]　8:30－16:30

[票价]　免费

（撰文：昭君村景区）

天门市博物馆

Tianmen Museum

概述

类型　社会科学类历史名人专题博物馆

隶属关系　隶属于天门市文化局

天门市博物馆（陆羽纪念馆）全景

创建时间 1982年4月

所在位置 位于天门市西湖公园内，东临西寺路

面积 占地面积10000平方米、建筑面积2780平方米

建筑特点 主体建筑由古雁桥、山门、陆公祠、鸿渐楼等组成，其风格为歇山顶式仿唐建筑。

历史沿革 建国初期，天门文物工作由县文化馆代为管理。1982年，由县文化馆分离出来，组建天门县博物馆。1985年，天门县人民政府决定建设天门县博物馆（陆羽纪念馆）。1986年1月，在竟陵西湖以北划拨土地15亩，通过向上争取资金、民间集资、捐赠等方式，筹集资金80多万元，3月动工建设。1986年7月成立博物馆支部委员会。1988年10月，博物馆（陆羽纪念馆）竣工开馆。1998年天门市博物馆（陆羽纪念馆）被湖北省人民政府授予全省爱国主义教育示范基地。2003年，为纪念陆羽诞辰1270周年暨首届湖北国际茶文化节，天门市人民政府拨款75万元，对市博物馆（陆羽纪念馆）进行了维修，重修了文学泉、陆羽亭、涵碧堂、曲桥。2009年被中央文明办授予全国爱国主义教育示范基地。

历任馆长 刘安国（1982. 4—1985. 10 副馆长主持工作）；方运益（1985. 10—1995. 10）；吴先舫（1995. 10—2005. 6）；邓千武（2005. 6至今）。

业务活动

基本陈列 现有展厅面积为884平方米，共分为两个展区——陆公祠和鸿渐楼。其中陆公祠展厅面积为204平方米，主要陈列大型木雕壁画《陆羽生平》及其遗迹遗物。大型木雕壁画《陆羽生平》是目前为止海内外表现陆羽生平艺术作品中规模最大、品位最高的木刻浮雕，它展示了陆羽传奇的身世以及少年博学和献身茶学的远大抱负，采用了浪漫主义与现实主义相结合的手法，表现了陆羽作为

1. 陆羽塑像 2. 陆羽铜像 3. 古雁桥 4.《陆羽生平》木雕壁画（局部）

神的飘逸，作为圣的高洁。鸿渐楼展厅面积为680平方米，为上下二层结构，一楼主要陈列陆羽茶事活动的实物和史料，展厅中央是一尊高2.8米的陈羽铜像，供茶事及茶学爱好者和游人瞻仰祭拜，二楼为茶文化展示厅，展示茶的种类、品种、茶叶的制作过程，介绍泡茶与饮茶的方法，观赏茶艺表演。

专题陈列 博物馆除常年办好陆羽生平展外，每年都配合地方党委、政府的中心工作，坚持举办临时专题展览，先后举办了《抗日战争胜利50周年展》、《迎香港回归展》、《改革开放20年成果展》、《建国50周年和澳门回归展》、《建党80周年图片展》、《建国60周年书法、图片展》、《学习科学发展观成果展》、《三普田野调查成果展》等。1998年被湖北省人民政府命名为“爱国主义教育示范基地”，2009年被中央文明办批准为“全国爱国主义教育示范基地”。

藏品管理

［藏品类别］ 古线装书10000件，陶器337件，瓷器108件，铜器1875件，铁器24件，玉器208件，锡1件，木6件，布17件，纸150件，石214件，铅1件，金20件，银39件。

［藏品统计］ 13000件。一级文物3件，二级文物9件，三级文物152件。

［藏品保护］ 目前该馆暂不具有藏品陈列展览的条件，馆藏品长期封存在文物库房内，文物库房保管条件简陋，没有恒温和温度控制设备，文物安全保护有铁门、铁柜、铁窗和简易报警器。经省级文物鉴定专家组鉴定的一、二、三级文物藏品都输入了文物信息数据库，设立了安全保卫科，有专职保卫干部3名，坚持长年24小时执勤。

石家河文化　陶鸡

石家河文化　石锛、石钺

陆羽小像碑

经营管理

［单位性质］ 国营文化事业单位

［经济来源］ 市财政全额拨款

［机构设置］ 设有馆长室、办公室、资料室、陈列部、考古部、安全保卫部、财务部，与陆羽纪念馆两块牌子，一套班子合署办公，并兼有文物保护管理委员会的业务职能工作。

［人员编制］ 核定人员编制数22人，现有在职工作人员22人，其中文博专业技术人员19人。

［观众接待］ 年接待观众30000人次

参观指南

［地址］ 天门市竟陵办事处西寺路14号

［邮编］ 431700

［电话］ 0728-5223537

［传真］ 0728-5232705

［电子邮箱］ 5223537@163.com、459591927@qq.com

［开放时间］ 8:30－11:30，14:00－17:00

［票价］ 免费

（撰文：天门市博物馆）

云梦县博物馆

Yunmeng Museum

概述

类型 地方综合性博物馆

隶属关系 隶属于云梦县文化体育局

创建时间 1983年3月

所在位置 现馆位于云梦县城关镇沿河小区55号，东临文化路文化巷。新馆位于云梦县城东，南临龙岗路，北接云梦公园，东靠黄香大道。

面积 现馆占地面积约8600平方米、新馆占地面积约25000平方米

云梦县博物馆新馆

布局　现馆整体呈东西向长方形，大门朝东，四周砖墙围砌，主要建筑包括古建筑儒学大成殿和一幢集办公、陈列和文物库房等功能为一体的现代综合楼，总建筑面积约1500平方米。大成殿和综合楼东西并列，坐北朝南，前有水泥路相通。综合楼高三层，建筑面积1170平方米；文物展厅位于二楼东部，面积约150平方米；办公室位于二楼西部，面积约120平方米。大成殿、综合楼周围和道路两旁树木成行，周围空地绿草如茵、繁花似锦。

新馆整体略呈正方形，外砌一周围墙，向南、向西各开大门，主要建筑包括中心主馆楼、办公管理楼和两栋单体附楼，总面积约18000平方米。中心主馆楼平面呈正方形，高四层，建筑面积约14000平方米，一楼主要用作临时库房、重点库房、文物修复室（陶瓷器修复室、漆器脱水修复室、铜器除锈修复室）、资料整理室等，二楼及以上主要用于文物陈列展和举办其它各种展览。办公管理楼位于主馆楼北，平面呈长方形，高两层，建筑面积约1200平方米。两栋单体附楼并排列于主馆楼东，中间廊道相连。中心主馆楼西、南各有广场，其东南为花木园林。

建筑特点　现馆主要建筑儒学大成殿为明清宫殿式建筑，面阔五间，进深三间，占地面积256平方米，砖木结构，重檐歇山黄色琉璃瓦顶，脊饰武士瑞兽俑，明、次间抬梁式构架，两山穿斗式构架，上下檐施五踩重翘斗栱，前壁设槅扇门。综合楼为框架式钢筋混凝土结构。

新博物馆主要建筑为仿唐代宫殿建筑样式，全框架钢筋混凝土结构，大理石墙面，顶覆青灰色瓦。中心主馆大楼自下而上面积逐层递减，二楼外墙悬挂四面反映云梦历史的巨幅铜雕版，二层以上各有露台，周砌汉白玉栏杆，二层露台东南角和西北角各有一栋附楼，整座建筑大气磅礴，雄伟壮观。

历史沿革　1977年2月，云梦县文化馆设立文物组负责全县文物工作，办公地点在儒学街原文化馆内。1983年3月，县政府批准成立云梦县博物馆，原文化馆文物组撤销。1985年博物馆搬迁到城南文化巷现址。1987年，儒学大成殿搬迁落成。1992年5月，云梦县博物馆被孝感市委市政府命名为“爱国主义教育基地”。1999年1月，县政府扩建博物馆，将原图书馆房地产划归博物馆。2003年3月，馆长室以下正式设置办公室、田野文物考古部、文物陈列部、库房保管部和安全保卫部。2005年举办睡虎地秦简出土三十周年纪念活动。2005年2月，云梦县博物馆被共青团孝感市委、市文明办等5家单位命名为“青少年思想道德教育示范基地”。2005年8月，云梦籍成功人士欧阳祥山捐资3000余万元，动工兴建新博物馆。

历任馆长　蔡先敏（1983.3　以前负责人）；徐桥华（1983.3－1988.8　副馆长主持全面工作）；刘润清（1988.8－1994.9）；徐桥华（1994.9－2000.11）；杨文清（2000.11－2010.1　副馆长主持全面工作）；杨文清（2010.1至今）。

业务活动

基本陈列　1987年12月首次在儒学大成殿举办临时文物陈列展。2002年10月以来，在博物馆综合楼先后举办《云梦通史展》、《云梦文物精品展》、《云梦睡虎地秦简专题展》、《纪念云梦睡虎地秦简出土30周年书画展》（承办）等文物陈列和书画展，以立柜与平柜相结合，文物与文字说明、图板相结合，累计布展面积约600平方米，展出文物300余件。

藏品管理

［藏品来源］　主要通过征集、考古发掘、上缴（交）、捐赠、收购等途径取得。现有文物藏品中，绝大多数为考古发掘的出土文物，以陶、铜、漆器为主。

［藏品类别］　云梦县博物馆文物藏品分为传世文物、出土文物和工艺品三大类。其类别有石器、陶瓷器、

展厅一隅

战国　蟠螭纹漆衣绘彩陶盖豆

漆器、铜器、铁器、木雕、石刻、金银器、玉器、字画、钱币等等。

［藏品统计］　截至2006年底，新石器时代至民国各时期文物藏品总数为2138件（套），其中国家一级文物25件（套），二级文物35件（套）、三级文物186件（套）。

［重要藏品］　战国卧鹿立鸟木雕、网纹漆衣绘彩陶鼎、罍、蟠螭纹漆衣绘彩陶盖豆、秦代夔纹青铜镜、圆卷纹青铜壶、环钮青铜盖鼎、云纹圆彩绘漆盒、鸟鱼纹彩绘漆盂、有“安陆市亭”烙印文字的陶瓮、罐、茧形壶、东汉庑殿式红陶楼、王莽大泉五十铜钱范等。东汉陶楼曾被选送进京参加建国三十五周年全国文物精品展览，中央新闻电影制片厂的摄像师还专程到云梦为它摄影。云梦秦简、漆器还被《人民日报》、《光明日报》、《人民画报》做过专门介绍。

［藏品保护］　该馆建有专门的文物库房和配备相应的保护设施，严格按照《藏品管理办法》的各项规定进行管理。凡是具有历史，艺术或科学价值的一、二、三级藏品，经省级文物鉴定委员会专家组严格鉴定，均建立文物藏品档案和电子文本；藏品的保管工作做到制度健全、账目清楚、鉴定确切、编目详明；运用传统方法对一些破损藏品器物进行修复保存；库房内配备必要的温湿度计、恒温计以及安全防火器材等。2002年以来，先后两批对馆藏94件保水漆器实施技术脱水修复；近年来还争取国家文物局列支专项资金75万元，对145件青铜器实施除锈修复处理。按照《博物馆安全保卫规定》和三级风险等级安全防护规定要求，馆内设立安全保卫部，配备专、兼职保卫人员，并聘请保安，坚持24小时执勤。

考古发掘　上世纪70年代以来，县域内在农业（农田）改造、基建、水利、交通等设施建设工程中，通过发现、举报（报告）、勘踏等各种形式，经过百余次的考古发掘，出土地下文物数千件，为县域的历史演变和经济社会发展研究提供了不可或缺的实物资料。

1972年12月，配合取土工程对城西保存完好的大坟头一号墓进行发掘，出土随葬品199件，其中木轺车、六博棋和木牍随葬器物清单具有重要价值，国家文物局局长王冶秋闻讯后亲临发掘现场考察。

1973年以来，城南珍珠坡发掘战国楚墓25座，其中保存完好的一号墓出土了仿铜器制作的彩绘陶鼎、罍、壶、盖豆以及铜剑、镜、卧鹿立鸟木雕等30余件陪葬器物。

战国　网纹漆衣绘彩陶罍

西汉　射猎纹彩绘漆扁壶

1975年至2006年底，城西睡虎地发掘战国、秦汉墓葬73座，出土文物1500余件，其中1975年12月十一号墓出土1100余枚记录秦代法律等内容的竹简尤为著名，震惊了世界，被列进二十世纪全国百大考古发现。2006年11月，七十七号汉墓再次出土竹简2000余枚。睡虎地还出土了大量保存完好的秦汉漆器。

1979年，城北周田砖室墓出土东汉时期陶楼一具，为研究古代建筑学、社会学、民俗学提供了重要的实物资料。1989年10月，城南龙岗六号墓出土秦简150多枚，内容系秦代的法律文书，包括田律、禁苑律等。1999年元月，城东老虎墩十二号墓出土秦代绘粉彩人物出行图门板一具。2000年3－4月，配合11W千伏变电站建设工程在城南小王家山发掘古墓22座，出土文物170余件。2001年3－5月，配合南环东路建设工程在城东发掘战国秦汉墓葬54座，出土文物300余件。

科学研究

［科研队伍］　馆员4人，助理馆员4人。

［科研设施］　自2001年后，随着经济的快速发展，开展博物馆业务工作的必要设施得到更新充实，办公条件不断改善，现已配备电脑5台（套）（包括台式、手提、复印机等），各种型号的数码相机3台（套）及其他工作器材等。目前云梦县博物馆新馆即将建成投入使用。

［科研成果］　先后出版了《睡虎地秦墓竹简》、《云梦睡虎地秦墓》、《云梦竹简研究》、《漆器图录》等专著；编辑出版了《睡虎地秦简出土三十周年纪念文集》，整理编印了《云梦考古发掘简报、报告、论文集》等。

交流合作　博物馆是一个服务于社会的文明窗口，开展交流合作是一项基本的业务活动。近年来，陆续与电视媒体开展了一系列合作。2000年9月，接待中央电视台《中华文明》摄制组来馆拍摄文物；2002年1月，接待中央电视台《复活的军团》摄制组拍摄睡虎地及馆藏秦代文物。近年来，还配合本县电视台拍摄制作了二十四集文献纪录片《云梦史话》。开展与国内外一些知名院校和专家的文化交流合作。2005年8月，举办睡虎地秦简出土三十周年学术交流会，邀请省内知名专家学者入会探讨交流。2006年8月，日本一桥大学水木彪、三重大学山中章、山口大学马彪等学者考察云梦“楚王城”遗址，参观博物馆、睡虎地。2006年11月，中国社会科学院历史研究所刘乐贤、北京师范大学王子京、武汉大学萧圣中、安徽大学徐在国、美国弗罗里达大学来国龙、法国高等实践学院风仪诚、韩国翰林大学金秉骏，日本爱媛大学藤田胜久、学术振兴会广濑薰雄等一行12人专程参观考察了云梦楚王城、睡虎地、龙岗和博物馆。

经营管理

［单位性质］　社会公益性国营事业单位

［经费来源］　地方财政（县级）全额拨款

［机构设置］　设有馆长室、办公室、田野考古部、文物陈列部、库房保管部、安全保卫部。

［人员编制、组成］　核定人员编制1996年为5人，1999年为8人，2006年为13人（现实际在编人员为10人）。全馆现有专业技术人员8人，其中文博专业技术人员8人。

［观众接待］　截至2006年累积接待各类观众15000余人次，年接待观众约5000人次。

参观指南

［地址］　云梦县城南文化路文化巷

［邮编］　432500

［电话］　0712-4322651

［电子邮箱］　ymbwg4322651@163.com.cn

［开放时间］　夏天：9:00－16:30

冬天：9:00－16:00（每周一休馆）

［票价］　免费

（撰文：张宏奎）

中国共产党第五次全国代表大会会址纪念馆

Museum of the 5th National Congress of the CPC

概述

类型　社会科学类历史遗址专题纪念馆

隶属关系　隶属于武汉市文化局

开放时间　2007年11月30日

中共五大会址纪念馆

所在位置　武汉市武昌区都府堤20号

面积　占地面积7900平方米、建筑面积2982. 5平方米

建筑特点　清末年间结合中西文化风格建造的学宫式建筑，具有较高的艺术价值。

历史沿革　中共五大会址最早为武昌高等师范学校附属小学。据1995年武汉教育志丛书编纂委员会编辑出版的《武昌区教育志》记载和原高师附小教员金锡钧的回忆，这所学校随武昌高师的变迁而数更其名，分别为：1918年，国立武昌高等师范学校附属小学（后称武大附小），创办于武昌都府堤31号；1923年，因国立武昌高等师范学校改名为国立武昌师范大学，原高等师范附属小学随之改称为武昌师范大学附属小学；1924年，因国立武昌师范大学改为国立武昌大学，遂更名为国立武昌大学附属小学；1926年，更名为湖北省立第一小学（也称为国立武昌第一小学）。1927年4月27日，中共五大在此举行开幕式，之后大会在汉口黄陂会馆继续进行（会址已毁）；同年5月10日，中国共产主义青年团第四次全国代表大会亦在此召开。

新中国建立后，旧址由武昌区教育局管理，曾作为湖北省武昌水利学校、湖北省财经干校、中华路中学、江汉大学武昌分校、武汉潭秋中学等学校校址，2006年前为武昌区中华路小学潭秋校区。1956年，湖北省人民委员会将此处公布为文物保护单位。1983年国家文物局、湖北省、武汉市拨专款对中共五大会址临都府堤的2层建筑落架大修，并在其二楼建立“陈潭秋烈士纪念馆”，复原“陈潭秋卧室”，举办《陈潭秋早期革命活动展览》和《中共五大史料陈列室》。2006年10月，中共武汉市委、市人民政府根据中央领导同志和中央党史研究室的建议开始筹建中共五大会址纪念馆。

2007年11月，中共五大会址纪念馆建成并开放，展出的基本陈列有：《中国共产党第五次全国代表大会历史陈列》，《陈潭秋在武汉》，其中复原陈列有：中共五大开幕式会场，陈潭秋、徐全直夫妇卧室，学校的教室，传达室和院内的水井。

历任馆长　周斌（2008. 1－2009. 10）；赵晓琳（2009. 10至今）。

业务活动

基本陈列　中共五大会址纪念馆的陈列有：中共五大开幕式会场，陈潭秋夫妇卧室，陈潭秋任教、伍修权上课的教室，武昌第一小学传达室、水井五个复原陈列和《中共五大历史陈列》、《中国共产党反腐倡廉历程展》、

1. 陈潭秋早期革命活动旧址　2.《中共五大历史陈列》展厅　3. 中共五大会址复原陈列　4.《中共反腐倡廉历程展》序厅

《陈潭秋在武汉》、《武汉走出的革命家、军事家、外交家——伍修权》四个基本陈列。

《中共五大历史陈列》通过了中央党史研究室的审查批准。展览由“高潮与危机”、“贡献与局限”、“应变与转折”三大展区组成。展览除丰富的文物和历史照片外还借助汽雾屏、电子翻书、幻影成像、人物蜡像等多种科技、艺术的手段，再现了中共五大召开的历史背景，会议经过和影响，陈列体现了党史界对五大研究的最新成果，受到中央党史研究室领导和专家的高度评价。

《中国共产党反腐倡廉历程展》集中展示回顾了中国共产党从建党之初至今在不同时期同消极腐败现象作斗争的历史。特别是1927年4月在武汉举行的党的五大上，第一次设立专门监督机构——中央监察委员会，成为有规范地开展党内监督和反腐败工作的起点，具有重大的历史意义。展览以丰富的历史史实和大量的图片资料再次表明了——党与腐败，水火不容！

《陈潭秋在武汉》陈列主要展示了中国共产党创始人之一、湖北共产党早期领导人陈潭秋1919－1927年在武汉领导革命斗争的光辉历程。

《武汉走出的革命家、军事家、外交家——伍修权》陈列集中展示了伍修权这位无产阶级革命家早年在武昌高师附小求学，并在陈潭秋的帮助下走上革命道路的光辉的一生和他的珍贵遗物。

中共五大会址纪念馆基本陈列包括两部分，即原状复原陈列和辅助陈列。前者是主体，后者是利用旧址的非主体部分，以纪念的事件或对象为内容，对原状复原陈列的补充。该馆现有复原陈列5个，辅助陈列4个，内容丰富，陈列的文物展品也与当年的历史事件和人物息息相关，高科技手段的运用恰如其分，达到了形式与内容的完美结合。布展总面积1700平方米。

专题陈列 中共五大会址纪念馆2007年底开馆以来，先后举办了《没有共产党就没有新中国》、《中国共产主义青年团团史展》等专题展览。

藏品管理

［藏品来源］ 近年来，围绕中共五大会址纪念馆的建设和有关专题展览，采取征集、捐赠、收购等方式获得1118件待定级藏品，其中有李维汉上世纪30年代在上海从事地下工作时用过的柳条箱、中共五大代表多松年1927年用过的怀表、皮箱、箫、饭碗等。为配合展览，我们在中央档案馆和国家博物馆复制了1314件复制件，包括首次对外展出的有中共五大开会时的会议记录、武汉国民政府主席汪精卫在中共五大上的讲话记录，共产国际对中共五大的指示信件等。

李维汉在上海从事地下工作时用过的柳条箱

中共五大代表多松年1927年用过的怀表

［藏品统计］ 武汉革命博物馆藏品总数为10360件，珍贵文物377件。中共五大会址纪念馆文物主要为武汉近现代文物和革命文物，纸质品占三分之二。以上文物主要通过征集、捐赠、收购等途径取得。

［藏品保护］ 武汉革命博物馆设立了专门的保管部，妥善保管和保存文物、资料。库房面积258平方米，藏品放置标识清晰，合理有序。有空调、除湿机等设备控制温度和湿度，柜内放置干燥剂、樟脑丸等，并定期检查资料保管情况，24小时电脑设备监控保证库房安全。展厅内陈列的文物采用封柜式陈列，定期检查并进行防蛀虫、防霉处理。

科学研究 自2007年11月中共五大会址纪念馆开馆，纪念馆的党史研究、文物保护工作有条不紊的开展，相关业务人员加强业务钻研，至今已有出版物：《中国共产党第五次全国代表大会》（中共党史出版社2007年10月出版）该书获“2008年社会科学研究书籍创新三等奖”；四篇论文入选《从中共五大到八七会议——纪念中共五大和八七会议召开80周年学术研讨会论文集》（中共党史出版社2008年11月出版）其中有关于中共五大的论文60篇；四篇论文参加了湖北省纪委、湖北省委党史办主持召开的“创立·发展——党内监督理论与实践研讨会”；八篇论文参加了中国博物馆学会纪念馆专业委员会第三次年会暨“城市建设与文物保护论坛”；二十六篇论文参加了第四次全国毛泽东纪念馆联谊会论文研讨会。论文涉及陈列、保护、宣教、管理以及党史等方面的研究。

另外，还有8篇关于中共五大历史研究的论文发表在市级、省级以上刊物上。

经营管理

［单位性质］ 公益性国营事业单位

［经费来源］ 政府全额拨款

［机构设置］ 2008年1月成立的中共五大会址纪念馆，与武汉革命博物馆合署办公，实行“两块牌子、一套班子”管理体制。核定馆长1名，党委书记1名，副馆长3名。设有办公室、文物保管部、陈列研究部、宣传教育部、旧址保护管理部、财务科、保卫科等7个部门。

［人员编制］ 2009年，武汉革命博物馆核定编制55个，其中管理岗位8个，专业技术岗位46个。

［观众接待］ 年接待观众约40万人次

［服务观众项目］ 设有观众接待中心，提供简单医药、轮椅、婴儿推车、饮水机、雨伞免费借用等服务；提供讲解服务，设有信息查询触摸屏；馆内还设有售卖纪念品的服务部。

参观指南

［地址］ 湖北省武汉市武昌区都府堤20号

［邮编］ 430061

［电话］ 88850322

［网址］ http://www.whr-museum.com

［开放时间］ 9:00－17:00（周一闭馆）

［票价］ 免费

（撰文：中国共产党第五次全国代表大会会址纪念馆）

中国货币金融历史博物馆

Museum of Chinese Monetary and Financial History

概述

类型 社会科学类金融专题博物馆

隶属关系 中南财经政法大学图书馆下属部门

创建时间 2004年6月

所在位置 中南财经政法大学南湖校区逸夫图书馆二楼东南面

面积 展馆面积约660平方米

布局 主要建筑分为影视宣传接待厅、藏品展示厅、仓库、空调机房、办公室、资料室。

建筑特点 中南财经政法大学逸夫图书馆由学校投资，并接受邵逸夫捐款，于2003年10月建成，其外观宏伟，功能齐全，布局合理。位于图书馆内的中国货币金融历史博物馆展厅面积约660平方米，呈大开间式布局，展品陈列依不同时代分别体现出不同的布展风格，或古色古香，或时代流转，或异国风情，形成校园内一道亮丽的风景线。

历史沿革 2003年7月，中南财经政法大学接受私人收藏家、武汉市汉商钱币博物馆馆长、中国货币金融历史博物馆终身名誉馆长郑开顺的首批中国历代货币及金融实物捐赠，共计1488件，并建立“历代货币展览馆”协议签字仪式。“中国货币金融历史博物馆”的筹建工作自此正式启动。2004年6月18日，随着校逸夫图书馆主体建筑的落成开馆，中国货币金融历史博物馆也落成并布展完成，与逸夫图书馆同时开馆，迎接校内外师生及社会大众的参观。2006年9月16日，在整合学校教授个人捐赠及原金融货币展室藏品的基础上，完成重新布展并重新开放；2009年11月，又接受了中国银行湖北分行的捐赠并重新布展，新增世界各国货币展览。至此，馆藏藏品增至4500余件。

历任馆长 黄孟黎（2004至今）。

业务活动

基本陈列 中国货币金融历史博物馆收藏有中国历代货币、近现代金融史料4000余件，展厅面积约660余平方米。馆藏文物主要来源于武汉民间收藏家、中南财经政法大学金融学院及广大校友的私人捐赠，按历代货币、金融史料两大专类，分中国古代货币、苏币和边币、人民币、外国在华发行的货币、证券史料、世界各国货币等十一个专题，分别整理、布展。全部藏品以中国历代货币和证券史料为主，其中不乏明朝孤品“泰昌通宝折五钱”、“雕母钱”等稀有钱币、“五铢泥范”等珍稀钱范，以及青铜夔龙纹大鼎等国家一级文物，具有钱币鉴赏、学术研究等重大价值。

陈列的夔龙纹鼎

藏品管理

［藏品来源］　馆藏文物主要来源于武汉民间收藏家、中国银行湖北省分行、中南财经政法大学金融学院及广大校友的私人捐赠。

［藏品类别］　分为历代货币、金融史料、世界各国货币三大专类

［藏品统计］　合计藏品4500余件

［重要藏品］　夔龙纹鼎、泰昌通宝折五大钱、大明通行宝钞等。

泰昌通宝折五钱

［藏品保护］　该馆建有专门的藏品库房和配有相应的保护措施，严格按照《藏品管理办法》的各项规定进行管理。藏品的保管工作做到制度健全、账目清楚、编目详明。对一些纸质的藏品，采用塑料布真空包装的办法，防止被紫外线及氧化腐蚀；对银币等金属铸币则采用去湿机等设备，防止氧化生锈。按照博物馆《安全保卫规定》对展馆、库房配备了消防设施和综合报警的设备。

科学研究

［科研队伍］　该校金融学院相关专业教授、教师若干人；中南博物馆馆长1人；副馆长1人；馆员2人。

［科研设施］　配备电脑2台，数码相机1部、传真打印一体机1台、扫描仪1台。

［科研成果］

一、该馆学术顾问赵德馨教授学术成果：

1、范传贤　王世钰　赵德馨合著《中国经济通史第二卷》（秦汉经济史）（湖南人民出版社2002年12月），其中第十三章从819－956页是写货币的，由赵德馨撰写。

2、《楚国货币文化的特点与春秋战国时期两种货币体系》（《江汉论坛》2004年第9期）。是向2003年10月“国际楚学研讨会”提交的论文。11000字。

3、周军　赵德馨合著《长江流域的商业与金融》，湖北教育出版社2004年5月）赵德馨撰写其中第1章《楚国货币》（第25－51页）。

二、副馆长王年咏教授学术成果：

在《历史研究》、《经济社会体制比较》、《财政研究》等期刊发表论文35篇，其中，英文论文2篇，译文13篇。主持中国证券业协会课题（2001年）、中国博士后科学基金项目（2005年）、教育部人文社科项目（2007年）、湖北省红十字会委托课题（2009年）各1项；参与国家级、省部级课题研究7项。编著有《西方货币信用学说》（武汉理工大学出版社，2002），撰著了《复苏与起步：1980～1991年中国证券市场简史》（中国财政经济出版社，2004）；参编教材、专著6部。

经营管理

［单位性质］　国营事业单位

［经济来源］　学校拨款

［机构设置］　馆长室、副馆长室、办公室

［人员编制、组成］　馆长1人、副馆长1人，办公室主任1人、馆员1人。

［观众接待］　年观众人数约8000－12000人次

参观指南

［地址］　武汉市洪山区南湖南路1号

［邮编］　430074

［电话］　027-88387113

［电子邮箱］　znhuangli@163.com

［开馆时间］　周一至周五8:30－11:30，14:00－17:00

［票价］　免费（附注：团体观众需要提前电话预约）

（撰文：黄丽）

中南民族大学民族学博物馆

Ethnological Museum of South-Central University for Nationalities

概述

类型　社会科学类民族学专题博物馆

隶属关系　隶属于中南民族大学

创建时间　1953年

所在位置　位于湖北省武汉市中南民族大学校园内

面积　占地面积5000多平方米

建筑特点及布局　中南民族大学民族学博物馆坐落在风景秀丽的武昌南湖之滨，馆舍建筑依山就势，随自然地貌高低分布。在空间处理上，以3个大小不同、形状各异、

民族学博物馆全景

高低错落的内院为中心，利用不同尺度和长宽比及闭合、开敞等富有变化的组合方式精心构筑，既将庭院、走廊、大厅、内室连为一体，又科学地划分为展览、办公、库房三个功能相对独立的区域。屋上盖琉璃瓦，并缀以飞阁重檐，秀丽玲珑。整个建筑既庄重典雅，又和谐明快，融入了我国传统建筑的精髓和少数民族的建筑风貌。

历史沿革　中南民族大学民族学博物馆的前身是成立于1953年的中南民族学院少数民族文物陈列馆。“文革”期间，中南民族学院被撤销，陈列馆藏品也被转移至中央民族学院保管。1984年，在著名学者吴泽霖的倡议、主持下，经国家民族事务委员会批准，博物馆得以复建，并正式命名为“民族学博物馆”，国家副主席乌兰夫亲笔为博物馆题写了馆名。该馆是中国第一座以“民族学博物馆”命名的专业性博物馆。

早在20世纪50年代少数民族文物陈列馆创建之初，馆内专家学者在参加中国少数民族社会历史大调查和民族识别的工作中，就收集了大量的反映中国南方少数民族传统文化内容的民族文物，主办的展览接待了印度总理尼赫鲁等80多个国家和地区各方面人士。

重建后的1986年下半年，民族学博物馆成功举办了《南方少数民族传统服饰展》和《海南黎族传统文化展》，并向社会开放，面向广大观众，尤其是武汉市及其周边的广大中小学生，普及民族知识，受到观众一致好评。1989年，在著名学者潘光旦之弟潘光迥的资助下，民族学博物馆征集了以三滴水床、雕花脸盆架为代表的一套珍贵土家族传统雕花家具，1990年3月应邀赴上海参加“1990中国上海民间艺术博览会”荣获收藏大奖，在上海展览的8天时间内，吸引了10余万中外观众，参观者发出的“精彩”、“真珍奇”的赞叹声不绝于耳。

2000年春，根据学校的工作安排，民族学博物馆和民族学与社会学学院合并，至2006年6月民族学博物馆再度单独建制。

2008年，在国家民族事务委员会的大力支持下，学校投入近千万元对民族学博物馆进行维修改展，2009年底工程基本完成。新展览突出民族特色，内容设计中民族志方法的运用，体现了民族学博物馆的学术特点；现代信息技术手段的利用，有效地延伸了博物馆的虚拟展线，丰富了展览内容；创造性地把有形文物和含有非物质文化遗产内容的声像资料等同陈一室，使观众得以窥探中国少数民族传统文化的完整风貌，弥补了传统博物馆只注重展示有形文物的不足；将静态民族文物融入到复原制作的虚拟场景之中，挖掘出静态文物背后的文化内涵，使文物从一个个单调的文化符号变为一串串生动活泼的文化故事；在保持展览整体风格的前提下，合理利用不同民族各自独特的文化元素，力求同中求变，减轻了参观者的“审美疲劳”。

在2010年初湖北省文物管理局开展的武汉城市圈博物馆纪念馆优秀陈列展览展示评选活动中，民族学博物馆重新布展的《多彩民族》展厅喜获“最佳创意奖”，成为武汉城市圈内唯一获奖的高校博物馆。

由于宣传教育工作成绩突出，中央电视台、人民日报、湖北日报等诸多新闻媒体曾用专题、专栏形式对民族学博物馆作过宣传介绍。1995年，民族学博物馆成为武汉市首批命名的“爱国主义教育基地”和“青少年科技教育基地”；2000年荣获“湖北省科普工作先进集体”光荣称号；2006年获得武汉市“年度博物馆工作先进单位”光荣称号。在弘扬民族文化和社会主义精神文明建设中发挥着重要作用，成为武汉市重要的对外宣传窗口之一。

历任馆长　王保前（1985）；吴永明（1986　临时负责）；丁家荣（1988）；王延武（2000　兼）；许宪隆（2002　兼）；初亚楠（2006　书记，主持工作）；柏贵喜（2007）。

业务活动

基本陈列　《多彩民族》展览以实物、照片、文字、图表等为主要陈列内容，注重采用现代科技手段，通过动、静结合，平面、立体结合，开放、封闭结合等多种陈列形式，比较简洁、全面地展示中国55个少数民族的概貌、中国以民族区域自治制度为主的民族政策以及民族文化。展览突出中华民族多元一体格局的独特性，突出民族文化、习俗的多样性，突出党和国家民族政策的成功和民族工作的成就。本展览共分三大部分，第一部分“民族识别和民族分布”，着重介绍民族的定义，中国少数民族的识别过程，以及民族的分布、语言和人口等状况。第二部分“民族区域自治”，通过对中国少数民族区域自治地方介绍，着重反映中国社会主义的民族政策及其对少数民族地区社会经济文化发展的作用和成就。第三部分“少数民族文化”，根据馆藏实物的情况，重点展示中国少数民族传统文化中的精彩的物质和非物质文化遗产的内容。

《记忆武陵——土家族历史文化》展览分为“悠久的历史”、“山地经济”、“灿烂的文化”三个部分。展览通过对武落钟离山土家族来源传说场景的塑造、土家族地区出土文物和传世土司官印等文物的展示、国宝级文物溪州铜柱的复制直观地梳理了土家族悠久的历史。通过对土家族地区传统农具的艺术陈列，土家山寨雕塑，配以相关图片和文字说明，生动再现了土家族地区山地经济生产活动。通过复原陈列和景观陈列法，选择土家族传统民居中有代表性的陈设进行复原，布置以馆藏珍贵的土家族雕花家具，使观众犹如身临其境，有强烈的真实感和历史感。为观众特别布置的织布机等陈列品还可让观众亲身体验西兰卡普的织造过程和使观众不仅是陈列的旁观者，而且是参与进来的实践者，从而达到动态陈列的效果。视频展示的运用，使观众可以更多的了解以“哭嫁歌”、“摆手舞”、“撒也尔嗬”为代表的非物质文化遗产。展览设计注意融入土家族文化元素，比如吊脚楼风格、虎文化等。

《椰风海韵——黎族传统文化》展览主要通过陈列上世纪五六十年代从海南黎族地区征集的珍贵的民族文物，配合以黎族传统代表性民居——船型屋的复原、黎族传统村落微缩景观以及文字说明、图片和反映黎族传统生产生活方式的影视人类学资料，向人们全景式的展示了黎族传统社会的优美的自然环境、悠久而具有革命传统的历史和灿烂而独特的文化。展览分为“环境与历史”、“方言与服饰”、“经济生产”、“风俗习惯”四个部分。展品中钻木取火、刻木记事的实物，以及露天烧陶、妇女纹身的图片都是其他地方很少能见到的，具有极高的历史文化价值。

专题陈列 《工艺奇葩——少数民族工艺美术》展览共分为“奇异瑰丽的织锦艺术”、“神秘华丽的刺绣艺术”、“灿若群星的蜡染艺术”、“匠心独运的木雕工艺”、“巧夺天工的竹编工艺”、“彝族漆器”、“精美繁复的银饰艺术”。展出的每件文物，均由少数民族民间艺人手工制作，它们风姿古朴，自然清新，散发浓郁的乡土气息。既有实用的特点，也满足审美的精神需求，同时具有丰富的文化内涵。集民族学、民俗学、艺术学等研究价值为一身，具有很强的民族特色。是我国传统文化的重要组成部分。

《斑斓霓裳——少数民族服饰》展览共展出了该馆收藏的我国东南地区壮、侗、苗、畲、瑶、仫佬、毛南、京、高山、仡佬等10个主要少数民族传统服饰。带有本民族特点的服饰，是该民族历史的活化石，有些民族服饰的花纹图案记载了他们的古老传说及历史迁徙路程，无论从历史学、民族学还是从美学的角度，民族服饰都具有极高的收藏价值。

自1986年正式开放以来，该馆先后举办了《侗寨风情图片展》、《土家族民俗展》、《中国少数民族服饰展》、《南方少数民族手工艺术展》、《南方少数民族传

1.《多彩民族》展厅 2.《工艺奇葩》展厅 3.《斑斓霓裳》展厅

统服饰展》、《馆藏文物精品展》等固定展览十几个。

为了扩大宣传对象，该馆还曾多次在外地举办展览。如1990年3月，参加中国上海民间艺术博览会并获收藏奖，1993年1月，在武汉市晴川阁举办为期半年的《南方少数民族传统文化展》；1994年5月，在武汉市蔡甸区森林公园举办为期一月的《南方少数民族传统文化展》；1994年9月，与黄石博物馆联合举办为期两个月的《中国民族服饰文化展》；1995年5月，在河南洛阳民俗博物馆举办《民间工艺品展》；1997年4－5月，与武汉广场联合举办《民族婚俗展》等。这些异地展览，拓宽了观众面，从而取得了更大的社会效益。

藏品管理

［藏品来源］ 主要通过征集、捐赠、收购等途径取得。现有的文物藏品中，绝大多数为中国南方少数民族文物，以少数民族传统服饰文物为主。

［藏品类别］ 中南民族大学民族学博物馆文物藏品基本上是民族文物。其类别有服饰、字画、竹木器、金银器、石器、陶瓷器、铜器、铁器、玉器、钱币等。

［藏品统计］ 截止2009年底，民族学博物馆共收藏了中国少数民族文物10037件。由于国家目前尚未颁布民族文物的定级标准和细则，馆内所藏文物目前均未定级。

［重要藏品］ 经过几十年几代博物馆人的不断努力积累，目前民族学博物馆已收藏中国中南、华东、西南等地区二十多个少数民族的民族文物一万余件，包括少数民

绣花彩（京族，作法事用）

"刻木记事"（黎族）

"雕花脸盆架"（土家族）

族的生产工具、生活用具、服饰、文史档案、宗教器物、书画等方面的内容。她们或古朴粗犷，或玲珑典雅，或装饰华丽，或构图冼练，其中不少堪称珍品、孤品，具有极高的学术价值和历史价值。象京族的“绣花彩”宗教服装、仫佬族的对襟绣花女服、黎族的刻木记事实物等在各民族地区民间早已失传，甚至不见于当地博物馆等文化机构，全国仅此可见。2000年6月，由国家民委和云南省政府主办的“首届中国民族服饰博览”会上，该馆即受湖北、广西等省区的邀请，派人携有关民族服饰代表相关民族参展，弥补了该民族传统服饰的缺撼！如不用一颗铁钉、采用中国传统木作工艺榫卯衔接、结构巧妙、做工精致的土家族传统雕花家俱，代表了土家族传统民间手工艺的极高水准。豪华的土家族三滴水床，床花板上用浮雕和镂空等手法雕刻有土家族服饰、兵器、乐器、狩猎工具以及反映人类生殖崇拜的瓜果、花卉等。还有反映土家山寨艳阳高照，皓月当空，河上跨桥、河中行船等几十幅文化内涵丰富的图案，表达了土家族人民对“人杰地灵，人寿年丰”理想生活的向往与追求。土家族洗脸盆架虽无三滴水床的气势，但盆架上细致的图案，高超的雕刻技艺则更胜一筹。此外，古朴雅致的蜡染；色泽鲜艳的壮锦、土家锦、黎锦、侗锦；形象生动、花中有花、情趣横生的剪纸；世界面具文化的重要组成部分、中国古代文化的产物——傩面具；中国南方古代各民族具有代表性的文化遗物——铜鼓等藏品都令到这里参观的人叹为观止。

［藏品保护］ 民族学博物馆建设有藏品部并配备专业技术人员负责藏品的保管保护工作。藏品管理严格按照《藏品管理办法》的各项规定进行管理。不仅有完备的文物藏品纸质档案，还建立了藏品管理数据库。藏品的保管工作做到制度健全、账目清楚、鉴定确切、编目详明。展厅、库房内均安装了空调和除湿设备，配备了安全防火器材。为了更好的保护藏品，库房内文物根据质地不同，采取分区保管。按照《博物馆安全保卫规定》和三级风险等级安全防护规定要求，馆内设立安全保卫科，选配专职保卫干部，重点要害部位安装技术安防设备和综合报警监控系统设施，并配备专职保卫人员，坚持24小时执勤。

科学研究 作为富有特色的高校文化机构，民族学博物馆历来重视科研工作。民族学博物馆为数不多的工作人员亦以科研人员为主，目前在职的专业人员中，有教授1人，副研究馆员3人，馆员3人，助理馆员1人。博物馆已经形成了以博士导师领头的，以民族学、博物馆学、历史学、考古学、艺术学等学科为重点研究领域的结构合理、层次较高的专业技术人员队伍。早在上世纪50年代建馆初期，博物馆工作人员就参加了当时的少数民族社会历史大调查和民族识别工作。上世纪80年代民族学博物馆重建时期，吴泽霖关于“民族学博物馆主要是为科学服务的，它是一种传播知识性的专业博物馆，是建立在民族学的基础上，同时也是依附于民族学而存在的”、“民族学与民族学博物馆的关系，正如化学或物理与它们的实验室的关系相似，是一体中的两个部分，相互依赖促进的。实际上民族学博物馆就是民族学的一种间接的田野调查的基地，双方相互依存，形成了一种共生状态”的论述，既是该馆建馆的理论指导，同时也建立了民族学博物馆在学界的地位。1984年新馆建立以来，民族学博物馆专业人员承担包括国家社科基金项目在内的多项省部级以上科研项目并多次获奖，公开发表学术论文百余篇，出版专著近20部，取得了丰硕的科研成果。

经营管理

［单位性质］ 国营文化事业单位

［经费来源］ 中南民族大学全额拨款

［机构设置］ 设有办公室、展览部、藏品部。

［人员编制、组成］ 核定人员编制数2009年为12人（现实际在编人员10人）。全馆现有专业技术人员8人，其中文博专业技术人员7人。

［观众接待］ 年观众人数约20000人次

参观指南

［地址］ 武汉市洪山区民院路708号中南民族大学校园内

［邮编］ 430074

［传真］ 027-67842750

［电子邮箱］ mzxbwg@yahoo.cn

［开放时间］ 周一至周五8:30－11:30，14:30－17:30（团体预约不受时间限制）

（撰文：刘卫国）

长阳土家族自治县博物馆

Changyang Tujia Nationality Autonomous County Museum

概述

类型 地方综合性博物馆

隶属关系 隶属于长阳土家族自治县文化体育局

创建时间 1986年元月

正式开馆 1993年开放

长阳土家族自治县博物馆外景

所在位置　位于湖北宜昌长阳土家族自治县龙舟坪镇环城东路1号，南临美丽的清江

面积　占地面积3160平方米

建筑特点及布局　博物馆陈列大楼是一幢既具民族风格又有仿古特色的建筑，庄严而有气势。馆内设4个展厅、文物库房、文物资料室、文物修复室、防盗报警监控室、值班室、办公室、接待室等，服务设施齐全。总建筑面积3160平方米，其中陈列面积达2100平方米，库房100平方米，宿舍800平方米。

历史沿革　长阳的文物工作最初由长阳县文化馆管理，有文物干部三人（兼职），1986年成立了长阳土家族自治县博物馆，1993年单独修建了博物馆陈列大楼。当时为县城龙舟坪的标志性的建筑，经过18年的风风雨雨，外墙斑驳，室内电路老化，门窗锈蚀，墙体污浊，这种情况使博物馆的基本功能不能得到应有的发挥，对社会服务的基本条件不具备，不能很好贯彻博物馆对外免费开放的政策，而且对文物的安全也造成了极大隐患。2000年，县博物馆在县城中心文化广场又开设了文物展览馆。2009年7月对博物馆进行全面维修，2009年“十一”后博物馆以全新的面貌展现在市民的眼前。至2010年，长阳博物馆由最初的4人发展为13人，其中9人拥有专业技术职务；藏品由几百件增加至上万件；展览由最初一个单一展览发展为有三个固定展览，每年还举办各类临时展览。

历任馆长　戴曾群（1986－1995）；罗建平（1995至今）。

业务活动

基本陈列　《长阳馆藏文物展》2000年从博物馆大楼搬迁至长阳广场，重新布展、展出历史文物、革命文物和民俗文物共计一百余件，陈列面积200平方米。

《文化长阳展》2004年举办，2009年办公大楼维修后该馆聘请专业展览制作单位——武汉楚辰公司进行设计和制作，重新布置《文化长阳》展览，展览采用现代陈列方法，加以声光电等设施，形式更加新颖，内容更为丰富。

《名人书画展》展出贺敬之、李铎、张虎、吴传麟等当代名人的书画作品，共计五十余幅，陈列面积100平方米。

临时展览　建馆二十年来，先后举办了《知我长阳党史展》、《八百里清江风光摄影展》、《清江奇石展》、《建国五十周年成就展》、《香港回归百年大型图片展》、《文化名人展》、《湖北名人书画展》、《红岩魂

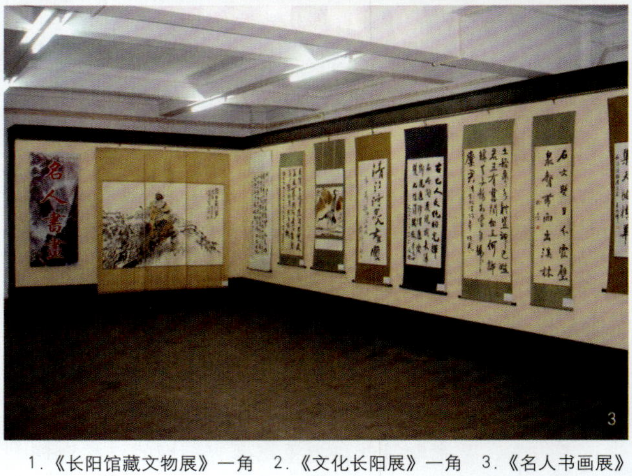

1.《长阳馆藏文物展》一角　2.《文化长阳展》一角　3.《名人书画展》

展》、《清江文化笔会——名人书画展》、《清江流域考古获重大成果展》、《民族民间文化保护成果展》、《非物质文化遗产展》以及《全国第三次文物普查专题展》。

通过举办这些展览，大大激发了人们的爱国热情，取得了显著的社会效益，受到了各界好评。截至目前，博物馆已成为七所中小学和隔河岩武警中队、县武警中队的爱国主义教育基地或德育教育基地。2003年被批准为市级国防教育基地。充分发挥了博物馆的宣传教育职能，为弘扬民族文化，让人们认识长阳、了解长阳起到了积极作用，有力的推动了社会主义精神文明建设。

藏品管理

［藏品来源］ 藏品主要通过征集、考古发掘、捐赠等途径取得。

［藏品统计］ 现有一万余件藏品，包括历史文物、革命文物和民俗文物，类别有石器、陶器、铁器、青铜器、金银器、字画、钱币等。其中一级文物2件，二级文物5件，三级文物119件。其中很多出土文物还没有鉴定。

商周　青铜猪形磬

宋　青瓷彩瓶

［重要藏品］ 旧石器时代的“长阳人”化石、商周时期的青铜云雷纹猪形磬、宋代青瓷彩瓶、战国时期的錞于、战国时期的编钟、商周时期的卜骨、骨匕、西周时期的陶印章、新石器时代的石狗熊、百折裙。

科学研究 近15年以来，长阳的文博事业积极发展，取得了丰硕的成果。1994年11月，省博物馆研究员王善才及县博物馆副馆长张典维撰写的《湖北清江流域考古获重大成果》，在《中国文物报》头版头条刊登。次年在《文物》（1995）杂志第9期发表。1998年6月，“全国民族文化工作现场会”在长阳召开，县政府顺时举办了《中国早期巴文化——长阳香炉石遗址的发掘与研究》一书发行会。该书由湖北省博物馆研究员王善才主编，9月由中国科学出版社出版。2004年10月，《清江考古》、《清江流域古动物遗存研究》、《清江考古掠影及出土文物图录》等三部清江考古文献正式发布。

经营管理

［单位性质］ 社会公益性质的国营文化事业单位

［经费来源］ 地方财政全额拨款

［机构设置］ 博物馆设三部两室。三部为群众工作部、库房保管部、安全保卫部；两室为办公室和财会室。

［人员编制和组成］ 博物馆13个工作人员全部为在编人员，大专学历10人，9人为文博专业技术人员，中级职称5人。

［观众接待］ 年观众数约10000人次

参观指南

［地址］ 长阳土家族自治县环城东路1号

［邮编］ 443500

［电话］ 0717-5322762

［电子邮箱］ cybwg762@. com

［开放时间］ 8:30－16:30

［票价］ 免费

（撰文：长阳土家族自治县博物馆）

丹江口市博物馆

Danjiangkou City Museum

概述

类型 地方综合性博物馆

隶属关系 隶属于丹江口市文体局

创建时间 1984年5月

开馆时间 1995年12月

1.丹江口市博物馆正门 2.丹江口市博物馆全景

所在位置 丹江口市水都大道

面积 占地面积14665.2平方米、建筑面积5500平方米

建筑特点 丹江口市博物馆由地上三层地下一层的框架式主楼，和六栋地上一层的副楼组成的仿古建筑。

历史沿革 丹江口市博物馆的前身是均县文化馆文物科，1984年5月撤县建市时成立了丹江口市博物馆，隶属于丹江口市文体局。

历任馆长 陈智忠（1985－1986 副馆长主持工作）；杨基明（1986.11－1992.12）；徐应年（1993.1－1994.4 博物馆负责人）；罗绪忠（1994－1998.5）；陈毅刚（1998.5－2004.8）；刘志军（2004.8－2006.11）；杨晓瑞（2006.11－2009.6 副馆长主持工作，2009.6至今）

业务活动

基本陈列 丹江口市博物馆基本陈列展厅分别是均州文物展厅、武当文化厅、南水北调厅、非物质文化厅，总占地面积2250平方米。均州文物展厅通过135件各时期实体文物，全面展示古均州的悠久历史和丰富的古文化面貌；武当文化厅以现代科技为手段，百余件金、银、铜、铁、石、木、纸、棉质地的实体文物为支撑，全方位向民众介绍武当山历史沿革，展示世界文化遗产——武当山古建筑群的文化内涵；南水北调厅通过五个单元的陈列内容，全面展示南水北调工程的伟大和丹江口市移民为工程付出的艰辛；非物质文化厅通过各类图片、影像、声音、证书等载体，向民众展示丹江口地区的各种非物质文化遗产。

专题陈列 丹江口市博物馆从1997年被十堰市市委宣传部公布为“十堰市爱国主义教育基地”后，长期以来为配合爱国主义教育在该馆举办多次以爱国主义为主题的教育展，展厅面积达到258平方米，展出图片80余幅，革命文物十余件。

藏品保护

［藏品来源］ 考古发掘、文物征集等

［藏品统计］ 截止到2009年底，入藏文物达3899件（套），主要包括青铜器、瓷器、陶器、木器、纸质文物、玉器、绢、铁器、骨质文物、玛瑙、炭精等，其中珍贵文物共计200件（套），国家一级文物12件，二级文物24件，三级文物156件。

［重要文物］ 明精铜鎏金云龙纹钵式罐 国家一级文物，通高11.4厘米，腹围22.8厘米，口径16.4厘米，底径13厘米，重3056克。敛口、广肩、鼓腹、平底。主要纹饰为浮雕双龙戏珠，双龙具有典型的明代中叶龙纹特征，长嘴，如意鼻形鼻、张口鼓舌、园眼、卷角、身细长、鱼鳞纹、火焰尾形，风车状五爪，腿毛如山羊胡、中间火珠有火焰。龙的周围有卷云纹，下部为山峰波浪纹饰，在其肩部有铭文：大明弘治丁巳年坤宁宫施。

东周青铜戈 长37.7厘米，宽12.8厘米，重224克。援狭长，锋尖削，长方形内较长，胡有三长方形穿，内上横置一长方形穿，是目前发现的最大的实用戈，属国家一级文物。

西汉陶磨 通高12.7厘米，直径27厘米，腹围28.5厘米。黑色细夹砂陶制成，分上下二部分组成，上部分为上扇磨，磨的顶部有直径约3厘米的涡，在涡内有两个小孔，

明 鎏金云龙纹钵式罐

分别被一横板隔开，磨面略倾斜，布满戳印纹，在磨侧有一柄，柄上有一穿。下扇磨与磨盘连为一体，磨盘边有一周高约1厘米的栏缘，在磨盘面有一方形孔，在磨盘下部有三个柱形钮。此磨是唯一仿真冥器。

明铜镜 直径45厘米，厚1.8厘米。镜背图文并茂；圆形，圆钮，圆钮座，钮座上是二条首尾相接的龙，间以二颗龙珠，呈单龙戏珠状。主体纹饰是四个楷书字“福寿双全”。在其周围分布着66个浅浮雕图案纹饰。主要是日、月、云、天空、地官、人官、仙童、仙鹤、宝瓶、凤凰、八宝、团花、楼阁等，图样古朴别致，工艺精美。

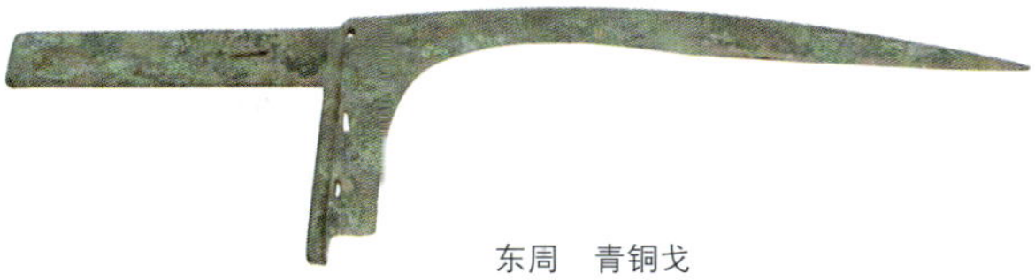

东周 青铜戈

西汉 陶磨

明 铜镜

六朝青瓷罐 高31.8厘米，口径14.5厘米，腹围30.8厘米，底径15厘米。直口，尖唇，短颈，溜肩，鼓腹下内收至底，平底，施半釉，下腹部和唇露胎，胎为灰白。器腹布满网格纹，施青釉，肩上半部凸起并施一周凹弦纹，有四对称横桥形系。

［藏品保护］ 该馆建有专门的文物库房，并配备有相应的保护设施，严格按照《藏品管理办法》的各项规定进行管理。

凡是具有历史、艺术或科学价值的一、二、三级藏品，经省级文物鉴定委员会专家组的严格鉴定，并建立文物藏品建档备案和电子文本；藏品的保管工作做到制度健全，账目清楚、鉴定确切、编目详明；运用传统方法对部分藏品器物进行修复保存；库房内配备有必要的温、湿度计、恒温计以及安全防火器材和供排风通道；淘汰陈旧的文物橱柜架和过时落后设施，更新安全可靠的全封闭文物橱柜金属架等。按照《博物馆安全保卫规定》和三级风险等级安全防护规定要求，馆内设立安全保卫科，选配专职保卫干部。重点要害部位安装技术安防设备和综合报警监控系统设施，落实完善了各项安全保卫制度，配备专职保卫人员坚持24小时执勤，并且严格交接班制度。

六朝 青瓷罐

明 鎏金海灯

经营管理

［单位性质］ 社会公益性国营文化事业单位

［经济来源］ 财政拨款

［机构设置］ 设有馆长室、办公室、业务科、安全保卫科。

［人员编制］ 总人数9人，专业技术人员9人，管理人员2人，其中大专以上文化程度4人，中专专科人员4人，大学本科2人。

［观众接待］ 年9.92万人

参观指南

［地址］ 湖北省丹江口市水都大道

［邮编］ 442700

［电话］ 0719-5222401

［开放时间］ 9:30—17:30（每周一闭馆）

［票价］ 免费

（撰文：杨晓瑞）

公安县博物馆

Gong'an County Museum

概述

类型 地方综合性博物馆

隶属关系 隶属于公安县文化局

创建时间 1985年2月

所在位置 位于公安县斗湖堤镇油江路306号

历史沿革 1985年2月经批准成立公安县博物馆，文博业务工作仍由县文化馆代管并合署办公。1990年2月，与文化馆分开，搬迁至斗湖堤镇油江路306号正式挂牌办公。

历任馆长 黄凤泉（1990—1998 负责人主持工作）；朱强胜（1998—2001 负责人主持工作）；张如安（2001至今 馆长；副馆长陈小明主持业务工作）。

业务活动

藏品管理

［藏品来源］ 主要通过征集、考古发掘、上缴（交）、捐赠、收购等途径取得。现有的文物藏品中，绝大多数为考古发掘的出土文物，以陶石器为主。

［藏品类别］ 公安县博物馆文物藏品分为传世文物、出土文物和收缴文物以及工艺品四大类。其类别有石器、陶瓷器、铜器、铁器、木雕、石刻、金银器、玉器、古书、钱币等等。

［藏品统计］ 截至2006年底，从新石器时代至民国各时期文物藏品总数为688件。其中国家一级文物10件，二级文物31件。三级文物328件。

宋元 石雕道教头像

［重要藏品］ 西夏石雕侍立俑头；宋元石雕道教头像；战国凤鸟纹漆圆盒；北宋石雕坐像；宋代莲花形青釉瓷碗；宋青釉折沿口瓷碗；战国方耳兽足圆铜鼎；宋青釉高足瓷杯；新石器时代石斧；宋陈家铭文铜镜；春秋铜剑；唐弦纹黑陶罐。

“北宋石雕坐像”：头饰高肉髻，螺发，额间饰白毫。双目下视，身着通肩双领下垂袈裟，于莲台上结跏趺座，两手相叠腹前，作禅定印。“战国凤鸟纹漆圆盒”：木胎，扁圆形，器盖与身作子母扣套合。器盖呈碗形，敞口，圆拱形顶，上附圆圈形钮。盒身钵形，子口，斜直腹。平底微外突，下附矮圈足。漆盒内外髹黑漆，盖表黑地上用红、金色彩绘凤鸟纹和卷云纹，在凤鸟纹外饰二周凹弦纹。器身上部黑地上亦用红、金色绘凤鸟纹和卷云纹。“西夏石雕侍俑头”：沙岩雕刻，头戴瓜楞尖顶帽，额度圆腮，弧眉大眼，双目平视，鼻梁高直，嘴唇微闭，两耳垂直，表情祥和。

宋 彩绘青釉陶罐

［藏品保护］　该馆的文物库房配备有相应的保护设施，凡是具有历史、艺术或科学价值的一、二、三级藏品，经省级文物鉴定委员会专家组的严格鉴定，均建立文物藏品档案和电子文本；藏品的保管工作做到制度健全、账目清楚、鉴定确切、编目详明；运用传统方法对一些破损藏品器物进行修复保存；库房内配备必要的温、湿度计、恒温计以及安全防火器材。

经营管理

［单位性质］　社会公益性国营文化事业单位

［经费来源］　地方财政（县级）全额拨款

［机构设置］　设有馆长室、办公室、文保业务科。

［人员编制、组成］　核定人员编制数2003年为10人（现实际在编人员10人）。全馆现有文博专业技术人员2人。

参观指南

［地址］　公安县油江路306号

［邮编］　434300

［电话］　0716-5238099

［开放时间］　8:30－16:30

［票价］　免费

（撰文：邹玮）

巴东县博物馆

Badong County Museum

概述

类型　地方综合性博物馆

隶属关系　隶属于巴东县文化体育局

创建时间　1988年11月

所在位置　位于巴东县信陵镇营沱社区沿江大道

面积　占地面积50余亩

布局　巴东县博物馆分博物馆、民族文化公园二部分。

建筑特点　博物馆占地为10亩，二层仿古建筑综合楼，框架式钢筋混凝土结构，建筑面积1440平方米。一楼760平方米，分别为接待大厅200平方米、两间展厅320平方米、一间学术报告厅120平方米、两间办公室100平方米、卫生间20平方米。二楼680平方米，分别为三间展厅520平方米、文物库房120平方米、安全监控室20平方米、卫生间20平方米。民族文化公园占地为40余亩，建筑面积7200平方米。又分寇准文化建筑群、民族特色传统古民居群。寇准文化建筑群在博物馆南侧，以南北向为中轴线，包括寇准任巴东县令的北宋风格县衙、寇准任巴东县令时修的秋风亭、北方大院风格的寇公祠。民族特色传统古民居群在寇准文化建筑群东侧，有土家族传统吊脚楼和四合天井民居建筑三栋、传统手工艺作坊两栋、传统中草药铺一栋、佛教寺院两座、古石桥两座、2000多平方米演艺广场一个。整个博物馆和民族文化公园以仿古围墙圈围。北临沿江大道，为博物馆大门和公园入口。南侧建有牌楼式大门，为消防通道的入口，可进入大型消防车辆。

历史沿革　建国初期，县文化馆行使文物保护工作职能，征集了大量珍贵的历史文物。1988年11月，巴东县博物馆正式成立以来，虽然基础设施一无所有，但在文物保护中取得了重要成绩，文博工作队伍也逐渐壮大。从建国初期县文化馆的一名兼职文博干部，到1988年11月建馆时的三人，发展到如今的8人，并拥有三名文博中级专业技术职称资质的文博队伍，调查、征集、保管、陈列、研究、宣传、讲解等各项基础业务工作的人员齐全。2007年以来，积极向各部门争取项目资金1200万元，完善了博物馆基础设施与展览陈列，使该县的文物有了科学规范的保管与展示的环境，解决了办公设施与设备。博物馆大楼和民族文化公园于2009年4月建设完成，并同时开馆开园。

历任馆长　鲁德厚（1988. 11－1992. 10　文化局副局长兼）；李庆荣（1992. 11－2004. 3）；向勇（2004. 4－2009. 4　副馆长）；向勇（2009. 5至今）。

业务活动

基本陈列　博物馆五间展厅展陈巴东、长江三峡的历史、民族文物、革命文物。巴东馆藏有近3万件文物和标本，不乏精品。有传递人类起源信息的巨猿化石、旧石器及新石器时代的石器、中国西南地区最早农耕文明遗址出土的楠木园文化遗物、神秘的巴人文化遗物、巴楚经济与战争文化遗物、宋代官窑瓷器、代表土家族苗族特点的民族民俗文物、反映贺龙领导的红军在鄂西进行革命斗争和巴（东）（秭）归兴（山）县委组织的武装革命斗争的革命文物等。

《民族文化公园陈列》　公园是在省级重点文物保护单位狮子包古建筑群的基础上拓展开发的，陈列展览有承载着寇准文化的文物建筑秋风亭、寇公祠、北宋县衙与相关文物；具有土家族特色的传统民居吊脚楼、天井屋等；反映三峡航运史的宗教建筑；具有民族特点的传统工艺作坊；精巧的古代单拱石桥等。在这批古建筑中，按地方行业特点陈列有纤夫文化民居、渔民特色民居、农户特色民居、传统中药铺、传统工艺豆制品作坊、原始水动力水磨坊。

专题陈列　巴东县旧县坪宋城遗址的考古发掘，被评为2002年全国十大考古新发现之一。该馆开劈了二间展厅，360平方米，专门陈列该遗址出土文物和国际先进水平、带3D电影的沙盘。

藏品管理

［藏品来源］ 主要通过征集、考古发掘、上缴（交）、捐赠、收购等途径取得。现有的文物藏品中，绝大多数为考古发掘的出土文物，以陶瓷器为主。

［藏品类别］ 藏品分为传世文物、出土文物和革命文物以及工艺品四大类。其类别有古生物化石、石器、陶瓷器、铜器、铁器、木雕、金银器、玉器、字画、古书、钱币等等。

［藏品统计］ 截至2009年底，从旧石器时代至民国各时期文物及标本藏品总数近3万件（其中2万余件文物及标本为三峡工程发掘出土，正在分类清理登记，也没经过文物级别鉴定）。原馆藏7321件也只有部分文物经过了鉴定，其中国家一级（乙）文物1件，国家二级文物6套11件，国家三级文物14件。

［重要藏品］ 新石器时代陶器；战国时期巴人的青铜虎钮錞于、编钟、巴式剑等兵器与陶器；汉代龟钮虎牙将军银印；汉代礼器青铜洗；宋代官窑瓷器；北宋寇准亲铸铁权；清代土家族吞口木雕；清代道场水陆画等。

［藏品保护］ 馆内建有专门的文物库房和配备相应

战国　编钟

战国　青铜虎钮錞于

战国　巴式钺

汉　青铜洗

汉　青铜壶

战国　巴式剑

汉　龟钮虎牙将军银印

汉　土家族吞口木雕

的保护设施，严格按照《藏品管理办法》的各项规定进行管理。凡是具有历史、艺术和科学价值的一、二、三级藏品，经省级文物鉴定委员会专家组的鉴定，均建立文物藏品档案；藏品的保管工作做到制度健全、账目清楚、鉴定确切、编目详明；配备有安监、消防、恒温、防雷等系统设备设施。按照《博物馆安全保卫规定》和三级风险等级安全防护规定要求，馆内设立安全保卫部，选配专职保卫干部。落实完善了各项制度，并坚持24小时执勤。

科学研究

［科研队伍］　巴东县博物馆有馆员3人，助理馆员3人。

［科研设施］　巴东县博物馆因经济条件制约，科研设备设施落后，办公条件简陋。自2006年后，随着经济条件好转，业务工作必要的设备逐步得到更新与充实。现已配备电脑5台（包括台式、手提式）、打印机、扫描仪、传真机、各种型号数码与胶片相机4台（套）、GPS2台、红外线测距仪等。

［科研成果］　三峡文物保护以来，巴东县博物馆随着业务人员增加并得到专业学习锻炼、专业水平能力提高，积极开展专业研究工作。1997年以来，《巴东龙船河悬棺葬探谜》、《巴东文物刍议》、《长江三峡地区巫文化现象》分别在《三峡文化研究》、《湖北民族学院学报》上发表；与省内外大学、考古科研单位合作的《巴东李家湾遗址》、《巴东万流遗址》、《巴东陈向坪遗址》等考古学专著与考古学简报20多本（篇）。

考古发掘　先后征集文物数百件、配合完成几次文物普查、工程建设中的文物保护、申报各级文物保护单位及管理等，特别是长达十余年的三峡工程文物保护工作中，配合武汉大学、湖北省文物考古研究所以及来自全国的二十余家考古科研单位，对三峡淹没区195处文物点进行发掘和搬迁复建。

申报并由各级政府核定公布了湖北省文物保护单位5处，恩施州文物保护单位7处，巴东县文物保护单位60处。馆藏文物逐年丰富，现有馆藏国家一、二、三级文物及普通文物和标本共近三万件。

宣传教育　加强了文物法律法规的学习和宣传，文物行政执法水平有较大提高，配合公安机关和国土、建设等部门，坚决制止和严厉打击了该县境内的文物违法犯罪行为，使国家珍贵文物得到了保护。加强文物安全设施设备建设和安全管理，进入了建馆二十年的文物安全年。

开劈了利用文物产业进入市场的道路，打造民族文化公园，并申报为国家AAA级旅游景区对外开放，使该县的文博事业有了长足的发展。

交流合作　博物馆是一个服务于社会的文明窗口，交流合作是一项基本业务活动。通过三峡文物保护，巴东县博物馆与全国10多所高校、30多个省市博物馆、考古研究所建立了友好往来关系，进行专业学术与事业发展交流。还分别参加了国务院三峡工程建设委员会组织的“云南古建筑保护”、“西安文物维护技术与档案管理”等专业考察。还自行组织赴河南、山西、陕西等省考察明清县衙与古建筑保护情况。同时，该馆也接待了湖北江临县、建始县、陕西岚皋县、重庆丰都县等县的博物馆、文管所来该馆考察三峡文物保护成果。

经营管理

［单位性质］　社会公益性国营文化事业单位

［经费来源］　地方财政（县级）全额拨款

［机构设置］　巴东县博物馆内设机构有办公室、业务部、陈列部、群二部、保管部、保卫部、民族文化公园（三峡集中搬迁复建的古建筑群、国家AAA级旅游景区）管理办公室。

［人员编制］ 核定人员编制8人，实际在编8人。现有专业技术人员6人。

［观众接待］ 2009年4月至2009年12月底，博物馆接待观众达24700人次。

参观指南

［地址］ 巴东县信陵镇营沱社区沿江大道

［邮编］ 444300

［电话］ 0718-4335435（传真）、0718-4336938

［电子邮箱］ bdbwg1988@163.com

［开放时间］ 8:30－16:30

［票价］ 免费

（撰文：向勇）

石首市博物馆

Shishou City Museum

概述

类型 地方综合性博物馆

隶属关系 隶属于石首市文化局

创建时间 1984年12月

所在位置 位于石首市绣林办事处，笔架山南部，东邻山底湖

面积 占地面积11000平方米

布局 博物馆前部为2000平米的广场，东西两侧分别为20米宽的绿化草坪，在草坪之后西侧还陈放一列石雕石刻。博物馆综合大楼坐南朝北，大门入口为三门双开玻璃门，前厅为双开双门玻璃门，前厅东西两侧各有一条直通三楼应急楼梯，大厅一楼设两个展厅，二楼设两个展厅和图书阅览室、多媒体功能厅，三楼为会议室和办公室。

建筑特点 2004年12月－2006年10月，石首市建成了框架结构式的三层博物馆综合大楼，大楼为框架式混凝土结构，建筑平面呈“凸”形，博物馆综合大楼由武汉中南建筑设计院设计，采取仿汉建筑，主体三层，通高18.2米，占地面积11000平方米。建筑面积3260平方米，大楼一、二层为展区，三层为办公区，展厅面积近2000平方米，库房面积100平方米。设有历史文物精品展、明代丝绸展、史前文化展、革命文物展。石首博物馆现已成为我市重要爱国主义教育基地之一。

历史沿革 中华人民共和国建立初期，石首市的文物工作由原石首县文化馆代为管理，后安排戴修正具体负责文物工作，1984年12月成立石首县博物馆。1988年3月成立

石首市博物馆外景

石首市文物管理所，实行两个机构合署办公，人员编制不增加。2009年6月石首市文物管理所调整为主体机构，并更名为石首市文物局，石首市博物馆在市文物局挂牌，合署办公。

博物馆1987年在原文化馆院内修建一座建筑面积380平方米的办公楼，融办公、库房、展出于一体的二层楼房，由于设施落后，博物馆一些自身的基本功能得不到应有的发挥，对社会服务的基本条件不具备，而且存在严重的安全隐患。在石首市委、市政府的高度关注下，博物馆新馆建设于2004年1月4日破土动工，并于2006年10月18日建成开馆。

历任馆长 覃文煊（1988.5－1992.2）；匡生国（1992.2－1995.5）；李宽洪（1995.5－1998.2）；陈芝炳（1998.2至今）。

业务活动

基本陈列 博物馆综合大楼于2006年10月面向社会开放，展出出土、征集文物418件，陈列面积共2000平方米。分别是：《精品文物展》主要展示商周、两晋、南北朝、唐宋、元等历史时期的出土青铜器、陶器、瓷器以及铜

《精品文物展》展厅一隅

镜；《明代丝绸展》主要展示明代丝绸及其它附属文物；《史前文化展》主要展示该市全国重点文物保护单位走马岭遗址新石器时代陶器和石器；《革命文物展》主要展示该市王尚荣（1955年被授予中将和少将军衔）等九位革命前辈的革命遗物、照片以及其它近代革命文物。陈列以大量的珍贵实物为信息载体，较为系统的展现了石首各个历史时期的风貌。展柜采用大通柜和独立展柜相结合，使用人工照明方式，安装了监控和报警设施，并配备了讲解员，并于2008年1月1日正式对外免费开放。

专题陈列 自1988年建馆以来，先后举办过20多次各种临时的专题展览，如《白鳍豚标本展》、《文物保护法规图展》、《抗洪抢险图片展》、《石首文物精品赴广东交流展览》、《明代女尸》、《石首籍开国将军图片展》、《建市20周年成果展》等。有的专题展览意义重大，影响深远，如《抗洪抢险图片展》制作成活动版面，除全市巡回展览，对全市党员干部开展教育外，还被交流到荆州市巡展。

藏品管理

［藏品来源］ 主要通过征集、考古发掘、捐赠、上缴等途径取得。现有的文物藏品中，绝大多数为考古发掘出土，以陶瓷器为主。

［藏品类别］ 文物藏品分为出土文物、革命文物和传世文物三大类。其类别有石器、陶瓷器、铜器、铁器、漆木器、石刻、石雕、金银器、玉器、古书、钱币等。

［藏品统计］ 截至2009年底，从新石器时代至民国各时期文物藏品总数为3988件，其中各类藏品数为出土文物和传世文物3658件，革命文物330件。国家1级文物有5件、2级文物有54件，3级文物有379件。

［重要藏品］ 商代青铜镈、觚；东周原始青瓷瓿；宋代盏托；明杨溥墓志铭：明张璧玉带板；东周鼎、敦、壶、剑、戈、矛、玉璧、玉环；两晋青瓷盆；唐代胡人

《革命文物展》展厅一隅

商　青铜镈

商　青铜觚

东周　原始青瓷瓿

东周　青铜敦

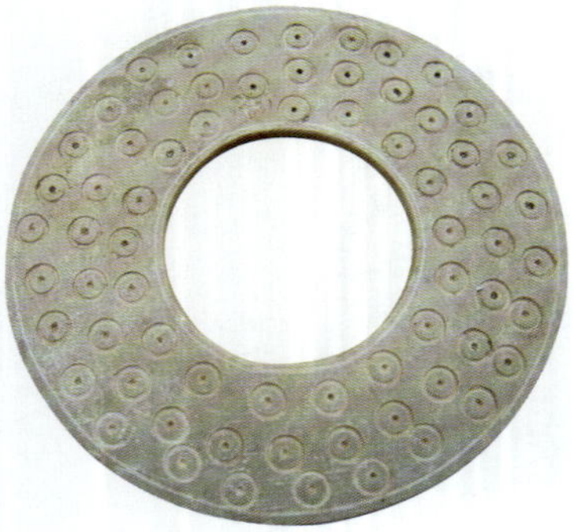

东周　玉璧

东周　玉环

明　张璧玉带板（局部）

宋　瓷盏托

唐　胡人俑

宋　影青瓷盒

元　青瓷碗

俑；汉代位置三公镜；唐代瑞兽葡萄镜；宋代影青瓷盒；明代丝绸等。

［藏品保护］　该馆建有专门的文物库房和相应的保护措施。凡具有历史、艺术和科学价值的一、二、三级藏品，经省级文物鉴定委员会专家组的严格鉴定，均建立文物藏品档案和电子文本；运用传统方法对一些破损的藏品器物进行修复保存；库房内必要的温、湿设备还有所欠缺；藏品的保管工作做到制度健全、鉴定确切、编目详明。按照《博物馆安全保卫规定》和三级风险等级安全防护规定要求，馆内设立安全保卫科，选配专职保卫干部。重点要害部位安装技术防护设备和综合报警监控系统设施，落实完善了各项安全保卫制度，配备专职保卫人员坚持24小时执勤。

考古发掘　考古发掘工作起始于80年代初，至2009年底止，在所辖区域内农业生产（农田改造）、基建、水利、交通等设施建设工程中，通过举报、巡查、勘探调查等各种形式，经过20多年百余次的考古发掘，出土和收缴了数千件地下文物（其中不乏一些文物珍品），为区域的历史演变和经济社会发展研究提供了不可或缺的实物依据。

科学研究

［科研队伍］ 石首市博物馆副研究馆员2人、馆员4人、助理馆员10人。

［科研设施］ 随着经济的快速发展，开展博物馆业务工作的必要设施得到更新充实，办公条件不断改善，现已配备电脑12台/套（包括台式、手提，复印机等），各种型号数码相机4台（套）及其它工作器材等。

［科研成果］ 近些年来，石首市博物馆积极开展文博专业理论研究。《湖北省石首市走马岭新石器时代遗址发掘简报》刊登于《考古》1998年第四期；《走马岭遗址考古亲历记》分别刊登于《大视角》1998年第一期和《荆州文史资料》第一辑；《湖北石首出土商代青铜器》刊登于《文物》2000年第11期；《免费开放后的石首博物馆》《老局长的文物情愫》分别刊登于《湖北文化》第二、四期。

交流合作 博物馆是一个服务社会的文明窗口，开展交流合作是一项基本的业务活动。如参与市内一些重大活动的陈列设计项目和开展与外省馆际之间和省内知名院校的交流活动。2003年7月博物馆应广东省东莞市长安镇图书馆的邀请，经过3个多月的前期精心准备，反映“荆楚文化”的《楚文化历史文物展》在长安图书馆隆重开幕，3个月之后，还巡回到东莞市博物馆展出，积极的推动了两地的文化交流。2006年8月武汉大学历史学院考古系有关教授、学者对石首的楚文化进行了详实的考察。

经营管理

［单位性质］ 社会公益性文化事业单位

［经费来源］ 地方财政（市级）全额拨款

［机构设置］ 设有办公室、文保部、安全保卫科、陈列部。2009年6月根据石机编（2009）34号文件通知，石首市文物管理所调整为主体机构，并更名为石首市文物局，石首市博物馆在市文物局挂牌，合署办公。

［人员编制］ 截至2009年核定人员编制数为14人，全馆现有专业技术人员18人，其中文博专业技术人员10人。

［观众接待］ 年观众人数3万多人次

参观指南

［地址］ 石首市南岳山大道东端

［邮编］ 434400

汉 “位至三公”铜镜

唐 瑞兽葡萄镜

两晋 青瓷盆

明 杨溥绣金麒麟朝服

［电话］ 0716-7773555

［传真］ 0716-7299223（市文化局）

［电子邮箱］ ssb0wuguan@126.com

［开放时间］ 8:30—17:00（星期一闭馆）

［票价］ 免费

（撰文：石首市博物馆）

仙桃市博物馆

Xiantao City Museum

概述

类型 地方综合性博物馆

隶属关系 隶属于仙桃市文化广播电视新闻出版局

创建时间 1984年4月

所在位置 位于仙桃市仙桃大道，市政广场南，钱沟路西

仙桃市博物馆

面积 占地面积1730平方米

布局 图书馆大楼一楼为博物馆，西边为固定陈列展厅、库房，东边为临时展厅，南边为办公区，中间为天井

建筑特点 大楼主体为框架式钢筋混凝土结构，共12层。一楼建筑面积981平方米，其中展厅210平方米，库房30平方米，其余为办公区和天井、走道。

历史沿革 从建国初期起，文物工作由沔阳县文化馆代管，1973年文化馆配备文物专干，1982年文化馆设立文物组，1984年4月成立沔阳县革命历史博物馆，1986年10月改名为“仙桃市博物馆”。为了进一步加强文物管理工作，经市编委批准，1995年4月成立了“仙桃市文物管理所”，与仙桃市博物馆合署办公，即两块牌子一套班子，主要负责全市的文物调查、勘探、发掘和查处文物走私、打击盗掘古墓、管理文物市场等工作。为了加强全市文物勘探和稽查工作，1995年5月，经市编办批准成立了“仙桃市文物勘探稽查队”，隶属市文物管理所。

历任馆长 谢桂仿（1984.4—1990.2 副馆长主持工作）；陆家鑫（1990.3—1991.7 副馆长主持工作）；彭道行（1991.8—1997.4）；余立（1997.5—1998.1 副馆长）；金自炳（1998.2—2001.2）；郑军（2001.3至今）。

业务活动

基本陈列 《仙桃历史五千年》2002年9月面向观众开放，展出文物210件，其中以张沟越舟湖遗址出土的新石器时代磨制石器、排湖沿岸出土的三国至隋朝的青瓷器以及各式青铜镜最具代表性。

专题陈列 在举办固定陈列的同时，仙桃市博物馆还先后推出了《海洋大型生物标本展》、《中国历代钱币展》、《蝴蝶标本展》、《微型木雕展》、《精美根雕展》、《天潜仙书画联展》、《仙桃市迎奥运美术作品展》、《仙桃市建国六十周年成就展》等临时展览。

藏品管理

［藏品来源］ 主要通过征集、考古发掘、上缴、捐赠、收购等途径取得。现有的文物藏品中，绝大多数为通过征集获得，以陶瓷器为主。

［藏品类别］ 仙桃市博物馆藏品分为出土文物、传世文物和革命文物。其类别有石器、陶瓷器、铜器、铁器、木雕、石雕、石刻、金银器、玉器、字画、古书、钱币等。

［藏品统计］ 截至2009年底，从新石器时代至民国各时期文物藏品总数为1500余件。其中国家一级文物2件，二级文物4件，三级文物135件。

［重要藏品］ 新石器时代彩绘陶纺轮、穿孔石铲、穿孔石锄、石凿、东汉青釉四系网纹瓮、南朝青铜鐎斗、隋四神铭文镜、隋青釉四系盘口壶、明龙泉窑青釉盘、明浅刻兰亭序纹石砚等。

［藏品保护］ 该馆建有专门的文物库房，展厅和库房内安装了与市公安局110指挥中心联网的防盗报警设施，珍贵文物建立藏品电子档案。按照《博物馆安全保卫规定》和三级风险等级安全防护规定的要求，内设保卫科，配备专职保卫干部，确保24小时有人执勤。

牡丹画展

考古发掘　考古发掘工作始于1974年，从考古工作者在沙湖、排湖等地出土新石器时代石器起，至2009年底，在农田水利建设及其它建设工程施工中，共发掘和出土了数百件地下文物，为仙桃的历史演变和经济社会发展研究提供了重要的实物证据。

科学研究

［科研队伍］　现有馆员1人，助理馆员3人。

［科研设施］　仙桃市受经费及专业人才匮乏的制约，科研设施比较简陋，配备有电脑6台，数码相机2台等器材。

民间根雕

新石器时代　穿孔石铲

东汉　青釉四系网纹瓮

隋　四神铭文镜

［科研成果］　该馆积极开展文博专业理论研究，先后在《文物工作》等杂志上发表论文，出版了《仙桃溯源》等书籍。

交流合作　2006年5月1日至6月20日，仙桃市博物馆参加了由武汉市文化局组织策划的《8+1武汉城市圈首届文物特展》。该展览精选武汉、黄石、鄂州、孝感、黄冈、咸宁、仙桃、潜江、天门9座城市最具观赏价值、最具地域特色的馆藏历史文物精品，集中展示武汉及周边地区的地域传统文化和历史风貌，体现城市圈丰富的文化底蕴和人文精神。展出地点在武汉市博物馆一楼珍藏厅，展出面积600平方米，展品数量近300件（套）。

经营管理

［单位性质］　公益性国有文化事业单位

［经费来源］　市财政全额拨款

［机构设置］　内设办公室（财务室）、业务科、文物调查勘探稽查队、保卫科。

［人员编制］　核定人员编制数为10人，实有13人。

［观众接待］　年接待观众近4万人

参观指南

［地址］　仙桃市仙桃大道60号

［邮编］　433000

［电话］　0728-3310050

［传真］　0728-3600505

［电子邮箱］　474114540@qq.com

［开放时间］　9:00—17:30（周一闭馆）

［票价］　免费

（撰文：仙桃市博物馆）

汉川市博物馆

Hanchuan Museum

概述

类型　地方综合性博物馆

隶属关系　隶属于汉川市文化体局

创建时间　1986年4月

所在位置　位于山后三路与文化路交汇处

汉川市博物馆

面积　占地面积2000平方米

布局　主体建筑为博物馆三层文物大楼和职工住房两个部分，相互之间可以连通，主楼前面为花园，展厅设于主楼三层，二层为业务办公场所及文物库房，顶层为职工办公室。

建筑特点　1989年12月，汉川市建成了框架式结构的三层文物大楼，大楼主楼为框架式钢筋混凝土结构，建筑面积600平方米，展厅面积200平方米，文物库房面积40平方米。

历史沿革　中华人民共和国建立以后汉川县的文物工作由汉川县文化馆代为管理，1986年经县编委同意成立汉川县文物管理所，1990年经汉川县编委同意成立汉川县博物馆，与汉川文物管理所合署办公，即两块牌子一套班子（人员）。

历任馆长　张远栋（1986.4－1997.7）；何楚平（1997－2002）；李光（2002.4－2005）；何楚平（2005.6－2007.12）；曾文林（2008.1至今）。

业务活动

基本陈列　汉川市博物馆基本展览《汉川市博物馆出土文物展》于1992年第二届全国农运会在孝感召开之际，正式对外展出，十多年来，先后主办：《汉川市历史文物陈列展》、《汉川市精品文物展》、《抗洪英雄李乐成事迹展》、《海洋生物展》、《珍稀动物展》等各类展览，共接待观众近二十万人次，全市共有十多所中小学校将博物馆作为爱国主义教育基地并常年开展活动。为了充分展示第三次全国文物普查成果，汉川市博物馆又将此次普查新发现制作成很多版面，深入到全市各乡镇巡回展出。

藏品管理

［藏品类别］　汉川市博物馆藏品分为传世文物、出土文物、革命文物和民俗文物四大类。其类别有石器、陶瓷器、铜器、铁器、木雕、石雕、石刻、金银器、玉器、字画、古书、钱币等。

［藏品统计］　截至2009年3月底，从新时期时代至民国各时期文物藏品总数为3231件，其中铜2669件、金2件、银50件、铁38件、石137件、陶100件、瓷131件、玉125件、纸281件、木15件、其它83件，国家一级文物4件、二级文物8件、三级文物33件。

［重要藏品］　新石器时代双孔石铲、春秋时期铜盉、西晋时期铜弩机、元代百斤大银锭、唐代执壶、唐代真子飞霜镜、清代杨守敬和何远庆的墓志铭等。

［藏品保护］　该馆建有专门的文物库房和配备相应的保护设施，严格按照《藏品管理办法》的各项规定进行管理，凡是具有历史艺术科学价值的一、二、三级藏品，经省级文物鉴定委员会专家组的严格鉴定，均建立文物藏品档案，藏品的保管工作做到了制度健全、账目清楚、鉴定确切、编目详细，淘汰了过时的红外线报警系统，更新安全可靠的灯光联动报警系统，淘汰落后的文物橱柜和落后设施。按照《博物馆安全保卫规定》相关要求，要害部位安装了报警监控设备，落实完善了各项安全保卫制度，并安排了专职保卫人员坚持24小时值班。

考古发掘　近几年博物馆进行了几次田野发掘，如2004年回龙石狮石象出土，2005年垌冢晒网台遗址发掘，2007年马口窑址发掘等都具有较高的考古研究价值。其中

展厅一瞥

春秋　铜盉

西晋　铜弩机

新石器时代　双孔石铲

春秋　铜簋

晒网台遗址的发掘通过媒体宣传引起了全市人民的广泛关注，为宣传汉川悠久历史文化，提高博物馆声誉起到了积极的推动作用。

科学研究

［科研队伍］ 副研究馆员1人，馆员3人，初级助理馆员8个。

［科研成果］ 撰写专著与专集在全省有一定影响，如《湖北省汉川严家山西晋墓简报》、《“光照史册、泽及人民”——介绍王平章烈士、徐宝珊与汉川农协旧址》等。2005年12月，省、孝感市、汉川市三级文物考古部门对汉川市垌冢镇新石器时期环壕聚落遗址进行了考古发掘，为研究长江中下游地区和江汉平原地区文明起源提供了新的依据，《湖北日报》、《孝感晚报》、《楚天都市报》等均作了相关报导。2009年《江汉考古》专集刊登了《汉川市霍城新石器时代遗址试掘》。

经营管理

［单位性质］ 社会公益性质的国营文化事业单位。

［经费来源］ 地方财政全额拨款。

［机构设置］ 设有馆长室、办公室、文保业务科、安全保卫科，1986年成立汉川县文物管理所，1990年又成立了汉川县博物馆与县文物管理所两块牌子一套班子合署办公，并兼有县文管会办公室的业务职能工作。

［人员编制、组成］ 核定人员编制为8人，现有人员14人，全馆现有专业技术人员12人，其中文博专业技术人员8人。

［观众接待］ 年观众数约3千人次

参观指南

［地址］ 汉川市山后三路27号

［邮编］ 431600

［电话］ 0712-8282750

［开放时间］ 8:00—16:30（周一闭馆）

［票价］ 免费

（撰文：汉川市博物）

汉口新四军军部旧址纪念馆

Site-Memorial of New Fourth Army in Hankou

概述

类型　社会科学类历史遗址专题博物馆

隶属关系　隶属于武汉市文化局

开放时间　2006年12月25日

汉口新四军军部旧址纪念馆外景

所在位置　武汉市江岸区胜利街与卢沟桥路交汇处东南角

面积　占地面积700平方米、建筑面积1100平方米

建筑特点　旧址原为日本侨民住宅，两层砖木结构，由并排的A、B两栋三个单元组成，建于上世纪20年代初期，属"近代和式"风格住宅。

历史沿革　汉口胜利街332－352号（原大和街26－32号）是新四军首个军部的诞生地。旧址原为日本侨民住宅，抗战爆发后，日本侨民回国，房产作为逆产没收。

1937年"卢沟桥事变"后，国共展开第二次合作，国民政府承认中国共产党及其领导军队的合法地位，并决定将分散在南方8个省10多个地区的红军和游击队集中改编成国民革命军陆军新编第四军（简称"新四军"），叶挺和项英分别任军长、副军长。

1937年11月12日，经中共中央同意，叶挺开始在武汉正式组建新四军军部。这位昔日统率过千军万马的名将，此时此刻手中除了一份委任状、一枚印章和5万元开办费外，几乎一无所有。他不得不亲自在汉口的大街小巷到处为建立新四军军部奔忙。最后，他看中了汉口原日本租界大和街26号一幢作为敌产而被查封的房子，就亲手撕掉封条，随后挂上国民革命军陆军新编第四军的招牌，把新四军军部定在了这里。就在叶挺在武汉寻找军部时，项英也从延安赶到武汉，抵汉当天在八路军驻武汉办事处出席了中共代表团与中共中央长江局第一次联席会议。会后，项英、叶挺以及长江局负责人周恩来、叶剑英、董必武等人投入新四军组建工作。12月25日，叶挺、项英在大和街26号召集新四军干部大会，并在当天晚上确定了干部分配方案。至此，新四军组建工作正式完成，第一个新四军军部——汉口军部诞生。

1938年1月4日，为指挥部队迅速开赴敌后，开展抗日游击战争，项英率军部大部分人员离汉去南昌，叶挺仍留在武汉继续处理有关事宜。1月下旬，叶挺离开武汉赴南昌。1月28、29日，《新华日报》头版刊登《陆军新编第四军司令部启示》："本军奉命即行整编出发，军部当即移驻南昌。前汉口大和街26号军部即行结束。以后驻汉办事处事宜，委托八路军驻汉办事处钱处长代办。"

当年在这里工作和居住的新四军将领有叶挺、项英、张云逸、周子昆、曾山等，还有从日本回国参加抗战的郭沫若。

1938年10月武汉沦陷后，汉口新四军军部旧址成为居民住房。直至20世纪90年代，一批新四军老战士和武汉市党史、文物部门经过深入细致的调查，确认现在的汉口胜利街332－335号就是汉口新四军军部旧址。

2002年旧址被列为湖北省文物保护单位，同年12月25日，在旧址举行了文物保护标志揭牌仪式，谢培栋、何其雄、王群、段轮一、肖望、陈明等市领导及新四军老战士出席，86岁的栗栖老人抑制不住激动之情，口赞一绝："八省健儿新四军，凛然大义中华魂。河山半壁擎天柱，一叶江南鉴永存"。

2006年4月7日，新四军军部旧址建设座谈会在"八办"纪念馆召开，王群、谢培栋、何其雄、肖望等老领导到会，为旧址的保护、复原及利用建言献策。

2006年武汉市人民政府拨专款按原貌修复，辟为纪念馆。同年12月25日，时值汉口新四军军部成立69周年，纪念馆正式对外开放，市领导苗圩、李宪生、赵零、刘善壁、殷增涛、车延高、胡国璋、刘顺妮、陈振中，老领导王群、何其雄、张学奇、陈明、栗栖等出席开馆仪式并参观展览。

按照武汉市编委的要求，汉口新四军军部旧址纪念馆现由八路军武汉办事处纪念馆代管，实行两块牌子、一套班子，合署办公的体制，馆长由八路军武汉办事处纪念馆馆长

辅助陈列展厅之一

陈益祥兼任。

历任馆长 陈益祥（兼）

业务活动

基本陈列 复原陈列房间面积400平方米，主要有：

叶挺的办公室兼卧室：叶挺于1937年11月12日来到武汉，1938年1月下旬离开武汉去南昌。叶挺在武汉期间，在新四军的编制、隶属关系、防区、军需、干部配备及建立新四军军部的工作中，做了大量卓有成效的工作，起着不可替代的作用；

项英的办公室兼卧室：项英是1937年12月23日率延安选派来新四军工作的一批干部到武汉的，在武汉期间，他多次到长江局与周恩来、博古、叶剑英等一起研究南方红军游击队改编为新四军及集中等问题，并代表中国共产党同国民政府谈判，使改编的问题最后得到解决；

郭沫若的办公室兼卧室：1938年1月9日，郭沫若来到武汉，第二天，应叶挺邀请来到新四军军部居住，两人作了长时间的热情交谈，郭沫若还亲笔写了“三军可以夺帅，匹夫不可夺志”的对联，挂在叶挺的住处，高度赞扬叶挺的那种坚忍不拔的革命斗志；

政治部：新四军的政治工作机关，负责管理全军的党的工作和政治工作，政治部主任袁国平，副主任邓子恢；

副官处：主要负责军部机关的行政管理和生活保障；

参谋处：负责制定新四军军部机关编制、部队集中组编和作战的方案，处长赖传珠；

军需处：负责部队经费、粮秣、被服、装备的筹办供应，处长叶辅平；

军医处：负责部队的医疗保障和医务人员的培训，处长沈其震。

辅助陈列 展厅面积300平方米，举办了题为《新四军在这里诞生——汉口新四军军部旧址辅助陈列》展览。展

辅助陈列展厅之二

1.新四军缴获日军的战利品 2.参谋处（复原） 3.项英的办公室兼卧室（复原） 4.叶挺的办公室兼卧室（复原）

览分三部分：一是“成立汉口军部，完成部队集结”，主要反映新四军军部诞生过程和迁移情况；二是“挥师东进敌后，转战南北”，主要反映新四军7个师8年抗战，历经2万余次战斗，毙伤俘日伪47万余人的丰功伟绩；三是“坚持华中抗日，五师战功卓著”，主要反映新四军第五师的战斗历程和英雄业绩。整个展览运用声、光、电等技术手段，配以新四军用过的枪支、绑腿、军号、地雷以及缴获的日军军刀、手枪等实物展示。200多幅原始照片和30多件珍贵文物，真实再现了新四军的光辉历程。

宣传教育 纪念馆工作人员还通过举办夏令营、报告会、班队会、“国旗下的讲话”、“英烈凭吊周”，送展上门等形式将爱国主义教育活动开展到企事为单位和学校，拓展宣传面、提高社会效益。

经营管理

［单位性质］ 国营文化事业单位

［经济来源］ 武汉市财政全额拨款

［机构设置、人员编制］ 由八路军武汉办事处旧址纪念馆代管，两块牌子、一套班子，合署办公，编制总数为23人。军部旧址现有工作人员5人，负责观众接待及安全保卫工作。

［观众接待］ 自2006年底开馆以来，累计接待观众278840人次。

参观指南

［地址］ 武汉市江岸区胜利街332－352号

［邮编］ 430010

［电话］ 027-82737255

［开放时间］ 09:00－16:30

［票价］ 免费

（撰文：吴广）

老河口市博物馆

Laohekou County Museum

概述

类型 地方综合性博物馆

隶属关系 隶属于老河口市文化体育局

创建时间 1987年2月

所在位置 位于老河口市北京路中段66号，东距体育场路仅25米，南临拟建的“抗战文化广场”，西隔北京路与“奥华国际大酒店”及医药公司相望，北靠财产保险公司。

面积 占地面积2533平方米

布局 主体建筑分为博物馆综合楼和国民政府第五战区李宗仁司令长官部旧址（以下简称旧址）两部分，自西向东，旧址在前、综合楼在后，并相互连通。旧址坐东朝西，大门正对着北京路，自西向东沿中轴线依次排列着前院、中院及后院等建筑。旧址前、中院建筑原为一进两院的民居，典型的鄂西北地域风格；后院为砖木结构仿欧式建筑，系1939年李宗仁将军将第五战区长官司令部迁至老河口并租借这座建筑后，在其后面新建的“高级将领军事会议室”及李宗仁将军办公室兼卧室。由此将第五战区长官司令部改造成一井三院，即现在的建筑布局。

2001年5月新建的博物馆综合楼主体为仿明清建筑风格，建成后与旧址前后呼应，相得益彰。博物馆综合楼位于旧址东侧，大门为仿清末鄂西北地域风格的木构牌楼，后院南侧为花园。展厅设于主楼底层，二层为文物库房。

建筑特点 旧址占地面积约1800平方米、建筑面积1056平方米

旧址前院南北各三间厢房，南北厢房各面阔15米，进深6米，为砖木结构抬梁式构架，单檐硬山顶式建筑。

旧址中院东部有坐东朝西的正厅三间，面阔13米，进深7.5米。为硬山两坡顶式，砖木结构抬梁式构架，正厅前檐两端做有封山墙头。正厅明间有格扇门，次间有格扇窗。次间两侧各有一间耳房，耳房面阔6米，进深3.5米。

旧址全景

耳房与二进院廊房相连，上覆阴阳板瓦，安有正脊正吻。

中院南北两边各有三间砖木结构抬梁式构架、单檐硬山顶式建筑的厢房。南北厢房各面阔11米，进深5米。中院西部有连通厢房的廊房。南北长8米，宽3米。

旧址后院为"高级将领军事会议室"及李宗仁将军办公室兼卧室。该建筑坐北朝南，面阔19米，进深8.5米。系单檐四坡前廊式砖木结构仿欧式建筑。

前、中、后院内地面用卵石铺墁。

博物馆综合楼主体为框架式建筑，风格仿清代鄂西北地域传统建筑样式，占地面积730余平方米，集文物收藏、陈列展示等多功能于一体，其中文物专用库房300平方米，文物陈列展厅400平方米。

历史沿革 新中国成立后，老河口市未成立专司博物馆事业的机构，其业务由光化县（现为老河口市）文化馆代为管理，但一直未配专职业务人员。1960年光化县、均县（现为丹江口市）两县合并，成立光化县博物馆，馆址位于光化县中山公园内，1962年两县分治后，机构亦随之撤销。

1987年2月，老河口市政府批准成立老河口市博物馆，1987年7月，老河口市博物馆正式对外开放，馆址位于老河口市北京路66号旧址内，从此文博工作有了专司机构，配备了文物保护专业人员。

1988年5月7日，老河口市政府批准成立"老河口市文物管理委员会"（为县属非常设议事机构）。1990年6月，原国民政府第五战区李宗仁司令长官长子李幼林专程回旧址参观，并当场题词留念、捐献部分珍贵资料。1994年5月8日，由国家文物局组织的18名专家对老河口市馆藏文物珍品进行了建国以来的第一次馆藏文物鉴定，其中有4件被鉴定为国家一级文物。1995年5月5日，旧址被老河口市政府公布为"老河口市爱国主义教育基地"。同年7月31日，旧址被襄樊市政府公布为"襄樊市市级爱国主义教育基地"。1996年，全国政协副主席胡绳故地重游参观旧址，并为老河口市博物馆题写了馆名。1999年2月3日，旧址被湖北省人民政府命名为"湖北省爱国主义教育基地"。1999年10月，国家计委、国家文物局批准1999年度补助老河口市文物抢救性保护设施基建投资20万元，用于老河口市博物馆文物库房项目建设。2001年2月，老河口市博物馆综合楼竣工。

历任馆长 徐其铎（1987－1988）；徐其铎（1989－1990 副馆长主持工作）；徐其铎（1991－1993）；潘兆麟（1994－2002）；符德明（2003至今）。

业务活动

基本陈列 1992年12月29日，老河口市博物馆举办首次文物展览——《老河口市安岗战国墓出土文物展览》，展品分漆木竹器、青铜器、玉石器、陶器四大类。1997年2月，《旧址基本史料陈列展》向老河口市市民开放，陈列内容主要是抗战时期第五战区在老河口进行抗敌战役以及反映当时抗战文化的图片、文字资料，采用橱窗式陈列展示方法。2007年7月正式推出《焦土抗战民族复兴》基本陈列至今，陈展面积824平方米。

专题陈列 该馆从建馆开始至2009年10月止，先后举办过20多次临时的专题陈列展览。如1997年7－10月，老河口市博物馆举办了《庆七一迎回归》、《中华将帅叱咤风云》展览，接待社会各界观众及青少年学生4万人，充分发挥了爱国主义教育基地作用。1999年10－11月，为庆祝中华人民共和国成立50周年，老河口市博物馆举办了《神州百年－庆祝共和国50华诞图片展》，参观人数3.6万人次。2000年9－10月，由老河口市教委、老河口市文化局主办、老河口市博物馆承办的《华夏壮歌——二十世纪中国反侵略战争暨国防教育图片展览》在市博物馆开展，全市青少年学生和市直单位参观了展览。2002年10－11月，为配合"公民道德建设纲要"的贯彻、宣传，老河口市博物馆举办《道德兴邦——公民道德建设图片展》，展览在内容上贴近该市各行各业，反映我市道德建设成就，力求以"唱响主旋律，弘扬时代精神"的精品展览为党的十六大成功召开献礼，累计参展人数达两万人。2005年9月，为纪念抗战胜利60周年，老河口市博物馆开展了以"勿忘历史、警钟长鸣"为主题的系列活动：成功举办了《勿忘历史、警钟长鸣——纪念抗日战争胜利60周年大型图片展》；与市老年书画协会、市文联联合举办了《纪念抗日战争暨世界反法西斯战争胜利60周年书画展》，共展出书画、剪纸作品100件，获得上级领导及社会各界的一致好评。2006年6月，为大力宣传全国第一个文化遗产日，老河口市博物馆积极筹办该市文化遗产保护成果展，通过《曹桂英剪纸艺术暨农民画展》、《陈义文南派木版年画展》等非物质文化遗产展进行宣传。在文化遗产日（6月18日）当天，通过电视讲话，散发文化遗产日传单及《文物保护法》手册等方式对全市广大人民进行宣传，收到了良好的社会效益。2007年5月，老河口市博物馆与荆门市科技馆联合举办《二十一世纪机器人》科普展览，展出实物模型100余件，图片200余张，接待中、小学生及社会观众3000余人次，取得了良好的社会效益。

战国　彩绘漆方豆

战国　彩绘漆耳杯

战国　透雕双龙玉佩

战国　孔雀绿料珠

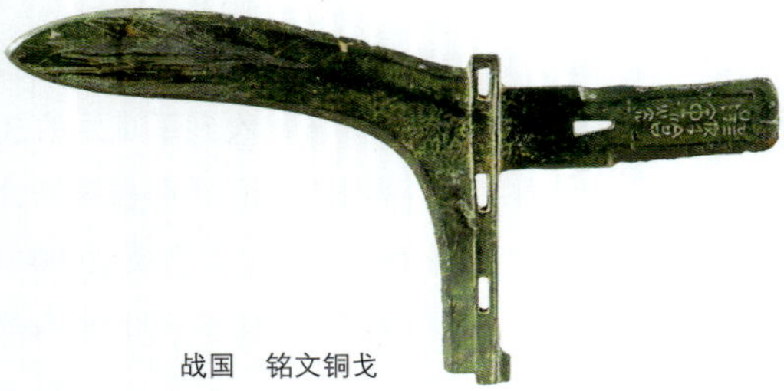

战国　铭文铜戈

藏品管理

［藏品来源］　主要通过考古发掘、征集、上缴（交）、收购、捐赠等途径取得。

［藏品类别］　老河口市博物馆文物藏品分为传世文物、出土文物、革命文物以及工艺品四大类。有铜器、铁器、漆木竹器、玉石器、陶瓷器、钱币、古书、金银器、木雕、石刻化石等等。

［藏品统计］　截至2008年10月20日馆藏文物藏品总数为14470件（套）。其中陶瓷器510件，铜器216件，玉器46件，漆木器52件，石刻化石65件。国家一级文物：11件（套）；二级文物：47件（套）；三级文物：107件（套）；一般文物：14305件（套）。

［重要藏品］　战国中晚期彩绘凤纹铜镜、战国彩绘木臂铜弩机、战国中晚期透雕双龙玉佩、战国中晚期彩绘漆木方豆、战国中晚期彩绘漆耳杯、战国中晚期铭文铜戈、战国中期孔雀绿料珠。

［藏品保护］　该馆建有专门的文物库房并配备相应的安保机构及设施，严格按照《博物馆藏品管理办法》的各项规定进行管理。凡是经国家、省级文物鉴定委员会专家组严格鉴定的国家一、二、三级藏品，在建立文物藏品档案的同时又进行了文物数据库电子文本工作；藏品的保管工作做到制度健全、账目清楚、鉴定准确、编目详明；在文物修复保存方面运用传统技术和现代科技对残破陶瓷器和饱水漆木器进行修复，2005年，老河口市博物馆实施漆木器脱水修复项目，经过科学修复的漆器被鉴定为国家一级文物一件、二级文物五件、三级文物10件。修复后的漆器成为该市珍贵的馆藏。

文物库房内安装有集电视监控、红外报警等多项功能于一体的智能安防技防系统，该系统完全符合博物馆二级风险等级标准，加上老河口市博物馆设置有专门的安全监控值班室，施行二十四小时安全值守制度，确保了文物安全，创造了连续二十三年文物安全无事故的佳绩。

科学研究

［科研队伍］ 科研工作的人员13人。其中馆员3人，助馆6人，高级技师1人。

［科研设施］ 现已配备计算机10台/套（包括台式、笔记本，打印机、扫描仪），数码相机3台/套及基本的文物修复设施。目前老河口市博物馆正在进行博物馆选址筹建的各项准备工作。

［科研成果］ 学术成就：①《湖北老河口柴店岗两汉墓葬》、《湖北老河口市东汉画像砖》、《湖北老河口市李楼西晋纪年墓》在《考古》杂志发表。②《老河口柴店岗汉代窑址》、《老河口市杨营东周遗址》、《老河口市孟楼曹营战国墓》、《老河口市百花山西汉墓》、《老河口市林立山东汉墓》、《老河口市芦营窑址》、《老河口王冲宋墓》、《老河口市纪洪北岗东汉墓》等在《江汉考古》杂志发表。③编撰的地方史料等在市级有关刊物刊登。

经营管理

［单位性质］ 社会公益性国营事业单位

［经济来源］ 地方财政全额拨款

［机构设置］ 自馆长室下设置5个部门：办公室、考古部、文物保护部、保管部、陈列部。

［人员编制、组成］ 在职18人（核定人员编制为15人），馆级负责人5人；中层干部5人，专业技术人员16人。

［观众接待］ 年观众人数20000人次

参观指南

［地址］ 老河口市北京路66号（抗战文化广场北侧）

［邮编］ 441800

［电话］ 0710-8221121

［开放时间］ 8:30－18:00（全年开放）

［票价］ 免费

（撰文：杨柳）

当阳市博物馆

Dangyang Museum

概述

类型 地方综合性博物馆

隶属关系 隶属于当阳市文化体育旅游局

创建时间 1984年11月

所在位置 位于湖北省当阳市玉泉办事处关陵路关陵

关陵全景

历史沿革 当阳市博物馆成立于1984年11月，目前与当阳市关陵文物保护管理所合署办公，是两块牌子，一套编制，隶属当阳市文化体育旅游局。当阳市博物馆、当阳市关陵文物保护管理所为财政全额拨款事业单位，其主要职责是宣传贯彻执行党和政府的文物政策法令；负责全市地上地下文物的调查、勘探、考古发掘及文物征集、陈列、保管、研究，主管全市文物业务，协管全市的文物安全、执法工作；负责关陵文物保护、管理、维修、利用、旅游接待等工作。由于多方面原因，当阳市博物馆目前尚无馆舍，用关陵180平方米闲置殿堂举办临时陈列，数千件文物堆集在40平方米的简易库房里，存在严重安全隐患，博物馆的一些基本功能不能得到应有发挥，这与当阳文物大市的地位极不相称，现正争取市政府和上级文物部门的支持，新建当阳市博物馆馆舍。

历任馆长 黄景羲（1984.8－1985.8 副馆长主持工作）；冯运宝（1985.8－1990.3）；李克彪（1990.3－1992.4）；姜耀南（1992.4－1997.2）；张德宏（1997.2－2006.6）；刘久兵（2006.6至今）。

业务活动

基本陈列 为了发挥博物馆展陈教育功能，当阳市博物馆在无馆舍的艰难条件下，利用馆藏文物和关陵、玉泉寺的闲置房屋，先后举办了《玉泉铁塔出土文物展》、《当阳市出土文物精品展》、《当阳市汉画像石展》等，积极宣传当阳文物，对人们进行历史唯物主义和革命传统教育。《玉泉铁塔出土文物展》2001年6月在玉泉寺面向大众开放，展出玉泉铁塔地宫出土文物100余件，陈列面积200平方米，陈列以地宫出土的珍贵实物为信息载体，较为系统地展现古代宗教高僧的埋葬习俗，展陈采用大通柜，使用声、光、电等现代科技手段，安装了电子监控和报警器，配有讲解员。展出至今，收到较好的社会效益和经济效益。《当阳市汉画像石展》2003年5月在关陵向大众开发，陈列展出该市发掘出土的刘家冢子画像石等实物，展陈面积60平方米，展出至今，收到较好的宣传效果。

专题陈列　当阳市博物馆从1991年至今，先后举办过《中共当阳党史展》、《刘立新烈士事迹展》、《杨大兰、潘星兰英雄事迹展》、《关公生平展》等10多次各种临时专题展览，有关部门积极组织全市党员干部、企事业单位职工、部分学生群众参观展览，为配合市委、市政府党内路线教育和革命传统教育发挥了积极作用。

藏品管理

［藏品来源］　主要通过征集、考古发掘、上缴（交）、捐赠、收购等途径取得，现有的文物藏品中，多数为考古发掘的出土文物，以陶器、青铜器为主。

［藏品类别］　当阳市博物馆文物藏品分为出土文物、革命文物、传世文物以及工艺品四大类，其类别有石器、陶瓷器、铜器、铁器、漆木器、石雕、石刻、金银器、玉器、字画、钱币等。

［藏品统计］　截止2009年底，当阳市博物馆从旧石器时代至新中国建立前文物藏品总数为5842件，其中国家级文物4件，二级文物8件，三级文物88件。

［重要藏品］　春秋蟠螭纹青铜鼎2件，春秋楚国王孙飚给蔡国女子供食用的青铜簠1件，天禄（金虎）1件。

东汉　画像石

［藏品保护］　当阳市博物馆现有40平方米的文物库房，钢筋混凝土预制板盖顶，配备安全防护网、防盗门，双人双锁，专人保卫，辅以警犬，严格按照《藏品管理办法》的各项规定进行管理。凡具有较高历史、艺术和科学价值的珍贵文物，经湖北省文物鉴定委员会专家组的严格鉴定，进入保险柜单柜保管，并按国家文物局藏品信息采集规范建立纸质文本档案盒电子文本。藏品的保管工作做到制度健全，账目清楚，鉴定确切，编目详明，查用方便。运用传统方法对一些破损器物进行修复保存。库房

春秋　青铜罍

东汉　画像砖

春秋　青铜簠

战国　青铜鼎

内配备必要的温、湿度计、灭火机、木炭、石灰等防潮器材。按照《博物馆安全保卫规定》和三级风险等级安全防护规定要求，馆内设立保卫科，选配专职保卫干部，落实完善各项安全保卫制度，文物库房配备专职警卫，坚持每天24小时值守，确保馆藏文物安全。

［考古发掘］　该市考古发掘工作起始于20世纪70年代，著名考古学家、原北京大学教授、中国历史博物馆馆长俞伟超曾带队对全国重点文物保护单位季家湖城址、磨盘山遗址进行过试掘，出土了“秦王卑命甬钟”等国家一级文物，至2009年底，该市辖区内在农业（农田）改造、基建、水利、交通等基本建设过程中，通过发现、举报、踏勘等多种形式，经过30多年数十次的考古发掘，出土了数千件地下文物，为当阳的历史演变和经济社会发展提供了不可或缺的实物依据。

科学研究

［科研队伍］　当阳市博物馆现有馆员4名，助理馆员4名，管理员1名，副主任科员2名。

［科研设施］　当阳市博物馆因经济条件制约，科研设施落后，办公条件简陋，但我们在艰苦的条件下，依靠上级支持和自身努力，目前已配备了电脑、打印机等工作器材，目前当阳市博物馆新馆建设正处于向国家文物局申报“十二五”规划项目当中。

［科研成果］　自20世纪70年代以来，文博专业研究取得了一系列成果，出版了《当阳市赵家湖楚墓》、《当阳岱家山楚汉墓》等一系列学术著作，受到了上级文物部门的表彰。

经营管理

［单位性质］　社会公益性质的国有文化事业单位

［经费来源］　地方财政（县级）全额拨款

［机构设置］　现设有馆长室、办公室、文博科、保卫科、旅游接待中心等部门。

［人员编制、组成］　当阳市博物馆合关陵文管所核定人员编制数为27人，现在编人数27人（其中退休5人），自筹自支人员6人，临时工2人，现有馆员4名，助理馆员4名，副主任科员2名。

参观指南

［地址］　湖北省当阳市玉泉办事处关陵路关陵

［邮编］　444100

［电话］　0717-3222263

［电子邮箱］　HBDYGL@163.com

（撰文：刘久兵、祝光圣）

华芳名酒博物馆

Huafang Wines Museum

概述

类型　民办名酒专题博物馆

隶属关系　隶属于仙桃市文化广播电视新闻出版局

创建时间　2008年10月

所在位置　位于仙桃市何李路东六巷华芳楼

面积　展馆面积300平方米

布局　主要建筑分为二栋楼房，前主楼为展馆，后楼为附楼

建筑特点　1987年先建的后楼，建筑面积300平方米，为生活居住区。当时藏品用箱装好放在仓库，由于藏品逐年增多，在2000年建成前面的主楼，专供陈列藏品。前主楼建筑面积为500平方米，其中展厅面积为300平方米，库房面积80平方米，其余为办公用房。

历史沿革　刘千忠从小爱好收藏，年轻立志收藏中国名酒。自1967年便踏上了中国名酒收藏之路，历时42年，现已收藏中国名酒系列酒2514种。2007年由中央电视台和湖北电视台联合拍摄了专题片《民间收藏》系列，对名酒收藏进行了全面的报道。

2008年10月上海大世界基尼斯总部派人来仙桃，对刘千忠的原装名酒收藏实地考察后，被确认为“大世界基尼斯之最”（中国之最）。同年10月16日为刘千忠颁发了证书，认定为“中国名酒收藏第一人”。

为了让名酒收藏更好的服务于社会，2009年5月，刘千忠正式向市文广新局提出申请，要求成立华芳名酒博物馆。市文广新局接到刘千忠的申请后，根据《博物馆管理办法》第十一条规定，对刘千忠的申报材料进行了初审，

部分展品

对现场进行了踏勘，对相关藏品进行了鉴定，认定材料真实可信、拟定馆址符合要求、藏品有展出价值、基本符合设立非国有博物馆的条件。按照批准成立博物馆有关程序要求，于2009年10月16日正式向湖北省文物局提出申请成立华芳名酒博物馆。

自从2008年获大世界基尼斯后，仙桃市政府对“华芳名酒博物馆”非常重视。准备划拨土地，规划建筑面积8000平方米，将刘千忠收藏的系列名酒以及酒书法、酒广告画册、名酒企业发展史的酒照片全面展示出来。将茅台、五粮液、汾酒、卢州老窖、西凤、剑南春等中国17大名酒分为17个专题展厅，其他优质酒按省、市分为13个综合展厅，使之成为中国原装名酒文化第一馆。

历任馆长　刘千忠。

业务活动

基本陈列　华芳名酒博物馆分两层，展馆面积300平方米。一层展厅为国家名酒系列，二层展厅为国家优质酒系列。该馆有2514个品种，现展出1862种（还有一部分展品因没有展位，堆放在仓库）。

专题陈列　2008年北京迎奥运期间，馆藏中国老十大名酒藏品参加了北京迎奥运酒文化展。

藏品管理

［藏品来源］　主要是通过收购、交换获取藏品。

［藏品类别］　一类为国家名酒系列，二类为国家优质酒系列。

贵州茅台酒

古井贡酒

西凤酒

剑南春

五粮液

［藏品统计］　国家名酒17个系列，有923种；国家优质酒53个系列，有1591种；合计藏品2514种。

［重要藏品］　该馆有60年代老十大名酒

［藏品保护］　该馆建有专门的藏品库房和配有相应的保护措施，严格按照《藏品管理办法》的各项规定进行管理。藏品的保管工作做到制度健全、账目清楚、编目详

明；对一些时间长的藏品，采用塑料布真空包装的办法，防止酒液漏失，防止商标损坏。按照博物馆《安全保卫规定》对展馆、库房配备了消防设施和综合报警的设备。

科学研究

［科研队伍］ 馆长1人，副馆长1人，馆员1人。

［科研设施］ 华芳名酒博物馆因经济条件制约，科研设施落后，办公条件简陋，现配备电脑一台，数码相机一个。

［科研成果］ 该馆对老酒防漏、防损、防坏，有一整套的经验，因此保管的藏品、品相都非常好。

经营管理

［单位性质］ 民营文化事业单位

［经济来源］ 自筹

［机构设置］ 馆长室、副馆长室、办公室

［人员编制］ 馆长1人、副馆长1人，文员1人。

［观众接待］ 年观众人数约2000人次

参观指南

［地址］ 仙桃市何李路东六巷华芳楼

［邮编］ 433000

［电话］ 0728-3223567

［电子邮箱］ 1071130831@qq.com

［开放时间］ 8:00－16:30

（撰文：董芳）

安陆市李白纪念馆

Anlu Li Bai Memorial Hall

概述

类型 社会科学类名人专题纪念馆

隶属关系 隶属于安陆市文化体育局

创建时间 1986年4月

所在位置 安陆市城西郊大凹山。东临涢水，西揖白兆，北望寿山

面积 占地面积106亩

布局 安陆人民为了纪念李白，早在晚唐即已在城西建有太白楼。明万历、天启年间曾对太白楼进行过大规模的修葺。到了清代，太白楼乃迁至西门城楼上，为歇山式三层。为宏扬传统文化，1984年12月，安陆县第十届人大做出建立李白纪念馆和恢复李白遗址遗迹的决议。纪念馆选址城西郊大凹山。东临涢水，西揖白兆，北望寿山，南屏云梦，依山傍水，环境幽雅。建筑群由门楼、碑廊、

1.李白纪念馆太白堂 2.李白卧像 3.汉白玉李白像

太白堂、展厅、游亭、水榭等组成，占地面积达一百余亩（66960平方米）。太白堂是李白纪念馆的主体建筑，造价51万元，其建筑形式是仿唐格调，面积561平方米，高16米。启功题写“安陆李白纪念馆”匾额。堂内陈列李白卧像一座和国内著名学者、书法家纪念李白的书画作品80多件，李白集版本和明清时期石碑4通等。其中以明代安陆学

者何宇度书写的李白《寄刘绾》诗碑刻尤为珍贵。

历史沿革 1982年5月，党中央总书记胡耀邦视察湖北，在听取孝感地委书记董玉森关于联产计酬责任制的情况汇报时，询问了李白在安陆十年的活动情况。11月，安陆县考证李白安陆十年活动办公室成立。1985年1月7日，安陆县李白纪念馆筹建处成立。1986年4月，为深入地做好李白在安陆的考证工作，完成李白纪念馆筹建任务，经县人民政府研究决定成立安陆县李白纪念馆。原县考证李白办公室、县李白纪念馆筹建处同时撤销。1987年撤县建市，称安陆市李白纪念馆。2009年，为整合文化旅游资源，安陆市人大六届四次全会通过启动李白纪念馆建设议案，决定李白纪念馆迁建白兆山李白文化风景区。

历任馆长 李孟之（1987.2－1995.3）；张昕（1995.3－2005.3 副馆长主持工作）；张昕（2005.3－2007.4）；王清（2007.4至今）。

业务活动

科研成果 1982年11月8日，安陆县委、县政府决定在全县范围内开展考证李白在安陆的活动。主要工作分三部分：一是收集资料，二是实地考究，三是文字考证。

1983年编印《李白在安陆》，全书32万字，作为内部资料在全国学术界广泛征求意见。全书分五大部分：一、十年风尘，以通俗文字介绍李白在安陆十年的活动。二、论文，以大量的史料论证李白在安陆十年活动及行踪。三、李白在安陆的民间传说。四、各种史料中有关李白的记载摘抄。五、历代名人题咏李白诗词。1984年《唐代文学研究年鉴》作了书评，这是唐代文学研究学界鲜见对一本未正式出版物进行评价，认为“是一部旨在学术的著作”。1986年，《李白在安陆》一书正式出版。

1989年6月，《李白文选》出版。全书20万字，选注李白文章59篇，填补了李白研究空白。其后数年间，李白纪念馆研究人员先后在《唐代文学论丛》、《华中师范学院学报》、《荆门大学学报》、《四川大学学报》、《中国文学研究》、《中国李白学刊》发表《李白寓家东鲁时间存疑》、《李白诗中地名考异》等论文数十篇，并参加《李白诗歌赏析集》、《李白诗四百首》《李白大辞典》撰写工作。

2006年，整理印行陈建平《标日亭文集》，计30万字；整理印行《张昕自选集》。2007年编辑出版《安陆李白文化丛书》套装书。2008年，张昕、王清编著的《李白在湖北诗文选注》由中国电影出版社出版。2009年，张昕主编的《李白在安陆论丛》由长江文艺出版社出版。

学术交流 1986年9月3日，日本早稻田大学中国古典诗歌访华团一行13人，来安陆与李白考证人员进行了学术交流，并参观了李白在安陆白兆山的遗址遗迹。是年11月26日至27日，李白研究学会会长、四川师大教授王文才访问安陆李白纪念馆。

1988年1月29日，安陆李白研究会成立。市委宣传部部长苏进任会长，会上编印了全国李白研究学会《通讯》安陆专辑。

自上世纪80年代初至2009年，安陆李白纪念馆的研究人员先后多次受邀参加中国李白研究会组织举办的国际、国内李白学术研讨会，并多次接待全国李白研究学者。

经营管理

［单位性质］ 全民公益性事业单位

［经费来源］ 地方财政（县级）全额拨款

［人员编制、组成］ 1982年11月中旬，湖北省安陆县考证李白安陆十年活动办公室成立，工作人员12人；1985年1月7日，安陆县李白纪念馆筹建处成立，编制5人；1986年4月，成立安陆县李白纪念馆，定事业编制8人。

［观众接待］ 年接待观众约30000人次

参观指南

［地址］ 安陆市郊河西大凹山

［邮编］ 432600

［电话］ 0712-5222997

［电子邮箱］ alslbjng@163.com

［开放时间］ 8:30－17:30

［票价］ 免费

（撰文：安陆市李白纪念馆）

安陆市博物馆

Anlu County Museum

概述

类型 地方综合性博物馆

隶属关系 隶属于安陆市文化体育局

创建时间 1984年5月

所在位置 位于安陆市解放大道210号

面积 占地面积13320平方米

布局 主体建筑分为原宋代德安府儒学大成殿、博物馆综合办公楼、牌坊门楼三个部分。馆内主体建筑有原宋代德安府儒学大成殿，大成殿东侧20米处是综合办公楼，两建筑之间有一直径为5米的蓄水池，池内有假山一座，大成殿现设为文物展厅。综合办公楼共两层，分别作为办公室、文物库房、陈列室、值班室。牌坊门楼属仿古建筑，现有部分用于经营。

建筑特点 大成殿为木质结构古建筑，始建于宋庆历六年（1046），是原德安府儒学主体建筑之一，整体风格为宋代古建样式，建筑平面为长方形，占地面积548平方米，建筑面积468平方米，为歇山式重檐结构，室内由24根木柱支撑，室外有1.5米宽的走廊环绕。

综合办公楼建于1999年5月，水泥砖混结构，共二层建筑，平面呈长方形，占地面积280平方米，建筑面积560平方米，文物陈列室面积200平方米、文物库房140平方米、办公室面积140平方米、值班室面积80平方米。

牌坊门楼共23间，为仿古砖混建筑风格，一字排成，高低错落。占地面积840平方米，建筑面积1320平方米，牌坊作为博物馆出入大门，两边分别设有门卫室、值班室，其余21间门面用于经营。

历史沿革 中华人民共和国建立初期，安陆县的文物工作由安陆县文化馆代为管理。

1979年5月，文化、图书两馆分设，文物考古与保护工作划属图书馆兼管。

1981年6月，按省文化局规定，文物考古与保护工作划属文化馆兼管。

1984年5月18日，安陆县人民政府下达安政编[1984]16号《关于设立安陆县博物馆的通知》。从此，安陆境内的文物考古与保护工作职能正式划归安陆县博物馆管理。

1986年，安陆县博物馆馆址从粮食局院内的德安府儒学大成殿搬迁至太白公园内。

1999年，在安陆市委市政府的高度重视和省文物部门的大力支持下，于河西解放大道南侧征地20亩作为博物馆新馆址建设，同时将原粮食局院内的德安府儒学大成殿整

安陆市博物馆牌坊门楼

德安府大成殿

体搬迁至新馆址。

历任馆长 余从新（1984.5－1995.5）；孙福生（1995.6－2005.3）；王春燕（2005.6－2008）；张浪（2008.10至今）。

业务活动

基本陈列 1986年5月，安陆县博物馆于太白公园明伦堂内面向社会开放，展出安陆出土文物200余件，陈列面积220平方米，展出3个月后因安全存在隐患而关闭，随后主要开展文物图片展览。

2008年10月，根据中宣发[2008]2号《关于全国博物馆、纪念馆免费开放的通知》文件要求，安陆市博物馆对综合办公楼建筑面积200平方米的文物展厅及建筑面积468平方米的儒学大成殿进行了全面改造装修，安装了必备的消防、安防设施，并于2008年12月8日举办了以《安陆历史文物及革命文物展览》、《安陆通史文物展览》为主题的两个展区常年对外免费展览活动。

专题陈列 1987年10月，安陆市博物馆举办了《安陆出土文物展览》，此次展览观众达到8万余人次。

1988年5月，安陆市博物馆与北京故宫博物馆联系，在其大力支持下，于5月10日至6月30日举办了《清代帝后生活用品展》，接待观众3万人次。

1995年8月15日安陆市博物馆举办了《抗日战争胜利五十周年》图片展览，此次展览历时30天，在全市各乡镇办事处进行了巡回展览，共接待观众8万余人次。

1997年，安陆市博物馆举办了《“迎香港97回归”图片展览》，此次巡回展览历时40天，共接待观众10万人次。

藏品管理

［藏品来源］ 主要通过征集、考古发掘、上交、捐赠、收购等途径取得。现有的文物藏品中，绝大多数为考古发掘的出土文物和征集文物，以铜器、陶瓷器为主。

春秋战国　铜簠

唐　双耳葡萄铜壶

清　双龙戏珠青花瓷碗

晋　青瓷鸡首壶

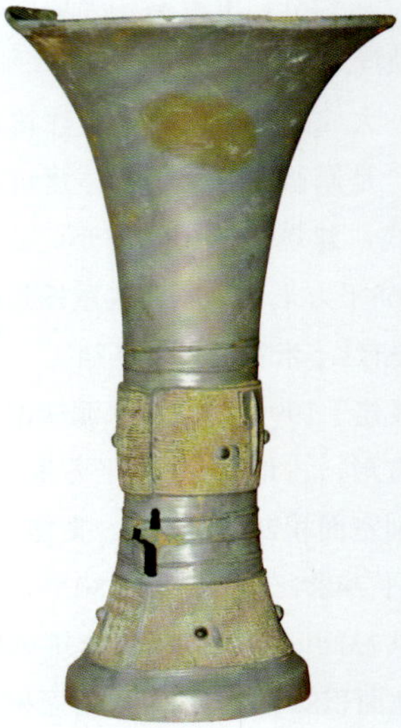

商　铜觚

［藏品类别］　安陆市博物馆文物藏品分为传世文物、出土文物和革命文物以及工艺品四大类。其类别有石器、陶瓷器、铜器、铁器、石刻、金银器、玉器、钱币等。

［藏品统计］　安陆博物馆现有不同时期、不同类型的馆藏文物5026件，其中一级文物5件、二级文物20件、三级文物126件。

［重要藏品］　商代铜觚、铜爵；唐代双耳葡萄铜壶、唐代金刀、波斯银币；宋代裴家花枕、宋代镂空白花瓷枕；清代双龙戏珠清花瓷碗。

［藏品保护］　馆内建有专门的文物库房和配备相应的保护设施，严格按照《藏品管理办法》的各项规定进行管理。凡是具有历史、艺术或科学价值的一、二、三级藏品，经省级文物鉴定委员会专家组的严格鉴定，均建立文物藏品档案和电子文本；藏品的保管工作做到制度健全、账目清楚、鉴定确切、编目详明；运用传统方法对部分破损藏品器物进行了修复保存；库房内配备有安全防火器材；淘汰陈旧的文物橱柜架和过时落后设施，更新安全可靠的全封闭文物橱柜金属架等。按照《博物馆安全保卫规定》和《三级风险等级安全防护规定》要求，馆内设立有安全保卫组，选配兼职安保干部。重点要害部位安装技术安防设备和综合报警监控系统设施，落实完善了各项安全保卫制度，配备兼职保卫人员坚持24小时执勤。

考古发掘　博物馆成立以来，先后配合湖北省考古研究所、孝感市博物馆进行过多次考古发掘：2002年，该馆配合湖北省考古研究所对“汉十”高速公路安陆段黄荆山墓地进行了勘探发掘。2004年，该馆配合孝感市博物馆对汉丹铁路复线安陆段余家岗遗址进行了勘探发掘。2005年，该馆配合孝感市博物馆对汉丹铁路复线安陆段零散墓葬进行了清理和发掘。

科学研究

[科研队伍] 博物馆馆员4人，初级助理馆员7人。

[科研设施] 随着经济的快速发展，开展博物馆业务工作的必要设施得到更新充实，办公条件不断改善，现已配备电脑6台/套（包括台式、手提，复印机等），各种型号的数码相机2台（套）及其它工作器材等。

[科研成果] 近几年来，安陆市博物馆积极开展文博专业理论研究，编写论文有：余从新《浅谈安陆文物的作用》（参加了1988年湖北省考古学会第七次年会）；余从新《博物馆宣传教育形式多样化浅议》（《博物馆学论文集2》1989年3月）；余从新《安陆馆藏的商周青铜器》（《鄂东北地区文物考古》1995年）；孙福生、王春燕、刘明德合编《举办历史文物展览进行爱国主义教育》（《湖北文化》1995年4月）；孙福生、王春燕、刘明德合编《安陆文物保护的拓荒者》（《湖北文化》2003年）；黄文新、孙福生、刘明德合编《安陆黄荆山墓地发掘报告》（《江汉考古》2004年第4期）；蒋俊春、李翠萍合编《湖北省安陆市余家岗遗址发掘简报》（《湖北考古报告集》2008年6月）；李端阳、李翠萍合编《湖北省云梦县李家坟遗址发掘简报》（《湖北考古报告集》2008年6月）。

经营管理

[单位性质] 社会公益性质的国营文化事业单位

[经费来源] 地方财政（县级）全额拨款

[机构设置] 设有办公室、财会室、考古勘探组、文物安全保卫组。

[人员编制] 馆内工作人员11人，其中大学文化程度4人，高中文化程度7人；文物专业中级技术人员4人，初级技术人员7人。

[观众接待] 年观众人数约50000人次

参观指南

[地址] 安陆市解放大道210号

[邮编] 432600

[电话] 0712-5240027、0712-5240018

[电子邮箱] alsbwg@163.com

[开放时间] 8:30—16:30（周一闭馆）

[票价] 免费

（撰文：刘明德）

关公文化博物馆

Guan Gong Cultural Museum

概述

类型 民办民俗文化专题博物馆

隶属关系 隶属于荆州市文物局

创建时间 2009年2月

所在位置 位于荆州关帝庙内

面积 400平方米

布局 关公文化博物馆依托荆州关帝庙浓厚的历史底蕴和人文资源，由关帝庙提供馆舍，博物馆展出藏品，双方资源互补，共同担负起弘扬关公文化的重任。因关帝庙目前规模较小，关公文化博物馆的所有藏品展出，全部巧妙地融入到关帝庙的整体布局中。扩建后的关帝庙，将规划有专题陈列馆供博物馆长期展览。

仪门处，了解关公生平、荆州关帝庙简介及关公文化知识；大殿回廊参观关公故事剪纸、关庙楹联书法、关公年画等藏品；三义殿二楼参观关公绘画、磁卡、论著、戏曲等二十余系列关公藏品。

1.荆州关帝庙正殿　2.荆州关帝庙结义楼

建筑特点 荆州关帝庙始建于明洪武二十九年（1396），现存建筑为1987年修复。殿宇分为仪门、正殿、结义楼、陈列馆等。

关帝庙旧址既是关羽镇守荆州10余年的府邸故基，也是关羽后代世袭江陵的地方所在。日本侵华战争期间，荆州关庙毁于战火，在1985年国家旅游局等部门拨款在原址重建，重建后的仪门悬挂有清乾隆御赐的“泽安南纪”匾额。仪门后院内，两侧立有石碑，正面为重建关庙碑文，背面为隐喻关羽气节的竹叶诗。

正殿基本上维持了原关庙风貌，大殿正门上方，为清同治皇帝御赐匾额“威震华夏”巨匾，殿中塑有关羽夜读春秋和关平、周昌侍立两旁的塑像，上方悬挂清雍正御赐的“乾坤正气”匾额。进入大殿，威风凛凛的关圣帝君赫然伫立在眼前。整个馆宇仿原关庙风格，仪门、正殿、陈列馆前后呼应，浑然一体。更有趣的是，站在关庙的正门中央，可以看见与南门城洞是在同一中轴线上。

历任馆长 夏循涛（2009.2至今）。

业务活动

基本陈列 关公文化博物馆2009年6月面向大众开放，从民间民俗的角度展出二十四个系列的关公文化藏品，陈列面积近400平方米，展出藏品数2000余件，内容包括关公邮票、关公烟标、关公连环画、关公酒文化、关公磁卡、关公钱币、关公年画、关公故事剪纸、关公曲艺、关公影视、关公戏曲剧本、关公文化题词、关公文化扑克、关公论著、仿古手绘关公战迹图、关庙楹联书法等数千件（套），包括文字、书籍、照片、光碟、实物，形成了一定的规模，比较全面地反映了历代以来人们对关公的崇拜和纪念历程。

专题陈列 该馆在2008年6月至2010年3月期间，先后举办过4次关公文化藏品展。第一次，应邀参加荆州关羽祠开祠庆典，并举办荆州市首届关公文化藏品展；第二次，荆州关帝庙举办“关公祭”，举办荆州市第二届关公文化藏品展；第三次，在世界关公文化促进会的推动下，应邀赴洛阳关林参加2009中国洛阳关林国际朝圣大典，并拉开了关公文化藏品全国巡回展首站洛阳的序幕；第四次，应世界弘扬关公文化协会主席关英才邀请，赴深圳参加其年会并举办深圳展。

藏品管理

［藏品来源］ 主要通过征集、捐赠、收购、收藏等途径取得。

1

3

1. 关公剪纸陈列 2. 手绘关公遗迹图陈列 3. 展厅内

［藏品类别］ 藏品分为民俗品、工艺品、艺术品及文献品四大类。其类别有邮票、烟标、年画、连环画、钱币、书籍、文献、剪纸、磁卡、光碟、地图等等。

［藏品统计］ 截至2009年底，各类关公文化藏品总数为4264件。其中各类藏品数为：民俗类2812件，艺术类654件，工艺品345件，文献类453件。

［藏品保护］ 关帝庙建有专门的库房和配备相应的保护设施，严格按照《藏品管理办法》的各项规定进行管理。藏品的保管工作做到制度健全、账目清楚、鉴定确切、编目详明。按照《博物馆安全保卫规定》和三级风险等级安全防护规定要求，馆内设立安全保卫科，选配专职保卫干部。重点要害部位安装技术安防设备和综合报警监控系统设施，落实完善了备项安全保卫制度，配备专职保卫人员坚持24小时执勤。

科学研究

［科研队伍］ 关公文化博物馆馆员4人，外聘专家顾问3人。

［科研设施］ 配套基本的电脑、数码相机等办公设备。

交流合作 积极与世界关公文化促进会、世界弘扬关公文化协会、中国关氏宗亲联谊总会等全国各大关公文化社团、各大关庙、各地关氏宗亲会加强联系，广泛交流，共同推动关公文化事业的发展、繁荣。

该馆自1998年开始收集藏品、研究关公文化，积极弘扬关公精神，独辟蹊径地从民间民俗的角度挖掘、整理关公文化，以创新思维开发关公文化资源，屡创全国第一。全国第一个同时拥有期刊、网站、品牌活动、藏品资源、活动基地和研究团队等资源的关公文化社团；全国第一个系统收集整理关公文化新闻稿和影视戏曲专题资料；全国第一个创造性地以仿古地图形式手绘威震华夏之关公战迹图和关公遗迹图；全国第一个面向全球关庙和研究机构征集关公文化题词；全国第一个以民间藏品的形式弘扬关公文化；全国第一个全面研究和整理关公牌系列商品及其产业化发展趋势。

经营管理

［单位性质］ 民办非企业

［经费来源］ 自行筹集、社会捐赠

［机构设置］ 设有藏品征集中心、文化推广中心、学术研究中心。

［人员组成］ 全馆现有专业技术人员4人，外聘专家顾问3人。

［观众接待］ 年观众人数约20000人次

参观指南

［地址］ 荆州市荆州城迎宾路1号荆州关帝庙

［邮编］ 434020

［电话］ 0716-8467774、13997612849

［电子邮箱］ xia_xuntao@163.com

［开放时间］ 8:30—16:30

［票价］ 免费

（撰文：关公文化博物馆）

阳新县龙港革命历史纪念馆

Yangxin City Longgang Revolutionary History Memorial Hall

概述

类型 社会科学类历史专题纪念馆

类属关系 阳新县文化体育局

创建时间 1975年

开放时间 1976年10月

面积 占地面积6000平方米、建筑面积1600平方米

龙港革命历史纪念馆

布局 龙港纪念馆紧靠106国道，公园式格局。进入大门入口是近4000平方米的园林。在园内“中共鄂东南特委遗址”背面，修建纪念馆陈列楼，为两层砖混结构，屋面树立人字架坡盖机瓦隔热。陈列楼左排为办公（区）楼（二层）；办公区左边纵向为来宾接待室、保卫室等。另配套修建有二星级旅游公厕。

历史沿革 为加强龙港地区革命旧（遗）址的保护管理，1975年由原龙港公社筹资修建纪念馆。1976年，湖北省革命文物工作座谈会在龙港召开，有国家文物局、中国革命博物馆、中国军事博物馆及全国27个省市的专家代表参加，龙港遗存的旧址、遗迹丰富，被誉为“天然的革命

历史博物馆”。1977年收编为县直事业单位。1981年9月设立阳新县革命文物管理所，与纪念馆合署办公，协调龙港、洋港、富水等地区革命旧（遗）址的保护管理。

龙港革命旧址群，是土地革命战争时期的历史遗产。主要建筑有红军街（龙港老街）和散建在乡村的明清古建筑。迄今，龙港镇保存有革命旧址70多处。彭德怀旧居、鄂东南特（道）委机关、彭杨学校、红军后方医院等40余处革命旧址保存尚好，其中有36处于1981年被湖北省人民政府公布为第二批文物保护单位。有16处于2001年6月被国务院公布为第五批全国重点文物保护单位，其中12处集中分布在600米长的老街。这在湖北省乃至全国范围内都是一处不多见的革命旧址群。

1986年王任重为纪念馆题写馆名，1995年3月被湖北省人民政府命名为爱国主义教育基地。龙港纪念馆收藏文告、书刊、武器、壁画、烈士遗物等革命文物，负责龙港地区的革命历史宣传教育工作。自建馆以来，共接待观众、游客约200万余人次，曾举办过《抗战胜利50周年图片展》、《中共党史教育图片展》、《香港回归图片展》，并在周边中、小学校巡回展出，已成为“龙港镇中小学德育教育基地”、通山县“三源中小学德育教育基地”、黄石市委宣传部“爱国主义教育示范基地”、黄石市国防教育委员会“国防教育基地”、黄石市委组织部“党员教育基地”、阳新县委组织部“党员教育基地”、阳新县国家税务局“党风廉政建设教育基地”、黄石市关工委“未成年人思想道德教育基地”。先后入编《中国名胜大词典》（1985年出版）、《中国纪念馆概论》（1996年出版）、《中国革命胜迹画卷》（1999年出版）、《中华文明遗迹通览》（2003年出版）、《中华魂——爱国主义教育基地》（2006年出版）丛书。2009年5月被中宣部公布为第四批全国爱国主义教育示范基地。

为确保龙港革命旧址群的安全管理，2006年8月，文物管理所与纪念馆工作职责分离，成为阳新县文化体育局直属独立机构，负责革命旧址的日常维护与维修。纪念馆负责收藏、陈列开放宣传、革命历史研究等工作。

纪念馆的工作在上级文博主管部门的关心和大力支持下，得到了中央、省、市县各级领导的重视，先后有王平、程子华、傅秋涛、梅盛伟、黄火青、侯政、兰侨、钱运录、贾志杰、王群等党和国家领导人前来视察参观并题词，使事业取得健康的发展，现已执行免费对外开放政策，成为人们参观学习，接受教育，旅游观光，怡情览胜的好场所。

历任馆长 杨前松（1976.8－1984.10 副馆长）；张健（1984.7－1994.8 副馆长）；陈敬大（1985.5－1994.8）；梁谦益（1994.8－2001.11）；李朝华（2001.11至今）。

业务活动

基本陈列 《鄂东南革命斗争史》由前言、题词及四大部分组成。第一部分“马列主义传龙港农民运动起风暴”，展示了1840年鸦片战争后，龙港人民早期的自发斗争、马列主义的传播形势、中共党组织的建立、农民运动的蓬勃兴起等；第二部分“‘八七’会议指方向 武装割据建政权”，展示了鄂东南地区暴动烽火燎原、建立苏维埃政权、彭大将军到龙燕等真实写照；第三部分“红色首府立龙港建设革命根据地”，展示了鄂东南党政机关相继成立，龙港成为鄂东南苏区21个县市的政治、军事、经济、文化中心的过程。中共鄂东（南）特（道）委在这里领导鄂东南人民进行巩固根据地、发展根据地的斗争，开创了鄂东南革命根据地的鼎盛局面，以及同心奋战反“围剿”的过程，军民共建根据地的景象，鄂东南各级政府（被群众称誉为“提包政府”）工作人员全心全意为群众服务的工作作风等；第四部分“坚持斗争求解放 洒尽热血写春秋”，展示了苏区人民坚持艰苦的游击战争，以不屈不挠的斗争精神，冲破黑暗迎胜利的真实画面。在几十年的革命斗争中，成千上万的革命先烈牺牲在龙港这块土地上。人民不会忘记他们，历史不会忘记他们。建国后，党和政府为了表彰革命先烈的英雄业绩，弘扬党的优良传统和作风。在龙港这块红色的土地上，树立了革命烈士纪念碑，建立了革命历史纪念馆。也展示了老一辈无产阶级革命家彭德怀、王平、何长工、程子华、傅秋涛等人亲临龙港，参观访问，凭吊先烈，或亲笔题词，勉励后人继承先烈遗志，完成先烈未竟事业等画面。

《鄂东南革命斗争史》第四部分陈列

陈列设计采用传统的图片、文字板块设计模式，色彩明快，布局合理，配套国画、灯光、实物展柜，对外开放。展览场地面积380平方米，展线长76平方米，陈列版面152平方米。

陈列展出藏品74件（套），以革命文物为主。类别有：铁器、铜器、纸币、印章、纸制品等。主要展品有中国工农红军独立第三师军号、肖作舟参加武昌中央农民运动讲习所学习时的生活用具、鄂东南工农银行发行的纸币、鄂东南兵工厂赠与新戏团的宣传部铜牌等。

专题陈列　《鄂东南龙燕区苏维埃旧址基本功能陈列》　武装暴动的胜利，摧毁了国民党反动派在龙港地区的反动统治，开创了工农武装割据局面。1929年冬，龙燕区和所属的村苏维埃政府相继成立，龙港人们张灯结彩，欢呼胜利。在苏维埃政府的领导下，赤卫队、赤先队、儿童团等地方武装，群众团体纷纷成立，打土豪、分田地，土地革命运动蓬勃发展，龙港成为红五军开辟鄂东南革命根据地的巩固后方。

在艰苦的革命战争年代，鄂东南各级政府的工作人员“不要家、不要钱、不要命”，全心全意为民众服务。他们经常提布包、穿草鞋、翻山越岭，走村串户，深入群众，关心群众生活，群众亲切称呼自己的政府为“提包政府”。

“提包政府”的工作人员，以普通群众的身份参加生产，领导生产，参加战斗，指挥战斗。经常带领慰劳队，拥军优属，组织代耕队，解决群众困难。他们进步的工作，在1934年元月召开的第二次全国工农代表大会上，受到了毛泽东的赞扬。

陈列以真实的图片，朴素的语言展示了鄂东南革命根据地军民团结、艰苦奋斗的光辉革命业绩。配以家居器具，再现了当时工作人员的办公情景。

旧址占地面积175.5平方米，陈列版面40平方米。

《彭德怀旧居基本功能陈列》1930年5月，彭德怀率领红五军四纵队从井冈山来到鄂东南。会同李灿、何长工率领的五纵队开辟鄂东南革命根据地。部队在龙港整顺期间，将司令部设在这里。彭德怀在这里办公住宿。他指挥若定，用兵如神，打了许多大胜仗，粉碎了敌人的反革命围剿，组建了红三军团。彭德怀艰苦朴素，平易近人，带领红军指战员，深入工农群众，宣传毛泽东的“工农武装割据”思想和井冈山斗争经验，并协助地方党组织发展革命武装，建立工农政权，扩大和巩固鄂东南革命根据地。他的光辉事迹至今在群众中广为传颂。

陈列以真实的图片，朴素的语言展示了鄂东南革命

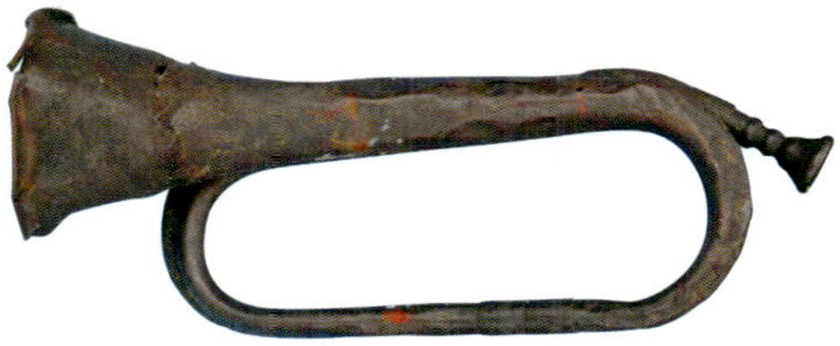

工农红军独立第三师军号

肖作舟使用的的生活用具

鄂东南兵工厂赠与新戏团的宣传部铜牌

鄂东南工农银行发行的纸币

根据地军民团结、艰苦奋斗的光辉革命业绩。配以家居器具，再现了彭德怀、何长工、李灿、等革命前辈戎马倥偬的革命历程和叱咤风云的雄才睿智。

旧址占地面积558平方米，陈列版面50平方米。

藏品管理

［藏品来源］ 主要通过群众捐赠、单位征集、收购等途径取得。

［藏品类别］ 以革命文物为主。有铁器、木器、纸制品等类。

［藏品数量］ 共收藏革命文物214件。三级以上革命文物126件（一级1件，二级6件，三级119件）。

［藏品保护］ 陈列配套展示的文物，设有专用展柜，玻璃罩密封保护；其他藏品存放于库房保险柜，由专职人员负责保管。经鉴定为三级以上的文物，全部进入馆藏文物信息系统数据库管理。

宣传教育 1989年，邀请湖北电视台拍摄完成“土地革命时期的红色小镇——龙港”专题片，在中央电视台播放；2000年，完成全国重点文物保护单位申报文本，国务院于2001年6月25日公布“龙港革命旧址”为第五批全国重点文物保护单位；2004年3月，完成全国重点文物保护单位记录档案共15卷（包括文字、图片、图纸等），呈国家文物局存档；2005年10月，与清华大学合作完成“龙港革命旧址文物总体保护规划”；2006年8月，为申报中国历史文化名镇，摄制了“鄂东南名镇——龙港”专题纪录片等影视资料。2008年，独立完成中国历史文化名镇申报文本，国家住房和城乡建设部、国家文物局于2008年10月14日公布龙港镇为第四批中国历史文化名镇并授牌。2008年，完成全国爱国主义教育基地申报文本，国家中宣部于2009年5月21日公布龙港革命历史纪念馆为第四批全国爱国主义教育示范基地。2009年成功出版《阳新文物精粹》。有大批保存比较完好的革命旧址、遗迹，有珍贵的文物藏品，图文并茂，知识性广，可读性强，深受读者青睐；另外印制有彩色胶印图片册，赠与观众留念。

经营管理

［单位性质］ 公益性全民文博事业单位

［经费来源］ 人员经费县级财政全额拨款；事业运转经费由国家免费开放资金补贴。

［机构设置］ 办公室、陈列办、安全保卫室

［人员编制］ 根据阳编办[2004]38号文件，编制数为8个。

［服务观众项目］ 除基本陈列专职讲解之外，对本地区的历史文化遗存、遗迹全程导览。

［观众接待］ 全年接待观众、游客8万人次

参观指南

［地址］ 湖北省阳新县龙港新街61号

［邮编］ 435209

［电话］ 0714-7656988（传真）

［电子邮箱］ lgjng@163.com

［开放时间］ 8:00－17:00

［票价］ 免费

（撰文：李朝华）

阳新县博物馆

Yangxin County Museum

概述

类型 地方综合性博物馆

隶属关系 隶属于阳新县文化体育局

创建时间 1978年5月

所在位置 位于阳新县城东北面张家山上，东依竹林塘，西南临立交桥

面积 占地面积12.46亩

布局 主体建筑分为博物馆陈列大楼和文物库房两个部分，相互之间可以连通。陈列大楼筹建于1983年至1986年5月，展厅分三个部分，一、三展厅设于大楼一层，二展厅在大楼二层；文物库房建于2006－2007年5月，底层为办公区，二楼为文物库房，三楼为临时展厅。

建筑特点 1983－1986年5月，阳新县建成砖混式结构两层陈列大楼，1989年建临街仿古门坊，所嵌大理石馆名由王任重题名，筑起围院。陈列大楼呈一字形，建筑面积1770

阳新县博物馆正门

平方米，平顶，展厅面积200平方米，其余为办公等用房。

文物库房大楼于2006－2007年新建，为框架式结构的三层楼房，占地面积200平方米，建筑面积600平方米，办公区200平方米，库房200平方米，临时展厅200平方米。

历史沿革　中华人民共和国建立初期，阳新县的文物工作由阳新县文化馆代为管理。1953年县文化馆设兼职文物管理人员，1956年配合省首次开展文物普查，查明革命旧址28处，文化遗址44处，1962年前后的3次鄂东南工农革命斗争史调查整理资料20万字。1978年5月，阳新县人民政府批准建立阳新县博物馆，1981年正式成立。1981年4月－1981年6月，咸宁地区博物馆、阳新县博物馆联合调查，在县内发现古文化遗址11处、古生物化石点16处、古墓葬38处、古石刻2处、古建筑4处，整理资料5万余字。1987年对富河沿岸文物进行复查。1989－1990年，配合全国“文物地图册”和省地《文物补查资料汇编》采编。2000年，阳新县人民政府批准成立了阳新县文物局、阳新县文物考古勘探队，2003年正式成立文物局及考古勘探队。2004年5月成立县文物保护委员会。

历任馆长　黄守国（1982.3－1984.4）；李儒侍（1985.1－1993.6）；卢池木（1994.8－2001.10）；程军（2001.11－2003.3）；佘月云（2003.3－2005.3）；柯忠（2005.4至今）。

业务活动

基本陈列　1959年10月，300多件本土文物在国庆10周年建设成就展厅展出，1979年增加历史文物陈列室，1981年办《传世、出土文物展》，1984年举办《小炮儿山战国楚墓出土文物展》，1986年10月，新馆展厅开放，辟有《阳新革命文物展》、《半壁山战国楚墓出土文物展》，1987年引办大冶《中国历代货币展》、故宫《清代帝后生活用品展》，1988年引进省馆《外国首脑友人赠品展》，1990－1991年引办《江阴古尸展》、《国宝回归展》等，1986－1996年办展19个，组织参观15万人次。

1997年陈列更名为《阳新传世文物珍品展》，1999－2002年办时事图片展4个，参观人数10万人次，2003年陈列更名为《阳新出土文物展》，2005年陈列厅经整修重新开放，2007年新辟二、三陈列厅。2008年列入国家注册免费对外开放博物馆名录，已接待学生为主的参观者3万人次，办展3个，观众2万人次。

藏品管理

［藏品来源］　主要通过征集、考古发掘、上缴（交）、捐赠、收购等途径取得。

［藏品类别］　藏品分为传世文物、出土文物、革命文物和社建文物四大类。其类别有石器、陶瓷器、铜器、铁器、金银器、木雕、玉器、字画、钱币等。

［藏品统计］　截止2008年底，从新石器时代至民国各时期文物藏品总数为3297件。其中出土文物和传世文物2784件，革命文物469件，社建文物44件。其中国家一级文物17件，二级文物51件，三级文物288件。

［重要藏品］　商代青铜铙，唐代银瓶、银壶、银碗、银盒、银勺，宋代鲁国图碑瓜形壶、刻花瓷盏。

［藏品保护］　阳新县博物馆建有专门的文物库房和相应的保护设施，严格按照《藏品管理办法》的各项规定

唐　银壶

唐　银瓶

商　青铜铙

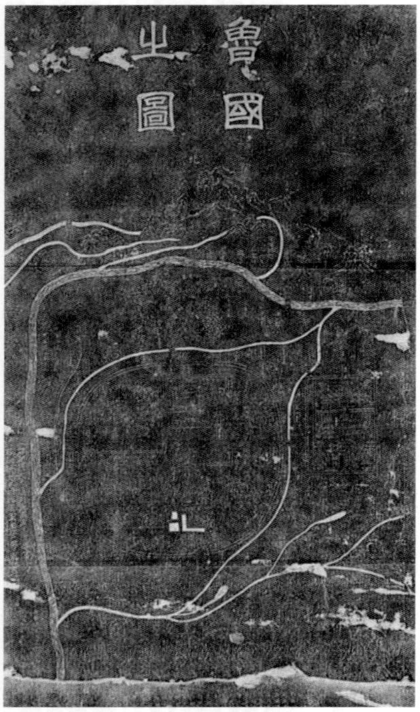

宋　鲁国图碑

进行管理，凡是具有历史、艺术或科学价值的一、二、三级藏品，经省级文物鉴定委员会专家组的严格鉴定，均建立文物藏品档案和电子文本。藏品的保管工作做到制度健全，帐目清楚，鉴定确切，编目详明。按照《博物馆安全保卫规定》和三级风险等级安全防护规定要求，馆内设立安全保卫科，选配专职保卫干部，重点要害部位安装技术安防设备和综合报警监控系统设施。落实完善了各项安全保卫制度，配备专职保卫人员坚持24小时执勤。

考古发掘　考古发掘工作起始于1954年，从1954年考古工作者在率州猪婆岭新石器遗址采集到一批鬲足类陶片、陶网坠、石质斧、锛、刀类残器及贝壳刮削器开始，1967年，双港出土新石器时代生产工具双孔石铲，1974年刘荣山出土商代青铜铙，富池下山矶出土窖藏唐代银器12件，县人民礼堂工地出土1927年九烈士墓碑等，至2008年底止，县域内在农业、基建、水利、交通等设施建设工地中，通过举报、发现、勘踏等各种形式，经过40余年百余次的考古发掘和出土，收缴了数千件地下文物，为县域的历史演变和经济社会发展研究提供了不可或缺的实物依据。

科学研究

［科研队伍］　阳新县博物馆现有副研究馆员1人，馆员4人，助理馆员8人。

［科研设施］　阳新县博物馆经济条件制约，科研设施落后，办公条件简陋，自2004年后，随着经济的发展，开展博物馆业务工作的必要设施得到充实，办公条件不断改善，现已配备电脑4台/套，数码相机2台、摄像机1台及其它工作器材等。

［科研成果］　近几年来，阳新县博物馆积极开展文博专业理论研究和新人培训班的学习。先后参加大路铺的考古发掘、川气东送天然气管道考古、杭瑞高速大广南高速公路阳新工段宋、明、清墓地考古发掘。费华清撰《鲁国图碑失而复得》（1986年12月26日《中国文物报》）；李天元撰《湖北阳新港下古矿井遗址发掘简报》（《考古》1988年第1期）；费世华撰《湖北省阳新县发现战国铜钱牌》（《中国钱币》1990年第3期）；费世华《湖北阳新县出土宋代银铤》（《江汉考古》1990年第3期）；王善才、费世华文《湖北阳新县富水郭家垅战国窖藏》（《文物》1992年第2期）；贾晓玲撰《湖北阳新蔡家祠出土一批铜器》（《考古》1993年第3期）；杜峰、贾晓玲、费世华文《湖北阳新县半壁山一号战国墓》（《考古》1994年第6期）；费庆华、费杰成撰《刘荣山青铜铙与白霓铜鼓小考》（《黄石理工学院学报》2009年第1期）。

交流合作　博物馆是一个服务于社会的文明窗口，开展交流合作是一项基本的业务活动。如配合政府中心工作开展一些重大的陈列项目，开展与省内一些知名院校的文化交流合作等。从2005年开始，武汉大学、华中科技大学、武汉理工大学等分别对阳新县内的古建筑、古墓葬进行学术考察活动；2009年5月，武汉大学在阳新县博物馆设立武汉大学科技考古鄂东南实验基地。

经营管理

［单位性质］　社会公益性质的国营文化事业单位

［经费来源］ 地方财政（县级）全额拨款

［机构设置］ 设有馆长室、副馆长室、办公室、陈列部、安全保卫部、保管部

［人员编制、组成］ 核定人员编制数1986年为13人，1990年为16人，1995年为24人，2006年为15人（现实际在编21人），全馆现有专业技术人员15人，其中文博专业技术人员13人。

［观众接待］ 免费开放后年参观人数约50000人次

参观指南

［地址］ 阳新县陵园大道11号

［邮编］ 435200

［电话］ 0714-7323751

［开放时间］ 8:30－16:30

［票价］ 免费

（撰文：柯忠）

红三军团建军纪念馆

Hong Sanjun Army Museum

概述

类型 社会科学类历史遗址专题纪念馆

隶属关系 隶属于大冶市文化体育局

所在位置 位于大冶市刘仁八镇三房村

面积 占地面积1650平方米

建筑特点及布局 纪念馆平面布局为一进三幢连五，为硬山式砖木结构，主厅堂梁架为六架椽，屋前为连轩廊，门厅上有回楼（戏楼）与正屋侧楼相连，木雕精细别致。建筑地面逐渐增高，第一进台基高约1米，采用须弥座形式，其上用汉白玉板围护，每进均有天井，有的设有花台。建筑门脸模仿西方古典建筑形式，占地面积829平方米。它是中西结合的晚清建筑群，有抬梁式雄伟高大的木质结构，雕梁画栋的建筑风格，以及壁画、浮雕、石刻、玉栏等。

红三军团建军旧址

在一楼设有办公室和保卫室，其余的房间都作为场景恢复或文物陈列、图版展示对外开放。

历史沿革 原为红三军团革命旧址，是刘仁八村大土豪刘步阶的庄园，始建于清朝晚期，一进九幢连五。

1930年5月，彭德怀率红五军主力来到鄂东南，驻扎在该旧址内。

1930年6月，根据中共中央、中央军委关于成立红三军团的决定，在庄园内召开了扩大会议，宣布成立红三军团，军团指挥部设在旧址内。

1938年，日本飞机轰炸刘仁八村，庄园后五幢炸毁。

1962年，因曾轰炸震动和年久失修，第六幢房屋倒塌。

1985年，大冶市政府拨款对旧址进行局部维修。

1988年，刘仁八镇政府下文集资办学，将该旧址内原来学校占用的旧址房舍全部退出。

1989年，刘仁八镇政府将红三军团团部旧址交由文化

红三军团建军纪念馆

彭德怀照片及其使用过的物品

何长工像

1

2

3

4

1.战士居室 2.诊疗室 3.彭德怀居室 4.作战指挥室

部门管理和保护，并进行了局部维修。

1997年，由湖北省文物局、大冶市政府筹资50余万元，对红三军团团部旧址保留的三幢房屋进行了全面维修，恢复了旧址原来的面貌。

2005年为配合党员先进性教育，大冶市委、市政府决定在红三军团革命旧址建立纪念馆。

历任馆长 陈锦玲（2005－2009 文化体育局文物科科长代管）；程良才（2009至今 文化站站长代管）。

业务活动

基本陈列 主要为旧址恢复原貌的陈列，面积1650平方米，陈列了与红三军团革命旧址相关的革命文物和图片，展示红三军团当时的生活和工作状况。

藏品管理

［藏品来源］ 主要由征集、捐献和复制等途径取得。

［藏品统计］ 各类征集、捐献和复制的文物文献72件。

［重要藏品］ 未分级

［藏品保护］ 所有藏品都作为陈列品在展厅展出。

经营管理

［单位性质］ 全民公益性事业单位

［经济来源］ 财政拨款

［机构设置］ 保卫科、陈列室

［人员编制］ 事业编制数3人，实有人数3人

［服务观众项目］ 为观众提供1个陈列展览，并配备有讲解人员，提供宣传资料。

［观众接待］ 年观众参观人数1.2万人以上

参观指南

［地址］ 大冶市殷祖镇三房村

［邮编］ 435100

［电话］ 0714-8936801

［开放时间］ 8:30－17:00

［票价］ 免费

（撰文：红三军团建军纪念馆）

赤壁市博物馆

Chibi County Musenm

概述

类型 社会科学类历史专题博物馆

隶属关系 隶属于赤壁市文化体育局

创建时间 1958年12月

所在位置 位于赤壁市新城区陆水河畔陆水湖大道229号

赤壁市博物馆

面积　占地面积8204平方米

布局　主体建筑坐东向西，分为博物馆主楼和北附楼及南附楼三个部分，北附楼为办公场所，主楼和南面附楼设为展厅，主楼三层设文物库房。主楼前为1500平方米绿化广场、1000平方米停车场。

建筑特点　1998年10月－2002年元月，赤壁市通过市民捐助、地方财政拨款和上级文物主管部门资金支持建成了砖混框架式结构的文物大楼。建筑风格为仿汉代城堡式，建筑平面呈“凹”字形，占地面积8204平方米，建筑面积3800平方米，展厅面积2800平方米，主楼三楼为文物库房，面积600平方米，其余用作办公用房。

历史沿革　建国初期，赤壁市的文物工作先后由文化馆、文物管理委员会和图书馆代为管理。1950－1958年，赤壁文物工作由蒲圻县文化馆管理，1958年9月18日，成立文物管理委员会，由副县长童伯谦兼任管委会主任。1958年12月8日，成立蒲圻县博物馆；1973年5月成立赤壁文物管理处，由文化馆代管；1977－1978年，由县图书馆代管；1979年8月，蒲圻县革命委员会批准成立赤壁文物管理处。1995年4月，原蒲圻市机构编制委员会批准成立博物馆，机构规格定为正股级，定编4人，属财政差额拨款事业单位。

由于原博物馆面积狭小、设备设施落后，存在重大安全隐患，馆藏文物不能完全向社会公众开放，导致博物馆自身功能不能得到应有的发挥，1998年10月，市委市政府决定异地新建赤壁市博物馆，2000年9月，经赤壁市机构编制委员会批准成立赤壁市文物局，副科级事业单位，定编15人，与市博物馆（一套班子两块牌子）合署办公。2002年元月1日赤壁市博物馆建成并正式对外开放。

历任馆长　叶林（1950.3－1953.6　负责人）；程登（1953.6－1954.12　副馆长主持工作）；龚益辉（1955.1－1955.12　副馆长主持工作）；汤与之（1956.1－1957.3　副馆长主持工作）；张廷贵（1957.4－1958.12　副馆长主持工作）；王怀荣（1959.1－1973.5　专职干部主持工作）；吴苾之（1973.4－1974.2）；黎训生（1974.3－1976.12）；王汝清（1977.1－1999.1）；廖水清（1999.2月－2003.9）；杨玉梅（2003.10－2005.6）；马勇利（2005.7至今）。

业务活动

基本陈列　赤壁市博物馆现有基本陈列三个：

《赤壁鏖战浮雕展》设在博物馆一楼大厅正墙，选用湖北省知名画家许明康作品，采用东北松木制作而成，面积60平方米。主要讲述赤壁之战前孙、刘联军共谋抗曹的历史片断。大厅两侧为仿汉代竹简，面积共70平方米，分别引用北宋司马光《论赤壁之战》和《三国志·吴志·周瑜传》中的“孙将军论拒曹操”的原文。

《千古风流——赤壁之战历史展》汇聚了赤壁市历年来考古发掘的汉末三国文物及相关史料文献，专题展示汉末波澜壮阔的赤壁大战。陈列展出最有代表性的文物64件，陈列面积420平方米。该展览分《汉末风云》、《赤壁鏖战》、《三国鼎立》、《赤壁文化》，展陈采用大通柜和独立柜，结合文字、图版、多媒体，充分运用声、光、电等现代科技手段，向公众全方位展示赤壁三国文化，彰显、传承赤壁精神，弘扬中华民族优秀文化。该展览是在原《三国汉晋文物展》的基础上，为配合全国县级博物馆展览提升工程改造完成，于12月20日正式开展。

《馆藏文物精粹展》陈列面积280平方米，展出藏品95件。陈列分战国、三国两晋、唐宋、元、明清、解放时期等六个主要历史时期，以大量珍贵实物为信息载体，采用陈列通柜、独立柜，结合文字图版、实物，系统展示了赤壁悠久的历史文明。该展览是由《综合文物展厅》和《战国土城出土文物展》合并完善而成。

藏品管理

［藏品来源］　主要通过旧藏、征集、考古发掘出土、收缴、捐赠等途径取得。现有的馆藏文物主要为考古发掘出土。

［藏品类别］　赤壁市博物馆文物藏品分为传世文物、出土文物和革命文物及工艺品四大类。其类别为青铜器、铁器、陶器、瓷器、石器、玉器、金器、银器、纸质、革命文物、木器、钱币、木雕等。

［藏品统计］　截至2006年底，从新石器时代至民国时期文物藏品总数为1135件（套），其中各类藏品数为：出土文物和传世文物1074件（套），革命文物23件（套），工艺品38件（套）其中国家一级文物18件

（套），二级文物11件（套），三级文物68件（套）。

［重要藏品］　东汉凤纹错银铭文弩机、东汉“上大将军吕侯都尉陈文和弩一张”铭文弩机、东汉鎏金神兽镜、战国青铜淳于、东汉铜仙鹤、东汉铁箭镞、东汉青龙白虎青铜手柄、东汉沙羡铭文鼎、宋莲花瓣碗、西汉铭文丹阳镜、虎子。

东汉　鎏金神兽镜

［藏品保护］　该馆严格按照国家文物局1993年编发的《博物馆藏品保管手册》，从硬件和软件建设两方面，包括藏品收集、接收、鉴选、登记、定级、分类、编目建档、库房管理、藏品信息数据库建设等各方面加强博物馆藏品保护。

加强制度建设，建立了《博物馆突发事件应急预案》，完善了博物馆各项安全保卫制度，严格执行管理制度，实行24小时值班制。完成了博物馆一、二、三级文物信息数据库建设。按照三级风险等级安全防护要求，设置文物安全保卫股，配备专职干部，并安装了先进的防盗和消防报警系统和设施，购置了必要的温湿度调节和监测设备，增加文物保管柜架、囊匣，改善藏品保管环境。邀请湖北省博物馆文物保护中心专家修复保护出现病害文物共97件。

考古发掘　该馆的考古发掘工作始于1986年8月，从出土一件“上大将军吕候都尉陈文和弩一张”铭文弩机开始，到2008年12月，先后配合国家大型基本建设工程和市域重点建设工程及农村生产生活建设工程，参与了107国道建设、京珠高速、武广高速、赤壁景区开发利用工程和赤壁新城区建设，经过考古发掘，发掘面积达2300平方米，清理发掘古墓葬160座，出土文物近400件（套），为探索赤壁市的楚文化和汉代考古学文化及经济社会发展研究提供了一批难得的实物资料。

科学研究

［科研队伍］　初级助理馆员2人，大学本科文化程度4人。

［科研设施］　受人、财制约，该馆科研设施落后，亟待完善。在地方政府和上级文物主管部门的领导和重视下，现博物馆的科研设备设施得到了更新。现已配备台式电脑6台，手提电脑2台，数码摄影机2台，打印机1台，传真机1台，扫描仪1台及其它工作设备。

［科研成果］　《千年瑰宝再璀璨——关于蒲圻石城修复保护的思考》（《中国文物报》，2006.7）。湖北省文物考古研究所、咸宁市博物馆、赤壁市博物馆编著，《赤壁土城——战国西汉城址墓地调查勘探发掘报告》（科学出版社，2007.7）。《湖北赤壁祝家岭墓地发掘简报》（《江汉考古》，2008.6）。

交流合作　为了提高人民的科学水平，丰富群众的精神生活，该馆积极开展馆际交流，经常组织馆际交流活动。配合不同的社会主题，积级引进各种临时展览。1986年4月26日，选调三国时期文物共24件至中国军事博物馆，包括铁斧1件、铁戈1件、铁刀1件、铁船钉2件、陶罐2件、钱币2件及各种形制箭镞15件。2006年4月28日，选调馆藏精品文物4件参加《8+1武汉城市圈文物精品展》，并收录于《8+1武汉城市圈文物精品图录》。2008年3月，选调馆藏文物铁箭镞20枚参加中国文物交流中心与日本东京富士美术馆联合举办的为纪念“中日和平友好条约”缔结30周年和庆祝北京奥运会的举行的中日友好文化交流展览《大三国志展》。该展览深受日本观众感动，认识到中国历史与文化的深奥。该展览于2009年4月15日起在全国各大城市举行“大三国志归国汇报展”。2009年9月28日，在与武汉市博物馆友情合作的基础上，武汉市博物馆承担了《千古风流——赤壁之战历史展》的陈列设计及监督制作。《千古风流——赤壁之战历史展》已于12月20日隆重开展，《馆藏文物精品陈列》目前正处于施工阶段。

自2002年元月1日博物馆建成后先后举办临时展览30余次。成功与天津市自然博物馆合作主办了《恐龙·人体艺术展》，与武汉市博物馆合作主办了《长江印象摄影展》。

经营管理

［单位性质］　社会公益性国营文化事业单位

［经费来源］　地方财政（县级）差额拨款

［机构设置］　设有局（馆）长室、办公室、安全保卫股、文物调查勘探队，2000年9月，新成立赤壁市文物事

业管理局，与市博物馆两块牌子一套班子合署办公。

［人员编制组成］ 1994年博物馆核定编制数为4人，2000年市文物局核定编制数为15人。2009年末，实有人数为28人，其中退休5人，内退7人，在岗16人。专业技术人员8人，其中文博技术专业人员4人。

［服务观众项目］ 自2008年3月免费开放后，该馆不断完善观众服务设施，改善服务条件。提供观众随身物品寄存、参观导览、宣传册页、饮水、卫生设施、休息查阅等免费服务。改善相关服务设施，完成了馆外1500平方米的场地绿化和停车场建设，购置指纹免费寄存一套，开辟了观众休息室一间，安装了电子显示屏（15×1米）一块，增加、更换、调整馆区指示牌，通过文明服务带动观众文明参观。同时加强安全措施，建立联动机制，确保文物和观众的安全，保障博物馆的正常运转和参观质量。

［观众接待］ 自免费开放以来，参观人数逐渐趋于平稳，观众结构发生显著变化，社会效益日益凸现。该馆年接待观众量达4万人次。

参观指南

［地址］ 赤壁市陆水湖大道229号（市内乘6路、9路公交）

［邮编］ 437300

［电话］ 0715-5355322

［传真］ 0715-5354078

［电子邮箱］ hbcb5355322@126.com

［开放时间］ 8:30－16:30

［票价］ 免费

（撰文：钱红平）

孝昌县博物馆

Xiaochang County Museum

概述

类型 地方综合性博物馆

隶属关系 隶属于孝昌县文化体育局

创建时间 1993年12月

所在位置 位于孝昌县城区花园大道

建筑特点及布局 二层砖瓦结构，一层于1994年建成，用作库房及住房，属砖混平房。二层于1998年加建，是砖瓦结构，用作文物展厅。占地面积268平方米，建筑面积568平方米，展厅面积250平方米，库房面积32平方米。

历史沿革 1993年6月15日，国务院批准成立孝昌县；

孝昌县博物馆

1993年10月，孝昌县人民政府批准筹建孝昌县博物馆；1993年12月开始建设，1994年6月建成。

历任馆长 高金成（1993.12－1995.6 副馆长）；高金成（1995.6－1999.5）；杨华（1999.5－2003.1 副馆长）；朱耀军（2003.1－2006.3 副馆长）；王方（2006.3－2007 副馆长）；王方（2007至今）。

业务活动

基本陈列 《孝昌县建县十周年文物展》于2003年12月面向大众开放，陈列面积200平方米，展出文物123件。主要展出建县十周年来在孝昌出土的文物精品，以时间顺

1.展厅一隅 2.铜兵器陈列

序为展出单元，分新石器、商周、汉唐、明清四个部分，配备了讲解员。

《东周兵城文物展》2006年开展至今，2008年3月10日实行对外免费开放，展出文物187件，陈列面积200平方米。主要展出武家岗墓地出土的文物，以陶瓷生活器皿和铜兵器为主。

专题陈列　建馆以来，共主办专题展览5次。2006年主办《孝昌创业展》，获得了广泛好评；2009年2月《红色孝昌展》主要展出在孝昌进行抗日战争时期的人物图片及抗战实物，如手雷、徽章等，布展面积60平方米；2009年12月，《文物普查图片展》主要展出第三次全国文物普查在孝昌的普查经历及取得成功的图片，布展面积40平方米。

藏品管理

［藏品来源］　主要是通过考古发掘、上交、征集等途径取得，现有的文物藏品中，绝大多数为考古发掘的出土文物，以陶器为主。

［藏品类别］　藏品总数563件，其中铜器62件，瓷器23件，图片13张，陶器455件，石器8件，玉器2件，现有二级文物4件，三级文物20件。

［重要藏品］　东周铜鼎；东周铜剑；东周铜印章；东周砝码；东周铜戈；汉白陶盆。

东周　铜印章

东周　砝码

东周　铜剑

［藏品保护］　建有文物库房，配备了一些保护设施。二级、三级文物藏品经省级文物鉴定委员会专家组鉴定，建立了文物藏品档案和电子文本；藏品的保管工作做到制度健全、账目清楚，选配保卫干部，24小时人防值班，在重点部位安装了技术安防设备和红外线报警设施。

经营管理

［单位性质］　国有事业单位

［经济来源］　地方财政（县级）全额拨款

［机构设置］　安全陈列室，信息资料室，文物保护室。

［人员编制］　2008年核定人员编制14人，现实际在编人员12人。全馆现有专业技术人员10人，其中文博专业技术人员8人。

［观众接待］　年约80000人次

参观指南

［地址］　孝昌县城区花园大道152号

［邮编］　432900

［电话］　0712-4762408

［传真］　0712-4771119

［电子邮箱］　510835080@qq.com

［开放时间］　8:30—17:00（周一至周六）

［票价］　免费

（撰文：孝昌县博物馆）

孝南区博物馆

Xiaonan Museum

概述

类型　地方综合性博物馆

隶属关系　隶属于孝感市孝南文化体育局

创建时间　1990年

所在位置　孝感市交通路333号

面积　300平方米

历史沿革　1971年孝感境内地下文物不断有所发现，根据上级有关部门要求，文化馆指派一名干部负责孝感境内地面、地下的文物保护工作，从此，孝感的文物工作确定了第一位通过专业培训的文物业务干部。通过不断的努力，孝感县文物藏品和文物保护单位逐步增多，队伍不断壮大，社会影响不断增强，孝感设立专门文物机构的条件基本成熟。鉴于这一发展情况，原孝感市人民政府根据市文化局的请求，于1986年8月行文（孝政办函45号）“关于同意市文化

孝南区博物馆入口

展厅一角

局成立孝感市文物管理所的批复”，文件的主要内容是“与市文化馆一套班子，两块牌子，合署办公，经费与编制不变动，人员内部调节”。文管所成立后，专业队伍和工作人员逐步增多，对辖区内的文物保护与利用，考古与研究，做了大量的工作，特别是对花园田家岗战国、秦、汉墓群四年的发掘。文物藏品不断增多，社会影响扩大，从而文物管理所受工作范围的影响，使文物事业发展也受到一定的局限。鉴于文物事业发展的需要，原孝感市人民政府又正式行文（孝编办[1990]25号）“关于同意将市文物管理所改为孝感市博物馆的批复”，于是孝感市正式成立了博物馆，原孝感市文物管理所单位名称、行政公章也随之变更为孝感市博物馆。1993年孝感撤地建市，撤市建区，原孝感市博物馆随之变更为孝南区博物馆。

历任馆长　李端阳（1990－1994）；池福新（1994－1997 副馆长）；李金芳（1997－2002）；夏少雄（2002至今）。

业务活动

基本陈列　孝感市孝南区博物馆现有馆藏各类文物1700件，博物馆展厅面积150平方米，1992年对外开放，并经常组织中小学生参观，对学生进行爱国主义教育。先后送文物图片和部分实物到该区所属乡、镇、场及中小学校进行巡回展览，十多年来共接待观众10余万人次，收到了很好的社会效益。

藏品管理

[藏品来源]　主要通过征集、考古发掘、捐赠、收购等途径取得。现有的文物藏品中，绝大多数为通过考古发掘的出土文物。

[藏品类别]　藏品分为传世文物、出土文物和革命文物三类。其类别有石器、陶瓷器、铜器、铁器、金银器、玉器、钱币等等。

[藏品统计]　截至目前，从新石器时代至民国时期文物藏品总数为1700件，其中二级文物8件，三级文物25件。

[重要藏品]　战国陶盖铜壶、秦铜鼎、西汉剑佩饰、西汉玉璧、西汉蒜头壶、唐代镜、宋代玻璃笄等。

战国　铜盖鼎

秦　铜蒜头扁壶

屈家岭文化　陶臼

明　釉陶瓮棺

［藏品保护］ 博物馆建有专门文物库房，并配备了相应的保护设备，严格按照《藏品管理办法》的各项规定进行管理。二、三级文物经省文物鉴定委员会专家组的严格鉴定，均建立文物藏品档案和电子文本；藏品的保管工作做到制度健全、帐目清楚、鉴定确切、编目详明。馆内设保卫部，配备专职保卫人员，坚持24小时值班。

考古发掘 近些年来，为配合大型工程建设，在本辖区内先后进行了40余次抢救发掘工作，如1986－1989年，连续4年对花园砖厂的田家岗（现孝昌县）战国、秦、汉时期古墓群的发掘；1989－1990年对7066基地吴家坟新石器时代屈家岭文化和石家河文化类型的遗址和墓地、东周至唐宋时期墓群的发掘；1991年对7066红峰基地徐家坟新石器至商周时期古文化遗址和北宋墓群的发掘；2004年对“汉十”高速公路经过地段的祝站大家园东周时期古文化遗址、三汊驼子山六朝墓、山宝地唐、宋墓地墓葬的发掘；2008年对“兰、郑、长”成品油输油管道经过地段的杨店搭岭岗六朝墓群、朋兴叶家庙新石器时代古城遗址墓地的发掘等等。发掘了数座原始社会新石器时代地穴式房屋基地及3处新石器时代人和儿童墓葬区，揭示了东周至明清各个时期墓葬的埋葬习俗和风格，既丰富了馆藏又锻炼了考古专业人员。

科学研究

［科研队伍］ 现有馆员3人，初级助理馆员7人。

［科研设施］ 由于1993年撤市建区，随着经济的快速发展，开展博物馆业务工作的必要设施得到更新、充实，办公条件不断改善，现配备电脑7台/套（包括台式、手提，复印机等），各种型号数码照相机2台/套及其它工作器材等。目前孝南区博物馆正在加紧筹建综合型博物馆。

［科研成果］ 叶家庙古城遗址　该遗址位于孝南区朋兴乡政府所在地西北方向3公里处的叶庙村和七份村。西部连近澴河古道，孝感至肖白沙公路经遗址东部过。中心地理坐标为东径113° 45′，纬度34° 30′，海拔高度28－30米。

遗址于1980年第二次全国文物普查时发现。2007年，由于“兰、郑、长”输油管道经遗址西北角，湖北省、孝感市、孝南区文物干部对管道全线特别是叶庙段进行了重点调查，新发现了与叶家庙遗址相连的附属何家埠和杨家咀遗址。2008年3－8月，由湖北省考古研究所主持，孝南区博物馆配合，组成联合考古队，对叶家庙古城遗址进行了大面积勘探和发掘工作。经勘探和实地调查，表明叶家庙遗址是一处大规模的新石器时代中心聚落古城遗址，城址面积约30万平方米，加上与城址相连的杨家咀、何家埠遗址，城地面积达60万平方米。现对古城遗址的护城河、城墙等分别简叙如下：

①城垣：叶家庙城址呈比较规整的长方形，北部城垣保存较好，高出北部平原3米，城垣宽30米。东部城垣毁成平地，但布局与走向比较明显。南部城垣的东部被现代村落所压，中段和西部保存较好，城垣顶部距地表高5米，城宽27－30米。西城垣北段保存较好，高出平地2－8米，宽约35米。

②城门：城门未经正式发掘，但城门迹象非常明显，

现状为大缺口，暴露明显的地段见东南部、西北部，均宽有20—30米的缺口。

③壕沟：城垣外存在比较完整的环壕系统，现东部和南部地表仍可见环形的水系，壕沟一般距城墙外8—10米。西部环壕与城垣之间的距离较宽，与城垣的走向也不一致，略向外弧，可能是利用了原有的地形，壕沟宽25—35米，据对南城垣的解剖看出，壕沟开口一般在地表下0.5—1米，沟底距开口2米。除了环壕，可能还存在贯通城内的南北向壕沟。东南部向外亦有南北向的壕沟，地面形态清楚，应为整个环壕的出口。

④城内布局：经过勘探和发掘，发现城内南部与东部有大片比较密集的红烧土堆积与灰烬层堆积，其中南部的红烧土从东向西连成一片，局部地点还存在至少二期的烧土堆积，这些红烧土堆积，应为当时的建筑遗迹。据此推测，城内的东南部应为当时的居住区，从地形看，这里是整个城垣地势最高。地面较为平坦的地方。同时也发掘出屈家岭文化时期的圆形房屋基址两座、方形房基两座，灰坑4处，瓮棺葬4座，水井一处。

⑤城址兴废：叶家庙古城遗址，从发掘城墙的断面看，二期城墙叠压在一期城墙之上，一期城墙为屈家岭文化晚期，在南城垣外壕沟上部的堆积中，发现大量的石家河文化早、中期的遗物，因此推测：该城址形成于屈家岭文化晚期，至石家河文化时期废，已失去了城址的功能。

⑥出土遗物：叶家庙遗址出土遗物分石器、陶器两大类，按质地和用途分生产工具和生活用具。生产工具有石斧、石石奔、石镞、石刀、石凿、陶拍、各类型陶纺轮、陶网坠等。生活工具品种繁多，皆为陶器，器形有折沿深腹鼎、盆形鼎、罐形鼎、钵形鼎，有高领瓮、矮领瓮、敛口瓮，有敛口缸，直口缸、敞口缸，有矮圈足盘、高圈足缕孔盘、粗柄缕孔喇叭口座豆、敛口盆、折沿盆、彩陶壶、彩陶杯、喇叭口杯、直口杯等，还有宝塔形、兽头形、雀鸟形、花边形、花瓣形器盖，还有刻划纹、戳印纹、圆形缕孔状的陶球和陶响球等等。

通过调查发现，以叶家庙古城遗址为中心，在周边5公里范围内，发现有11处同时期的古文化遗址，证明该地区在原始社会的新石器时代中晚期就已经形成了以叶家庙为中心的大型新石器时代聚落群。

叶家庙城址发掘期间，中央电视台、新华社相继进行过新闻报道。

2008年7月，孝感人民政府行文（孝政发[2008]26号）《市人民政府关于公布叶家庙遗址为孝感市级文物保护单位的通知》，这是原孝感地区至现在的孝感市政府，首次公布的文物保护单位，也是唯一一处市级文物保护单位。

2008年11月，孝南区博物馆已将叶家庙古城遗址上报为国家级文物保护单位。

经营管理

［单位性质］ 社会公益性国营事业单位

［经费来源］ 地方财政（县级）全额拨款

［机构设置、组成］ 设馆长室、办公室、文保业务部、安全保卫部。

［人员编制］ 核定人员编制20人

［观众接待］ 年观众人数6500人次

参观指南

［地址］ 孝感市孝南区交通路333号

［邮编］ 432000

［电话］ 0712-2100007

［电子邮箱］ 871917750@qq.com

［开放时间］ 8:30—16:30（周一闭馆）

［票价］ 免费

（撰文：夏少雄）

孝感市博物馆

Xiaogan City Museum

概述

类型 地方综合性博物馆

隶属关系 隶属于孝感市文化体育新闻出版局

创建时间 1976年7月

所在位置 位于孝感市城站路87号

面积 占地面积3000平方米

孝感市博物馆外景

建筑、布局　为6层排房式楼房，属现代砖混钢筋框架结构，6层计2143平方米。其中一楼为交流大厅，面积236平方米；二、三楼为展厅，面积共1412平方米；四楼为办公室，面积276平方米；五楼为文物库房，面积276平方米；六楼为资料整理室，面积213平方米。

历史沿革　原为孝感地区博物馆，1993年撤地改市，更名为孝感市博物馆。

历任馆长　蒲显均（1974－1985.5　牵头副馆长）；宋焕文（1981－1984　牵头馆长）；曾建华（1987.7－1990）；熊卜发（1992.6－2003.11）；李晓明（2003.11－2008.3）；蒋俊春（2008.3至今）。

业务活动

基本陈列　《孝感地区出土文物陈列展览》1981年1月面向大众开放，展出出土文物200余件，陈列面积632平方米，陈列内容为孝感地区（市）8个县市区出土的新石器时代至清代的历史文物。以立柜与平柜相结合，文物与文字说明、图板相结合，以由早及晚的通史陈列艺术设计为特点。2009年为提高博物馆陈列档次，该馆投资84万元，改造三间展厅，面积共1000平方米，对已有的基本陈列作了全新布展，对原有陈列从设施设备到内容形式进行了调整，更换陈列说明牌140多块、公示牌10块；推出两个精品展《孝感城区出土清代丝绸展》、《汉川马口窑展》和专题展《孝感历史文物精品展》。三个展览受到广大市民的好评，其中《一品将军和五品夫人的珍贵遗存——孝感城区出土清代丝绸展》荣获2009年度宣传思想工作创新奖，年接待观众6万人次，取得了良好的社会效益。

专题陈列　建馆至今共举办《李先念同志在大悟山区革命活动展览》（主办）、《中华人民共和国第二届农民运动会全国名人书画展》（承办）、《故宫博物院帝后生活用品精品展》（主办）、《国旗在我心中》、《党旗飘飘》（主办）、《蝴蝶标本展》（承办）、《航空模型展》（承办）、《中原突围胜利60周年图片展》（承办）等长期或短期的专题陈列近三十次。

展厅一隅

春秋　青铜簠

商　青铜提梁鸮卣

藏品管理

［藏品来源］　主要通过征集、考古发掘、上缴（交）、捐赠、收购等途径取得

［藏品类别］　文物藏品类别有陶、青铜、玉、漆、木、竹、瓷、金、银、铁、丝织品、化石等。

［藏品统计］　截止2009年底，从新石器时代至民国各时期文物藏品总数17056（件套），期中陶器216件，青铜器294件、玉器8件、漆木竹9件、瓷器621件、金器8件、银器13件、铁器9件、丝织品70件、石器43件、化石11件、铜钱15174件、其它580件。

［重要藏品］　商代石璋、商代青铜提梁鸮卣、青铜爵、玉壁、玉戈、春秋青铜簠、秦陶量、石砚、南北朝青铜鐎斗、隋开皇十一年青铜佛像、唐三彩马、嵌宝石花形金钗、金发卡、金簪、清康熙五十一年钦赐锦缎龙纹蟒袍等。

［藏品保护］　该馆建有专门的文物库房和配备相应的保护设施，严格按照《藏品管理办法》的各项规定进行管理。凡是具有历史、艺术或科学价值的一、二、三级藏品，经省级文物鉴定委员会专家组的严格鉴定，均建立文物藏品档案和电子文本；藏品的保管工作做到制度健全、账目清楚、鉴定确切、编目详明；运用传统方法对一些破损藏品器物进行修复保存；库房内配备必要的温、湿度计、恒温计以及安全防火器材；淘汰陈旧的文物橱柜架和过时落后设施，更新安全可靠的全封闭文物橱柜金属架等。

考古发掘　孝感市在历史上不仅是重要的鱼米之乡，而且是沟通中原的一个重要门户，地势险要，交通便利，是历代兵家必争之地。这样的自然地理条件，一方面造就当地发达的历史文化，另一方面又易于吸收邻近地区一些文化因素。这种文化发展的多元性和复杂性，构成了这里古代文明的多样性与鲜明地地域特色，令人瞩目。早在宋代，因出土一批商周青铜器即所谓“安州六器”，这一地区为金石学家所关注。建国以来，则有云梦睡虎地秦简、楚王城古城址、大悟龙潭西周编钟、孝南区天津湖战国虎座飞鸟、三汉清康熙四十二年胡鹤山大将军蟒袍等一些颇有影响的考古发现。除此之外，孝感市开发区吴家坟原始社会房屋基址、孝南区叶家庙新石器时代城址、应城市门板湾新石器时代房屋基址、大悟县吕王城古城址、土城新石器时代城址、孝昌县的武家岗大型东周墓地、孝南区天津湖战国墓地、云梦城郊墓地、安陆市夏家寨新石器时代遗址、晒书台商周遗址等均在历史学界和考古界产生很大影响。为认真贯彻《国务院关于开展第三次全国文物普查的通知》，准确掌握孝感文物资源，在市委、市政府高度重视下，2007年以来，全市开展了大规模的“孝感市第三次全国文物普查”，截至目前为止，全市已发现各类文物点四千多处，其中被列为全国重点文物保护单位4处，省级文物保护单位32处，县级248处。随着田野考古发掘工作的开展，馆藏文物也不断增加和丰富，至2008年，全市馆藏文物达3万件，其中国家一级文物近百件，许多珍贵文物还曾多次进京和出国展出。

宣传教育　该馆重视校外教育活动的开展，目前已与城区十二所大中小学、职业、技术学校签订“爱国主义教育基地”、“德育教育基地”协议，市文昌中学初中部、市体育艺术学校楚剧班定期来该馆上社会实践课；大悟县四姑中学学生与孝感市中学生搞共建，选定孝感市博物馆为“手拉手”活动基地，并于参观中记下感人肺腑的留言；自免费开放以来，已成功接待四川省雅安代表团和黑龙江省牡丹江市代表团学习交流和省、市级领导参观调查十多次，观众达10万人次，抓住5.18“国际博物馆日”和6.13“世界非物质文化遗产日”活动契机，借助青年志愿者，采取开放展览、免费鉴定文物，向观众发放调查问卷等多种形式，向市民宣传博物馆文化。当天共接待观众500人次，收到填写好问卷100余份。12.5“法制宣传日”，摘选编印了文物法、展览和普查等宣传资料，城区共发放1000余份。先后在《孝感日报》、《孝感晚报》上刊发了《全国第三次文物普查的意义》、《全国第三次文物普查的内容》、《乡土建筑是不可复得的瑰宝》、《新农村建设要重视乡土建筑的保护和开发》等等理论宣传文章、特别报道《走进古村，触摸历史的痕迹》（大悟八字沟）、《透着历史沧桑的双桥古镇》（大悟双桥）、及文物小知识等，合计80余篇。其中理论文章《乡土建筑是不可复得的瑰宝》一文引起了市委的高度重视，以《湖北孝感重要信息》的形式下发各县、市（区）党委，要求各地迅速摸底调查辖区古民居情况并报市委。2009年6月初，市三普办又与《孝感晚报》联手，以《大周末》的整版特稿形式，跟踪报道展示孝感市文物普查的成果，截至2009年12月31日，发表的“以历史的名义——揭开孝感物质文化遗传的面纱之一至之五”的一系列报道，使文物普查工作在孝感各地深入人心。同时还积极向省普查办推荐稿件，在三普网上刊发稿件十多篇，及时报道和展示了我市文物普查成果和工作动态。

科学研究　自1999年后，随着经济的快速发展，博物馆业务工作的必要设施得到了充实，公条件不断完善，现有研究馆员1人，副研究馆员2人，馆员7人，初级助理馆员2人。已配备电脑11台/套（包括台式、手提等），各种型号的数码相机2台（套）及其它工作器材等。

主要科研成果有《孝感文物概况》、《孝感地区文物普查资料汇编》、《江汉考古》（专集）、《鄂东北文物考古》、《鄂东北考古报告集》等。

交流合作　在国际、国内、馆际交流合作和展览交流方面，共有7件秦代漆木器如扁壶、鸟纹匕、变形鸟纹卮、兽首凤形勺、奁盒、椭圆盒、耳杯等和4件（套）战国青铜编铃，于1997年至2000年参加湖北省博物馆组织的赴台湾、香港、马来西亚、新加坡、日本等地区和国家的东南亚巡回展；青铜簠在1984年参加故宫博物院的建国35周年“全国出土文物精粹展览”；2006年与武汉市等博物馆联合举办了中国武汉“8+1”城市圈出土文物精品展，展出精美文物36件。

经营管理

［单位性质］ 社会公益性质的国营文化事业单位

［经费来源］ 地方财政（市级）全额拨款

［机构设置］ 设有馆长室、办公室、考古队、财务室、陈列展览部、文保科研部、安全保卫科。

［人员编制、组成］ 编制数15人。全馆现有文博专业技术人员12人。

［观众接待］ 年观众人数约60000人次

参观指南

［地址］ 孝感市城站路87号

［邮编］ 432000

［电话］ 0712-2823004

［电子邮箱］ xb2823004@163.com

［票价］ 免费

（撰文：方晖）

李四光纪念馆

Li Siguang Museum

概述

类型 社会科学类名人专题纪念馆

隶属关系 隶属于黄州区文化局

成立时间 1989年10月成立了李四光纪念馆。2006年，经全面实施了维修改造工程后，于2009年10月二次开馆

所在位置 位于黄州历史文化名城、驰名中外的东坡赤壁风景区东侧，风景优美的龙王山南麓，北依龙王山庄，南临黄州体育馆

布局 主体建设分为李四光铜像广场和李四光纪念馆馆舍两个部分

李四光纪念馆正门

李四光纪念广场于2009年元月正式落成，在广场上设有李四光铜像、励志石等人文景观，休闲绿化带、大门、车行道、人行阶梯等公益设施。广场总面积4200平方米，其中硬化面积2200平方米，绿化面积1200平方米。李四光纪念馆由胡耀邦题写馆名。

现馆舍一楼设有免费开放接待处、服务部、序厅、中厅、休息处、绿化带、李四光生平展厅，以及办公室、财务室和陈列部室办公区域；二楼设有李四光与能源展厅、李四光与冰川展厅、李四光与地震展厅、李四光与古生物展厅、李四光与地质力学展厅等科普展厅；三楼作为临时展厅，主要用于举办各类临时性的流动展览。

建筑特点 1989年，黄州县建成了三层仿古建筑作李四光纪念馆，主楼为四层“回”字形建筑。纪念馆总占地面积11.6亩，建筑面积3700平方米。2006年起经过对该馆两年多的维修改造，将原仿古风格更新为具有时代气息的现代建筑风格。

历史沿革 建制之初，黄冈县文物工作由黄冈县文物管理所管理，1985年，经黄冈县人民政府同意将“黄冈县文物管理所”改名为“黄冈县博物馆”。1989年，经黄州市编制办同意成立黄州市李四光纪念馆，与黄冈县博物馆合署办公，实行一套班子两块牌子。1990年，撤黄冈县，改为黄州市。1995年，经国务院批准，撤销黄冈地区和黄州市，设立地级黄冈市。1997年经黄冈市黄州区机构编制委员会批准，黄州市李四光纪念馆改名为黄冈市李四光纪念馆。

历任馆长 董子儒（1985－1996）；刘焰（1997－2004.9）；孙在本（2004.9至今）。

业务活动

基本陈列 李四光纪念馆于1989年建立之时，馆内设展厅12个。其中设有《李四光生平展》、《地质矿产标本展》、《地震展厅》、《青少年科普活动展厅》等，以百余幅图片、实物、文字介绍了李四光的丰功伟绩。自维修改造工程后，馆舍内设有《李四光生平展厅》、《李四光与能源展厅》、《李四光与冰川展厅》、《李四光与地震展厅》、《李四光与古生物展厅》、《李四光与地质力学展厅》等八个展厅。陈列面积2200平方米，展出藏品190余件，内容以李四光生平事迹和科学研究为主线，其中以《李四光生平展厅》为重要组成部分。

《李四光生平展厅》位于李四光纪念馆一层，全厅由序厅、中厅和展厅三部分构成，总建筑面积达536平方米。全

厅共有幕墙14面，陈列生前原照200多张，图片300多张，照相机、马扎凳、衣服、书籍、箸作等实物40多件，大中小型玻璃展柜10几个，真实再现了这位科学家光辉的一生。

《李四光与冰川展厅》、《李四光与地震展厅》、《李四光与古生物展厅》、《李四光与地质力学展厅》等展厅以李四光学术研究学科为分类，分门别类的展现了冰川、地质、地震、古生物等学科的基础知识、基本特征及李四光在这些学科中取得的成就，对我国经济建设事业起到的重要作用，着力体现了李四光学以致用，报效祖国的爱国情怀。

全厅依“之”字型结构，自西而北蜿蜒设展。厅内展览幕墙采用新型点式玻璃幕墙与金属件固定大面积混合材料展板工艺相结合，在湖北省内尚属首例。地面与墙面采用柔和的浅灰色大理石装饰，厅内配置有背景音乐、空调、电视等展览设施，装有极具现代意味的几十盏光源各异的泛光照明灯，具有采光通透、出入便捷、设施完备、环境优雅等特点，并有专职讲解员三名，可同时接纳500名观众参观。现常年面向社会免费开放。

李四光用过的地球仪

李四光纪念馆的基本陈列展出的藏品主要由照片、图片、书籍、实物等构成，其中李四光生平使用的教学仪器——地球仪已由专家鉴定为国家一级文物。

专题陈列 李四光纪念馆建馆二十余年来，特别是贯彻落实《爱国主义教育实施纲要》以来，我们馆充分利用人文资源、文物资料图片，采取各种生动活泼的形式，广泛开展以爱祖国、爱科学为主要内容的爱国主义教育活动，先后举办、引进、制作了《李四光生平展》、《崇尚科学文明，反对封建愚昧——揭批法轮功大型图片展》、《抗击非典图片展》、《地热石油展》、《第四纪冰川展》等陈列、流动展览120余次，接待观众达150万余人次，对未成年人及中小学生实行免费参观。

藏品管理

［藏品来源］ 主要通过征集、捐赠、收购等途径获得。现有藏品以相片为主。

［藏品类别］ 有实物、仿真品、相片、石器等。

［藏品统计］ 共有藏品190余件。

［重要藏品］ 李四光生前使用过的地球仪，已被国家鉴定为一级文物。

［藏品保护］ 制定《安全保卫制度》，明确规范安全工作；淘汰陈旧的橱柜展架，和过时落后设施，更新为安全可靠的全封闭文物橱柜金属架等；馆内设立安全保卫科，选配专职保卫干部，24小时有专人职守；安装技术安防设备和综合报警监控系统设施。

科学研究

［科研队伍］ 黄冈市李四光纪念馆共有馆员5人，初级助理馆员20人。

［科研设施］ 因条件制约，科研设施落后，办公条件简陋。之后随着文博事业的快速发展，开展博物馆业务工作的必要设施得到更新充实。现已配备电脑6台/套（包括台式、手提、复印机、传真机等），各种型号的数码相机4部（套）及其它工作器材。

［科研成果］ 2009年，李四光纪念馆展陈设计参加武汉城市圈博物馆纪念馆优秀陈列展览展示评选活动，获得优胜奖。

经营管理

［单位性质］ 社会公益性质的国营文化事业单位

［经费开源］ 地方财政（县级）全额拔款

［机构设置］ 设有馆长室、办公室、综合部、安全保卫部。

［人员编制、组成］ 黄州区人事局核定在职在岗人员31人，其中核定财政编制人员为7人。全馆现有文博专业技术人员26人。

［观众接待］ 年接待人数约25万人次

参观指南

［地址］ 黄冈市黄州区体育路21号

［电话］ 0713-8357540（传真）

［电子邮箱］ BWG8888@sina.com

［开放时间］ 8:30－16:30（周一闭馆）

［票价］ 免费

（撰文：涂寅）

李先念纪念馆

Li Xiannian Memorial Hall

概述

类型　社会科学类名人专题纪念馆

隶属关系　隶属于红安县文物局

筹建时间　1994年4月5日

开放时间　1997年6月21日

所在位置　红安县陵园大道1号

李先念纪念馆全景

面积　占地面积5500平方米、建筑面积2227平方米

布局　纪念馆由序厅和四个陈列室、接待室、文物库房及李先念办公室复原陈列几个部分组成。

建筑特点　纪念馆主楼大门高2.7米、宽6.3米，装6扇铝合金玻璃门。前伸1.8米的门额长15米，高7米，中间以黑色大理石贴面，嵌六个铜铸大字："李先念纪念馆"，是陈云于1993年7月题写的馆名。大门两边墙壁都以马赛克贴面。主楼檐高10米，以深绿色琉璃瓦盖崇山顶。

主楼一楼是接待大厅，大厅东西宽21米、南北进深7米，红色瓷砖铺地，四周摆放木沙发和茶几。大厅正中，步入大门3米，是通往二楼的楼梯，楼梯宽4米，两边有不锈钢管护栏，登24步台阶上二楼便是序厅。大厅北墙东端有门，进门是一个大厅，前后进深12米，左右宽7米，灰棚高2.7米，里面布置成李先念办公室复原陈列室。大厅二楼是序厅，中央安放着李先念主席半身铜像，以情满群山主题画为衬托，东西两侧墙面分别陈列了党和国家领导人江泽民、李鹏、乔石、李瑞环为纪念馆写的题词。序厅西墙北端有角门通院内回廊。

出角门，是一个封闭的院落。整个院落除主楼外，另有四幢平房，每幢均为六开间的长方形大厅，各长18米、进深10米，檐高4米，深绿色琉璃瓦盖顶，水磨石地面，两端各有门通院内回廊，两门之间有八扇塑钢玻璃窗，装有用方钢管焊成的格子防护网，墙外以马赛克贴面。四个大厅被布置成一至四展厅。第一展厅在接待大厅西侧，中间有过渡间相连。过渡间被隔成两部分，靠南是纪念馆办公室，北面是通回廊的过道。一展厅的后墙跟主楼的前墙同在东西方向上。二、三、四展厅沿西南——东北方向排成一线，三个展厅随地势渐次升高，其间以楼梯间连通。一展厅与二展厅的后墙、四展厅的后墙与主楼的东墙都以院墙曲折相连。院墙平均高3.5米，依山势起伏，砖混结构，

馆内庭院一角

白灰敷面，顶部用琉璃瓦起脊。

院内回廊连接接待大厅、序厅和四个展厅，随山势而建，起伏曲折回环。廊下是水磨石路面和台阶，每隔4－5米有一对直径0.5米的白色圆柱支撑钢混结构的顶棚，前后立柱间有水磨石长凳相连，可供游人小憩。整个庭院种满玉兰、桂花、迎春、芭蕉、楠竹、茶花、紫薇、梅花等风景树种。

第四展厅经过连廊出来另辟有一小型接待室，主要用于平时的会客以及重要领导来纪念馆参观后签名。

文物库房位于接待大厅最北面，从接待室往内，设置60平方米的文物库房。

李主席办公室复原陈列室位于接待大厅后面靠东的位置，面积约80平方米。主要展出李先念在湖北省担任省委书记时办公室里用过的实物。靠后墙立着一个大型书架，放满书籍资料。书架前是大办公桌和办公椅，办公桌上有台灯、笔筒、台历等办公用具。左右两边靠墙排列着沙发、茶几等。

历史沿革　李先念（1909－1992），湖北红安（原黄安）人。从青年时代起就投身中国共产党领导的革命运动，领导农民武装参加黄麻起义。先后任中共陂安南

县委书记、县苏维埃主席，中国工农红军第四方面军团、师、军政治委员，中华苏维埃共和国中央执行委员，参加指挥了许多重要战役战斗，为创建鄂豫皖和川陕革命根据地，进行了艰苦卓绝的斗争。长征中，率领红四方面军先遣部队迎接党中央和红一方面军，实现懋功会师；指挥包座战斗，打开北上通道，为实现三大主力红军的会师做出了贡献。奉中央军委命令西渡黄河，任西路军军政委员会委员。参与指挥一条山、倪家营子、梨园口等战斗，血战河西走廊。西路军失败后，临危受命，任西路军工作委员会委员，负责统一军事指挥，率领余部翻越祁连山，穿过戈壁滩，历尽艰辛，到达新疆，为党和红军保存了一批领导骨干。抗日战争时期，任中共豫鄂边区省委军事委员会副主任、军事部长、豫鄂挺进纵队司令员，新四军第五师师长兼政治委员。解放战争时期，任中共中央中原局副书记、中原军区司令员，晋冀鲁豫军区副司令员（后中原军区第二副司令员），指挥中原突围战役，创建豫鄂陕革命根据地，参与重建军大别山革命根据地和反攻中原的斗争。中华人民共和国成立后，任中共湖北省委书记、省政府主席，湖北军区司令员兼政治委员，武汉市委书记、市长，中共中央中南局副书记、中南军政委员会副主席。1954年调到中央工作，任国务院副总理兼财政部长，协助周恩来、陈云领导经济建设，为国理财。“文化大革命”中，同林彪、江青反革命集团进行了坚决斗争，是粉碎“四人帮”的主要决策人之一。后任中共中央副主席，中央军委常委，中华人民共和国主席，第七届全国政协主席。他在66年的革命岁月中，为中国人民的解放事业，为社会主义革命和建设事业，建立了不可磨灭的功勋。1992年6月21日因病在北京逝世。

李先念逝世后，1992年7月6日，李先念的部分骨灰在红安烈士祠内安放。10月4日，县委向地委请示并请转呈省委，要求批准修建李先念纪念馆，认为修建李先念纪念馆是安放李先念主席骨灰的需要，是缅怀李主席历史功绩的需要，是对后人进行革命思想教育的需要，具有深远的历史意义。

1993年5月15日，中共中央宣传部批复：“湖北省委、省人民政府《关于建立‘李先念纪念馆’的请示》（鄂文[1993]11号），已由中央办公厅转我部，经研究，同意在红安县建立李先念纪念馆。”5月27日，县委收到省委办公厅转来的函件。6月12日，地委将县委5月30日要求批准李先念纪念馆设计方案和解决建馆资金的请示报告转呈省委。同年7月，陈云为李先念纪念馆题写馆名。省委书记关广富批示：“这是一件很严肃的事情，一定要筹建好。”

1993年8月25日，省委宣传部收到省政府办公厅转来的红安县关于要求批准筹建李先念纪念馆的请示及省委、省政府有关领导的批示，草拟《关于筹建李先念纪念馆的初步方案的请示报告》呈送省委审查。报告中提出如下筹建方案：①关于李先念纪念馆馆址的选定，同意红安县委在《请示报告》中提出的意见，李先念纪念馆拟建在陵园烈士纪念馆东北侧38米宽的地段上。纪念馆设计方案请红安县委在充分论证的基础上抓紧制定，另行向省委、省政府报告。②建馆资金问题，赞成省委办公厅负责同志批示的意见，采取分散负担的办法解决：县里筹措100万元，省财政负担200万元，请省有关部门介绍，县里出面去北京向中央有关部门争取100万元。③组建专班，加强领导。建议成立湖北省筹建李先念纪念馆领导小组，组长由苏晓云副省长担任，领导小组成员由省委办公厅、省政府办公厅、省委组织部、省委宣传部、省财政厅、省民政厅、省文化厅、黄冈地委、行署、红安县委、县政府等单位的有关负责同志组成。领导小组全面负责李先念纪念馆的筹建和组织实施工作。领导小组下设办公室，由红安县抽专人组成，具体负责纪念馆的筹建及组织实施工作以保证筹建工作的进行。

1993年9月18日，省委、省政府收到地委、行署转呈的红安县委、县政府《关于要求批准李先念纪念馆设计方案和解决建馆资金的请示报告》，副省长李大强、苏晓云亲自审阅后表示同意省委宣传部提出的方案。

县委根据上级指示，已做一些前期工作，对李先念纪念馆设计的多种方案进行比较，选择中南建筑设计院设计的方案，征得李先念主席夫人林佳楣及李先念办公室工作人员的同意，10月28日，县委、县政府报地委、行署批准并报省委、省政府。省委批示：“李先念纪念馆在黄麻起义和鄂豫皖苏区革命烈士陵园内兴建”。

1994年2月3日，省财政厅请示省政府办公厅，建议将省财政负担的200万元在1994年省长预备费中列支，省长贾志杰、副省长李大强批示纳入省财政预算。3月31日，县委向省委提交《关于举行李先念纪念馆奠基仪式的方案的请示报告》，省委确定于4月5日举行奠基仪式，请林佳楣及李先念办公室工作人员，省委、省政府的主要领导、省人大、省政协、省纪委各派一名领导，黄冈地委、行署主要领导，老红军、老干部、县直机关干部500人参加。根据林佳楣和李主席办公室意见，奠基仪式省以上的新闻单位不报道，待落成开馆后再行宣传。地县新闻单位拟发简要消息，省电视台、湖北日报的记者参加活动，积累资料。建馆及布展工作，建议省委指定一名负责同志牵头，县里负责组织实施。

1994年4月5日，李先念纪念馆奠基仪式在陵园隆重举行。4月13日，县委书记、县长李明波主持召开县委、县人大、县政府、县政协和有关部门负责人会议，研究李先念纪念馆的筹建工作，形成会议专题纪要。会上，成立李先念纪念馆筹建领导小组，由行署副专员级调研员彭定国、县委原副书记耿协楠任名誉组长，县委书记、县长李明波任组长，县委副书记赵全意任常务副组长，王旺松、金镇华、张甫清、方明任副组长。领导小组下设办公室，韩德尧兼任办公室主任，彭希林、韩向东、彭希俊兼任办公室副主任。为了基建、筹展两项工作同时进行，金镇华、张甫清负责基建工作，王旺松、方明负责筹展工作。筹展专班从县委党史办公室、县民政局、县文物局等单位抽调主要人员组成。

在筹建过程中，李明波、赵全意多次到基建施工现场察看指挥，听取筹展工作情况汇报，及时召开会议，研究解决基建、筹展中遇到的困难和问题。由于县委重视，各有关方面通力合作，李先念纪念馆筹建工作进展顺利，各方面的任务都按计划和要求抓紧落实到位。

1994年4月中旬，筹展专班组建后，一方面抽调人员到河西走廊和北京，四川的巴中、达县，河南信阳、竹沟，湖北的武汉、襄樊、荆州、大悟、安陆、京山等地调查访问，征集文物资料，拍摄有关照片。一方面编制《李先念纪念馆陈列方案》，征求林佳楣及曾在李先念身边工作过的几位秘书的意见。林佳楣委托李先念传记组朱玉对方案提出修改意见。后来吸收当时正在指导筹展工作的中国人民革命军事博物馆设计处处长杨谷昌教授等专家的意见和建议。另一方面组织有关人员到湖南、江苏参观学习毛主席纪念馆、刘少奇纪念馆、周恩来纪念馆，学习他们的布展方法和经验。

李先念纪念馆陈列方案从1994年6月开始起草，经四次修改。林佳楣和中央、省、地领导对陈列方案多次指导。9月，李先念纪念馆筹建领导小组组长、县委书记、县长李明波和名誉组长彭定国、耿协楠带领有关人员赴北京，向林佳楣汇报李先念纪念馆筹建情况，曾在李先念身边工作过的蒋冠庄、许克有、张智文等参加听取汇报。林佳楣和原李先念处委托李先念传记组负责人朱玉审阅陈列方案，提出重要修改意见。1995年1月，中国人民革命军事博物馆馆长袁伟少将和朱玉、杨谷昌、王全忠、李少瑜等到红安，察看李先念纪念馆筹建情况，对第一次修改后的陈列方案进行专门研究，提出一些修改意见。专家提议，春节期间组织有关人员再次进行修改。2月24日，将修改稿送中宣部审定。中央政治局委员、中央书记处书记、中宣部部长丁关根批转中宣部副部长刘云山阅。根据刘云山所提意见，对方案进行修改，形成《李先念纪念馆陈列方案与展品脚本》。

李先念纪念馆建筑工程由中南建筑设计院设计，红安建筑安装公司承建，1995年底完工。

李先念纪念馆布展方案由红安县委、县政府于1995年10月报黄冈地委、湖北省委审查，省委报中办、国办审批，中宣部于1996年5月31日批复。

李先念纪念馆的文物资料征集工作于1994年8月1日开始，1995年12月结束。从县直机关各单位抽调来的工作人员走遍李先念生前生活、战斗、工作过或亲临视察过的地方，找到曾与李先念共同战斗、工作过的部分首长和工作人员，征集到大量的文物资料和图片。纪念馆的陈列形式设计、展品制作和布展工作于1996年2月动工，1996年10月底竣工，12月2日至3日，省委、省政府及有关单位的领导、专家评审、验收。一致认为：构思巧妙，设计新颖，风格独特，别具匠心，富于时代感。纪念馆通过丰富的文物史料，生动活泼的陈列形式，展现了李先念在新民主主义革命和社会主义建设时期建立的伟大功绩，表现了他伟大的无产阶级革命家的风采、政治家的胸怀、军事家的胆略、党和国家卓越领导人的才华。

1997年5月6日，县委召开迎接李先念纪念馆开馆动员大会。5月8日，省委召开书记办公会，对如何搞好李先念纪念馆的开馆工作进行专题研究。确定开馆仪式由省委、省政府主持，总的原则是“高规格，小规模”。县委、县政府成立李先念纪念馆开馆工作领导小组，行署领导彭定国、县委老领导耿协楠任顾问，县委书记王静平任组长，县委副书记、县长林全华和有关常委、副县长任副组长，县有关部门负责协调配合。

1997年6月21日，在李先念逝世5周年之际，纪念馆开馆仪式举行。

历任馆长 袁珊红（1996. 11－2002. 3）；樊丽伶（2002. 3－2006. 8）；肖慧琴（2006. 8至今）。

业务活动

基本陈列 纪念馆以丰富的文物史料，生动活泼的陈列形式，主要以半个世纪以来中国革命和建设的历史为背景，以李先念对中国革命和建设的突出贡献为重点，再以

展厅局部

抗战时期缴获日军的毛毯

文物为基础，配以必要和适当的辅助陈列品对外展出。第一单元“从木匠到将军（1909－1937）”：第一部分投身革命转战鄂豫皖；第二部分奋战大巴山；第三部分迎接中央红军；第四部分不下马的将军。第二单元“从深入敌后到经略中原（1937－1949）”：第一部分创建新四军第五师；第二部分领导中原敌后抗战；第三部分率部进行战略坚持；第四部分指挥中原突围战役。第三单元“从领导湖北到为国理财（1949－1976）”：第一部分主持湖北省党政军全面工作；第二部分为全国人民理财；第三部分在逆境中协助主持国家经济工作。第四单元“党和国家的卓越领导人（1976－1992）”：第一部分参与领导全党实现历史性的伟大转折；第二部分共和国第三任主席；第三部分第七届全国政协主席；第四部分名垂千古风范永存。纪念馆陈列布展面积2000余平方米，以500余幅图片史料，100多件实物为基础，分四个单元展示了李先念集平凡和非凡，朴实和传奇于一身的个人风采。

临时展览　纪念馆开馆至今，先后举办过一些临时的专题展览，如配合省纪委举办的党风廉政建设展览、红安县纪委举办廉政建设展览、县旅游局的对外推介展览、李先念主席诞辰95周年书画展、李先念主席诞辰100周年书画展等，影响深远。对全县党员干部进行革命传统教育，对全县中小学生进行爱国主义教育，对武汉市高校、部队院校宣传红色文化等，反响巨大。

藏品管理

［藏品来源］　主要通过其亲属、李先念办公室捐赠而来。部分通过征集、相关人员捐赠、收购等途径取得。

［藏品类别］　纪念馆文物藏品分为纸质、木质和布质以及工艺品四大类。以手稿、生活用品、工艺品为主。其中，收集和翻拍有关照片、图片600余张，复印资料300余份，书籍200余本。开馆至今还征得党和国家领导人、知名书画家作品100余幅。文物资料除展出一部分外，其余均保存在库房内。

［藏品统计］　截至2009年底，文物藏品总数为823件。其中重要文物133件，重要书籍210本，档案纸质文物380份。暂未定级。

［重要藏品］　抗日战争时期缴获日军的一条毛毯（李先念曾使用过，后送给部下）、李先念亲自制作的桌椅、李先念用过派克牌钢笔（解放战争时期李先念赠送给他的秘书的）、古巴瓷盘（古巴共和国特命全权大使罗兰多·洛佩斯·德尔阿莫赠）、美国银盘（美国赠）、土耳其银瓶（土耳其议员代表团赠）、苏丹玉器（苏丹议会赠）、捷克玻璃缸（捷克斯洛伐克赠）等。

美国赠银盘

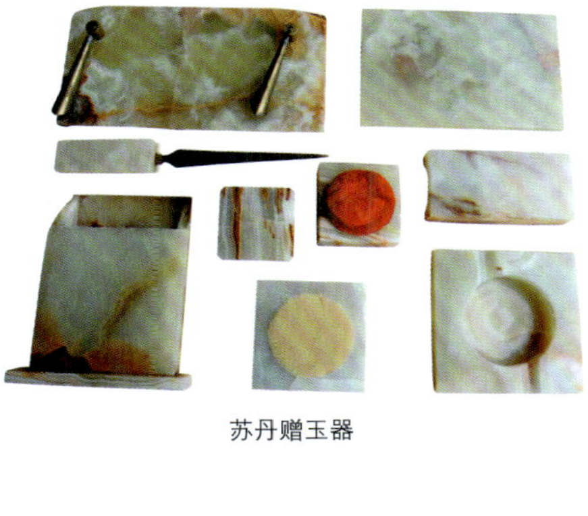
苏丹赠玉器

土耳其赠银瓶

捷克赠玻璃缸

［藏品保护］ 纪念馆建有专门的文物库房和配备相应的保护设施，并配有仓库保管员。严格按照《藏品管理办法》的各项规定进行管理。凡是具有历史、艺术或科学价值的藏品，建立文物藏品档案和电子文本；藏品的保管工作做到制度健全、账目清楚、编目详明并配置大型的除湿机、换气扇，重要文物用铁质专柜陈列，定期或不定期检查，做好防虫、防潮、防霉等工作。安装安全防火器材，晚上有保安值班。

科学研究

［科研队伍］ 副研究员1人，馆员1人，初级助理馆员3人。

［科研设施］ 纪念馆建馆以来，布展尚未更新，开展业务工作的设施相对落后，需得到进一步充实，现馆内配置电脑1台，其它设施将进一步完善。

［科研成果］ 建馆以来，积极参与文博专业理论的研究。研究成果有肖慧琴《梅宏华传略》，《中华著名烈士》（湖北卷）（1992）；戴剑华《乡音·乡情·乡思——记李先念主席回红安》，《李先念与故乡红安》文集（武汉大学出版社，1996）；戴剑华《李先念与安南茶》《李先念与故乡红安》文集（武汉大学出版社，1996）；樊丽伶、肖慧琴《李先念纪念馆讲解词》（2003）；袁珊红、樊丽伶《江泽民总书记参观李先念纪念馆纪实》（2005年《党史天地》特刊，）；樊丽伶《共和国主席从这里走出》（《黄冈日报》，2006. 10. 17）；《红色廉政故事简记》（2006年）；《黄麻起义和鄂豫皖苏区革命纪念馆馆刊》第一期（2009）；《黄麻起义和鄂豫皖苏区革命烈士陵园志》（2009）。

宣传教育

［宣传活动］ 纪念馆除接待人们瞻仰参观外，有时还应观众要求，聘请党史部门工作人员或宣传部的领导，为观众作革命传统报告。或配合高校及中小学校革命传统教育，为相关的媒体提供该馆的图片和资料，免费发放宣传册，编印李先念纪念馆讲解词向外出售，扩大宣传效果。协助拍摄相关纪录片，向外推介纪念馆，扩大本馆知名度。先后与湖北电视台、中国人民解放军广州军区武汉总医院、武汉天河机场有限责任公司等21家单位形成共建关系。另外，还与将军城小学联合，让学生假期参与讲解，增强了社会实践效果，取得良好的社会反响。

［学术活动］ 纪念馆是一个对外交流的平台，学术交流是一项基本的业务活动。如2007年赴新加坡南洋理工大学学习公共文化管理，2009年赴上海参加中国博物馆学会纪念馆专业委员会的论坛，学习了知识，增长了见识，提高了专业水平。

经营管理

［单位性质］ 国营文化事业单位

［经费来源］ 财政全额拨款

［机构设置］ 设有馆长室、办公室、验票室、文物保管室、安全保卫室、史料研究室（负责展览、资料征集整理研究等）。

［人员编制、组成］ 现有在编人员10名，其中2人负责馆内事务管理，办公室1人，验票室2人，文物保管室1人，安全保卫室3人（编外1人，为外聘社会化保安），史料研究室2人，外聘卫生人员2人（编外）。全馆现有专业技术人员10人，其中文博专业技术人员5人。10人中本科学历1人，大专学历5人，中专学历4人。

［服务观众项目］ 向观众提供免费简介、提供免费游览图、提供讲解服务、出售有关纪念书籍、义务为观众提供咨询服务、承办小型会议及报告等。

［观众接待］ 年观众人数约50余万人次

参观指南

［地址］ 湖北省红安县陵园大道1号

［邮编］ 438400

［电话］ 0713-5256511

［传真］ 0713-5249879

［电子邮箱］ ly-xhq@163.com

［开放时间］ 8:30—17:00（周一闭馆）

［票价］ 免费

（撰文：肖慧琴）

李先念故居纪念馆

Former Residence of Li Xiannian

概述

类型 社会科学类历史遗址专题纪念馆

隶属关系 隶属于李先念故居纪念园管理处

创建时间 1976年10月

所在位置 位于红安县高桥镇长丰村李家大屋，北依窑洼山，南面小水塘

面积 占地面积490平方米

布局 故居纪念馆原名红安长丰纪念馆，主体建筑分为故居纪念馆和李先念故居两个部分。李先念故居坐北朝南，背山面水。纪念馆坐西朝东，位于故居西侧，与故居相邻，且呈直角形排列，其内均设展厅或展室。

建筑特点 纪念馆始建于1976年10月，1978年6月建成，砖木结构。2005年5月改造为砖混结构，单层单排平房，悬山顶，平面呈“一”字形，建筑面积360余平方米。四周为清水砖墙，前檐由六根圆形混凝土立柱支撑，形成廊道。展厅面积330平方米，其余为办公等用房。

李先念故居纪念馆

李先念故居始建于清末民初，为单层土坯平房。单排面阔两间，土木结构，悬山顶，室内为黄土地面，四面墙体为土砖墙。屋面由木质檩子椽条搭盖，其上铺盖小青布瓦。

历史沿革 李先念故居原本是大地主吴铁成的庄屋，原有两排，每排四间，两排之间筑土坯墙间隔，形成东西两个庭院，分住陈、李两家。李先念参加革命离家后，其父母相继去世，西侧的李家房屋一直闲置，东侧的陈家房屋则沿用至20世纪80年代。陈、李两家在居住过程中，房屋内部结构随着时代的发展略有改变。

1976年10月在粉碎“四人帮”反革命集团后，湖北省财政厅厅长林少楠来到李先念故居视察。至林厅长视察时，前排房屋因长期无人居住而倒塌，故居只剩下后排两间，里面是鼓皮隔扇门，内外墙山头都是土坯子，当时也面临倒塌的危险，因此，林厅长要求当地政府对故居进行维修。1976年底—1977年5月，高桥公社和长丰村在李家大屋改造新农村的同时维修故居，并在故居的西侧修建“高桥公社革命传统教育展览馆”。展览馆坐西朝东，为砖木结构的平房，面阔八间，建筑面积240平方米。高桥公社书记王国喻通过县政府出面，请红安县革命博物馆对展览馆的陈列内容进行设计并制作，故居房屋交给与故居相邻的陈春华家管理。经过一年的工作，展览馆的陈列内容在1978年的下半年制作完成并正式对外开放，当时有两名讲解员。至1982年故居和展览馆由红安县革命博物馆管理。

1986年10月，在红安县革命博物馆的基础上成立了红安县文物局，故居和高桥革命传统教育展览馆由红安县文物局管理。1992年李先念故居被公布为湖北省文物保护单位，故居管理所成立，负责人陈春华，管理所成为故居和高桥革命传统教育展览馆的专职保护和管理机构，隶属于红安县文物局。1998年12月经县编办批准，将故居与展览馆成立为红安长丰纪念馆，馆长陈春华，仍隶属于红安县文物局。

2007年，长丰纪念馆旁新建李先念故居图书馆。2008年，李先念故居纪念园管理处成立，红安长丰纪念馆隶属于李先念故居纪念园管理处，并更名为李先念故居纪念馆。

业务活动

基本陈列 高桥地区革命传统展览馆的《高桥地区革命斗争陈列》于1978年底建成，并对外开放。当时陈列面积200平方米，展出藏品40余件，主要反映民主主义革命时

展厅一隅

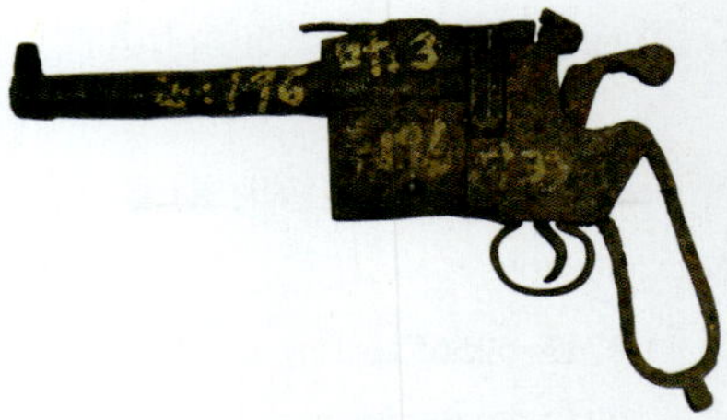

高桥农民自卫队使用过的自制单发手枪

期，高桥地区党组织建立及领导高桥地区人民进行斗争的历史。

《李先念故居内部复原陈列》，陈列20余件藏品。主要是复原李先念青少年时代的生活场景，陈展面积80平方米。

《李先念同志生平简略陈列》，主要以图片和文字的形式凝练地展示李先念在革命、建设和改革开放各不同时期的重大事件、业绩和历史功勋。

藏品管理

［藏品来源］　主要通过捐赠、征集、收购等途径取得。

［藏品类别］　以革命文物为主，其类别有铁器、木器、石器、纤维纸质和布质类等。

［藏品统计］　截至006年底，革命文物86件，其中二级文物2件，三级文物23件。

［重要藏品］　李先念亲手做的木质家具；李先念使用过的工具；高桥农民自卫队使用过的自制单发手枪等。

李先念使用过的工具

［藏品保护］　纪念馆建有专门的文物库房，严格按照藏品管理的各项规定进行管理。凡是具有历史、科学价值的文物藏品，均建立文物藏品档案；藏品的保管工作做到制度健全、账目清楚、鉴定确切、编目详明。

经营管理

［单位性质］　社会公益性质的国营文化事业单位

［经费来源］　地方财政差额拨款

［机构设置］　设有办公室、文物保护股

［人员编制］　核定人员编制数1992年为1人，1998年为2人。

［观众接待］　年观众人数10万人次

参观指南

［地址］　湖北省红安县高桥镇长丰村李家大屋

［邮编］　438407

［电话］　0713－5355018

［电子邮箱］　lixiannian_guju@163.com

［开放时间］　8:30－16:30

［票价］　免费

（撰文：李先念故居纪念馆）

李时珍纪念馆

Li Shizhen Memorial Hall

概述

类型　社会科学类名人专题纪念馆

隶属关系　隶属于蕲春县文化局

筹建时间　1980年修建

开放时间　1981年4月

所在位置　位于湖北省黄冈市蕲春县蕲州镇时珍路168号

面积　占地面积6万平方米、建筑面积7000平方米、其

李时珍纪念馆

李时珍半身塑像

中文物、文献展览和科普碑廊面积5000平方米

布局　由停车广场（含四贤牌坊）、本草碑廊、纪念展馆、药物馆、百草药园、墓园六大部分组成。

建筑特点　李时珍纪念馆是砖混结构，仿古园林建筑群，亭廊楼阁，红柱青瓦，古朴典雅，气势恢弘，错落有致。馆内树木茂盛，绿水环绕，坡岗起伏，鸟语花香，仿佛世外桃源。

历史沿革　1956年，湖北省人民政府将李时珍墓定为湖北省重点文物保护单位。后来又修葺几次，但因种种原因都未从根本上解决泥土及砂石在雨季对墓的冲击的破坏，而且也没有一个祭台可供人拜谒。1980年，为了加强对中华民族优秀文化遗产的保护，湖北省专门成立了国家文物保护机构——李时珍墓文物保管所，同时将李时珍及其父母的墓修葺一新。1982年2月23日，国务院颁布李时珍墓为全国重点文物保护单位。1985年，李时珍纪念馆正式挂牌成立。自1981年对外开放以来，已累计接待中外宾客达300万人次，为弘扬李时珍精神和民族优秀传统的医药文化发挥了极其重要的作用，在国内外产生了深远的影响。1987年7月8日，邓小平亲笔为李时珍纪念馆、药物馆题写馆名。胡耀邦、邓颖超、王任重、回良玉、俞正声等10多位党和国家领导人曾先后亲临李时珍陵园视察并题词题字，国内外许多著名的专家学者郭沫若、李约瑟、袁隆平等曾前来考察并题词。

1982年2月李时珍墓被国务院公布为全国重点文物保护单位（第二批），1995年3月该馆被省政府命名为全省爱国主义教育基地，1996年10月被教育部等六部委联合命名为全国中小学爱国主义教育基地，1997年6月被中央宣传部确定为全国爱国主义教育示范基地；2002年被国家旅游局确定为“AA”级旅游景区（点）；2006年被国家文物局确定为国家重点博物馆；同年12月被国家中医药管理局确定为全国中医药文化宣传教育基地（第一批）。2009年5月，被国家文物局确定为三级博物馆。

历任馆长　张月兰（1980－2003.3）；石柏亭（2003.4－2005.3）；陈彬（2005.4至今）。

基本陈列　纪念馆的展览由序厅、李时珍纪念展厅和多功能厅组成，具备现代化陈列要素，声、光、电、图、物、文齐全，环境优雅。

进入陵园，第一重院落是本草碑廊，两侧分别是长80米的本草碑廊。碑廊内壁嵌有96块黑色大理石，石上刻有明代文坛巨匠王世贞的《本草纲目序》及从《本草纲目》中节选出来的128种本草药图。碑廊尽头至正中，两座石雕狮子蹲守大门，入厅正中是高约3米的李时珍塑像。

李时珍纪念展厅是第二重院落，是一个四合院。这里陈列了《明代蕲州城模型展览》、《李时珍纪念展览》、《李时珍行医塑像展》、大型壁画《李时珍武当采药图》。展览以大量的文物、照片、文献资料全面系统地介绍了伟大医学家李时珍的生平以及他毕生所作的卓越贡献和深远影响。展品主要有历史文物、文献、药物标本、图表、照片、画像、雕塑等1000余件，藏品中有诸多古籍善本，其中自明清以来的各种版本的《本草纲目》弥足珍贵。

药物馆为仿明建筑，它位于第三重院落，分上下两层共4个展厅。展厅内有神农（即炎帝）、张仲景、陶弘景等十多位医药学家塑像，以及数百种动物、植物和矿物药标本300多种。此外尚有顾景星、章学诚等明清学者为他撰写的传记；郭沫若的两次题词、著名美术家蒋兆和1983年亲笔画的李时珍像以及莫斯科大学的李时珍雕像照片。这些文物集中展示了李时珍平凡而伟大的一生；也充分体现了历史名人纪念馆的收藏特色，融纪念性、专业性、科学性于一体。

出药物馆，便是面积为十五亩的百草药园，这里栽种了一百多种中草药，一年四季花香叶绿、千姿百态、让人眼花缭乱，目不暇接。

过百草园的药物长廊，便进入墓区。在那古樟参天、松柏青翠的园林深处，是李时珍的墓园。由台阶拾级而上，登上第三层平台，正中即是李时珍与妻子吴氏合葬墓，其父李月池母张氏合墓居其左，虽历经四百余年，仍保存完好，两墓前有立于明万历二十一年（1593）和隆庆六年（1572）的墓碑，碑文清晰可见。墓地周围，松柏常青，药圃花卉，清香四溢、生气盎然。第二层平台正中矗立着大理石纪念碑，根据蒋兆和绘画而成的李时珍半身塑像巍然耸立。两旁为六角纪念亭，墓园荷花池前巍然耸立着青石牌坊，郭沫若1956年题写的“医中之圣”四个大字镶于牌坊之上。

临时展览　从建馆至今已举办临时展览近百余次，特别是近十几年来，通过各种途径包括自己制作、引进、展览交流等各种形式，推出了多次非常成功的展览。1998年4月，承办《一代伟人——千秋风范》周总理诞生一百周年展览；同年10月，又成功举办抗洪救灾大型图片展。2002年，从外地引进鸟技表演，取得了较好的社会效益和经济效益。2005年5月，结合时事，配合上级主管部门再次成功举办《纪念抗日战争胜利60周年大型展览》。2009年10月，成功推出了《李时珍珍贵药具图片展》。

藏品管理

［藏品来源］　藏品主要由拨交、旧藏、捐赠、征集等途径取得。

［藏品类型］　书画、瓷器、金属、陶器、铜器、杂件、石器、近代文物、文献、竹木10大类。

［藏品统计］　馆内藏品共8567件（套），珍贵文物620件（套），一级文物4件，二级文物13件，三级文物603件，其中书画162件，石器42件，陶器31件，金属类68件，瓷器类181件，古籍文献193件（套），杂件1913件，动、植、矿物药标本5977件。

［重要藏品］　蒋兆和绘李时珍像：1983年绘，长66厘米、宽41.5厘米，长方形，宣纸，画像上半身侧身像，稍面前，明式毡帽，身着交领，于下方有诗文，字为竖写行草题诗，10行，每行字数不一，共32字。蕲蛇药酒瓷罐：明代，大小两个，大罐高10.5厘米，腹径9.5厘米，小罐高9厘米，腹径8.5厘米。罐体较小，敛口，方圆唇，广

1

2

3

4

1.本草碑廊　2.《李时珍纪念展》　3.药物馆　4.百草药园

李时珍半身塑像

肩，弧腹，底上凹呈圈足状，肩及近底部处各有两周带状纹，腹一侧有“湖北蕲州陈天和堂精制蕲蛇药酒”14字。孔雀绿釉盖罐：明代，通高10.5厘米，带盖，全身施孔雀绿釉，釉下用墨料绘画纹饰，肩部绘有方纹，腹表绘有菊花。《本草纲目·书业堂本》：清代，共47册，竖长方形纸本，封面失，扉页内页字为黑色楷体，正文为从右至左纵列的阅读方式，线装。邓颖超题词：1983年，长23.7厘米，宽13.6厘米。邓颖超于1983年7月在北京为纪念李时珍逝世390周年学术研讨会题写的，材质为淡黄色宣纸，行书书写，共47字。

宣传教育　李时珍纪念馆作为全国中小学爱国主义教育基地和全国爱国主义教育示范基地以及全国中医药文化宣传教育基地，承载着教育育人的神圣职责，几十年来，李时珍纪念馆通过各种途径开展形式多样的展览、交流、培训、鉴定等活动，如“馆校共建”。

在出版著书方面：《百个爱国主义教育示范基地丛书——妙手圣医》（中国大百科全书出版社，1998年8月）；《李时珍家传选注》（中国文联出版社，2001年8月）；《李时珍和蕲州》（武汉出版社，2001年8月）。

交流合作　从1991年至今，每年十月举办一次李时珍国际医药学术研讨会。从2008年十月开始，每年举办一次“海峡两岸论坛”祭拜医圣李时珍活动。2009年10月，苏州姚嘉康首次向李时珍纪念馆捐赠李时珍系列连环画；2010年元月底，苏州姚嘉康再次向李时珍纪念馆捐赠李时珍系列连环画。2010年2月6日，韩国著名艺人张娜拉及家人祭拜大明医圣李时珍。

经营管理

［单位性质］　国营文化事业单位

［经费来源］　财政全额拨款

［机构设置］　设有办公室、陈列宣传部、安全保卫部、经营园林管理部等机构。

［人员编制、组成］　编制43人（退休6人），在编人员37人，其中大专以上11人，中专级以下26人，中级职称10人，初级5人。专业技术人员15人。

［服务观众项目］　李时珍纪念馆前门为观众设有停车位，可容纳百余辆车。李时珍纪念馆大门处设有服务台，设有参观导示；在大门口置有李时珍纪念馆简介和馆藏文物精品介绍等。在纪念馆中间部位设有观众接待中心，为游客滚动播放《百个爱国主义教育基地专题片》。李时珍纪念馆中间设有纪念馆服务部，为观众提供各类纪念品、馆藏书画复制品、书籍、画册等。

［观众接待］　每年参观人数约40万人次

参观指南

［地址］　湖北省黄冈市蕲春县蕲州镇时珍路168号

［邮编］　435300

［电话］　0713-7504551（传真）

［电子邮箱］　qclszjng@126.com

［开放时间］　9:00－17:00（周一馆休）

［票价］　免费

（撰文：李时珍纪念馆）

谷城县博物馆

Gucheng County Museum

概述

类型　地方综合性博物馆

隶属关系　隶属于谷城县文化体育局

创建时间　1986年6月

所在位置　位于谷城县城关镇中码头街9号

面积　占地面积3735平方米

布局　分为古建筑区和办公区。古建筑区即三神殿，位于东部，分山门戏楼、前殿、中殿和后殿，现已在殿

三神殿

中子宾缶

内分别布置有《谷城县考古成果展》、《谷城老街古建筑照片展》、《谷城县名人字画展》；博物馆办公区位于西部，一楼一部分为办公室，另一部分为实物陈列室，二楼一部分为办公室，另一部分为文物库房。

历史沿革　中华人民共和国建立初期，谷城县的文物工作由谷城县文化馆代为管理，1986年6月谷城县博物馆正式成立，负责全县地上地下文物保护。1992年谷城县博物馆迁址三神殿。

历任馆长　陈千万（1986.6－1991.2）；李国富（1991.2－1992.7）；蒋先友（1992.7－1998.10）；郭必成（1998.10－2007.10）；李广安（2007.10至今）。

业务活动

基本陈列　《谷城县考古成果展》2009年4月面向大众免费开放，展出武安铁路复线考古出土文物图片100余幅，《谷城县出土文物陈列》陈列面积90平方米，陈列文物50余件，分别展出谷城县近年出土的从新石器到清代的出土文物。

藏品管理

［藏品来源］　主要通过征集、考古发掘等途径取得。现有的文物藏品中，绝大多数系考古发掘的出土文物，以青铜器和陶瓷器为主。

［藏品类别］　谷城县博物馆文物藏品分为传世文物、出土文物和革命文物及工艺品四大类。其类别有石器、陶瓷器、铜器、铁器、木雕、石雕、石刻、金银器、玉器、字画、钱币等等。

［藏品统计］　截止2009年底，从新石器时代至民国各时期文物藏品总数为3300件。国家一级文物3件，二级文物23件，三级文物153件。

［重要藏品］　中子宾缶、邓子孙白鼎。

［藏品保护］　该馆建有专门的文物库房和配备相应的保护设施，严格按照《藏品管理办法》的各项规定进行管理。凡是具有历史、艺术或科学价值的一、二、三级藏品，经省级文物鉴定委员会专家组的严格鉴定，均建立文物藏品档案和电子文本；藏品的保管工作做到制度健全、账目清楚、鉴定确切、编目详明；运用传统方法对一些破损藏品器物进行修复保存；库房内配备有空调。按照《博物馆安全保卫规定》和三级风险等级安全防护规定要求，馆内设立安全保卫科，选配专职保卫干部。重点要害部位安装技术安防设备和综合报警监控系统设施，落实完善了各项安全保卫制度，配备专职保卫人员坚持24小时执勤。陈列厅及文物库房安装有红外报警系统并与110指挥中心联网，同时安装有红外监控系统。

科学研究

［科研队伍］　谷城县博物馆员2人，助理馆员9人。

［科研设施］　因经济条件制约，科研设施落后，办公条件简陋。自2008年后，办公条件不断改善，现已配备电脑11台/套（包括台式、手提，复印机等），各种型号的数码相机5台（套）及其它工作器材等。目前正在进行新馆选址筹建的各项准备工作。

［科研成果］　考古专业论文、发掘报告在国家级专业期刊杂志《考古》、《文物》上发表多篇。例如：《湖北谷城县肖家营墓地》（《考古》，2006年第11期）；《湖北谷城韩家卡春秋两汉墓葬》（《湖北考古报告集》2008年，汉江考古编辑部）；《谷城宋墓出土定窑印花瓷器》（分别在《汉江考古》97年第2期、《考古》2003年第1期发表）；《谷城过山出土春秋有铭铜盏》（《文物》，2002年第1期）。

经营管理

［单位性质］　社会公益性国营文化事业单位

［经费来源］　地方财政（县级）全额拨款

［机构设置］ 设有办公室、业务办、考古部、安全保卫科。

［人员编制、组成］ 核定人员编制数2009年为11人，（现实际在岗人员22人，退休3人）。全馆现有专业技术人员20人，其中文博专业技术人员5人。

［观众接待］ 年观众人数约4万人次

参观指南

［地址］ 谷城县城关镇中码头街9号

［邮编］ 441700

［电话］ 0710-7234771

［开放时间］ 9:00—16:00

［票价］ 免费

（撰文：任挺）

应城市博物馆

Yingcheng City Museum

概述

类型 地方综合性博物馆

隶属关系 隶属于应城市文化体育局

创建时间 1957年10月

所在位置 应城市经济开发区文昌路

红旗人民公社旧址

面积 2600平方米

布局 以“红旗人民公社旧址”为馆址。主体建筑为一栋五开间砖木结构二层楼房“群跃楼”，始建于1958年8月，建筑面积400平方米。

历史沿革 应城市博物馆创建于1957年10月，是建国后湖北省四个县级博物馆之一；1962年4月应城县文化馆、图书馆、博物馆合并为应城县文化馆；1985年5月恢复应城县博物馆；1986年6月拆县建市时改名为应城市博物馆。

历任馆长 杨仕儒（1957.10—1962.4）；朱冠群（1986.6—1987.9 副馆长主持工作）；李海发（1987.9—1988.10）；朱荣宽（1988.10—1990.7）；李元清（1990.7—1997.3）；尹宝泉（1997.3—2001.3）；刘国成（2001.3—2006.3）；夏丰（2006.3至今）。

业务活动

基本陈列 常年举办有《纪念周恩来总理视察应城红旗人民公社》和《应城历史文化展览》图片形式陈列展览，陈列布展面积约160平方米。

《纪念周恩来总理视察应城红旗人民公社》主要展示1958年8月28日湖北省第一个人民公社—应城红旗人民公社成立。同年11月26日，周恩来总理陪同以金日成首相为首的朝鲜贵宾，来红旗人民公社参观访问。这是应城历史上极其光辉的一页。陈列展览将再现当年的红旗公社和总理视察的动人情景，展示红旗公社的沧桑巨变，引发人们思考中国当代农村的发展方向，激励人们高举红旗，建设更加美好的明天。展览分为“大胆探索”、“总理视察”、“沧桑巨变”、“深切怀念”四大部分。

《应城历史文化展览》以应城出土文物为主线，系统展示应城五千年优秀历史文化。陈列分为“溯源文明五千年—新石器时代历史文化遗产”、“青铜光辉铸蒲骚—蒲骚历史文化遗产”、“荆楚门户存瑰宝—楚汉历史文化遗产”、“江汉望邑创辉煌—蒲阳历史文化遗产”、“膏都盐海写春秋—膏盐文化遗产”五个部分。

《应城历史文化展》一角

藏品管理

［藏品来源］ 主要通过征集、考古发掘、捐赠、收购等途径取得、现有的文物藏品中，以陶瓷器为主。

［藏品类别］ 博物馆文物藏品分为传世文物、出土文物和革命文物以及工艺品四大类。其质地类别有石器、陶瓷器、铜器、铁器、木雕、石刻、金银器、玉器、字

商　青铜提梁鸮卣

商　青铜斝

南朝　青瓷竹节莲花壶

画、钱币等等。

［藏品统计］　截至2008年底，从新石器时代至民国各时期文物藏品总数为678件，其中国家二级文物17件，三级文物31件。

［藏品保护］　藏品保护严格按照《藏品管理办法》的各项规定进行管理，建有专门的文物库房，配备有安全防火器材、电子监控和报警系统等保护设施。按照《博物馆安全保卫规定》和三级风险等级安全防护规定要求，馆内设立安全保卫科，选配转职保卫干部，建立各项安全保卫制度，配备专职保卫人员24小时执勤。藏品中具有历史、艺术或科学价值，经省级文物鉴定委员会专家组的严格鉴定的二、三级藏品，建有文物藏品档案和电子文本。藏品的保管工作做到制度健全，账目清楚、鉴定确切、编目详。库房内配备必要的温、湿度计。

考古发掘　考古发掘工作起始于1986年，考古工作者于高庙林场发掘一座南北朝时期墓葬，出土竹节莲花壶等器物20余件；1998年长荆铁路工程建设，配合湖北省考古研究所对门板湾遗址、狮子山遗址、上黄湾窑址进行了考古发掘，同时对陶家湖遗址进行了全面调查；2005年配合兰杭高速公路工程建设，对沿线的太子庙遗址、神子台遗址、大古坟遗址、上小湾遗址、上小湾墓群、王墩墓群、赵家坡遗址进行了考古发掘。其中门板湾遗址、陶家湖遗址分别于2001年、2006年公布为第五批和第六批全国重点重点文物保护单位。

科学研究

［科研队伍］　现有馆员1人；助理馆员2人。

［科研设施］　现配备有电脑4台（包括台式、笔记本），数码相机2台，打印复印机3台及其它工作器材。

［科研成果］　博物馆自成立以来在《文物》、《江汉考古》以及《应城文史书籍》上，主要发表有《湖北应城陶家湖古城址调查》、《高庙林场南北朝墓葬发掘简报》、《新四砖瓦厂南北朝墓葬发掘简报》、《陶家湖古城遗址》、《门板湾遗址》、《蒲骚故城遗址》、《三椁冢楚墓群》、《膏盐文化遗产》、《圣家岭天主教堂》、《潘集往事》、《龙集传奇》、《膏盐公益的诗篇》、《膏关远埠》、《细说应城之城》、《应城古文化综述》、《应城典籍撰著笔谈》、《应城说古》、《应城出土文物》、《陈蕖》、《洞商巨富韩诚记》、《关于建立应城膏盐博物苑建议书》等文章。

经营管理

［单位性质］　国有事业单位

［经费来源］ 地方财政全额拨款

［机构设置］ 设有办公室、业务组、安全保卫组、陈列宣传组

［人员编制、组成］ 编制名额7人，其中馆员1人，助理馆员2人，高级技师1人，普工3人。

参观指南

［地址］ 应城市经济开发区文昌路

［邮编］ 432400

［电话］ 13971940600

［开放时间］ 8:30－12:00，14:00－17:30

［票价］ 免费

（撰文：应城市博物馆）

辛亥革命武昌起义纪念馆

Memorial Hall of Wuchang Uprising of 1911 Revolution

概述

类型 社会科学类历史专题博物馆

隶属关系 湖北省文化厅

创建时间 1981年10月

所在位置 位于湖北省武汉市武昌阅马场，北倚蛇山，南面首义广场，西临长江

面积 占地面积约2万平方米

布局 博物馆坐北朝南，为长方形院落。鄂军都督府旧址（俗称红楼）为院内主体建筑，居于院中心。其北为议员公所旧址（俗称灰楼）。其东西两侧为两层配楼，总建筑面积为11385平方米。南面为绿化广场。

建筑特点 鄂军都督府旧址为一幢欧式建筑，红墙红瓦，立面呈“山”字形，三层，底层以花岗岩垒砌成基座层，高1.2米，一层高4.8米，二层高5米。其平面亦为山字形。面阔73米，正中进深42米。墙面饰以白色垂禾、束莲、卷草，并勾以白色灯芯线。议员公所旧址灰墙红瓦，与鄂军都督府旧址平行排列。整个院落前朝后寝，中轴对称，呈现出中西合璧的独特风貌。

辛亥革命武昌起义纪念馆

湖北军政府旧址

历史沿革 辛亥革命武昌起义纪念馆馆址原为湖北咨议局局址。1909年，为配合清政府预备立宪的步调，湖北当局动工兴建湖北咨议局，为方便议员起居休息，又在咨议局后修建议员公所，1910年同时竣工。1911年10月10日，武昌起义爆发。次日，起义士兵占据咨议局，推举黎元洪出任军政府都督，宣告废除清朝宣统年号，建立中华民国军政府鄂军都督府，由此诞生中国历史上第一个民主共和政权。革命党人发布文告，呼吁各省起义。义旗一举，四方响应，一举结束了清王朝的统治，开启了中国民主共和的大门。

1912年，孙中山先生辞去临时大总统职务后，首途武汉，凭吊战场，安抚流离，访问鄂军都督府，表达对武汉军民的深厚感情。1926年10月，北伐军攻克武昌，随后以此作国民党湖北省党部办公地，后湖北省参议院驻此办公。1949年后，中共湖北省省委、省政协、省委统战部相继在此办公。1961年，武昌起义军政府旧址被国务院公布为首批全国重点文物保护单位。1978年，湖北省统战部搬出之后，湖北省博物馆代管旧址。1981年，依托旧址正式成立辛亥革命武昌起义纪念馆。因文博事业发展，经湖北省编制办批准，2002年又挂牌辛亥革命博物馆。

历任馆长 陈祯琏（1986.11－1989.3）、林奇（1989.3－1991.12）、甘骏（1992－1996.2 副馆长主持工作，1996.3－2000.10）、梁华平（2000.10至今）

业务活动

基本陈列 博物馆虽多次改造陈列，一直保留有两个基本陈列，即《鄂军都督府旧址复原陈列》、《辛亥革

《辛亥革命武昌起义史迹陈列》场景

鄂军指导团徽章

命武昌起义史迹陈列》，前者依托都督府旧址，在其一、二层2500平方米的空间内，布置有鄂军都督府初期的各个机构，以及会议场所，真实再现中国历史上第一个共和政权诞生地的历史风貌；后者布置于旧址院内西配楼，占地1200平方米，以近400件展品，包括文物真迹、历史图片、美术作品以及图表、模型和场景等，全景式地展现了辛亥革命武昌起义的历史。

专题陈列　建馆20多年来，主办、合办过《孙中山先生生平事迹展》、《黄兴先生生平事迹展览》、《沈汉生辛亥文物珍藏展》、《馆藏珍贵文物展》等专题展览40多个，大多陈列在馆内，部分巡展于社区以及地县。

藏品管理

［藏品来源］　主要通过购买、接受辛亥革命志士后裔和学者捐赠、武汉海关移交截获的走私文物等合法方式取得。

［藏品类别］　以纸质品文物为主，还有纺织品、象牙角质、竹木漆器、陶瓷玻璃、金属、石器玉器、砖瓦等类别。

［藏品统计］　总计2669件，其中一级文物12件，二级文物22件，三级文物38件。纺织品37件，象牙角质品2件，竹木漆器155件，陶瓷玻璃130件，金属547件，纸质1744件，石器玉器23件，砖瓦31件。其中尤以“辛亥名人字画”、“共和纪念瓷器”和“近代名人家谱”各成序列，颇具特色。

［重要藏品］　武昌起义军政府旧址作为不可移动文物，早在1961年即被国务院公布为全国首批重点文物保护单位。馆藏文物中重要的有见证张之洞湖北新政“种瓜得豆”的汉阳兵工厂界碑；有带领新军工程八营，打响武昌起义第一枪的熊秉坤勋五位证、章；有列强承认民军为交战团，并表示严守中立的驻汉各国领事中立布告照；还有

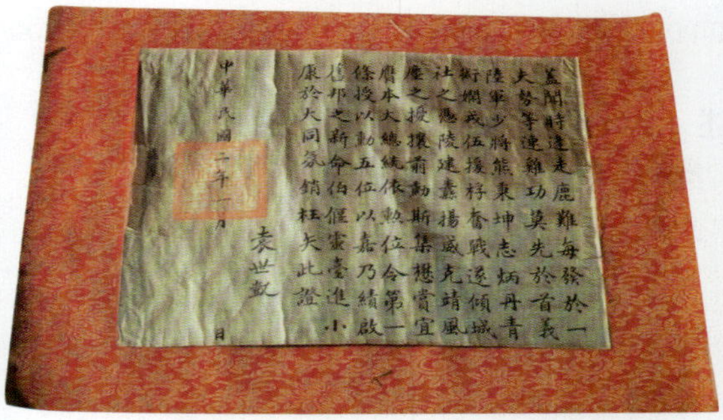

熊秉坤勋五位证书

黄祯祥血衣

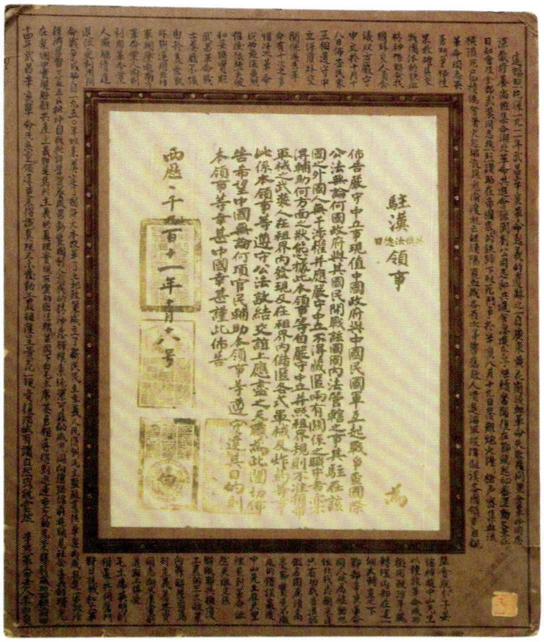
驻汉领事布告

孙中山书“博爱”横披

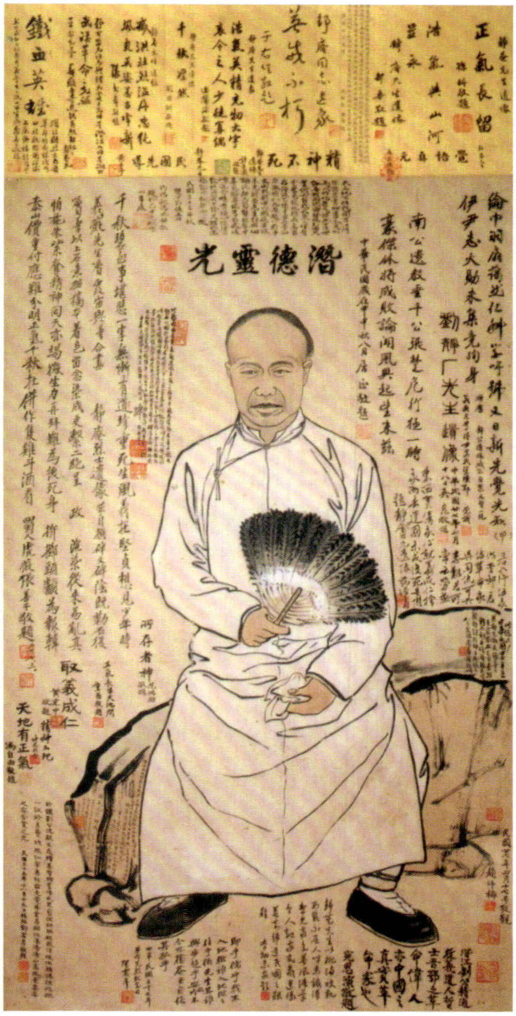

刘静庵画像

在阳夏战争中任敢死队队长的黄祯祥留下的血衣，以及孙中山先生的两幅“博爱”手迹、黄兴手书四条屏等。

［藏品保护］　藏品存放于专用文物库房，专人保管，制定有严格的文物出入库制度。技术上对藏品进行分类保管，配备有防潮、除湿，安防、消防设施。保护方法以传统技术为主，珍贵文物已实现信息数字化。

科学研究

［科研队伍］　现有专业技术人员44名，大学以上学历者40名，正高职称8人，副高7人，中级17人，初级12人。

［科研设施］　馆内设置有藏书5000余册的图书资料室，配备有高端数码照相机4部，电脑19台，办公文印设施齐备。

［科研成果］　注重学术研究是该馆一大特色。据不完全统计，博物馆专业人员发表的学术论文达百余篇，出版的专著有20余种。代表性的论文已结集《辛亥革命研究及其它》出版，重要的书籍有《武昌起义档案资料选编》（三卷本）、《武昌起义军政府旧址》、《湖北军政府文献资料汇编》、《辛亥首义》（剧本）、《辛亥革命史地图集》、《黄兴画册》、《峭谷诗稿》、《孙中山先生的足迹》、《辛亥革命人物像传》、《辛亥革命研究及其它》、《这也是一座“红楼”》、《武昌首义》（画册）、《辛亥首义红楼》、《辛亥革命大写真》（上、下卷）以及《首义之光》光碟等。研究成果有多种获得各级、各种奖励。其中梁华平研究员，2001年参与实施中山舰打捞工程，获武汉市人民政府颁发的《中山舰修复保护工程先进个人荣誉证书》。2005年被评为“湖北省有突出贡献的中青年专家”，2007年6月被国家文物局授予“全国文化遗产保护工作先进个人”的称号。王兴科研究员执行主编的《辛亥革命大写真》大型画册，获2002年第十三届中国图书奖。

交流合作　该馆业界、学术以及展览交流活跃。2001年，梁华平、高利等赴台参加台北国父纪念馆举办的“海峡两岸孙中山纪念地学术交流联谊会”。2002年9月，该馆承办孙中山、宋庆龄纪念地第15届联席会，包括来自台北国父纪念馆的共70余名代表与会。2004年以来，在国家文物局组织下，梁华平、王兴科分别访问日本、欧洲，进行文物博物馆工作考察交流。

馆内业务人员多次参加大型学术活动。1991年，王兴科、梁华平分别以学术论文参加纪念辛亥革命80周年国际学术讨论会和青年学术讨论会。2006年，梁华平、王兴科、黄春华、严威、何广、李媛丽分别以5篇论文参加纪念辛亥革命95周年国际学术讨论会。2006年，梁华平、王兴科分别为由中国宋庆龄基金会研究中心主办的孙中山、宋庆龄系列讲座做了两期主讲。

展览交流是馆际交流重要内容，1996年，该馆制作《武昌首义》展览，参加重庆歌乐山纪念馆举办的《孙中山与辛亥革命——“中国革命之路”》大型博览会。1997年，甘骏、王兴科、刘昕携《孙中山与武昌首义展》赴台参展。2007年，该馆制作《孙中山与武昌》展览，参加中山、武汉、广州、上海、南京五地《永恒的纪念——孙中山先生纪念展》。

经营管理

［单位性质］　公益性国营事业单位

［经费来源］　国家全额拨款

［机构设置］　在馆长办公会下，设行政办公室、党委办公室、保卫部、财务部、文物保管与展览部、旅游与社会教育部、展室管理部、旅游市场部八个部门。

［人员编制、组成］　全馆定编50人。现职工总人数66人，在职职工53人，男女比例相等。

［观众接待］　自2008年起实施博物馆免费开放。现年接待观众30万人次。

参观指南

［地址］　湖北省武汉市武珞路1号

［邮编］　430060

［电话］　027-88875306（传真）

［电子邮箱］　master@1911museum.com

［网址］　www.1911museum.com

［开放时间］　9:00－17:00（16:00停止入馆，每周一闭馆）

［票价］　免费

（撰文：何广）

张之洞与汉阳铁厂博物馆

Zhang Zhidong and Hanyang Steel Factory Museum

概述

类型　社会科学类历史专题博物馆

隶属关系　隶属于武钢集团汉阳钢厂

创建时间　2001年

所在位置　位于武汉市汉阳区月湖堤畔

面积　占地面积约1000平方米

布局　坐落在风景秀丽的汉阳月湖堤畔，著名的“汉阳制造”工业走廊西端。是当时国内第一家工业博物馆，也是迄今关于张之洞与中国钢铁发展历史的唯一专题馆。以其独有的特色和视角反映了洋务运动和中国钢铁历史及武汉城市发展史。博物馆以展柜陈列实物（典籍）、墙面陈列历史照片，并按历史发展阶段相结合的形式布展，古朴简洁、通俗易懂，适合各类观众层。博物馆复建的“汉阳铁厂”门楼、“汉阳兵工厂”门楼也已成为武汉一景和市民皆知的地名标志。

建筑特点　主体建筑是一幢二层仿欧式建筑。博物馆外观上采取仿欧式建筑风格，体现当年引进西方先进科学技术之理念。按照汉阳铁厂创建、发展、衰落的百年巨变历史分阶段布局（布展），共两层，占地面积1000平方米，建筑面积1200平方米。展厅面积700平方米，文物库房面积40平方米，其余为办公等用房。

历史沿革　博物馆于2001年初筹建，博物馆的创建是由外国友人促成的。

1994年，在纪念汉阳铁厂投产一百周年之际，欧洲卢森堡大公国在武汉展览馆举办“武汉——卢森堡卓有成效

张之洞与汉阳铁厂博物馆大门

复建的汉阳铁厂门楼

之百年合作纪念展”。同时，卢森堡有关人员到汉阳钢厂寻踪访问，并赠送该国专家当年拍摄的汉阳铁厂历史照片和资料。由此成为汉阳钢厂发掘中国钢铁工业历史，创办“张之洞与汉阳铁厂博物馆”的起因。

2001年初，汉阳钢厂邀请政府有关部门和专家学者召开专题论证会。专家认为，创办具有张之洞与汉阳铁厂特色的博物馆（陈列馆）可作为市区工业旅游项目和青少年爱国主义教育基地，并可填补我省乃至国内展馆此类题材上的空白。得到专家的肯定，增强了汉阳钢厂办馆的决心和信心。一年后，投资160余万的“张之洞与汉阳铁厂博物馆”（初名展览馆）落成，迎接中外游客参观。

继博物馆建成后，汉阳钢厂又先后配套建成了汉阳铁厂门楼、汉阳兵工厂门楼，浓缩再现了当年“汉阳制造”工业走廊的壮观景象。著名历史学家冯天瑜教授为“张之洞与汉阳铁厂博物馆”作序，著名城市史学家皮明庥教授为“汉阳铁厂”门楼题写了纪念碑文。

创办“张之洞与汉阳铁厂博物馆”是汉阳钢厂筹备开展工业旅游的一个组成部分。

为配合工业旅游，汉阳钢厂除投资100余万元修建了铁厂门楼、兵工厂门楼外，还建造了张之洞雕像和打造参观通道，有关生产车间进行整治，迎接游人参观，让游人特别是青少年了解我国民族钢铁工业发展历史的同时，了解钢铁是怎样炼成的。

汉阳钢厂在创办博物馆的同时曾投资百万元将厂区西月湖（厂内湖面）进行清淤治理，拟建“张之洞公园”（对外称为中卢友谊园），皮明庥教授指导并提出了建园思路。

在新的历史时期，汉阳钢厂将搬迁，为保护这一工业遗产，近两年来，博物馆与市、区政协及众多专家学者多次写提案、上书政府——利用其即将拆迁的炼钢车间、厂房，打造“武汉近代工业博物馆”（工业遗址公园），这已成为社会各界大多人士的共识。市、区政府政协领导和武汉新区、发改委、文化局领导及有关专家多次前来考察调研。省、市各大媒体均多次报道。经市有关部门及专家论证，现已基本确定将保留汉钢炼钢车间（占地约60亩），用于建设“武汉近代工业博物馆”，使之成为国家级爱国主要教育基地和对外交流的平台。

张之洞与汉阳铁厂博物馆将迁入其中，作为其一重要组成部分。

历任馆长 顾璧阶（2002至今）。

业务活动

基本陈列 博物馆收藏以张之洞创办汉阳铁厂、汉阳兵工厂的有关史料与实物为主。以汉阳铁厂、汉阳造历史实物和历史照片相结合的方式陈列展出。主要展品有汉阳铁厂界碑、汉阳火药厂界碑、汉阳铁厂生产的钢轨、汉冶萍公司发行的股票、汉阳兵工厂发行的股票、张之洞创办的文普通中学试卷、张之洞著最早版《劝学篇》及《张文襄公诗集》等。以及张之洞任湖北学政时编纂的《江汉炳灵集》、张之洞手书的《千字文》字帖、清廷拍发给张之

展厅

汉阳铁厂生产的钢轨

《游华日记》

汉阳铁厂界碑

汉冶萍公司发行的股票

帽筒

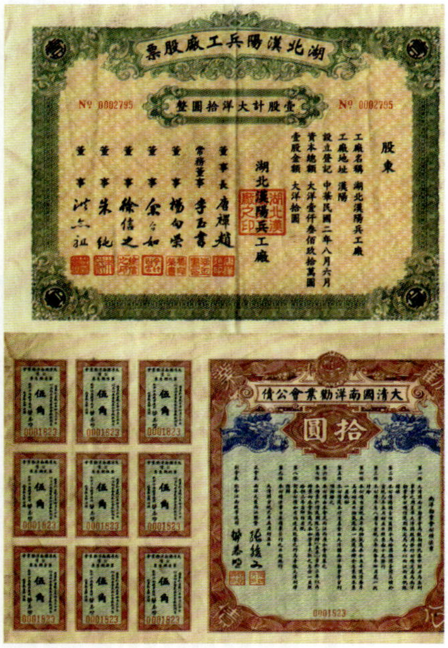

汉阳兵工厂发行的股票和公债

洞的电报。还有湖北水警制发的铁厂码头“水摸”（潜水员）铜腰牌、张之洞支持浙商宋炜臣创办的既济水电公司水夫牌、清农工商部颁发给汉阳铁厂的铜奖杯、张之洞赠送给清朝最后一位状元刘春霖的一对帽筒等。这些实物对研究张之洞与汉阳铁厂具有较高的价值。其中，最具研究价值的是卢森堡大公国赠送的图文资料《游华日记》（系当年该国援建汉阳铁厂总工程师吕贝尔撰写）。

翔实的史料和丰富的文物，真实地反映了当年汉阳铁厂（汉冶萍公司）的历史风貌和中国民族钢铁工业发展的艰难历程，揭示了“落后就要挨打”，“只有社会主义才能救中国”的深刻主题。受到参观者的一致赞誉。

《张之洞在湖北》展

炮

专题陈列 开设有三组各具特色的图片展览：一是《张之洞在湖北》图片展（侧重反映张之洞督鄂时练新军，兴实业，办教育，修铁路，发展武汉商务，开拓市政建设，推动城市崛起的业绩）；二是《武汉百年民风民俗》图展（清末明初卢森堡专家拍摄反映武汉市井风俗的照片。当年援建汉阳铁厂的外国专家达50余人，其中卢森堡专家14人，在汉期间拍摄了大量反映城市生活的照片）；三是《武汉三镇风光》彩色图展（民国时期日本人摄，用于明信片。反映武汉主要建筑及景点，包括汉阳铁厂、武汉大学、省图书馆、古琴台、江汉关等）。都是研究张之洞与武汉城市历史的重要参考资料。

藏品管理

［藏品来源］ 主要通过征集、有关遗址拆建时挖掘、捐赠、收购等途径取得。藏品很多是武汉市知名专家、民间人士捐赠的及在有关遗址拆迁时收购和挖掘的。很多珍贵照片是当年援建汉阳铁厂的专家拍摄、卢森堡大公国国立博物馆赠送的。

［藏品类别］ 博物馆藏品主要以历史遗物（实物）和历史照片为主。包括钢铁产品、金属制品、木制品、建筑制品、纸制品等。

［藏品统计］ 文物藏品总数约为500余件。

［藏品保护］ 博物馆建有专门的档案室、图书室、库房和配备相应的保护设施，建立文物藏品档案和电子文本；藏品的保管工作做到制度健全、账目清楚、编目详明；按照《博物馆安全保卫规定》和三级风险等级安全防护规定要求，馆内各岗人员均兼职安保员。并安装电视监控器、应急灯、安全指示牌、开辟安全通道等设施。

交流合作 配合省、市各大媒体多次报道，中央电视台、中央新影有关栏目（专题片）《走遍中国》、《中华文明》、《中国钢铁》、《百年城市》、《复兴之路》、《文明的脚步》及凤凰卫视《纵横中国》、《大视野》和湖南卫视新闻频道先后到博物馆录制节目。

宣传教育 博物馆除基本陈列展出不断充实更新部分藏品外并多次组织举办讲座、研讨会、巡回展、爱国主义教育周等活动。

在市图书馆举办两次讲座，为市民和读者“解读张之洞与汉阳铁厂”。并在汉阳区政协、汉阳区党校、汉阳区民主党派、武汉船舶学院、汉阳钢厂等单位为政协委员、党政干部、民主人士、大学生和工人举办有关张之洞与“汉阳造”的讲座。

在市图书馆、晴川阁、武汉船舶学院等单位（包括博物馆前广场）举办图片巡回展。并在博物馆举办专题展如《开展党员先进性教育》、《纪念抗战胜利60周年》、《纪念长征70周年》、《八荣八耻》、《武钢成果展》等。

作为市、区爱国主义教育基地，博物馆还与华中科技大学、武汉船舶学院、武汉市第二十三中学及所在月湖街区实行共建爱国教育基地活动。

博物馆曾连续三年与汉阳区教委、市团委组织举办爱国主义教育周活动，并与有关旅行社举办“夏令营”、“工业游”（参观车间）等活动。

为保护汉阳造工业遗产，发展武汉市文博事业，博物馆连续两年（2007、2008年）与汉阳区政协、晴川阁管理处联合举办两次大型研讨会、三次座谈会及有关文化活动（邀请市、区政府政协部分部门、领导和众多专家学者参加）。如通过媒体征邀百余市民开展“汉阳造工业遗址遗迹游”活动；邀请省、市部分知名书法家书写并举办《张之洞诗词楹联展》。

经营管理

［单位性质］ 社会公益性质的国有企业自办单位

［经费来源］ 企业拨款，免费开放后文化局拨款部

分（补偿）

［机构设置］ 设有工作室、办公室、档案室、图书室、安全保卫科。（安全保卫科与工作室合署办公）

［人员编制］ 人员编制数暂定九岗五员。

［观众接待］ 年观众人数约2万余人次。博物馆已接待欧美多国（英、法、德、比、卢、美、日等国）和我国国家发改委、国务院监事室、中央党史研究室、中央文献研究室、档案、规划、钢铁、文化等部门以及本省、市、区有关部门领导、专家先后多次到博物馆视察。

参观指南

［地址］ 武汉市汉阳区龙灯堤路特1号

［邮编］ 430050

［电话］ 027-84582013（传真）、027-84592273

［电子邮箱］ zzdbwg@163.com；QQ：807700093

［网址］ www.zzdbwg.cn

［票价］ 免费

（撰文：顾必阶）

张自忠将军纪念馆

Zhang Zizhong General Memorial

概述

类型 社会科学类名人专题纪念馆

隶属关系 隶属于宜城市民政局

筹建时间 1990年6月

正式开放时间 1991年5月16日

所在位置 位于湖北宜城市襄沙大道55号

面积 占地面积13000平方米、建筑面积747平方米

布局 纪念馆坐北朝南，由碑廊、放映厅、事迹陈列室、字画室、半身戎装像和纪念壁组成。张自忠将军事迹陈列室陈列内容主题鲜明，内容丰富，充分展示了张自忠将军艰难曲折的经历和从政、治军风范及高尚的人格魅力。左右碑廊是周恩来、朱德、彭德怀、董必武、郭沫若、茅盾、田汉、徐悲鸿、竺可桢、周谷城、冯玉祥、李宗仁、李济深、张治中、翁文灏、老舍、费孝通、臧克家、顾颉刚为张自忠将军题写的挽词勒石。放映厅常年放映电视剧《张自忠将军》、《国魂》、《往事中国》等。字画室陈列有省市领导、外国友人、社会名流和著名书画家的字画。张自忠将军半身戎装像和纪念壁位于庭院正中。纪念壁详细记载了纪念张自忠将军殉国51周年暨诞生100周年活动情况。纪念馆大门两侧镌刻毛泽东、蒋介石题写的挽词。

1.张自忠将军纪念馆　2.张自忠塑像（后为纪念壁）　3.张自忠殉国处纪念碑

建筑特点 张自忠将军纪念馆呈四合院古今建筑风格，坦荡淳朴，幽静肃穆，格调典雅，融民族风格与现代特色为一体，表现了“缅怀先烈、继往开来”的主题。

历史沿革 为加强爱国主义教育和革命传统教育、团结各界人士、振兴中华，同时，也为了缅怀在宜城英勇抗日、壮烈殉国的张自忠将军，由襄樊市、宜城市两级政协倡导，并报湖北省民政厅同意，兴建张自忠将军纪念馆。兴建工程于1990年9月26日奠基，次年5月14日告成，16

日，京、津、沪、渝、鄂及海外来宾2000余人参加了揭幕式。兴建工作得到了全国政协，民政部，湖北省委、省政府，省民政厅、省财政厅，襄樊市委、市政府、市政协，宜城市委、市政府、市政协和市直50多个单位及1万多名干部职工的高度重视及大力支持。全国政协副主席王任重生前为“张自忠将军纪念馆”题写了馆名。胡绳、王全国、贾志杰、关广富、蒋祝平、郭树言等领导到张自忠将军纪念馆瞻仰并题词纪念。张自忠将军纪念馆已成为宜城及周边县市对广大党员干部、人民群众特别是青少年进行爱国主义教育和革命传统教育的重要场所。

2001年，投资80万元对张自忠将军纪念馆的陈列内容进行了更新。改造后，纪念馆陈列内容丰富，陈列形式多样，采用声、光、电等高科技陈列手段，制作了南瓜店战役沙盘。使参观者身临其境，再现了张自忠将军当年风采。

历任馆长　丁修伦（1990）；刘民强（2000）；肖雪梅（2008）。

业务活动

基本陈列　张自忠将军纪念馆陈列按时间顺序来展示张自忠将军各个历史时期的事迹。以800多幅图片、字画和遗物为基础，翔实生动地展示了张自忠将军从严治军、忍辱负重、慷慨悲歌、勇赴国难的高尚品质和爱国精神。陈列内容共分十个部分：一、投笔从戎；二、长城抗战；三、步入政坛；四、徐州会战与徐州突围；五、三战临沂；六、受勋述职；七、转战鄂西北；八、道德风范；九、慷慨悲歌；十、同悼国殇。

临时展览　1996年，组成专班人员，把张自忠将军的事迹制成展板，深入到边远山区、集镇巡回展出，使全市120多所学校近4万多名师生和群众受到了一次深刻的爱国主义教育，收到了较好的社会效益。2000年开展了《张自忠将军殉国60周年书画展》。

张自忠将军事迹陈列一隅

藏品管理

［藏品来源］　基本是其亲属、部下、各级政协捐献而来。省、市领导及社会知名人士题写字画和翻拍的相关资料。

［藏品统计］　到2009年底，纪念馆馆藏字画作品300多幅，遗物50多件，图片500多幅，书籍100多本，音像资料10多件。

［重要展品］　张自忠将军任天津市市长出访日本时穿过的西服（1991年5月将军之孙张庆安捐赠）；张自忠将军赠给部属洪进田的马鞍垫（1995年5月洪桂生捐赠）；张自忠将军赠给察哈尔省财政厅过之瀚的礼品（1990年过家武捐赠）。

张自忠任天津市长访问日本穿过的西服

张自忠赠给部属洪进田的马鞍垫

张自忠赠给察哈尔省财政厅过之瀚的礼品

［藏品保护］ 为了更好地保管和保存馆藏物品和相关资料。纪念馆安排了专门的管理人员，按照《档案保护法》的要求，档案室配置了档案柜，温度、湿度计，除湿机，空调器。定期对馆藏的资料进行防蛀、防霉处理，确保了馆藏物品完好无损。

科学研究 张自忠将军纪念馆开馆后，张自忠将军事迹研讨会和张自忠教育促进会相继成立。纪念馆开馆以来，共发表各类文章150多篇。

1991年编辑出版了张自忠将军史料专辑《尽忠报国》（中国文史出版社出版）。拍摄了六集电视连续剧《张自忠将军》。2003年原馆长丁修伦编辑出版了中华名人丛书——纪念抗日名将张自忠将军《军人之魂》（鄂襄宜图内字[2003]001）。

宣传教育 为了更好宣传张自忠将军的爱国主义精神和崇高品质，对广大党员干部进行理想、信念和宗旨教育，对广大群众和学生进行爱国、爱党、爱家乡教育，张自忠将军纪念馆牢记“褒烈育人”的工作职责，开展多种形式的教育宣传活动。一、邀请军休所、光荣院的退役老军人，为驻宜部队官兵讲述他们在战争年代发扬一不怕苦、二不怕死的光荣传统，鼓励广大官兵安心服役，报效国家，为第二故乡的社会稳定和经济建设保驾护航；二、与省内27个机关团体，8个部队和厂矿企业，169所大、中、小学校建立了协作关系，常年开展共育共建活动，并使这些活动经常化、制度化、规范化；三、在保持共产党员先进性教育活动中，积极倡议，市直单位近万名干部职工到张自忠将军纪念馆，接受爱国主义教育和革命传统教育；四、与襄樊市花鼓戏剧团合作，用群众喜闻乐见的表演形式，宣传革命烈士的英勇事迹；五、开展老党员重温誓词、新党团员宣誓、新兵下连队、新生入校等教育活动；六、五月十六日，在宜城电视台播放《张自忠将军》电视专题片，宣传张将军的爱国精神；七、制作张自忠将军纪念馆视频短片，挂在“中国教育网”、“中国文明网”上，供广大网友观看；八、与中央电视台“走遍中国”栏目组联合摄制了有关张自忠将军的电视专题片，在中央电视台四频道黄金时间播放；九、与中国万景网签署了合作协议，上传了张自忠将军纪念馆的文字图片。

为了提高讲解员的讲解水平和知识面，定期对讲解员进行培训和考核。讲解员的水平进一步提升。余芳芳在中宣部举办的“全国爱国主义教育示范基地”电视网络大赛中，荣获“优秀讲解员”称号。

经营管理

［单位性质］ 公益性国营事业单位

［经费来源］ 地方财政拨款

［机构设置］ 内设办公室、财务室、档案室、综合宣教科、安保科。

［人员编制、组成］ 现有在职工作人员20人，全部大专以上学历。其中：讲解员3人，史料征集7人，园林绿化3人，安全保卫3人，后勤管理4人。高级技师1人，技师1人，中级职称3人，馆员8人。领导职数1正2副。

［服务观众项目］ 为团体参观免费讲解；免费停车；出售张自忠将军的有关书籍和纪念品。

［观众接待］ 年接待人数150000人次

参观指南

［地址］ 湖北省宜城市襄沙大道55号

［邮编］ 441400

［电话］ 0710-4212558（传真）

［开放时间］ 8:30－17:30

［票价］ 免费

（撰文、摄影：肖雪梅、危文军）

陈潭秋纪念馆

Chen Tanqiu Memorial

概述

类型 社会科学类名人专题纪念馆

隶属关系 隶属于黄州区文化局

成立时间 1993年

所在位置 位于黄州历史文化名城、驰名中外的东坡赤壁风景区东侧，风景优美的龙王山南麓，北依龙王山庄，南临黄州体育馆。

建筑特点 1985年，黄冈县建成了三层仿古建筑作为黄冈县博物馆馆舍。1990年，黄冈撤县改为黄州市。1993年，经黄州市机构编制委员会批准黄州市陈潭秋纪念馆与黄州市博物馆合署办公。原中共中央总书记江泽民为陈潭秋纪念馆题写馆名，纪念馆占地15.6亩，主体大楼3700平方米，呈“回”字形仿古建筑，楼顶由光彩夺目的黄色琉璃瓦覆盖，四脊金龙栩栩如生，其势如蟠雾腾霄；八方角巍峨挺拔，直指苍穹，寓意着革命伟人的丰功业绩。

历史沿革 1985年，经黄冈县人民政府同意将“黄冈县文物管理所”改名为“黄冈县博物馆”，隶属黄冈县文化局。1990年，撤黄冈县，改为黄州市。中宣办发函

[1991]81号文件批准建立陈潭秋纪念馆，与黄州市博物馆、黄州市李四光纪念馆合署办公。1993年，陈潭秋纪念馆正式开馆。1995年，经国务院批准，撤销黄冈地区和黄州市，设立地级黄冈市。1997年经黄冈市黄州区机构编制委员会批准，黄州市陈潭秋纪念馆改名为黄冈市陈潭秋纪念馆。1995年、1998年分别被湖北省人民政府命名为全省首批“爱国主义教育基地”和“爱国主义教育示范基地”。武汉地区、黄州地区等52所大、中、小学将该馆作为“革命传统教育基地”和“德育教育基地”。

多年来因李四光、陈潭秋两名人同处一馆，侧重点各异，对开展各项宣传教育活动主题带来不便。2006年，李四光纪念馆维修改造工程启动后，经中宣部批准同意，陈潭秋纪念馆迁至陈策楼镇，与陈潭秋故居二馆合并。原陈潭秋纪念馆关闭撤展。

2008年，陈潭秋纪念馆启动陈潭秋故居修复及陈潭秋纪念馆新建项目申报程序。2009年5月，该项目得到胡锦涛主席的重要批示，同意申报该项目。该项目得到来自中办、省办及黄冈市、区各级政府及领导的重视。黄州区委、区政府将其列入政府年度大事记中。2009年底，陈潭秋故居修复项目已经被相关部门批准，获准340万专项资金，用于故居修复建设。故居修复动土工程进入倒计时，拟定于2010年5月1日正式启动。现陈潭秋纪念馆新建项目已进入审批程序，预计申请专项资金共3800万，计划新建项目工程于2010年8月1日正式动土。

陈潭秋故居修复及陈潭秋纪念馆新建项目包括故居修复、纪念馆新建两个项目。

在保持其历史原貌的前提下对陈潭秋故居进行恢复性维修改造时，修旧如旧，加固建筑结构，同时做防水、防潮、防火、防虫、防盗、防老化的处理，以达到保护的目的。

陈潭秋纪念馆新建项目包括新建陈潭秋纪念馆和铜像广场两部分。

纪念馆建筑面积为3500平米。设计采用中国传统建筑风格，钢筋混泥土结构，与故居遥相呼应。故居的仿古风格与陈策楼镇的自然环境和谐统一，符合陈潭秋烈士凝重而庄严的身份。

陈潭秋故居的左边设陈潭秋铜像广场一座，广场建筑面积为1600平方米，铜像高5米。广场周围采用花岗石基座栏杆，造型精练简朴，体现英烈的刚毅和平凡而伟大的一生。

历任馆长　董之儒（1985－1996　负责人）；刘焰（1997－2006.5　负责人）　孙在本（2006.6至今　负责人）。

业务活动

基本陈列　黄冈市陈潭秋纪念馆分为前厅、接待厅、陈潭秋生平展厅等。前厅设立一幅30余平方米的大型瓷砖图国画《万里长城》。陈潭秋画像屹立在国画正下方。前厅东侧为接待厅，前厅和接待厅用石膏板吸音吊顶，中心各装有五彩豪华吊灯，厅壁四周全部用现代装璜材料修饰一新。主楼中央有200多平方米的爱国主义教育基地活动场。《陈潭秋生平展》展厅面积200平方米。按陈潭秋生活的时间为线索，共分为《少年好学，立志救国》、《革命先驱，激流勇进》、《转战南北，不折不挠》、《为党为民，血洒边疆》、《缅怀先烈，继承遗志》五个部分。陈列以陈潭秋烈士用过的毛衣、毛毯、书信等珍贵文物和画像、照片为载体，系统地展现了陈潭秋烈士光辉的一生。展厅内采用玻璃通柜、照片上墙等陈列手法，安装了报警器，配备了专门的讲解员。

专题陈列　该馆从1993年建馆至今，先后举办过近百次各种临时的爱国主义专题展览。有的专题展览意义重大，影响深远，如1995年《中共党史教育、国情教育和爱

陈潭秋展览

陈潭秋展览

国主义教育展》、1997年《邓小平同志生平展》、1998年《纪念周恩来诞生100周年图片展》、2001年《建党80周年》大型图片展和书画展、《爱我黄冈》摄影作品展等。在黄州城区各大中小学、企事业单位、社区、部队进行流动展览，先后接待参观群众共计百万余人次，取得了较好的社会效益。

藏品管理

［藏品来源］ 主要通过征集、捐赠、收购等途径取得。现有的文物藏品中，绝大多数为征集的文物。

［藏品类别］ 藏品为革命文物，有衣服，书籍、信件等。

［藏品统计］ 藏品共三十余件

［藏品保护］ 该馆建有专门的文物库房和配备相应的保护设施，严格按照《藏品管理办法》的各项规定进行管理。建立文物藏品档案和电子文本；馆内设立安全保卫科，选配专职的保卫干部；安装技术安防设备和综合报警监控系统设备并24小时开启，落实完善了各项安全保卫制度，配备专职保卫人员，坚持24小时执勤。

科学研究

［科研队伍］ 馆员5人，初级助理馆员20人。

［科研设施］ 因条件制约，科研设施落后，办公条件简陋。之后随着文博事业的快速发展，开展博物馆业务工作的必要设施得到更新充实。现已配备电脑6台/套（包括台式、手提、复印机、传真机等），各种型号的数码相机4部（套）及其它工作器材。

经营管理

［单位性质］ 社会公益性质的国营文化事业单位

［经费开源］ 地方财政（县级）全额拨款

［机构设置］ 设有馆长室、办公室、综合部、安全保卫部。

［人员编制、组成］ 黄州区人事局核定在职在岗人员31人，其中核定财政编制人员为7人。全馆现有文博专业技术人员26人。

［观众接待］ 年接待人数约17万人次

参观指南

［地址］ 黄冈市黄州区陈策楼镇陈策楼村

［电话］ 13409671950

［电子邮箱］ BWG8888@sina.com

［开放时间］ 8:30－16:30（周一闭馆）

［票价］ 免费

（撰文：涂寅）

武穴市博物馆

Wuxue City Museum

概述

类型 地方综合性博物馆

隶属关系 隶属于武穴市文化广电新闻出版局

创建时间 1985年元月

所在位置 位于武穴市玉湖路中段

武穴市博物馆外景

面积 占地面积4005平方米

布局 主体建筑为博物馆大楼，坐南朝北。楼外西侧为主入口大门，四周连以围墙，主楼前为花园、凉亭，四周为花坛。

博物馆的主楼建于1992年，为框架式钢筋混凝土结构的四层文物大楼。是一座集办公、陈列展览、文物库房于一体的综合大楼，占地面积500余平方米，建筑面积2000平方米。大门主入口为一三开间的代花厅，左右两侧为展厅；二楼设为展厅；三楼东侧为电子教学厅，西侧为办公场所；四楼设为文物库房。其中展厅面积1200平方米，文物库房面积200平方米。

历史沿革 1985年元月以前，武穴市的文物工作由武穴市文化馆文物工作组代为管理。1985年元月，武穴市人民政府批准建立武穴市博物馆，由于当时没有新馆址，服务的基本条件不具备，而且存在严重的安全隐患，暂在文化馆办公楼内办公。1992年市政府决定新建市博物馆，并于2005年正式迁入新建博物馆大楼。2009年被国家文物局评为国家三级博物馆。

历任馆长 李金桥（1985.1－1991.6）；王树金（1991.6－1993.9 副馆长主持工作）；王树金（1993.9－1998.4）；刘凯（1998.4至今）。

展厅一角

展厅一角

业务活动

基本陈列 《武穴市精品文物陈列展》2009年正式面向大众开放，展出藏品47件，陈列面积300平方米；《武穴鼓山遗址出土文物展》展出出土文物100余件，陈列面积300平方米。这两个展厅以馆藏文物和出土文物为主要展品，配以图片、模具等辅助展品，充分地展示了武穴地区在中国各个历史发展阶段的发展轨迹，展现了新石器时期劳动人民的生产、生活情景。《吴楚民间文化图片展》于2006年面向大众开放，陈列面积300平方米，以图文并茂的形式展现了武穴地区建筑风格及手工艺制作、民俗风情、民间艺人活动的多个场景。展陈采用了大通柜，配置了照明灯光，安装了报警器，配有讲解员。

专题陈列 该馆从1985年开始，先后举办过20多次各种临时的专题展览，如《纪念抗日战争胜利六十周年书画摄影展》、《爱我中华青少年思想道德专题教育展》、《迎奥运书画摄影展》等。特别是有的专题展览意义重大，影响深远，如《魅力武穴——知名企事业单位成就展》、《纪念武穴成立60周年成果展》，全市党员干部、学校及群众轮流参观展览。有些展览制作成活动版面，深入到学校、各乡、镇巡回展出。

藏品管理

［藏品来源］ 主要通过征集、考古发掘、上缴（交）、捐赠、收购等途径取得。

［藏品类别］ 文物藏品分为出土文物、传世文物和革命文物以及工艺品四大类。其类别有石器、陶瓷器、铜器、铁器、角木器、石刻、金银器、玉器、字画、古书、古钱币等。

［藏品统计］ 截至2009年底，从新石器时代至民国各时期文物藏品总数为14964件。国家一级文物3件，二级文物37件，三级文物133件。

［重要藏品］ 明青花缠枝莲纹执壶；明万历青花缠枝莲龙纹碗；宋影青双狮笔架；宋青白釉盘口梅瓶；宋印花缠枝菊花纹斗笠碗；宋绿釉如意瓷枕；清夔龙纹玉簋；春秋青铜编钟。

［藏品保护］ 该馆建有专门的文物库房和配备相应的保护设施，严格按照《藏品管理办法的》的各项规定

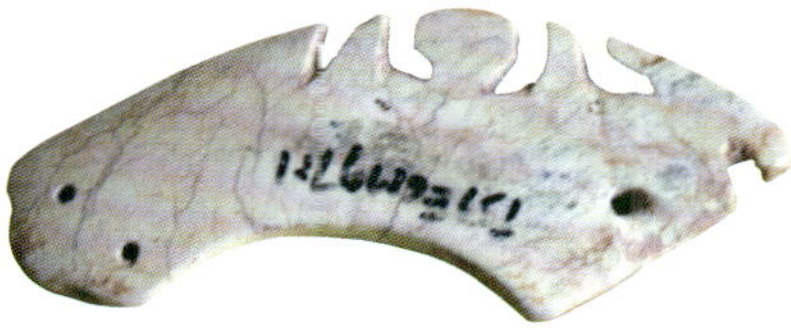

鸟首形玉璜

春秋　青铜编钟

明万历　青花缠枝莲龙纹碗

进行管理。凡是具有历史、艺术或科学价值的一、二、三级藏品，经省级文物鉴定委员会专家组的严格鉴定，均建立文物藏品档案和电子文本；藏品的保管工作做到制度健全、账目清楚、鉴定确切、编目详明；运用传统方法对一些破损藏品器物进行修复保存；库房内配备必要的温、湿度计、恒温计以及安全防火器材；淘汰陈旧的文物橱柜架和过时落后设施，更新为安全可靠的全封闭文物橱柜金属架等。按照《博物馆安全保卫规定》和三级风险等级安全防护规定要求，馆内设立安全保卫科，选配专职保卫干部。重点要害部位安装技术安防设备和综合报警监控系统设施，落实完善了各项安全保卫制度，配备专职保卫人员，坚持24小时执勤。

考古发掘　1982年，该馆积极配合湖北省考古研究所对武穴下关挂玉山张懋明墓进行了发掘，出土文物六十余件，其中梵文佛画《法被图》在国内实属罕见。随后1987年、1993年及1996年为配合京九铁路和黄黄高速公路建设，分别在武穴挂玉山遗址、四望鼓山遗址、大金天山遗址进行了抢救性的考古发掘，出土了大量的陶器、石器、玉器。此外，在农业（农田）改造、基建、水利、交通等设施建设工程中，通过发现、举报、勘踏等各种形式，经过20多年的考古发掘，出土、收缴（交）了数千件地下文物，为武穴市区域的历史演变和历史文化及其经济社会发展研究提供了不可或缺的实物依据。

科学研究

［科研队伍］　馆员2人，初级助理2人。

［科研设施］　武穴市博物馆因经济条件制约，科研设施落后，办公条件简陋。自2006年后，随着经济的快速发展，开展博物馆业务工作的必要设施得到更新充实，办公条件不断改善，现已配备电脑3台（台式、手提），复印机一台，扫瞄仪1台，数码相机1台及其它工作器材。

［科研成果］　多年来，武穴市博物馆干部职工认真钻研业务，积极开展文博专业理论研究，参与了《中国文物地图集——湖北分卷》的编写工作，并完成了《武穴市文物普查资料汇编》。1995年6月，配合中央电视台拍摄武穴鼓山出土文物、武穴横岗山、郑公塔等名胜古迹，并在中央二套午间新闻中播出，于1996年5月再次重播了《武穴发掘新石器时代遗址》的专题新闻片。馆内职工撰写的《湖北武穴市从政村发现一座北宋墓》、《武穴市新石器及商周遗址调查》、《京九铁路文物调查》、《由馆藏文物数据库创建工作带来的启示》等多篇论文分别在《考古》、《江汉考古》、《探索与发现》等专业杂志上发表，并参与湖北省京九考古队和湖北省文物考古研究所编著的《武穴鼓山——新石器时代墓地发掘报告》一书，由科学出版社正式发行。

经营管理

［单位性质］　社会公益性质的国营文化事业单位

［经费来源］　地方财政全额拨款

［机构设置］　设有办公室、近现代史研究部、保管部、信息服务部、文物保护部、安全保卫科、财务室。共四部一科一室六个部门。

［人员编制组成］　核定人员编制数16人（现实际在编人员16人），全馆现有专业技术人员9人，其中文博专业技术人员4人。

［观众接待］　年均参观人数约39726人次

参观指南

［地址］　武穴市玉湖路239号

［邮编］　435400

［电话］　0713-6275488

［电子邮箱］　hbwxbwq@163.com

［开放时间］　8:30—16:30

［票价］　免费

（撰文：武穴市博物馆）

武汉二七纪念馆

Memorial Hall of the Great Strike on February 7th in Wuhan

概述

类型　社会科学类历史专题纪念馆

隶属关系　隶属于武汉铁路局

创建时间　始建于1960年，新馆建于1984年

所在位置　武汉市汉口解放大道2499号

武汉二七纪念馆

面积 新馆占地27500平方米、绿化面积10200平方米

建筑、布局 “二七”广场面积4000平方米，广场地面用花岗岩石板铺成，广场尽头矗立着高27米的“二七烈士纪念碑”，碑体用花岗岩板装饰，碑体正面用金铂镶贴毛泽东题字的“二七烈士纪念碑”，碑体顶端是一个大型铜雕飞轮，碑的两边是长19米、高4米的再现二七革命斗争场景的红色花岗岩雕塑群，在雕塑群后，衬托着苍劲的松柏，寓意二七烈士万古长青。纪念碑后方是纪念馆主楼，为二层框架式钢筋混泥土结构，面积3671平方米。主楼墙面上镶嵌着胡耀邦于1985年题写的“武汉二七纪念馆”七个大字。进门大厅墙面有一幅长20米、高7.5米反映二七革命斗争的大型浮雕，一楼设有会议大厅、贵宾室、办公室及后勤保卫部门等，二楼是主展厅，分三个展厅七个部分。

历史沿革 纪念馆建馆以来一直得到党和国家各级领导的高度重视，得到社会各界的大力支持。1958年毛泽东亲笔题写“二七烈士纪念碑”碑名，1985年胡耀邦为新馆题写馆名，1999年2月5日尉健行亲临纪念馆为纪念碑迁建揭幕。纪念馆先后被湖北省、铁道部命名为“爱国主义教育基地”，1997年6月被中宣部命名为全国首批百家“爱国主义教育示范基地”。党和国家领导人伍修权、李铁映、张震先后来纪念馆视察。历任湖北省、武汉市、铁道部领导都到过纪念馆视察工作，题字题词，看望二七烈士后代、老工人，现场办公解决实际问题，几次大的建设均慷慨解囊。各级领导的关心和支持为纪念馆的发展打下了坚实的基础。

纪念馆建设与发展分四个阶段：

第一：1956年2月8日纪念馆开工建设到1960年正式对外开放。历时4年，在原汉口江岸警察训练所（现江岸铁路文化宫）建成占地9亩，138平方米展室，12.4米纪念碑的“二七烈士纪念馆”。

铸铁纪念碑

第二：1974年到1988年1月迁建新馆。历时14年将纪念馆迁于现址，占地57.19亩，比原有规模扩大6倍多，拥有1200米展线的陈列大厅，前后投资7千余万。

第三：1997年到1999年1月底迁建新碑。这一过程历时两年多，铁道部、原郑州铁路局、省市政府共投资800多万元，建成高27米的新纪念碑。

第四：2002年初到2005年10月。铁道部、原郑州铁路局、原武汉铁路分局、武汉铁路局先后投资近千万元，对展馆展厅进行全面更新改造。

历任馆长 张士汉（1969－1975）；郝恩珍（1975－1983）；刘伟（1983－1990）；蒋安卿（1990－1993）；史定兴（1993－1994.10 退休后为纪念馆名誉馆长）；冯家兴（1994－1996 主持工作）；李绍雄（1996－2000）；陈复德（2000－2004 原武汉铁路分局工会副主席兼）；王汉生（2004至今）。

业务活动

基本陈列 武汉二七纪念馆1963年面向大众开放，展出文物80余件，展线1200米。其中国家一级文物3件，文字、照片资料790件。比较详细地陈列了“二七”革命斗争的全过程及老一辈革命家和国家领导人为纪念“二七”的题字、题词、著文、作画等。

专题陈列 开馆以来举办过多次各种临时的、具有时代纪念意义的专题展览。如《国际珍贵礼品展》、《纪念红军长征胜利60周年展览》、《金陵祭——纪念南京30万遇难同胞展》、《陈国栋英雄事迹展》、《国旗在我心中——国旗展》、《“崇尚文明放对邪教”大型图片展》、《二七革命斗争史大型图片展》等。

藏品管理

［藏品来源］ 主要通过征集、捐赠、收购等途径取得。现有的文物藏品中，绝大多数为二七烈士后代捐赠，

展厅一角

以铜、铁器为主。

［藏品类别］　武汉二七纪念馆文物藏品分为革命文物、工艺品及书法作品。其类别有陶瓷器、铜器、铁器、金银器、玉器、字画、古书、钱币等等。

［藏品统计］　截止目前为止，纪念馆共计收集文物实物89件，其中国家一级文物3件，二级文物6件，三级文物11件。

［重要藏品］　三件国家一级文物：铸铁纪念碑，江岸京汉铁路工会会员证徽章，铜制怀表。

铜制怀表

江岸京汉铁路工会会员证徽章

［藏品保护］　该馆建有专门的文物库房和配备相应的保护设施，严格按照《藏品管理办法》的各项规定进行管理。凡是具有历史、艺术或科学价值的一、二、三级藏品，经省级文物鉴定委员会专家组的严格鉴定，均建立文物藏品档案和电子文本；藏品的保管工作做到制度健全、账目清楚、鉴定确切、编目详明；运用传统方法对一些破损藏品器物进行修复保存；库房内配备必要的温、湿度计、恒温计以及安全防火器材；淘汰陈旧的文物橱柜架和过时落后设施，更新安全可靠的全封闭文物橱柜金属架等。按照《博物馆安全保卫规定》和三级风险等级安全防护规定要求，馆内设立安全保卫科，选配专职保卫干部。重点要害部位安装技术安防设备和综合报警监控系统设施，落实完善了各项安全保卫制度，配备专职保卫人员。

科学研究

［科研队伍］　纪念馆有中级职称2人，初级职称12人。

［科研设施］　纪念馆因经济条件制约，科研设施落后，办公条件简陋。自2005年后，随着经济的快速发展，开展博物馆业务工作的必要设施得到更新充实，办公条件不断改善，现已配备电脑5台/套（包括台式、手提，复印机等），各种型号的数码相机3台（套）及其它工作器材等。

［科研成果］　近几年来，武汉二七纪念馆积极开展文博专业理论研究。近两年来公开发表的论文及重要论文（省级以上）有《全球化与党的思想政治建设分析》、《我国电子政务发展中存在的问题与对策》；积极参加《中国博物馆指南》、《湖北博物馆概览》、《武汉市历届政协委员大词典》、《江岸区爱国主义教育基地概览》等的编纂投稿；2007年应市总工会特邀，参加《纪念武汉工会成立85周年研讨论文集》的投稿，发表论文《武汉工团联合会在工运中的领导和推动作用》，参加武汉市8＋1城市圈馆长论坛，就革命纪念馆如何传承优秀文明，繁荣社会主义先进文化进行了交流发言，受到一致好评。

开馆以来公开出版的著作及重要著作如下：《二七革命斗争史》、《二七资料选编》、《施洋文集》、《劳工神圣》、《林祥谦的故事》。

交流合作　纪念馆是一个服务社会的文明窗口，开展交流合作是一项基本的业务活动。博物馆与64家学校、30家企事业及机关团体共建爱国主义教育基地。开展与国内外一些知名院校的文化交流合作。2007年应市总工会特邀，参加《纪念武汉工会成立85周年研讨论文集》的投稿，发表论文“武汉工团联合会在工运中的领导和推动作用”，参加武汉市8＋1城市圈馆长论坛，就革命纪念馆如何传承优秀文明，繁荣社会主义先进文化进行了交流发言，受到一致好评。以重大节庆和特殊日期为契机，开展特色活动，发挥基地教育职能。如每年在“二七”周年纪念日及清明节英烈凭吊周之际，组织省、市、铁路局领导，二七烈士后代，厂矿企业职工及部队官兵，大、中、小学生参加纪念座谈会，组织凭吊及慰问活动，追忆革命先烈，传承二七精神。积极协助配合中央及地方电视台拍摄革命历史教育片，以期扩大宣传教育面，如2006年分别向《湖北新闻》、《长江日报》、《武汉晚报》、《楚天都市报》及铁路局工会投稿，宣传报道纪念馆；并请湖北电视台著名主持人马力主持制作专题片《红色景点》在湖北电视台播放；2007年配合中央电视台“红色记忆—永远的丰碑”栏目组在二七纪念馆拍摄《京汉铁路工人大罢工》资料片，配合荷兰国家电视台拍摄《马林在中国的足迹》电视片，配合中央电视台、武汉电视台拍摄《百年武汉》电视专题片；2008年配合湖北电视台拍摄《云台山传奇》，配合拍摄《林育南》，配合民政部拍摄《中华英烈丰碑》，配合香港凤凰电视台拍摄专题电视片《京汉铁路历史》：积极协助新闻媒体做好建国60周年宣传片的制作，2009年7月1日，接待中央电视台拍摄《辉煌的60年》，描述该馆内容的节目在新闻联播《辉煌的60年》第二期播出，8月15日，接待湖北电视台拍摄《京汉大铁路》专题片，8月24日，接待湖北电视台拍摄《荆楚榜样》专题片，9月22日，接待中央电视台采访二七革命斗争陈列展，该采访在新闻联播中播出，大力弘扬了二七革命斗争精神。

经营管理

［单位性质］ 企业营事业单位

［经费来源］ 企业拨款

［机构设置］ 设有馆长室、综合室、接待室。

［人员编制、组成］ 核定人员编制数2005年为20人（现实际在编人员22人）。全馆现有专业技术人员14人，其中文博专业技术人员8人。

［观众接待］ 年观众人数约15万余人次。开馆以来，接待了来自五大洲包括前南非国民代表大会主席曼德拉、索马里前总统等重要领导人在内的108个国家和地区的外宾，及7万多港澳台同胞，接待高峰期曾日接待观众5000余人。

参观指南

［地址］ 武汉市汉口解放大道2499号

［邮编］ 430012

［电话］ 027-82934390

［传真］ 027-51135349

［票价］ 免费

（撰文：章兰）

武汉市中山舰博物馆

Zhongshan Warship Museum

概述

类型 社会科学类历史文物专题博物馆

隶属关系 隶属于武汉市文化局

所在位置 位于武汉市江夏区金口镇，距武汉市中心城区约25公里

1、2. 中山舰博物馆

面积 总建筑面积约为11000平方米、陈列展览面积约4786平方米

布局 博物馆工程为中山舰旅游区纪念园区主体内容

建筑特点 “舰魂铸碑”——通过简洁、具有雕塑感的几何块体穿插和组合勾勒出中山舰博物馆雄浑刚劲、气势恢弘的英雄形象。建筑屹立湖边，刚劲挺拔，自由舒展延伸，犹如破水而出的军舰，给人以强烈的视觉冲击力。

历史沿革 中山舰原名永丰舰，它是以孙中山的名字命名的中国近现代史上的一代名舰。1910年，由清政府向日本订购。1912年建成下水。1913年元月，加入北洋海军第一舰队。1922年6月，孙中山“广州蒙难”期间登临该舰，指挥平叛斗争长达50余天。1925年3月，孙中山去世后，为纪念孙中山将永丰舰改名为中山舰。中山舰自加入中国海军以来，历经“护国运动”、“护法运动”、“孙中山广州蒙难事件”、“中山舰事件”和“武汉保卫战”等五大历史事件。1938年10月，在抗日战争武汉会战中于长江金口水域被日机炸沉。它是中国近现代史特别是国民革命史上重要的历史见证物。

1997年元月，在湖北省政府主持下，中山舰在汉被整体打捞出水。1999年11月，在原湖北船厂开始中山舰的修复保护工程。1999年12月，武汉市中山舰博物馆成立。2001年12月，举行中山舰修复保护工程竣工仪式。

1.中山舰 2.孙中山和宋庆龄在中山舰 3.中山舰复原陈列 4.中山舰史迹陈列

2004年9月，武汉市政府正式决定将中山舰陈列地定在金口。2005年4月，由武汉市城市规划设计院制定的《中山舰旅游区规划》在市长办公会议上通过。2006年2月，中山舰博物馆列为武汉市重大文化设施建设项目，并于年内正式开始启动。2006年12月29日，“中山舰旅游区开工暨中山舰博物馆奠基仪式”在金口举行。

2008年5月15日至25日，中山舰迁移活动在汉举行。在重庆长江救助打捞公司的支持下，中山舰由武昌（修复地）顺利迁移至金口（陈列地）中山舰博物馆舰体陈列大厅内。博物馆将主办中山舰及相关历史辅助展览，陈列随舰出水的文物及与中山舰相关的历史资料，常年对外开放。

中山舰博物馆现拥有一批博物馆专业人员，自成立以来，先后接待海内外各界政要多人，巡展先后到广州、中山、香港和台湾等地区，在社会上引起强烈反响。2009年9月，该馆被授予“国家国防教育示范基地”称号。

历任馆长 周斌（1999.6）；叶俊之（2001.12）；王瑞华（2009.3）。

业务活动

基本陈列 《一代名舰——中山舰复原陈列》

展区面积：2699平方米

根据史料还原历史真实，按1925年原貌复原中山舰舰体外观及舰载装备和设施，将其陈列于博物馆舰体陈列厅。

展示亮点为数字电影《中山舰》，采用数字虚拟技术再现永丰舰的制造、中山舰的命名、金口蒙难、打捞出水、修复、移舰直至再展昔日英姿的生动画面。

《一代名舰——中山舰史迹陈列》

展区面积：1060平方米

展厅旨在让观众在第一时间获得对中山舰的整体印象，通过适当的环境渲染，把观众引入展览氛围，激发观众进一步参观的愿望。内容和形式起到导入点题的作用。

陈列设计气势庄重、伟岸，应用抽象的几何体元素与展示内容元素有机结合来表达深刻的情感与历史寓意。将历史的厚重沉积在现代的表现手法中，用现代展示理念来诠释历史事件。

《中山舰出水文物精品陈列》

展区面积：932平方米

展出相关文物300余件（套），包括铭牌标志、舰载设施、武器装备和生活用品四大类型，其范围之广、种类之多，极其罕见。它们从不同角度反映了永丰舰至中山舰的各个历史时期的政治、军事、经济、文化等社会生活的方方面面及中山舰官兵们的精神风貌。

展示形式具有强烈的时代特征，用新的科技手段与材料表现旧的历史沧桑，使展示面貌既有历史的韵味又具有现代的美感。文物展示强调“以人为本”，拉近文物与观众的距离。

藏品管理

［藏品来源］ 主要是中山舰出水文物和社会征集文物。

［藏品统计］ 现有三级以下文物5490件，三级以上文物117件。其中国家一级文物51件（套），国家二级文物24件（套），国家三级文物42件（套），其内容涉及历史、政治、军事、经济等社会生活的各个方面，不仅特色鲜明，而且其文物价值独具魅力。

［藏品保护］ 中山舰博物馆拟按国家一类博物馆标准建造。文物库房拟按国家文物库房标准进行建设，根据中山舰博物馆馆藏文物类别拟建设恒温恒湿库房400平方米；普通库房423平方米；新增恒温恒湿、通风、养护室、修复室等设备设施。

宣传教育

［编辑出版］ 该馆已出版《中山舰诗词楹联集》（主编：殷增涛）、《中山舰出水文物精品图说》、《“一代名舰——中山舰史迹陈列”图说》及《中山舰纪念邮册》等。

［影视资料］ 2008年10月份完成电视纪录片《孙中山与中山舰》。目前《中山舰风雨历程》数字影片正在制作中。

经营管理

［单位性质］ 国营事业单位

［经济来源］ 政府拨款

［机构设置］ 博物馆内部机构拟定设置办公室、后勤管理部、陈列展览部、文物保护部、宣传教育部、安全保卫部、设备工程部、市场开发部、网络信息部等部门。

［人员编制］ 16名员工。其中初级职称人员10名，中级职称人员4名，高级职称人员2名。

参观指南

［地址］ 武汉市江夏区金口街中山舰路特1号

［邮编］ 430208

［电话］ 027-81561913（传真）

［电子邮箱］ admin@wuhanzhongshanjian.com

［网址］ http://www.wuhanzhongshanjian.com/

［票价］ 免费

（撰文：武汉市中山舰博物馆）

武汉市江夏区博物馆

Jiangxia Museum of Wuhan

概述

类型 地方综合性博物馆

隶属关系 隶属武汉市江夏区文化体育局

创建时间 1985年元月

建筑特点及布局 江夏区博物馆与江夏区图书馆共用一栋五层钢筋混泥土结构的楼房。博物馆在五楼办公，开设有文物陈列厅及文物库房、值班室等场所。实用面积仅500平方米，展厅面积250平方米，文物库房面积100平方米，其余为办公等用房。

历史沿革 中华人民共和国建立初期，江夏区的文物工作由原武昌县文化馆代为管理；1985年元月，原武昌县人民政府批准建立武昌县博物馆，同时兼管文物保护工作。1990年3月原武昌县人民政府批准建立武昌县文物管理所，与博物馆合署办公，即两块牌子一套班子。负责全区文博业务职能工作。1996年4月，原武昌县拆县划区，更名为江夏区博物馆，与江夏区文物管理所合署办公。继续负责全区文博业务工作。由于现馆始建于上世纪80年代中

江夏区博物馆

期，设施落后，一些自身的基本功能得不到应有的发挥，对社会（观众）服务的功能没有充分发挥，而且存在安全隐患。2009年江夏区人民政府决定异地新建博物馆，江夏区发改委、湖北省发改委已立项，正在向中央发改委争取立项工作。

历任馆长　胡长胜（1985.1—1988.5）；祁金刚（1988.5—2005.4）；刘治云（2005.4至今）。

业务活动

基本陈列　《江夏区历史文物精品展》1990年5月开始面向大众开放，展出出土文物100余件，文物图片60余张，陈列面积250平方米。展览以时代先后为顺序，依次分旧石器时代、新石器时代、商周时代、秦汉六朝时代、唐宋时代、元明清时代等六个主要历史时代的出土文物，全面展示江夏区的历史文物遗存，宣传江夏历史。此展览常年免费对广大市民开放。

专题陈列　该馆从成立至今，先后多次举办专题展览，如《纪念抗日战争胜利70周年图片展》、《纪念毛泽东同志诞辰100周年像章图片展》、《中山舰风云图片展》、《叶挺将军生活摄影作品展》、《中华人民共和国诞辰60周年图片展》及《江夏区第三次全国文物普查成果图片展》等内容。部分专题展还到全区各乡、镇、街巡回展出。其意义重大，影响深远。

藏品管理

［藏品来源］　主要通过考古发掘、征集、上缴（交）、捐赠、收购等途径取得。现有的馆藏文物，绝大多数是通过考古发掘的出土文物，以陶瓷器为主。

［藏品类别］　江夏区博物馆文物藏品分为传世文物、出土文物和革命文物以及工艺品四大类。其类别有石器、陶瓷器、铜器、铁器、木雕、石刻、金银盘、玉器、名人题词、钱币等。

［藏品统计］　截止2009年底，从新石器时代至民国时期文物藏品总数达1620件。其中出土文物和传世文物1605件、革命文物12件、工艺品3件。国家一级文物3件、二级文物29件、三级文物494件。

［重要藏品］　西周青铜编钟、东吴青瓷坞堡、唐代真子飞霜镜、元代龙泉窑狮钮盖罐、明代青花鸳鸯大罐。

明　青花花卉瓷瓶

明　青花鸳鸯大罐

明　青白瓷碗

东吴　青瓷坞堡

［藏品保护］　该馆建有专门的文物库房和配备相应的保护设施，人防技防相结合，严格按照《藏品管理办法》的各项规定进行管理。凡是具有历史、艺术和科学价值的一、二、三级藏品，经省、市文物鉴定委员会专家组的严格鉴定，于2005年建立文物藏品三级以上文物档案及电子文本。藏品的保管工作做到制度健全、账目清楚、编目详细；运用传统方法对一些残损的陶瓷器进行修复保存。文物库房、展厅配备了消防、防盗等设备。馆内设有安全保卫科，配专职保卫干部，24小时值班，落实完善各项安全保卫制度。

考古发掘　考古发掘文物保护工作起始于上世纪80年代中期，考古工作者从1988年3月开始清理舒安乡王麻窑址出土的一批青白瓷器标本开始，至2009年底止，区域内农业生产、基本建设等设施建设工程中，通过群众报告、发现、勘踏等各种形式，经过20余年文物工作者的辛勤努力及近百次的文物考古，发掘和出土、征集、收缴了千余件地上地下文物。为研究本地区历史演变和经济社会发展提供实物资料。

科学研究

［科研队伍］　江夏区博物馆副研究馆员2人、馆员2人、初级助理馆员3人。

［科研设施］　江夏区博物馆因地方经济条件制约，科研设施落后，办公条件简陋。自1998年后，随着改革开放及地方经济的快速发展，开展博物馆业务工作的必须设施得到更新充实，办公条件有所改善，现已配备电脑6台/套，各种型号的相机3台/套及其它工作器材等。目前江夏区人民政府正在规划筹建江夏区博物馆新馆址的各项准备工作。

［科研成果］　近十年来，江夏区博物馆业务人员积极开展文博专业理论研究。分别在国家、省、市级专业刊物发表专业论文、新闻报道达100余篇。如《江夏郑店东周水井清理简报》、《浅析江夏青山宋代瓷窑装烧工艺及相关问题》、《湖北武汉江夏王麻窑址1988－1996的发掘》、《江夏区流芳东吴墓清理发掘报告》、《江夏湖泗古代瓷窑综述》等，分别刊登在《文物》、《考古学报》、《江汉考古》、《武汉文博》等杂志上。另外该馆祁金刚同志撰写的《江夏溯源》一书，长达40余万字，研究江夏五千年的历史文化，成为了人们了解江夏的地方史志。

交流合作　博物馆是一个服务社会的文明窗口，开展文化交流合作是一项基本业务活动。1998年、2005年该馆珍藏的编钟、三国时期的青瓷器分别随同湖北省博物馆到法国、日本、台湾等国家及地区开展文化交流活动。

经营管理

［单位性质］　社会公益性质的国营文化事业单位

［经费来源］　地方财政（区级）全额拨款

［机构设置］　设有馆长室、办公室、文保业务科、安全保卫室、陈列室。1990年4月，江夏区博物馆、江夏区文物管理所，一套班子两块牌子合署办公，负责文物研究、保管、陈列及文物保护等工作。

［人员编制、组成］　核定人员编制数1985年为3人，现有实际人员12人，财政供养人员8人。全馆现有专业技术人员8人，其中文博专业技术人员7人，高级技工1人。

［观众接待］　年观众人数约3.2万人次

参观指南

［地址］　武汉市江夏区纸坊街道办事处兴新街269号

［电话］　027-87952056（传真）

［电子邮箱］　hytfhappy@sina.com

［开放时间］　8:30－11:30，14:30－16:30

［票价］　免费

（撰文：刘治云）

武汉市黄陂区博物馆

Wuhan Huangpi Museum

概述

类型　地方综合性博物馆

隶属关系　隶属于黄陂区文化体育局

创建时间　2006年1月

所在位置　武汉市黄陂区前川街前川大道37号

面积　占地400平方米、建筑面积1600平方米

历史沿革　中华人民共和国成立初期，黄陂县的文物

黄陂区博物馆

工作由黄陂县文化馆代为管理，文化馆内设文物组。1979年3月黄陂县人民政府批准建设黄陂县文化馆大楼，1983年建成。建成后在四楼建立文物库房1间，开辟展览室2个。1990年黄陂县人民政府批准成立黄陂县文物管理所，与文化馆合署办公，编制4人，专门负责全县文物保护管理工作。2005年9月文物管理所与文化馆单独分设，编制4人，实有工作人员7人。2005年10月黄陂区人民政府批准成立黄陂区博物馆，与黄陂区文物管理所合署办公，隶属黄陂区文化体育局管理。

历任馆长　曹家顺（1978.1－1984.3）；杜金志（1984.3－1992.4 文化馆馆长、文物管理所所长）；魏益想（1992.4－1998.2 文化馆馆长、文物管理所所长）；刘建新（1998.2－2000.3 文化馆馆长、文物管理所所长）；熊克彪（2000.3－2005.8 文化馆馆长、文物管理所所长）；谢育武（2005.9至今 文物管理所所长、博物馆馆长）

业务活动

基本陈列　《黄陂古代历史陈列》2006年以“感悟灿烂的文明，追寻历史的记忆”为主题，采用地方通史陈列的方法，按新石器时代、商周时代、秦汉三国两晋南北朝时代、唐宋元明清时代四个部分，将200件具有代表性的文物进行展出，陈列面积70平方米，全年免费向公众开放300天，年接待观众10000余人次。

1.《黄陂古代历史陈列》展厅一角　2.《木兰传说展》展厅一角

《黄陂革命历史陈列》2007年以“英烈永垂不朽，伟绩万古流芳”为主题，将收集的大革命时期、土地革命时期、抗日战争时期和解放战争时期的400余张珍贵图片，以黄陂革命史为主线制成图片展，面积140平方米，免费向公众开放300天，年接待观众10000余人次。

《木兰传说国家级非物质文化遗产专题展》2009年以“巾帼英灵千秋在，木兰花开万古香”为主题，将收集到的200余件与纪念木兰将军有关的珍贵器物，分源远流长的木兰文化事略、蔚为大观的木兰文化和多姿多彩的木兰风情三个部分进行展出，面积140平方米，免费向公众开放。

专题陈列　1980年举办《黄陂县美术、书法作品展览》；1982年举办《革命、历史文物展览》；1983年举办纪念毛泽东同志诞辰90周年摄影展览；1984年举办《建国35周年摄影展览》；1985年举办《法制教育展览》；1986年举办《黄陂县第四届书画展览》；1987年1月15日《举办首届楹联展览》，省、市楹联团体也欣然献联；1989年举办《杨来专个人书法展览》、《防治艾滋病、性病录像、图片展览》、《黄陂县企业风貌摄影展览》；1991年举办《武汉市书画摄影巡回展》、《革命英烈展览》；1992年举办《城关地区书法作品展览》；1993年举办《文物法宣传图片展览》；1997年举办《迎接香港回归展览》；1998年举办《新五师革命文物展览》；2001年举办《庆祝建党80周年“中国共产党创建史”大型图片展览》；2006年举办《长征精神永存》图片展；2009年举办《纪念五四运动90周年图片展》；同时配合社会团体、机关举办书画、摄影等中小型展览10余次，680余幅（篇）。

藏品管理

［藏品来源］　主要通过征集、考古发掘、上缴（交）、捐赠、收购等途径取得。现有文物藏品，绝大多数为考古发掘出土的文物，以陶瓷器为主。

［藏品类别］　黄陂区博物馆文物藏品分为传世文物、出土文物和革命文物以及工艺品四大类。其类别有石器、陶瓷器、铜器、铁器、木雕、石雕、石刻、金银器、玉器、古书、钱币等。

［藏品统计］　截止2008年底，从新石器时代至民国各时期文物藏品总数为1400件。其中出土文物和传世文物1174件，革命文物111件，工艺品115件。国家一级文物4件，二级文物26件，三级文物137件。

［重要藏品］　商代铜圆鼎：深腹圜底，双耳、三足

商　青铜圆鼎

商　玉柄形器

唐　真子飞霜镜

宋　印花影青瓷钵

明　金玉饰件

锥状、空足、外撇、通高18厘米、口径14厘米。1996年，滠口江家湾徐桂华挖墙基时发现，在其隐匿修复期间由公安局立案侦察收缴。商代玉柄形器：黄绿色、有深绿色斑点，蜡状光泽、双面刃。1999年4月，由盘龙城杨家湾农民上交。唐代真子飞霜镜：1989年5月姚集镇杜家湾出土，直径16.6厘米，镜面图型作八瓣葵花形，周边有花纹，制作工艺精良。金玉饰佩：1986年，横店镇千波店乡毛木岗推土时推出明代古墓一座，文管所接到举报后立即与市文物考古所一起对古墓进行抢救性发掘。出土了明代官员玉带上的金饰佩件。金饰佩件由金器3件、玉环3件和玉珠1件组成。精湛的蝙蝠图案栩栩如生，其制作工艺在出土文物中尚为少见。

［藏品保护］　黄陂区博物馆建有专门的文物库房和配备相应的保护设施，严格按照《藏品管理办法》的各项规定进行管理。馆藏一、二、三级藏品，都建立了文物藏品档案和电子文本；藏品的保管工作做到制度健全、账目清楚、鉴定确切、编目详明；运用传统方法对一些破损藏品器物进行修复保存；库房内配备必要的温、湿度计、恒温计以及安全防火器材；淘汰陈旧的文物橱柜架和过时落后设施，更新安全可靠的全封闭文物橱柜金属架等。按照《博物馆安全保卫规定》和三级风险等级安全防护规定要求，馆内设立安全保卫部，选配专职保卫干部。重点要害部位安装技术安防设备和综合报警监控系统设施，落实完善了各项安全保卫制度，配备专职保卫人员，坚持24小时执勤。

文物保护

［文物普查］　1980年4月孝感地区组织文物保护干部20名，成立文物普查队，对黄陂县进行了全面普查，历

时150天，先后查出屈家岭文化、龙山文化、商、周、秦、汉时期文化遗址76处；1992年11月，由省、市、县组成的文物考古调查组对京九铁路线黄陂段沿线进行全面考古调查，历时15天，发现古文物遗址4处，文物采集点7处，墓葬群2处；2000年12月，武汉市文物考古研究所、区文物管理所组成调查专班，对黄陂段沿线进行了历时一个多月的勘探调查，发现汉墓1处、宋墓1处、明墓2处、清墓1处、文物采集点4处，张黄湾新石器时期古文化遗址1处；2001年6月，武汉市文物考古研究所、盘龙城博物馆筹建处、区文物管理所三家联合组成考古队，对国家级文物保护单位盘龙城遗址保护范围内的遗址、墓葬和城址进行考古勘探调查，历时三个月，勘探面积达1.1平方公里，发现了盘龙城遗址的外城墙，为研究盘龙城的历史提供了重要的佐证资料；2005年武汉市考古研究所、黄陂区文物管理所组队，对武汉北编组站用地范围进行文物调查；2007年武汉市考古研究所、黄陂区文物管理所组队，对合肥——武汉高速客运专线黄陂段进行文物调查；2008年武汉市考古研究所、黄陂区文物管理所组队，对石家庄——武汉高速铁路黄陂段进行文物调查；2008年至2009年黄陂区组队开展黄陂区第三次全国文物调查工作，圆满完成了野外调查工作，复查文物点105处，新发现文物点62处。

［文物法规宣传］ 1992年12月4日《中华人民共和国文物保护法》颁布十周年纪念日，在文化馆门前举办了《隆重纪念文物法颁布十周年宣传周》活动，散发宣传资料5000余份，制作宣传牌50块。请区政府分管领导做电视讲话，同时到全区各街、镇、乡学校开展巡回宣传。参与的干部、群众、学生达5万人次；四月，在木兰山举办了《纪念文物法颁布十周年与木兰山古建设保护宣传周》的专题宣传活动，共散发各类宣传材料1400余份，接受宣传的人员达2万人次；1997年《中华人民共和国文物保护法》颁布15周年，请县政府分管领导做文物保护电视讲话，在城关交通要道散发宣传资料，制作宣传牌，展示实物，开展文物知识咨询等活动，参与群众达2万余人次；2005－2009年每年组织全区19个街乡镇文体中心主任及42处文物保护单位义务保护员开展文物法知识培训；2008－2009年开展第三次全国文物普查野外调查时印制文物法宣传图册10000份，实地发放给群众。

经营管理

［单位性质］ 公益性国营文化事业单位

［经费来源］ 地方财政（区级）全额拨款

［机构设置］ 设有馆（所）长室、副馆（所）长室、办公室、文保部、陈列部、保管部、安全部。

［人员编制组成］ 核定人员编制4人，现有人员7人，其中文博专业技术人员4人。

［观众接待］ 年观众人数约10000人次

参观指南

［地址］ 武汉市黄陂区前川街前川大道37号

［邮编］ 430300

［电话］ 027-85933829

［电子邮箱］ hpbwg@sina.com.cn

［开放时间］ 8:30－16:30

［票价］ 免费

（撰文：黄陂区博物馆）

武汉市盘龙城遗址博物馆

Wuhan Panlongcheng Site Museum

概述

类型 社会科学类考古遗址专题博物馆

隶属关系 隶属于武汉市文化局

盘龙城遗址博物馆

历史沿革 盘龙城遗址是我国长江中游地区首次发现的商代早期城市遗址（距今3500年），也是迄今我国发现的同时期保存最好的城址之一。它以蕴藏丰富的文化内涵和暴露在地面之上的城垣遗存而闻名中外，被誉为“武汉城市之根”。该遗址发现于1954年，1956年公布为湖北省文物保护单位，1988年公布为全国重点文物保护单位，2001年被评为中国20世纪100项考古重大发现之一，2005年被国家文物局列为全国36个重大文化遗址之一，2006年正式列入国家“十一·五规划”保护项目。

盘龙城遗址保护范围3.95平方公里，其中，重点保护区1.4平方公里，一般保护区2.55平方公里。中心是处于三面环水的岗地之上的宫城遗址。宫城平面近似方型，城垣为夯土筑成，墙体坡度外陡内缓，墙基厚度在14—45米之间，周长1100米，宫城南北长290米，东西宽260米，设有四座城门。城垣外有宽14米、深4米的壕沟环绕。城内东北部地势较高，发现有两座宫殿建筑遗迹。在宫城外围周边分布有贵族与平民居住区，手工作坊，贵族、平民墓葬。2001年的考古调查勘探发现，距宫城城垣周边250至500米，有一条带状夯土遗迹断续分布，极可能是盘龙城的外城垣。

历任馆长　鄂学玉。

业务活动

基本陈列　盘龙城遗址博物馆有一个实物标本展示，主题内容是《盘龙城遗址历史文物陈列》通过对盘龙城遗址出土文物的有序展示，假以考古发掘与科学研究成果，较全面的反映其作为商代前期城市的政治、经济、文化特色。使人们对盘龙城遗址的历史概貌有较直观的了解。同时勾画出盘龙城遗址的考古发掘、科研工作历程和保护开发工作前景。宣传盘龙城遗址的重大价值，召唤起人们保护、建设这一珍贵的历史遗产的雄心壮志。陈列展出藏品数量110件，分别有前言介绍、铜、陶、玉、石器和墓模型、全景沙盘组成的介绍。

展厅一隅

陈列的展厅面积约160平方米，展线长约60米。根据其特定的平面结构，将陈列按五个部分进行布置。第一展厅：宫殿建筑与城垣、精美的出土文物，主要有青铜礼器、酒器、兵器、玉器等。展厅将盘龙城遗址的代表性遗迹和精美出土文物呈现在观众面前；第二展厅：反映盘龙城遗址的经济面貌，说明其与“城”相结合，组成了早期城市的格局；第三展厅：盘龙城遗址的年代分期；第四展厅：研究盘龙城遗址的学术成果展示；第五展厅：盘龙城遗址保护开发前景展示。

藏品管理

［藏品来源］　主要是湖北省博物馆移交文物和本馆发掘出土文物。

［藏品类别］　有铜、陶、玉、石、骨等七类，总件数1574件。其中铜器35件、陶器1257件、玉器9件、石器41件、绿松石2件，骨器2件，复制文物38件。

商　青铜鬲

商　青铜斝

商　青铜尊

商　硬陶尊

商　青铜钩刀

商　玉柄形器

其中，国家二级文物8件，国家三级文物192件。

［藏品保护］　长年保持恒温的措施

科学研究　博物馆编辑出版《盘龙城研究》、《1963－1994盘龙城考古发掘报告》、《盘龙城青铜文化》、《盘龙城文物精品图录》、《武汉城市之根——商代盘龙城与武汉城市发展研讨会论文集》、《盘龙城诗词集》、《武汉之根——盘龙城》、《盘龙城辞赋集》、《盘龙城书法集》、《盘龙城邮票集》等。

经营管理

［单位性质］　国有事业单位

［经济来源］　地方财政全额拨款

［机构设置］　设置四个部门，办公室、安全保卫部、文物保护部、宣传开发部

［人员编制］　筹建处编制14人，领导班子3人，主任、书记1人，副主任2人，下设四个部门。其中办公室3人；宣传开发部3人；文物保护部4人；安全保卫部1人。退休1人（未纳入编制）。

［观众接待］　年观众接待1万人次

参观指南

［地址］　武汉市黄陂区盘龙城开发区盘龙大道特1号

［邮编］　430017

［电话］　027-82833314（传真）

［电子邮箱］　panlongchengyizhi@163.com

［开放时间］　9:00－17:00

［票价］　免费

（撰文：武汉市盘龙城遗址博物馆）

武汉市蔡甸区博物馆

Caidian County Museum of Wuhan

概述

类型　地方综合性博物馆

隶属关系　隶属于武汉市蔡甸区文化体育局

创建时间　1988年

所在位置　位于蔡甸区蔡甸街龙家巷17号

面积　600平方米

建筑　为上世纪90年代区文化局所建办公楼改造而成

布局　三楼为展览区，设有《蔡甸出土文物陈列》和《蔡甸革命史》两个展览，四楼为办公区。

历史沿革　1980年，汉阳县文化馆设有文物工作组，负责全县境内的文物保护工作。1988年5月，汉阳县编委批准成立“汉阳县博物馆”。1989年3月，汉阳县编委又批准设立“汉阳县文物管理所”，与原有的博物馆实行“两块牌子，一套班子”合署办公，配事业编制6人，因无馆舍，

蔡甸区博物馆

仍在文化馆大楼内办公。1993年，撤销汉阳县，设立蔡甸区。1996年，蔡甸区文化局搬迁，博物馆迁入原文化局办公楼三楼办公。2007年底，蔡甸区文化体育局搬迁，博物馆迁至文化体育局旧址四楼办公，三楼辟为两个展室。

历任馆长 邓显尧（1988．8－1994．8）；李忠善（1994．8－1998．1）；丁业刚（1998－2005．5）；陈仁元（2005．5－2009．5）；姚森林（2009．5至今）

业务活动

基本陈列 《蔡甸出土文物陈列》2009年1月面向社会免费开放，展出文物132件，（其中含市博物馆借展文物9件），类别有石器、陶瓷器、铜器、金银器、玉器等。重要展品有唐鸭形铜鐎斗、青瓷多足砚、金手镯，宋瓷托盏、耀州窑印花瓷碟，元莲花纹铜铃，战国青铜剑、斧等。陈列面积150平方米，内容以蔡甸区的历史为主线，分新石器、商周、两汉、三国两晋、南北朝、唐宋元明清等历史时期。陈列以实物为载体，系统展现蔡甸的历史兴衰。展陈采用大通柜，使用人工照明方式，安装了报警器，配有讲解员。

唐　鸭形铜鐎斗

唐　金手镯

专题陈列 《蔡甸革命史》《陈昌浩生平》

藏品管理

［藏品来源］ 主要通过考古发掘、征集、上缴（交）、捐赠等途径取得。现有的文物藏品大多数为考古发掘的出土文物，以陶瓷器居多。

［藏品类别］ 有传世文物和出土文物，总数量为322件（套）。其中二级文物15件，三级文物193件。类别有石器30、陶瓷器206、铜器63、铁器4、金银器6、玉器10、字画1对、钱币等等。

宋　耀州窑印花瓷碗

［藏品保护］ 建有专门的文物库房和配备相应的保护设施，严格按照《博物馆藏品管理办法》的规定进行管理。具有历史、艺术或科学价值的珍贵文物，经武汉市文物鉴定委员会专家组的鉴定，均建立文物藏品档案和电子文档，藏品的保管工作做到制度健全、账目清楚、鉴定确切、编目详明；运用传统方法对一些破损藏品器物进行修复保存；库房内配备必要的安全防火器材，以及安全可靠的全封闭金属文物橱柜。按照《博物馆安全保卫工作规定》和三级风险等级安全防护规定要求，馆内设立安全保卫部，配备专职保卫人员。重点要害部位安装技术安防设备和综合监控报警系统设施，落实完善了各项安全保卫制度，专职保卫人员坚持24小时执勤。

考古发掘 考古发掘工作起始于60年代，主要是配合省、市文物考古部门的工作。至2009年止，通过举报（报告）、调查踏勘等形式，在辖区内农业生产、基建、水利、交通及居民建房等建设工程中，发掘出土、收缴（交）了上千件地下文物（其中很大一部分珍贵文物收藏于省、市博物馆），为区域的历史演变和社会经济发展研究提供了不可或缺的实物依据。

科学研究

［科研队伍］ 蔡甸区博物馆有副研究馆员1人，馆员3人，助理馆员7人。

［科研成果］ 近几年来，蔡甸区博物馆积极开展文博专业理论研究。与市考古所合撰的《索河明墓考古发掘简报》发表在《江汉考古》，《九真山》、《凤纹方罍出土之迷》、《难忘的三峡考古》分别刊登在2005－2007年的《武汉文博》上。

交流合作　博物馆是服务社会的窗口，开展交流合作是基本的业务活动之一。如配合武汉市博物馆的《武汉历史陈列》，配合区委党史办公室举办的《侏儒山战役》展览等等。在第一个“文化遗产日”，与区文化馆合办展览对文化遗产进行宣传，增加人们对文化遗产的认识和保护意识。在2002－2003年期间，多次派人参加市考古所在三峡库区的考古发掘工作。

经营管理

［单位性质］　社会公益性质的国营文化事业单位

［经费来源］　地方财政（区级）全额拨款

［机构设置］　设有馆长室、办公室、安全保卫部、展览部、文物保护部

［人员编制］　核定人员编制6人（现实际在编12人）

［观众接待］　年接待观众约10000人次

参观指南

［地址］　湖北省武汉市蔡甸区蔡甸街龙家巷17号

［邮编］　430100

［电话］　027-84948759

［电子邮箱］　cdbwg@126.com

［开放时间］　9:00－17:00（周一闭馆）

［票价］　免费

（撰文：蔡甸区博物馆）

武汉市晴川阁管理处

Qingchuan Pavilion Park of Wuhan

概述

类型　社会科学类历史遗址专题博物馆

隶属关系　隶属于武汉市文化局

开放时间　1982年4月

所在位置　武汉市汉阳龟山东麓的长江边

面积　10009平方米

布局　晴川阁景区倚山面水，临江而立，与黄鹤楼隔江对峙，平面呈三角形，由晴川阁、禹稷行宫、铁门关三大主体建筑和禹碑亭、朝宗亭、楚波亭、荆楚雄风碑、赑屃碑、敦本堂碑以及牌楼、临江驳岸、曲径回廊等十几处附属建筑组成。

建筑特点　晴川阁占地386平方米，高17.5米，重檐歇山顶式，麻石台基，红墙朱柱，钢筋混凝土仿木结构。整个楼阁分上下两层，沿檐回廊，原汁原味地再现了楚人依山就势筑台，台上建楼阁的雄奇风貌。禹稷行宫占地面积为380平方米，由大殿、前殿、左右廊庑、天井等构成，是武汉地区现存不多的具有代表性的清代木构建筑。复建后的铁门关，占地面积为800平方米，通高为26米。关体墙面由红沙石砌成，城墙内部结构为钢筋水泥，关上城楼翘戗飞檐，翼角升腾，表现出浓郁的民族风格。

历史沿革　晴川阁修复工程于1982年6月由湖北省暨武汉市人民政府正式立项。次年6月武汉市文物管理处组成筹建工作小组。1983年12月复建工程破土动工。1986年8月，整个文物古迹建筑群的复建和维修工程基本完成，仅剩部分油漆彩绘装饰项目的扫尾工作正在进行。两年多的建设时期中，筹建小组本着“依其旧制，恢复原貌，以小取胜，以巧制胜”的原则，复建了晴川阁，维修了禹稷行宫，重建了一山门、朝宗亭、楚波亭等附属建筑，并整修了“荆楚雄风”等古旧碑刻。

晴川阁，又名晴川楼，是明代嘉靖二十六年至二十八年（1547－1549）汉阳知府范之箴为勒记大禹治水之功德而修建的，其名取自唐朝大诗人崔灏的“晴川历历汉阳树”诗句之意。该阁自创建以来，几经兴废，从嘉靖至今的400多年中，先后进行过5次大的维修增建，2次重建。现存建筑是1983年依据清末晴川阁的历史照片及遗址范围进行复建的。

禹稷行宫，本名大禹庙，由司农少卿张体仁于南宋

晴川阁景区全景

晴川阁

1.禹稷行宫 2.禹稷行宫 3.铁门关 4.禹碑亭

绍兴年间创建，后成为武汉历代祭祀大禹之地。元大德八年（1304）重修，明天启年间（1621－1627）改大禹庙为“禹稷行宫”，在原祭祀大禹的基础上，又加祀后稷、伯益、八元、八恺等先贤。现存建筑为清同治二年（1863）修建，1984年修葺一新。

铁门关，始建于三国时期，“吴魏相争，设关于此。”从三国时期到唐初的数百年间，铁门关一直是武汉重要的军事要塞，曾历经多次攻守激战。唐武德四年（621），汉阳建砖城后，铁门关军事作用日渐削弱，成为文化、经贸交流的一条重要通道。明代末年，铁门关被毁，仅剩土基墙座，清初在残存的土基上建关帝庙，民国初年因战乱，铁门关遗迹连同庙宇一起成为废墟。1990年12月，铁门关复建。2010年，由市政府投资1000多万元对景区进行全面维修改造。

历任馆长 赵功焕（1983.1－1986.10 筹备处临时负责人，1986.10－1988.1）；张文保（1988.4－1992.7）；杨忠平（1992.7－1993.4）；钟道安（1993.4－1998.4）；向元芬（1998.4－2010.1）；万琳（2010.1至今）

业务活动

基本陈列 《纪念大禹治水》，1986年10月面向大众开放，陈列面积380平方米，展出藏品2件。陈列内容包括禹稷行宫的历史变迁、古代文献中有关大禹及其治水的记载、全国各地有关大禹的遗址遗迹、中国历代劳动人民治水的成就等。陈列艺术特点：禹稷行宫基本陈列在视觉上给人以古朴、典雅的感受。两边的山墙上分别悬挂着木简形式的禹稷行宫历代修复记，虽为修复记，实为历代歌颂大禹功德的祭文，大大加强了禹稷行宫古色古香的效果，也使禹稷行宫的古意更为浓郁盎然。展线包括禹稷行宫大殿内两侧山墙墙面、大禹像背龛及天井左右两廊、大殿前轩两侧等。“镇水铁牛”、“祭祀铁钟”、“祭禹鼎”等实物也恰如其分地穿插其间，让观众充分领略禹稷行宫这座人文景观的文化内涵。天井两廊则饰以反映上古时期社会历史风情的艺术品。游客置身其中，耳闻目睹的是禹王一生的伟大功业。

专题陈列 武汉市晴川阁管理处从1986年10月开始至2009年止，先后举办过50余次各种临时的专题展览。如2003年为纪念毛泽东等老一辈无产阶级革命家为雷锋题词40周年，晴川阁管理处与武汉市革命博物馆联合推出了《雷锋精神永恒》大型图片展览。展览采取阵地展和巡展两种形式进行，晴川阁巡展组先后到江汉区、江岸区、汉阳区进行展出，共接待中小学生6.2万人次，该活动获得极大成功，实现了社会效益和经济效益双赢。2009年举办的《武汉工业百年图片展》参加了中德两国共同举办的“德中同行”活动，该展选用近百张珍贵照片，结合电子触摸屏等其他形式，向德中各界朋友展现了武汉作为老工业基地引以为豪的百年发展历史。它是此次活动中方推出的唯一一个展览，展出九天，接待观众近15万人次。

藏品管理

［藏品来源］　主要通过征集、收购、旧藏、移交等途径取得。

［藏品类别］　武汉市晴川阁管理处藏品分为字画、铁器、木质器、石刻等

［藏品统计］　目前，各类文物藏品总数为475件，其中一级文物2件，三级文物24件。

［重要藏品］　铁厂界碑；兵工厂界碑；铸字铁炮；德被九夷铁钟；铁牛；沈定庵“高阁逼天”对联；李长路“隔岸眺仙踪”对联；刘子善“隔岸眺仙踪”对联；周惠珺“隔岸眺仙踪”对联；刘海粟“三过其门”对联；张成之“洪水龙蛇”对联；孙其峰“洪水龙蛇”对联；陆俨少“灵渎走双龙”对联；方毅“仰望晴空无际”对联；赖少其“朝宗亭”横幅；朱乃正“楚波亭”横幅；林散之“三楚胜境”横幅；沈定庵“千古钜观”横幅；赵朴初“晴川阁”横幅；沙孟海“万世蒙泽”横幅；费新我“德配天地”横幅；李雁“古柏”诗条幅；王遐举“铁锁断崖”条幅；李百忍“晴川阁”条幅；张舜徽“晴川阁修复记”条幅；李国平“重建晴川阁记”条幅。

［藏品保护］　因开放至今一直未建库房，藏品保护条件差、设施落后。平日里藏品主要放于铁柜中保管，并放置适量防虫剂，字画一年晾晒一次（空气湿度在40%左右）。

科学研究

［科研队伍］　武汉市晴川阁管理处有副研究馆员1人，馆员5人，助理馆员8人。

［科研设施］　武汉市晴川阁管理处因经济条件制约，科研设施落后，办公条件简陋。自2001年后，随着经济条件的好转，开展文博业务工作的必要设施得到更新充实，办公条件不断改善，现已配备电脑15台/套（包括台式、手提、打印机、复印机），扫描仪2台，各种型号的照相机4台（套）。目前，晴川阁景区正在进行全面维修改造。

［科研成果］　2005年，在全国中文核心期刊《史学月刊》上发表文章上篇，一篇论文获湖北省旅游学会学术论文一等奖，一篇论文获汉阳区政协“构建社会主义和谐社会”论文三等奖。另外两位同志受邀参加了湖北省旅游创新与发展学术研讨会，并为大会提供论文两篇，其中一篇在大会上进行了交流。2009年为中国博物馆学会第三届年会提供论文一篇并入选。

交流合作　近年来，晴川阁管理处加强与同行间交流合作。2006年4－6月，晴川阁管理处《中华姓氏文化展》与襄樊米芾纪念馆《宋代大书画家米芾作品展》通过互换展览的方式进行了馆际交流，这对两馆来说都是一次有益的偿试。2006年6月底－7月初，晴川阁管理处参加了全国第二届大禹文化学术研讨会。作为大禹的纪念地之一，晴川阁第一次跻身全国大禹研究的行列，在一定程度上提高了晴川阁管理处的知名度，通过学术交流，了解了更多大禹研究的最新成果和学术动态，加强了与同行间的联系与交流。此外，管理处还经常组织人员外出交流学习。2005年保持共产党员先进性教育期间，晴川阁管理处讲解员分别被派往八七会议会址纪念馆、《武汉市廉政文化作品展》讲解近一个月，2006年“首届中国中部文博会”期间，管理处也派人参加了宣传工作，2009年底，管理处的讲解员、资料员等到武汉革命博物馆、武汉博物馆进行交流学习。

经营管理

［单位性质］　社会公益性质的国营文化事业单位

［经济来源］　地方财政（市级）全额拨款

［机构设置］　管理处设主任室，下设办公室、宣传科、开发科。

［人员编制、组成］　核定人员编制数为22人，现实际在编人员21人，编制外1人。现有专业技术人员16人，其中文博专业技术人员14人。

［服务观众项目］　导游、购物、餐饮

［观众接待］　年均10余万人次

参观指南

［地址］　武汉市汉阳洗马长街86号

［邮编］　430050

［电话］　027-84710440（办公室）

［传真］　027-84710413

［电子邮箱］　qcge2005@126.com

［网址］　www.qcge.com

［开放时间］　9:00－17:00

［票价］　免费

（撰文：武汉市晴川阁管理处）

武汉市新洲区博物馆

Xinzhou District Museum of Wuhan

概述

类型　地方综合性博物馆

隶属关系　隶属于武汉市新洲区文化体育局

创建时间　1999年7月

开馆时间　2004年12月

所在位置　位于新洲区邾城街博物大道城东十字路口北侧

新洲区博物馆

面积　占地面积26400平方米（含代征路面）

建筑、布局　博物馆主体建筑由门楼、主楼和展厅3个部分组成，坐东朝西。中间主楼一至二层以公众接待为主，三层为文物库房及技术培训场所；两翼分别为二层各二个展览大厅；前院为广场式花园，后院为假山、亭台休闲场所（待建之中）；南北两边为观众服务区和职工居住区（待建之中）。

建筑特点　1999年9月－2004年7月，新洲区建成了武汉市城区第一座区级博物馆。博物馆为框架式钢筋混凝土结构，其主楼为歇山顶重檐兰色琉璃瓦仿古建筑，楼内回廊环绕，两翼配硬山平顶圆型展厅，整体建筑平面呈“凸”字形，占地面积26400平方米，建筑面积3000平方米。其中展厅面积1460平方米，文物库房（含技术培训场所）150平方米，其余均为办公等用房。

历史沿革　中华人民共和国建国至20世纪90年代初，新洲县（1998年拆县改区）的文博工作一直由新洲县文化馆代管。1991年12月，新洲县人民政府批准成立“新洲县文物管理所”，独立承担全县文博工作。

1994年3月，新洲县部分人大代表和政协委员根据新洲县创建全省先进文化县的达标条件及新洲出土文物的馆藏问题，向市、县两级人大、政协提出了修建新洲博物馆的建议和提案。

2004年11月，新洲区人民政府批准成立“武汉市新洲区博物馆”与“区文物管理所”，实行一套班子两块牌子合署办公。

1997年12月，新洲县人民政府将修建新洲博物馆列入城市建设总体规划，正式决定兴建新洲博物馆，馆址选在城东十字路口北侧，划地40亩。1998年2月下达投资计划的立项批文。1999年7月动工修建，至2004年7月基本竣工，总投资499万元。

历任馆长　谢新明（2004. 12至今）。

业务活动

基本陈列　《新洲馆藏文物陈列》于2004年12月面向社会免费开放，展出馆藏文物160余件，陈列面积300平方米。2008年5月至今，将《新洲馆藏文物陈列》由库房式简易陈列进行全面提升布展，从设计到制作，从形式到内容，从设施到设备提升后，现均已形成了初具规模的基本陈列。新陈列展出馆藏文物和部分出土的石、铜、陶、瓷、玉等珍贵文物300多件。陈列以“感悟灿烂文明，追寻历史记忆”为主题，采用地方通史陈列形式，分石器、青

1.《问津书院史料陈列》　2.《新洲馆藏文物陈列》

铜、陶瓷、字画四个单元陈列展出。

《问津书院史料陈列》于2009年“中国遗产日”对外免费开放展出。该展以“传承问津历史，弘扬儒学文化”为主题，以历史沿革为序，缉录大量史志文献资料，陈列以版面和墙柜为展陈形式，配置效果射灯，分庙制沿革、书院建置、祀典乐章、讲学会课、先正列传、艺文碑记六个部分陈列展出。陈列面积300平方米。

专题陈列　该馆从2004年12月开馆至今，先后举办过22次各种临时的专题展览。有的专题展览意义重大，影响深远。如2004年12月，为纪念抗美援朝胜利五十周年举办的系列图片展、为纪念毛泽东诞辰100周年举办的系列图片展、为庆祝“5. 18”国际博物馆日举办的大型“海洋生物”展等等。尤其是目前仍在继续展出的《青少年爱国主义教育专题展》和《科普知识专题展》，更是形式多样，内容丰富，名副其实地成为广大青少年校外活动的教育基地。

藏品管理

［藏品来源］　主要通过征集、考古发掘、捐赠、上缴（交）等途径取得。现有的文物藏品中，绝大部分是通过征集、捐赠、上缴（交）的文物，其中考古发掘的出土文物除少部分馆藏外，绝大部分因馆藏条件太差而寄存在武汉市考古研究所和武汉市博物馆。出土文物均未定级。

［藏品类别］　新洲区博物馆文物藏品分为传世文物、出土文物、革命文物和工艺品四大类。其类别有石器、陶瓷器、铜器、铁器、木雕、玉器、字画、金银器等等。

［藏品统计］　截止2009年底，除寄存在市考古所和市博物馆近万件出土文物外，馆现藏文物藏品总数为508件。其中传世文物和出土文物398件，革命文物12件，古字画98件。国家一级（乙）文物4件，二级文物18件，三级文物127件。

［重要藏品］　馆现藏有西汉羽觞狮龙纹铜灯；南宋莲花瓣绿釉瓷碗、战国镶金铜剑、唐三彩陶马等重要文物。

［藏品保护］　该馆建有专门的文物库房和配备相应的保护设施，严格按照《藏品管理办法》的各项规定进行管理。具有历史、艺术或科学价值的一、二、三级藏品，实行专柜存放，并建立文物藏品建档备案和电子文本；藏品的保管工作做到制度健全、账目清楚、鉴定确切、编目详明；按照《博物馆安全保卫规定》和三级风险等级安全防护规定要求，馆内设有保卫部，配有专职保卫干部。重点要害部位安装监控报警系统设施，落实完善了各项安全保卫制度，配备专职保卫人员，坚持24小时执勤。

西汉　羽觞狮龙纹铜灯

战国　镶金铜剑

南宋　莲花瓣绿釉瓷碗

经营管理

［单位性质］　社会公益性质的国营文化事业单位

［经费来源］　地方财政（区级）全额拨款

［机构设置］　设有办公室、文保部（含保卫部）、保管部、陈列部、宣教部、后勤部等5部1室行政、业务机构。

［人员编制、组成］　至2009年底，在岗人员19人。其中：在编在岗人员13人；无编在岗人员6人。文博专技术人员12人。其中：馆员4人，助理管员8人。

［观众接待］　年接待观众人数50000人次

参观指南

［地址］　新洲区邾城街博物大道城东十字路口

［邮编］　430400

［电话］　027-86921946

［电子邮箱］　1020344600@qq. com

［票价］　免费

（撰文：谢新明）

武汉性学博物馆

Wuhan Sexology Museum

概述

类型 社会科学类性学专题博物馆

创建时间 2002年2月

开馆时间 2003年8月19日

所在位置 湖北省武汉市汉口青年路285号小天鹅宾馆后二楼

武汉性学博物馆

面积 展馆使用面积1000平方米

布局 主要建筑为小天鹅宾馆后商住楼二楼，楼梯与宾馆一楼衔接相通，共用宾馆前厅大门。展馆使用面积1000平方米，其中展厅600平方米，多功能厅200平方米，办公室50平方米，储藏室30平方米，大厅120平方米。

建筑特点 该楼1998年建成，二楼原设计为公司生产车间，租赁时尚未隔离使用，后根据建馆功能需要，进行了隔离和装修。

历史沿革 2001年底，黄永阶从《长江日报》上看到了一篇关于我国著名性学专家刘达临教授顶住社会压力和世俗偏见，在资金短缺、制约因素多、举步维艰的情况下，坚持在上海创办“中国古代性学博物馆”的相关报道后，对刘教授为拯救中华性文物、填补我国古代性文化这一历史空白所做的艰辛努力而深深感动，遂萌发从精神到物质全力支持刘教授的事业并在武汉建馆的想法。经与好友商榷，随即结伴奔赴上海登门拜访这位性学大家，70高龄的刘达临教授也为黄永阶的义举与真诚所感动，当即应允在汉建馆的想法。

2002年2月，黄永阶拿出多年积蓄，又多方吸纳资金，筹集了100万元，成立了武汉浩源文化展览有限公司，租下了1000多平方米的房子，按博物馆功能要求设计装修，同时按有关程序向武汉市文化局申请建馆事宜。2003年8月12日，武汉市文化局审查后正式向湖北省文物局提出申请成立了武汉性学博物馆。

在刘达临教授的帮助指导下，在湖北省、武汉性学会及相关部门的支持下，武汉性学博物馆于2003年8月19日正式开馆，中央电视台、湖北电视台、武汉电视台、《长江日报》等新闻媒体都给予了充分报道。

历任馆长 黄永阶（2003至今）。

业务活动

基本陈列 武汉性学博物馆展厅面积600平方米，其中文物展厅450平方米，976件文物全部置于玻璃展柜内展出，另有150平方米为生殖健康展厅，用于科普知识展览。现有生殖健康、性病、艾滋病防治展板200块。

马家窑文化　贝纹陶罐

汉　陶塑交合

北魏　石雕露阴女子

清　玉祖

清　压箱底

宋　石雕〝自慰〞

3000年前　蛙纹陶罐

明　辟邪铜镜

专题展出　每年生殖健康科普图版都参加由省、市科协组织的科普知识及世界艾滋病日展出宣传等公益活动。部分性文物分别于2003年10月和2005年10月赴荆门和黄冈两地巡展，得到了当地计生和卫生等职能部门的认可和支持。

藏品管理

［藏品来源］　目前共有976件文物，其中700件为刘达临教授收藏提供，276件为黄永阶征集收藏。

［藏品等级］　约60件为国家三级文物

［主要藏品］　公元3000年前蛙纹陶罐3个，宋代石雕“自慰”、北魏石雕“人兽交”、汉代砖雕“桑林野合图”等。

［藏品保护］　该馆藏品全部置于玻璃柜中展出，配有相应的保护措施，严格按照有关规定进行管理，做到制度健全、账目清楚、编目详明，对主要文物采用单柜单藏的办法重点保护，以防损伤。展厅通风设施良好，为便于保持适宜温度，配有中央空调。按照《博物馆安全保卫规定》该馆对展厅、库房配备了消防设施。

科学研究

［科研队伍］　武汉性学博物馆的主要藏品来自著名

的性学专家刘达临教授的藏品，他为此著书立说，在国内外享有盛誉。此外湖北省性学会，武汉性学会专家十多人加盟。

［科研设施］ 以刘达临教授为首的研究队伍各项设施比较齐全，该馆自身设施相对简陋一些，现配有电脑一台，摄像机、数码相机各一部。

经济管理

［单位性质］ 民营文化事业单位

［经济来源］ 自筹

［机构设置］ 馆长室、办公室

［人员编制、组成］ 馆长1人、副馆长1人、文员2人。

［观众接待］ 年观众人数约3000人次

参观指南

［地址］ 武汉市汉口青年路285号小天鹅宾馆后二楼

［邮编］ 430015

［电话］ 027-83605116

［电子邮箱］ 273077426@qq.com

（撰文：武汉性学博物馆）

武汉革命博物馆

Wuhan Museum of Revolution

概述

类型 社会科学类历史遗址专题博物馆

隶属关系 隶属于武汉市文化局

正式开放时间 1963年

所在位置 武汉市革命博物馆位于武昌红巷13号

建筑与布局

1、武昌农讲所旧址纪念馆

位于武昌红巷（原黉巷）13号，是第一次国共合作时期毛泽东倡议国共两党合作创办的一所培养农民干部的学校。农讲所旧址是武汉市现存唯一保存完好的晚清学宫式建筑。由建于1904年的四栋砖木结构的房屋组成，坐北朝南。旧址占地面积12850平方米，建筑面积5110平方米。四栋建筑以大门为轴心，一字排开，两两相连，檐下外回廊贯通。一、二、四栋为平房，第二、三栋之间有4800平方米的大操场，将旧址分为教学区和生活区。第一排平房依次为总队部、常委办公室、教务处、庶务处、医务室等；第二排平房为教室；第三排二层楼房为学生寝室，第四排平房为膳堂。1958年中共湖北省委批准筹建纪念馆，周恩来题写馆名“毛泽东同志主办的中央农民运动讲习所旧址”。1963年正式对外开放。1982年农讲所旧址被公布为湖北省文物保护单位，1997年国家文物局、中宣部分别授予武昌农讲所旧址“全国优秀爱国主义教育基地”、“全国百家爱国主义教育示范基地”。2001年由国务院公布为全国重点文物保护单位。

2、毛泽东旧居

位于武昌都府堤41号，距离武昌农民运动讲习所旧址200米，原为一普通民房，占地面积4600平方米，建筑面积2050平方米。1927年以农讲所名义租用，是毛泽东1927年在武汉从事革命活动时的住所，是中共中央农委机关所在地，也是毛泽东、杨开慧一家最后团聚的地方。旧居占地面积1022.41平方米，属晚清民居式建筑，坐北朝西，建筑面积909平方米，砖木结构，青砖灰瓦，四周为风火墙体，三进三天井，大门前檐为单坡屋面，墙体上有门楣装饰、大版壁及隔扇门窗，后檐有门，贯通呼应。原建筑1956年被拆除，1967年经中共湖北省委和武汉市委决定重修。2001年与武昌农讲所旧址一起被国务院公布为全国重点文物保护单位。

3、中共五大开幕式旧址暨陈潭秋革命活动旧址

位于武昌都府堤街20号，原为国立武昌高等师范学

毛泽东旧居

2007年建成后的五大会址纪念馆

校附属小学，建于1918年。1926年更名为湖北省立第一小学（也称为国立武昌第一小学）。1927年4月27日，中共五大在此举行开幕式，之后大会在汉口黄陂会馆继续进行（会址已毁）。中共五大选举产生中央监察委员会，这是中国共产党历史上第一次设立的党内纪律监察机构。同年5月10日，中国共产主义青年团第四次全国代表大会亦在此召开。中国共产党的创始人之一、湖北地区早期党组织负责人陈潭秋曾在此以教书作掩护进行革命活动。1922年至1927年，这里一度成为湖北革命运动的指挥机关。中共五大会址纪念馆暨陈潭秋烈士纪念馆用地平面呈长方形，面积7773.69平方米，内有4幢融合西式风格的学宫式建筑，建筑面积3566.11平方米，砖木结构，临街为一栋二层楼房，坐西朝东，大门在楼房中间，门内右侧有呈马蹄形三排八间平房，中间是草地。楼房和平房均有红漆木柱走廊；左侧有新建的风雨操场（中共五大开幕式会场、小礼堂、原教工宿舍）。1956年公布为省级文物保护单位，2006年武汉市委、市政府决定筹建中共五大会址纪念馆，于2007年11月建成对外开放。

4、武昌起义门管理所

起义门原名“中和门”，位于武昌首义路年起义街，因在辛亥革命武昌起义中发挥巨大作用，被誉为“首义胜利的开端”，1912年改名“起义门”。1956年公布其为省级文物保护单位，1981年，国家文物事业管理局、湖北省和武汉市人民政府拨专款，由武汉市文物管理处负责，修复城门城楼，并设武昌起义门管理所。修复的城门高7.1米，宽5米，城楼据民国初年所摄的冒牌设计，重檐歇山顶，朱柱青瓦，斗拱飞檐，分上下两层，主要利用原有城砖。城门两边城墙，则是用仿制城砖砌成。楼额上刻有“起义门”三字，是叶剑英元帅1981年题写。

历史沿革 1989年9月，武汉市博物馆、武汉革命博物馆（武昌农讲所旧址、毛泽东旧居、中共五大会议旧址暨陈潭秋革命活动旧址、武昌起义门管理所）、武汉市考古研究所，三个独立编制的机构合署办公，一套班子。

起义门

1997年7月14日，根据1997年7月武编[1997]16号文件，武昌农民运动讲习所旧址纪念馆、毛泽东旧居纪念馆、中共五大旧址暨陈潭秋烈士纪念馆、武昌起义门管理所四个单位合并，组建武汉革命博物馆（挂武昌农民运动讲习所旧址纪念馆的牌子），直属武汉市文物管理办公室领导。

2001年4月，合署办公的武汉市博物馆、武汉革命博物馆、武汉市文物考古研究所分家。年内9月，武汉市文物管理办公室并入武汉市文化局。

武汉革命博物馆四块牌子一套班子，四处旧址占地面积22506.1平方米，建筑面积9968.06平方米。是武汉地区征集、收藏、保护、研究、展示武汉近现代文物和革命文物的博物馆。

历任馆长 张文保（1998.6－2000.7）；周斌（2000.7－2009.10）；赵晓琳（2009.10至今）。

业务活动

基本陈列 武汉革命博物馆基本陈列包括两部分，即原状复原陈列和辅助陈列。前者是主体，后者是利用旧址的非主体部分以纪念的事件或对象为内容，是对原状复原陈列的补充。该馆现有复原陈列18个，包括：武昌农讲所常委办公室，武昌农讲所教务处，武昌农讲所总队部，武昌农讲所大教室，武昌农讲所大操场，武昌农讲所学生寝室，武昌农讲所膳堂，毛泽东、杨开慧夫妇的卧室，毛泽东岳母和毛岸英、毛岸青的卧室，毛泽民、蔡和森住过的房间，彭湃、毛泽潭住过的房间，夏明翰住过的房间，毛泽东接见工农基层干部的后厅，前厅，中共五大开幕式会场，陈潭秋夫妇卧室，陈潭秋任教、伍修权上课的教室，武昌第一小学传达室，古井等，总面积507平方米。辅助陈列6个，包括：《农民革命的大本营》，《毛泽东与武汉》，《中共五大历史陈列》，《中国共产党反腐倡廉历程展》，《陈潭秋在武汉》，《武汉走出的革命家、军事家、外交家——伍修权》，《武昌起义门辅助陈列》，这些展览内容丰富，高科技手段的运用恰如其分，达到了形式与内容的完美结合。

专题陈列 近年来，武汉革命博物馆先后举办和引进的有影响的展览共31个，如举办的《毒品预防教育展》、《中华传统美德》等展览，以“大篷车”的形式走红江南，观众达十多万人次；先后与《武汉青年报》社、市团委、市禁毒委、市文明委等单位合作，配合展览共同举办了“武汉地区革命事迹”、“历史文化名城武汉”、“党在我心中”、“辛亥首义80周年”等各类知识竞赛，吸引了广大青少年踊跃参加；举办了“武昌都府堤红色之旅”、“勿忘九·一八走胜利之路”、“拒绝毒品，万人签名活动”、“和平颂手拉手书画活动”、“周爷爷我们想念您儿童书画活动”、“清明时节倍思亲，红巷寻踪忆伟人”活动；与毛泽东主席之孙毛新宇举办了“星星之火，代代相传”爱国主义教育活动。举办讲座和报告也是该馆进行爱国主义和革命传统教育又一重要形式。武汉地区30多所高校、中学、小学都与该馆建立了共建关系，许多学校将武汉市革命博物馆视作他们德育教育基地、校外教学课堂，先后培训中南民族大学、中南财经政法大学、经济管理大学旅游专业、武汉广播电视学校等几十所大学志愿者讲解员数百名。

藏品管理

［藏品来源］ 主要通过征集、捐赠、收购等途径取得。

［藏品数量］ 10360件，三级以上文物377件。其中，一级文物8件，二级52件，三级310件。

［藏品类别］ 主要为武汉近现代文物和革命文物，纸质品占三分之二。近年来，围绕中共五大会址纪念馆的建设和有关专题展览，征集到1173件待定级藏品，其中有李维汉上世纪30年代在上海从事地下工作时用过的柳条箱、中共五大代表多松年1927年用过的怀表、皮箱、篾、饭碗等。为配合展览，我们在中央档案馆和国家博物馆复制了1314件复制件，其中首次对外展出的有中共五大开会时的会议记录、武汉国民政府主席汪精卫在中共五大上的讲话记录，共产国际对中共五大的指示信件等。

［藏品保护］ 武汉革命博物馆设立了专门的保管部，妥善保管和保存文物、资料。库房面积258平方米，藏品放置标识清晰，合理有序。有空调、除湿机等设备控制温度和湿度，柜内放置干燥剂、樟脑丸等，并定期检查资料保管情况，24小时电脑设备监控保证库房安全。展厅内陈列的文物采用封柜式陈列，定期检查并进行防蛀、防霉处理。

科学研究 现有高级职称3人，中级职称11人。近年来，在国家、省、市级刊物、报纸上发表论文、文章近300篇。出版《武昌农民运动讲习所人物传略》、《陈潭秋》、《中共五大历史资料汇编》等6本专著，参与15本专著的编写工作。

经营管理

［单位性质］ 公益性国有事业单位

［经济来源］ 财政全额拨款

［机构设置］ 设有办公室、文物保管部、陈列部、宣传教育部、旧址管理保护部、财务科、保卫科，以及直属机构——武昌起义门旧址管理所共8个部门。

［人员编制］ 2009年，武汉革命博物馆核定编制55个，其中管理岗位8个，专业技术岗位46个。专业技术岗位中，文博专业技术岗位43个，工勤技能岗位1个。

［服务观众项目］ 设有饮水机、观众存包柜、医药箱、残疾人专用车、雨伞、语音导览，印制了各个陈列展览的参观介绍，供观众免费取阅。

［观众接待］ 年平均接待观众量达15余万人次。

参观指南

［地址］ 武汉市武昌红巷13号

［邮编］ 430061

［电话］ 027-88873616（办公室）

027-88840695（观众服务处）

［传真］ 027-88860365

［网址］ http://www.whr-museum.com

［开放时间］ 8:30—16:30（周一闭馆）

［票价］ 免费

（撰文：武汉革命博物馆）

武汉博物馆

Wuhan Museum

概述

类型 地方综合性博物馆

隶属关系 隶属于武汉市文化局

武汉博物馆外景

创建时间 1984年7月始筹建，1986年11月正式建制

所在位置 位于武汉市繁华地段汉口青年路373号，西距汉口火车站500余米，武汉天河机场25公里。

面积 新馆占地面积19808.87平方米、建筑面积17834平方米

建筑、布局 武汉博物馆为对称型结构建筑，整个建筑分前后两大部分，前部分是陈列展览区，后部分是文物库房和辅助设施用房；展区中央大厅上方系网架玻璃顶，形成一个共享空间；设计构想既解决了大厅自然采光问题，又使中央大厅富于生气。层层叠起的外立面、自然粗犷的花岗岩贴壁及金字塔形三角玻璃天顶，突出博物馆庄重与现代的建筑特色。

历史沿革 武汉博物馆起初名为武汉市博物馆，筹建于1984年7月，原馆办公地在武昌农民运动讲习所旧址纪念馆，1986年11月正式建制，正式建制后隶属于武汉市文物管理办公室。2000年底武汉市博物馆新馆落成。建成的新馆大楼填补了武汉市未有博物馆大楼的空白。2001年11月武汉市文物管理办公室撤销，并入武汉市文化局。武汉市博物馆亦隶属于武汉市文化局。2009年经武汉市人民政府批准，武汉市博物馆与武汉市文物商店合并，更名为“武汉博物馆（武汉市文物交流中心）”。实行两块牌子，一套领导班子的管理模式。

历任馆长 张志善（1988）；李家煜（1990）；张文保（1993）；刘庆平（2000）。

业务活动

基本陈列 2002年武汉博物馆推出了《武汉古代历史》、《走向近代的武汉》基本陈列，展示面积约2000平方米，展出文物近千件，场景复原、历史人物造型、陈列辅助艺术品近20件（个）。

2009年，《走向近代的武汉》展览增加了一系列的藏品，扩展并更名为《武汉近现代历史陈列》。展览通过历史文物与相关史料的展示，艺术作品与复原场景的运用，展示空间与辅助展品的设计，全景展示了1838年林则徐武汉禁烟到1950年人民政权建立这百余年间武汉风雨兼程，辉煌壮丽的城市发展史。展览于2009年5月16日开展，展出面积1000平方米、展线长420米、展出文物500余件、历史照片近千幅，相关历史场景十余个。展览运用的仿真硅胶像写意场景，复原场景、多媒体展示系统、浮雕、油画、连环画等多种设计元素，为观众营造了一个充满地域文化特点的武汉近现代历史空间氛围。该展于2009年荣获“武汉城市圈博物馆纪念馆优秀陈列精品奖”。

《武汉古代历史》陈列，是武汉市博物馆科研工作者为再现武汉的悠远历史，在尊重史实、占有和充分研究史料的基础上，结合博物馆工作特征，以完美的陈列形式，艺术地展示真实的历史。走进展厅，你将观赏到商代盘龙城考古发掘现场和复原的宫殿模型。有典型意义，具有重要科研价值的三国吴墓按1∶1比例进行了复原，站在吴墓前，令人遥生感叹。宋代武昌王麻（今江夏区）湖泗窑址的场景复原，采集了湖泗窑考古地出土瓷片和制瓷坯模，复原的窑炉是真实材料与艺术处理完美的结合，观众能走进窑膛尽览窑室结构、烧瓷过程。伯牙子期高山流水觅知音千古美谈故事，通过声、光、电动感影像合成技术，述说那令人心仪的一幕；近览唐代黄鹤楼木雕，观众随意点击鼠标即可找到著名诗人李白、崔灏、王维、孟浩然等诗家大作，并欣赏到名家书法，品悟唐诗的平仄韵律。出土的一批元代精致的首饰亦首次与观众见面；明代楚昭王朱桢墓葬中（今江夏区龙泉山风景区）出土的金腰带、翠青釉碗、玉璧、瓷坛百余件珍贵文物也为展览生色不少。《武汉古代历史》、《走向近代的武汉》陈列展览中，也有与武汉土壤生息相关的历史人物，如屈原、伯牙、子

《武汉古代历史》陈列

期、岳飞、林则徐、张之洞等，这些形象用塑像和油画展示，感染力极强。该展荣获了国家文物局颁发的第五届“全国十大陈列精品”奖。

专题陈列　2001年武汉博物馆推出了《历代文物珍藏》、《古代陶瓷艺术》、《明清书画艺术》三个专题艺术陈列。

《历代文物珍藏》是武汉博物馆的常设展览。该展汇集了馆藏青铜器、玉器、竹木牙雕、砚台、印章、鼻烟壶及珐琅等多门类艺术精品200余件。这些种类繁多、制作精巧的古代工艺品，有的经历金戈铁马的硝烟，有的见证了车水马龙的繁华……辗转千年，物是人非，它们在这里静静地向观众展示着中华古文明数千年的光辉灿烂。

《古代陶瓷艺术》也是武汉博物馆的常设展览。该展览通过“源远流长的陶器”“莹润如玉的单色釉瓷”“五彩缤纷的彩瓷”“清新幽靓的青花瓷”四个部分，集中展示了该馆的馆藏陶瓷精品。展厅面积400平方米，展出文物100余件。不同历史时期、不同类别的陶瓷器，以其精美的制作工艺、别致的器物造型、匠心独具的釉色胎技术，展现在观众面前，散发着无穷的艺术魅力。

《明清书画艺术》则集中展示了武汉博物馆馆藏明清书画精品，为观众了解明清书画艺术发展概貌、普及中国书法绘画知识，提高观众的艺术鉴赏力打开了一扇知识的窗口。

商　凤纹青铜方罍

清乾隆　金地珐琅彩缠枝莲纹佛塔

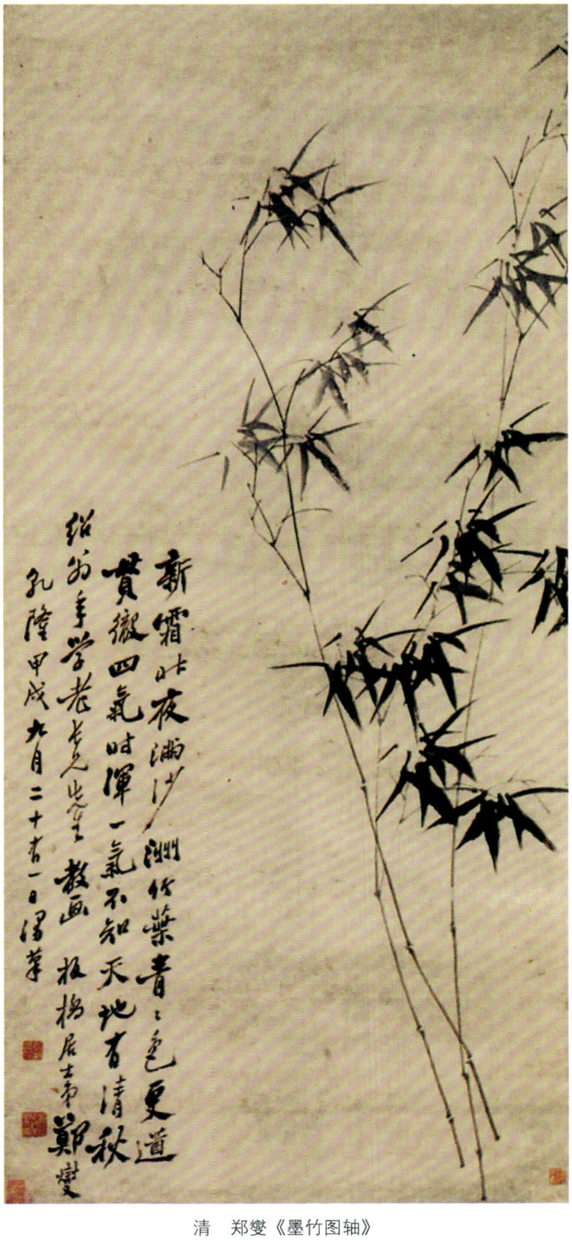

清　郑燮《墨竹图轴》

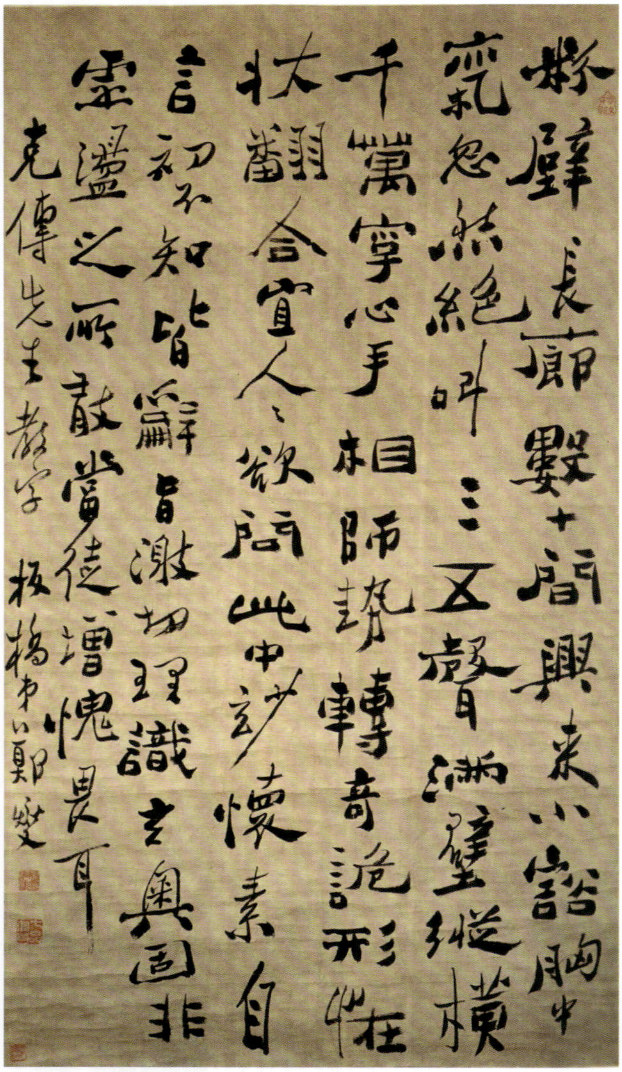

清　郑燮《行书节录怀素自叙帖轴》

除基本陈列和专题陈列外，2001年开馆以来，武汉博物馆还先后举办了《中山舰出水文物首展》、《三代领导人外交礼品特展》、《“十大国宝”高仿精品展》、《大型恐龙科普展》、《秦始皇兵马俑国宝文物特展》、中法文化年《戴高乐生平展》、《多彩的波尔多－城市文化遗产展》、《神舟航天飞船暨青少年科技发明成果展》、《武汉市廉政文化作品展》、《“8+1”武汉城市圈文物精品展》、《十九世纪下半叶俄罗斯现实主义绘画展》等百余个临时展和交流展。都得到了社会的强烈反响。

藏品管理

［藏品来源］　考古发掘移交，公安、公商、海关等执法部门缉私移交，社会各行各业及名家的捐赠、捐献，艺术品拍卖，私人收藏收购等。

［藏品类别］　反映武汉地区历史发展的各个时代的出土文物，历代传世品青铜器、瓷器、玉器、书画及杂项等。

［藏品统计］　总计10万余件，其中一级藏品55件（套），二级藏品333件（套），三级藏品14925件（套）。

［重要藏品］　武汉博物馆藏品丰富，种类繁多。其中，有考古研究价值极高的出土文物，也有工艺精湛的传世珍品。青铜器中，商兽面纹十字孔瓮出土于武汉市黄陂区商代遗址盘龙城，是研究武汉城市历史的发展的重要实物资料；东汉诗经铭文重列式神兽镜，其铭文经著名的金石学家罗福颐鉴定为在西晋就失传的鲁诗。在亡佚了一千七百多年以后重新被发现，犹显珍贵。玉器中，白玉双凤交颈壶，壶底有“乾隆御制”填写篆书款，是从皇宫流散到民间的古玉精品。三国时期的青瓷坞堡，1986年出土于黄陂滠口镇，是一件能充分反映当时地主庄园经济缩影的典型器物。宋湖泗窑青白瓜棱执壶，出土于武昌县湖泗窑遗址。该窑址的发现填补了长期以来宋瓷研究中“湖北无瓷窑”的空白；元青花“四爱图”梅瓶，为元代青花瓷中的精品，极为少见。书画中，文徵明的草书、仇英的《竹梧消夏图》、黄鼎的《皇陵庙图》、朱耷的猫石图等均为明清著名书画名家的作品。

［藏品保护］　2004年被国家文物局确定为“文物保存环境达标试点项目”南方试点，完成了文物库房恒温恒湿设备、书画库房整体改造，建立了文物日常养护技术室、分批为三级以上珍贵文物制作了囊匣等，按文物不同的类别设定了两种不同的温湿度表准，使文物库房的温湿度和微环境基本达到了《博物馆藏品保存环境标准试行规范》的要求。武汉博物馆全面贯彻和落实科学发展观，加强馆藏文物的保护力度，建立和完善科学有效的文物保护和管理体系。坚持贯彻执行“保护为主、抢救第一、合理利用、加强管理”的方针，坚持保护文物的真实性和完整性，坚持文物管理的规范性和科学性，正确处理文物保护和利用的关系。

东汉　诗经铭文重列式神兽镜

科学研究　十年来，武汉博物馆在文物保护和研究方面有重大突破。先后编辑出版了《中国的租界》、《武汉史稿》、《武汉抗战史》、《大革命时期的青年运动》、《武汉旧影》、《武汉通史·图录卷》、《武汉馆藏文物精粹》、《武汉不可移动文物精华》、《“8+1”城市圈文物精品图录》、《图说武汉城市史》等30余本书籍；主办了《武汉文博》专业刊物60期；摄制相关文物电视资料2000余分钟，作为资料收藏；编辑、制作《在烈士走过的地方》、《昭寝》、《明珠闪耀母亲河畔——武汉博物馆巡礼》、《重塑精神家园》等8部电视专题片，其中有3部在省、市电视台播出，《“江城第一麻”走进武汉博物馆》获“国家政府电视新闻三等奖”。制作光盘175张。2004年被国家文物局确定为全国博物馆文物保存环境达标试点单位。截止目前，多项工作已经完成并通过验收，受到国家文物局和省市主管部门的好评。同时还完成了国家级“馆藏文物信息数据采集”，馆藏一、二、三级文物的鉴定、现状描述、测量制表登记工作。

武汉博物馆开馆至今，狠抓博物馆的硬件和软件建设，对场馆设施、参观环境投入了大量的人力财力，力求筑造一流的博物馆，同时注重全面提高全馆职工的综合素质。经过不懈的努力，武汉博物馆连续三次被市委、市政府授予市级文明单位称号，2001－2002年度武汉市最佳文明单位；被湖北省文明办授予“文明行业示范点”称号；2009年被评为省级文明单位，被湖北省文化厅授予“湖北省十佳文博单位”称号及全省文化工作先进集体；被中宣部授予“爱国主义教育示范基地”，被人事部、文化部授予“全国先进文化集体”称号，2005年12月被评定为国家AAAA级旅游景点；2006年ISO9000质量体系认证合格单位；2008年5月获批为国家一级博物馆。

［博物馆馆办刊物］　《武汉文博》，季刊。

［博物馆出版物］　武汉博物馆开馆纪念册（《江城文物精萃》2001.10）；《武汉古代历史陈列》图录（《武汉文博》增刊2003）；《简明武汉史》（武汉出版社，2005.8）；武汉市博物馆编，朱莉主编《“8+1”武汉城市圈文物精品展》（2006.4）；《武汉通史·图像卷》（武汉出版社，2006.6）；刘庆平主编《武汉馆藏文物精粹》（武汉出版社，2006.11）；《武汉不可移动文物精华》（武汉出版社，2006.11）；朱莉主编《律动的足音》（湖北美术出版社，2010.1）。

宣传教育　近年来，武汉市博物馆成功组织了“再现千年沧桑共创魅力江城”武汉历史陈列（湖山杯）知识

商　兽面纹十字孔青铜瓮

清　白玉双凤交颈壶

元　青花“四爱图”梅瓶

竞赛、“5·18国际博物馆日”、首届武汉“的士节”、“武汉地方历史”展览推介座谈会、法语讲解“秦兵马俑历史知识”大赛等大型活动60场次，受到广大市民欢迎；与武汉电视台、湖北电视台、中央电视台合作拍摄《欢乐时光一走进武汉市博物馆》、《相约成功》、《快乐森林》、《凤纹青铜方罍》、《重塑精神家园》等多部专题节目，均到博物馆实地拍摄，节目播出后，深受广大市民赞许。在近几年里，为宣传博物馆文化，在报刊、广播、网络、电视台等新闻媒体，发稿3千余条次。

为了充分发挥博物馆的社会教育功能。武汉市博物馆组织全市百余所中小学校学生参观，先后举行了“了解家乡人文历史，共建校外教育基地”、《武汉历史、民俗风情》知识擂台赛等多项活动，配合该市第三届“18岁成人节暨武汉解放55周年纪念活动，千余青年在武汉市博物馆走过成人门，庄严宣誓，博物馆真正成为全市青少年的教育基地。与同济医科大学合办了“给我一天，还你千年”活动，与武汉大学、华中师范大学、华中科技大学机械学院、12中等校共同组织策划巡展上门服务活动。有着3500年历史的文化名城，武汉拥有丰厚的文化积淀和内涵。而最能体现这些文化特色的就是在武汉及其周边地区出土的历史文物。为了能更全面地向国外朋友展现武汉独特的文化魅力，武汉市博物馆精心准备，遴选体现武汉历史文化特色的文物信息编制成册。

据统计，自2002年以来，武汉博物馆平均每年接待社会各界观众逾50万人次，服务质量做到零投诉。作为“全国青年文明号”的窗口单位，近年来在全国及省市博物馆讲解大赛和导游大赛中取得了较好的成绩，2004年全国博物馆讲解员“雷锋杯”讲解比赛获团体一等奖。2009年，在“全国文化遗产保护宣传讲解大赛”中获得中文专业组二等奖。

交流合作　为了加强对外文化交流合作，开启与世界各国博物馆互动大门，武汉博物馆精心准备，先后在日本大分市举办了《中国武汉文物展》；引进了《戴高乐将军生平展》、《多彩的波尔多——城市文化遗产展》；《卢浮宫馆藏版画——法国版画400年》展；承办了《十九世纪下半叶俄罗斯现实主义绘画展》、《俄罗斯·中国当代油画家作品展》；2007年，赴冰岛国参加中国武汉文化节，主办《中国武汉文化遗产展》，反响强烈，获得较好的社会效益，提升了博物馆在社会发展进程中的地位和影响力，丰富了与国际博物馆交流的操作经验，搭建起与世界各国博物馆互动的平台。

经营管理

［单位性质］　国营事业单位

［经费来源］　政府全额拨款

［机构设置］　全馆配设有文物交流中心、办公室、保管部、展览部、宣教部、开发部、总务部、保卫部几个部门。

［人员编制、组成］　全馆行政编制106人；管理人员数量25人，专业技术人员80人。

［服务观众项目］　服务空间开设中国古典家具、茶社、陶艺、雕塑、书画、艺术品交流、展览、文化休闲娱乐等多种经营项目。

［观众接待］　年平均参观人数50余万人次

参观指南

［地址］　武汉市汉口青年路373号

［邮编］　430023

［电话］　027-85601377、85872318、65650603（总机）、027-85601720、65650689（咨询电话）

［传真］　85625587（办公室）

［电子邮箱］　wedmaster@whmuseum. com. cn

［网址］　www. whmuseum. com. cn

［开放时间］　9:00－17:00（周一闭馆）

［票价］　免费

（撰文：刘国斌、左易正）

武汉蓝光艺术纪念博物馆（宋庆龄汉口旧居纪念馆）

Blue-ray Memorial Art Museum- Former Residence of Soong Chingling and Treasures the Museum of Art

概述

类型　艺术类博物馆（名人旧居）

隶属关系　武汉蓝光公司

蓝光艺术纪念博物馆

宋庆龄汉口旧居

创建时间　2001年

所在位置　武汉市江岸区沿江大道162号

面积　占地面积约600平方米

布局　一幢19世纪所建的四层俄式洋房。一到二层为博物馆的展览区。一楼展示的是明清及近代名家字画；二楼根据文献资料还原宋庆龄1927年在此工作、生活的陈设。三、四楼为办公场所。

建筑特点　建于1896年，原为华俄道胜银行，有着杏黄色的外表和纪念碑似的塔楼，是典型的俄罗斯风格建筑。楼高四层，方形。连接黄陂路和沿江大道的两侧主立面，是小楼的亮点。特别是建造在塔楼每层越向上越小的窗户，在不规则中跳跃，使小楼显得独特新颖。在临近沿江大道的一侧，三段构图的手法将小楼内廊巧妙划分，借以回廊的雕花铁栏和铁制吊灯，让人浮想联翩。回廊外，正中的圆拱形大门上方，悬挂着一块黑色牌匾，上面写着7个苍劲有力的大字：宋庆龄汉口旧居。

历史沿革　2001年4月武汉蓝光电力股份有限公司因为业务发展，租赁了宋庆龄主席曾经居住和工作过的这栋建筑作为办公用房。

虽然这栋楼被省市政府指定为文物保护单位，但在武汉蓝光公司入住前，该楼曾用于居宅和对外招租作照相馆等商铺使用，因各种人为和保护不力等因素，使该文物建筑破坏损害严重。为了充分利用和保护这一具有特殊历史意义的文物建筑，更好地宣传宋庆龄主席伟大革命的一生，教育青少年树立爱国主义精神，同时展示“蓝光企业”文化。2001年蓝光公司报武汉市文化局批准建立了武汉蓝光艺术博物馆，同时筹建了“宋庆龄汉口旧居纪念馆”。为了创建宋庆龄汉口旧居纪念馆，武汉蓝光公司将三分之二的使用面积让出，其中原二楼为公司董事长的办公用房也作了让步腾退，用于恢复宋庆龄旧居原住房和客厅摆设，以及展示宋庆龄伟大光荣的一生图片。

业务活动

基本陈列　武汉蓝光艺术博物馆于2002年4月开馆。珍品艺术馆展区600余平方米。主要展示蓝光公司历年收藏的部分明、清及近代名人真迹近百幅，以及瓷器等艺术品。展出的字画在表现手法上，体现了中华民族传统的哲学观念和审美观，在对客观事物的观察认识中，采取以大观小、小中见大的方法，并在活动中去观察和认识客观事物，甚至可以直接参与到事物中去，而不是做局外观，或局限在某个固定点上。形象的塑造以能传达出物象的神态情韵和画家的主观情感为要旨。在构图上，它不是立足于某个固定的空间或时间，而是以灵活的方式，打破时空的限制，把处于不同时空中的物象，依照画家的主观感受和艺术创作的法则，重新布置，构造出一种画家心目中的时空境界。

宋庆龄汉口旧居纪念馆——是宋庆龄1927年在武汉生活、工作的地方，展区面积约为280平方米。内容主要展示

书画展

书画展

宋庆龄伟大光荣的一生的图片，全面系统反映宋庆龄革命历程。

藏品管理

［藏品来源］　主要通过征集收购获得

［藏品别类］　武汉蓝光艺术博物馆藏品分为字画和艺术品。

［藏品统计］　到现在为止博物馆保存有字画170余件，宋庆龄曾使用过的真品10余件，工艺品240件。

［重要藏品］　李公麟的十六应真图、唐云的荷花、张大千的纨扇仕女。

李公麟的《十六应真图》，十六应真即十六罗汉，是释迦牟尼的弟子。此卷长为894厘米，宽为31.5厘米，画卷中所绘人物形象既有深目隆鼻的西域相貌，又有中国式神仙人物的风韵。画家描绘出十六应真神通广大、解脱自在、慈悲有情的生动场景。此作于库绢上写就，又于海水、树石处细细洒金，风格可推至元明，笔力可逮龙眠。画中人物姿态生动，神情各异，罗汉有慈眉善目者，有炯目威严者，童仆有恭敬随侍者，又有天真顽皮者，连瑞兽也有了灵性，呼之欲出。元明时期对于“神”的刻画，虽头戴“背光”以区别于“人”却依然具有人的表情，处在人的生活场景里，这与明代以后对于“神”日渐范式化的描绘是不一样的，是“人”的意识的觉醒。画中左侧的一组罗汉在博古赏画，沉浸于美的愉悦里，而右侧的罗汉正驰驾归来，海水江面形成奔腾的气势。中间以一小童逗引苍龙衔接画面，又一小童濯足填补空白。左右连贯，前后呼应，营造出宁静祥和的气氛。

［藏品保护］　该馆有专门的藏品存放仓库和配备的相应保护设施，并建立藏品资料备案和电子文本；藏品的保管工作做到制度健全、账目清楚、鉴定确切、编目详明；运用传统方法对一些破损藏品器物进行修复保存；库房及展厅内配备必要的温、湿度计、恒温设备以及安全防火器材。

宋庆龄故居客厅

科学研究

［科研队伍］　蓝光艺术博物馆研究馆员1人，馆员2人，初级助理馆员2人。

［科研设施］　自开馆以来随着管理制度逐步规范，其工作必要设施得到更新充实，办公条件不断改善，现已配备电脑，数码相机等现代化办公用具。在保护字画的设施上也越来越完善。展馆与仓库都配备了空调、抽湿机等相应的保护设施。

经营管理

［单位性质］　社会公益性质民营文化事业单位

［经费来源］　自筹和企业捐助

［机构设置］　设有馆长室、办公室、资料室、安全保卫科和仓库管理。

［人员编制、组成］　该馆现在在职人员有：馆长、副馆长、馆长助理、讲解员、仓库保管员、资料员共计6人。

［观众接待］　年观众人数约5000人次

参观指南

［地址］　武汉市江岸区沿江大道162号

［邮编］　430017

［电话］　027-82842673

［电子邮箱］　1025260007@qq.com

［开放时间］　9:00－16:00

［票价］　免费

（撰文：武汉蓝光艺术纪念博物馆）

武汉国民政府旧址纪念馆

Wuhan National Government Original Site Memorial Hall

概述

类型　社会科学类历史遗址专题纪念馆

隶属关系　隶属于武汉市文化局

所在位置　武汉市中山大道708号南洋大楼三楼

面积　南洋大楼占地面积1211.5平方米、建筑面积6053平方米、纪念馆开放面积300平方米

建筑特点　南洋大楼坚固宏伟，富丽典雅，楼顶有回廊、圆顶、凉亭、拱门、钟楼的造型，富有欧式建筑风貌，是武汉历史文化名城的标志性建筑之一。

历史沿革　1956、1959年武汉国民政府旧址被先后公布为武汉市、湖北省级文物保护单位；1988年1月，武汉市

南洋大楼外景

文物管理部门在三楼300平方米的范围内，复原了国民党二届三中全会会场和国民政府部分办公用房，举办《武汉国民政府史迹陈列展览》，并成立武汉国民政府旧址管理所，正式对外开放；1995年9月被市委、市政府公布为市级爱国主义教育基地；1996年11月20日，武汉国民政府旧址被国务院公布为全国重点文物保护单位；1997年，武汉市委、市政府将武汉国民政府旧址管理所更名为武汉国民政府旧址纪念馆；2008年11月，被中共武汉市委宣传部、市委台湾工作办公室命名为“武汉市涉台教育基地”。

历任馆长 余楚雄（1988.1—1995.9）；徐莉君（1995.10—2005.12）；曾宪松（2006.1至今）。

业务活动

基本陈列 《武汉国民政府史迹展》展览面积300平方米，展览陈列形式主要是展出文物复制件，配上文字和图片说明，橱柜展出信件和书稿。反映内容为：1926年12月，国共合作的北伐战争胜利发展，革命重心转移到长江流域，国民政府由广州迁到武汉。1926年12月—1927年3月在南洋大楼里召开了武汉临时联席会议和著名的国民党二届三中全会。国共两党许多著名人物毛泽东、董必武、林伯渠、谭平山、吴玉章、苏兆征、宋庆龄、孙科、邓演达、陈友仁、何香凝、徐谦、宋子文等相聚在这里，做出了两百多项重大决议，最重要的、最有影响的是领导中国人民收回了汉口、九江英租界，将武昌、汉口、汉阳并为京兆区，定名“武汉”，一度被誉为“赤都”。1927年3月10—17日在南洋大楼召开了国民党二届三中全会，这是共产党人和国民党左派对国民党右派进行斗争并取得重要成果的会议。会议坚持了孙中山的联俄、联共、扶助农工三大政策，在中国现代史上占有重要地位。

武汉国民政府是共产党参加的、国共合作的革命政权。1927年5月以前，武汉国民政府贯彻执行孙中山的“联俄、联共、扶助农工”的三大政策，对外反对帝国主义，收回汉口、九江英租界，对内沉重打击北洋军阀势力，支持工农群众运动，开展内政建设，同蒋介石军事独裁势力进行斗争，促进了国民革命潮流的高涨。7月15日以后，汪精卫等主要当权者由压制工农运动到公开实行分共，最后走向反动，第一次国共合作的大革命失败。九月，武汉国民政府解体。

专题陈列 1991年武汉国民政府旧址纪念馆举办了《武汉人民收回英租界》巡展；1997年举办了《迎香港回归，盼祖国统一》书画展，收到海峡两岸作品百余件，接待国内外观众15万人次；1998年举办了《孙中山、宋庆龄文物图片》展，全国人大副委员长、民革中央主席何鲁丽剪彩并致开幕词；2003年3—4月，赴台湾举办《追寻伟人

《武汉国民政府史迹展》

国民党二届三中全会会场（复原）

出席国民党二届三中全会代表在南洋大楼楼顶花园合影（1927.3.17）

足迹——武汉青少年摄影书画》展，展期3个月，火爆台湾；2004年10月，引进台北国父纪念馆《孙中山先生史迹书画》展，同时举办《武汉国民政府史料》展，全国政协副主席、民革中央常务副主席周铁农到会剪彩，全国政协常委、民革中央副主席李赣骝致开幕词；2005年11月，赴台北国父纪念馆举办《孙中山的建国方略在武汉的实践——武汉城市风貌》展览，2006年12月举办《北伐名将叶挺摄影作品》展；2007年完成武汉市第五批市级文物保护单位资料搜集整理工作；2008年5月18日起，在北伐战争故地江夏区，与江夏区博物馆联办《北伐名将叶挺摄影作品》巡展；2008年11月，中共武汉市委宣传部、市委台湾工作办公室在南洋大楼三楼设立“武汉市涉台教育基地”，举办《台湾知识展览》。

科学研究 参加了“中国大革命与亚洲”国际学术研究会、“纪念武汉抗战暨中山舰遇难60周年”国际学术研究会、“邓演达”第二次国际学术研究会、“香港21世纪中国之再诠释”国际学术研究会和香港浸会大学历史学系举办的“辛亥革命·孙中山与21世纪”国际学术研讨会；2006年10月，参加了中国博物馆学会社教专业委员会在西安举办的“科学发展观与博物馆教育”全国学术研讨会；2007年11月，向中共中央党史学会举办的“从中共五大到八七会议”全国学术研讨会提交论文3篇；参加国际孙中山宋庆龄纪念地联席会议6次。

编辑出版 出版了《武汉国民政府史料选编》、《武汉临时联席会议资料选编》、《武汉国民政府图册》，在国内外各级报刊、学术研讨会发表研究论文30篇，新闻报道40余篇。

经营管理

［单位性质］ 国营事业单位

［经费来源］ 财政全额拨款

［机构设置］ 内设办公室、业务部两个部门

［人员编制及组成］ 职工7人，其中拥有副高级职称1人、中级职称2人、初级职称3人。

参观指南

［地址］ 武汉市中山大道708号南洋大楼三楼

［邮编］ 430021

［电话］ 027-85663790（传真）

［电子邮箱］ yujianjunok@163.com

［开放时间］ 9:00—17:00（除每周四外，全年开放）

［票价］ 免费

（撰文：于建军）

武当博物馆

Wudang Museum

概述

类型 社会科学类道教文化专题博物馆

隶属关系 隶属于湖北省武当山旅游经济特区文物宗教局

筹建时间 2000年6月

开放时间 2008年4月

所在位置 位于湖北省武当山旅游经济特区文化广场东侧

面积 总建筑面积6200平方米

布局 主体建筑为地面三层，建筑入口位于武当文化广场东侧，博物馆南北各设一紧急出口，办公出入口设置于馆舍东侧。博物馆正面入口为二十四层开放式阶梯，前方与武当大剧院遥相呼应，广场中心为八卦图案的圆形台面。博物馆一楼为办公区、封闭式中心库房以及学术报告厅和面积为598.7平方米的临时展厅。二楼设置有讲解服务

武当博物馆外景

处、寄存处、商务区、贵宾接待厅、道教建筑艺术厅和仙山名人厅等。三楼设置了道教造像厅、道教简史厅、香俗文化厅、武术养生厅和道教音乐厅。

建筑特点 武当博物馆外观设计采用了橄榄形平面，建筑两侧角楼造型吸收了武当山御碑亭的体量感，主入口立面以弧形板块烘托柱廊和门楣，上书“武当博物馆”，为中国著名书法家欧阳中石亲笔题写。与博物馆遥相呼应的是对面的武当大剧院，中间为饰以太极八卦的圆形广场。博物馆在内部设计上，亦采用了武当山古建筑的高大的台阶、崇台。步入博物馆大门，首先映入眼帘的是宽敞的共享大厅和高大的崇台以及线条简练的门窗、圆润流畅的通道。整体建筑线条简洁流畅、稳实厚重，将武当山的皇家建筑与现代建筑巧妙的结合到一起，更使该馆显得不拘泥于形式，反而更加突出了武当博物馆的大气庄重。

武当博物馆从建筑艺术、仙山名人、道教造像、道教简史、武当香俗、宫观道乐、武术养生等方面解读武当文化，有些皇室珍品、御赐实物均属首次展示，力求让观众更好地走进武当、品味武当，领略武当文化的独特魅力。

历史沿革 2000年，武当山特区文物宗教局拟筹建武当博物馆。2006年，武当山特区自筹资金4000余万元，开始主体建设、内部装饰装修和文物的陈展、布展工作。2007年7月试对外开放，定名武当博物馆，馆舍设于武当山特区文化广场东侧，由中南建筑设计院设计，建筑为地面三层，高15.3米，总建筑面积6200平方米，其中展厅面积4418.7平方米，长期展览面积3820平方米，临时展厅598.7平方米，库房、办公区面积1781.3平方米。当时由文物宗教局抽调长期从事文物工作的业务骨干8名，并在社会进行公开招聘职工20名，进行武当博物馆的馆藏文物保管和文物征集以及文物修复和陈展设计等工作。在武当山文物宗教局、武当山文管所的大力支持下，将原武当山临时库房文物全部转至博物馆保存。

历任馆长 姚天国（2007.7－2009.10）；舒涛（2009.10至今）；韩继斌（2009.1至今 常务副馆长）。

业务活动

基本陈列 2007年7月自试开馆以来，武当博物馆开放了一个地方专题陈列——《武当道教文化展》，共计七大系列，分别是：《道教建筑艺术展》、《武当仙山名人展》、《武当道教造像展》、《道教简史展》、《武当香俗文化展》、《武当武术养生展》、《武当宫观道乐展》等。长期陈展面积为3820平方米，展出藏品457件/套。2009年10月，武当博物馆《武当道教文化展》被成功评为2007－2008年度全国博物馆十大精品陈列展“最佳制作奖”。

《武当建筑艺术展》武当山古建筑群是以唐、宋、元三朝建筑为基础，以明初兴建的皇家庙观为主体的古建筑群。其总体规划严密、主次分明、大小有序、布局合理。建筑注重环境选择，讲究山形地脉，聚气藏风，与自然高度和谐，是具有天才创造力的规划与建筑杰作。武当山古建筑形式多样，基本包括了明朝所有的建筑形制，工艺精良、用材考究，在中国乃至世界上都是绝无仅有的例证。武当山古建筑群的兴建，是明初皇室朱棣用武力夺取政权后大修文治的例证，也是《明史》中著名的“靖难之役”、“壬寅宫变”等重大政治事件的产物。朱棣在扩展外交的同时对内大力推崇武当道教，利用“太子修仙”、“仙台受诏”的传说，向天下宣扬和灌输“君权神授”、“天人合一”的思想，以巩固皇权，具有重大的历史意义和社会意义。

沿序厅前行，首先映入眼帘的就是武当建筑艺术厅。通过一系列的图片、文字、圣旨、砖雕、木雕、石雕、各式建筑构件、模型、投影、多媒体等，向观众集中展示了武当山古建筑群的辉煌历史。在武当山古建筑群建筑分布图上，会隐隐的发现一条金龙由北向南飞临武当，金顶位于龙首，遇真宫至太和宫位于龙身，玄岳门至净乐宫位于龙尾，五龙行宫、仁威观至五龙宫、驸马桥、八仙观、上中下观均为龙爪位置，形成了一个主次分明、高低错落、布局疏密、曲折回环祥瑞福地。观众睹此，无不感叹规划设计师的鬼斧神工。

另外，在展厅中最引人入胜的就是三十万军民大建武当的场景，本场景集绘画、人物塑像、建筑场景、声、光、电、背景音乐等多种艺术创作和高科技手段于一体，在仙雾飘浮、连绵起伏的群山中，手捧圣旨的朝廷命官表

建筑艺术厅中的场景

情严肃，而热火朝天的施工现场则到处可见卖力干活的工匠，忧郁的眼神、嘴角的浅笑。生火做饭、缝补洗衣，场景生动逼真，光影变幻莫测。观众走到此处，无不被浩浩荡荡的30万军民工匠的恢弘气势所吸引、所震撼。

在展厅中还有两件国家珍贵文物尚属首次与观众见面，那就是由皇帝御赐工部铸造，铜铸鎏金武当真武修真模型和永乐皇帝御笔亲书木雕禁令圣旨牌，这两件文物均属国家一级文物。

铜铸鎏金武当真武修真模型于明万历44年由北京工部勘合铸造，该模型为武当山浓缩景观，它将金殿置于顶端，底座由祥云、古树、神仙、人物以及真武修真故事等融于一体铸就，底端装饰由五位龙神将武当山整体托起，寓意五龙捧圣，布局紧凑而极富于想象，是武当山馆藏文物中的精品。

武当山模型

《武当仙山名人展》在该展厅中，对历代与武当山相关皇帝、名人、高道进行了系统介绍，从唐代始建五龙祠到明永乐、嘉靖年间大肆对武当山进行建造和扩建，从五代宋初的著名高道陈抟留书卧“佛”睡“寿”到明代旅行家徐霞客榔梅求果，均彰显出武当山当时的历史和社会地位之高，更被敕封为“大岳”，位居五岳之上。博物馆最主要的看点就是徐霞客场景和武当山镇山之宝之一金龙、玉璧、山简套件。

《武当道教造像展》武当山道教造像内涵丰富，特色鲜明，现珍藏近2000尊历代神仙造像中，这些神像从唐、宋、元时期一直延续到明清、民国时期，质地上有金、银、铜、铁铸造的，有玉雕、石雕、砖雕、木雕、泥塑、纸糊的，现珍藏的近2000尊历代神仙造像中，仅国家一级文物就有千余件，其数量之多、等级之高、质地之全全国罕见。

展厅中展出的88尊道教造像均为武当山珍藏的珍品，以明代居多，这些造像主要有三个来源：一是历代皇帝敕谕铸造；二是官吏或民间信徒朝山进香的团体或信士进奉；三是道士募缘铸就。其中，大部分都是皇室敕命工部铸就安奉武当宫观的精品。

这些神像采用了世界上最先进的失蜡法铸造，工艺先进、艺术精湛、技法高超，均具有很高的艺术、历史、科学价值，代表着我国十二至十六世纪道教艺术、工艺美术和生产技术的发展水平。尤其是中间独立展柜中的13尊不同年龄、不同质地、不同服饰、不同造型、不同仪态的真武造像更是给人以强烈的视觉冲击，其类型之多、体量之大、铸造工艺水平之高、所含历史信息之丰富，全国仅此一处。

《道教简史展》道教是中国土生土长的宗教，也是中国的国教。它起源于东汉晚期的“五斗米道”，有着非常丰富、复杂的文化基础。自古以来的巫师、巫术、鬼神信仰以及神仙传说等都是道教萌发的沃土。在传统文化中，道教既传承了华夏古代的传统礼乐文明，又直接吸收并发展了春秋战国时期的老子、庄子的道家思想，同时还继承了先秦时期神仙的修炼经验和成果。其文化源远流长，博大精深。

在武当道教简史厅中，通过系列图片、文字以及不同朝代的道教供器、法器、道教画卷等对武当山的道教历史做了一个较为详细的介绍。武当道教文化融多边文化为一体，较

武当道教造像展

为全面而直观地体现着中国古人信仰、思维和行为方式、价值观念，以及文明的历史发展轨迹，不仅是中国传统文化的重要组成部分，也是全世界宝贵的思想文化遗产。

《武当香俗文化展》道教源自中国的民间宗教，它的斋祭活动与古老的图腾祭拜、巫师巫术、民间信仰、民俗民风有着血肉的联系。武当山的很多民间习俗活动又受到道教文化的深刻影响，形成了极为丰富而又独特的武当风俗。武当香俗，古今皆盛。上至帝王，下至平民，世世延续。千百年来，武当道教信徒遍及大江南北，甚至远至台湾、香港和东南亚。香俗分多种类型，每到除夕、每月的初一、十五、农历三月初三、九月初九等到武当山朝山进香的队伍便会络绎不绝，其中尤以农历三月三、九月九最盛。以朝真武神为主的武当朝山进香风俗，在宋代已有记载。明代大修武当真武道场，封武当山为“大岳”、“玄岳”，使武当地位高于五岳三山，促进民间进香活动的发展。据明·张开东《大岳赋》载，武当香客“踵磨石穿，声号山裂”。

在《香俗文化厅》，用中国味十足的泥人张技法向观众生动地展示了明代朝山进香时的热闹场景。进香队伍一般前有令旗、后有尾旗，令旗上绣有“朝山进香”4个大字，下面写的则是香会的名称。令旗前有4名身披金甲的青年手执仪仗开道，令旗后设有挂满写着会众姓名的小布条绣幅，俗称“万民伞”。伞内放着香炉，炉内有一真武小铜像。绣幅后是供品、乐队和男女朝山信士，朝山气氛异常热烈。在大型泥塑中，摩肩接踵的人群，从一个侧面反映了武当山香火的旺盛。

在千余年的历史传衍中，武当朝山进香活动既充分保留了民间信徒对武当山主神玄天上帝的虔诚崇拜的原生态礼仪，又体现了地方民俗的风情特色。无论是朝山进香的严格礼仪，还是信徒的服饰、语言、行为、饮食等，均体现了信徒祭神、祈禳、祈祷的虔诚以及对神的敬仰，渗透着武当道教文化。配合进香场景，香客信士供奉使用的万民伞、寿桃、神冠、锁口剑等也向观众首次展出。在香俗中，最虔诚、最残酷的莫过于烧大香、烧苦香，这类香客出发时使用一短剑将脸颊刺穿，沿途不进饮食，待抵武当面圣默祷完毕后，方能取下“锁口剑”。此外还有绝食、许愿、还愿、化缘、积德等多种类型。

《武术养生展》武当武术是中国武术的一大名宗。历史悠久、源远流长、门派众多、内容丰富。它摄养生之精髓，集技击之大成。我国素有“南尊武当，北崇少林”之赞誉，武当武术以内家功夫名扬天下，成为我国最有影响的拳派之一，是我国武术宝库中的璀璨明珠，2006年被纳入国务院首批《非物质文化遗产名录》。武当武术具有鲜明的道家文化特征，其内涵博大精深，奥妙无穷，是武术与医药养生巧妙结合的天才杰作。武当武术在拳法架势上，注重行圆取象，炼气凝神，不躁不僵；技法上追求内劲充盈，粘随走化，以柔克刚，以静制动，刚柔并济，后发制人。武当武术旨在修真养性，祛病强身；追求身虽动、心贵静、气须敛、神宜舒的无我境界；保持无为、不争、无欲的状态；讲究精、气、神结合；强调先以心使身，而后身从心；用意不用力，意到气到，气到力达。它是一种非常科学的身心训练巧妙结合的特殊运动形式，具有鲜明的内养外炼特征。

在武术养生厅中最吸引游客的就是明永乐皇帝御赐的铜铸鎏金张三丰组像。这组造像居中者就是武当内家拳的创始人张三丰。张三丰，辽东懿州人，因为他不修边幅，又号“张邋遢”。相传，他在武当山修道期间见一鹊蛇相斗，从中悟通玄机，创立了以静制动，以柔克刚、后发制人的武当内家拳，即太极十三势。明朝开国皇帝朱元璋仰慕其名，多次召见，张三丰均避而不见。后永乐皇帝为求见其人，特敕建遇真宫，希望在此宫能和张三丰结缘。

香俗文化厅中陈列的朝山进香景观

张三丰组像

展厅还巧妙地构造了洞窟，道人习练太极拳、八卦拳、太乙五行拳、乾坤混元拳、八卦剑……一举一动，惟妙惟肖。

集阴阳、刚柔、健身和技击为一体的武当内家拳发展到今天，已被人们广泛接受，成为强身健体、延年益寿的灵丹妙药。目前，已传播到150多个国家和地区，据联合国有关统计资料，全世界太极拳习练者近5亿人，有80多个国家和地区建立了太极拳组织。各界人士到武当山回归自然、鉴赏古建、习练武术、体验养生，体会太极和谐、人与自然和谐、人与人和谐的武当道教内涵，近距离领略仙山圣水的独特魅力。

《宫观道乐展》武当山宫观道乐，又称“武当韵”，是中国道教音乐文化的重要组成部分，2006年，国务院公布第一批国家非物质文化遗产名录，武当山宫观道乐名列其中。在近千年的历史传承中，它不仅融合了其它道派的道乐，还汲取了南北民间音乐的精华，既吸纳了古代巴楚音乐的苍劲浑厚，又飘逸出宫廷音乐的优雅、风韵，或激扬，或婉转，或肃穆，或清新。在道人们的演奏下散发出浓郁的宗教色彩和古典韵味。从整体构成上看，其主要成分是古代音乐、宫廷音乐和艺术性较为成熟的民间音乐；其形态和风格主要偏重我国南方尤其是江南一带音乐的色彩。

武当山宫观道乐经过千余年的孕育、形成、发展，既有中国道教音乐的共性，又有独特的个性，具有多源性、融摄性、延续性和保守性。其特征主要有三：庄严典雅、雅俗共赏的气质；混融一体的独特宗教韵味；南北交融的地方特色。它是秦巴地区优秀民间文化与自唐代至明代宫廷音乐的有机结合，是集全真派、正一派等道教各派音乐于一体的产物。它那优美动听的旋律，神秘奇特的美感，具有很强的感染力，不仅能陶冶情操，还能给人以清心、静心的玄妙。走进宫观道乐厅，耳畔飘来轻盈的音调，只听见“戛玉撞金，鸣丝吹竹，飘飘云端”。凡亲耳聆听者，皆肃然起敬，顿感“余音绕梁，三日不绝”。如此美妙的道教音乐是由一些管乐器和击乐器演奏而成的，如展厅中展出的铙、钹、镲、笙、箫、管、笛、铛、铜铃等等。早期道教音乐所用的乐器，以钟、磬等打击乐器为主。唐代起，增加吹管乐器，嗣后，逐步加入弹拨、弓弦乐器。明朝《茅山志》记载国醮演奏乐器的道士竟达30名。近代虽然吹管、弹拨、弓弦、打击等乐器并用，但演奏中仍以吹管、打击乐器为主。经过1000多年的斋醮实践以及长期地吸收民间音乐的养料，武当道教音乐积淀了丰富的内容：有赞美“三清”、神仙的颂歌；有表现神仙应召而来的飘拂飞翔之声；有表现镇煞邪趋恶魔的庄严威武的曲调；有表现众神仙抵达仙界或功成庆祝的喜庆欢乐之乐；有表现引上仙界的缥缈恬静的曲调等。

明代是武当山道乐最辉煌的时期。明成祖朱棣登基，大修武当，自撰《大明御制玄教乐章》，又钦选在京师神乐观供职的乐舞生张道贤任武当山玄天玉虚宫提点，训练道童演奏道乐，并敕令400多名乐舞生充实武当道观，使得武当山的宫观道乐规模影响空前。明朝皇廷经常钦降乐器金钟、玉磬等给武当山宫观，本展厅中就陈展有明永乐十三年御赐的如意铁磬和永乐大铁钟，虽然历经了五、六百年，可它们发出的琳琅之音仍可上彻云霄，下震尘寰……

临时展览 自武当博物馆建成正式开放以后，共举办各类临时展览12个，特别是2000年协办的由国家文物局主办、中国文物报社承办的《全国第三次全国文物普查大型成果摄影展》和《中国世界文物遗产大型图片展》最具影响力，同时与高校联合举办的大型书法艺术绘画展也颇具影响。2009年中央、省等各级领导视察武当山，博物馆举办了相关的大型图片摄影展。自2007年至今，每逢全国博物馆日，就开展全民宣传教育日大型图片、文字资料展等。

藏品管理

［藏品来源］ 主要来自旧藏、发掘、捐赠、文物征集等。

［藏品类别］ 有铜器、铁器、陶瓷、木质、书画、金、玉、石、砖、泥、琉璃、骨器、拓片、复合类等14大类。

［藏品统计］ 馆藏文物7000余件/套，附属藏品近万件套，三级以上珍贵文物5702件/套，其中一级文物895件/套，二级文物204件/套，三级文物4603件/套。

［重要藏品］ ①金龙、玉璧、山简　出土于武当山紫霄宫，为建文元年（1399）朱元璋26子之一湘献王朱柏在武当山紫霄宫设罗天大醮时投放的通神之物。投放金龙、玉璧、山简是希望向上天传达平安，得到真武神的翊佑。但是朱柏却在醮事几个月后，因建文帝的削藩压力而自焚身亡，成为皇权斗争的牺牲品。建文帝在位时间很短，仅仅只有三年，而这组套件上明确刻有建文元年铭文，国内罕见，非常珍贵。

②九曜星君组像　明皇室御赐，交由工部铸造，安奉武当山。铜铸鎏金，局部彩绘，通高64－73厘米。其原始形象为道教尊崇的星君神系，星宿名。天有九曜，即日曜、月曜、火曜、水曜、木曜、金曜、土曜、罗候、计都九星。九曜星君塑造的体态、神情、衣甲、姿势各异，是明皇室御赐铸造武当山宫观中的造像精品。

明 金龙

明 玉璧

明 山简

③九天玄女组像 属具明显宋代风格的造像精品。通高70－73厘米，整体铜铸鎏金。形体修长，项饰，衣饰，面庞形态多属宋代造像特点。

④铜铸鎏金双耳双环莲花宝瓶 道教供器，为明皇室御赐武当山宫观的文物精品。通高127厘米。体态修长圆润、厚重，瓶口部饰以莲花纹，颈部螭首衔环，腹部饰饕餮纹，底部呈六角覆莲状，其造型独特、铸造工艺精湛，为御敕精品。

明 九曜星君组像

明 九曜星君组像

明 鎏金铜烛台

明 铜铸莲花灯

明 鎏金双耳双环莲花宝瓶

宋 九天玄女组像

⑤铜烛台 道教供器。亦属明皇室安奉武当山宫观的御制精品。整体铜铸鎏金。通高52厘米。为道教安奉宫观的“五供”之一。

⑥铜铸莲花灯 道教供器。铜铸，通高79厘米。该莲花灯制作考究，灯盘呈六边形，上层有六条龙首装饰；中部饰钱纹镂空太极球，灯台为七朵仰莲，并穿一只莲藕，专供上蜡使用；下层为六足镂空底座，饰雷纹；底盘周饰镂空“万”字纹。悬挂于殿堂内极富道教韵味与祥瑞气息。

⑦双耳双环宝瓶 道教“五供”之一。整体铜铸鎏金。通高64厘米。整体线条流畅，直口宽唇，颈部至肩腹部寰收，器腹圆润，高底足。为明皇室御赐供器。

宣传教育 作为文化教育宣传窗口，武当博物馆积极通过各种途径向社会各界进行义务教育活动，先后组织了社会各界游博物馆、博物馆大家谈、小小讲解员培训等活动。

在图书著作方面：2007年出版《武当山碑刻鉴赏》，由北京美术摄影出版社出版；2008年出版《皇家庙观——武当山》珍藏册，由武汉邮电出版社出版；2009年出版《神韵-武当道教造像艺术》，由文物出版社出版；2010年拟由文物出版社出版《武当博物馆-武当道教文化展》。同时计划每年编辑出版四期《武当遗产博览》，为进一步交流世界文化遗产——武当山古建筑群文博工作经验和信息，开辟学术探索园地和打造人文武当提供了平台。

交流合作 目前配合台湾地区三国文化展，国家文物局向该馆提调文物两件，所抽调文物将于2010年上半年在台湾地区做巡回展览。此外2000年与相关部门合作，初步达成了文物外展的意向，由于客观原因而未成行。现正积极与东南亚国家接洽，预计2010年可在东南亚地区做文物专展。为武当文物走出国门，宣扬中国本土文化发挥了积极作用。

2000年10月23日—2000年10月31日，与国家文物局、中国文物报社、第三次全国文物普查办公室等机构，联合在武当山成功举办了两展一会活动，即：全国第三次全国文物普查大型成果展、全国世界文化遗产大型摄影展和全国文物通联工作会议的活动。

2008年10月28日—2009年元月28日，与湖北省郧阳师专联合举办了大型书画展。

2009年，与湖北省十堰市电视台等多家单位合作成功举办了《车城大讲坛》活动。

经营管理

[单位性质] 国营文化事业单位

[经费来源] 财政全额拨款

[机构设置] 武当博物馆下设综合业务部（主要负责文物保管、文物修复、考古发掘、陈展、文物征集、宣教等业务）、安保部（主要负责馆舍安全、以及文物安全工作）、办公室和财务室三大部门。

[人员编制、组成] 编制29人，在编10人。大学本科学历以上9人，大专20人。馆员（中级）3人，助理馆员及初级馆员（初级）6人。

[服务观众项目] 1. 武当博物馆大厅设有示范挂牌讲解服务处、包裹寄存处，方便观众参观游览博物馆。2. 大厅门口设有残疾人轮椅、婴幼儿推车，为残疾人和婴幼儿更供了更多便利。3. 展厅设置了多处电子触摸屏等设备，详细介绍了武当博物馆精品文物和相关武当山古建筑群的文字、照片等资料。4. 在大厅放置武当博物馆简介和武当博物馆藏品介绍、参观线路指示图等，方便观众游览武当博物馆、了解武当博物馆。5. 博物馆一楼设置了学术报告厅，并配备了投影设备、音响、电脑等设备，为博物馆举办学术报告等活动提供了有利的场所。6. 二楼、三楼参观区分别设置了休息区。7. 在三楼展区设置了电子翻书设备，为观众进一步了解武当文化起到了一定的作用。8. 配置了电子导览设备。9. 在重点区域，配备了电子解说设备。10. 在一楼布置了商务区，出售武当纪念品和相关专业书籍、资料等。

[观众接待] 年均113万人次

参观指南

[地址] 湖北省武当山特区文化广场东侧

[邮编] 442714

[电话] 0719-5667386（传真）

[电子邮箱] wudangmuseum@163.com

[开放时间] 9:00—17:00（周一闭馆）

[票价] 免费

（撰文：武当博物馆）

英山县博物馆

Ying shan County Museum

概述

类型 地方综合性博物

隶属关系 隶属于英山县文化局

创建时间 1987年7月

所在位置 位于英山县城毕昇森林公园内

面积 占地面积7200平方米

建筑、布局 主体建筑分为毕昇纪念馆和博物馆两个部分，1999年10月8日毕昇纪念馆建成竣工，建筑面积2400平方米，内设四个展厅，展厅面积1600平方米。博物馆办公楼建于2004年，办公用房400平方米，文物库房面积300平方米。博物馆办公楼为两层框架式钢筋混凝土结构，毕昇纪念馆依山势而行，绿化与建筑同步，歇山顶仿古建筑风格，辅助设施有亭、阁、池、碑沿、活字长廊、接待室、书画室、茶室等。主体建筑与附属设施错落有致，相映成辉，风景优美，为毕昇森林公园的园中之园。

历史沿革 中华人民共和国建立初期，英山县的文物工作由英山县文化馆代为管理，1987年7月英山县博物馆成立。1990年在英山县发现毕昇墓后，历经多年的考证，国家认定英山县是中国古代四大发明之一的活字印刷术发明家毕昇故里，1999年10月建成毕昇纪念馆，2009年7月成立英山县文物管理所。三块牌子一套班子（人员），合署办

英山县博物馆

公，负责英山县的文物收藏、征集、研究、考古发掘及宣传教育、文物行政管理、毕昇文化研究等事项。国家文物鉴定委员会副主任委员史树青于1995年11月28日对英山县发现毕昇墓碑作出定论，国家文物鉴定委员会主任委员启功于1998年为毕昇纪念馆题写馆名。目前，新建中国英山毕昇活字印刷博物馆筹建工作正在准备。

业务活动

藏品管理

［藏品统计］ 英山县博物馆现有藏品4159件，其中一级文物6件，二级文物7件，三级文物31件。

［文保工作］ 省级文物保护单位10处，市级文物保护单位4处，县级文物保护单位20处。

科学研究

［科研队伍］ 英山县博物馆馆员4人，初级助理馆员4人。

［科研设施］ 英山县博物馆因经济条件制约，科研设施落后，近几年来，随着经济的快速发展，开展博物馆业务工作的必要设施得到更新充实，办公条件不断改进，现已配备电脑10台/套，（包括台式手提）打印机2台，复印机1台，扫描仪1台、传真机1台，数码相机2台，罗盘、放大镜、手铲、探铲等其它工作器材等。

［科研成果］ 多年来，英山县博物馆积极开展文博专业理论研究，1990年在英山县草盘地镇五桂墩村发现毕昇墓后，先后组织召开了三次国家级毕昇研讨会，编辑出版了两期《毕昇研究文集》，历经六年考证，国家文物鉴定委员会副主任委员史树青为英山发现毕昇墓作出定论。2004年博物馆与北京印刷学院成功合作研究毕昇泥活字印刷术工艺课题。撰写的毕昇研究论文五十多篇在各级期刊学术杂志上发表。2004年英山县博物馆和湖北省文化厅古建保护中心合作开展古民居保护修缮设计，与华中科技大学建筑与城市规划学院于2008年合作开展鄂东乡土建筑保护与规划课题研究。2007年出版了毕昇研究新文集《来自北京的报告》，2009年10月编辑出版了《毕昇·英山》研究文集。

交流合作 博物馆是一个服务于社会的文明窗口，开展合作交流是一项基本的业务活动，如配合“两会”“中国英山茶叶节”等重大节庆开展陈列展览。开展与国内外一些知名院校的文化交流，与北京印刷学院尹铁虎教授合作，对毕昇的泥活字印刷术工艺流程进行了课题研究，并取得成功，先后三次参加了全国印刷学术年会，在会上每次都有论文提交和发言。

经营管理

［单位性质］ 社会公益性的国营文化事业单位

［经费来源］ 地方财政（县级）全额拨款

［机构设置］ 博物馆、毕昇纪念馆、文物管理所实施三块牌子一套班子（人员），合署办公，内设办公室、文保业务部、安全保卫部、宣教陈列部，兼有文物行政管理职能工作。

［人员编制组成］ 核定人员编制数1996年为4人，2009年为7人，全馆现有专业技术6人。

［观众接待］ 年观众人数约8万人次

参观指南

［地址］ 湖北省英山县毕昇森林公园内

［邮编］ 438700

［电话］ 0713-7015005（传真）

［电子邮箱］ ysbwg@163.com

［开放时间］ 8:30－16:30

［票价］ 免费

（撰文：胡义斌）

枝江中国布鞋历史博物馆

Zhijiang Chinise Cloth Shoes History Museum

概述

类型 科技类制鞋业专题博物馆

隶属关系 隶属于枝江市步步升布艺有限公司

创建时间 2008年5月

所在位置 位于枝江市步步升布鞋文化村内（汉宜高速公路枝江道口处）

面积 占地面积1080平方米

布局 2007年11月－2008年5月，枝江市步步升布艺有

中国布鞋历史博物馆主体馆

限公司兴建布鞋历史博物馆，主体馆为一层，分三间，东间为收藏品陈列厅，中间为布鞋展示馆，西间为休息室。主体馆南面为工艺展示坊，整个建筑呈“C”字形，室内为布鞋工艺流程展示，外围走廊布置为文化长廊，将布鞋的故事、传说、趣闻等采用纯手工的木雕工艺讲述，图文并茂。

2009年8月，枝江市步步升布艺有限公司又投资兴建博物馆二期，位于一期北，与一期一水相隔，之间有步行廊桥、水泥车桥相连，遥相呼应。一楼为陈列馆，大小房间三间，二楼为布鞋文化研究中心、办公区。

建筑特点 该馆整个建筑仿明清建筑风格，青砖碧瓦，木门木窗，回廊古亭。主体馆三间，整个装修为木栅格吊顶，墙面用手工木雕挂件装饰。博物馆二期整体为两层四合院建筑，仿明清建筑风格，建筑面积500多平方米，门廊采用江南四合院风格，长廊吊顶为实木雕花。

业务活动

基本陈列 2008年5月，布鞋历史博物馆面向大众开放，主体陈列馆展出不同民族、不同时期、不同阶级所穿的各式各样布鞋的图片资料、文献资料、实物共200余件，陈列面积200平方米，陈列以版面和矮柜为展陈形式。布鞋展示馆系统展示各式布鞋200多件，陈列面积300平方米，展品以三峡布鞋为主线，分锁边、锁底、叠边、毛边布鞋，草鞋，三寸金莲、虎头鞋等特色鲜明。枝江市步步升布艺公司开馆收集、整理、展示中国上下五千年步履文化，以此让更多的人了解到中国的步履文化，抢救这项国家非物质文化遗产，使其得到保护、传承。

藏品管理

［藏品来源］ 主要通过征集、收购、捐赠等途径取得。

［藏品类别］ 布鞋历史博物馆藏品主要按民族、时期、地区分三大类，包括图片资料、文献资料、以及实物等。

工艺展示馆

展厅一隅

［藏品统计］ 截至2009年底，馆内藏品总数为458件。其中各类藏品数为：各民族、各时期257件，工艺品201件。

［重要藏品］ 1、苗族手工老绣鞋（水绿色） 这一个风格系列的鞋子每双都有很长的历史了，有的几年、有的几十年，是苗族的老妈妈给自己女儿做的嫁鞋（春秋穿着），女儿回门时候穿的，一般妈妈都会给女儿准备很多双这样的绣鞋作为嫁妆，绣鞋越多女儿出嫁也就越风光。鞋面是棉布面料，纯手工丝线绣，非常的精致漂亮，鞋底是裹边棉布底子，鞋内还有一层棉花，穿上脚软和极了。穿着非常的轻巧、舒适，精制的手工绣花，一针一线，每一个小细节无不体现出妈妈对女儿的爱和祝福。

2、云南千层底翘头绣花鞋拖鞋（黄底色） 苗家的女孩一般长到六七岁时，就开始在长辈和女友的传授指导下学习绣花，到10多岁时，绣花的手艺便已逐渐熟练，能绣复杂的图案，这时，就开始制作绣花鞋了。苗家女人们在鞋帮上绣花的图案虽然繁简不一，但大多取材于各种象征幸福吉祥的花鸟，如石榴、山茶、牡丹、鸳鸯、孔雀、松鹤、蝴蝶等。每种图案都构图精巧，艳丽明快。苗家女人制作的绣花鞋，不仅仅是好看，而且还讲究实用。勤劳的苗家女人十分珍惜时间，她们不论是走亲串戚还是下地劳动、上山放牧，都随身带着针线和布料，不管是在田边地角，还是在路边树下，只要稍有空闲，就拿出针线来聚精会神地把她们的智慧、愿望以及对生活的热爱和向往一针一线地倾注在绣花之中。不需多长时间，一幅构图精巧、秀丽多姿的彩绣就展现在苗家绣花鞋的鞋帮上了。

3、云南民族全手工绣花盘绣9厘米坡跟缎面绣花鞋（红色）

所在地区：云南昆明；开口深度：浅口（7厘米以下）；鞋头：圆头；跟高：超高跟（大于8厘米）；女鞋鞋

跟形状：坡跟；颜色：红色；鞋底材质：牛筋底；制作工艺：缝制鞋；鞋面材质：绸缎面；流行元素：绣花；女鞋场合：结婚。

4、清代后妃盆底鞋

满族妇女与汉族妇女一样喜欢绣花鞋，但是满族的绣花鞋是所有少数民族中最具有特色的，史称“高底鞋”或称花盆底鞋，其高度一般7厘米左右，高底鞋极为坚固，往往鞋面破旧了，而鞋底仍然完好无损。

5、中国奥运第一鞋，号称中国之最，这双陈列在博物馆的镇馆布鞋全长2.008米、单只布鞋重49.5公斤、耗时5000多个工时、用人工土纺布1000余米、共408层、人工土纺棉索10000多米；锥纳20多万个针眼。男鞋鞋帮为宝蓝色，上绣北京奥运标志；女鞋鞋帮为红色上绣五彩福娃，

奥运第一鞋

用步步升特有的锁边锁底专利工艺经手制作而成。纯手工工艺、纯天然材料与“绿色奥运、人文奥运”血脉相融，鞋长2.008米象征着北京奥运；而锁底锁边的工艺则象征着“步步升妈妈”对奥运的企盼与对和谐奥运、团结、友谊、进步的奥林匹克精神的希望。

苗族手工老绣鞋

民国　汉族三寸金莲

民国　汉族民间老刺绣鞋

［藏品保护］　该馆建有专门的库房和配备相应的保护设施，严格按照《藏品管理办法》的各项规定进行管理。藏品的保管工作做到制度健全、账目清楚、鉴定确切、编目详明；运用传统方法对一些破损藏品器物进行修复保存。

经营管理

［单位性质］　民营

［经费来源］　企业全额出资

［观众接待］　年观众人数约8000人次

参观指南

［地址］　枝江市步步升布鞋文化村内（汉宜高速公路枝江道口处）

［邮编］　443200

［电话］　0717-4299233

［电子邮箱］　diuka@163.com

［开放时间］　8:30－16:30

（撰文：王子毅）

枝江市博物馆

Zhijiang County Museum

概述

类型　地方综合性博物馆

隶属关系　隶属枝江市文化体育旅游局

创建时间　1989年1月成立并开馆

枝江博物馆全景

所在位置 位于枝江市马家店街道办南岗路中段，紧邻318国道

面积 占地面积7500平方米、建筑面积2100平方米、土建及面展总投资280万元

布局 主体建筑为博物馆展览大楼和办公楼两部分，前有大门和广场，后有待建展览楼预留场地。周边有围墙。展览大楼平面呈曲尺形，三层均为展厅。办公楼分为办公室、文物整理室、档案资料室、会议室。

建筑特点 馆舍外观具有汉魏风格，绿色琉璃瓦屋面，汉阙式大门，建筑檐下装饰浮雕斗拱图案。陈列楼门厅外为石阶，底层墙面贴自然剥面石片。两侧为浅浮雕石刻壁画，左侧为展示大溪文化制陶艺术的《陶韵》，右侧为体现楚文化风采的《楚风》。门厅内正面为黑色大理石雕丙烯填线壁画《西楚沧桑》。展览大楼墙体设计外凸柱，方便厅内布展。采用高长条窗，采光省电、通风防盗。办公楼与陈列楼长廊相接，馆舍错落有致，与附属建筑及园林文化氛围一致，幽雅简朴，文化特色明显，是该市象征性建筑之一，也是三峡门户第一馆。馆舍建筑设计获得省市年度设计奖。由原全国政协副主席、原中国社会科学院院长胡绳题写馆名。

历史沿革 1949年9月成立枝江县人民文化馆，兼管文物及展览工作。

1975年6月23日，成立枝江县文物保护领导小组。

1984年6月，成立枝江县文物管理所，与枝江县文化馆合署办公。

1989年1月，组建枝江县博物馆。

1991年5月27日，成立枝江县文物管理委员会。

1992年12月6日，国家文物局原副局长黄景略等来枝江检查文物工作，就新建馆舍问题提出建设性意见。

1994年5月15日，国家文物局“全国文物鉴定专家组”朱家溍、杨伯达、杜迺松、耿宝昌等来馆鉴定馆藏一级文物。

1996年11月8日，枝江市博物馆新馆落成，并对外开放。该馆开馆十年来，先后举办了22场不同内容的展览，接待中外观众18万多人次，1997年获“湖北省文化先进集体”称号；1999年1月被中共宜昌市委宣传部批准为爱国主义教育基地；2000年公布为“宜昌市中小学德教育教育基地”；2001年获全省“十佳博物馆”称号和“湖北省文物安全保卫工作先进集体”称号。

2005年6月4日，国家文物局文物司司长宋新潮来馆指导工作，肯定了市博物馆的民俗文物征集工作。

2007年3月，调整枝江市文物管理委员会成员。

2008年5月28日，湖北省文化厅厅长杜建国等到枝江市博物馆检查工作。

2009年5月15日，在枝江市召开“全省县市级博物馆陈列展览工作座谈会”代表93人来馆参观。

2010年，获得宜昌市“博物馆免费开放先进单位”称号和“宜昌市十佳文化单位”、“十佳文物保护单位”称号。

历任馆长 李绪梅（1989.1—1997.3）；刘信珍（1997.3—2010.5）。

业务活动

基本陈列 1974年，枝江县文化馆制作玻璃展柜陈列文物。1980年，枝江县文化馆举办《枝江历史文物展览》，展品77件。后逐渐增加展品，分为原始社会、姚家港汉墓、东晋墓出土文物及其它馆藏文物四个部分，1996年10月撤展。

《枝江历史文物陈列》于1996年11月8日开展，展览面积486.9平方米，展品260件。展览共分五个专题，分别为《远古的枝江》，展出旧石器时代打制石器，关庙山类型大溪文化文物；《楚文化发祥地》，展出西周到战国时期的青铜礼器、兵器和车马器等楚、巴、越等先秦民族文物；《汉砖艺术》，介绍一组东汉晚期画像砖；《陶塑奇葩》，展示西汉早期到明代的陶塑珍品；《古瓷集锦》展出馆藏东晋越窑青瓷、唐代青瓷、宋代湖田窑、吉州窑瓷器及明清时期民窑瓷器。

《过去的日子——枝江民俗生活文化展》于2005年9月16日开展，展览面积316.8平方米。展品290件，展示了该馆抢救民间文化遗产工作的初步成果。采用现场复原、观众进入式展出方式，依次展出堂屋、房屋、小厅、小房、厨房、生产工具、民间信仰、民间艺术等8个部分。通过展品反映明清时期到20世纪初期的家具、建筑、木雕、石雕、油漆、纺织刺绣、农业工具、皮影等方面的制作工艺技术。

《枝江民俗风情展》于2009年5月15日开展，《枝江民俗风情展》由湖北楚辰建筑装饰有限公司制作。该展由《过去的日子——枝江民俗生活文化展》升级，展览面积316.8平方米。展品290件。由四时佳节、农事与工艺、婚嫁礼仪、天人感应、民间文艺五部分组成，展览使用了新的科技手段，内容丰富，形式创新，更加注重观众的参与性。

专题陈列 1952年8月，枝江县第二文化分馆（江口镇）借用民间藏品举办《传世文物展览》，展览面积30平方米。1980年，枝江县文化馆举办《馆藏文物展览》，展品77件，展览面积40平方米。1981年1月1日－3月，枝江县文化馆举办《关庙山出土文物展览》，展出文物115件，展览面积40平方米。1991年1－12月，在全县各乡镇举办《文物法宣传图片展览》。1996年11月8日，举行枝江市博物馆开馆仪式，新馆有三层展厅，总面积1143.7平方米。同时推出《枝江历史文物陈列》、《西双版纳蝴蝶标本展》、《王心祥根雕艺术展》。1997年4月14日，举办《九七香港回归图片展》对外展出，展览面积316.8平方米。1998年10月8日，《红岩英魂》图片展举行首展式，展览面积316.8平方米。1999年9月，举办《共和国50年图片展》，免费参观，展览面积316.8平方米。2000年8月11日，《现代武器与战争图片展》对外展出，展览面积316.8平方米。2001年6月6日，举办《辉煌的历程－纪念中国共产党成立八十周年》大型图片展。2004年4月14日，市博物馆实行对未成年人免费开放。6月23日，举办《一代伟人邓小平图片展》，展览面积316.8平方米。2007年11月5日，枝江市博物馆《枝江民俗文物展》，参加第八届艺术节宜昌市分会场《宜昌市非物质文化遗产保护成果展》联展，展览面积80平方米。

藏品管理

［藏品来源］ 1973年8月，开始进行文物征集工作。主要通过民间征集、考古发掘、捐赠、收购、案件收缴移交等形式征集藏品。2003年开始，大力抢救民俗民间文物。馆藏文物以出土文物和民俗文物为主，主要为陶瓷器和木器。

［藏品统计］ 截至2009年底，馆藏文物共9868件，其中一级7件（套），2级文物26件（套），3级文物119件（套），一般文物3394件（套）。

［文物类别］ 枝江市博物馆藏品分为传世文物、出土文物、民俗文物三大类，其类别有石器、陶瓷器、铜器、铁器、木器、竹器、皮革器、锡器、木雕、石雕、石刻、金银器、玉器、纺织品、印版、字画、古书、钱币等。

宋 堆塑魂坛

春秋 楚国宫殿建筑铜构件

宋 黑花瓷瓶

春秋 徐太子伯辰鼎

［重要藏品］ 关庙山类型大溪文化刻划符号、黑竖条晕彩红陶圈足碗；春秋时期楚国宫殿建筑铜构件、徐太子伯辰鼎；战国巴式剑、越式矛、错银车軎；新莽铜砝码；东汉晚期画像砖；宋代堆塑魂坛；清代木雕挂巾架等。

［藏品保护］ 该馆按照《藏品管理办法》的相关规定，设置文物库房和特藏库房。馆藏一级文物由国家文物局“全国文物鉴定专家组”鉴定，二、三级藏品由省级文物鉴定委员会专家组鉴定。一、二级藏品已建立文物藏品建档备案和电子文本；藏品保管制度健全、账物相符、编目详明；库房内配备安全防火器材；更新文物橱柜架和设施。该馆现为三级文物风险单位，按照《博物馆安全保卫规定》和三级风险等级安全防护规定要求，馆内设置安全保卫科，选配专职保卫干部，安装技术安防电视监控设施和110联网报警系统，落实完善安全保卫制度，配备专职保卫人员和警犬，坚持24小时安全防范。

对馆藏文物实施科技保护措施，2002年11月2日，南京博物院文物研究所专家来馆对馆藏错银戈樽进行药物保护处理。2004年12月30日，国家文物局批准枝江市博物馆《青铜器彩陶修复保护项目》的保护方案，对部分青铜器、彩陶器进行修复。

考古发掘 该馆历年来配合中国社会科学院考古研究所、武汉大学、湖北省博物馆、湖北省考古所、宜昌市博物馆等专业部门在枝江先后进行了近40余次科学发掘。其中较重要的发掘点有城背溪文化红岩子山遗址、大溪文化关庙山遗址、龚家台西周至东晋遗址、姚家港西周至东晋墓群、肖家山战国至秦汉、宋代墓群等，丰富了长江中游原始文化和本地楚文化的研究资料。1979年秋至1980年冬，中国科学院考古研究所湖北队在关庙山遗址进行第二次科学发掘期间，考古研究所所长夏鼐、考古学家佟柱臣、石兴邦、俞伟超等到现场考察。武汉大学、四川大学、南京大学、厦门大学、福建大学本专业师生，国家文物局、文物出版社负责人先后到发掘工地参观指导。

文物普查 1974年发掘姚家港古墓群后，湖北省博物馆有关专家在枝江问安、百里洲进行局部地区文物调查后，写出《枝江文物初查》。1975年5月至7月，宜昌地区文物普查组在枝江进行第一次文物普查，1979年资料载入《宜昌地区历史文物资料汇编》。1978年5月，开展革命文物和史料调查，编撰《枝江县革命简史》。1978年11月，地、县组织业务人员进行川汉公路输气管道枝江段文物普查。1982年6月至7月，宜昌地区文物普查队在枝江进行第三次文物普查。1984年，进行第四次全县文物普查。1985年，全县共发现古代文化遗址111处，其中新石器时代至明清时期的古遗址59处，古墓葬群39处，其余为化石点、文物采集点和石刻，其中省级重点保护单位1处，县级重点保护单位8处。1987年10月，县博物馆编制的《文物普查资料表》、《文物一览表》，作为该省典型材料参加在西安召开的“全国文物普查资料整理工作会议”。1991年3月至12月，《枝江县文物普查记录表》、《枝江县文物单位简介》进行第三次修改和增补，其中，151处文物点被收入《中华人民共和国文物图集·湖北卷》。2008年9月至2009年12月，枝江市博物馆第三次全国文物普查小组人员根据国务院《关于开展第三次全国文物普查的通知》和统一部署，对全市进行文物普查，这次文物普查使用GPS卫星定位、测距仪等现代科技手段进行资料采录，调查全市8个镇、1个街道办事处，198个行政村，共调查文物点340处，并对原文物点进行了复查。全市现有文物点286处，其中新增点189处。

科学研究

［科研队伍］ 枝江市博物馆现有工作人员8人，其中专业人员6人，大专以上文化程度6人，高级职称2人，管理机构健全。负责对市内历史文化遗产的调查保护工作，开展各项业务活动。

［科研设施］ 1989年1月枝江市博物馆成立，因经济条件制约，办公条件简陋，无科研设施。1996年新馆建成后，开展博物馆业务工作的设施得到充实，现已配备电脑台4套（包括台式、手提、复印机等）、各种型号的数码相机台3（套）；设置有文物整理库房、资料室及其它工作器材等。

［科研成果］ 专业人员注重地方文物考古和历史、民俗的调查研究，在有关专业刊物上发表了《湖北枝江新石器时代遗址调查》、《关庙山一号春秋墓》、《枝江近年出土的周代铜器》、《姚港东汉画像砖》、《枝江楚俗拾遗》等40篇简报与论文。该馆积极参与各种学术交流活动，参与地方史志的撰写工作，出版有《枝江历史风情》、《九十九洲》等专著。2003年开始，主编《枝江市文化志》、《枝江市民俗志》，并进行地方民俗民间文物的抢救工作，到2009年征集到传统生产生活用具，民间工艺品2500余件。征集国家、湖北省非物质文化遗产名录枝江吹打乐、枝江楠管等文物。开展非物质文化遗产调查，对汉剧、扇子戏及刺绣、木雕艺人进行调查，整理出13个皮影戏剧本，征集到20种民间唱本，并写出专题研究论文，举办专题陈列展出。摄制影视录像《枝江姚家港楚

墓》、《枝江关庙山遗址》、《枝江皮影戏》、《枝江黄家嘴8号楚墓》。

交流合作　1982年2月17－18日，湖北省美术学院画家唐小禾、陈犁为创作武昌东湖宾馆宴会厅大型陶版壁画《楚乐》，专程来馆参观汉画像砖和关庙山出土文物。3月20日，国家计量总局情报研究所度量衡史研究组丘光明、任系英两人来馆，测定馆藏文物西汉王莽环权，资料后在其专著《中国度量衡文物图集》刊出。10月3日，北京大学教授俞伟超等来馆考察楚文物。1990年1月12日，日本早稻田大学研究院文学研究科考古专业博士、北京大学考古系高级进修生到枝江考察关庙山遗址和出土文物。1996年3月26日，日本福岗大学考古系学者岗村秀典等4人，来馆参观关庙山出土文物。11月22－23日，法国国立科学研究中心杜德兰研究员来枝江考察龚家台遗址。1998年11月11日，法国国立科学研究中心杜德兰、法国塞纳河-圣德尼省文物考古研究所所长奥利维埃·梅耶，再次到市博物馆参观，并考察龚家台遗址。2002年3月5日，《人民日报》主任记者、中非友好协会副会长、中非问题研究会常务副会长、北京大学非洲研究中心研究员黄泽全来馆参观。2004年11月28日，北京大学城市旅游规划课题组为设计大宜昌旅游规划，到该馆及各旅游规划点考察。2005年3月9日，沈阳军区导演门文元等为排演《楚水巴山》来馆参观文物。11月1日，日本九州大学考古博士丹羽崇史来馆考察青铜器铸造工艺。2009年4月18日，武汉大学历史学院学者来馆参观馆藏的清代三合庄王氏家族契约文书。

经营管理

［单位性质］　社会公益性质的国营文化事业单位

［经费来源］　地方财政（县级）全额拨款

［机构设备］　设有馆长室、办公室、财务室、文保业务部、藏品保管部、群工部、安全保卫科。枝江市文物管理所与枝江市博物馆合署办公，并兼管市文管会办公室的业务职能工作。

［人员编制、组成］　1989年核定人员编制数为8人，2010年为8人，全馆现有文博专业技术人员6人。

［服务观众项目］　对观众免费开放，免费提供基本陈列展览简介，出售相关出版物和旅游产品。

［观众接待］　年观众人数25000人次

参观指南

［地址］　湖北省枝江市南岗路中段

［邮编］　443200

［电话］　0717-4213375

［传真］　0717-4243961

［电子邮箱］　zjbwg1011848@163.com

［开放时间］　8:00－11:30，14:30－17:30（每周二至周日）

［票价］　1996年门票价格：成人每张5元；中小学生每张2.5元；70岁以上老人和残疾人免费。2002年开始免费开放。

（撰文：黄道华）

松滋市博物馆

Songzi County Museum

概述

类型　地方综合性博物馆

隶属关系　隶属于松滋市文化局

创建时间　1986年9月

所在位置　位于松滋市新江口镇乐乡大道93号

面积　建筑面积300平方米

历史沿革　该馆前身是松滋县文化馆。1986年县文化馆一分为三，先后分设图书馆、博物馆。1996年松滋撤县建市，博物馆改称松滋市博物馆。

历任馆长　陈定茂（1986－1993　副馆长主持工作）；胡青云（1993－2005.12）；赵颖（2005.12至今）。

业务活动

基本陈列　《贺炳炎将军纪念馆》1995年5月面向大众开放，纪念馆正中陈列贺炳炎将军与毛泽东、朱德等当时国家领导人的大幅合影，周恩来授予贺炳炎将军上将军衔的通知书，贺炳炎将军遗物及部分老将军、老红军为贺炳炎将军纪念馆题词等近百件。陈列面积200平方米。

《书画根雕艺术展》1997年5月18日松滋县撤县建市，博物馆举办《书画根雕艺术展》，陈列面积200平方米，展出书画作品100余件，根雕艺术作品近百件。

《象牙化石陈列展》陈列展出目前世界最长的象牙化石，荣获上海吉尼斯之最，时代为中更新世后期，距今约75－25万年。此化石经鉴定为真象类门齿，真象亚科古菱龄象属纳玛象。陈列以版面和玻璃柜为展陈形式，配置了照明灯光，展陈面积120平方米。1997年8月开始展出。

专题陈列　该馆从1993年开始至今，先后举办过20多次各种临时的专题展览。有的专题展览意义重大，影响深远。如《黄杰同志图片展》，以活动版面的形式反映黄杰为党为人民从事革命斗争的光辉历程。来参观的大多为青年和学生，此展览对他们进行了传统的爱国主义教育。

藏品管理

［藏品来源］ 主要通过征集、考古发掘、上缴（交）、捐赠、收购等途径取得。现有的文物藏品中，绝大多数为考古发掘的出土文物，以陶瓷器为主。

［藏品类别］ 松滋市博物馆文物藏品分为传世文物、出土文物和革命文物以及工艺品四大类。其类别有石器、陶瓷器、铜器、铁器、木雕、石雕、石刻、金银器、玉器、字画、古书、钱币等等。

［藏品统计］ 截至2008年底，新石器时代至民国各时期文物藏品总数为2295件。其中国家一级文物2件，二级文物38件，三级文物216件。

［重要藏品］ 东汉青瓷罐、宋青瓷碗、南北朝鸡首壶、元影青瓷瓶、唐代瓷枕；汉代铜镜、唐代铜镜、战国铜剑；新石器时代玉玦、战国玉璧、明玉雕三通杯、明龙纹玉佩。

汉 铜镜

东汉 青瓷罐

新石器时代 玉玦

南北朝 鸡首壶

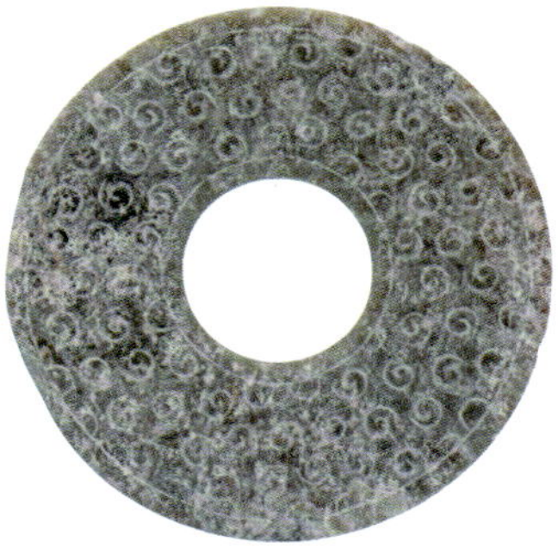

战国 玉璧

战国 铜剑

唐 铜镜

宋　青瓷碗

元　影青瓷瓶

明　玉雕三通杯

明　龙纹玉佩

［藏品保护］　该馆因暂没有修建标准化的博物馆，文物库房和相应的保护设施配备不完善，不能严格按照《藏品管理办法》的各项规定进行管理。但是经省级文物鉴定委员会专家组的严格鉴定，凡具有历史、艺术或科学价值的一、二、三级藏品，均建立了文物藏品档案和电子文本，藏品的保管工作做到制度健全、账目清楚、鉴定确切、编目详明；运用传统方法对一些破损藏品器物进行修复保存，库房内配备了必要的安全监控、防火器材。按照《博物馆安全保卫规定》和三级风险等级安全防护规定要求，馆内设立安全保卫科，选配专职保卫干部。重点要害部位安装技术安防设备和综合报警监控系统设施，落实完善了各项安全保卫制度，配备专职保卫人员坚持24小时值班。

考古发掘　考古发掘工作起始于70年代初，1973年I2月当地农民修建桂花树电排站时考古工作者发现，目前尚见红烧土房基、灰坑等，文化堆积丰富，厚约2.5－3米，分墓葬区、居住区、公共区三个部分。1974年2月文博部门进行实地踏勘调查，当年年底到次年年初，湖北省、荆州博物馆会同松滋、公安博物馆，组织考古人员进行了试掘，发现此遗址属新石器时代遗存，文化堆积共8层三期，分属三个不同的文化时代。第五层至第八层属大溪文化，第三层、第四层属屈家岭文化，第二层数石家河文化（又称湖北龙山文化）。出土的文物有石器、陶器、玉器等（有关资料刊发于《考古》，1975第3期）。1992年底，荆州博物馆联合松滋博物馆对施加坟遗址进行了试掘，发掘出土的文物有石斧、石戚、陶鼎、陶罐、陶豆等，是一处内涵丰富的屈家岭文化遗址。自桂花树遗址出土文物始，至2008年底止，县域内在农业（农田）改造、基建、水利、交通等设施建设工程中，通过发现、举报（报告）、勘踏等各种形式，经过30多年百余次的考古发掘，出土、收缴（交）了数千件地下文物（其中包括一些文物珍品），为县域的历史演变和经济社会发展研究提供了不可或缺的实物依据。

经营管理

［单位性质］　社会公益性质的国营文化事业单位

［经费来源］　地方财政（县级）全额拨款

［机构设置］　设有馆长室、办公室、业务科、安全保卫科。

［人员编制、组成］　核定人员编制数1995年为5人，2008年为8人（现实际在编人员15人）。全馆现有专业技术人员7人，其中文博专业技术人员4人。馆员4人，初级助理馆员3人。

［观众接待］　年观众人数约5000人次

参观指南

［地址］ 松滋市新江口镇乐乡大道93号

［邮编］ 434200

［电话］ 0716-6224260

［开放时间］ 8:30—16:30

［票价］ 免费

（撰文：松滋市博物馆）

枣阳市博物馆

Zaoyang County Museum

概述

类型 地方综合性博物馆

隶属关系 隶属于枣阳市文化体育局

创建时间 1990年

所在位置 位于枣阳市西城开发区西环一路52号

面积 占地面积2000平方米

历史沿革 建国初期，文物工作由县文化馆代为管理，1990年成立枣阳市博物馆，把省级重点文物保护单位黉学作为展厅，对外开放展览。2009年9月经市政府同意将襄樊市级文保单位——香草亭作为展厅免费开放展览。

历任馆长 吴都明（1990.4－1997.3）；陈荣彦（1997.3－2000.4）；赵联国（2000.4－2002.3）；张怀义（2002.3－2008.6）；孙军（2008.6至今）。

业务活动

基本陈列 常年展示馆藏文物85件以及雕龙碑人类遗址陈列展；战国中晚期的九连墩古墓群、汉光武刘秀故里、明清古建筑图片展；西汉民俗文物陈列展；诗书、画影展等。陈列面积429平方米。

专题陈列 自成立以来，先后多次举办各种专题展览。比较有影响的展览有《香港回归》、《澳门回归》、《枣阳市建国五十周年成果展》、《反腐倡廉》、《拒绝毒品，珍爱生命》等图片展览，并将展览制作成活动版面，深入到全市各乡镇学校进行巡回展示，影响深远，意义重大。

藏品管理

［藏品来源］ 主要通过征集、考古发掘、上缴（交）、捐赠、收购等途径取得。

［藏品类别］ 类别有石器、陶瓷器、青铜器、铁器、木雕、石雕、石刻、金银器、玉器、古字画、古钱币等。

［藏品统计］ 至今馆藏文物总数已达3000件，其中国家一级文物4件，二级文物18件，三级文物37件。

［重要藏品］ 商晚期饕餮纹铜尊、商兽面纹铜鼎、元白釉黑彩开光瓷瓮、西周曾候羡铜戈。

［藏品保护］ 有专门的文物库房，配备相应的保护措施，严格按照《藏品管理办法》的各项规定进行管理。建立文物藏品档案资料，做到制度健全，帐目清楚，编目详明，并对部分破损文物进行修复。配备必要的温、湿度计、恒温计及防火消防器材，加固库房门窗及防盗设施，安装报警监控系统和安防设备，成立保卫专班，全天24小时有人值班看守。

考古发掘 自成立文物考古队以来，为配合全市基本建设，避免地下文物受到损害，做到了凡是有基建的地方就必须进行文物勘探，经过多年的考古发掘，出土了大量文物，丰实了馆藏文物数量。

科学研究 枣阳市博物馆现有馆员4人，助馆6人。由于专业技术人员匮缺，以及经费的制约，科研设施比较落后，难以开展大的活动。我们仅借有限的力量对人员进行业务培训，协同参加重大考古发掘。参加了全国重点文物保护单位——雕龙碑遗址和九连墩古墓群的发掘清理工作。

编辑出版 2001年，市博物馆原副馆长徐正国编撰的《枣阳文物古迹录》一书由中国文联出版社出版，该书全面系统地介绍了枣阳境内的文物古迹。

经营管理

［单位性质］ 公益性国营事业单位

［经费来源］ 地方财政（县级）全额拨款

［机构设置］ 设有馆长室、办公室、业务科、保卫科、陈列展览部。

［人员组成］ 编制人数30人，现有专业技术人员10人，其中文博专业技术人员8人。

［观众接待］ 年接待观众人数约4万人次

参观指南

［地址］ 枣阳市北城韦家巷

［邮编］ 441200

［电话］ 710-6223513

［开放时间］ 9:00—16:00

［票价］ 免费

（撰文：枣阳市博物馆）

罗田县博物馆

Luotian County Musem

概述

类型 地方综合性博物馆

罗田县博物馆大成殿

隶属关系　隶属于罗田县文化新闻出版局

创建时间　1994年9月

所在位置　位于罗田县城中心（文化广场北侧）

面积　占地面积900平方米

布局　馆址设在始建于元代大德八年（1304），清同治庚午年（1870）重建的罗田文庙大成殿（省级文物保护单位）内，后面为花园，前面为文化广场。展厅设在文庙大成殿二楼，一楼中间为序厅，两侧为业务办公场所。文物库房另设它地。

建筑特点　罗田文庙大成殿，建筑面积500平方米，为木林质结构，单体建筑，面阔5间，进深6间，由40根半截石柱半截木柱相接，拔地而起的楼式大成殿。抬梁式构架，重檐歇山顶，灰瓦屋面。

历史沿革　中华人民共和国成立后，罗田县的文博工作由罗田县文化馆代为管理，1982年正式成立了罗田县文物管理所与县文化馆合署办公。1994年9月25日，罗政发[1994]第114号文件《关于将文庙划归县文化局管理并组建罗田县博物馆的通知》，1995年对文庙大成殿进行大型维修，1997年7月1日县博物馆正式对外开放。2004年7月28日，罗政办[2004]85号文件《关于成立罗田县文物管理委员会的通知》，办公室设在县文化局。2005年12月，罗机编[2005]32号文件批复恢复罗田县文物管理所与县博物馆合署办公。

由于罗田县博物馆馆址设在罗田文庙大成殿，面积小，设施落后，博物馆自身的基本功能得不到应有的发挥，对社会（观众）服务的基本条件不具备，而且存在严重的安全隐患，2010年初县政府决定在城南新区无偿划拨建设用地20亩新建罗田县博物馆，并成立了由县长任组长、相关职能部门为成员的筹建领导小组，办公室设在县文化局。

历任馆长　江立宗（1981.3－1985.5　负责人）；唐德茂（1985.6－1990.12　所长）；王翻身（1991.1－1994.9　所长）；王翻身（1994.10至今）。

业务活动

基本陈列　《罗田县出土文物陈列展》于1997年7月面向大众开放，展出有新石器时代的石器、陶器，商周时期的青铜器、陶器，秦汉至宋元明清各时期的铜器、铁器、陶器、瓷器以及辅展品。采用分类陈列形式，陈列面积220平方米，展出藏品110余件。《罗田县革命斗争史展》2001年7月正式对外开放，以反映从1924－1949年在中国共产党领导下进行革命斗争的遗址、遗迹照片、革命先辈的文物为主，加以辅助展品。按大革命、土地革命、抗日战争、解放战争四个时期陈列展览。陈列面积250平方米，展出藏品80余件。因文庙大成殿是省级文物保护单位，为确保其安全，于2005年9月关闭撤展。

专题陈列　该馆自1997－2005年11月，先后举办过《香港回归祖国大型图片展览》、《人民的好总理－周恩来诞辰100周年图片展览》、《历代帝王塑像展览》、《庆祝建国50周年书法、摄影作品展览》、《科普展览》、《何建明绘画艺术作品展览》等短期的专题展览共60多场次。2005年为配合全县保持共产党员先进性教育、红色旅游活动，将《罗田县革命斗争史展》制作成活动版面，深入到全县各乡镇及旅游景区巡回展出，同时由该馆研究人员作革命传统教育报告共70多场次。

藏品管理

［藏品来源］　主要通过征集、考古发掘、收购等途径取得。现有的文物藏品中，大部为考古发掘和收购的文物，以青铜器、陶瓷器为主。

［藏品类别］　罗田县博物馆文物藏品主要以传世文物、出土文物、革命文物三大类。其类别有石器、铜器、陶瓷器、铁器、木雕、石雕、石刻、金银锡器、玉器、字画、古书、钱币等。

［藏品统计］　截至2006年底，从新石器时代至1949年前各个历史时期文物藏品总数为5981件，其中出土文物和传世文物5772件，革命文物209件。国家一、二、三级珍贵文物藏品500余件。

［重要藏品］　新石器时代圈足白陶盘；西周青铜鼎、簋；春秋甬钟；汉代铜蚕；南宋青瓷四神（青龙、白虎、玄武、朱雀）、鸡、鸭、人首鳖、人面蚕身俑、鱼俑、四神塔形罐；北宋青瓷子母盒、梅瓶；元代石雕。

［藏品保护］　该馆文物库房严格按照《藏品管理办法》的各项规定进行管理。凡入库文物按质地分类入柜架囊匣，一、二级藏品进入保险柜，大件藏品存放固室内。

南宋　青瓷四神（青龙、白虎、朱雀、玄武）

南宋　青瓷鸡、鸭

南宋　青瓷人面蚕身俑

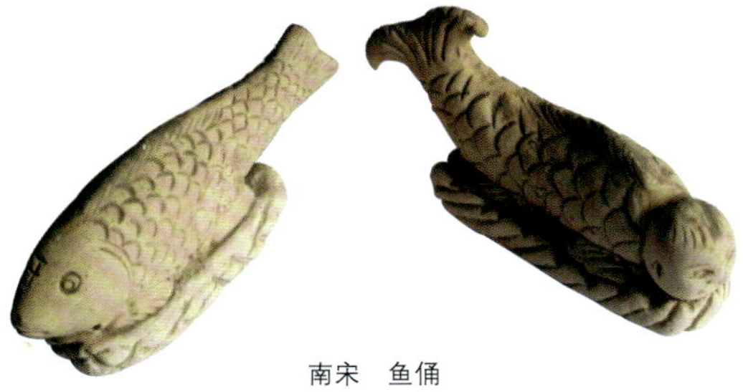

南宋　鱼俑

藏品保管工作做到制度健全、帐目清楚、鉴定确切、编目详明、存放有序、检索方便；对破损的陶器、瓷器进行修复，铜器进行去锈处理；对纸质、竹木文物藏品采取除虫、防虫、防霉等基本方法；保持库房清洁，适时采取开窗除温散湿等保护措施。按照《博物馆安全保卫规定》等要求，馆内设立安全保卫组，库房安装技防、安防设备和综合报警监控系统设施并与县公安局联网。落实完善了各项安全保卫制度，配备专职保卫人员，坚持24小时执勤。

考古发掘　该馆考古发掘自1984年至2006年，配合地方大中小型工程建设项目，认真开展文物勘探调查，发现文物及时申报发掘。先后与中国社会科学院长江考古队、湖北省考古研究所、黄冈市博物馆联合发掘古文化遗址4处、战国墓葬1处、宋代墓葬4座、宋代窑址1座、元代墓葬1座、明清墓葬18座。

科学研究

［科研队伍］　副研究馆员1人，馆员3人，初级助理馆员3人。

［科研设施］　罗田县博物馆因经济条件制约，科研设施落后，办公条件简陋。自2006年后，随着社会经济的快速发展，开展文博工作的必要设施得到更新充实，现已配备台式电脑2台，手提电脑1台，打印机1台，不同型号的数码照相机2台及其它工作器材等。目前罗田县博物馆正在进行新馆筹建的各项准备工作和第三次文物普查工作。

［科研成果］　该馆自1984年以来，先后在《文物》、《江汉考古》、《湖北文史》、《湖北日报》、《黄冈日报》、《黄冈文史》等刊物上发表专业理论文章共50多篇，撰写有《罗田县文物古迹实录》、《历代名人在罗田》、《罗田史话》、《红色罗田之旅》等书，出版有《罗田名人名事》等书。

经营管理

［单位性质］　社会公益性质的国营文化事业单位

［经费来源］　地方财政（县级）全额拨款

［机构设置］　设有办公室、文物调研组、陈列宣传组、安全保卫组，负责全馆文物保护管理工作和博物馆文物展览、保管和研究等工作。

［人员编制、组成］　1994年核定人员编制数为4人（现实际在编人员9人）。全馆现有专业技术人员9人，其中文博专业技术人员7人。

［参观接待］　每年参观人数5000人次

参观指南

［地址］　罗田县城中心文化广场北侧

［邮编］ 438600

［电话］ 0713-5059723

［电子邮箱］ wangren444@163.com

［开放时间］ 8:30－16:30

［票价］ 免费

（撰文：王永）

周老嘴湘鄂西革命根据地纪念馆

Zhou Laozui Revolutionary Base Memorial Hall of Westurn Hunan and Hubei province

概述

类型 社会科学类历史遗址专题纪念馆

隶属关系 隶属于监利县革命历史博物馆

开放时间 1979年

所在位置 位于监利县周老嘴镇老正街96号

面积 670平方米

布局 纪念馆设于全国重点文物保护单位——湘鄂西革命根据地旧址群贺龙、周逸群旧居和中共湘鄂西中央分局两处相邻的旧址内。贺龙、周逸群旧居为纪念馆入口，进门右侧设有游客休息室，中共湘鄂西中央分局旧址为出口。

建筑特点 贺龙、周逸群旧居和中共湘鄂西中央分局旧址始建于清代，均为前后多进的砖木结构民宅，屋面施盖小青瓦，山墙装饰各式墀头，建筑布局为前铺后室，进与进之间设有天井、天斗、厢房，都用木格扇门和格扇板相隔，其建筑风格古朴典雅而独具湖北江汉平原古民宅特色。

历史沿革 该馆于1977年开始筹备。贺龙、周逸群旧居和中共湘鄂西中央分局旧址是全国第三批重点文物保护单位。周老嘴革命根据地古镇小街于2005年2月被国家公布为全国百处“红色旅游”经典景区；2005年9月被公布为中国历史文化名镇；2005年11月被中宣部公布为全国爱国主义教育基地。

历任馆长 许光华（1979.6－1985.11）；刘三河（1985.12－1995.11）；王泽华（1995.12－1998.7）；袁良武（1998.8－1999.5）；唐艳成（1999.6－2009.4）；王泽华（2009.5至今）。

业务活动

基本陈列 周老嘴纪念馆的展标为《湘鄂西革命斗争史陈列》，其内容以共产党领导的土地革命斗争史为主，监利人民抗日斗争史、解放战争史为辅。陈列艺术设计特点突出表现在陈列形式和版面样式与旧址风貌浑然一体，实物和版面有机结合，再配合现代声、光、电等高科技手段，使整

1.湘鄂西革命根据地街景 2.陈列的红军使用过的马克沁重机枪 3.湘鄂西革命根据地纪念馆外景 4.《湘鄂西革命斗争史陈列》

个展览显得古朴而不呆滞。周老嘴纪念馆共分三个展区，均按旧址的原有布局，陈列第二次国内革命战争时期贺龙、周逸群、段德昌等老一辈无产阶级革命家创建湘鄂西革命根据地的革命史迹和遗存下来的珍贵革命文物，并在贺龙、周逸群旧居内及中共湘鄂西中央分局旧址内分别复原了贺龙、周逸群、夏曦、万涛的卧室和原有的办公场景。

陈列面积520平方米，陈列展品共计264件，其中文物藏品67件，复制品97件，辅助品100件。

藏品管理

［重要藏品］ 土地革命时期中国工农红军第二军团使用过的马克沁重机枪、六〇迫击炮、美三〇轻机枪等。

科学研究 历年来编写出版了《周老嘴简介》、《周老嘴革命斗争史》、《周老嘴湘鄂西革命根据地旧（遗）址门联集》和《周老嘴春秋》等书籍。

经营管理

［单位性质］ 社会公益性质的国营文化事业单位

［经费来源］ 地方财政（县级）全额拨款

［机构设置］ 设有馆长室、办公室、内保部、宣教部等机构。

［人员编制］ 共有人员8人，专业技术人员6人，其中文博专业技术人员4。

［观众接待］ 年观众人数约17万人次

参观指南

［地址］ 湖北省监利县周老嘴镇老正街96号

［邮编］ 433300

［电话］ 0716-3182019（传真）

［电子邮箱］ Loveun@yeah.net

［开放时间］ 8:30－17:30

［票价］ 免费

（撰文：监利县革命历史博物馆）

京山县博物馆

Jingshan Museum

概述

类型 地方综合性博物馆

隶属关系 隶属于京山县文化体育局

成立时间 1982年7月

所在位置 位于京山县新市镇。东紧临文峰古塔及文峰公园，西南依水及惠亭山。

面积 占地面积2500平方米

京山县博物馆全景

建筑特点 京山博物馆由二栋框架钢筋混凝土结构三层大楼组成，二栋大楼均为仿古建筑，屋檐、挑檐为琉璃瓦铺设，具有园林建筑风格，与毗邻的公园、古塔浑为一体。

历史沿革 京山县文物工作从解放初期至20世纪80年代初由京山县文化馆代为管理。1982年7月京山县人民政府发文成立京山县博物馆，与京山县文化馆合署办公。1983年初与文化馆分离，成为独立的文化单位，开始文物征集和实施全县文物保护工作。1987年4月，京山县人民政府选址文峰公园西门北侧征地4亩用于博物馆建设。1987年7月博物馆主体工程正式开工建设，1988年9月建筑面积1240平方米的博物馆主体工程完工，后又筹资对大门、场地、门面进行了配套建设，总投资约52万元。

1992年7月，京山博物馆正式开馆。2008年，京山县人民政府安排资金100万元新建550平方米陈列楼，使京山博物馆陈列室面积达到700余平方米。

历任馆长 杨明经（1983.1－1984.1）；王建贺（1984.1－1985.1）；范德斌（1985.1－1993.3）；赵航（1993.3－1998.3）；熊学斌（1998.3－2003.9）；陈宗富（2000.3－2003.9 党支部书记主持工作，2003.9至今）。

业务活动

基本陈列 京山博物馆有三个基本陈列：《毛泽东主席双儿女亲家——张文秋生平业绩陈列展》、《京山县出土文物精品展》、《京山县革命斗争史展》，采用展板及实物相结合方式进行布展，陈列突出地域特色，具有较强的吸引力和感染力。陈列布展面积约720平方米。

《毛泽东主席双儿女亲家——张文秋生平业绩陈列展》陈列主要展示了张文秋从一个没落封建家庭走出参加革命和成为毛泽东主席双儿女亲家（大女儿刘松林为毛岸英之妻、二女儿邵华为毛岸青之妻）的传奇经历。陈列展示了张文秋不管在战争年代还是在社会主义革命和建设时期一个忠诚共产主义战士的光辉形象。展出实物186件、珍贵图片183幅。

《京山县出土文物精品展》主要展示京山悠久的古文明史，陈列有京山屈家岭遗址出土的石器、陶器，苏家垄出土的西周青铜器，汉、唐、宋时期的铜镜，宋、明、清时期的瓷器、丝绸等。展出实物56件，其中石器7件、陶器11件、铜器31件、丝绸7件。

《京山县革命斗争史展》展出内容有土地革命时期贺龙领导红三军在京山开辟襄北根据地，开展“打土豪、分田地”，成立京山苏维埃政府的史料和文物，以及抗日战争时期李先念、陶铸、陈少敏等在京山领导豫鄂边区抗日斗争，创建新四军五师的革命斗争史料和珍贵文物。展出实物59件。

专题陈列 京山博物馆陈列楼设有150平方米临时展室，展线可达80米以上，用于举办专题陈列和引进优秀展览。自1992年京山博物馆正式开馆以来，举办过40余次各类专题展览和临时展览，如《禁毒展》、《科普知识展》、《建国50周年成果展》、《建党80周年图片展》、《反腐倡廉图片展》、《京山经济和社会发展成果展》等。展览吸引了广大党员、干部、学生和群众参观，部分展览还制成活动展板到基层进行巡展，取得了良好的社会效果。

京山博物馆全部展室均装有空调设备，接待环境较好。

藏品管理

［藏品来源］ 主要通过征集、考古发掘、上缴（交）、捐赠等途径取得。藏品中绝大多数为考古发掘的出土文物，以石器、陶器、铜器、瓷器、古钱币为主。

［藏品类别］ 京山博物馆藏品分为出土文物、革命文物、传世文物及工艺品四大类。其类别有石器、陶器、瓷器、铜器、金银器、字画、丝绸、钱币、杂器等。

［藏品统计］ 截至2009年底，京山博物馆从新石器时代至民国时期文物藏品总数为10320件，其中出土文物和传世文物10167件，革命文物101件，工艺品53件。国家一级文物6件、二级文物20件（套）、三级文物92件（套）。

［重要藏品］ 主要有商周青铜器曾太师鼎、曾子单鬲、爵、瓦纹簋、云雷纹觚，革命文物豫鄂边区建设银行钱版、李先念签署的新四军五师布告等。

［藏品保护］ 博物馆建有专门的文物库房，配有文物专用柜、架、箱、除湿设备和安防保护设施，严格按照国家文物藏品管理办法进行管理。馆藏凡具有历史、艺术、科学价值的一、二、三级藏品，经省文物鉴定委员会鉴定，均建立文物藏品纸质和电子档案；藏品保管做到制

周　曾子单鬲

青铜提梁方卣

豫鄂边区建设银行钱版

度健全、编目详明、账目清楚、账卡制作规范；对珍贵文物采用金属专柜保管，对丝绸、纸质文物定购专门木柜、木箱存放；对珍贵铜器藏品报国家采取修复、除锈等项保护措施；按照国家博物馆三级风险等级防范要求进行了技防和消防设施改造；建有安全监控中心、设有专门安全机构、配有专职安全人员、定有专门安全制度、签有专门安全职责。

考古发掘　京山博物馆考古发掘始于建馆后，先后进行了近百次考古发掘。1985年，会同荆州博物馆对油子岭遗址进行了考古发掘，发掘成果引起了考古界对油子岭文化类型较大关注；1989年7月，经国家文物局批准，湖北省考古研究所、荆州博物馆联合在屈家岭遗址进行了第三次发掘，取得了重要成果，京山博物馆参与了发掘工作；尔后配合国家长荆铁路建设，随岳高速公路、武荆高速公路施工，对京山至安陆公路等重点工程的文物点进行了考古发掘；在县域内农田改造、水利、交通、基本建设工程中通过调查勘探和报告，进行过多次抢救性考古发掘，出土了一定数量的地下文物，对研究县域历史提供了重要依据和佐证。

科学研究

［科研队伍］　现有副研究馆员1人，馆员2人，助理馆员5人。

［科研设施］　由于地方政府重视，上级文物行政部门支持，办公和设施条件不断改善。该馆拥有多媒体音像室，服务陈列展示及宣传，并拥有电脑7台（其中手提2台）、专业数码相机3架、扫描仪1台，激光打印机1台、手持GPS2台及其他配套器材。

［科研成果］　京山博物馆自成立以来，先后参与了省、市组织的多次重要考古发掘和文物调查勘探，油子岭遗址、屈家岭遗址考古发掘形成重要成果，其成果在国家重要刊物《江汉考古》发表；随岳高速公路考古发掘和文物调查勘探在京山发现一大型汉墓带，发掘报告在2008年《江汉考古》增刊上发表；为配合国家编制屈家岭遗址保护规划，与北大环境学院对屈家岭遗址进行了环境调查，参与了省考古所对屈家岭遗址进行的考古调查勘探，基本弄清了遗址地下文物分布状况，《屈家岭遗址调查与勘探工作报告》在2008年《江汉考古》第三期发表。还与有关业务部门和个人合作发表了西汉末年在京山发动“绿林起义”的相关研究文章。

经营管理

［单位性质］　社会公益性国营文化事业单位

［经费来源］　地方财政（县级）全额拨款

［机构设置］　设有办公室、考古部、陈列部、安全保卫部。2001年，县编办批复成立“京山县文物调查勘探队”，与博物馆两块牌子一套班子合署办公。京山文化体育局委托京山博物馆行使文物行政执法职能。

［人员编制、组成］　核定人员编制8人，实有工作人员14人（聘用6人）。全馆专业人员8人。

［服务观众项目］　讲解、寄存、茶水、休息室。

［观众接待］　年约17000人次（含中小学生）

参观指南

［地址］　京山县新市镇文峰西路10号

［邮编］　431800

［电话］　0724-7331370

［传真］　0724-7331308

［开放时间］　9:00－17:00（周一闭馆）

［票价］　免费

（撰文：京山县博物馆）

京汉铁路总工会旧址纪念馆

Site-Memorial of Jing-Han Railway Trades Union

概述

类型　社会科学类历史遗址专题博物馆

隶属关系　隶属于武汉市文化局

开放时间　1981年2月7日

所在位置　武汉市江岸区解放大道与二七路交汇处西北角

面积　占地面积879.31平方米、建筑面积712.25平方米

建筑特点　旧址建于清末民初，是一座砖木结构的普通民居，坐西朝东，石库门，进门有小天井，天井内及天井四周全部用花岗岩条石铺地，天井左右两侧为木雕窗棂的厢房，过天井为三开间正房，中为客堂。整栋房屋为清

京汉铁路总工会旧址纪念馆外景

末民初时期木结构一层建筑，屋架为穿斗形式，每根木立柱下方垫有一圆形石墩。内墙为木柱、木梁、木板组合成墙壁，外墙为青砖清水墙，屋面为布瓦屋面。整栋房屋设计简练，用材精良，施工考究。

历史沿革　1923年2月1日，京汉铁路总工会在郑州召开成立大会时，遭到军阀吴佩孚的阻扰和破坏，全路3万多名工人决定举行总同盟大罢工。2月3日，京汉铁路总工会从郑州迁此办公，张国焘、李震瀛、陈潭秋、林育南、项德隆（项英）、杨德甫、施洋、林祥谦等曾在这里开会，起草宣言、电稿，编写宣传品，这里成为领导京汉铁路总同盟罢工斗争的指挥部。在这间房屋里，总工会领导人起草了《特别紧要启事》、《罢工宣言》、《警告本路司员》、《敬告旅客》等文件、传单，向武汉人民乃至全国人民宣传京汉铁路工人罢工的原因和目的。2月4日爆发了轰轰烈烈的罢工斗争，沉重地打击了帝国主义和封建军阀。2月7日，帝国主义和反动军阀对京汉铁路工人进行空前的大逮捕、大屠杀。二七惨案后，中共中央发表文章，号召全国工人阶级团结一致，打倒惨杀工人的军阀吴佩孚。共产国际发表《为二七屠杀告中国铁路工人》和《告中国铁路工人宣言》，高度评价京汉铁路工人不屈不挠的英勇斗争精神。

京汉铁路总工会秘密办公地（复原）

二七革命斗争是京汉铁路工人在中国共产党的领导下，为争取成立总工会，争民主、争人权，高举反封建旗帜，在广大工人和各界人士的积极支援下举行的革命斗争。这次斗争充分显示了中国工人阶级的力量，有力地推动了全国人民反帝反封建斗争，在中国革命和工运史上留下了光辉灿烂的篇章。

为了教育后代，保护好这处重要的革命旧址，1956年湖北省人民政府将它列为省级文物保护单位，1980年武汉市人民政府拨款对旧址按原貌进行修缮，并举办《京汉铁路总工会秘密办公地陈列》，1981年正式对外开放。1995年因解放大道拓宽，旧址整体向西南方面迁移50米。旧址是广大人民群众、青少年接受爱国主义、革命传统教育的课堂。

业务活动

基本陈列　展厅面积101.69平方米。复原了京汉铁路总工会的秘密办公室、堂屋和灶屋。举办有《京汉铁路总工会秘密办公地陈列》展览。主要展出：京汉铁路沿线16个分工会示意图；京汉铁路总工会成立名单及照片；2月4日总工会发布的《罢工宣言》、《敬告旅客》、《敬告本路司令》、《共商斗争大计》文照传单油画、中国劳动组合书记部对罢工斗争的通电、2月6日总工会发出的《致全国铁路工友书》等。

《京汉铁路总工会旧址陈列》

藏品管理　纪念馆现由八路军武汉办事处旧址纪念馆代管，藏品的征集、统计与保护及科学研究工作均由八路军武汉办事处旧址纪念馆统筹管理。

经营管理

［单位性质］　国营文化事业单位

［经济来源］　武汉市财政全额拨款

［机构设置、人员编制］　由八路军武汉办事处旧址纪念馆代管，两块牌子、一套班子，合署办公，编制总数为23人。京汉铁路总工会旧址现有工作人员4人，负责观众接待及安全保卫工作。

［观众接待］　自开馆以来，共接待观众60余万人。

参观指南

［地址］　汉口解放大道2185号

［邮编］　430012

［电话］　027-82901914

［电子邮箱］　504769314@qq.com

［开放时间］　9:00－17:00

［票价］　免费

（撰文：莫云）

宜昌车溪农家博物馆

Yichang Chexi Farming Museum

概述

类型　社会科学类民俗文化专题博物馆

隶属关系　宜昌车溪旅游开发有限责任公司

创建时间　2001年9月7日

所在位置　位于湖北省宜昌市点军区土城乡车溪土家族村

宜昌车溪农家博物馆外景

面积　占地面积15000平方米、建筑面积1500平方

布局　第一期主体建筑，农家博物馆依照早期车溪人居所样式构建，由堂屋、卧房、客房、厨房、农具房、库房、磨火药坊、纺织坊、榨坊、铁炉坊等展厅组成，分别列成车溪先民劳耕嫁作和先民起居之用品。

第二期建筑主要是依照清代民居建筑风格，增加早先富贵人家的居住、文坊、接待、举办重大活动等场所，增设土家摆手堂。二期建筑于原博物馆左右相邻、内部贯通，融为一体。

建筑特点　采用清代民居“四水回池”的小天井屋形式，房屋结构为砖木建筑，覆盖青瓦，建筑布局以一字排列为主，构有两个天井，20间房屋，整个房屋高低错落，楼台重叠，外墙建筑突檐翘角，正门上方墙壁普用浓墨喷边镶嵌四字横额“耕读为本”，突出清明时期的建筑风格。

历任馆长　乐发祥（2001.9－2006.5）；乐发胜（2006.6－2008.12）；张有瑄（2009.1－12）；邓乐之（2010至今）。

业务活动

基本陈列　农家博物馆于2001年9月面向大众开放，展出巴楚先民劳耕嫁作和生活起居用品30余类，3800余件展品。展品陈列按照车溪先民劳耕嫁作和生活起居之用品，分别归纳为：堂屋（前厅）展品；卧房展品；客房展品；厨房展品；农具房展品；刺绣展品；蜡染展品；纺织展品；磨坊展品；榨坊展品；铁炉展品；禾场展品等。所收集展品均为宋、明、清时代和现代农村所使用的农耕及生活用品。展品采用实物和文字图片陈列展出，对大件展品采用动态实景悬挂、平地摆放，小件展品存放于玻璃柜台展出。对主要展品用照片及文字说明给予展出。参观展品一般由农家博物馆讲解员介绍，旅游团队则一般由景区导游员进行详细讲解。

农家博物馆内景“耕读为本”

藏品管理

［藏品来源］　主要通过请专家、派专人，踏访长阳、五峰、秭归、兴山、宜昌、恩施、巴东等县市边远山区，行程5000多公里，收集、捐赠等途径取得，现在展品中，绝大多数为巴楚先民劳耕嫁作和生活习俗、起居用品为主。

［藏品类别］　车溪农家博物馆收藏的展品分为传世文物、及历代精工巧匠加工制作和历代先民使用遗传下来的物品。他为经济社会发展研究、为传承、保护土家民俗文化提供了不可或缺的实物依据。

［重要藏品］　1、堂屋　堂屋是车溪农家的正屋，它既是宾客的第一落座处，也是祭祀、婚嫁、喜庆等活动举行典礼仪式的场所。

在堂屋里墙的中间，陈设神柜神龛，两边各置一个春台。屋内左右墙边各放四把太师椅和两个高茶几。屋中摆放一张或两张大方桌。这些物品都用木雕装饰，寓意广泛，典雅堂皇。

车溪人受古代神话和佛、道、儒诸家影响，在神龛内供奉赵公明、观世音、孔丘塑像和祖宗牌位，希望能保佑自家招财进宝、平安吉祥。

2、卧房　卧房是人们睡觉的地方，车溪人叫房屋。主要用品为木床、衣箱、梳妆台、净桶等。

卧房的用品十分讲究。木床多为雕刻精致的连檐架子床，车溪人叫“滴水床”，正面设四柱门框，门框和门眉上方悬置的横檐都分别雕刻“喜鹊闹梅”、“松柏长青”、“鸳鸯戏水”等吉祥如意图饰。有的雕刻三层、五层横檐，分别称为“三道滴水床”、“五道滴水床”。卧房内各种物品都有不同特点的雕刻，样样精美。被褥多为粗蓝白布，或蜡染印花，或手工刺绣等。

1.纺线　2.织布　3.织锦

卧房的装饰及其雕刻，喜庆华丽，寓意祥和，是休闲逸养的居室。

3、客房　车溪人又称火垄屋，既是来客休闲的场所，也是居家生活的组成部分。

客房内有固定的烧火取暖的土石火垄，中间吊着烧水的炊壶，并备有各种烟具、茶具等。冬季，车溪人在这里烤火取暖；平时，人们在这里烧开水，煨罐儿茶，对贵客和年长者则奉上盖碗茶，主客在一起品茶吸烟，一边聊天，是一个不拘大礼，打牌娱乐的休闲场地。

4、结绳计时　车溪人将植物的皮特殊处理后，制成纤维麻绳，每燃烧一节均为一个时辰，以便于安排劳作的生活。此法直到旅游开发前部分车溪老人仍在使用。

5、火捻　火捻是车溪人击石取火的用具，由火捻纸、铁块和含微量金属元素的石块组成。火捻纸为竹质粗纸，卷成圆筒燃烧，熄灭后保存炭灰，取火时，将圆铜炭灰处靠近石块，铁块撞击石峰，磨擦产生高温致使石屑成为火星，飞溅到纸炭上着火。

击石取火比钻木取火更易于操作，它在人类文明史上具有重要意义。这种取火方式在车溪延续了几千年，直到旅游开发前仍有部分年长的车溪人习惯使用此法取火。

6、火药　火药是中国古代四大发明之一，源于车溪所处的长江中游。

车溪人制造火药的原料主要为三种：一是石灰岩溶洞内自然风化生成的硝酸钾结晶体，也叫硝芽，或者使用含有硝酸钾成份的泥土，经注水溶解出含硝酸钾的液体，再经煎熬蒸发水份后得到硝酸钾晶体；二是选用木质松软的树木烧制成的木炭；三是自制或购置的硫磺。这三种原料分别碾成粉末，按一定的比例拌和均匀就构成具有爆炸力的火药。人们利用火药放炮炸石头，供土铳打猎，制作鞭炮等。这种制造和应用火药的方法一直沿袭到现在。

车溪风洞内还残存有古代提取硝酸钾的大型土石过滤台，是研究火药发明、制造、应用的实证。

7、厨房　车溪人称灶屋。主要设施在自然抽风的单锅灶台或双锅灶台、水缸、水桶、甑子、蒸笼、碗柜、吊锅等炊具和餐具、酒具等。

车溪人用简单的设备，能够制作出可口的大米饭、苞谷饭、懒豆腐、苞谷粑粑等。能够进行蒸、炒、扣、炖、煎、炸，调制出花样繁多的美味佳肴。

8、纺织坊　纺织坊，也称布坊。是纺线织布、织袜之处。主要设备是一张弹花弓，一架纺线车，一台竹木制织布机，一台半机械织袜机，一台锅灶，一方脚踏碾压石。

纺织原料主要为棉花。在自给自足的经济时代，人们自己生产棉花，用牛皮筋木弓弹去子粒，手工揉搓成棉条，再纺成纱线，织成白胚布，然后利用天然植物和矿物染料加温着色，碾压平整成为可应用的布料。纺织苎麻、蚕丝的方法与棉花基本相同。

9、榨坊　榨坊也叫油坊。主要设备是大木榨、槽碾、蒸甑、炒锅等。

植物的种子如芝麻、菜籽、花生、桐籽等都含有一定的脂肪，通过加工可以获得油质。首先要对油脂原料通过炒干后碾碎或碾碎后炒干去掉水分，使原料中的蛋白质易于溶解，再用甑锅蒸透，利用铁圈包压成薄饼，放入木榨的框内，用木楔子夹紧，再用撞杆撞击楔子挤压出液体油质。

这种古老的榨油方法，已由现代机器取代，“车溪农家博物馆”收存的木榨，给人类社会保留了先民们生活历史的见证。

10、砻子　砻子有石砻子和木砻子两种：

石砻子状似中型石磨，砻齿较钝，上部空阔如斗，容量较大，进料较多，用来碾压稻谷、黍子、粟子等谷物，使之完全成为米粒，还可用米碾压包谷使之成为小米粒，便于食用。

木砻子状似石砻，使用坚硬的粟木板镶嵌齿轮组合制成，进料容量较大，压力较轻，碾压稻谷脱壳、米粒完整。

石器、木器加工谷物的方法已经成为永远的历史，留下这些实物也就留下了人们生产生活进步的史实。

11、磨坊　用石磨将粮食碾碎磨成面粉的作坊称磨坊。车溪人根据不同品种的粮食、不同需要的成品制作了多种石磨。

磨坊的工具主要是大石磨。这种磨，盘大磨重，转动石磨有三种方法：一是安装磨担子，人工绕磨步行推动；二是用牛、马拉动；三是连结水车用水力带动。还有双手推拉手磨，磨盘较小，一人或两人推拉，一人加料即可。单手推拉小石磨，完全由一个人操作，边推边加料。还有的使用秋碾加工面粉，人力或畜力作动力均可，既可使谷物去壳，也可磨成面粉。

现在，古老的石器已经被淘汰，谷物加工已由现代化机器所替代，磨坊作为历史的见证物走进了“车溪农家博物馆”。

12、农具房　农具房内存放着耕种土地的工具，车溪人将农具统称为“农具家业”。

车溪人世代以农为本，在千百年的农事活动中，制造和使用过多种多样的劳作工具。随着社会的进步，科学技术的发展，农事工具不断改进和提高，传统的主要工具，已被现代化机械替代。

1

2

1.犁　2.连枷

农家博物馆展示了一些农事活动用具，可以让后人见识流逝的岁月，了解农业生产进步的历史。

13、龙禧　龙禧是过去车溪有钱人家测试手气和财运的器物。传说当您手净心诚时，双手于左右铜柄磨擦而有水珠溅起，水珠溅起越高时，您的财运越旺，有时盆中波纹水珠呈龙腾状，人们认为，有喜降临，故称“龙禧”。

龙禧，铸造精细，厚薄均匀，古典优雅，当您将手和铜柄洗净后，磨擦产生共振，盆中水珠飞花沸腾，跳跃，并发出动听声响，场面蔚为壮观。

14、青篷　青篷是车溪人使用铳猎取山林中雉鸡、锦鸡等野鸡的掩体。

雉鸡、锦鸡等野鸡习惯于雌雄成对固守在一定的山岭生活，当别处的雄鸡来临，原地雄鸡则亲近会晤。据此，猎人携带青篷进入山林，在青篷处插有许多青树叶伪装隐蔽，从蓬孔中架好铳，将家养的野鸡安放在篷后的竹篮内鸣叫，原地野鸡闻声赶来，猎人在射程以内就可准确的射击猎获了。

15、铁炉坊　铁炉坊是制造铁器的手工作坊，车溪人叫铁匠铺。主要设备是炼铁炉、铁砧子、木风箱、铁锤铁钳、水缸等。

古时候，车溪人自己采矿，用土炉燃烧木炭或煤炭冶炼出小铁锭，再将铁锭放在较小的台式炉中边烧边锤，使之成为不同形状的铁器。土炉制铁器主要为镰刀、斧头、挖锄、薅锄、钉耙、铁耙、犁、耖等农具和锅、铲、剪刀、钉子等生活用具。历史上也曾加工制造铳、炮、大刀、长矛等武器。

16、罗柜筛　罗柜筛也叫罗柜。车溪人过去加工面粉，习惯使用罗柜筛筛出糠麸和粗颗粒，滤下的就是优质面粉。

罗柜筛是用木板制作的一种柜，在柜内用四根绳子吊着一个长方体的平面筛，筛子用木板做框，用茧丝或特别制的棉麻线纺织筛网，筛框连结一个木柄，从柜的一侧伸向柜外套到一根活动杠杆上。操作人员双脚踏在活动杠杆上左右踩动，使木柄撞击固定在地面的木桩，筛内粮食粉末左右翻动而筛出面粉。为保证筛滤均匀，并分散注意力，减轻疲劳，车溪人总结了两种罗柜号子：“对、对、对半过，先买驴子，后买磨”和“打、打、罗柜打，先买驴子，后买马”。其踩踏节奏为：“左、左、左右左，左右左右，左右左”。

罗柜为全封闭筛粉，避免了粉尘飞扬，比双手端筛功效高，是手工筛面粉的进步。

17、刺绣　车溪人的刺绣工艺原来广泛应用于头饰、服饰、巾帕、卧被、枕头、枕帽、钱袋、荷包等日常生活用品。面料多为红、白、黄、兰、青等单色棉布，采用棉线或丝线刺绣花鸟、人物、图景或文字。

刺绣的方式有先行绘图，再用彩线密织成完整的图形。也有不经描图，全凭清点经纬数目网刺。此外，还时兴粘花饰物，先描图，再剪彩料，最后粘贴组合。

刺绣饰物题材十分之广，有神话传说、历史典故、民俗风情、自然景致、吉祥图文等。

刺绣是车溪人爱美观念的表现，艺术生活的展示，一定社会历史的写照，也是人们对美好生活的向往和追求。

刺绣

该馆展示的刺绣物品只是沧海一粟，历史上五彩缤纷的刺绣物品已不复存在，刺绣传承人也越来越少。希望优秀的民间刺绣工艺随着时代的进步继往开来，发扬光大。

18、土地庙　土地庙源于远古人民的土地崇拜。

土地是古人衣食住行赖以生存的基础，人们敬重土地，视土地为神祇。随着人类社会的发展，抽象的大地之神被逐渐人格化，称为土地公、土地爷或土地神，并建造小庙供奉，冀望衣食富足、吉祥平安。

人们建造土地庙供奉土地神，是历史的社会性精神现象和文化现象，也是历史的动态的民间信仰和民间习俗。

19、山炮　山炮选用上等的花梨木，请木匠雕刻而成，对木材的要求非常的严格，直径在三尺五寸粗的圆木中间镂空，在顶端钻四个孔排成十字架状，下端留有一个栓柱，并留有两孔，炮柱上还有三个眼孔，用来放火药线，车溪人将自制火药灌入火花眼中，插上引线，点火便可爆炸，产生巨响。

车溪人用鸣礼炮来迎宾客，一般为三响，轰隆隆的炮声叙说着车溪人丰裕、滋润的日子，也表达了他们对远方的来客纯朴、自然、真挚的情感。

20、造纸作坊　造纸术是我国古代四大发明之一。

车溪沿河两岸原有古造纸作坊十六家，现仍存两家。车溪造纸就地取竹为原料，用水车带动石碓将竹子砸破，用石灰水浸泡三月半年去除竹子的胶柔质，留下竹纤维，用水动力机械转动大石碾压成纤维粉末，注水搅拌成纸浆，再用竖帘在水中端筛均匀出水干燥成纸。

车溪造纸始于何时，一是纸坊引水落差处的钟乳石化验距今已有近千年历史，二是车溪纸坊流程中动力的横向传动及使用水车，吊盘广泛应用于北宋时期，其使用的抄纸器是宋时流行的竖帘，因此，车溪造纸坊建于北宋时期。

21、土陶作坊　土陶作坊，在车溪又叫“窑场”其产品称为“窑货”，陶坊生产设施主要是泥土与发丝制成的惯性转盘和烘烧产品的土窑。土窑分为两种，一种是扇子窑用土砖在地面上砌成穹形的拱窑；另一种是耷窑，也称串窑和龙窑，是在直线坡地上用砖砌成的从坡下延伸的半圆柱拱窑。

陶艺又称“玩泥巴”，在欧美已成为少年儿童的必修课。在我国传统的陶器制作工艺已经消亡，恢复土陶作坊，除了能满足人的触觉感受外，还能培养其空间想象能力和动手能力。

寓教于乐，温故知新，将昔日艰苦的劳动化作有益身心健康的消遣活动，不仅是中小学生生态科普旅游的需要，更是人们重拾野趣，返璞归真的必然。

22、槽坊　巴楚先民槽坊酿酒，采用粮食，水果等含淀粉糖类的物质为原料。首先，用谷类或其它药用植物混合制作酒曲。然后将酿酒原料蒸煮熟化，经散热到适当温度，拌入一定比例的酒曲，盛入大缸内密封，再经发酵产生乙醇，最后蒸馏出酒。

中国是世界上造酒较早的国家，据甲骨文记载，中国造酒已有五六千年的历史，但蒸馏酒兴于唐而盛于宋并传于后世。巴楚地区酒历史悠久，传承现在已有新的发展。

“故土园”槽坊酿酒，运用传统工艺流程，选用本地高粱、玉米为原料，取车溪天然矿泉配制，无工业污染，不配方勾兑，酒味清香，纯正甘美。

23、扎染　扎染是我国传统的染色印花方式之一。

它是用线把织物扎起来，或将线穿入织物，把织物缝成一定的绉壁，抽紧，钉牢，使织物不易上染，产生“空白”，从而形成花纹，然后再染，染成的花纹千变万化，色彩斑斓，而且能产生神奇、朦胧的梦幻效果。传统的扎染使用的染料一般为植物性的，如蓝草、茜草、红花和黄栀子等。在染制过程中先在锅中加入适量五倍子，为防止褪色，然后加入少许食盐，使其色彩固定，待水烧开20分钟后，加入少量的醋，使之增加光泽度。

车溪风景区为深入挖掘我国民间传统手工技艺，收集整理了一套民间扎染技法加以推广，使广大青少年在游兴之余，亲手参与扎染制作，从中体味劳动的乐趣和这一民间技艺的奇妙所在。

经营管理

［单位性质］　民营事业单位

［经费来源］　农家博物馆隶属于车溪旅游开发有限责任公司管理，是车溪土家民俗旅游景区的核心景点，由于属于民营企业，前期投入近500多万元，全部属于景区门票收入而滚动发展起来的，目前馆内房屋、设备和配套服务项目急待提档升级和投入改造。

［人员编制］　公司行政管理5人，车溪农家博物馆管理人员15名。

参观指南

［地址］　宜昌市点军区土城乡车溪土家族村

［开放时间］　8:30－16:30

［票价］　免费

（撰文：宜昌车溪旅游开发有限责任公司）

宜昌博物馆

Yichang Museum

概述

类型　地方综合性博物馆

隶属关系　隶属于湖北省宜昌市文化局

创建时间　1980年4月成立，1993年8月建成并对外开放

所在位置　位于宜昌市西陵区夷陵大道

面积　占地面积9700平方米、建筑面积7400平方米

布局、建筑特点　宜昌博物馆陈列大楼为一幢呈双“凸”字型的三层仿古建筑，檐边四周为斜坡顶，中空。后两侧设置为文物库房和文物修复室及过渡文物库房。陈列大厅正门两侧为仿汉阙建筑，阙高5.9米。陈列大楼两侧建有一、二、三层呈梯级式办公用房，办公用房平面建筑布局呈“L”型和反“L”型。博物馆外围院墙两角建有四角攒尖屋顶拐角望楼。主体建筑四周为5米宽消防通道，馆前设有纵向12米、横向80米的广场，靠近夷陵大道人行过道设有可透视栅栏，栅栏两边设有花坛。其整体建筑风格独具一格。

历史沿革　1975年6月宜昌地区文物工作办公室成立，隶属于宜昌地区文化馆领导。1979年1月，宜昌地区文物工作办公室改为宜昌地区文物工作队。同年宜昌市文物管理

宜昌博物馆外景

处成立，机构设置在解放路2号，主要负责市内文物保护。1980年4月，宜昌地区行政公署下文成立宜昌地区博物馆，馆址设在乐善堂天主堂内（自立路1号），主要担负全区文物保护与考古发掘工作，程耀庭任馆长。1986年在文化部、省文化厅领导同志的关心下。经过地、市领导多方协调，市政府发文将馆址划定在夷陵路。12月14日，市领导参加了宜昌地区博物馆开工奠基典礼。1988年5月原国家主席李先念视察宜昌地区，为正在兴建的宜昌地区博物馆亲笔题写“宜昌地区博物馆”馆名。

1992年根据宜昌市委编办以宜市编[1992]146号文件“关于宜昌地市图书馆等事业单位合并、撤消的批复”，将原宜昌地区博物馆和原宜昌市文物管理处合并，更名为“宜昌博物馆”，实行对外二块牌子、对内一套班子的管理体制。1993年6月宜昌博物馆新馆落成并投入使用。宜昌博物馆占地面积9700平方米，建筑占地3825平方米，馆舍建筑面积7400平方米。1998年9月馆成立古建民俗文物研究室，负责协调宜昌市范围内的古建筑保护、民俗文物研究工作。2002年4月，取消宜昌博物馆加挂的宜昌市文物管理处的牌子。2009年4月馆成立展览部，地面文物保护部，同时撤销原群工部、陈列部、古建民俗研究室。2010年1月成立《宜昌文博》编辑部，宜昌博物馆主办的内部刊物《宜昌文博》创刊号出版。

历任馆长 程耀庭（1980）；高应勤（1992－1996.10）；王志琦（1996.10）；肖承云（2009.09至今）。

业务活动

基本陈列 《三峡·宜昌出土文物展》1994年10月面向大众开放，后经修改于1995年11月18日正式展出。该展览抓住三峡宜昌文物的特点和自身独特魅力，以时代为序，按用途分类。石器时代至夏商时期文物陈列以“长阳人”等旧石器时代文化为引子，大溪等新石器时代至夏

展厅一隅

商时期文化为基本陈列内容，充分体现楚文物在宜昌的历史、科学和艺术地位，辅之以展示秦汉至明清文物。展厅分为三个，总面积920平方米，总展线184米，共展出各类文物617件，各类图牌、照片约230件，文字近100条。在陈列内容上，选择的文物突出了地方特色，如原始文化中，有载入教科书和史册的长阳人化石；有长江中游地区时代最早的原始文化之一的城背溪文化；有与黄河流域仰韶文化并行发展共相辉映的大溪文化，尤其突出地反映了该文化中发达的渔猎经济；有陶器底部用于记事的刻划符号。此外，紧紧扣住具有宜昌时代特色的春秋楚文化，如“秦王卑命”铭文甬钟、环钮蹄形附耳铜鼎、簠、缶、盘、匜等青铜礼器，工艺考究精美绝伦的磨光黑皮暗纹陶罐和漆瑟等尤为鲜明。秦汉文物丰富，门类齐全，如錞于、蒜头壶、釜、鍪等铜器。陈列形式上体现出简朴庄重。首先，在空间布局上，楚文物陈列布局和空间分隔是采用展柜将柱子包围，分隔空间，展线循序宛转，疏密有致；石器时代至夏商时期文物和秦汉至明清时期文物陈列设计成长廊形式，把有限的面积设计得宽敞透气，视野开阔，并注意了点线结合。其二，色彩的设计具有丰富的表现力，序厅和楼道用暖色，以热烈的氛围迎接观众，第一展厅用淡绿色调，让观众有回归大自然的感觉，第二展厅用偏黄的红色调，遵循楚人尚赤的族风，第三展厅用土黄色调，象征举世疆土统一，总体色调尽量做到了既有对比，又和谐统一，既是一个整体的展览，三个展厅又可分别独立。第三，重点场景的设计从展厅的实际空间出发，运用多种组合的陈列技巧，如第一展厅的刻划符号的陈列，将一组文物陈列在单立柜中并放在突出位置；第三展厅中的陶明器，用陶楼陶仓陶井和陶动物等组成一组，重点突出。其四，灯光照明采用日光灯和射灯结合，辅之于自然光，有主有次，使展品及纹饰既清晰又富于立体感，便于观众观赏。总之，展览在陈列内容和陈列形式上较好地营造了大环境的陈列氛围，以陈列特色突出了文物特色。开展以来，接待国外和境外旅游团队、中小学校学生和零散观众40余万人次，收到较好的社会效益。

专题陈列 一楼展厅和三楼展厅为临展专厅，一楼大厅面积1350平方米，三楼展厅面积400平方米。

1993年7月，为纪念毛泽东诞辰一百周年，湖南省博物馆、宜昌市文化局、宜昌博物馆联合举办了《东方巨人毛泽东》大型图片展。该展览的展线长110米，汇集了500多幅各个时期的历史照片。在近半年的展出中，共接待619个单位，观众达8万多人次。

“秦王卑命”铭文甬钟

1995年5月18日，举办专题展览《民族忧患警钟长鸣—日本侵华暴行展》展出期间，共接待全市170个单位，包括市聋哑学校在内的33所大、中、小学校，共3万多名观众。

1996年7月15日，为体现博物馆的宣传教育职能，馆领导决定在暑假期间免费向中小学生开放《三峡·宜昌出土文物展》。

1997年3月23日，《迎97香港回归展》正式开展。

1998年6月9日，专题陈列《长江三峡出土男女古尸展》正式展出。展出期间，接待英、法、美、日、韩国、香港和台湾等20多个国家、地区的参观团队274个，11175人。

1999年5月18日，第22个国际博物馆日，展出了《祖国统一，再展宏图——99澳门回归展》。9月10日，《中国古代科技文物展》开展。11月组织展览到夷陵中学、秭归等学校进行展出，接待60个单位，10所学校，共计11400人。

1999年9月，引进《中国古代科技成就展》。

2000年9月28日，为迎接中国·湖北宜昌三峡国际旅游节，主办了《三峡奇石展》、《宜昌文物精品展》、《馆藏书画精品展》。

2000年11月25日，《郭志刚现代艺术展》（个人展）。这是该馆首次举办个人展。

2000年12月4日，市委综治办、市委宣传部、市团委、市教委、宜昌博物馆联合举办《为了明天——预防青少年犯罪展》展览。

2001年4月30日，三峡民间艺术品鉴藏协会与市政工程建设公司、宜昌博物馆联合举办《三峡民间艺术品收藏展》。

2001年6月12日，《三峡大学艺术学院2000届毕业生美术作品汇报展》在馆内展出一周。

2001年6月13日，宜昌市纪念中国共产党成立八十周年，由市委组织部、市委宣传部、宜昌军分区政治部、市教委、市总工会、市团委、市妇联、市文化局主办，宜昌博物馆承办的《伟大的旗帜、光辉的历程》展览正式开展。

2001年7月，《宜昌三峡油画作品展》开展。

2002年1月，由三峡大学、市委宣传部主办，三峡大学艺术学院、宜昌博物馆承办《三峡大学艺术学院教师作品展》暨“三峡大学艺术学院教师美术作品”画册、艺术理论专著《抱一书论》的首发式，接待观众4000余人。

2002年2月5日，湖北省委610办公室和宜昌市委610办公室主办，宜昌博物馆协办《“法轮功”地下组织违法犯罪活动展》在馆陈列大楼一楼开展，近千名县级以上干部参观展览并观看了录像。

2002年4月30日，《湖北省纪念毛泽东（延座讲话）60周年美术作品展》（宜昌展区）在宜昌博物馆开幕。由宜昌、荆州、荆门和恩施等地选送的油画、图画、版画和雕塑等250多作品参展。市委书记孙志刚为展览题词“弘扬延座讲话精神，描绘宜昌时代风貌”。

2002年5月18日，《5·18国际博物馆日特展——宜昌博物馆介绍》，三峡大学医学院临床医学系99级05班的学生参加了义务宣传。全天接待观众1000多人。

2002年9月16日，与天津自然博物馆联合举办《少男少女——青春期性教育展》。该图片展线长70米，展出时间为期一月，并在城区一中、夷陵中学等中学及秭归、长阳等县市区进行了巡回展出，接待观众28250人。

2002年10月2日，应宜昌市人民政府外办的邀请，日本国大分县日中楠游墨画会访华团一行32人，携带51幅绘画作品在宜昌博物馆举办了绘画展。

2002年10月，馆协办的“夕阳正红——宜昌市老干部工作巡礼”和《夕阳正红——宜昌市老年大学优秀书画作品展》在市夷陵广场展出。

2002年11月4日，欢庆党的“十六大”召开，馆举办了《我们永远跟党走——欢庆‘十六大’宜昌民间藏品展》，为社区居民建立了健康的收藏观念，提高了社区居民的鉴赏能力。

2003年4月10日，《宜昌市特邀书画家作品展》开展。该展览共展出书画作品70余件。

2003年9月26日，在宜昌市第四届三峡国际旅游节暨十一黄金周期间，馆举办了“宜昌市首届书画作品大奖赛”、《汪国新绘画艺术展》。

2003年12月6日，引进江苏锡山市《动物标本展览》，接待全市中小学生及家长三千余人。

2003年12月16日，引进了山西王保安个人收藏的蝴蝶标本并展出，接待全市中小学生约一万五千人次。

2003年12月26日，为丰富元旦期间市民的文化生活，与市翰瑞文化有限公司联合举办《宜昌市翰瑞轩二十周年庆典暨秋季书法艺术品拍卖会》，共接待市民、游客计1500人次

2004年3月20－21日，该馆引进的陕西咸阳市《动物标本蜘蛛展》，两天共接待学生、家长22000人次，是自开馆以来接待观众量最多的一次。

2004年4月16日，博物馆举办了《马尚武书法艺术展》和《朱诗光、刘安娜个人绘画展》。接待观众一千余人。

2004年5月18日，博物馆协办了《宜昌市第十届美术展》。

2004年6月19日，举办了《世纪伟人——纪念邓小平同志诞辰一百周年图片展》。开幕当天接待市民3000多人，展出期间共接待市直机关等单位18个，8000多人，党、政、军广大干部党员2000多人次。

2004年8月17日，市人民银行与该馆联合举办《反假币展》。提高广大市民的识别假币的能力，打击制贩假币活动，维护金融稳定、经济稳定、社会稳定。共接待市民2000余人。

2004年9月25日，博物馆引进《珍稀蜘蛛标本展》和《珍稀蝴蝶标本展》。共接待全市中小学生一万余人。

2005年9月19-20日，该馆举办《世界野生鸟类科普展》，两天共接待学生及家长6000多人。

2004年，为落实加强未成年人思想道德教育，博物馆举办了“考古专家进校园”系列活动。9月15日下午馆内考古专家李孝配在市六中进行“屈原与端午节”的专题讲座。9月27日馆内考古专家杨华在市夷陵中学进行“长江流域的先秦文化”的专题讲座。让学生们了解自己的家乡，热爱自己的家乡，为家乡的丰富文化而感到自豪。

2005年5月18日，国际博物馆日的宣传主题为“博物馆：沟通文化的桥梁”，博物馆精心制作出以“沟通文化的桥梁、永远的记忆、三峡考古硕果累累、荆楚文化再铸辉煌和民族之魂”为内容的六块展板，对外宣传10天，观众人数达2万余人。

2005年，该馆承办了《2005水墨南北中国画联展》和《行走在阳光中——九三宜昌二十年书画摄影展》。

2005年3月，举办《世界野生鸟类科普展》，19、20日两天共接待中小学生、幼儿园及家长6000人次。

2006年，举办《赴法国少儿绘画作品汇报展》、《三峡奇石展》、《宜昌市首届女子书法展》等专题展览，全年接待观众达18000多人。

2007年，举办了《宜昌市非物质文化遗产保护成果展》、《宜昌市“魅力三峡”集邮精品展》、《湖北省名家书画作品暨企业形象图片展》、《三峡艺术高中教师美术作品展》和《大型宇宙奥秘科普展》，全年接待观众33000多人。

2008年3月21－3月28日，举办《宜昌市青年美术优秀作品展》，展出国画、油画、版画、雕塑、水彩画等美术作品100余幅。

2008年7月7－7月14日，举办《2008中国抗震救灾大型新闻图片展及宜昌市抗震救灾摄影图片特别展》，共分四个展厅，展出新闻图片300幅。历时七天，共接待观众5万余人次。

2008年7月30－8月9日，举办《宜昌市第二届美术书法摄影作品展》，展出作品800余幅。

2008年9月3－9月11日，举办《当代世界大美术型华人艺术家翁祖团作品展》，展出翁祖团历时数十年完成的长达50米的代表作《离骚图》等二十余幅。

2008年9月16－9月22日，举办《宜昌市统一战线纪念改革开放30周年书画展》，展出来自宜昌各县市书画作品150余幅。

2008年9月28－10月7日，举办《蔡静安书法篆刻展》，展出作品100余件。

2009年，紧密围绕建国60周年国庆大典等主题活动，相继举办了《中国2009世界邮展60城市巡邮暨宜昌市国庆60周年集邮展》、《庆祝中华人民共和国成立60周年宜昌

《宜昌市第十一届美术展》

市第十一届美术展》、《我的城市——宜昌60年风貌回顾大型摄影展》、《“东圣杯”宜昌青年书法十杰暨首届书坛新人作品展》等临展活动。

藏品管理

［藏品来源］ 主要通过考古发掘和捐赠途径取得。现有的文物藏品中，绝大多数为考古发掘的出土文物，以青铜器为主。

［藏品类别］ 文物藏品分为出土文物和字画两大类。其类别有石器、陶瓷器、铜器、铁器、漆木器、金银器、玉器、字画、钱币等。

［藏品统计］ 截至2009年底，文物藏品总数为17035件。其中国家一级文物71件（套），二级文物71件（套），三级文物460件（套）。

［重要藏品］ 春秋中期蟠虺纹蹄足附足铜鼎；春秋时期蟠蛇纹环钮附耳蹄足铜鼎；春秋时期镂空蟠龙纹握手铜盏；春秋时期长援铜戈；战国时期“许之造戈”金丝铭文铜戈；战国时期镶嵌金丝、银丝铜矛鐏一组5件；战国时期卷云暗纹铜车牌饰；春秋时期侈口浅腹圜底漆豆；春秋时期椭圆形侈口浅腹圜底圈足漆簋；春秋时期饰龙虎图案漆俎；春秋时期方口长颈鼓腹圈足漆方壶；战国时期附龙玉璧；春秋时期三角暗纹磨光黑陶罐。

1. 蟠螭纹蹄足附耳铜鼎 这件鼎造型庄重大气，伟岸凌众，铮亮华贵，装饰缜密繁缛，是馆藏楚器系列中保存最完好的青铜器。是楚文化系列中的典型器物。圆盘式透空环形抓手，弧顶盖，盖与口由三个扁形兽纽扣合；器口为方唇，微束颈，腹较浅，腹下壁内收较甚，附方耳，兽面蹄足。盖面饰三道，器身的肩、腹各一道绳索状凸弦纹，抓手顶部与器身颈部各饰重环纹和菱形纹，盖腹的凸弦之间各饰满蟠虺纹。下腹一周垂叶式蟠虺纹，三足各饰兽面纹。器物大面积保存完整如新，富有光泽，器形厚重，体形较大，浅细的蟠虺纹重环纹细如发丝，装饰缜密，这是典型春秋时期的花纹。本鼎采用分铸铸接，焊接、销接等工艺，是楚系中保存最完好的珍贵重器。以上的特点赢得专家和众多学者的关注，可命之为春秋时期楚国青铜器的代表器，是装饰与铸造工艺水平能力的体现，为春秋铸造与焊接及装饰艺术的研究作出了重要贡献，和对该器的保护环境及造型艺术的独特风格和魅力的探讨提供了有力的实物证据。

2. 蟠螭纹环纽附耳蹄足铜鼎 这件铜鼎形制特殊，其盖、腹、足各有环纽，器形大气，菱形卷叶纹、蟠虺纹、垂叶纹多种纹饰兼用，浮雕圆盘式抓手等多种结构装饰均不同于其它同类器，充分体现了楚文化的精髓所在。其艺术风格与造型特点，是楚文化系列春秋中期的典型器。盖为圆盘镂空式抓手，由8根曲形柱连撑，弧顶盖，盖口呈凸轮式方口唇。器身为直口，近口沿外一周凸棱即成子母口

战国 铜矛鐏

春秋 青铜鼎（金家山）

春秋 青铜鼎（赵湖）

以承盖，深腹微鼓，腹下部内收较缓，圜底；附方耳、兽面蹄足。纹饰装饰繁缛，盖上抓手外缘有两周乳钉纹，盖面环两周凸棱式陶纹，和4个对称环纽；器身中腹2个和三足上端各1个环纽。盖和腹均饰蟠虺纹间或菱形方格式和三角式卷云纹，下端有雷纹、垂叶纹，足饰兽面纹。该器保存基本完好，器形雄浑卓厚，制作精美，花纹细腻，铸造工艺中采用了分铸铸接，焊接、销接等多种技法，其抓手部甚至还采用了铸造工艺中的失蜡法，此器凝聚多项技法于一体，是楚文化青铜器中铸造技术含量极高的珍品，也是系列中时代较早造型独特的器物，是楚中之珍品，引起冶铸、历史、考古多学科专家的关注。具有重要的历史、科学、艺术价值。国家文物局专家组定为一级文物。

春秋　青铜盏

3. 春秋镂空蟠龙纹握手铜盏　该器充分体现出春秋鼎盛时期的工业水平，是高档次的礼器和实用器，制造工艺复杂，美观华丽，花纹细密繁缛，不失为青铜器中的精品，和楚文化时代的代表器。从形制特征和装饰艺术上反映出楚人当时的工业铸造能力和文化艺术的繁荣昌盛，乃至于艺术欣赏水平。盏盖饰镂空喇叭形握手，弧顶隆盖，有4个对称圆环纽，盖口缘有4个对称的三角形凸齿，用以卡住器口。器身为直口、方唇，微束颈，深腹，底近平，腹两侧有一对兽首耳，另两侧有对称圆环纽，下附三个小兽蹄足。盖顶握手饰9条蟠连的蛇共衔一环，盖面三道、器身两道绳索状凸弦纹，之间各饰满蟠虺纹，盖部蟠虺纹的上下边缘和腹部蟠虺纹的下部边缘各饰蕉叶纹。足饰蟠蛇纹。此器既是较高档的礼器，也是贵族的实用器，集美观实用于一体，该器抓手纹饰的铸造采用了失蜡法，耳、足用分铸铸接和销接的形式组合而成，器身局部同时也用了焊接。该器采用了冶铸工业中的多种形式，从多侧面凝聚了楚人聪明才智，是智慧的结晶。该器搏得众多专家的亲睐，国家专家组定之为一级。

战国　卷云暗纹铜牌饰

春秋　漆方壶

4. 卷云暗纹铜牌饰　铜牌饰共两件，与错金银铜矛鐏、铜箍同出一陪葬坑内。铜质，椭圆状外形内饰菱格状如意式卷云纹。时代为战国。牌饰的特点是：外形大小适中，造型简略得体，器表光平泽润，绿似翡翠、碧玉；其内花纹装饰形式复杂，纹饰与物体晕染一气，装饰华丽，工艺精湛，充分体现出楚国铸造工艺和审美意识的极高水平和科技成就，是文物精髓所在。从艺术风格上，这件牌饰是楚人铸造技术与艺术水平即纹饰繁缛华丽、工艺繁富严谨的代表作。整体外观为扁平的椭圆形，横长边的上缘有一长方形凸块，其上两小圆形穿孔，着系绳悬挂之用，正面饰有菱格状，集合型如意式卷云暗纹。在铸造工艺中，花纹与器身浑然一体，且没有铸造的花纹与器表的凸凹痕迹，花纹宛如天上云彩，时隐时现。经分析表面呈现的花纹属不同金属的含量配比所致，这在楚系铜器中属首次发现。其纹饰和工艺特殊，具有重要的历史、科学、艺术价值，令冶铸专家叹为观止，是战国时期审美意识和铸造工艺极高水平的又一个代表，赢得众多学者和世人的关注。国家文物局专家组定为一级文物。

5. 春秋时期漆方壶　漆方壶是该馆目前仅存春秋时期保存较完整的一件。在楚系发掘中属首次发现。口呈长方形，颈较长，腹微鼓，长方形圈足外撇。扶手外撇颈部两侧各饰一个对称兽耳。通体用黑、黄、红三种颜色绘出云雷纹，三角纹。从形制特征和装饰艺术上反映出楚人当时的工艺水平和艺术水平。具有重要的历史、科学、艺术价值，是春秋时期审美意识和极高工艺水平的又一个代表，赢得众多学者和世人的关注。国家文物局专家组1994年5月定为国家一级文物。

［藏品保护］ 该馆建有专门的文物库房并配备相应的保护设施，严格按照《藏品管理办法》的各项规定进行管理。馆藏一、二、三级文物经省级文物鉴定委员会专家组的严格鉴定，已建立文物藏品纸质档案和藏品信息采集（分级）档案共计600余件（套）；藏品的保管工作做到制度健全、账目清楚、鉴定确切、编目详明；库房内配备必要的温、湿度计、恒温计以及安全防火器材。按照《博物馆安全保卫规定》和三级风险等级安全防护要求，馆内设立保卫科，并建立了完善的安全保卫制度。技术防范安全设施包含电视监视系统，分别安装在文物展厅和主要通道共40台监控摄像机，其中9台高速球机，2台半球，29台枪机；报警系统分为周界报警，有四段感应电缆和5对红外对射，室内红外防盗报警105个，玻璃破碎防盗报警11个，烟雾烟感报警19个，紧急按钮报警9个；监听系统，主要安装在展厅和库房，共50个；电子对讲系统，共7个；电子巡更系统，主要安装在外围和文物展厅，共8个点；消防安全设施包含消防栓和消防水带基础消防设施，并配备ABC消防灭火器材，重点部位安装有烟雾、烟感报警探测器；专职保卫人员24小时值班。

科学研究

［科研队伍］ 宜昌博物馆研究馆员2人，副研究馆员11人，馆员26人，助理馆员9人。

［科研设施］ 宜昌博物馆办公条件简陋，近年来正逐步改善，共配备电脑42台（套）（其中对讲机12台），数码摄像、照相设备19台（套），复印机1台，传真机2台。

［科研成果］ 宜昌博物馆著有《当阳赵家湖楚墓》（文物出版社，1992）；《辛勤耕耘－宜昌博物馆二十年纪念文集》（科学出版社，2002）；《宜昌博物馆文物精粹》（湖北美术出版社2009）。并协助出版了《长江三峡工程坝区出土文物图集》（科学出版社）、《三峡考古之发现》（湖北科学技术出版社）、《江汉地区先秦文明》（香港中文大学出版社）、《屈原的故乡——楚文化特展》文物图录、《朝天嘴与中堡岛》（文物出版社）、《当阳楚文物图集》（湖北美术出版社）、《峡江遗珍》图录等。2010年创办了内部刊物《宜昌文博》。

考古发掘　宜昌博物馆考古工作主要负责全市境内的文物勘探、调查和考古发掘工作。从1997年开始，在湖北省文物局三峡文物保护工作领导小组办公室和重庆市文化局三峡文物保护工作领导小组办公室的领导下，在湖北省文物考古研究所和重庆市文物考古所的指导下，宜昌博物馆参加三峡工程库区的田野考古抢救发掘工作，先后在湖北省秭归县、宜昌县，巴东县和重庆市的巫山县、奉节县、丰都县完成了长府沱遗址、曲溪口遗址、沙湾子遗址、卜庄河墓群（六年六次持续发掘）、大梁尾遗址、将军滩遗址、白马墓群、江东嘴墓群、凤凰踊遗址、老山岭遗址、白衣庵墓群等考古发掘项目，勘探调查合计423600平方米，考古发掘面积总计39000平方米。2003年宜昌博物馆被湖北省人事厅、湖北省文化厅、湖北省移民局联合表彰为“湖北省三峡库区文物保护工作先进集体”，王志琦、谭宗菊获得“湖北省三峡库区文物保护工作先进个人”荣誉称号。

交流合作　博物馆是一个服务社会的文明窗口，开展交流合作是一项基本的业务活动。1997年1月23日，该馆与香港中文大学文物馆、湖北省博物馆、荆州博物馆联合筹办《江汉先秦文明展》，选送41件文物，并由王家德、杨华、李梅田等撰写宜昌展品介绍的资料。1999年1月20日至26日，副馆长卢德佩、退休人员高应勤应香港中文大学文物馆邀请，赴港参加了《江汉地区先秦文明展》开幕仪式。

2000年10月28日－2001年2月25日在法国巴黎举行的“中国文化季”活动，其中“龙之声——中国钟铃艺术展及音乐会”有该馆的一件国家一级文物——东周时期的秦王卑命钟参展。

2002年2月23日，王志琦到台北参加该馆与湖南省博物馆、荆州博物馆联合举办的《屈原的故乡——楚文化特展》开幕活动。

2003年11月，该馆考古部杨华主任应邀赴日本早稻田大学、日本东北学院大学进行学术交流，学术演讲的内容是“中国长江三峡地区考古文化”。

经营管理

［单位性质］ 社会公益性国营文化事业单位

［经费来源］ 地方财政（市级）全额拨款

［机构设置］ 设有办公室、财务科、保管部、保卫

科、展览部、资料室、考古部、地面文物保护部、《宜昌文博》编辑部等九个部室。

［人员编制、组成］ 核定人员编制数65人，其中全额拨款52人，自收自支13人。截止2009年12月31日，实有在编人数为55人，其中全额拨款46人，自收自支9人。全馆现有文博专业技术人员47人。

［观众接待］ 年观众人数约10万人次

参观指南

［地址］ 宜昌市夷陵大道115号

［邮编］ 443000

［电话］ 0717-6445679-8080（办公室）
0717-6445679-8008（展览部）

［传真］ 0717-6451629

［电子邮箱］ yichangbwg@163.com

［网址］ www.ycbwg.com

［开放时间］ 9:00－17:00（16:00停止入场），周一闭馆（法定节假日除外）。

［票价］ 免费

（撰文：夏倪刚）

宜城市博物馆

Yicheng County Museum

概述

类型 社会科学类历史专题博物馆

隶属关系 隶属于宜城市文化局

创建时间 1982年2月

所在位置 位于宜城市中华路东段南侧

面积 占地面积24000平方米

布局 布局呈四合院式，内设亭廊水榭，由主入口区、主馆区、副馆区几部分组成。主入口区位于布局的中轴线上，由门卫室、入口、文化广场组成，其后为主馆区，主馆区后面是副馆区。用地面积3500平方米；主馆区建筑面积5000平方米；副馆区占地面积约3500平方米，主要用来展示书画、玉石、交流展览、文物库房等；办公区占地面积3500平方米主要用于接待、后勤、办公、文物研究及处理等。

建筑特点 宜城市博物馆的新馆是一座现代建筑与仿古建筑相结合，集教育、观赏、游乐于一体的新时代博物馆。

历史沿革 中华人民共和国建立初期，宜城县的文物工作由宜城县文化馆代为管理，1982年2月，成立宜城县博物馆，成立之初既无人员编制，无经费，与县文化馆合署办公。1984年与文化馆分离，独立办公，编制2人，实有3人。1993年10月博物馆陈列楼竣工，宜城县博物馆迁至宜城襄沙路81号。1994年8月，宜城撤县设市，宜城县博物馆改为宜城市博物馆。

历任馆长 肖冠英（1984.4.27－1986.8.14）；詹务正（1986.8.15－1990.5.7）；李福新（1990.5.8－2003.10.17）；王勇（2003.10.18至今）。

业务活动

基本陈列 《楚风汉韵——宜城地区楚汉文物陈列》主要陈列宜城地区出土的东周和秦汉时期的青铜器和陶器。共展出文物200余件，陈列面积2800平方米。分车辚马萧、楚都雄风、陪都岁月、大汉名城、天地精华、群星璀璨六个单元，突出地展示、宣传了宜城博物馆自建馆以来的田野考古与科学研究成果，着力体现宜城是楚文化腾飞的摇篮，让人们了解宜城是春秋时期的楚郢都，战国时期楚鄢郢（陪都），辞赋大家宋玉的故里，汉代的名城以及楚文化对秦汉文化的影响。“车辚马萧”以宜城出土的楚国车马坑为主，辅以车马器具112件（套）及7辆车子复

宜城市博物馆全景

一楼展厅“车马陪葬坑”

制品；“楚都雄风”分楚皇城古城址、青铜礼器、日用陶器三部分，共展出文物50件（套）；“陪都岁月”分青铜器、日常生活用器、仿铜陶礼器、青铜兵器四部分，共展出文物57件（套）；“大汉名城”分楚文化遗风、庄园经济、青铜生活用具三部分，展出文物94件（套）；“天地精华”展出宜城出土的楚汉玉器31件（套）；“群星璀璨”则介绍宜城战国秦汉时期的名人宋玉、王逸、马良、马谡、向朗、向宠等人生平及成就。

藏品管理

［藏品来源］ 主要通过征集、考古发掘、捐赠、收购等途径取得。

［藏品类别］ 现有馆藏文物主要为遗址、墓地出土文物。文物藏品分为石器、陶瓷器、铜器、铁器、石雕、金银器、玉器、其它等八类。

［藏品统计］ 截至2007年底，共有馆藏文物总数10100件（套）。其中国家一级文物12件（套），二级文物60件（套），三级文物265件（套）。

［重要藏品］ 东汉线刻龙凤纹细颈铜瓶；春秋镶嵌龙纹铜盏；战国镶嵌龙纹铜敦；东汉禽兽规矩铭文铜镜；东汉鸟兽纹铭文铜镜；六朝“长宜高官”铜镜；春秋早期窃曲纹铜方壶；战国中期镶嵌龙纹铜盖豆；春秋中期蟠虺纹铜簠；战国“竞之羕”铜鼎；战国竟之羕铜鼎；西汉舞乐白玉人。

［藏品保护］ 宜城市博物馆建有专门的文物库房和配备相应的保护设施，严格按照《藏品管理办法》的各项规定进行管理。凡是具有历史、艺术或科学价值的一、二、三级藏品，经省级文物鉴定委员会专家组的严格鉴定，均建立文物藏品档案和电子文本；藏品的保管工作做到制度健全、账目清楚、鉴定确切、编目详明；运用传统方法对一些破损藏品器物进行修复保存；库房内配备必要

《楚风汉韵》展厅

战国 镶嵌龙纹铜敦

战国 镶嵌龙纹铜盖豆

西汉 乐舞白玉人

的安全防火器材；按照《博物馆安全保卫规定》和三级风险等级安全防护规定要求，馆内设立安全保卫科，选配专职保卫干部4人。重点要害部位安装技术安防设备和与110联网的报警监控系统设施，落实完善了备项安全保卫制度，配备专职

科学研究

[科研队伍] 馆员1人，初级助理馆员4人。

[科研设施] 自2006年后，随着经济的快速发展，开展博物馆业务工作的必要设施及办公条件不断改善，现已配备电脑4台/套（包括台式、手提，打印机等），各种型号的数码相机3台（套）及其它工作器材等。

[科研成果] 宜城市博物馆高度重视科学研究工作，截止目前，先后有5篇发掘报告和20篇研究文章在省级以上刊物发表，得到了上级领导和社会各界的充分肯定。

2000年，《宜城郭家岗遗址发掘报告》获湖北省社会科学研究成果三等奖；2001年“塑胶泥修复古陶瓷工艺和古陶瓷修复简易方法”获首届中国古陶瓷修复技术研讨会优秀论文奖；2005年，《玻璃修复文物做旧新方法》获湖北省艺术科研成果优秀奖；2006年《古陶瓷修复方法》获宜城市第五届自然科学优秀学术论文一等奖。

交流合作 博物馆是一个服务社会的文明窗口，开展交流合作是一项基本的业务活动。1988年11月18－20日，与武汉大学联合举办“楚国历史与文化国际学术交流研讨会”，共有八个国家或地区的学者95人与会，交流论文61篇。2002年9月，与宜城市政府联合举办“湖北省楚国历史文化学会学术研讨会”，共有国内和台湾的学者84人与会，交流论文48篇。2000年10月16日，省考古所及法国考古专家来馆参观交流。2006年12月、2007年10月，二次与武汉大学历史地理研究所联合在宜城境内进行田野考古调查，探讨楚国都城与楚文化的发展、演变关系。

经营管理

[单位性质] 社会公益性国营事业单位

[经费来源] 地方财政（县级）全额拨款

[机构设置] 博物馆现有工作人员13人，内设考古部、保管部、陈列部、内保股、办公室五个部门。

[人员编制、组成] 核定人员编制12人，实有人员12人。专业技术人员6人中，文博专业技术人员5人。

[观众接待] 年观众人数约50000人次

参观指南

[地址] 宜城市中华路东段南侧（宜城市燕京广场东侧）

[邮编] 441400

[电话] 0710-4213834

[开放时间] 9:00－16:00

[门票] 免费

（撰文：詹世清）

宜都市正国民俗博物馆

Yidu Zhengguo Folk Custom Memorial Hall

概述

类型 社会科学类民俗文化专题博物馆

隶属关系 隶属于宜都市陆城街道办事处

创建时间 2008年9月

正国民俗博物馆大门

所在位置 位于宜都市陆城街道办事处红春社区一组

面积 占地面积5466. 67平方米

布局 博物馆平面布局呈正方形，北面为大门，由北向南依次为民俗博物展览馆楼、农艺展览馆、办公楼。

建筑特点 清代徽派民居建筑风格，总建筑面积3400平方米，框架式钢筋混凝土结构建筑。

历史沿革 2008年8月，宜都市正国民俗博物馆正式立项。2008年10月，宜都市正国民俗博物馆破土动工。2009年12月，宜都市正国民俗博物馆正式对外开放。

历任馆长 刘正国（2009. 12至今）。

业务活动

基本陈列 2009年12月，宜都市正国民俗博物馆举办了《宜都市正国民俗文化精品展》，展览面向社会免费开放。陈列总面积1000平米，展陈文物1000余件。展览采用现代大通柜、人工照明方式，每个展厅辅以配合主题的雕塑，壁画和辅助展品。

该馆基本陈列展出文物资料，有清江流域风格的民俗、

民风以及清江流域在宜都使用和收藏的各类藏品万余件，主要有生活生产用品（家具、建筑装饰、生活装饰、婚嫁用品等）、奇石古画、祭祀用品、古瓷器、家谱等。清江流域原始劳作生产的“农艺展览馆”，清江流域传统的各种劳动生产和狩猎工具等展示了清江流域原始劳作生产场面。

重要的展品有乾隆千工床、明代晚期瓷器（百鸟朝凤）、杨守敬文房盒、乾隆官窑碗（万寿无疆）（故宫博物院研究馆员叶佩兰鉴定）、青花大罗汉（名家魏洪泰作品）。

专题陈列 2009年12月，宜都市正国民俗博物馆举办了《宜都市正国民俗博物馆民俗文化精品展》，展厅面积1000平方米，共15个展厅；农艺展览馆400平方米，共5个展厅。特色展品有杨守敬文房盒、明代晚期瓷器（百鸟朝凤）、乾隆千工床、乾隆官窑碗（万寿无疆）（故宫博物院研究馆员叶佩兰鉴定）、青花大罗汉（名家魏洪泰作品）。

清 乾隆千工床

藏品管理

［藏品来源］ 主要为收购、捐赠。主要藏品以生活生产用品、陶器、石器为主。

［藏品统计］ 藏品总数一万余件。藏品中生活生产用品、陶器、石器较多。

［重要藏品］ 乾隆千工床、杨守敬文房盒、明代晚期瓷器（百鸟朝凤）、官窑碗（万寿无疆）、青花大罗汉（名家魏洪泰作品）。

［藏品保护］ 该馆一层建有专门的文物库房，文物保护修复、整理室并配备相应的保护设施，按《藏品管理办法》规定对文物进行保护管理。目前，一、二、三级文物已建立藏品管理数据库系统，一般文物数据库管理系统建设已经启动实施。已开始对部分石器、陶瓷器、书画进行文物修复保护工作，库房设有温、湿度计，文物架，柜等，全馆设有安防、消防系统，保卫工作已实现保安化。

杨守敬文房盒

明晚期 百鸟朝凤纹青花罐

清乾隆 官窑“万寿无疆”青花碗

青花大罗汉（魏洪泰作）

馆内保卫科，负责24小时值班执勤工作。

经营管理

［单位性质］ 集体性质

［经费来源］ 自筹资金

［机构设置］ 该馆设陈列展览部，馆办公室（包括秘书处，保卫科）。

［人员编制及组成］ 博物馆现有工作人员15人，专业技术人员8人。

［服务观众项目］ 基本陈列和专题陈列，巡回展览，观众存车棚，存包柜，休息椅，饮水处，纪念品销售处，电子触摸屏、展览文物电脑查询系统，公厕等。

［观众接待］ 年约10万人次

参观指南

［地址］ 宜都市陆城街道办事处红春社区一组

［邮编］ 443300

［电话］ 0717-4840825、15327657777

［电子邮箱］ liu6135117@tom.com

［开放时间］ 8:00－12:00，14:30－17:30

［票价］ 待定

（撰文：刘正国、刘雨佳）

宜都市杨守敬纪念馆

Yidu Yang Shoujing Memorial Hall

概述

类型 社会科学类历史名人专题纪念馆

隶属关系 隶属于宜都市文物局

创建时间 1987年8月

所在位置 于宜都市邻苏巷30号

面积 1000平方米

杨守敬塑像

布局 纪念馆平面布局呈长方形，北边为大门，由北向南依次为望堂、藏书楼、纪念厅室，后面为行政业务办公场所。

建筑特点 清代徽派民居建筑风格，总建筑面积350平方米，砖木结构建筑。

历史沿革 1987年8月，宜都市成立杨守敬纪念馆，从事收藏研究，展览研究等工作。2002年市博物馆、市杨守敬纪念馆合署办公实行二块牌子、一套班子运行模式。为加强该市杨守敬研究特色工作，由湖北省博物馆牵头，报省社科联、省民政厅批准，于1986年4月和5月，分别成立湖北省杨守敬学术研究会和宜都市杨守敬学术研究会。至此，宜都市博物馆形成与市文物局、市文管会办公室、市杨守敬学术研究会，市杨守敬纪念馆五块牌子、一套班子的合署办公模式。

历任馆长 郑务本（1987.9－1993.3）；易礼东（1993.3－1994.5）；张泽远（1994.5－1999.1）；赵平（1999.2至今）。

业务活动

基本陈列 《杨守敬生平业绩纪念展》于2003年面向社会开放。2004年3月面向市内公民和全社会军、警、老年人、残疾人、未成年人等特殊群体免费开放。陈列总面积300平方米，展陈文物300余件。该展览以图版结合小平柜展示方式，展示杨守敬大量的著作手稿、字画、文物和“中日杨守敬学术交流”纪念的剪影图片，包括铜、铁、石、陶瓷、纸、书画等各类，其中尤以纸、书画等为多。主要展品有杨守敬行书四条屏、砚台、毛笔等。

该展采用现代大通柜，人工照明方式，每个展厅辅以配合主题的雕塑、壁画和辅助展品。

专题陈列 2002年5－12月，举办《首届“杨守敬杯”书法大展赛》专题展览及评奖，展出市内外书法作品100余幅，观众约2万人次。

2004年4－12月，与市杨守敬研究会、市委统战部、市台办、市书协联合举办《孔依平夫妇暨台北艺风女子书画展览》，展出宜都籍台湾书画家孔依平夫妇及台北艺风女子书画团书画作品300余幅，观众3万人次。

专题陈列 展厅面积170平方米，分2个展厅；杨守敬故居350平方米，共6个展厅。特色展品有廉政展览照片1幅、丹阳杯书法展览照片1幅、杨守敬砚台毛笔照片。

藏品管理

［藏品来源］ 主要为征集，收购、捐赠。主要藏品以陶瓷器、书画为主。

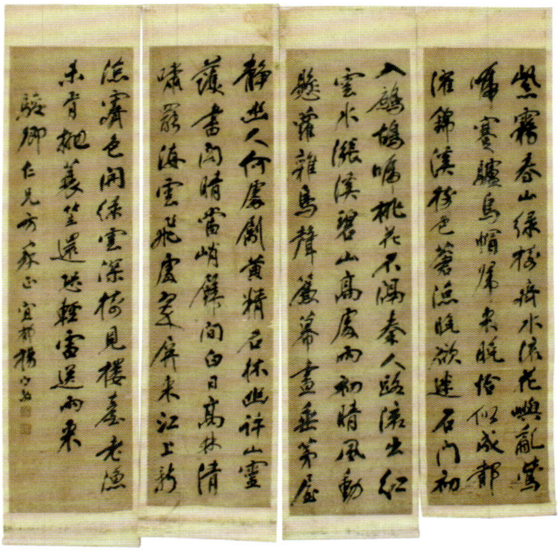

杨守敬条屏

杨守敬毛笔

杨守敬砚台

［藏品数量］ 宜都纪念馆藏品总数2000件，其中二级文物2件，三级文物8件，一般文物1000余件，藏品中铜、铁、石、纸较多。

［重要藏品］ 杨守敬使用的砚台、毛笔、字画。

［藏品保护］ 该馆一层建有专门的文物库房，文物保护修复、整理室并配备相应的保护设施，按《藏品管理办法》规定对文物进行保护管理。目前，一、二、三级文物管理数据库系统，一般文物数据库管理系统建设已经启动实施。已开始对部分陶瓷器书画进行文物修复保护工作，库房设有温、湿度计、文物架、柜等，全馆设有安防、消防系统，保卫工作已实现保安化。馆内保卫科负责24小时值班执勤工作。

科学研究

［科研队伍］ 宜都市纪念馆有副研究馆员3人，馆员8人，助理馆员等6人。

［科研设施］ 市纪念馆成立时，科研设施落后，办公条件简陋。近几年，随着经济条件逐步好转，办公和科研设施逐步改善。目前配备有各类电脑7台、相机3台，打印机、复印机、传真机等3台套。配有文物修复专业人员和简易的陶瓷器修复工作设备。

［科研成果］ 宜都市纪念馆十分重视科学研究工作，自1987年成立起，创办馆刊《杨学研究》等。馆内人员完成了一系列科研项目，如《第六批全国重点文物保护单位杨守敬故居及墓面有保护档案》（2007）、《馆藏文物数据库管理系统（一、二、三级）》（2008）。该馆人员发表科研论文、论著共计100余篇，如《杨守敬传》、《论杨守敬舆地学成就及渊源》等。多篇论文在国家权威杂志或海外杂志刊出，杨守敬研究论文《从杨守敬的书学思想与实践看其行书（宜都记）的艺术特色》在日本国书论研究会会刊《书论通讯》刊出，《杨守敬的四大成就》在香港《文汇报》刊出。

宣传教育

［编辑出版物］ 该馆与市杨守敬学术研究会创办会（馆）刊《杨学研究》（季刊），至今已出版96期。出版有专著《杨守敬》、《杨守敬邮票记念册》等。

［举办讲座］ 该馆从20世纪90年代初开始，每年确定专题，已开展多种教育培训、讲座，先后举办有《博物馆学及其发展展望》、《杨守敬及其学术文化》等20多个讲座。

交流合作 1987年8月，与日本国书论研究会和《书论》杂志在馆举办“杨守敬学术交流”活动。1990年9月，与日本国书道教育学会、相模女子大学在馆举办“日本道教育研修交流会”。1992年8月，与日本书论研究会在馆举办“杨守敬书学交流”活动。1995年6月，接待韩国“三国志与杨守敬学术研修”交流团。1999年9月，与日本书论研究会、日本书学研究会举办“杨守敬故里参观及书法学术交流”活动。2001年5月，该馆联合湖北省社会科学院、省书画研究会、宜昌市政协、宜都市杨守敬学术研究会，共同举办“中日杨守敬（国际）学术交流会”，日本国书论研究会、书学研究和香港、台湾地区的学者均派员或提供学术论文参加交流。2002年7月，馆长赵平应邀与宜昌市文化交流代表团一起赴日本国京都大学参加“杨守敬学术考察和文化交流”活动。

经营管理

［单位性质］ 社会公益性质的国有文化事业单位

［经费来源］ 地方财政（县级）全额拨款

［机构设置］ 该馆设“二部一室”，即文物保护部（包括普查办，保管部）、陈列展览部和馆办公室（包括杨守敬研究会秘书处，保卫科）

［人员编制、组成］ 1987年市杨守敬纪念馆，市博物馆定编18人，2003年机构改革后定编10人，目前实际在编人员23人，全馆有专业技术人员11人，其中文博专业技术人员4人。

［服务观众项目］ 基本陈列和专题陈列，巡回展览，观众存车棚，存包柜，休息椅，饮水处，纪念品销售处，电子触摸屏，展览文物电脑查询系统，公厕等。

［观众接待］ 年约11万人次

参观指南

［地址］ 宜都市陆城邻苏巷30号

［邮编］ 443300

［电话］ 0717-4823040（馆办公室）、0717-4831773（传真）、0717-4831923（馆长室）、0717-4823368（杨守敬故居）

［电子邮箱］ ydbug@163.com

［开放时间］ 8:00－12:00，14:30－17:30

［票价］ 免费

（撰文：赵平、汪永凯）

宜都市博物馆

Yidu County Museum

概述

类型 地方综合性博物馆

隶属关系 隶属于宜都市文物局

创建时间 1987年8月

所在位置 位于宜都市陆城园林大道29号，市文峰公园对面

面积 5500平方米

布局 博物馆平面布局呈长方形，由工作区和生活区两院组成，由南往北依次为门面、主体大楼、职工住宅楼和附属房。南部临园林大道为商业门面和大门。中部为博物馆主体大楼，大楼底层为半地下室文物库房，大楼二、三层为展厅和行政业务办公场所。

建筑特点 宜都市博物馆所有建筑均为仿汉代风格现代建筑，总建筑面积7100平方米，钢筋砼框架结构。主楼占地1200平方米，建筑面积4100平方米，主体大门正立面为仿汉代石阙法式，进楼后为门厅，门厅两边为接待室和商店，门厅迎面为一巨型照壁，其上绘“夷陵之战之宜都战事”主题壁画。壁画东西两边分别为展厅出口和入口。大楼二、三层各五个展厅，10个展厅呈“回”形分布，其中二层中间为一大型天井式流动展厅，展厅上部中空，顶部为透视玻璃盖顶。办公区附属在大楼北部二、三、四楼，面积约400平方米。

历史沿革 中华人民共和国建国后，宜都市文物工作由市文化馆管理。1987年8月，宜都市成立市博物馆和市杨守敬纪念馆（杨守敬纪念馆设在陆城邻苏巷30号杨守敬故居内）后，全市文物行政业务工作由市博物馆管理，其中杨守敬文物收藏展览研究等工作由杨守敬纪念馆负责。1993年，宜都市博物馆开始馆舍建筑工程，2003年正式开馆。

1995年，成立“宜都市文物管理处”，与市博物馆合署办公。1999年5月，成立文物管理委员会，其办公室与博物馆合署办公。2002年市博物馆、市杨守敬纪念馆合署办公，实行二块牌子、一套班子运行模式。2005年3月撤销市文物处，成立宜都市文物事业管理局，与博物馆二块牌子一套班子合署办公。另外，为加强我市杨守敬研究特色工作，由湖北省博物馆牵头，报省社科联、省民政厅批准，于1986年4月和5月，分别成立湖北省杨守敬学术研究会和宜都市杨守敬学术研究会。至此，宜都市博物馆形成与市文物局，市文管会办公室，市杨守敬学术研究会，市杨守敬纪念馆五块牌子、一套班子的合署办公模式。

历任馆长 黎泽高（1987.8－2001.12）；赵平（2002.1至今）。

业务活动

基本陈列 2003年，宜都市博物馆举办了《宜都市博物馆藏文物精品展》、《宜都出土原始社会文物展》、《宜都出土两汉三国文物展》、《杨守敬生平业绩纪念展》四大基本陈列，面向社会开放，2004年3月面向市内公民和全社会军、警、老年人、残疾人、未成年人等特殊群体免费开放。

陈列总面积2000平方米，展陈文物1000余件。展陈内容为原始社会新石器时代早期城背溪类型文物（距今约8000年），大溪文化类型文物（距今约6000年）；市内100余座汉一宋代古墓葬（以汉至三国为主）出土文物，建国以来本馆收藏珍贵文物和晚清著名学者书法家（日本近代书道之祖）杨守敬的文物，字画手稿等资料。

这些陈列展览采用现代大通柜，人工照明方式，每个展厅辅以配合主题的雕塑，壁画和辅助展品，如陶器作坊，运用声光电手法和与观众互动交流方式，使展示更为灵活。《杨守敬生平业绩纪念展》则以图版结合小平柜展示方式，展示杨守敬大量的著作手稿、字画、文物和中日杨守敬学术交流纪念的剪影图片，配合声光电辅助，生动有趣，其展陈列面积300平方米。

基本陈列展出出土文物资料，数量1000余件，包括金、银、铜、铁、石、陶瓷、漆木器、纸、书画、骨器等各类，其中尤以陶瓷、铜、漆木器、纸、书画等为多。重要的展品有青铜罍、虎钮錞于、陶釜（城背溪）、漆盘、杨守敬行书四条屏。

专题陈列 1、该馆建设以来，先后举办30余个专题展览，如1995年6月至1998年5月，举办《楼子河古尸陈列展》，展出市内楼子河明末古墓出土古尸及文物，展览历时5年，接待观众52000人次。

2、1997年3－12月，举办《迎香港回归展》巡回展展出有关香港知识文字图片200余幅，观众7万人次。

3、1999年1－12月，举办《国庆50周年成就展》，展出全市经济文化等建筑成就图片200余幅，展板60余块，观众2万人次。

4、2000年，与宣传部市团委、教育局、市人寿保险公司、市人民银行合作举办《红岩英魂》巡回图片展，展板100余块，展出10个乡镇办事处，观众7万余人次。

5、2002年5－12月，举办《首届“杨守敬杯”书法大展赛》专题展览及评奖，展出市内外书法作品100余幅，观从2万人次。

6、2004年4－12月，与市杨守敬研究会、市委统战部、市台办、市书协联合举办《孔依平夫妇暨台北艺风女子书画展览》，展出宜都籍台湾书画家孔依平夫妇及台北艺风女子书画团书画作品300余幅，观众3万人次。

7、2008年，市博物馆与市纪委联合举办《杨守敬生平业绩暨廉政文化展》，展出文物资料600余件，观众6万人次。

8、2009年12月至今，与市博物馆、市书协联合举办《市“丹阳杯”书法展览评奖》，展出市内书法家作品100余幅，观众达2万人次。

专题陈列 博物馆展厅面积为170平方米，共2个展厅；杨守敬故居350平方米，共6个展厅。其中特色展品有廉政展览照片1幅、丹阳杯书法展览照片1幅、杨守敬砚台毛笔照片。

藏品管理

［藏品来源］ 主要为考古发掘，其次为征集，收购、捐赠。主要藏品以陶瓷器、书画为主。

［藏品统计］ 宜都博物馆藏品总数2万件，其中一级文物8件，二级文物9件，三级文物140件，一般文物19000余件，藏品中金、银、铜、玉、铁、石、纸、陶瓷、漆木器俱全。

［重要藏品］ 商代二里岗期青铜罍；战国虎钮錞于；西汉漆木器漆盘、漆耳杯木椟等；三国偏将军龟钮银

西汉　漆耳杯

商　青铜罍

印；北宋龙泉窑青瓷碗7件、盏1件；汉至宋代系列铜币。

［藏品保护］ 该馆一层建有专门的文物库房，文物保护修复、整理室，并配备相应的保护设施，按《藏品管理办法》规定对文物进行保护管理。目前，一、二、三级已建立藏品管理数据库系统，一般文物数据库管理系统建设已经启动实施。已开始对部分陶瓷器进行文物修复保护工作，库房设有温、湿度计、文物架、柜等，全馆设有安防、消防系统，保卫工作已实现保安化。馆内保卫科负责24小时值班执勤工作。

考古发掘 考古发掘工作始于70年代初，为配合长江制委员会、国家文物局，长江流域规划办公室、考古工作训练班发掘境内新石器石代大溪文化类型红花套遗址，市（县）成立考古工作组配合该训练班工作，至1997年，共发掘出土各类文物5万余件，目前仍存长委考古队宜都工作站内。此后在市（县）各种动土工程和科研活动中，共发掘古遗址、古墓葬等100余个，出土文物1万余件。

科学研究

［科研队伍］ 副研究馆员3人，馆员8人，助理馆员等6人。

［科研设施］ 市博物馆成立时，科研设施落后，办公条件简陋。近几年，随着经济条件逐步好转，办公和科研设施逐步改善。目前配备有各类电脑7台、相机3台，打印机、复印机、传真机等3台套。配备文物修复专业人员并配置简易的陶瓷器修复工作设备。

［科研成果］ 该馆十分重视科学研究工作，自1987年成立起，创办馆刊《杨学研究》等。馆内人员完成了一系列科研项目：《宜都市第二次全国文物普查（补查）工作简报》（1982、1991）、《第六批全国重点文物保护单位杨守敬故居及墓保护档案》（2007年）、《馆藏文物数据库管理系统（一、二、三级）》（2008年）。全馆人员发表了科研论文、论著100余篇，如《原始人类在宜都市境内的活动》（1990年）、《宜都博物馆馆藏青铜器》、《枝城双堰子遗址调查简报》、《陆城偏将军印章考略》、《杨守敬传》、《论杨守敬舆地学成就及渊源》等。多篇论文在国家权威杂志或海外杂志刊出，如记录城背溪、石板巷子等新石器时代遗址资料分别收录进1984、1985年《中国考古学年鉴》；杨守敬研究论文《从杨守敬的书学思想与实践看其行书（宜都记）的艺术特色》在日本国书论研究会会刊《书论通讯》刊出；《杨守敬的四大成就》在香港《文汇报》刊出。《湖北宜都市枝城发现我国最早栽培稻》于1991年12月18日晚，中央电视台新闻节目向海内外播出。

宣传教育

［编辑出版物］ 与市杨守敬学术研究会创办会（馆）刊《杨学研究》季刊，至今已出版96期。出版有专著《杨守敬》、《杨守敬邮票记念册》等。

［举办讲座］ 从上世纪九十年代初开始，每年确定专题，已开展多种教育培训、讲座，先后举办《城背溪文化》、《博物馆学及其发展展望》、《考古学的理论与实践》、《杨守敬及其学术文化》等20多场讲座。

交流合作 1987年8月，与日本国书论研究会和《书论》杂志在馆举办“杨守敬学术交流”活动；1990年9月，与日本国书道教育学会、相模女子大学在馆举办“日本道教育研修交流会”；1992年8月，与日本书论研究会在馆举办“杨守敬书学交流”活动；1995年6月，接待韩国“三国志与杨守敬学术研修”交流团；1999年9月，与日本书论研究会、日本书学研究会在馆举办“杨守敬故里参观及书法学术交流”活动。2001年5月，该馆联合湖北省社会科学院，省书画研究会，宜昌市政协，宜都市杨守敬学术研究会，共同举办“中日杨守敬（国际）学术交流会”，日本国书论研究会、书学研究和香港、台湾地区的学者均派员或提供学术论文参加交流。2002年7月，馆长赵平应邀与宜昌市文化交流代表团一起赴日本国京都大学参加“杨守敬学术考察和文化交流”活动。

经营管理

［单位性质］ 社会公益性质的国营文化事业单位

［经费来源］ 地方财政（县级）全额拨款

［机构设置］ 馆内设“二部一室”，即文物保护部（包括普查办，保管部）、陈列展览部和馆办公室（包括杨守敬研究会秘书处，保卫科）。

［人员编制及组成］ 1987年全馆定编18人，2003年机构改革后定编10人，目前实际在编人员23人，全馆有专业技术人员11人，其中文博专业技术人员4人。

［服务观众项目］ 基本陈列和专题陈列、巡回展览、观众存车棚、存包柜、休息椅、饮水处、纪念品销售处、电子触摸屏、展览文物电脑查询系统、公厕等。

［观众接待］ 年观众约11万人次

参观指南

［地址］ 宜都市陆城园林大道29号

［邮编］ 443300

［电话］ 0717-4823040（馆办公室）、0717-4831773（传真）、0717-4831923（馆长室）、0717-4823368（杨守

敬故居）

［电子邮箱］ ydbug@163.com

［开放时间］ 8:00－12:00，14:30－17:30

［票价］ 免费

（撰文：赵平、汪永凯）

房县博物馆

FangXian Museum

概述

类型 地方综合性博物馆

隶属关系 隶属于房县文化体育局

创建时间 1988年2月

所在位置 位于房县县城文化广场西南侧，东南两面面临县门街，北边是影剧院，西边是居民区

博物馆所在大楼

面积 占地面积600平方米

布局 一层为办公、营业场所；二至三层为展厅、库房、办公室、会议室、值班室、免费开放接待室等。

建筑特点 框架式混凝土结构四层大楼，平顶。占地面积600平米，建筑面积1400平米，展厅面积400平方米，库房面积200平方米。

历史沿革 房县的文博工作发端于1958年，当时由县文化馆兼管，后于1985年正式成立"房县革命纪念馆"。馆址设在西街县苏维埃政府旧址内，由一名副馆长分管负责，并安排专职人员两名，具体落实全县的文博工作。1988年经县委、县政府决定，改名为"房县博物馆"，正式与县文化馆分开，隶属房县文化局二级单位，单独办公、单独核算，人员编制五人，全面负责全县的文博工作。

历任馆长 闫一然（1988.3－1990.2）；陈显春（1990－2003）；张爱华（2003至今）。

业务活动

基本陈列 馆内设革命、历史两个文物展厅，展厅面积400平方米，展出文物200件。

《历史文物》展厅陈列展出的文物以房县樟脑洞旧石器、七里河新石器、桃园战国、两汉墓发掘出土文物为主，辅之以馆藏其他时代历史文物展览，按文物质地的区别，划分为若干主题，反映不同历史时期的生产力发展水平及物质文化与精神文化状况。展厅依照不同历史时期分为8个部分：一、远古人类，以房县目前发现的最早的人类遗迹樟脑洞遗址出土实物为代表，展出各种石制品、化石等；二、夏、商、周、春秋，展出各种铜器、陶器等体现当时生活状况的器物；三、战国，展出反映当时历史状况的兵器以及少量器物；四、秦、汉，展出大量陶器、铁

革命文物展厅

器、铜器，包括兵器、生活用品、以及反应当时葬俗的陪葬品；五、三国、两晋、南北朝，展出部分瓷器和少量陶器，体现当时生活水平的提高；六、隋、唐，展出三彩罐以及做工精美的铜镜，反映当时的盛世局面。七、宋代，展出具有代表性的瓷器，反映当时冶瓷业的先进水平；八、元、明、清，展出大量不同类型的铜器、瓷器，反映当时高度繁荣的文化。

《革命文物》展厅主要展出1931年贺龙率红三军解放房县时留下的珍贵革命文物，展厅有贺龙塑像一尊、展牌20个，展出革命文物几十件。通过实物、照片、地图、绘画、图表、文件等重现当时的革命事迹。实物方面有各种旗帜、武器、装备、货币等。照片包括重要革命人物、革命旧址、战斗旧址、部分老红军照片等。地图包括革命时期各种路线图和区域图。绘画包括战斗场景、革命场景、英烈被迫害的场景等。图表包括各种人员表、苏维埃政府一览表、战斗一览表、游击大队序列表等。文件资料包括

历史文物展厅

红三军进入房县文件、苏区政权建立文件、土地革命文件等。另外介绍了部分烈士的生平。该展厅被县人民政府授予“青少年爱国主义教育基地”的光荣称号。

专题陈列 该馆从1992年至今，先后举办过10多次各种临时的专题展览。如1995年4月1—15日，房县博物馆展出以“中共党史教育、国情教育、爱国主义教育”为主题的“三教”教育图片展览，共计115张图片，在半个月内接待了5200多人的参观，收到了良好的社会效果。

藏品管理

［藏品来源］ 主要通过征集、发掘、上缴（交）、捐赠、等途径取得。现有的文物藏品中，绝大多数为考古发掘的出土文物。

［藏品类型］ 博物馆文物藏品分为出土文物和革命文物两大类。类别有石器、陶器、铜器、铁器、瓷器、石雕石刻、钱币等。

［藏品统计］ 截止2009年底，现馆内珍藏文物近3000余件，其中国家一级文物7件，二级文物36件，三级文物58件。

［藏品保护］ 建有专门的文物库房，并且配备了相应的保护措施，建立了文物藏品的备案和档案。库房及展厅配备了相应的消防器材，并设立安全保卫科，24小时执勤。大楼周边以及展厅、库房安装了安防设备和综合报警监控系统设施。

十二生肖铜镜

经营管理

［单位性质］ 社会公益性质的国营文化事业单位

［经费来源］ 地方财政（县级）全额拨款

［机构设置］ 设有馆长室、办公室、安全保卫科

［人员编制］ 4人

［观众接待］ 年观众接待人数约16500人次

参观指南

［地址］ 房县城关镇县门街92号

［邮编］ 442100

［电话］ 0719-3221113（传真）

［电子邮箱］ dengken11@yahoo. com. cn

［开放时间］ 9:00—17:00

［票价］ 免费

（撰文：房县博物馆）

荆门市博物馆

Jingmen Museum

概述

类型 地方综合性博物馆

隶属关系 隶属于荆门市文化体育局

创建时间 1984年

所在位置 湖北省荆门市象山大道19号

面积 占地面积11000平方米、建筑面积5000平方米

布局 主体建筑分为陈列大楼和珍宝馆两个部分。陈列大楼完工于1992年，分为两层主体建筑和一层地下室。

荆门市博物馆外景

陈列大楼有两个固定陈列和一个流动展厅，地下室为藏品保管部和荆门市文物考古研究所办公室。珍宝馆建于1997年，分为三层，一楼为展厅，二楼为办公场所，三数为临时整理间。

建筑特点 仿楚建筑、民族建筑风格，由回廊连接，红瓦盖顶，大飞檐挑角。

历史沿革 1972年以前，荆门无文物工作机构和专业人员。1972年县文化馆成立文物工作小组，配专职干部1人。1976年，文物工作小组从县文化馆内搬出来，办公地点设在古建筑陆夫子祠，专业干部增加到5人。

1984年，市人民政府批准成立了荆门市博物馆，馆址设在古建筑陆夫子祠，任刘祖信为副馆长，牵头主持工作（至1987年），全馆三人。内设财务办公室，文物陈列室，业务上暂受荆州博物馆指导。1990年，市政府报请省文化厅批准，将1987年在荆门十里铺包山楚墓发掘出土的文物移交一部分给荆门市博物馆，自此荆门市博物馆在业务上直接受省文物考古研究所指导。1991年底，博物馆由陆夫子祠迁至象山大道19号，全馆干部职工由三人发展到三十多人。1993年，新馆正式建成并对外开放。1995年增设综合经营部，将考古部、文保部合并，并更名为“荆门市文物保护勘探发掘大队”。1996年末，随着全市行政区划的调整，荆门市博物馆负责对京山县和钟祥市博物馆在业务上给予指导。为了统一管理、指导，协调各县、市区文物部门的工作，加强地上、地下文物的保护管理，市编制委员会以荆编[1997]41号文件批准设立市文物事业管理局，与市博物馆两块牌子一套班子，为副县级单位，事业编制七十二人。2001年市文化局决定，市文物局和市博物馆分设办公，市博物馆全额预算事业编制64名，内设办公室、陈列展览部、藏品保管部、保卫科、产业管理科、考古队、文物科学研究室、郭店楚简研究中心。2005年8月，将市博物馆内设的考古队和文物科学研究室合并，组建荆门市博物馆文物考古研究所，为市博物馆内设机构（正科级），对外独立行使荆门市地下文物考古的职能，核定所长职数1名（正科级），副所长职数2名（副科级）。2007年11月正式免费对外开放，获得了较好的社会效益。2009年6月荆门市委、市政府决定将荆门市博物馆迁址重建。目前迁址重建工作完成了规划、选址等前期工作，已报国家发改委立项。

历任馆长 刘祖信（1984 副馆长）；刘祖信（1992）；翟信斌（2002）；龙永芳（2009）。

业务活动

基本陈列 《精品文物展》展出出土文物55件，展览面积700平方米，展示的是荆门各个不同历史时期的文物精品。其中有五千年前新石器时代墓地出土的精美玉器、战国时期锋利无比的“越王州勾剑”、三国时期的先进兵器“连发弩机”、色彩艳丽的宋三彩“卧女荷叶三彩枕”等。

专题陈列 《包山楚墓出土文物专题陈列》1993年11月面向大众开放，展出出土文物208件，陈列面积1400平方米，展示了当时楚国贵族阶级的礼乐制度及奢华生活，同时反映了劳动人民非凡的创造力和想象力。其中有先秦之最的“迎宾出行图”，中国最早的“折叠床”，先秦最精致的“龙凤彩棺”，以及装饰精美的楚国礼器“错金银铜尊”等，这些都是荆门楚文化的杰出代表。

《战国女尸及郭店楚简专题陈列》2001年9月正式对外开放，展出文物37件，陈列面积800平方米，是采用高科技手段精心设计而制作的精品陈列。郭家岗战国女尸是

郭店楚简

目前我国保存最好的湿尸，墓葬出土的丝绸则是楚国的又一“丝绸宝库”；郭店楚简是迄今我国一次性出土数量最多、保存最好、内容最丰富的一批楚简，其内容大都为先秦佚籍，它的出土改写了中国古代思想史，具有极高的研究价值，字体典雅，堪称古代书法艺术精品。

除了基本陈列和专题陈列，该馆从1993年11月开始至今，还先后举办过30多次各种临时的专题展览，如《毛泽东诞辰100周年图片展》、《国防教育展》、《世界兵器图片展》、《纪念中原突围胜利六十周年历史图片巡回展》、《抗日战争胜利五十周年图片展》、《张文秋事迹展》、《海洋奇观贝壳展》、《大型神州微观景观展》、《航空模型展》、《世界之谜科普展》等临时展览都受到了观众的好评。

藏品管理

［藏品来源］ 主要通过征集、考古发掘、上缴（交）、捐赠、收购等途径取得。现有的文物藏品中，绝大多数为考古发掘的出土文物，以楚国器物为主。

［藏品类别］ 荆门市博物馆文物藏品分为石器、铜器、铁器、玉器、漆竹器、陶器、瓷器、字画、丝绸等类别。

［藏品统计］ 截至2009年底，从新石器时代至民国各时期文物藏品总数为60725件。其中国家一级文物67件（套），二级文物96件（套），三级文物564件（套）。

［重要藏品］ 错金银铜樽、错红铜铜壶、铭文铜戈、漆绘镜、铜飞鸟、越王州勾剑，连发弩机、战国女尸、连发弩机、卧女荷叶三彩枕、郭店楚简、战国女尸、

宋　三彩“卧女荷叶”枕

玉璜

玉镯

楚　错金银铜尊

双龙首玉带钩

双龙首玉带钩、错金银云纹车軎、铜铙、玉璜、玉镯等。

［藏品保护］ 该馆建有专门的文物库房和配备相应的保护设施，严格按照《藏品管理办法》的各项规定进行管理。凡是具有历史、艺术或科学价值的一、二、三级藏品，经省级文物鉴定委员会专家组的严格鉴定，按照湖北省文物调查及数据库信息管理系统安全操作进行规范、建立文物藏品档案和电子文本；藏品保管工作做到制度健全、帐目清楚、编目详细；运用传统方法对一些残破的器物进行修复保存；库房内配备必要的温、湿度计，简易的通风设施及安全防火器材；淘汰陈旧的文物橱柜架和过时落后设施，更新安全可靠的全封闭文物橱柜金属架等。按照《博物馆安全保卫规定》和三级风险等级安全防护规定要求，馆内设立保卫科，选配专职保卫人员。重点要害部位安装技术安防设备和综合报警监控系统设施，落实完善了各项安全保卫制度，配备专职保卫人员，坚持24小时执勤。

考古发掘 1983年底荆门市县合并，成立湖北省辖市，并于1984年成立了荆门市博物馆，二十多年来，配合国家建设工程项目和当地生产建设、工程建设完成了很多文物发掘项目，出土了文物数万件，同时也对部分项目进行了抢救性的发掘，出土了大批珍贵文物。特别是在配合襄（樊）荆（州）公路（207国道）的改建，荆（门）沙（市）铁路的建设，子陵水泥厂工程建设、荆门市水泥厂搬迁工程，襄（樊）荆（州）高速公路、南桥变电站工程建设等建设工程中进行的包山楚墓、子陵战国墓葬、罗坡岗战国楚墓、左冢楚墓、麻城斗笠岗南朝墓地、荆门纪山黄付庙墓地、东宝龙王山新石器时代墓地中的大型考古发掘，获得了许多珍贵文物资料和标本，其中包括越王州勾剑、铁釜、铜鐏、漆奁、包山楚简、郭店楚简、双龙玉带钩等一大批文物珍品和“稀世国宝”战国女尸。另外，考古工作者对境内的多处墓葬、遗址进行调查踏勘、试掘，其中马家垸城址、纪山楚墓群现为全国重点文物保护单位。2006年，对荆门后港城河城址进行了实地调查和试掘，确认其为屈家岭文化至石家河文化时期城址，拟申报为第七批国家重点文物保护单位。

科学研究

［科研队伍］ 现有研究馆员2人，副研究馆员3人，馆员47人，初级助理馆员11人。

［科研设施］ 荆门市博物馆因经济条件制约，科研设施落后，办公条件简陋。自2001年后，随着经济的快速发展，开展博物馆业务工作的必要设施得到更新充实，办公条件不断改善，现己配备电脑18台（包括台式、笔记本电脑），配有打印机3台、复印机1台、扫描仪1台，专业数码相机3台，反转相机1台，摄相机2台，专业摄影灯具1套及其它工作器材等。

［科研成果］ 建馆以来，共出版发行专著18部，发表专业论文与考古报告82篇。其中编著出版考古报告5部：《包山楚墓》、《罗坡岗与子陵岗》、《左冢楚墓》、《荆门子陵岗》等；出版文博类研究著作6部：《包山楚简》、《郭店楚墓竹简》、《荆门郭店楚简老子研究》、《郭店楚简先秦儒家佚书校释》、《文化前沿》、《郭店楚简综览》；编辑书刊、图录6套：《荆门文史资料》、《荆门历史风貌》、《荆门文物集萃》、《古墓新知》、《郭店楚墓竹简》——《简帛书法选》、《郭店楚简与楚文化》。

交流合作 作为楚文化学会会员参加历届“湘鄂豫皖四省楚文化学会”。1998年5月，刘祖信参加在美国达慕思大学举办的“郭店楚简国际学术研讨会”。2002年4月举办了由中国社科院研究员庞朴主讲的“郭店楚简学术报告会”；2003年1月，举办了“郭店楚简高级研读班”，参加人员有中国文物研究所研究员胡平生、中国社科院考古研究所研究员冯时、安徽大学教授刘信芳、徐在国、清华大学教授廖名春、北京大学教授李家浩、武汉大学教授陈伟等国内外十多名专家、学者，收到论文十多篇，已编辑出版；2003年4月举办了由中外文化交流中心乔然主讲的“文化产业与发展学术报告会”；2004年4月举办了由复旦大学阮仪三教授主讲的“中国历史文化城市遗产的保护与合理利用”专题报告会；2003年12月，由荆门市人民政府主办、郭店楚简研究中心承办的“郭店楚简国际学术研讨会”，在荆门市凤凰花苑大酒店成功召开，接待了来自德国、日本、韩国、中国大陆、台湾等国家和地区的五十余位专家学者，收到论文四十余篇，推动了郭店楚简的深入研究，提高了郭店楚简在海内外的影响，弘扬了传统历史文化，挖掘了城市文化内涵；2005年11月举办了“第七届全国文化管理学会暨中国首届‘前事不忘，后事之师’学术研讨会”，来自全国各地的六十多名文化工作者和著名专家学者出席了会议。

经营管理

［单位性质］ 社会公益性质国营文化事业单位

［经费来源］ 地方财政（市级）全额拨款

［机构设置］ 设有办公室、产业科、藏品保管部、市文物考古研究所、陈列展览部、产业管理科、保卫科、郭店楚简研究中心。

［人员编制、组成］ 核定人员编制数64人，全馆现有专业技术人员63人，其中文博专业技术人员62人。

［观众接待］ 年观众人数约100000人次

参观指南

［地址］ 湖北省荆门市象山大道19号

［邮编］ 448000

［电话］ 0724-2345328

［电子邮箱］ hbjmbwg@yeah.net

［开放时间］ 8:30—16:30

［票价］ 免费

（撰文：荆门市博物馆）

荆州市张居正纪念馆

Zhang Juzheng Memorial Hall in Jinzhou

概述

类型 社会科学类名人专题纪念馆

隶属关系 隶属于荆州市文物局

筹建时间 2004年3月

开放时间 2005年元月15日

所在位置 位于荆州市沙市区张居正路

面积 占地面积10000平方米、建筑面积880平方米

建筑、布局 纪念馆坐北朝南，主体建筑分布在南北轴线上，由仪门、庭园、半月池、张居正塑像、神道、墓碑、墓冢为核心，东西两侧为纯忠堂、太岳堂、长廊、碑亭等附属建筑，纪念馆整体为明代庭园结构，园内亭、廊环绕，砖石铺地，植银杏、香樟、松柏及梅竹于其间，古朴典雅，庄严肃穆，是人们凭吊先贤，访古探幽的休憩场所。

历史沿革 纪念馆为“一代相杰”张居正当年的归葬之所。1957年，该处被列为市级文物保护单位，现为省级文物保护单位。长期以来，人民政府十分重视张居正街的修缮工作，2004年3月，在各级政府和社会的大力支持和帮助下，先后筹资300万元，由市各城办牵头组织实施，全力进行修缮工作，2005年元月15日正式对外开放。

历任馆长 隗柱仁（2005）；杜强（2006）。

业务活动

基本陈列 《一代名相张居正》陈列大致按照时间顺序来展示张居正的成长经历，其中穿插他在十年首辅任上极力推行的各项改革举措。以300多幅图片史料及实物为基础，翔实、生动地展现张居正生前锐意改革、忠贞为国，生后遭难的不平凡的人生经历。

1.张居正纪念馆 2.张居正墓神道 3.太岳堂

半月池、张居正像

纪念馆一隅

藏品管理

［藏品来源］　后裔捐赠，社会征集，民间收藏。

［重要藏品］　张居正砚台（御赐）、玉带（张居正生前佩饰）、帝鉴图说（万历学习教材·张居正编）、张居正画像等珍贵文物。

［藏品保护］　为了更好地保管和保存上述文物，资料，纪念馆由于受目前条件的制约，上述文物暂由荆州博物馆代为保管、保护。

科学研究　张居正纪念馆建馆后，一个群众性学术团体——张居正研究会筹备会相应成立，目前已进入紧张的筹备阶段，包括会员的申报、论文的征集等，不日将召开成立大会，使之成为荆州市唯一一个历史人物学术研究团体。

宣传教育　鉴于张居正在中国历史上的重要地位，以及其不平凡的一生所具有的教育内涵，宣传、弘扬张居正的改革精神和忠贞报国的品格，对广大观众进行爱国爱家乡系列教育一直是纪念馆的中心工作。

为此，纪念馆立足她独有的教育资源，服务社会，面向观众，特别是青少年学生，通过与教委，大中专院校及中小学等单位的广泛联系，使纪念馆开馆以来，先后与十一所学校建立了“德教基地”、“第二课堂”，分期分批组织学生参观学习，把了解张居正作为学习必修课。开馆以来，纪念馆本着服务社会、扩大宣传服务的理念，率先对学生、老龄人、残疾人及现役军人免费开放。

开馆至今共接待上述人员12万次以上，真正做到了教育为先、社会教育为主，此举受到社会各界的好评。

经营管理

［单位性质］　国营事业单位

［经费来源］　财政拨款

［机构设置］　内设办公室、观众接待部、保卫部。

［人员编制、组成］　现有在编工作人员19名（在岗8人），其中正高职称1名，副高4名，中级12名，领导职数一正两副。

［观众接待］　自2005年开放以来，累计接待游客20万人次以上。

参观指南

［地址］　荆州市沙市区张居正路

［邮编］　434000

［传真］　0716-8517100

［开放时间］　9:00－17:00

［票价］　5元

（撰文：杜强）

荆州博物馆

Jingzhou Museum

概述

类型　地方综合性博物馆

隶属关系　隶属于荆州市文物局

创建时间　1958年10月

所在位置　湖北省荆州市荆中路134号，国家历史文化

荆州博物馆远景

名城荆州古城西门内

面积 占地面积50122平方米、建筑面积23000平方米、绿化面积11000平方米

布局与建筑特点 荆州博物馆馆舍是在全国重点文物保护单位——开元观的基础上扩建而成。为亭院回廊式绿色琉璃瓦顶的仿古建筑。主要建筑由主体陈列大楼、珍品馆、临时展区、办公楼、文物库房、考古整理大楼、观众接待中心、多媒体会议厅等组成。始建于唐、重修于明代的开元观现存山门、雷祖殿、三清殿、祖师殿等。

历史沿革 荆州博物馆的前身是1951年建立的湖北省文史馆荆州工作组、湖北省文物保护管理委员会荆沙分会，以古建筑开元观为馆址。由于人员编制少，只有临时聘请学者专家参与文史资料的鉴别、研究，宣传贯彻国家文物保护政策，开展文物调查、保护工作。

1958年，正式成立湖北省荆州专区博物馆，隶属荆州专区文教局，担负全区的文物调查、勘探、保护、征集和考古发掘工作，举办历史文物陈列展览，负责馆藏文物的保护与保养，开展考古学和博物馆学的研究工作。

1966年，“文化大革命”开始，博物馆成立了革命领导小组，全馆职工6人，其中业务人员5人。1969年，博物馆更名为“江陵县展览馆”，属江陵县管辖，陈列展览内容以农业为主，举办泥塑收租院展览。1971年，博物馆重新收归地区管理，恢复荆州地区博物馆革命领导小组。

1973年，将原“荆州地区博物馆革命领导小组”更名为“湖北省荆州地区博物馆”，编制为16人，内设机构有行政组、业务组、后勤组。1979年编制为51人，内部机构设文物组、接待组、保管组、后勤组、办公室。博物馆馆址迁至开元观斜对面（现为荆州市妇幼保健院），同时将开元观东侧的江陵县玛钢厂迁走，开始筹建新馆。1984年，增设内部机构：办公室、文物考古部、文物保管部、陈列美工部、群众工作部、革命文物部、总务科、保卫科，并成立了博物馆工会。

荆州博物馆（珍品馆）

1985年，博物馆馆址由开元观斜对面迁回开元观东侧，新陈列大楼对外试展。1986年，新建博物馆陈列大楼正式对外展出。1987年，博物馆人员为71人，内部机构新增设了文保部。1989年，人员增加到83人，其中副研究馆员 4 人，馆员24人。1990年，新修的珍品馆正式对外开放。1992年，增设对外展览部、旅游服务部、文物复制工艺部、财务科四个部门，全馆干部职工91人。

1994年，荆州与沙市合并，荆州博物馆更名为“荆沙市荆州博物馆”。国家文物局、公安部批准该馆为文物系统博物馆一级风险单位。同时，市旅游局授予该馆为旅游涉外定点单位。全馆干部职工增至101人。1995年，经省文化厅同意，荆州博物馆内设立湖北省文物总店荆沙市分店。

1997年，更名为“湖北省荆州市博物馆”。全馆干部职工97人。

1999年，荆州市编委核准荆州博物馆为副县级单位，核编100人。同时，成立荆州市文物考古勘探大队，挂靠博物馆，实行一套班子，两块牌子。进一步实行机构改革，内设机构12个，即办公室、总务科、财务科、保卫科、考古部、文物保管部、陈列部、群工部、旅游服务部、流散文物工作部、楚乐宫、票务科。2002年，调整为10个部门，即文保中心、考古所、保管部、陈列部、群工部、办公室、保卫科、财务科、楚乐宫、总务科。2004年4月，陈列部改名为陈列外展部，群工部改名为宣教部。

2000年，荆州博物馆被国家旅游局评定为首批“AAAA”级旅游景点，2008年，又被国家文物局评定为首批国家一级博物馆。

历任馆长 陈庭吉、黄生贵（1958 副主任）；李世荪（1960 副主任；1964 副馆长）；滕壬生（1966 革命领导小组组长）；高道成（1971 书记）；滕壬生（1974 副书记）；张绪球（1975 副馆长）；张鹏（1978）；刘先杜（1982 书记）；滕壬生（1984 书记）；张绪球（1984）；陈元高（1995 书记）；张绪球（1998 书记、馆长）；刘娟（2003 书记）；王明钦（2003）。

业务活动

基本陈列 20世纪80年代末，荆州博物馆现有展厅的格局已经形成，分为主体陈列楼和珍品馆两部分，展厅面积8000平方米，陈列形式为通史式陈列。1997－1999年，对所有陈列进行了改造，将通史陈列改为7个特色鲜明的专题

1.《江汉平原楚汉青铜文化展》 2.《江汉平原楚汉青铜文化展》(编钟) 3.《凤凰山168号汉墓展》 4.《荆州楚墓暨熊家冢出土玉器展》

陈列，即《江汉平原原始文化展》、《江汉平原楚汉文化展》、《荆州出土简牍文字展》、《传世文物展》、《荆州凤凰山168号汉墓古尸展》、《古代漆木器精品展》、《楚汉织绣品展》，分门别类而又全面系统地展示了荆州的古代文明，展示了楚文化的最高水平。其中《江汉平原楚汉文化展》被评为“1999年全国十大精品陈列”。2008年以来，又增加了《荆州楚墓暨熊家冢出土玉器展》，并对《江汉平原原始文化展》、《江汉平原楚汉文化展》、《荆州出土简牍文字展》、《传世文物展》进行了全面改陈，分别更名为《江汉平原史前文化展》、《江汉平原楚汉青铜器展》、《荆州出土古代简牍展》、《荆州古代瓷器展》，增加了场景复原、雕塑、多媒体视听等辅助手段，大大增加了陈列展览的趣味性和感染力，深受观众好评。

专题陈列 荆州博物馆专设了2500平方米的临时展区，分为三个展厅，用于举办引进的外展、考古新发现及其它专题展览。近几年来，每年举办十余次临时的专题展览，如《谢家桥汉墓出土文物精品展》、《荆州鲁家山古墓出土女尸展》、《全国性灵派书画展》、《睡着与醒着——丹尼尔·克诺当代行为艺术展》、《性从远古走来——古代生殖文化文物展》、《付又新画展》、《朱由书画展》、《金陵考古摄影展》、《荆州市劳动就业杯书画大赛作品展》、《荆州博物馆建馆五十周年成果展》等大型的临时专题展览，收到了良好的社会效果。

对外展览 除馆内的陈列外，荆州博物馆还多次组织文物赴外地举办展览，如赴台湾的《屈原的故乡——楚文化精品展》、赴日本的《中国国宝展》、赴香港的《万物灵光——湖北荆州出土新石器时代至汉代文物展》、赴广州的《神奇的楚文化展》、《楚风汉韵展》、赴北京的《上下五千年——长江流域古代文明展》、《中国古代科技成

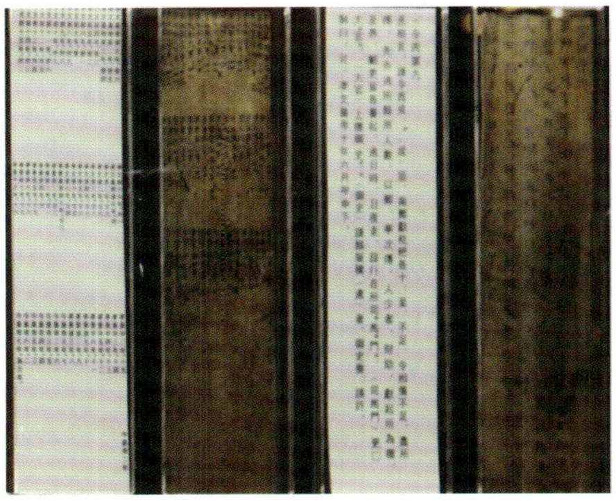

陈列的木牍

果展》、《孙子兵法展》、《早期中国——中华文明起源展》、赴湖南的《凤舞九天——楚文化特展》等，对外展示了荆州出土的文物精品，展示了荆楚文化的璀璨风采。

藏品管理

［藏品来源］ 大致有考古发掘、接受捐赠、民间征集、案件移交几种途径，其中绝大部分为考古发掘出土文物。

［藏品类别］ 馆藏文物有铜器、陶器、瓷器、漆木器、玉器、石器、丝织品、金银器、历代书画、简牍等类。

［藏品统计］ 截至2009年，荆州博物馆馆藏文物总数为13万余件（套），其中一级文物492件（套）、二级文物1415件（套）、三级文物21059件（套）。

［重要藏品］ 荆州博物馆的藏品极具地域特色，有很高的历史、文化、科学、艺术价值。如石家河文化栩栩如生的陶塑动物和巧夺天工的玉器、被誉为“丝绸宝库”的战国丝织品、锋利无比的四代越王剑和楚国兵器、填补史书空白的楚汉简牍、色泽艳丽的楚汉漆木器、工艺精湛的先秦玉器、保存完好的西汉古尸等等。有很多藏品为仅见的孤品或代表楚文化最高成就的文物，如石家河文化玉人头和陶祖，战国神人操龙形玉佩、龙凤虎纹罗、连发弩机、凤鸟莲花豆、凤鸟羽人、虎座飞鸟、避邪，元代釉里红瓷罐、明代张居正砚台等。

［藏品保护］ 荆州博物馆现有库房面积12000多平方米，藏品保管做到分类、分库存放，设有专用的陶器库房、铜器库房、丝织品库房、漆木器库房、金银器库房、古字画库房等，还修建了专门的考古整理大楼。库房管理严格，消防、安防设施完善，对有机质文物的温湿度严格控制，具备防火、防盗、防腐蚀、防霉变、防虫蛀等功能。同时，该馆具有规模较大、设备齐全的藏品保护修复场所，具备多种类文物修复资质。修复场所面积3000多平方米，文物保护科研人员和各类修复技术人员近20人，保护项目涉及陶器、瓷器、青铜器、漆木器、丝织品、字画等。尤其是始建于1973年、重组于2003年的荆州市文物保护科技研究中心具备国家木漆器一级保护资质，是国家文物局出土木漆器重点科研基地，设有化学实验室、生物实验室、新材料研究室、文物修复室、科技信息资料室等部门，有高端的科研仪器，在全国饱水漆木器、简牍的脱水保护和古代丝织品的保护方面名列前矛。除每年为荆州博物馆保护修复1000余件文物外，还为全国16个省市50多家文博单位脱水修复漆木器5000余件，简牍10万多枚。

科学研究

［科研队伍］ 该馆现有专业技术人员80余名，其中

西周　虎尊

战国　凤鸟莲花豆

战国　神人操龙形玉佩

宋　荷叶瓷罐

战国　蟠龙飞凤纹绣浅黄绢面衾

高级职称22人，中级职称45人，初级职称16人。专业人员中，硕士研究生3人，本科学历19人，大专学历44人，形成了一支门类齐全、学术水平较高的文博专业队伍。

［科研课题］　荆州博物馆和荆州市文物保护科技研究中心多次承担国家、省部级科研课题，如江陵凤凰山168号西汉古尸研究、科技部“十五”科技攻关重点课题“高新技术在出土竹木类文物修复复原与保护技术中的应用研究”、“十一五”国家科技支撑计划“文化遗产保护关键技术研究”项目之“生物化学技术在古代丝织品保护中应用研究”等。在这些科研项目中，有15项获国家或省部级奖励，其中考古发现发掘、资料整理研究、旅游产品研发11项、文物保护科技研究4项。如，“江陵凤凰山西汉墓出土古尸研究”获1978年全国科学大会研究成果奖和湖北省政府研究成果奖、《江陵雨台山楚墓》获1986年夏鼐考古学研究成果二等奖、“马山一号战国楚墓纺织品织物的保护研究”获2001年湖北省政府科技进步奖二等奖、“生物技术在文物保护领域的应用研究——出土丝织物加固处理”获2005年国家文物局文物保护科学和技术创新奖一等奖和湖北省科技进步二等奖。

［学术成果］　出版学术专著25部、考古发掘报告10余部，发表研究论文200余篇、考古发掘简报50多篇。

考古发掘　荆州博物馆是较早获得国家文物局团体领队资格的单位之一，从20世纪70年代起，就开始了科学的考古发掘与研究工作。该馆下设的文物考古研究所（原考古部）是考古发掘与研究的专业机构。迄今为止，共发掘古文化遗址20余万平方米、古墓葬7000余座，有不少重大发现，如：1975年发掘的凤凰山168号汉墓、1978年发掘的天星观一号楚墓、1982年发掘的马山一号楚墓、1987－1991年发掘的天门石家河遗址、1992年发掘的鸡公山旧石器时代遗址、1997年发掘的秦家山二号楚墓、1998年发掘的明代湘献王墓、2000年发掘的天星观二号楚墓、2006年发掘的院墙湾一号楚墓、2007年发掘的谢家桥一号汉墓、2006年开始发掘的熊家冢楚国高等级贵族墓地等。该馆的考古发掘与研究工作多次获奖，如鸡公山遗址考古发掘获1992年国家文物局全国十大考古新发现奖、熊家冢墓地考古发掘获国家文物局2007－2008年度田野考古三等奖。

学术交流　荆州博物馆积极广泛地开展学术交流活动，多次举办学术研讨会，如古代丝织品国际学术研讨会、楚文化暨长江中游新石器时代学术研讨会、荆州楚文化暨先秦文明学术研讨会、中国文物保护技术协会第四次年会、熊家冢墓地考古发掘与文物保护学术座谈会、免费开放与博物馆发展研讨会等。每年都有专家学者参加国内外各种学术研讨会。作为访问学者，该馆专家彭浩、张绪球、滕壬生、陈跃钧、何驽、王明钦、刘德银、张万高、贾汉清、杨开勇、朱江松、邓启江等多次赴美国、加拿大、日本、德国、英国、斯里兰卡、香港、台湾等国家或地区进行学术交流。同时，还多次与国内外科研单位合作进行科研活动，如与日本合作的阴湘城遗址发掘研究、与日本早稻田大学和武汉大学合作的张家山汉简研究、与北京大学合作的鸡公山旧石器遗址发掘研究等。

宣传教育　荆州博物馆是湖北省重点爱国主义教育基地、长江大学教学实习基地、荆州城区中小学德育基地，是首批国家一级博物馆和“AAAA”级旅游景点。为了充分发挥博物馆的宣传教育和社会服务功能，该馆不断完善基础设施、美化环境、营造氛围，充分满足观众的需求。在讲解方面，招聘了16名讲解员，全部在大专文化程度以上，且本科学历占70%，并专门引进了两名英语水平达到专业八级的本科生进行中英文讲解。该馆专家多次对讲解员进行专业知识、接待礼仪、讲解技巧培训，不断提高讲解水平。同时，还配备了大量语音导览设备，可以自助进行中、英、日、韩等多种语言的导览。此外，印制了各种宣传册、出版了通俗读物，制作了大量影视录像，全方位地介绍陈列展览的相关知识。在对外宣传方面，十分重视知识普及与媒体宣传工作：该馆专家多次到高校、中学和社区进行学术讲座，传授文物知识、宣传传统文化；与各级媒体合作，在《长江日报》开辟《荆楚瑰宝》、在《荆州日报》开辟《荆楚地理》等专栏，系统介绍荆州的古代文明和精品文物；做客荆州电视台《文化荆州》专栏，全方位宣传荆州的古代文明。此外，该馆还利用“国际博物馆日”、“中国文化遗产日”，组织大中小学生和社区居民开展丰富多彩的宣传活动，如文物知识竞赛、有奖征文、现场文物鉴定、模拟考古、模拟文物修复、感受考古现场等，对普及文物知识、宣传文物法律法规、提高全民文物保护意识起到积极作用。

经营管理

［单位性质］ 国营公益性事业单位

［经费来源］ 财政拨款

［机构设置］ 内设办公室、财务科、票务科、文物考古研究所、陈列外展部、宣教部、保管部、信息技术部、保卫科、后勤科、旅游服务部、楚乐宫12个部门。

［人员编制与构成］ 在编人员108人，其中专业技术人员83人，后勤、保卫、管理人员25人。此外还招聘了100多名保安、保洁、绿化、讲解、楚乐演奏、考古发掘技术工人等。

［服务观众项目］ 馆区内除参观游览设施外，还有旅游服务部、楚乐演奏等服务项目。

［观众接待］ 年均80余万人

参观指南

［地址］ 湖北省荆州市荆中路134号

［邮编］ 434020

［电话］ 0716-8494808（办公室）
8433496（票务部）、8496338（传真）

［网址］ www.jzbwg.com；www.jzmuseum.com

［开放时间］ 每周二至周日9:00－17:00

［票价］ 常设展览免费，临时专展10元

（撰文：王明钦）

咸宁市博物馆

Xianning County Museum

概述

类型 地方综合性博物馆

隶属关系 隶属于咸宁市文化体育和新闻出版局

创建时间 1976年2月

所在位置 位于咸宁市咸安区金桂路4号

面积 占地面积20333平方米

布局 主体建筑分为博物馆陈列展览区和办公区两个部分，相互之间可以连通，底层为文物库房。

咸宁市博物馆鸟瞰

建筑特点 咸宁市博物馆主题寓意是天圆地方。圆方互容，既呼应古人天圆地方的认识，又体现中国传统文化的主体精神。馆址占地面积30.53亩，建筑面积1万平方米，展厅面积5000平方米，库房面积2000平方米。

历史沿革 中华人民共和国建立初期，咸宁地区的文物工作由咸宁地区文化馆代为管理。1976年9月，成立咸宁地区博物馆。1997年咸宁地区撤地改市，改名为咸宁市博物馆。

咸宁市博物馆经过30余年的不懈努力取得了一定的成绩，得到了上级领导和社会各界的充分肯定。作为咸宁市唯一的市级综合性博物馆，咸宁市博物馆充分发挥了宣传文物、保护文物、研究展示文物的作用。

历任馆长 谢帮骥（1976.2－1991.9）；方再福（1991.10－1997.2）；黄大建（1997.3至今）。

业务活动

基本陈列 咸宁市博物馆的基本陈列为《咸宁文物精品展》和《鄂南民俗风情文物展》，全面展示鄂东南地区各历史时期的文物珍品及反映鄂南民间文化独特的历史文化面貌。

专题陈列 咸宁市博物馆专题展馆有《向阳湖文化名人陈列馆》、《李自成陈列馆》、《文化部向阳湖五七干校文化名人陈列馆》、《咸宁核电、油气能源文化陈列馆》、《咸宁美术馆》等。这些展馆的展览为加强咸宁市的文物保护和研究，提高推进咸宁经济社会发展和两个文明建设等方面做出了突出的贡献，产生了很好的社会效益。

藏品管理

［藏品来源］ 咸宁市博物馆藏品主要通过征集、考古发掘、捐赠、收购等途径取得。现有的文物藏品中，绝大多数为考古发掘的出土文物，以陶瓷器为主。

［藏品类别］ 咸宁市博物馆文物藏品分为出土文

物、传世文物二大类。其类别有石器、陶瓷器、铜器、铁器、木雕、石雕、钱币、动物化石等。

［藏品统计］ 截至2009年底，从新石器时代至民国各时期文物藏品总数为17686件。其中国家一级文物4件，二级文物6件，三级文物27件。

［重要藏品］ 更新世大熊猫头骨化石、更新世人牙化石、商代铜鼓、西周鬼脸足陶鬲、西周铜甬钟、三国铭文铜弩机、三国青瓷盆、宋代铭文铜锣、宋代绿釉莲花碗等。

［藏品保护］ 咸宁市博物馆建有专门的文物库房和配备相应的保护设施，严格按照《藏品管理办法》的各项规定进行管理。凡是具有历史、艺术或科学价值的一、二、三级藏品，经省级文物鉴定委员会专家组的严格鉴定，均建立文物藏品档案和电子文本；藏品的保管工作做到制度健全、账目清楚、鉴定确切、编目详明；库房内配备必要的温、湿度计、恒温计以及安全防火器材、文物橱柜文物架等。按照《博物馆安全保卫规定》和三级风险等级安全防护规定要求，馆内设立安全保卫科，选配专职保卫干部。重点要害部位安装技术安防设备和综合报警监控系统设施，落实完善了各项安全保卫制度，配备专职保卫人员坚持24小时执勤。

西周　铜甬钟

三国　铭文铜弩机

更新世　大熊猫头骨化石

统军元帅符印

更新世　人牙化石

宋　铭文铜锣

考古发掘　咸宁市博物馆考古发掘工作起始于上世纪80年代初，考古工作者从1982年在通城县尧家岭遗址发掘文物开始，至2009年底止，为配合国家及地方工程建设而进行的抢救性考古发掘获得了数千件地下文物（其中包括一些文物珍品），为了解咸宁地区的历史演变和研究经济社会发展提供了不可或缺的实物依据。

科学研究

［科研队伍］　咸宁市博物馆副研究馆员3人，馆员5人，初级及助理馆员4人。

［科研设施］　随着经济的快速发展，咸宁市博物馆办公条件不断得到改善，现已配备电脑20余台/套（包括台式、手提，复印机等），各种型号的数码相机5台（套）、数码摄像机2台（套）及其它工作器材等。

［科研成果］　近几年来，咸宁市博物馆积极开展文博专业理论研究，先后在国家级省级刊物上发表专著及论文60余篇。

经营管理

［单位性质］　社会公益性质的国家文化事业单位

［经费来源］　地方财政全额拨款

［机构设置］　设有办公室、考古部、陈列保管部、保卫科等。

［人员编制、组成］　核定人员编制数12人。全馆现有专业技术人员9人。

［观众接待］　年观众人数约10000人次

参观指南

［地址］　湖北省咸宁市咸安区金桂路4号

［邮编］　437100

［电话］　0715-8256759

［开放时间］　8:30—16:30

［票价］　免费

（撰文：黄大建）

1.北伐汀泗桥战役遗址纪念馆　2.北伐汀泗桥战役遗址　3.向阳湖文化名人旧址

咸安区博物馆

Xian'an County Meseum

概述

类型　地方综合性博物馆

隶属关系　隶属于咸安区文化体育局

创建时间　1989年9月

所在位置　位于咸宁市咸安区汀泗桥镇107国道旁

面积　占地面积4000平方米

布局　主体建筑分为地上三层，一层为2个展厅和控制中心，二层1个展厅，三层为文物库房及办公区域。

建筑特点　2007年，咸安区博物馆建成了框架式结构的三层文物大楼，风格仿照明清时期式样，建筑面积1600多平方米，展厅面积1200多平方米，其余为办公等用房。

历史沿革　中华人民共和国建立初期，咸宁市的文物工作由咸宁市的文化馆代为管理。1979年才开始视为一项从事文物工作，属文化馆工作的一部分。1988年9月，报市政府批准正式更名为咸宁市博物馆，在文化馆和图书馆始建的办公楼办公。办公楼座落在南门桥洞大尖山半中腰，紧靠京广铁路线，存在严重的安全隐患。1999年咸宁市改为咸安区。2000年7月经区政府决定暂时搬迁至原外经委仓库办公。由于外经委楼房建于90年代初，设施落后，一些自身的基本功能不具备。2006年政府决定异地新建博物馆，新馆位于咸安区汀泗桥镇全国重点文物保护单位北伐汀泗桥战役遗址内。2008年11月对外开放。

2008年11月，国家文物局古建筑专家、世界遗产保护专家组成员罗哲文和原中国历史博物馆副馆长杜永镇、原国家文物局局长吕济民等5位国家级文物专家参观考察咸安区省级文物保护单位“向阳湖文化名人旧址”、国家级文物保护单位“北伐汀泗桥战役遗址纪念馆”和区博物馆，并题字作画，赠送博物馆珍藏。

历任馆长 黄大建（1988.12－1991.3 副主任）；黄大建（1991.3－1993.7）；施智华（1993.7－1994.9 副馆长）；施智华（1994.9至今）。

业务活动

基本陈列 展厅一：《北伐战争与汀泗桥战役》（内部陈列）。1926年7月，以中国共产党员为骨干的国民革命军叶挺独立团与吴佩孚的北伐军在此展开一场空前激战，大败北洋军，是北伐战争史上的光辉一页，堪称经典战役。该陈列面积300平方米，展出叶挺独立团团旗、农民自卫军使用过的武器和一些重要珍贵的历史照片。陈列以版面和实物为展陈形式，配置了照明灯，安装了消防、安防设施设备。

展厅二：《中国革命与咸安名人》（内部陈列），陈列展出“红色理论家”钱亦石、女革命家钱瑛、咸安革命创始人聂洪钧、“青年楷模”何功伟生平的著作、手稿、日记及珍藏的部分赠品和一些重大活动的照片及国家领导人的题词等。陈列以版面和展柜为展陈形式，配置了照明灯光，安装了消防、安防设施设备。

展厅三：《馆藏文物精粹》首次将咸安区孙郭胡战国城址出土文物进行系统的展示。陈列面积600平方米。该馆从1989年创建以来，除了致力于保护各类不可移动的文物外，还通过征集、发掘等途径，不断搜集相关文物、标本，藏品逐渐积累，迄今已有一千五百余件，涵盖石器、陶瓷器、青铜器、钱币、丝织品等诸多门类，时间跨度长达万年。这里选取其中一部分予以展出，从中可以了解该

1.北伐汀泗桥战役纪念碑 2.钱亦石故居 3.何功伟烈士故居纪念亭

战国　铜剑

战国　陶鼎

战国　陶壶

馆文物收藏之概貌，也能在一定程度上管窥到咸安区悠久的历史文化。

专题陈列　从1990年4月开始至2005年5月止，先后举办过8次临时的专题展览。有的专题展览意义很大，影响深远。如1992年5月，由市党史办、市博物馆承办布展的《咸宁市党史资料展览》，为期半年，全市党员、干部、学校及群众轮流参观展览。1994年4月，为了纪念周恩来诞辰一百周年的活动，市博物馆承办制作活动版面展览共28块，各时期珍贵图片180多张，深入到全区各乡镇学校巡回展出。

藏品管理

［藏品来源］　主要通过征集、考古发掘、上缴、捐赠、收购等途径取得。现有的文物藏品中，绝大多数为考古发掘的出土文物，以陶瓷为主。

［藏品类别］　文物藏品分为出土文物、传世文物和革命文物以及工艺品四大类。其类别有石器、玉器、铜器、铁器、金银器、陶瓷器、字画、钱币、丝织类等。

［藏品统计］　博物馆藏品总数1500件，出土文物和传世文物1281件，革命文物110件，工艺品109件。国家一级文物一件，二级9件，三级36件。

［重要藏品］　北宋堆花青瓷壶、六朝青瓷蛙型盂、明百子锦被、明花果绣花锦被、南北朝青瓷谷仓罐、北宋青瓷碗、魏晋青瓷魂瓶、唐代花鸟铜镜、青瓷寿盘、北宋青瓷钵。

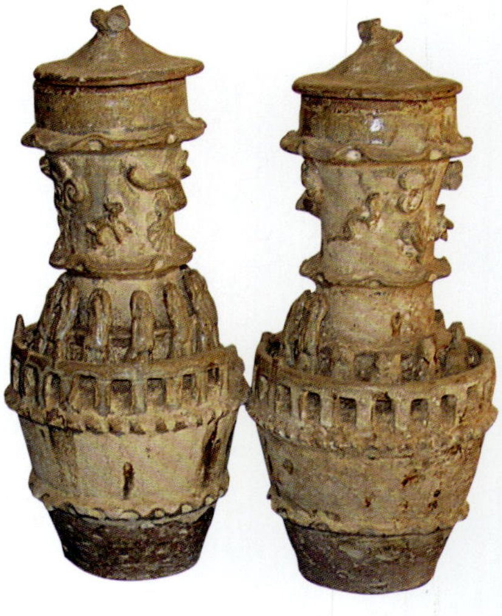

魏晋　青瓷魂瓶

［藏品保护］ 该馆建有专门的文物库房和配备相应的保护设施，严格按照《藏品管理办法》的各项规定进行管理。凡是具有历史、艺术或科学价值的一、二、三级藏品，经省级文物鉴定委员会专家组的严格鉴定，均建立文物藏品档案和电子文本；藏品的保管工作做到制度健全、账目清楚、鉴定确切、编目详明；运用传统方法对一些破损藏品器物进行修复保存，库房内配备安全防火器材，安全可靠的文物木厨柜架，安装了铁门、铁窗等。按照《博物馆安全保卫规定》和三级风险等级安全防护规定要求，重点要害部位安装技术安防设备和24小时全天侯的预警和监控系统设施，落实完善了各项安全保卫制度，配备专职保卫人员坚持24小时值班。

科学研究

［科研队伍］ 博物馆馆员1人，助理馆员1人，技师3人。

［科研设施］ 随着经济的快速发展，为开展博物馆业务工作的必要设施得到更新充实，办公条件的改善，现已配备电脑3台，二种不同型号的数码相机2台，GPS1台及其他工作器材等。

交流合作 博物馆是一个公益性服务于社会的文明窗口，开展交流合作是一项基本的业务活动。如配合《前桥流水桂花香》这台戏的制作、布置，参与汶川大地震一系列纪念活动等。2001年中国社会科学院近代史研究所、中国文物协会、华中师范大学、中国近代史研究所、湖北省水利厅有关教授、学者、领导，在咸安召开了“北伐战争暨汀泗桥、贺胜桥大捷七十五周年学术研讨会”，对咸安历史、地理、风俗进行学术考察，并提出了一系列的保护建议。

2003－2004年，根据国家文物局发布的全国重点文物保护单位“四有”（保护范围、标志说明、记录档案、保管机构）工作规范（试行），咸安北伐汀泗桥战役遗址进行“四有”档案资料文本的编制，受到主管部门认可。2007年至2010年根据国务院发布《关于开展第三次全国文物普查工作的通知》对咸安区境内不可移动文物进行了详细的调查和资料填报。

经营管理

［单位性质］ 社会公益性质的国营文化事业单位

［经费来源］ 地方财政（区级）全额拨款

［机构设置］ 设有馆长室、办公室、文保业务科、安全保卫科。2008年11月，成立了北伐汀泗桥战役纪念馆机构，与区博物馆两块牌子一套班子合署办公。

［人员编制、组成］ 核定人员编制数12人。2008年为12人，2009年为16人，核定人员12人。全馆现有专业技术人员12人，其中文博专业技术人员8人。

［观众接待］ 年观众人数约8万人次

参观指南

［地址］ 咸宁市咸安区汀泗桥镇

［邮编］ 437000

［电话］ 13036171668

［开放时间］ 8:30－16:30

［票价］ 免费

（撰文：张向阳）

南漳县博物馆

Nanzhang County Museum

概述

类型 地方综合性博物馆

隶属关系 隶属于南漳县文体局

创建时间 1987年5月成立南漳县博物馆

正式开放时间 1987年10月对外开放

所在位置 位于南漳县城关镇徐庶路5号

南漳县博物馆

面积 占地面积1769平方米

布局 主体建筑分为博物馆主楼和徐庶祠两个部分，相互相连。主楼是70年代砖木结构平房三栋，东、南、北各一栋，东排为陈列展厅，南排为办公场所和库房，东侧为职工住房，西侧为徐庶祠。徐庶祠又名单公祠，整个建筑坐北朝南，始建于清嘉庆元年（1796），嘉庆十七年（1812）守备任海复立“汉徐庶故里”石碑，同治四年（1865）知县沈兆元重修，更名徐庶祠，俗称徐庶庙。庙内塑徐庶坐像，在“文革”中部分建筑被毁，1986年进行了大修，现主要有牌楼、大厅、正殿、偏房等建筑，属明清建筑、湖北寺庙风格。

建筑特点 博物馆整座建筑是70年代砖木结构平房，呈四合院结构，占地面积999平方米，其中展厅面积72平方米，库房面积24平方米；徐庶祠占地面积770平方米。

历史沿革 1984年5月成立南漳县文物管理所；1987年5月成立南漳县博物馆；1987年10月对外开放，1999年9月成立南漳县考古队，与博物馆（两块牌子一套班子）合署办公。现博物馆馆舍，由于房屋陈旧窄小，设施落后，发展空间受到严重限制，不利于文物保护，达不到展示陈列的基本条件。为加强文物的保护，配合县域发展和规划要求，县政府拟拆除现博物馆，在原址扩建新馆。

历任馆长 王守荫（1987.5－1997.6）；陈选保（1997.6－2009.2）；王红玲（2009.2至今）。

业务活动

基本陈列 南漳县博物馆于1987年10月对外开放，其主题是："革命文物与历史文物陈列展览馆"。它以三国名士徐庶隐居地为依托，将南漳的楚文化、三国文化、山寨文化、民俗文化融为一体，第一部分为"三国文化"，以湖北寺庙风格的徐庶故里为基础，陈列展览三国历史、徐庶生平事迹、名人字画、明清碑刻。第二部分为"楚文化和民俗文化"，以博物馆展厅为阵地，陈列展览新石器至汉代出土文物，唐宋以后各时代的传世文物和地方革命史迹等。

陈列设计制作立式玻璃展柜，陈列内容自新石器时代至明清时期出土及民间征集文物。

陈列展出藏品110件，有青铜器、陶瓷器、石刻、木雕等。重要展品有南漳湖北鳄化石；雀替等

专题陈列 博物馆还主办了专题陈列《荆山农民起义英烈事迹展》、《馆藏精品文物图片展》、《99澳门回归大型图片展》、《物质和非物质文化遗产展》等。

南漳县博物馆自1987年开馆以来，先后举办过30多场各种临时的专题展览，有的专题影响面很广，意义重大。如1999年举办的《99澳门回归大型图片展》、第一个文化遗产日时举办的《物质和非物质文化遗产展》，在各个乡镇、学校、军队、机关等流动展出，深受广大人民群众和学生的欢迎。

藏品管理

［藏品来源］ 考古发掘、征集、捐赠、收购。

［藏品统计］ 现有馆藏文物1998件，其中二级文物15件，三级文物88件。

［藏品类别］ 有铜器、铁器、陶瓷器、木雕、石雕、石刻、玉器、字画、古书、钱币、金银器等。其中出土和传世文物1875件，革命文物55件、工艺品68件。

［重要藏品］ 国家珍贵文物60多件。其文物品类齐全，时代序列完整，有一亿八千万年前"南漳湖北鳄"化石，新石器时代"穿孔石斧"，东周时代"蔡候朱之缶"，西汉时代"三足铜铣"，东汉时代"铜鐎壶"、"银镯"、"铜镜"。陶器有"双系盘口壶"，"空心画像砖"，两晋至南北朝时代"绿釉青瓷龙柄鸡首壶"、"盘口壶"，唐宋时代"瓷碗"、"瓷水皿"、"三彩瓶"，明清时代"双带玉砚"、"雀替木狮"、"襄庄王墓誌铭"等都具有重大历史价值，艺术价值和科学价值，为研究楚国历史、三国文化、民俗文化及南漳历史提供了弥足珍贵的史料。

南漳湖北鳄化石

雀替

汉 空心画像砖

两晋南北朝　绿釉青瓷龙柄鸡首壶

唐　青瓷碗

科学研究

［科研队伍］　有馆员4人，助馆4人。

［科研设施］　自2009年，博物馆条件有所改善，办公设备得到充实和更新，现有电脑4套，打印一体机一套，数码相机2台等，为博物馆开展各种业务活动创造便利。目前南漳县为打造文化旅游长廊，把新建博物馆纳入重要议程。

［科研成果］　自开馆以来，南漳县博物馆通过讲学和电视为平台，积极开展文博专业理论研究和楚史研究工作。

经营管理

［单位性质］　国营事业单位

［经济来源］　县财政全额拨款

［机构设置］　设有馆长室、办公室、业务室、安全保卫室、楚史研究办公室。

［人员编制、组成］　编制名额为8人，实有11人，馆员4人，助馆4人，高级技师1人，普通干部1人，普通员工1人。

［服务观众项目］　印制参观券、《徐庶故里》宣传册，制作警示牌、指示牌、公示栏、导游图、留言簿、《南漳县博物馆免费开放应急预案》、《观众须知》、《安全公约》、《保卫人员责任》，提供饮水设备、休闲娱乐场所等。

［观众接待］　年均观众约58000人次

参观指南

［地址］　南漳县城关镇徐庶路5号35

［邮编］　441500

［电话］　0710-5242393

［开放时间］　9:00－16:00

［票价］　免费

（撰文：南漳县博物馆）

郧阳博物馆

Yunyang Museum

概述

类型　地方综合性博物馆

隶属关系　隶属于郧县文化旅游发展委员会

创建时间　1981年

所在位置　位于郧县城关镇郧阳路文化东巷6号，文化广场北侧

面积　占地面积3080平方米

布局　主体建筑为四层楼房，一楼为工艺品商店，二、三、四楼设为展厅，其中二、三楼走廊部分为办公区。

建筑特点　1981年在现址建设郧阳博物馆，为全框架式结构四层楼房，建筑面积3080平方米，展厅面积1600平方米，文物库房60平方米。

历史沿革　1960年设立郧县博物馆，1961年在文化馆内设一名文物干部管理郧县文物工作，1981年迁往现址，

郧阳博物馆外景

2000年经扩建改造为现有规模，并对社会公众开放，更名为郧阳博物馆。2003年经批准成立郧县文物局，与郧阳博物馆两块牌子一套班子。2008年8月依国家文物局文件精神，对公众免费开放。

业务活动

基本陈列　二楼设为《郧阳历史沿革馆》、《南水北调中线工程青龙泉遗址与辽瓦店子遗址出土精品文物展》；三楼为《“郧县人”馆》、《历史文物展馆》（主要为南水北调中线工程中各大工地新出土文物）、《仿李泰墓室》；四楼为《杨献珍馆》、《书画奇石摄影展》、《绿松石馆》。

三楼展厅一隅

藏品管理

［藏品来源］　主要通过征集、考古发掘、上缴（交）、捐赠、收购等途径取得。现有的文物藏品中，绝大多数为通过考古发掘的出土文物，以陶瓷器、青铜器为主。

［藏品类别］　郧阳博物馆文物藏品分为传世文物、出土文物和革命文物以及工艺品四大类。其类别有石器、陶瓷器、铜器、铁器、化石、骨器、木雕、石雕、石刻、金银器、玉器、字画、钱币等等。

［藏品统计］　截至2009年底，从旧石器时代至民国时期文物藏品总数为20000余件。其中南水北调抢救性文物发掘出土文物130000余件，尚未定级。国家一级文物5件，二级文物22件，三级文物149件。

［重要藏品］　“郧县人”头骨化石、汉代青铜摇钱树、春秋青铜盘匜、唐三彩龙首杯、西汉陶鸳鸯火锅、绿松石王、王树森雕刻绿松石毛主席像等。

［藏品保护］　建有专门的文物库房和配备相应的保护设施，严格按照《藏品管理办法》的各项规定进行管理。凡是具有历史、艺术或科学价值的一、二、三级藏品，经省级文物鉴定委员会专家组的严格鉴定，均建立文物藏品档案和电子文本；藏品的保管工作做到制度健全、账目清楚、鉴定确切、编目详明；运用传统方法对一些破损藏品器物进行修复保存；库房内配备必要的温、湿度计、恒温计以及安全防火器材；淘汰陈旧的文物橱柜架和过时落后设施，更新安全可靠的文物囊匣等。按照《博物馆安全保卫规定》和三级风险等级安全防护规定要求，馆内设立文物安全保卫执法处，选配专职保卫干部。重点要害部位安装技术安防设备和综合报警监控系统设施，落实完善了备项安全保卫制度，配备专职保卫人员，坚持24小时执勤。

考古发掘　自南水北调中线工程抢救性文物保护工作开展以来，进驻郧县的考古科研单位已有38家，出土文物数万件，发表学术论文五十余篇。

科学研究

［科研队伍］　副研究馆员1人，馆员4人，初级助理馆员18人。

［科研设施］　因经济条件制约，科研设施落后，办公条件简陋。自2001年后，随着经济的快速发展，开展博物馆业务工作的必要设施得到更新充实，办公条件不断改善，现已配备电脑15台/套（包括台式、手提，复印机等），各种型号的数码相机8台（套）及GPS、其它工作器

唐　三彩龙首杯

春秋　青铜盘匜

材等。目前郧阳博物馆正进行新馆筹建的立项工作。

［科研成果］ 近几年来，郧阳博物馆积极开展文博专业理论研究，在《中国文物报》、《考古》、《江汉考古》、《文物工作》等专业性报刊发表文章50余篇，地方综合性报刊发表文物工作动态信息数百篇。

交流合作 博物馆是一个服务于社会的文明窗口，开展交流合作是一项基本的业务活动。如开展与一些国际专家学者的文化交流合作。目前我馆正在筹备“中国·湖北‘郧县人’发现20周年国际学术研讨会”，拟邀请国际国内知名专家学者30余人及国内外各大媒体参会。

经营管理

［单位性质］ 社会公益性质的国营文化事业单位

［经费来源］ 地方财政（县级）全额拨款

［机构设置］ 设有局（馆）长室、综合办公室、接待与宣教展览部、考古业务股、文物安全保卫执法股等股（部）室。2003年，成立郧县文物局，与郧阳博物馆两块牌子一套班子合署办公，并兼有县文物管理委员会领导小组办公室的业务职能工作。

［人员编制、组成］ 核定人员编制数21人。全馆现有专业技术人员8人，其中文博专业技术人员7人。

［观众接待］ 年观众人数约60000人次

参观指南

［地址］ 郧县城关镇郧阳路文化东巷6号

［邮编］ 442500

［电话］ 0719-7233920

［电子邮箱］ zhxm_99@163.com

［开放时间］ 8:30－16:30

［票价］ 免费

（撰文：李晓晓）

钟祥市博物馆

Zhongxiang Museum

概述

类型 地方综合类博物馆

隶属关系 隶属于钟祥市文化体育局

创建时间 1979年2月

所在位置 钟祥市郢中街办元佑路7号

面积 1.5万平方米

布局 钟祥市博物馆馆址设于明清古建筑群——元佑宫内，其建筑格局中轴对称，红墙周回410米。主殿三进，

1.钟祥博物馆（元佑宫）外观 2.元佑殿

元佑殿居中，后为降祥殿，最后为三洞阁。其配殿左为宣法殿，右为衍真殿。其前为元佑宫门，东西为储、祉门。钟楼、鼓楼拱侍环列。宫门前为琉璃琼花照壁，左右建保祚、延禧二坊。另外宫内还建有碑亭2座，厢房、配房等58间。

建筑特点 元佑宫，占地15000平方米，其中建筑面积3492.1平方米。建筑坐北朝南，布局中轴对称，是典型的中国传统建筑格局。其风格为明代官式建筑，注重庄严气度，强调主次配置，追求礼仪效果，刻意制造了强烈的等级观念和空间对比变换中产生的意境——崇敬感，处处显露着非同一般的皇家祭祀建筑威威超凡气势。

历史沿革 建国初期（1950－1953），钟祥县的文物工作由钟祥县文化馆代为管理，主要工作是配合土改复查、民主改革等中心任务，有领导、有组织征集、没收地主财产中的历史文物，通过一定的手续，将有价值的金银器、铜器、玉石器、瓷器、字画、古籍善本等珍贵文物征集到文化馆进行收藏；1954年，钟祥县文化馆成立文物室，负责管理全县的文物工作，地址设在钟祥县城山陕会馆（今钟祥市中亚商城副楼）；1959年，文物室随钟祥县文化馆搬迁到武郡书院（今钟祥市总工会院内）；1961年，文物室又随钟祥县文化馆搬迁至钟祥县大礼堂办公；

1964年6月，文物陈列室各展厅重新进行整修，调整了文物展品，同年，正式对外开放。1966年7月，文物陈列室由钟祥县革委会红色总部造反派接管。1972年文物陈列室重新移交钟祥县文化馆管理，并一直开放至1976年年底。

1977年，钟祥县人民政府批准成立钟祥县图博馆，即图书馆与博物馆的合称，隶属于钟祥县文化局领导。1979年2月，经钟祥县革命委员会批准，钟祥县图博馆的图书与博物分开，成立钟祥县博物馆，隶属于钟祥县文化局，属副科级行政单位。内设文物组、陈列宣传组、基建后勤组、办公室和显陵管理所。1980年3月，钟祥县博物馆与图书馆正式分离，馆址迁至明清古建筑群——元佑宫内。1992年5月，钟祥撤县建市，钟祥县博物馆更名为钟祥市博物馆，隶属于钟祥市文化局，属副科级行政单位。内设文管股、群工股、保卫股和办公室。共有干部职工17人，其中设馆长1人，副馆长2人，职工14人。馆址设在元佑宫内。主要职能是负责全县境内文物保护单位的保护与管理，利用文物进行陈列展览开展宣传教育和科学研究。

2006年新馆建设工作正式启动。新馆占地120亩，主馆设计建筑面积5150平方米，计划总投资5000万元。2007年，委托清华大学建筑设计研究院对新馆总体规划、主馆建筑施工、围墙施工、景观建设等做出了设计方案。2008年，完成了征地补偿、拆除了建设范围内的部分房屋建筑、平整场地和工程招投标工作。2009年3月22日新博物馆建设工程奠基，目前，新博物馆的主体工程已经基本完工，正在进行展陈和景观工程。

历任馆长 邓传万（1979. 2－1984. 3）；周友贵（1984. 3－1985. 1）；孟世和（1985. 1－1999. 6）；周代玮（1999. 6至今）。

业务活动

基本陈列 《国家级历史文化名城－钟祥历史文物陈列》《字画陈列》、《清代女尸展厅》、《革命文物陈列》。《国家级历史文化名城——钟祥历史文物陈列》1998年10月正式面向大众开放，展出文物206件，陈列面积628. 2平方米。该陈列分为“历史悠久　源源流长”、“荆楚文化　独领风骚”、“大明圣地　祥瑞所钟”、“文物艺术　流光溢彩”四个部分，从不同的视觉反映和展示了钟祥历史文化名城的风貌和内涵。

专题陈列 该馆从1979年2月开始至2005年8月止，先后举办过20多次各种临时的专题展览。有的专题展览意义重大，影响深远。如1995年6月11日，钟祥市博物馆成功举办《抗日战争和世界反法西斯战争胜利50周年图片展》，全市党员干部、中小学生和社会群众踊跃参观展览，充分发挥了博物馆作为爱国主义教育基地和中小学生德育基地的作用。

藏品管理

［藏品来源］ 主要通过征集、考古发掘、没收、捐赠、收购等途径取得。现有的文物藏品中，绝大多数为通过考古发掘的出土文物，以陶瓷器为主。

［藏品类别］ 博物馆文物藏品分为传世文物、出土文物和革命文物以及工艺品四大类。其类别有瓷器、陶器、金器、银器、铜器、铁器、锡器、玉器、石器、木器、字画、古籍、革命文物、杂器。

［藏品统计］ 博物馆文物藏品总数3408件（套）。其中一级文物8套15件；二级文物50套137件；三级文物：279套444件。

［重要藏品］ 明代镀金铜龙；春秋邓子蟠虺纹铜盘；清代朱耷行草轴；明代镀金观音铜座像；明代镀金观音铜座像；明代镀金释迦摩尼铜座像；清代毛会建“阳春白雪”石匾；宋代景德镇影青印花人物瓷枕。

［藏品保护］ 该馆建有专门的文物库房和配备相应的保护设施，严格按照《藏品管理办法》的各项规定进行管理。凡是具有历史、艺术或科学价值的一、二、三级藏品，经省级文物鉴定委员会专家组的严格鉴定，均建立文物藏品档案和电子文本；藏品的保管工作做到制度健全、账目清楚、鉴定确切、编目详明；运用传统方法对一些破损藏品器物进行修复保存；库房内配备必要的温、湿度计、恒温计以及安全防火器材；在气候不宜的季节紧闭库房门窗，气候适宜的季节开窗通风降温散温；放置除虫药物，尽量减少病虫对藏品的危害；定期对库房进行除尘，减少灰尘对藏品的危害。按照《博物馆安全保卫规定》和二级风险等级安全防护规定要求，馆内设立安全保卫科，

《大明圣地　祥瑞所钟》陈列

元　青花四爱图梅瓶

选配专职保卫干部。重点要害部位安装技术安防设备和综合报警监控系统设施，落实完善备项安全保卫制度，配备专职保卫人员，坚持24小时执勤。

［考古发掘］　钟祥市博物馆的考古发掘工作起始于70年代末，从1979年10月配合农村基本建设对钟祥县皇庄六合村北宋古墓葬进行考古发掘，至2007年底止，根据国家有关文物考古发掘的规定，先后配合农田生产建设、城镇基本建设和国家大型水利、交通等建设工程，通过发现、举报、普查、执法等各种形式，经过30多年百余次的考古发掘，出土了数千件地下文物（其中包括一些文物珍品），为钟祥市成功申报为国家级历史文化名城和经济社会发展研究提供了不可或缺的实物依据。特别是2001年和2005年抢救发掘的明代梁庄王墓和郢靖王墓，出土精美文物6000余件，是我国继定陵之后又一明代重大发现。其中郢靖王墓出土的一件元代青花四爱图梅瓶被湖北省博物馆作为镇馆文物收藏。

科学研究

［科研队伍］　博物馆现有文博馆员19人，助理馆员7人。

［科研设施］　随着经济快速发展和国家对博物馆事业的重视，开展业务工作的必要设施得到更新充实，办公条件不断改善，现已配备电脑10台/套（包括台式、手提电脑等），各种型号的数码相机5台（套）及其它工作器材等。目前，钟祥市博物馆新馆主题工程已经基本完工，正在进行展陈和景观工程，计划在2010年10月对公众开放。

［科研成果］　近几年来，钟祥市博物馆积极开展文博专业理论研究，多篇论文在国家、省、市级刊物上发表。如《明代藩王综述》（《南京明文化研究》）；《明代梁庄王墓发掘报告》（概述部分）（文物出版社）；《试析若都之地望》（湖北省社会科学院《社会科学动态》1993年第1期）；《左家遗址调查》（湖北省文物考古研究所主办的《江汉考古》1996年4期）；《文物殇》（《血魂》，人民出版社出版，1996年4月）；《古代建筑物内举办文物陈列展览之形势刍议》（中国博物馆学会主办的《中国博物馆通讯》，1999年第8期）。

学术交流　2006年12月20日，馆长周代玮随湖北省博物馆赴香港参加《中国晚期金饰》专题展览开幕式和学术交流会议。

经营管理

［单位性质］　社会公益性质的国营文化事业单位

［经济来源］　地方财政全额拨款

［机构设置］　设六个部室：馆办公室、社教部、考古部、保管部保卫部和景点塔管理所。

［人员编制、组成］　核定人员编制数31人。全馆现有专业技术人员26人，其中文博专业技术人员25人。

［观众接待］　年观众人数约10000余人次

参观指南

［地址］　钟祥市郢中街办元佑路7号

［邮编］　431900

［电话］　0724-4222904

［传真］　0724-4228990

［电子邮箱］　zxbwg666@sina.com

［开放时间］　8:00－11:30，14:30－17:30

［票价］　免费

（撰文：钟祥市博物馆）

秭归县屈原纪念馆

Qu yuan Memorial Hall in Zigui County

概述

类型　社会科学类历史名人专题博物馆

隶属关系　隶属于秭归县文化旅游局

创建时间　1979年9月成立秭归县屈原纪念馆，1997年6月成立秭归县博物馆。

所在位置　位于秭归县茅坪镇滨湖居委会凤凰山古建筑群。山体三面滨江，隔高峡平湖与举世瞩目的三峡大坝正对，区位优势独特。

面积　占地面积20000多平方米、建筑面积为5800多平方米。

凤凰山古建筑群

布局　主体建筑分为祠堂和屈原墓两个部分。屈原祠由山门、前殿、大殿、偏殿、配房等建筑组成；屈原墓由墓室、享堂、神道等建筑组成。外侧均有围墙围合。业务办公场所主要设于山门两侧配房，其它建筑主要用于陈列布展。屈原墓位于屈原祠北侧，与屈原祠左右为邻，融为一体。

建筑特点　屈原墓、山门等属于搬迁复建，其余建筑均系新建而成。主体建筑采用石木结构，装饰、灰塑、彩绘都继承了老屈原祠地域特色和传统工艺。

历史沿革　中华人民共和国建立初期，秭归县的文物工作由秭归县文化馆代为管理，1979年9月成立秭归县屈原纪念馆，同时兼管文物业务工作，1997年6月成立秭归县博物馆，与秭归县屈原纪念馆合署办公。2004年9月，成立秭归县文物管理委员会，同年11月成立秭归县文物事业管理局。

1979年9月26日，秭归县革命委员会下发秭革[1979]76号文件，批准成立秭归县屈原纪念馆，属县文化局领导的二级单位，负责管理全县文物、博物及名胜古迹，属全额拨款事业单位。有工作人员5人。县文化馆将收集的文物及考古资料等全部移交给县屈原纪念馆。

1997年6月14日，县编委下发8号文件，批准建立秭归县博物馆，与县屈原纪念馆合署办公，实行两块牌子、一套班子，不增加人员编制和经费。

2004年11月3日，成立秭归县文物事业管理局，实行县文物局、县屈原纪念馆、县博物馆三块牌子一套班子，级别副科级。县文物事业管理局是县政府主管全县文物事业的工作部门。主要职能：贯彻执行党中央、国务院和省、市、县关于文物工作的路线、方针和政策及有关法律法规；研究制定加快全县文物事业发展的战略目标和政策措施，编制并组织实施文物事业发展的长期规划和年度计划；协调配合旅游部门，做好综合开发利用，实现县文博事业最大化社会综合效益；宣传并组织实施文物保护的法律、法规；研究、处理文物保护重要问题，管理协调全县文物的保护、抢救、研究、宣传、开发、利用；检查指导和管理全县文物等工作，依法查处破坏文物的违法行为，配合有关部门查处盗窃、盗掘、走私文物案件，对查处的文物案件提出文物方面的专业性意见；负责全县文物行政执法工作；协调配合好国家、省、市、县文物部门组织的文物保护，考古发掘；负责与其他博物馆之间的协调、交流；申报全国、省、市、县级文物保护单位项目。

1965年10月25日，郭沫若为屈原故里和屈原庙分别题字“屈原故里”、“屈原庙”。1977年1月，郭沫若为秭归县屈原纪念馆题写馆名“屈原纪念馆”。

1986年4月赵紫阳、王任重来到秭归视察，王任重为秭归县屈原纪念馆题写“中华诗魂”。

中国著名社会活动家、佛教人士、书法家、诗人、作家赵朴初为秭归县屈原纪念馆题写楹联“大节仰忠贞，气吐虹霓，天问九章歌浩荡；修能明治乱，志存社稷，泽遗万世颂离骚。”

历任馆长　张新明（1979．9－1983．3）；郑轩振（1983．3－1986．3）；郑和昌（1986．3－1989．3）；梅云来（1989．4－1992．6　副馆长主持工作）；梅云来（1992．7－2006．5）；余波（2006．6至今　副馆长主持工作）。

业务活动

基本陈列　《秭归县出土文物展览》于1981年在屈原纪念馆二楼展厅面向大众开放，展出文物300余件，陈列面积280平方米。《屈原生平事迹展览》于1982年6月在屈原纪念馆一楼展厅正式对外展出，主要分序言、光辉的一生、屈原的作品、永久的怀念等篇章，陈列以大量的珍贵实物为信息载体，系统地展现屈原光辉的一生及其影响。展陈采用展柜，使用人工照明方式，安装了报警器，配有讲解员，因屈原祠搬迁于2009年6月关闭撤展。1985年8月，屈原铜像在馆内落成揭幕。后期相继建成屈原作品和后世怀念碑廊。

专题陈列　该馆从1979年开始至2009年止，先后举办过100多次各种临时的专题展览。有的专题展览意义重大，影响深远。如1991年7月，为纪念“七一”建党70周年活动，由县委党史办主办，县博物馆承办布展的《中共秭归县党史展览》，从7月1日开展，为期一年，全县党员干部、学校及部分群众轮流参观。为配合开展党内路线教育工作，对全县党员干部开展革命历史的传统教育，将该展览制作成活动版面，深入到全县各乡镇巡回展出。1997

年，配合香港回归，举办《香港回归特别展》，对于推进祖国的和平统一大业，促进社会主义现代化建设，促进香港地区的稳定、发展和繁荣，宣传一国两制的伟大构想成功实践具有重要意义。

藏品管理

［藏品来源］ 主要通过征集、考古发掘、上缴（交）、捐赠、收购等途径取得。现有的文物藏品中，绝大多数为考古发掘的出土文物，以瓷、铜、陶器为主。

［藏品类别］ 秭归县屈原纪念馆文物藏品分为与屈原有关的文物、各历史时期的文物和革命文物以及书画作品等项。其类别主要有石器、陶器、瓷器、铜器、铁器、木雕、石雕、金银器、玉器、字画、古书、字画、古代家具、移民搬迁文物等。

［藏品统计］ 截至2009年底，从新石器时代至民国各时期文物藏品总数为20138件，其中国家级珍贵文物152件套。

［重要藏品］ 比较著名的有城背溪文化时期的“太阳人”石刻，大溪文化时期的石雕人像，与中国古文字起源有关的一批刻画符号，城背溪文化和大溪文化的断代标准器物，反映巴楚文化交流的虎钮铜錞于、巴式编钟、虎形带钩、铜敦、铜征、巴式剑、巴式戈、巴式矛等，有全国保存最为完整的弓、箭、箙成套的巴人兵器组合，有越文化特征显著的越王州勾剑，有国内现存最早的一尊屈原石雕像；有关于三峡工程的第一次整体外迁、第一次对口支援、第一份搬迁合同、第一次搬迁使用的工具、印章、证书、手稿、录音、对口支援的实物等。

青瓷博山炉

四系盘口壶

象牙雕饰

青瓷执壶

［藏品保护］ 该馆建有专门的文物库房和配备相应的保护设施，严格按照《藏品管理办法》的各项规定进行管理。凡是经省级文物鉴定委员会专家组的鉴定，具有历史、艺术或科学价值的一、二、三级藏品，均建立文物藏品档案和电子文本；藏品的保管工作做到制度健全、账目清楚、鉴定确切、编目详明；运用传统方法对一些破损藏品器物进行修复保存；库房内配备必要的温、湿度计、恒温计以及安全防火器材；淘汰陈旧的文物橱柜架和过时落后设施，更新安全可靠的全封闭文物橱柜金属架等。按照《博物馆安全保卫规定》和三级风险等级安全防护规定要求，馆内设立安全保卫科，选配专职保卫干部。重点要害部位安装技术安防设备和综合报警监控系统设施，落实完善了备项安全保卫制度，配备专职保卫人员坚持24小时执勤。

宣传教育 1982年“湖北省屈原学术讨论会”在秭归县召开，来自全国各地227名专家、学者、作家、诗人云集，著名屈学研究家、教授汤炳正（四川）、魏际易（河北）、张震泽（辽宁），刘禹昌、胡国瑞、石声淮（湖北），姜书阁（湖南）以及《诗刊》主编严辰、作家徐迟，《文艺报》副主编唐因，《人民文学》副主编李清泉、省文联主席骆文、省委宣传部副部长吕庆庚、宜昌地委副书记马维清、副专员于修生、秭归县委书记肖云轩、县长陈天锡、农民诗人谭光沛等应邀出席了开幕式。会议历时8天，7月1日结束。端午节白天观看龙舟赛，晚上举行端午诗会，数十名作家、诗人、画家登台赋诗题字作画。5月，屈原乡农民谭光沛、杜青山、徐正端发起成立秭归县三闾“骚坛”诗社。

2009年，在秭归县委、政府的大力支持下，策划实施了“屈原后裔寻访活动”。该活动对于弘扬社会主义核心价值观提供了广阔而丰富的社会空间。众所周知，屈原不仅开了我国诗歌浪漫主义之先河，最重要的是他毕生忠贞爱国。他以“虽九死而不悔”的精神“上下求索”，他在“哀民生而多艰”中不惧奸佞谗言谋求治国方略，即使遭遇政治迫害被放逐，依然保持着一颗忧国忧民之心。在山河破碎国家沦亡之后，他宁肯投江以身殉国也不苟且于乱世。我们认为，弘扬屈原的爱国精神，在当今有着强烈的时代意义。在建设和谐社会的今天，高举爱国旗帜，倡导主流思想，凝聚民族力量是如此地重要和迫切！而我们“寻访屈原后裔”所要“寻访”的恰恰就是以爱国主义为核心的民族精神。在“寻访”过程中，我们强烈地感受到，屈原的爱国精神并没有因为时光的流逝而褪色，而是已深深根植于人民大众之中。在“5·12”汶川大地震那样巨大的灾难面前，中华民族在爱国主义精神召唤下，以空前的民族精神凝聚人心，让灾区人民在痛失家园和亲人的深深创痛中迅速雄起。可以肯定地说，屈原的爱国主义精神、忧国忧民情怀，如一条永不生锈的链条，链接了中华民族数千年的优良传统。因此，“寻访屈原后裔”既是对历史的回望，更是在新时代对屈原精神的一种弘扬。

考古发掘 秭归县的考古发掘工作始于60年代初，中国社会科学院考古研究所的考古工作者自1970年从秭归柳林溪、鲢鱼山等遗址发掘出土的石器、卜甲、骨锥、陶器等。到2009年止，县域内在农业（农田）改造、基建、水利、交通等设施建设工程中，通过发现、举报（报吉）、勘踏等各种形式，经过30多年多次的考古发掘和出土、收缴（交）了数万余件地下文物（其中包括一些文物珍品），为县域的历史演变和经济社会发展研究提供了珍贵的实物依据。

科学研究

［科研队伍］ 秭归县屈原纪念馆有馆员12人，初级助理馆员2人。

［科研设施］ 秭归县屈原纪念馆因经济条件制约，科研设施落后，办公条件简陋。自2005年后，随着经济的快速发展，开展博物馆业务工作的必要设施得到更新充实，办公条件不断改善，现已配备电脑11台/套（包括台式、手提，复印机等），各种型号的数码相机5台（套）及其它工作器材等。目前秭归县屈原纪念馆新馆建设已基本完毕，正进行室内布展工作。

［科研成果］ 近几年来，秭归县屈原纪念馆积极开展文博专业和屈原文化理论研究。先后有一系列论著公开出版，如《屈原秭归》（湖北人民出版社，1988）、《屈学问题综论》（2006）等；另外还有多篇论文或考古报告发表，如《旧州河遗址发掘报告》、《将军滩遗址发掘报告》、《秭归水田坪遗址发掘报告》、《秭归新县城发现窖藏铜器》、《秭归出土青铜兵器概说》等在《湖北库区考古报告集》之一、之四及《江汉考古》1997年第一期上发表。2007年，秭归县屈原纪念馆单独承担三峡工程淹没区湖北段文物保护工作2500平方米的发掘任务。在省文物局举行的专家验收会上，与会专家一致认为秭归馆此次田野考古工作成果显著，综合成绩名列第一。并顺利完成《秭归县陶家坡遗址发掘报告》、《秭归县何家屋场墓群发掘报告》、《秭归县兵书宝剑峡悬棺发掘简报》等专业报告并在《湖北库区考古报告集》之五上发表。

经营管理

［单位性质］ 社会公益性质的国营文化事业单位

［经费来源］ 财政（县级）差额拨款

［机构设置］ 设有馆长室、副馆长室、办公室、文保业务科、安全保卫科、群众接待科、园林绿化科、凤凰山古民居群管理处。

［人员编制、组成］ 核定人员编制数1979年为5人，1991年为14人，1994年为18人（增加自收自支事业编制4名，实际在编人员15人）。全馆现有专业技术人员14人，其中文博专业技术人员12人。

［观众接待］ 年观众人数约70万人次。自1986年以来先后接待了党和国家的各级领导以及知名专家学者，赵紫阳、王任重、乔石、李瑞环、钱伟长、李铁映、胡美洲、傅连兴、李保国、严文明、黄景略、李先念偕夫人林家楣、李鹏偕夫人朱琳、杨尚昆、江泽民、温家宝、徐惠滋、李希林、黄镇东、刘江、郭树言、胡光宝、滕文生、关广富、李大强、刘荣礼、邓国政、艾光忠、罗清泉、朱镕基、丁光训、谢宗信、演觉、姜春云、胡锦涛、张文彬、俞伟超、吴邦国、张柏、邓一章、姚依林、马万祺、邹家华、王光英、田纪云、廖汉生、钱其琛、吴学谦、钱正英、吴仪、宋平来馆参观、视察。

参观指南

［地址］ 秭归县茅坪镇滨湖社区凤凰山

［邮编］ 443600

［电话］ 0717-2882881

［开放时间］ 8:30－16:30

［票价］ 免费

（撰文：傅军、周昊）

闻一多纪念馆

Wen Yiduo Memorial Hall

概述

类型 社会科学类名人专题纪念馆

隶属关系隶 属于浠水县文化局

闻一多像

筹建时间 1985年

开放时间 1993年5月18日

所在位置 位于浠水县清泉镇红烛路1号

面积 占地11000平方米、建筑面积2500平方米

建筑、布局 主体工程是一个庭院式的仿古建筑群。三栋平房和一栋二层楼被回廊连成一体，屋面为青筒瓦盖的凹面大屋顶，廊顶是两旁镶红釉瓷面砖的水泥平台，其一段回廊凌架于一泓清澈见底的水池上，其池为闻一多故居前的“望天湖”之缩景，七个莲步、三眼喷泉点缀其间。

主体工程的内院与前场大部分是被鹅卵石铺砌的曲折小道切割的有规则的绿茵草地，各种花草，争妍斗艳。前场正中，闻一多铜像巍然屹立在开阔的花岗岩石板铺成的小广场上。像前一井一池，井为790年开掘的富有传奇色彩的“清泉井”；池为相传书圣王羲之曾来这儿习字的汰笔池——“羲之墨沼”。池上架了一座小桥，名叫“七曲桥”，池左侧为200平方米的停车场。穿过香樟翠竹，便见相传“陆羽茶泉”。外围是长400米、高3米的仿古围墙，依山取势，跌宕生姿。整个纪念馆背倚风景秀丽的凤栖山，面临自东向西流的浠水河，素雅的粉墙黛瓦、高低错

闻一多纪念馆全景

闻一多铜像

落的建筑群依偎在青山绿水的怀抱之中。

历史沿革　闻一多是我国著名的诗人、学者、民主战士，100位为新中国成立作出突出贡献的英雄模范人物之一。1984年5月10日浠水县委、县政府向中共中央宣传部请示兴建闻一多纪念馆，1984年7月21日得到批示同意兴建，1984年12月14日，在闻一多纪念馆筹建之际，中共中央总书记胡耀邦视察浠水，他亲笔为闻一多纪念馆题写了馆名。1988年1月26日奠基。1990年5月1日民盟中央主席楚图南为闻一多纪念馆题写了馆名，1991年7月底全体工程竣工。1992年9月18日江泽民总书记为闻一多纪念馆题写了馆名。1993年5月18日建成并对外开放，2008年5月1日对社会免费开放。

1995年，闻一多纪念馆被湖北省人民政府命名为“省级爱国主义教育基地”，同年评为“第二次全省卫生县城检查卫生先进单位”，1998年被确认为“湖北省爱国主义教育示范基地”，2000年被浠水县委、县政府评为“文明单位”，2001年6月被中宣部命名为“全国爱国主义教育示范基地”。1997、1998连续两年被黄冈市旅游局授予“优秀景点”称号。2002年2月被国家旅游局评定为“国家AA级旅游景点”，2005年被中国民主同盟湖北省委确定为盟员教育基地，同年被国家文物局确定为国家重点博物馆，2009年被国家文物局评定为国家三级博物馆。2009年11月，民盟中央在该馆挂牌，建立全国盟员教育基地。该馆现已成为六十余家党政机关、企事业单位、社会团体、中小学校、部队单位的爱国主义教育基地、德育基地和国防教育基地。

历任馆长　龚成俊（1990. 6－2006. 11）；王锦华（2006. 12至今）。

业务活动

基本陈列　《闻一多生平事迹简史》　其内容为闻一多铜像、《红烛序曲》、《闻一多生平事迹简史》。铜像通高3. 9米，其中像高2. 5米，基座高1. 4米，像全身为青铜铸造，基座为钢筋混凝土立方体结构，朴素大方，肃穆典雅。外表镶嵌墨玉花岗岩，黑里透亮，正面镌刻着原民盟中央主席楚图南书写的“闻一多”三个金字，熠熠生辉，赫然夺目。迎面是通高4米、全长14米的巨幅壁画《红烛序曲》。黑红金为主的色调，立刻把观众带入一种庄严、悲怆、激越的气氛之中。布满墙面的、默默燃烧着的红烛群落，以闪烁的光芒，引发出悲壮奔腾的烈焰，又渐渐变为昂首回旋、隐约可见的凤鸟，寓意凤凰涅般的崇高精神境界。《闻一多生平事迹简史》总标题为《千古文章未尽才》，分六章介绍闻一多生平事迹：1.“风华少年，佼佼学子”介绍闻一多青少年时期学习、生活历程；2.“华夏红烛，一代诗骄”介绍闻一多在美留学期间和归国最初几年的新诗成就和新诗理论；3.“博古通今，学贯中西”介绍闻一多潜心古籍、研究古代文学的造诣；4.“拍案而起，血洒千秋”介绍闻一多走出书斋，投身民主运动，为寻找“咱们的中国”而献身的历程；5.“精笔书画，游心佳涤”精选闻一多的2幅绘画，23帧书刊设计，38幅书法和62方篆刻作品，从而展示他的艺术成就；6.“人民英烈，

《风华少年，佼佼学子》

永垂不朽”介绍全国人民以各种形式缅怀烈士的活动以及海内外研究闻一多学术思想的成果。展墙的设计，采用碑林式，一碑一烛，独到新颖，寓意红烛精神贯穿始终。

专题陈列　《诗人、学者、爱国民主战士闻一多图片展》，是为社区、大中小学校及边远山区流动巡回展览服务的长期专题陈列。它曾先后在武汉六中、水果湖中学、黄石市、浠水县境内、周边地区的中小学、社区巡回展览，受到了一致好评。

《闻一多先生生平事迹展》2004年12月11日在澳门南光大厦二楼展览厅陈列。澳门行政长官何厚铧，全国人大前副委员长彭佩云、王汉斌，中联办副主任徐泽，澳门基金会行政委员会主席吴荣恪，闻一多家属代表闻立雕等参观了展览，并给予了高度评价。

藏品管理

［藏品来源］　文物藏品均系近现代文物，分别是闻一多亲属，闻一多的学生、朋友，闻氏族人及社会人士捐赠或通过征集所得。其中部分珍贵的字画、图书、报刊资料、像片、音像资料等文物藏品都是自开馆至今通过购置、收集、社会宣传机构的捐赠和重要领导人、艺术家、学者、文化名人为闻一多纪念馆或闻一多题写所得。

［藏品数量］　现有藏品4200件。其中一级文物9件、二级文物12件、三级文物10件。其它珍贵藏品2000件。

［藏品类别］　馆藏品类别有金属、石质、木质、皮质、毛料质、棉质、纸质、陶瓷。其中金属、石质、木质、陶瓷类60件；皮质、毛料质、棉质50件；纸质4100件。

［藏品保护］　依据《中华人民共和国文物保护法》、《博物馆藏品管理办法》等法规，闻一多纪念馆坚持以“保护为主、抢救第一、合理运用、加强管理”的方针加强馆藏文物保护。藏品均在自然条件下保存，在加强对文物库房基本建设的同时，对藏品进行了分门别类，配有专门的存放柜

《拍案而起，血洒千秋》

国立长沙临时大学教学员徽章

闻一多使用过的旧箱子

存放。专职藏品保管员经常性利用自然通风或调湿材料控制库房温湿环境，定期对藏品进行检查并协助专家对纸质文物进行脱酸保护、熏蒸灭霉、褶皱展平、字迹恢复及纸张加固保护；对木质类文物进行熏蒸灭霉、复原修复保护；对皮革类文物进行熏蒸灭霉、复原修复保护；对纺织类文物进行清洗、防霉防虫、修复加固保护；对金属类文物进行除锈、修复保护。在人防和技防的的措施下，馆藏文物得到有效防护，极大阻止或延缓了藏品自然毁坏过程。

科学研究　为加深对闻一多思想学术的研究和宣传，保持常有新的研究成果出现，闻一多纪念馆成立了“闻一多思想学术宣传研究小组”。研究小组人员结构合理，除本单位专业技术人员、业务骨干参与外还外聘有专家。其中有副研究馆员二人，馆员五人，中学高级教师二人。

闻一多思想学术宣传研究小组分别于1998年、2002年、2006年向“闻一多国际学术研讨会”提供《试论闻一多人格的根源特质——“真”》、《关于改“文”为“闻”的考证》、《闻一多精神的教育资源作用》三篇学术论文，并分别在《闻一多研究集刊》发表。通过其他媒体发表了《关于改“文”为“闻”说》、《闻一多是文天祥的后裔吗？》、《闻一多与文天祥同根共祖》、《闻一

多精神是爱国主义教育的典范》等17篇学术研究论文。创建“闻一多纪念碑廊”。主办了《千古文章未尽才——闻一多先生生平事迹展》、《诗人、学者、爱国民主战士闻一多》、《闻一多先生生平图片展》、《人格完美形象永立——闻一多生平事迹图片展》展览。

宣传教育　闻一多纪念馆是全国爱国主义教育示范基地，是社会主义公益性文化事业单位，肩负着传播知识、宣传教育、示范指导、向群众提供优质精神产品，提高全民思想道德素质和科学文化水平的重任。全馆干部职工坚持奉行“让每一个环节无缺，让每一个观众满意”的服务理念，以“我的讲解让您留下深刻的印象”为宗旨，严格做到每一个细小的服务，言行“不辱闻一多，无愧纪念馆”。讲解员随叫随到，有问必答，百问不厌，宁可牺牲休息时间也要接待好每一批观众。

闻一多纪念馆始终以弘扬闻一多爱国主义精神为主题，充分利用群众活动这一良好的载体对人们进行爱国主义思想教育，抓住重要节日、纪念日等契机，举办社会性的庆典和纪念活动。不定期举办画展、菊展、盆景展和接待或组织夏令营、“手拉手”、“新长征”、“湖北文化之旅——泰国华裔青少年冬令营”、“川鄂百名书画家进警营”等活动；举行免费开放的启动仪式，在繁华街道处设立横幅，在县电视台、人民广场电子屏打出滚动字幕进行免费开放宣传，并制作了免费开放宣传专题片。

隆重圆满举行了闻一多先生殉难50周年、闻一多先生诞辰100周年、闻一多先生诞辰110周年、“迎澳门回归，告慰闻一多先生”、《纪念闻一多先生诞辰110周年名家书画展》等系列纪念或庆典活动。组织了“闻一多杯硬笔书法大奖赛”、“首届闻一多杯全国诗书画大赛”、“闻一多杯中小学生作文比赛”和“当代书画名家作品征集”等全国性的活动。在闻一多先生诞辰100周年纪念活动上，开展了爱国主义教育活动周，组织了千余人的大型凭吊活动，召开了纪念大会，举办了专场文艺演出。圆满组织了中国民主同盟中央委员会、中共湖北省委主办的“闻一多故乡行”活动；隆重举行了民盟中央授予闻一多纪念馆“中国民主同盟中央委员会盟员教育基地”授匾仪式；邀请专家学者主讲了“闻一多的红烛精神”，“闻一多与爱国主义”等讲座。

闻一多纪念馆还与学校建立课堂教学与博物馆活动相结合的机制，与共青团湖北省委、湖北电视台妇女少儿频道共同主办的“不灭的红烛——少年儿童闻一多故乡行”大型爱国主义直播活动，弘扬闻一多爱国主义精神，向群众提供优质精神产品。闻一多纪念馆编写出版了《闻一多的故事》、《纪念闻一多诞辰100周年专辑》等书，编印了《红烛导读》、《闻一多纪念馆简介画册》、《红烛纪念邮册》《碑廊简介》，《红烛书画选萃》、制作了以“七子之歌”为主题的纪念牌匾等。协助中央电视台、中国旅游卫视、湖北电视台、湖北卫视、武汉电视台、上海电视台等多家电视台拍摄了《爱我中华》、《闻一多纪念馆》、《人民英模——闻一多》、《快乐中国行》、“8+1城市圈，走进名人故里”、《大师——闻一多》等宣传闻一多及闻一多纪念馆的电视专题片。

闻一多纪念馆还把请观众进来和送展览出去作为传播知识和进行爱国主义教育的重要手段之一。上山下乡，深入基层，走进社区，组织观众，邀请中小学生来馆接受爱国主义教育。推出流动展览，走进边远山区和邻近县市巡回展出，使闻一多“走进校园，走近观众”。首批加盟海派（湖北）旅游景点，积极参加各地举办的旅游推介会。与机关事业单位进行爱国主义教育基地共建，实行基地共建、资源共享，先后有60多个学校、机关事业单位、社会团体及部队单位在该馆挂牌建立爱国主义教育基地、德育基地和国防教育基地。

闻一多纪念馆充分利用馆藏品、科学研究成果及爱国主义教育资源对社会进行历史文化宣传和教育，对公众进行爱国主义思想教育、革命传统教育。为弘扬爱国主义精神，培育爱国情操，促进精神文明建设发挥着重要作用。

经营管理

［单位性质］　国有全额拨款事业单位

［经费来源］　财政每年预算资金17万元

［机构设置］　机构设置为办公室、保卫部、陈列宣传部、财务部、服务部。

［人员编制］　县财政核定编制7人，现有职工16人，在职12人，离、退休4人。其中办公室2人，保卫股2人，陈列宣传部3人，财务部2人，服务部2人，馆长主持全馆日常工作。2人职前本科学历，2人职后本科学历，6人大专学历，4人中专学历。高级职称1人，副高职称1人，中级职称5人，初级职称3人。

［服务观众项目］　免费为学校集体、社会团体提供音响、扩音器及《七子之歌》等爱国歌曲；专门为学生集体活动制作横幅、标语和入党、入团、入队宣誓词牌；免费为观众供应开水；协助学校、旅行团体等观众联系午餐、交通车及住宿、休息场所；为各学校、团体举行爱国主义教育活动提供免费宣传资料；在展厅内设置休息椅；为观众提供物品免费寄存等服务；为观众提供每次50元的

有偿讲解服务。

［观众接待］ 免费开放前年接待观众6万余人次，2008年免费开放后年接待观众近11万人次。

参观指南

［地址］ 湖北省黄冈市浠水县清泉镇红烛路1号

［邮编］ 438200

［电话］ 0713-4215603 0713-4215581

［传真］ 0713-4215601

［电子邮箱］ 757889846@qq. com

［网址］ http://www. wenyiduo. net/

［开放时间］ 8:00—17:00（每周一闭馆，法定节假日除外）

［票价］ 免费

（撰文：吴龙辉）

宣化店纪念馆

Xuanhuandian Memorial Hall

概述

类型 社会科学类历史遗址专题纪念馆

隶属关系 隶属于大悟县文化体育局

创建时间 1976年10月1日

所在位置 大悟县宣化店镇会馆村

面积 占地面积80余亩

建筑特点 纪念馆建筑面积2400平方米，庭院式砖混结构建筑。建有中原军区旧址景区占地面积80余亩，其中纪念馆建筑面积2400平方米，旅客接待中心面积500平方米，影视厅500平方米，旅游步道全长2公里，余为绿化、林木区域。中原军区旧址包括1946年周恩来与美代表谈判旧址、中原军区司令部旧址、中原军区大会场旧址、中原军区首长旧居四座标志性建筑，这几处旧址全部位于宣化店街上，属晚清建筑，居于竹竿河的两岸。全部保存历史原貌，谈判厅按当年的原样陈列。

宣化店纪念馆外景

谈判厅

历史沿革 1946年6月26日，发生在以大悟县宣化店地区为中心的中原突围战役，揭开了人民解放战争威武雄壮的序幕，敲响了埋葬蒋家王朝的丧钟。1981年公布为省级文物保护单位；2003年被中宣部确定为第三批全国爱国主义教育示范基地；2006年公布为国家重点文物保护单位，是全国“红色旅游”百名经典景区之一。

业务活动

专题陈列 在旧址内举办有《周恩来1946年与美蒋代表谈判—辅助陈列》、《中原军区部队十个月的战略坚持》、《胜利的中原突围》等辅助陈列。

中原军区司令部旧址：位于宣化店镇南端，原为宣化店商会公寓，三进三间的旧屋至今保存完好。1946年中原军区、中原解放区行政公署、中原局移驻于此，董必武曾来此慰问中原区军民，建有此馆。

经营管理

［单位性质］ 社会公益性国营事业单位

［经费来源］ 地方财政（县级）全额拨款

［人员编制、组成］ 专业技术人员5人，其中文博专业技术人员3人。

［观众接待］ 年观众人数约9200人次

参观指南

［地址］ 大悟县宣化店镇会馆村

［邮编］ 432800

［电话］ 0712-7222517

［邮箱］ 253402618@qq. com

［票价］ 免费

（撰文：大悟县革命博物馆）

宣恩县博物馆

Xuanen County Museum

概述

类型　地方综合性博物馆

隶属关系　隶属于宣恩县文化体育局

创建时间　1985年6月

所在位置　位于宣恩县城北，南临贡水，北依群山，东襟工业园区，西连龙洞景区。

面积　占地面积300平方米

布局　主体建筑为两层水泥砖粉房，建成于1994年。展厅设于底层，二层为业务办公场所及文物库房。

建筑特点　为框架式钢筋混凝土结构，平面是长方形，两层，每层200平方米，平顶。展厅面积120余平方米，文物库房面积120平方米，其余为办公等用房。

历史沿革　建国初期，宣恩县的文物工作由县文化馆代为管理。1985年6月，宣恩县革命委员会批准成立宣恩县文物管理所，与县文化局合署办公。1990年2月，宣恩县编制委员会批复更名为“宣恩县民族博物馆”，从文化局单列出来，由文化局主管。

历任馆长　陈绍义（1985. 6－1990. 2　所长，1990. 2－1996. 6　馆长）；段绪光（1996. 6至今）。

业务活动

专题陈列　2004年4月，举办《周国知文物展》。宣恩人民养育的“为民模范”周国知是新时期的楷模，他用年仅四十二岁的生命谱写了一曲奉献的壮歌。为宣传周国知精神，搞好典型教育，在周国知工作生活之地——椿木营乡布置了“周国知纪念室”。经过为期17天的工作，制作3块展板、2个展柜，征集遗物49件、文献资料50件。观众有中央领导干部和当地普通群众，取得良好的效果。

2005年8月，在利福田举办《板栗园大捷七十周年文物展》。在宣恩县李家河乡板栗园利福田举办，由宣传部、文体局主办，博物馆承办，展厅面积200平方米，展出文物200余件。

藏品管理

［藏品来源］　主要通过征集、考古发掘、上缴（交）、捐赠、收购等途径取得。现有的文物藏品中，绝大多数为征集的传世文物，以民族文物为主。

［藏品类别］　宣恩县博物馆文物藏品分为历史文物、革命文物和民族文物三大类。其类别有陶瓷器、铜器、铁器、木雕、石刻、金银器、字画、钱币等。

［藏品统计］　截至2009年底，现有馆藏文物522件，其中一级文物1件，二级3件，三级16件。协助管理文物保护单位41处，其中省级10处，州级5处，县级26处。

［重要藏品］　战国甬钟、红二军团团徽、朝笏、八十五师证章、建修县府二堂记碑等。

［藏品保护］　该馆建有专门的文物库房和配备相应的保护设施，严格按照《藏品管理办法》的各项规定进行管理。凡是具有历史、艺术或科学价值的一、二、三级藏品，经省级文物鉴定委员会专家组的严格鉴定，均建立文物藏品建档备案和电子文本。

战国　青铜编钟

虎纽錞于

藏品的保管工作做到制度健全、账目清楚、鉴定确切、编目详明；库房内配备必要的温、湿度计、恒温计以及安全防火器材。按照《博物馆安全保卫规定》和风险等级安全防护规定要求，馆内设立安全保卫科，选配专职保卫干部。重点要害部位安装综合报警监控系统设施，落实完善了各项安全保卫制度，坚持24小时执班。

考古发掘　在省考古所、州馆的领导下，组织馆里职工先后参加了洞坪电站水淹区、黄家河、老城改造文物调查。与州馆同志一起参加了清江流域的考古发掘，学习了相关的知识，培养了工作队伍。

科学研究

［科研队伍］　馆员1人，助理馆员1人。

［科研设施］　该馆因经济条件制约，科研设施落后，办公条件简陋。自2001年后，随着经济的快速发展，开展博物馆业务工作的必要设施得到更新充实，办公条件不断改善，现已配备电脑3台/套（包括台式、手提，打印机等），数码相机1台（套）及其它工作器材等。目前宣恩县博物馆正进行新馆选址筹建的各项准备工作。

［科研成果］　出版专著《宣恩民间建筑》，并获恩施州第四届科学技术成果三等奖。在省、州刊物上发表《从宣恩建筑看民族心理特征》、《土家丧仪－冥路》、《野椒园侗寨》等文章20余篇。

交流合作　1992年，陪同时任州博物馆馆长的邓辉、华中科技大学教授张良皋考察宣恩吊脚楼。2005年，陪同恩施州博物馆馆长胡家豪、武汉市博物馆副馆长邓辉和大学教授王然考察凉亭街。

经营管理

［单位性质］　社会公益性国营文化事业单位

［经费来源］　地方财政（县级）全额拨款

［机构设置］　设有馆长室、办公室、安全保卫科。

［人员编制］　核定人员编制3人

参观指南

［地址］　宣恩县珠山镇民族1路4号

［邮编］　445500

［电话］　0718-5832731

［电子邮箱］　xuanenwtj@sina.com

［开放时间］　8:30－16:30

［票价］　免费

（撰文：段绪光）

洪湖市湘鄂西革命根据地旧址纪念馆

Honghu Western Hunan and Hubei the Former Revolutionary Base Areas Memorial Hall

概述

类型　社会科学类历史遗址专题纪念馆

隶属关系　隶属于洪湖市文化局

创建时间　1965年9月

所在位置　位于湖北省洪湖市瞿家湾镇红军街

面积　210000平方米

布局　洪湖市瞿家湾湘鄂西革命根据地旧址共有近现代重要史迹及代表性建筑39处，它们大部分集中于瞿家湾镇红军街（老街）和沿河路街道南北两边，其余散布在附近村湾。

建筑特点　瞿家湾湘鄂西革命根据地旧址现存建筑最早建造年代为公元1496年，传统建筑规模18000平方米，完

1. 洪湖市湘鄂西革命根据地旧址　2. 灰墙玄瓦、高垛翘脊的民居

好程度95%，古建筑多为清末民初的民居建筑，具有典型的江汉平原水乡小镇特色，穿斗式土木结构，单檐硬山顶，灰墙玄瓦，高垛翘脊，装饰精巧，形成了独有的古朴韵味，具有朴素的美感和较高的艺术价值。

历史沿革 1965年9月，为了迎接国家副主席董必武访问洪湖，经湖北省文化局同意，洪湖县委、县政府在瞿家湾成立纪念馆。“文化大革命”期间，因贺龙元帅被诬，瞿家湾纪念馆停馆。粉碎“四人帮”后，瞿家湾纪念馆重新焕发了青春，1983年10月瞿家湾湘鄂西革命烈士纪念碑落成，瞿家湾革命纪念馆正式对外开放，国家副主席王震为该馆亲笔题写馆名。1988年元月，瞿家湾湘鄂西革命根据地旧址被国务院批准公布为第三批全国重点文物保护单位，瞿家湾纪念馆的历史翻开了新的一页。

历任馆长 朱德雄（1979－1981）；易源泽（1981－1982）；傅俊生（1982－1983　副馆长主持工作）；饶立新（1983－1985　副馆长主持工作）；杨先明（1985－1990）；程理清（1990－1991）；马业保（1991－1995）；王从会（1995－2001）；卢圣前（2001至今）。

业务活动

基本陈列 《湘鄂西革命根据地简史陈列》 1985年面向大众开放，展出文物200余件，陈列面积180平方米。2003年，该馆投入100万元，对《湘鄂西革命根据地简史陈列》进行全面升级改造；2006年，该馆又投入180万元，重新设计了《湘鄂西革命根据地旧址复原陈列》。展览以叙事方式展出，分为序厅、简史陈列厅、影视厅、武器库展厅、英雄谱展厅、复原陈列、墨宝轩等七个部分，音、像、景、物齐全，声、光、电、彩并存，多角度、全景式、形象而又逼真地再现了湘鄂西苏区军民利用河湖港汊开展游击战争，粉碎敌人“围剿”，浴血保卫苏区的历史画面和英雄群体。全新的现代装饰，精美的版面效果，生动的自动解说，配以明亮柔和的灯光，整体氛围能给观众高品位的享受。

专题陈列 该馆从1985年至2009年8月，先后举办过50多次各种临时的专题展览，有的专题展览意义重大，影响深远。经过多年的努力，目前，瞿家湾纪念馆的展览内容不仅形式多样，而且内容丰富。《全国农民书画摄影作品展》、《洪湖水乡民俗风情文化展》、经典歌剧《洪湖赤卫队》实景演出，这些专题陈列与基本陈列交相辉映，具有浓郁的地方特色和民族风格，令人回味无穷。

藏品管理

［藏品来源］ 主要通过征集、上缴、捐赠、收购等途径取得

［藏品类别］ 以革命文物为主体，其类别有铜器、铁器、字画、钱币等。

［藏品统计］ 截至2009年底，瞿家湾纪念馆文物藏品总数为2495件，其中国家一级文物4件，二级4件。

［重要藏品］ 中国工农红军独立第一师师部印；老红军战士汪德炳的银质证章；湘鄂西省苏维埃政府赤色铜币；中共鄂中特委委员熊传藻的亲笔信；贺龙使用过的方桌；日晷；肖诗宣银质奖章；刘绍南睡过的竹床。

［藏品保护］ 该馆建有专门的文物库房和配备相应的保护设施，严格按照《藏品管理办法》的各项规定进行管理。凡是具有历史、艺术或科学价值的一、二、三级藏品，经省级以上文物鉴定委员会专家组的严格鉴定，均建立文物藏品档案和电子文本，藏品的保管工作做到制度健全、帐目清楚、鉴定确切、编目详明；运用传统方法对一些破损藏品器物进行修复、保存。按照《博物馆安全保卫规定》和三级风险等级安全防护规定要求，馆内设立安全保卫科，选配专职保卫干部，落实完善各项安全保卫制度，配备专职保卫人员坚持24小时执勤。

《湘鄂西革命根据地简史陈列》

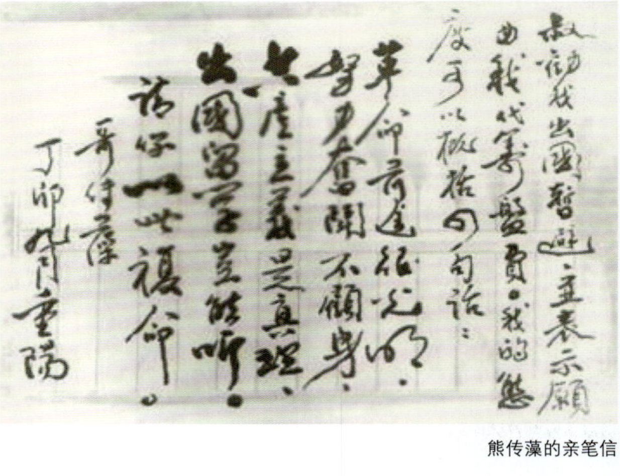
敬劝我出国暂避，并表示愿由我代筹盘费。我的态度可以概括几句话：
革命前途很光明，努力奋斗不顾身。
共产主义是真理，出国留学岂能听！
谨以一心复命。
哥传藻
丁卯 重阳

熊传藻的亲笔信

汪德炳银质证章

赤色铜币

科学研究

［科研队伍］　现有副研究馆员1人，文博馆员8人。

［科研设施］　随着经济的快速发展，开展博物馆业务工作的必要设施得到更新充实，办公条件不断改善。现已配备电脑6台/套（包括台式、手提、复印机等），各种型号的数码相机和摄像机4台及其它工作器材。

［科研成果］　1988年，有该馆夏志芳参与编写的《湘鄂西革命根据地史》一书由湖南人民出版社出版发行。1983年，该馆傅俊生所著的《洪湖赤子－周逸群》、《火龙将军－段德昌》2本书由湖南少年儿童出版社出版。1990年，该馆编制的全国重点文物保护单位的“四有”档案，作为标准文本在全国推广使用，国家文物局在洪湖召开经验交流会加以推广。

交流合作　纪念馆是一个服务社会的文明窗口，开展交流合作是一项基本的业务活动，如配合“两会”，春节团拜会等文艺舞台艺术演出设计、制作、布置，参与市内一些重大活动的陈列设计项目等。截至2009年底，该馆已与省内外共青团组织和教育战线的230多个单位建立了稳定的双教联系，与省内外50多个大专院校签订了双向教育协议，先后有150多所中小学把瞿家湾作为爱国主义教育基地，并在此挂牌。

经营管理

［单位性质］　社会公益性的国有文化事业单位。

［经费来源］　地方财政拨款

［机构设置］　设有馆长室、办公室、文保业务科、安全保卫科等。

［人员编制、组成］　核定人员编制24人，全馆现有人员24人，其中专业技术人员20人。

［观众接待］　年观众人数23万人次

参观指南

［地址］　洪湖市瞿家湾镇红军街

［邮编］　433228

［电话］　13886630958　13451239015

［电子邮箱］　lyk11333@163.com

［开放时间］　8:30－16:30

［票价］　免费

（撰文：刘玲）

洪湖革命历史博物馆

Honghu Revolutionary History Museum

概述

类型　社会科学类历史专题博物馆

隶属关系　隶属于洪湖市文化局

创建时间　1963年9月

所在位置　位于湖北省洪湖市新堤办事处玉沙路29号

面积　5900平方米

布局　主体建筑分为博物馆主楼和附楼，主附楼相连接，成丁字型结构，主楼前面有小型花园，后面为生活区，展厅设于主楼二层和三层，一层为办公场所，附楼设有文物库房和临时展厅。

洪湖革命历史博物馆

建筑特点 1982-1984年，洪湖市建成了框架式结构的三层文物大楼，大楼主楼（博物馆）为框架式钢筋混凝土结构，成“回”字型，占地面积460平方米，建筑面积1380平方米，展厅面积900平方米，其余为办公等用房。

附楼亦为框架式钢筋混凝土结构，平面呈“一”字型，占地面积350平方米，建筑面积700平方米，其中临时展厅500平方米，库房面积200平方米。

历史沿革 1963年9月，经湖北省文化局同意，洪湖县委、县政府决定成立洪湖县博物馆，与县文化馆合署办公，主要业务是收集、展示湘鄂西革命根据地的文物。“文化大革命”期间，因贺龙元帅被诬，洪湖县博物馆闭馆。粉碎“四人帮”以后，洪湖县博物馆重新焕发了青春，1983年10月，原中共中央政治局常委、国家主席李先念为洪湖革命历史博物馆题写了馆名。1985年9月，洪湖革命历史博物馆新馆落成并重新对外开放，洪湖革命历史博物馆翻开了新的一页。

历任馆长 朱德雄（1979－1981）；易源泽（1981－1982）；傅俊生（1982－1983 副馆长主持工作）；饶立新（1983－1985 副馆长主持工作）；杨先明（1985－1990）；程理清（1990－1991）；马业保（1991－1995）；王从会（1995－2001）；卢圣前（2001至今）。

东汉　青铜马镫

北宋　灰玉茶壶

业务活动

基本陈列 《洪湖革命斗争史》和《洪湖出土文物展》1985年面向大众开放，展出文物500余件，陈列面积900多平方米。2008年，该馆投入近百万元，重新更换陈列。新展览《洪湖馆藏精品文物陈列》，以崭新的面貌向公众免费开放。该展览以时代为顺序，以文物为主线，通过油画、雕塑、模拟实景、图表、照片和实物等多种形式，比较完整地反映了洪湖各个时期的历史发展过程。

专题陈列 该馆在1985年至2009年8月期间，先后举办过80多次各种临时的专题展览，有的专题展览意义重大，影响深远，如《洪湖建市20周年成就展》，参观人数超历史记录，全市几乎所有的党政机关和中小学学生都参观了展览。近年来，该馆每年都推出1-3个新的临时陈列，以丰富广大人民群众的精神生活。

藏品管理

［藏品来源］ 主要通过征集、上缴、捐赠、收购等途径取得。

［藏品类别］ 洪湖革命历史博物馆文物藏品分为传世文物、出土文物、革命文物和工艺品四大类，其类别有石器、陶瓷器、铜器、铁器、木雕、石刻、金银器、玉器、字画、古书、钱币等。

［藏品统计］ 截至2009年底，洪湖革命历史博物馆文物藏品总数为6921件，其中国家一级文物为8件，二级10件，三级530件。

［重要藏品］ 东汉青铜马镫，北宋菊花金饰，北宋空腹金狮，北宋灰玉茶壶，汉宜子孙青铜镜，汉云雷连弧纹铜镜、神兽镜、白釉瓷瓶、铜权（元）等。

［藏品保护］ 该馆建有专门的文物库房和配备相应的保护设施，严格按照《藏品管理办法》的各项规定进行管理。凡是具有历史、艺术或科学价值的一、二、三级藏品，经省级以上文物鉴定委员会专家组的严格鉴定，均建立文物藏品档案和电子文本，藏品的保管工作做到制度健全、帐目清楚、鉴定确切、编目详明。运用传统方法对一些破损藏品器物进行修复、保存。按照《博物馆安全保卫规定》和三级风险等级安全防护规定要求，馆内设立安全保卫科，选配专职保卫干部，落实完善各项安全保卫制度，配备专职保卫人员坚持24小时执勤。

科学研究

［科研队伍］ 现有副研究馆员1人，文博馆员14人。

［科研设施］　因经济条件制约，科研设施落后，办公条件简陋。自2002年后，随着经济的快速发展，开展博物馆业务工作的必要设施得到更新充实，办公条件不断改善。现已配备电脑6台/套（包括台式、手提、复印机等），各种型号的数码相机和摄像机4台及其它工作器材。

［科研成果］　该馆从建馆以来，积极开展科学研究，取得了一些科研成果。1983年，该馆傅俊生所著的《洪湖赤子——周逸群》、《火龙将军——段德昌》2本书由湖南少年儿童出版社出版。1988年，该馆夏志芳参与编写的《湘鄂西革命根据地史》一书由湖南人民出版社出版发行。1990年，该馆编制的全国重点文物保护单位的“四有”档案，作为标准文本在全国推广使用，国家文物局在洪湖召开经验交流会加以推广。

交流合作　博物馆是一个服务社会的文明窗口，开展交流合作是一项基本的业务活动，如配合“两会”，春节团拜会等文艺舞台艺术演出设计、制作、布置，参与市内一些重大活动的陈列设计项目等。截至2009年底，该馆已与省内外的众多单位建立了稳定的双边往来关系。

经营管理

［单位性质］　国营公益性文化事业单位。

［经费来源］　地方财政拨款

［机构设置］　设有馆长室、办公室、业务科、宣教部、保卫科等。

［人员编制、组成］　核定人员编制36人，全馆现有人员36人，其中专业技术人员28人。

［观众接待］　年观众人数11万人次。

参观指南

［地址］　洪湖市新堤办事处玉沙路29号

［邮编］　433200

［电话］　0716-2430656　13872216222

［电子邮箱］　lykl1333@163.com

［开放时间］　8:30—16:30

［票价］　免费

（撰文：杜成义）

监利县革命历史博物馆

Jianli Historical Museum of Revolution

概述

类型　社会科学类历史专题博物馆

隶属关系　隶属于监利县文化局

1.监利县革命历史博物馆　2.“泛鹅碑廊”内景

创建时间　1980年4月

所在位置　位于监利县容城镇沿江大道2号

面积　占地面积14000平方米

布局　主体建筑由门楼、展览大楼、泛鹅碑廊三大仿古建筑组成。门楼飞檐斗拱三层相迭，门楣上高悬徐向前元帅题写的“青史永垂”四个金色大字；步入门楼，正前方为展览大楼，西侧为泛鹅碑廊，展览大楼位于馆院中央，一、二层为展厅，顶层为文物库房。泛鹅碑廊为四合院仿古建筑，朝向东，并设有入口处门楼，院落正西为书艺馆。展览大楼西侧建有鹅园、鹅池，池中建有九曲桥廊和八角亭，池旁设有休闲室。

建筑特点　门楼和展览大楼飞檐重叠，宝顶耸立，琉璃黄瓦，具有古今结合，中西一体，相映成趣的特色；泛鹅碑廊及鹅园既体现了江南水乡园林风格，又具有明清建筑古典风韵，总占地面积14000平方米。

历史沿革　1980年4月，监利县革命历史博物馆由监利县编制委员会批准成立，1982年底开始筹建馆舍，位于湖北省监利县容城镇沿江大道2号，1986年11月正式对外开放。1985年，中央领导人李先念、徐向前、王震、王任重、张爱萍等先后为博物馆题词致勉。1986年和1990年国家文物局先后两次在监利县革命历史博物馆召开了全国革命纪念旧址群保护工作座谈会和全国革命遗址和革命纪念建筑物“四有”档案建设经验交流会。

监利县革命历史博物馆为湖北省爱国主义教育示范基地，是监利县中小学校乃至全省部分大专院校的爱国主义教育基地和第二课堂。现是国家文物局授予的三级博物馆。

历任馆长　周崇发（1980.4—1986.9）；王维清（1986.10—1997.4）；孙建华（1997.5—1998.4 代理馆长）；别炳炎（1998.5—2002.4 书记负责全面工作）；孙建华（2002.5至今）。

业务活动

基本陈列　监利县革命历史博物馆的陈列主要分为《湘鄂西革命根据地斗争史》、《监利历史文物》和《监利书画艺术》三大部分。陈列内容均以图文并茂与实物展示相结合的方式对外展示。陈列面积共1800平方米，设四个陈列厅，一楼为一、二陈列厅，主要陈列第二次国内革命战争时期贺龙、周逸群、段德昌等老一辈无产阶级革命家创建湘鄂西革命根据地的光辉史迹和遗存下来的珍贵革命文物。二楼为三、四陈列厅，主要陈列监利历史文物、书画艺术和民俗文物等。共计展出藏品773件（套），其中革命文物308件（套），历史文物465件（套）。

《湘鄂西革命根据地斗争史》陈列

藏品管理

［藏品来源］　馆藏文物主要来源为征集、接受捐赠和收购、调拨等方式取得。

［藏品统计］　按藏品分类可分为革命文物和历史文物二大类，细分有革命文物、古陶瓷、青铜器、货币、书画、杂器、王遐举遗物七小类，共5122件（套），其中革命文物类352件，陶瓷类337件，青铜器类88件，货币类3668件，书画类152件，杂器类89件，王遐举遗物216件。这些藏品中现有一级文物4件，二级文物20件，三级文物322件。

湘鄂西省赤色邮务总局壹角邮票

中华苏维埃国家银行湘鄂西特区分行印钞铜版

土炮

青铜坐佛造像

［重要藏品］ 主要有湘鄂西省赤色邮务总局壹角邮票、中华苏维埃国家银行湘鄂西特区分行印钞铜版、谢觉哉给罗洪瑄的亲笔信、元大德铜权、弩机、土炮、白螺矶巡府铜印、青铜坐佛造像、剑齿象牙化石、盘口壶等。

科学研究

［科研队伍］ 监利县革命历史博物馆副研究馆员2人，馆员12人，初级助理馆员5人。

［科研成果］ 历年来该馆编写出版了《监利土地革命斗争史料》、《洪湖春秋》、《监利火炬》等书籍，并为《湘鄂西风暴》、《湘鄂西丰碑》、《监利人民革命史》、《湘鄂西红军斗争史略》、《监利文化》、《监利概览》等书籍提供了大量史料，为电视连续剧《枪声再起》提供了创作素材。

经营管理

［单位性质］ 社会公益性质的国营文化事业单位

［经费来源］ 地方财政（县级）全额拨款

［机构设置］ 设有馆长室、办公室、财务室、内保部、宣教部、考古勘探队等机构

［人员编制］ 共有人员32人（定编16人），专业技术人员19人，其中文博专业技术人员14。

［观众接待］ 年观众人数约20万人次

参观指南

［地址］ 监利县容城镇沿江大道2号

［邮编］ 433300

［电话］ 0716-3182019（传真）

［开放时间］ 8:30—17:30（节假日照常开放）

［电子邮箱］ Loveun@yeah.net

［票价］ 免费

（撰文：监利县革命历史博物馆）

恩施土家族苗族自治州博物馆

Museum of Enshi Autonomous Prefecture for Tujia & Miao Nationalities

概述

类型 地方综合性博物馆

隶属关系 隶属于恩施土家族苗族自治州文化体育局

筹建时间 1976年底

开放时间 1996年12月

所在位置 位于湖北省恩施市舞阳大街博物馆路2号

面积 占地面积50亩、建筑面积3500平方米

恩施土家族苗族自治州博物馆外景

布局 恩施土家族苗族自治州博物馆地处恩施市凤凰山东麓，依山傍水，风景宜人。主体建筑为一座具有民族建筑风格的四层陈列、库房综合大楼，一楼设有陈列厅及社会教育部，二楼、三楼为陈列厅，其中三楼设有办公室、保管部、业务部和保卫科等业务机构，四楼为馆长办公室及文物修复、整理室。

建筑特点 恩施土家族苗族自治州博物馆坐落在美丽的凤凰山麓，东南为龙洞河环绕，依山面水，风景秀丽。采用民族与现代建筑相结合的形式，主体为钢筋混凝土框架结构，东西两面饰以干栏式建筑中的“签子”或“走栏”，屋顶饰以三个大小不同的歇山顶楼阁式建筑，四角檐牙高翘，仿佛一只只展翅高飞的雄鹰，吸收了土家吊脚楼建筑的精华，并博采我国古代建筑中穿斗式和抬梁式结构的优点，集美观、坚固、实用于一体，构思精巧，风格独特，充分展示了恩施土家族地区的民族特色和建筑特色。

历史沿革 恩施土家族苗族自治州博物馆前身为恩施地区文物工作队，1976年9月改名为恩施地区博物馆，1983年9月利用职工宿舍一楼筹办的“革命文物”、“民族民俗文物”展览，于12月1日庆祝“鄂西土家族苗族自治州”成立时对外开放，接待了国家民委、湖北省委省政府领导及全国各地代表团、州市直机关团体、学校等观众35000多人次。这次展览是建馆以来规模最大的一次展览，改变了过去临时借用场地展出部分文物的状况。1993年4月，随着鄂西土家族苗族自治州更名为恩施土家族苗族自治州，又改为恩施土家族苗族自治州博物馆，并沿用至今。1993年12月1日，国务委员、国家民委主任司马仪·艾买提到馆参观座谈。1996年12月1日陈列展览综合大楼落成，暨《民族民俗、民族历史》固定陈列对外开放以来，恩施州就成了对广大观众特别是青少年进行爱国主义和革命传统教育的理想场所，恩施州博物馆事业发展才步入正常运行的轨道。

历任馆长 许思山（1979. 5—1984）；李润林（1984—1989）；邓辉（1989—2001）；胡家豪（2001至今）。

业务活动

基本陈列 恩施州博物馆目前设有《巴风土韵》、《恩施记忆》等专题陈列。其中《巴风土韵》展厅1200平方米，共展出文物精品678件；《恩施记忆》展厅共展出文物158件，图片资料近50幅。

《巴风土韵》是恩施土家族苗族自治州博物馆建馆30年来第一次将巴文化及土家文化融为一体进行综合展示的基本陈列，该陈列由两个部分组成："历史文物篇"重点从"建始直立人"、清江流域的巴文化到元、明、清时期的土司文化及奇特的崖葬文化中，展示出恩施这片神奇土地上人类形成、发展、壮大的整个历程。"民族民俗篇"则从土家族、苗族的吃、穿、用、行等方面，重点反映恩施州各民族创造的丰富而又绚丽多彩的民族民俗文化。譬如建筑上精美别致的"吊脚楼"、"家民居复原"；饮食中独特的"油茶汤"、"喝咂酒"、"吃年肉"；意趣特别的"女儿会"、"牛王节"；奇特的婚丧习俗"哭嫁"、"跳丧"；反映生产娱乐习性的"薅草锣鼓"、"摆手舞"；独具匠心的民间工艺织锦"西兰卡普"等，无不充分展示了民族独特的个性与文化特征。

1

2

3

1～3.《巴风土韵》

《恩施记忆》革命文物展则通过实物、图片、文字等，主要展出从辛亥革命到恩施解放历史阶段，那些在恩施这片土地上英勇奋斗、流血牺牲的仁人志士们留下的遗物以及相关文史资料。

临时展览 建馆以来，恩施土家族苗族自治州博物馆还配合宣传教育需要，举办了多个临时展览。如1996年举办了《孔繁森生平事迹图片展》，1997年举办了《香港回归大型图片展》，1998年举办了《周恩来诞辰100周年图片展》，2001年举办了《为了明天——预防未成年人违法犯罪大型图片展》等，2005年举办了《红色土地——纪念忠堡大捷和板栗园大捷展》，2008年举办了《大山脊梁——纪念周国知生平事迹展》，通过这一系列的展出活动，使广大观众受到了深刻的爱国主义教育和社会主义教育，树立了博物馆良好的社会形象，受到了社会各界的一致好评。

藏品管理

[藏品来源] 主要是旧藏、发掘、捐赠、征集、采集、收购等。

[藏品类别] 有陶器、瓷器、铜器、金银器、玉器、石器、木器、近现代文物、印章、砖瓦、丝织品、民族民俗、杂件13大类。

[藏品统计] 馆内藏品76948件（组），珍贵文物56件（组），其中一级文物13件（组），二级文物20件（组），三级文物23件（组）。

[重要藏品] ①双虎钮錞于，土家先民巴人所使用的一种军乐器，也是巴人进行祭祀、娱乐等活动时所使用的乐器。该器物是我国唯一具有明确出土时间、出土地点的双虎纽錞于，特别珍贵。

②明代金凤冠。该凤冠为西王母乘坐凤凰状。凤凰呈展翅飞翔状，凤凰尾部设花卉装饰，西王母盘坐在莲花上，四周环绕金丝飘带。共由29小件组成。

双虎钮錞于

西汉　蒜头壶

土司铜钟

战国　巴式剑

施南万户府镇抚司印

明　青花胆瓶

明　金凤冠

大日佛铜像

③大日佛铜像　铜像分三节，佛像高92厘米、莲花座高28厘米、须弥座高60厘米，通高180厘米，重1000斤。

④土司铜钟　铜钟通高1.37米，口径0.98米，腹径0.71米，边厚4.5厘米，兽纽高22厘米，纽径10厘米，重约400公斤。

⑤建始直立人化石　建始县巨猿洞发现三颗高等灵长类的下臼齿化石，为古人类学研究提供了可考的资料。

宣传教育　恩施土家族苗族自治州博物馆作为爱国主义教育基地，承载着教育育人的神圣职责，1997年至2001年，恩施州博物馆全体职工群策群力，迎难而上，采取“走出去，请进来”等多种方式，举办《香港回归》、《澳门回归》、《光辉的历程——建国50周年恩施州成就展》、《人民不会忘记——共和国的建设者》、《红岩精神永存》、《改革开放20年》、《孔繁森生平事迹》、《珍爱生命，拒绝毒品》、《周恩来诞辰100周年》、《为了明天——预防青少年犯罪》、《建党80周年》等贴近时代生活的大型图片展20余次，联系恩施州直机关、事业单位、中小学校等爱国主义教育基地共建单位30余家，为爱国主义共建单位提供阵地过党组织生活30余次，组织学生参加“参观展览，有奖征文”活动5次，先后接待日本学者谷口满、国家民委副主任李晋有一行、广州军区原政委史玉孝一行、全国土家族学术研讨会的全体代表、湖北省军区吴政委、湖北省财政厅、湖北省文明城市检查团、故宫博物院原院长张中培、湖北省省委常委、宣传部长缪合林、湖北省政协副主席蒙美露、湖北省文化厅厅长蒋昌忠、副厅长沈海宁和张儒芝等各级领导，取得了较好的社会效益。

1997年以来，恩施州博物馆利用“5·18”国际博物馆日和文化遗产日制作展板、发放资料进行街头宣传活动，利用文物陈列组织“保护文物，爱我中华”万人签字仪式，利用社区广场组织文物保护幻灯宣传周活动。同时主动联系报社，进行专题报道、利用单位网站，做好动态宣传。

［编辑出版物］　1983年7月编写宣传资料《鄂西名胜》和《鄂西革命斗争纪略》；1999年10月《土家族区域的考古文化》（邓辉著）由中央民族大学出版社出版发行；2004年9月“恩施州民族研究丛书”第三批专著《恩施自治州碑刻大观》（王晓宁编著）、《鄂西古建筑文化研究》（朱世学著）由新华出版社出版发行；2009年7月州博物馆内部刊物《文博之友》第一期正式出版；2009年12月恩施州博物馆主持的课题报告《三峡考古与巴文化研究》（朱世学著）由科学出版社出版发行。

［培训讲座］　1996年至2008年期间，恩施州博物馆先后选送职工参加湖北省艺术学校主办的“讲解员培训”、参加湖北省文物局主办的“三峡田野考古培训班”学习、参加湖北省文物局在武汉大学举办的“市、州博物馆馆长培训班”、参加湖北省文物局在武汉举办的“文物鉴定培训班”、参加湖北省文物局在西安举办的“三峡湖北库区文物档案管理人员培训班”、参加国务院三峡办综合司在北戴河举办的“三峡库区文物保护综合监理培训班”、参加湖北省文物局在十堰市郧县青龙泉遗址举办的为期3个多月的“南水北调工程湖北库区田野考古发掘培训班”等15余次业务培训。

交流合作　2006年参与了中国科学院古脊椎动物与古人类研究所在恩施州进行的“中国早期人类及其环境背景综合研究”项目（简称“攀登计划”），把恩施州的考古工作推向了一个新的高度。

2006年1月，恩施州博物馆成为“中国博物馆协会民族博物馆专业委员会团体会员单位”，多次参加协会交流合作。

2007年成为“恩施州巴文化研究会”理事单位，并参与研究活动。

2007年12月参加湖北省文物局在武汉主办的“湖北省博物馆学会社会教育专业委员会成立暨研讨会”。

经营管理

［单位性质］ 社会公益性国营文化事业单位

［经费来源］ 政府财政全额拨款

［机构设置］ 恩施土家族苗族自治州博物馆下设办公室、社会教育部、保卫部、业务部、保管部、文物勘探办公室6个部门。

［人员编制、组成］ 恩施州博物馆现有人员27人，在编人员16人。大学本科以上7人，大专6人，中专及以下3人；副高1人，馆员（中级）4人，助理馆员（初级）6人，行政编制人员4人。

［服务观众项目］ 1、恩施土家族苗族自治州博物馆大厅右侧设有服务台，为观众提供各类纪念品、馆藏文物复制品、书籍、饮料、水以及馆藏文物精品介绍等资料，观众可以免费领取，同时有观众意见簿，随时了解观众的意见和建议。2、大厅门口置有恩施州博物馆简介和参观须知。3、展厅连接处设有观众休息区。

［观众接待］ 年3万人次

参观指南

［地址］ 湖北省恩施市舞阳大街博物馆路2号

［邮编］ 445000

［电话］ 0718-8222329（传真）

［电子邮箱］ office@BWG..org.cn

［网址］ http://www.bwg.org.cn

［开放时间］ 9:00—16:00(星期一闭馆、节假日不休)

［票价］ 免费

（撰文：恩施土家族苗族自治州博物馆）

恩施市博物馆

Enshi City Museum

概述

类型 地方性综合博物馆

隶属关系 隶属于恩施市文物事业管理局

创建时间 1984年4月8日

所在位置 位于湖北省恩施市解放路111号（六角亭鳌脊山上）

面积 总占地面积1.5万平方米

布局 以文昌祠古建筑群为中心，叶挺将军囚居旧址纪念馆、连珠塔风景区三部分组成。

1.文昌庙 2.连珠塔

叶挺将军囚居旧址纪念馆

《叶挺将军生平事迹图片展》

建筑特点　恩施市博物馆长期专题展览是叶挺将军囚居旧址纪念馆，囚居旧址为土木结构、布瓦面民房，东向，正屋三间，厢房2间，民间俗称“钥匙头”建筑形式，有拖檐2间。叶挺将军纪念馆占地175平方米，为钢筋水泥结构，有两层展厅，共330平方米。文昌祠古建筑群为土木结构。

历史沿革　恩施市博物馆原系恩施市文化馆文史资料室，1984年经市人民政府批准从市文化馆分离出来，成立恩施市文物管理所，1989年经市人事编制委员会批准，加挂恩施市博物馆牌子。

历任馆长　贺孝贵（1984－1988）；周学良（1988. 9－1995）；魏强（1995. 10－2002. 9）；牟来新（2002. 10至今）。

业务活动

基本陈列　《叶挺将军生平事迹图片展》以图片展的形式，展示叶挺将军生平事迹，分为“广州克敌，雄才初示”、“挥戈北伐，屡建奇功”、“南昌广州，高举义旗”、“挺进敌后，怒杀日寇”、“激战皖南，身陷囹圄”、“囚居恩施，坚持斗争”、“英名长存，不幸遇难”七个部分，共展出110余幅珍贵历史照片，以再现叶挺将军追求革命真理，对党对人民无限忠诚，坚决与国民党反动势力作斗争的光辉一生。

《叶挺将军摄影作品展》展示叶挺任新四军军长期间在皖南拍摄的一百余幅珍贵的历史照片。

专题陈列　该馆从1984年至今，先后举办10多次各种临时的专题展览，如1997年《香港回归图片展》先后在全市学校及各乡镇巡回展出。为庆祝中国人民抗日战争60周年，由市政府主办，恩施市博物馆承办的《恩施革命斗争史》图片展览，用珍贵的文物史料图片70余幅，以恩施为重点，再现中国共产党团结抗日、英勇斗争的史实。

藏品管理

［藏品来源］　主要通过移交、征集、收购等途径取得。现有藏品以青铜器、陶瓷器为主。

［藏品类别］　恩施市博物馆文物藏品分为传世文物、出土文物、革命文物以及工艺品四大类。

［藏品统计］　截至2009年底，文物藏品总数1839件（套），其中国家一级文物8件（套），二、三级文物36件（套）。

［重要藏品］　虎钮錞于；大日如来佛铜像；大吉铭铜壶；双流壶等。

清　青花鹭莲纹螭耳洗口壶

战国　虎钮錞于

明　大日如来佛像

汉　大吉铭铜壶

［藏品保护］　该馆建有专门的文物库房和配备相应的保护设施，建立健全了完整的电子档案，馆内设立了安全保卫科，选配专职保卫干部。重要部位安装技术安防设备和综合报警监控系统。部分珍贵文物保管在恩施州文物中心库房。

考古发掘　考古发掘工作随着湖北省水利工程水布垭水电站、沪蓉西高速公路以及宜万铁路的建设得到迅速发展。

科学研究

［科研队伍］　现有副高职称1人，中级职称5人，初级职称5人，高技工1人；具有大专以上学历7人，中专学历3人。

［科研设施］　自2002年后，随着经济社会的快速发展，博物馆设施设备得到不断加强，现已配备电脑、打印机、复印机等办公设备13台（套）。

交流合作　恩施市博物馆作为恩施地区社会主义精神文明建设的主要窗口，不断提高展览档次及效果，与新四军研究会、叶挺将军牧居博物馆等单位开展长期性合作，多渠道征集与叶挺将军相关的照片、资料，充实叶挺将军囚居旧址纪念馆。

经营管理

［单位性质］　社会公益性国营事业单位

［经费来源］　地方财政全额拨款

［机构设置］　内设机构6个：书记、馆（所）长办公室；副馆（所长）办公室；办公室；安全保卫部；业务部；接待部。

［人员编制、组成］　财政事业编，核定事业编制11人，其中专业技术人员10人，工勤人员1人。

［观众接待］　年参观人数5万人次

参观指南

［地址］　文昌祠：湖北省恩施市解放路111号；连珠塔：湖北省恩施市五峰村龙首峰；叶挺将军囚居旧址纪念馆：湖北省恩施市后山湾叶挺路226号。

［邮编］　445000

［电话］　0718-8282662

［传真］　0718-8283060

［电子邮箱］　865962231@qq.com

［开放时间］　叶挺将军囚居旧址纪念馆：9:00—16:30
连珠塔：7:00—22:00

［票价］　叶挺将军囚居旧址纪念馆从2008年1月对外实行免费开放；连珠塔门票10元／人；文昌祠古建筑群暂时没有对外收取门票。

（撰文：恩施市博物馆）

浠水县博物馆

Xishui County Museum

概述

类型 地方综合性博物馆

隶属关系 隶属于浠水县文化局

创建时间 1958年1月

所在位置 位于浠水县清泉镇新华正街349号

1.文庙大成殿 2.棂星门

面积 占地面积4500平方米

布局 主体建筑分为博物馆主楼和文庙古建筑群两个部分，相互之间可以连通。浠水县博物馆依托浠水文庙古建筑群而设立，博物馆主楼一层为业务办公场所，设有办公室、财务部、安全部、陈列宣传部、保管部、考古部；二、三楼为文物库房，占地面积200平方米，建筑面积600平方米，其中库房面积400平方米，其余为办公用房。文庙始建于宋，现存建筑为明、清建筑，在其南北中轴线上依次分布有棂星门、大成殿、崇圣祠等建筑，棂星门前有畔池，大成殿前方两侧为东、西两庑，崇圣祠的东边则为尊经阁。占地面积3700平方米，其中古建筑面积1100平方米。

建筑特点 1984年县博物馆新馆舍在文庙西侧建成，为三层框架式钢筋混凝土结构。文庙古建筑群基本遵循中轴线对称准则，主体建筑大成殿为砖木结构，重檐歇山顶，抬梁式构架；棂星门为石质结构，川字形冲天门楼式；尊圣祠则为硬山顶，抬梁穿斗式构架。

历史沿革 建国初期浠水县设有文物存放室，同时开展文物收集工作，1952年设立文物保管室，主要保管从土改中搜集的文物。1954年改为文物保管处，并迁入古建浠水文庙内。1955年，更名为文物宫。1958年正式定名浠水县博物馆，对外开放。

1984年，博物馆库房兼办公楼建成，并兼管全县境内不可移动文物具体业务工作。

上世纪80年代至90年代，国家文物局局长张德勤、湖北省委书记关广富、湖北省文化厅蒋昌忠、浠水籍两院院士汤佩松莅临浠水县博物馆参观。

2001年，浠水县博物馆在文庙大成殿内重塑孔子、四配、十二哲泥像，恢复文庙祭祀先贤功能。

2002年，国家文物局确立了浠水县博物馆国家重点博物馆地位。

2005年，在县委、县政府支持下通过搬迁民房完成了浠水县博物馆消防专用通道建设。同年建设了浠水县博物馆消防、安防、监控、报警系统。

历任馆长 王祖佑（1952.1－1968.12）；李念周（1969.1－1987.12）；叶向荣（1988.1－1998.12）；宋爱民（1999.1－2000.10）；王锦华（2000.11－2006.11）；岑东明（2006.12至今）。

业务活动

基本陈列 《浠水革命史》1989年制作完成并对外开放，陈列主要以图片为主、实物为辅，展陈面积100平方米。陈列在时间上划分为大革命时期、土地革命时期、抗日战争时期、解放战争时期、解放后建设时期五个阶段。陈列介绍了各个时期浠水党组织的发展与斗争情况。2008年，浠水县博物馆将此陈列进行提升改造，采用现代声、光、电技术，通过对部分场景的模拟，在形式及内容上进行了扩充，成为浠水县唯一一处革命史展陈。2009年，《浠水革命史》陈列获得“8+1”城市圈优秀陈列提名奖。

《浠水文庙及儒家文化》陈列以图片介绍了浠水文庙的历史及儒家文化的形成与壮大，以及儒家文化的精神内涵及其现实意义。展陈面积100平方米。

专题陈列 自1985年以来，浠水县博物馆先后举办了20多次专题陈列，如《浠水县历代文物展》以历史实物展现了不同历史阶段浠水历史、社会的发展状况；《文物普查成果展》展示了第二次全国文物普查中浠水县的重要历史发现；《名人书画展》既展出了历史上浠水名人的书画作品，又先后展出了当代浠水书画家的作品。

藏品管理

［藏品来源］ 藏品主要来源于建国初期土改工作中的收集。还有一部分来自公安、工商部门的移交及历年来考古发掘出土的文物。

［藏品类别］ 藏品种类较多，主要有石、竹木、陶瓷、铜、玉、金银、锡铁、古籍、字画、杂件、法帖、拓片、钱币、古籍书、丝织、革命文物等类。

［藏品统计］ 截至2006年底，从新石器时代至民国时期文物藏品总数为51021件。其中国家一级文物18件，二级文物103件，三级文物404件。

［重要藏品］ 1927年湖北省第一次农民代表大会证章；西周铭文铜盘；宋影青瓷瓜棱壶；宋影青划花小盂；清曾国藩对印；清琦善印。

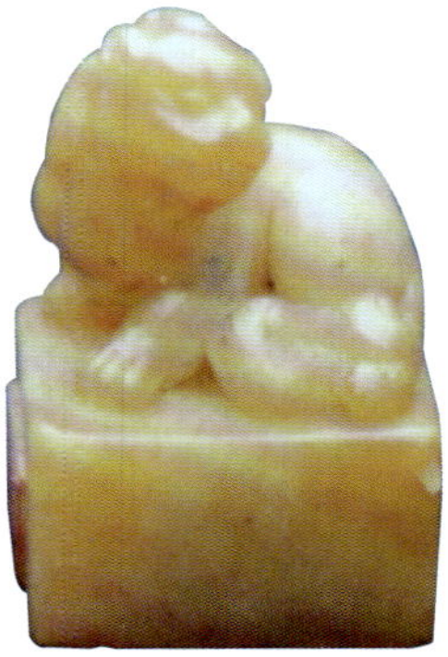

清　琦善印

湖北省第一次农民代表大会证章

［藏品保护］ 该馆建有专门的文物库房和配备相应的保护设施，严格按照《藏品管理办法》的各项规定进行管理。凡是具有历史、艺术或科学价值的一、二、三级藏品，经省级文物鉴定委员会专家组的严格鉴定，均建立文物藏品档案和电子文本；藏品的保管工作做到制度健全、帐目清楚、鉴定确切、编目详明；博物馆的藏品主要是大量纸质文物。为做好对纸质文物的保护，博物馆加强了文物防潮、防虫措施，2010年建了专用的恒温、恒湿古籍书库。

在文物保护方面博物馆采用的传统保护技术对拓片、字画等纸质文物进行装裱，定期投放防虫药物。在现代科技应用方面，博物馆购进了去湿机，对库房内的湿度进行调节控制。

按照《博物馆安全保卫规定》和《一级风险等级安全防护规定》要求，馆内设立安全保卫科，选配专职保卫干部。重点要害部位安装技术安防设备和综合报警监控系统设施，落实完善了各项安全保卫制度，配备专职保卫人员坚持24小时执勤。

考古发掘 考古发掘工作始于1986年对浠水县南城电器厂北宋侯仲修夫妻合葬石室的发掘。到2009年底，浠水县先后进行了六次考古发掘，出土文物近100件，其中不乏精品，为研究浠水历史发展及文明演进提供了实物证据。

科学研究

［科研队伍］ 该馆现有馆员7人，助理馆员4人

［科研设施］ 因经济条件制约，科研设施落后，办公条件简陋。自2003年后，随着经济的快速发展，开展博物馆业务工作的必要设施得到更新充实、办公条件有所改善，现已配备电脑7台/套（包括台式、手提、复印机等），各种型号的数码相机2台（套）及其它工作器材等。

［科研成果］ 为充分利用博物馆的文物资源做好服务社会的工作，近几年浠水县博物馆先后出版了两本专著，分别是：熊济民叶向荣程家玉主编《陈沆状元诗文选》（华艺出版社，2001年）；王锦华主编《浠水县博物馆收藏名人书画选》（中国计量出版社，2006年）；叶向荣、王锦华、岑东旻等先后在《江汉考古》上发表了十余篇专业论文。

经营管理

［单位性质］ 社会公益性的国营文化事业单位

［经费来源］ 地方财政（县级）全额拨款

［机构设置］ 设有馆长室、办公室、财务部、安全部、陈列宣传部、保管部、考古部

［人员编制、组成］ 核定人员编制数9人。全馆现有

专业技术人员14人，其中文博专业技术人员11人。

［观众接待］ 年观众人数约10万人次

参观指南

［地址］ 湖北省浠水县清泉镇新华正街10号

［邮编］ 438200

［电话］ 0713-4232721（传真）

［网址］ http://www.xsbwg.com.cn

［电子邮箱］ xsbwg@163.com

［开放时间］ 8:30—16:30

［票价］ 免费

（撰文：浠水县博物馆）

通山县博物馆

Tongshan County Museum

概述

类型 地方综合性博物馆

隶属关系 隶属于通山县文化体育局

创建时间 1984年5月

开馆时间 2000年5月

所在位置 位于通山县通羊镇南门社区圣庙小区6号

占地面积 6400平方米

布局 现博物馆与圣庙共处一处。圣庙为四级台地对称布局，依次为棂星门、大成门（两侧为乡贤祠、名宦祠）、东西庑、大成殿、崇圣祠，呈一线穿珠布局。

建筑特点 所有建筑均为灰墙黛瓦。棂星门是2003年

通山县博物馆全景

大成殿及东西庑

仿原门样式复建，石质，为四柱三门冲天式牌坊。大成门为四柱三门硬山顶开敞式建筑。大成殿为五开间硬山顶建筑。崇圣祠为五开间硬山顶建筑。大成殿、东西庑现辟为展室，大成殿东侧改建为文物库房。

整个建筑为抬梁穿斗结构，迎面墙均为木制格扇。大成殿前台地为青石墁地，石质台明、散水，极具南方民居院落式特色。整个占地面积6400平方米，建筑面积2430平方米。

历史沿革 1927年8月，全国第一个县级红色政权——通山县工农政府委员会在圣庙成立。

1928年、1929年、1930年，彭德怀先后率领的红五军、红三军团司令部驻于圣庙。

解放后，通山县的文物工作由通山县文化馆代为管理。1959年建立县博物馆，后取消，文博工作仍由文化馆承担。1985年1月，通山县政府批准成立通山县博物馆，隶属于通山县文化局，同时批准将圣庙作为博物馆馆址。

通山圣庙进行过四次大的整理、维修。1985年，县政府组织专班，对占用圣庙的单位或个人实行搬迁；1996年，对占用圣庙门前场地建的三栋房屋实行拆迁，使之正常纳入保护维护范围。2001年、2003年经省文物局批准分别对大成殿、东西庑、大成门、崇圣祠等进行全面维修或落架维修。

1986年，著名作家姚雪垠来圣庙考察查看保存于圣庙的明代双龙纹鎏金铁马蹬（传为李自成马蹬）和地方谱谍资料，为采写《李自成》进行调访。

历任馆长 毛彦斗（1990.5—1994.3）；范国干（1994.5—2003.6）；陈迪锋（2003.6至今）。

业务活动

基本陈列 馆内有三个基本陈列：

《历史文物陈列》展出通山出土的各历史时期有代表

性的文物，主要有新石器时代到清代、民国时期的石器为瓷器、陶器、铜器、木器、书画等，反映了通山各个历史时期的进程，展示了古代劳动人民的创造，为研究通山历史提供了鲜活的实物资料。2000年布展开放，展厅面积322平方米。

《民俗文物陈列》征集展出明清、民国时期鄂南民间民俗活动的文物。展出征集到的明清、民国时期的室内陈设、家具、婚嫁、耕作等民俗文物。形象地展示了通山民俗，保护了民族文化遗产，受到观众的欢迎。省文物专家称："在湖北省开了先河"。2003年布展并开放，共展出文物128件，展室面积100平方米。

《抗战史实陈列》展出通山抗日战争时期的历史图片与抗战文物。展出了通山抗日战争时期的图片资料83份、抗战时期的兵器、衣物18件。反映了通山抗日军民英勇抗战的史迹和日寇侵略的罪行。2003年布展展出，展室面积100平方米。

基本陈列共展出文物874件，其类别有石器、陶瓷器、铜铁器、木石雕刻、玉器、钱币、书画、家俱、绣品。

藏品管理

［藏品来源］ 主要通过征集、考古发掘、收缴（破案所得），捐赠。

［藏品统计］ 通山县博物馆现有藏品13861件，其中化石133件、新石器（陶、石器）187件、青铜器47件、陶瓷器329件、铜杂100件、铜镜30件、钱币12390件、书画39件、砖瓦19件、李自成文史501件、革命文物84件、玉器2件。国家一级文物2件，二级13件，三级10件。

清 保暖壶

西周 青铜大甬钟

鸡米担专用礼盒

西周 青铜甗

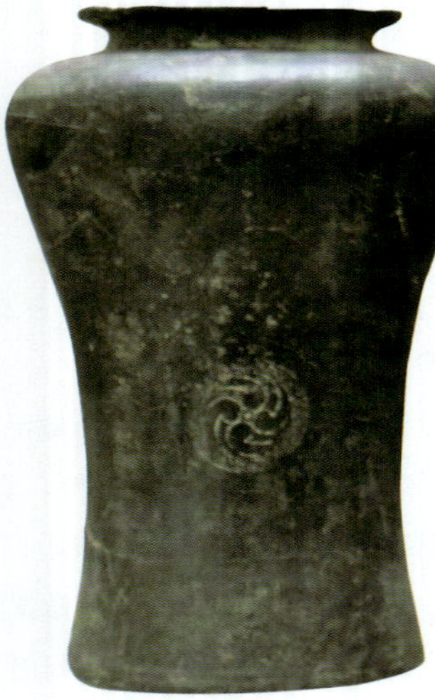
战国　青铜錞于

战国　青铜钩鑃

明　瓷寿棺

［藏品保护］ 建有藏品库房，分类登记存档摆放，并根据质地实施防潮、防腐措施；严格出入库制度，实行双锁双人管理，定期清点馆藏；对重要珍贵文物专柜存储，对三级以下具有地方特色的一般文物建立专档。

考古发掘 考古发掘是保护文物、学习实践的重要机会，也是基层重要的科研活动。2008、2009年，结合公路建设、工程建设，配合市博物馆完成了大路乡下蔡墓地、黄沙毛杨艾家塘宋代砖室墓、杭瑞高速大畈镇袁家畈墓地等抢救性清理发掘工作，出土了铁器、瓷器、铜器、金器等共100余件，其中影青瓷碗、青白釉瓷罐是宋代珍品。在发掘中，干部的业务知识与实践能力得到了很大的锻炼与提高。

经营管理

［单位性质］ 社会公益性国营文化事业单位

［经济来源］ 地方财政（县级）全额拨款

［机构设置］ 内设陈列部、财务部、安保部、库房保管和文物修复部、业务部、后勤部。

［人员编制］ 编制内人员12人，借调人员1人。

［观众接待］ 年观众数8.6万人次

参观指南

［地址］ 咸宁市通山县南门社区圣庙小区6号

［邮编］ 437600

［电话］ 0715-2395580

［电子邮箱］ 56985450@qq.com

［开放时间］ 8:30－16:30

［票价］ 免费

（撰文：通山县博物馆）

通城县博物馆

Tongcheng Museum

概述

类型 地方综合性博物馆

隶属关系 隶属于通城县文化体育新闻出版局

创建时间 1985年10月

所在位置 通城县隽水镇解放东路10号

布局 博物馆占地面积300余平方米，分三层，共三个展厅，一个文物库房，面积达300余平方米。

建筑特点 博物馆大楼为钢筋混凝土结构，平面呈正方形，整个建筑面积600余平方米。

历史沿革 建国初期，博物馆为文化馆下属文物组，至1985年10月分开，成立通城县博物馆至今。

文物陈列一角

文物陈列一角

历任馆长　张厚昌（1985－1995　副馆长至馆长）；罗正亚（1995－1998）；徐望爱（1998－2000）；杜宏（2000－2003）；周向明（2003至今）。

业务活动

基本陈列　通城县博物馆为综合性地方博物馆，主要是通史陈列，陈列内容有历史文物、革命文物、民俗文物三大系列为主，陈列面积有200余平方米。主要陈列文物有石器、陶器、瓷器、青铜器、漆木器、木雕、竹雕清代工艺品，主要是以柜形式进行陈列展示。

专题陈列　自建馆以来进行了多次专题性陈列展览。1987年举办《通城县社建文物展览》；1998年、1999年举办《县史县情爱国主义教育展览》；2004年、2005年举办《党员爱国主义先进性教育展览》，并在全县各地乡镇进行巡展。

藏品管理

［藏品来源］　通过征集、考古发掘、收购等途径取得。

［藏品类别］　文物藏品分为传世文物、出土文物和革命文物及民俗文物。主要有石器、陶瓷器、青铜器、铁器、木雕、石刻、金银器、玉器、钱币等

［藏品统计］　共有馆藏文物1700余件。

［重要藏品］　徐寿辉统军元帅府印、唐代漆钵、通城县印（清道光），宋、明时期象牙朝笏；鎏金银凤冠；元代龙泉窑双鱼洗。

［藏品保护］　建有文物库房和相应的保护设施，严格按照《藏品管理法》进行各项管理，并建档立卡，配备专职文物库房管理员，进行24小时监控值班，重要文物展出之后入保险柜进行保管。

科学研究

［科研队伍］　在编人数7人，其中中级职称3人，初级管理员4人。

［科研实施］　有电脑3台，打印机1台，数码相机、DV摄像机各一台。

［科研成果］　1982年该县高冲钱塘山二号汉墓报告在《江汉考古》2000年第2期刊载，为研究鄂东南汉代墓葬的形制特征提供了重要的实物依据。

经营管理

［单位性质］　社会公益性国营文化事业单位。

［经费来源］　地方财政差额拨款

［机构设置］　设有馆长室、办公室、文保业务科、安全保卫科。

［人员编制、组成］　在编人数7人，其中中级职称3人，初级管理员4人。

［观众接待］　年接待观众人数约5000人次。

参观指南

［地址］　通城县隽水镇解放东路10号

［邮编］　437400

［电话］　0715-4327664

［传真］　0715-4322538

［开放时间］　8:30－16:30

［票价］　免费

（撰文：通城县博物馆）

黄冈市民俗博物馆

Huanggang Museum of Folk Custom

概述

类型　社会科学类地方民俗专题博物馆

隶属关系　隶属于黄冈市文化局

创建时间　2009年1月

黄冈文化中心

所在位置 位于黄冈市城东，东倚京九铁路，南临长江

面积 占地面积52.83亩、建筑面积7000平方米（民俗博物馆5000平方米）

建筑、布局 主体建筑分为民俗博物馆和群众艺术馆两部分，其中民俗博物馆5000平方米，群众艺术馆2000平方米，相互之间可以联通。1999年元月至2002年9月，黄冈市政府投资2000余万元，在“东方广场”西侧建成框架式钢筋混凝土结构、“回”字型四至五层文化大楼，划拨民俗博物馆和群众艺术馆共同使用。大楼坐北朝南，东、西、北三侧均为四层建筑，南侧为半圆型五层建筑，门前建有属文化管理使用的休闲广场10000余平方米。民俗博物馆展厅面积3500平方米，库房350平方米，其余为办公等用房。

历史沿革 中华人民共和国初期，原黄冈地区行政专署批准设立了“黄冈地区文化馆”，一并承担文物保护、文化活动、民俗文化资源普查、搜集、整理和开发利用等工作。1957年，原黄冈地区行署批准成立博物馆，文化馆不再负责文物保护工作。随着经济发展和社会进步，国家和各级地方政府越来越重视非物质文化资源的保护、开发和利用，老百姓也特别希望本地优秀文化传统得到传承和发扬光大，为教育子孙后代和社会文明建设发挥重要作用。面对新的形势，任务繁重的群众艺术馆很难承担此重任。2009年元月，黄冈市人民政府批准，2009年11月湖北省文物局批示同意，正式设立“黄冈市民俗博物馆”。

历任馆长 张晓林（馆长）；林新平、何元庭（副馆长）。

业务活动

基本陈列 《黄冈市民间艺术暨民俗文化展》，陈展面积600平方米，共展出图片2000张，民间艺术及民俗实物1806件；《黄冈市书法、美术、摄影名家精品馆》，陈展面积800平方米，共收藏展出100位黄冈籍或在黄冈工作过的名家原创作品112件；《黄冈市名人文化展》，陈展面积500平方米，以文字、图片和实物等形式，共推介黄冈历史名人120位，展出图片800张，实物103件；《黄冈市禅宗文化展》（正在筹展），以文史资料、图片和实物形式，全面推介黄冈境内佛教四祖、五祖的历史和现状，古有佛国之称的武穴市（原广济县）的佛教历史和现状，全市重要的庙宇、教堂和信教人物等。陈列以大量的珍贵实物、文史资料和信息为载体，从不同角度展现了黄冈人民优秀的民俗文化传统。展陈使用人工照明方式，强化了技防和人防措施，配有专职讲解员。

临时展览 黄冈市民俗博物馆从筹建到正式建馆的几年时间里，先后举办过20多次各种临时专题展览。有的专题展览意义重大，影响深远。如《黄冈市建市十周年成就

民间工艺——绣花鞋垫

展》、《黄冈市党史及革命斗争史展览》、《冰雪灾害专题展》、《四川汶川大地震赈灾救灾专题展》、《预防重大传染疾病专题展》等等，为广大党员干部、人民群众和大、中、小学学生提供了珍贵的学习教育阵地。

藏品管理

［藏品来源］ 主要通过征集、上缴（交）、捐赠、收购等途径取得。现有的实物藏品中，绝大多数是通过征集、民间捐赠和收购获得。

［藏品类别］ 黄冈市民俗博物馆藏品主要为传世实物和民间工艺品。其类别有民间劳动、生活、丧葬、喜庆等习俗品；民间雕刻、刺绣、布贴、挑花、竹艺、陶艺等传统工艺品；历史名人传记、著作、书画等实物物品等。

［藏品统计］ 黄冈市民俗博物馆目前正在全面收集实物藏品，至2009年年底，已收集各类实物藏品5000件。因建馆时间较短，所藏物品尚未经专家鉴定等级。

［藏品保护］ 黄冈市民俗博物馆建有专门的实物库房和配备相应的保护措施，严格按照《藏品管理办法》的各

项规定进行管理。藏品的保管工作做到制度健全、账目清楚、编目详明，建立了藏品档案和电子文本，落实完善了各项安全保卫制度，配备专职保卫人员，坚持24小时执勤。

科学研究

［科研队伍］ 现有副研究馆员（包括1名二级演员）8人，馆员7人，助理馆员1人。

［科研设备］ 黄冈市民俗博物馆专门设立了民俗文化研究室，建立了黄冈民俗文化网站，配备电脑11台/套（包括台式、手提、传真机、复印机等），摄像机1台，各种型号数码相机2台及其它工作器材等。

［科研成果］ 近几年来，黄冈市民俗博物馆边筹建、边普查、边开展科学研究活动，取得了一批科研成果：编写《黄冈名人》文集，共10万字，已由湖北美术出版社出版发行；已普查、收集整理6000余个民俗项目，正在编辑出版之中；干部职工共撰写学术论文50篇，其中，获国家级一等奖3篇、二等奖5篇、三等奖8篇，省级一等奖15篇，二等奖8篇、三等奖19篇。

民间工艺——绣花鞋

经营管理

［单位性质］ 社会公益性国营文化事业单位

［经费来源］ 市政府财政全额拨款

［机构设置］ 全馆设3部3室，即实物保管部、安保部、宣传策划部、办公室、研究室、修复室。

［人员编制］ 黄冈市民俗核定编制人数16人，其中，领导班子4人，安保人员2人，业务人员10人，全部到岗到位。

［观众接待］ 年接待观众约20万人次

参观指南

［地址］ 黄冈市黄州区东门路151号

［邮编］ 438000

［电话］ 0713-8812705

［电子邮箱］ hgqyg09@163.com

［开放时间］ 8:30—16:30

［票价］ 免费

（撰文：黄冈市民俗博物馆）

黄冈市博物馆

Huanggang City Museum

概述

类型 地方综合性博物馆

隶属关系 隶属于黄冈市文化局

创建时间 1976年11月

所在位置 黄冈市公园路7号

黄冈市博物馆

面积 占地面积1.4万平方米

建筑、布局 现馆为四合院式仿古建筑，进大门左右两侧分别为会议室与办公室，后为展厅与文物库房、文物修复室。

现正在修建的黄冈市博物馆新馆位于湖北省黄冈市东方广场西侧，为框架式钢筋混凝土结构，共4层，建筑面积11428平方米，展厅面积3535平方米，库房面积980平方米。

历史沿革 1950年，湖北省在黄冈专署设立文物工作组，名为湖北省文史组黄冈工作组，受湖北省文史组和黄冈专署双重领导，办公地点在东坡赤壁。

1957年，湖北省文史组黄冈工作组改名为黄冈专署文物工作组，人员和办公地点不变，不再受湖北省文史组直接领导，直接受黄冈专署文教局领导。

1976年11月，黄冈地区博物馆正式成立，同时撤消黄冈地区文史组，办公地点仍设在东坡赤壁。

1982年，与原黄冈地区农业展览馆合并，办公地点离开东坡赤壁，搬迁到原黄冈地区农业展览馆。同年，博物馆正式开放。

1996年5月，黄冈改地为市，黄冈地区博物馆因此更名为黄冈市博物馆。

历任馆长　樊焕恭（1950－1982 副馆长主持工作）；周光乐（1982－1996）；吴晓松（1996－2005）；肖德梅（2005至今）。

业务活动

基本陈列　1980年至2000年，黄冈市博物馆基本陈列有《黄冈地区出土历史文物展览》、《黄冈革命文物展览》、《古今名人字画展览》和《第二次国共合作图片展》等。

2008年，为贯彻国家文物局国有博物馆、纪念馆免费开放的精神，黄冈市博物馆利用免费开放专项经费，对馆舍进行了重修装修与布展，现有《黄冈市历史出土文物展》和《纪念改革开放三十年成果展》两个固定展览，每年接待观众20余万人次。

出土文物展

专题陈列　2000年后，因馆舍年久失修，屋面漏雨日趋严重，石膏天花板脱落，室内潮湿，继续陈列不利于文物和人员安全，阵地陈列被迫停办。阵地展览停止后，陈列部每年结合形势和需要举办各种流动展览，在黄冈城乡巡回展出，如《一代伟人毛泽东》、《楚天风云百年》、《北京故宫·清代帝后生活用品展览》、《纪念建党八十周年》、《拒绝邪教崇尚科学》、《邓小平诞辰一百周年》、《雷锋精神永恒》、《远离网吧》、《纪念抗日战争胜利六十周年》、《远离毒品》和《奥云图片展》等。

藏品管理

［藏品来源］　主要通过考古发掘、征集、上缴（交）、捐赠、收购等途径取得。现有的文物藏品中，绝大多数为考古发掘的出土文物。

［藏品类别］　黄冈市博物馆文物藏品分为传世文

新石器时代　陶鼎

新石器时代　折腹杯

明　"大明嘉靖年制"款黄釉盖罐

东汉　鸟钮盖"五铢"铭三足圆石砚

物、出土文物和革命文物以及工艺品四大类。其类别有石器、陶瓷器、铜器、铁器、木雕、石雕、石刻、金银器、玉器、字画、古书、钱币等。

［藏品统计］ 截至2007年底，从新石器时代至民国各时期文物藏品总数为14454件。其中历史文物3613件、革命文物841件古字画414件。国家一级文物19件，二级文物19件。

［重要藏品］ “大明嘉靖年制”款海水缠枝隐纹娇黄釉盖罐、东汉鸟钮盖“五铢”铭三足圆石砚、东汉三翼龙座柄铜九连灯、春秋许公买铜簠、新石器时代灰陶带盖贯耳壶、新石器时代“网”字刻符折腹磨光黑皮陶杯、战国卷体龙纹铜矛、新石器时代黑陶圈足罐、新石器时代灰陶圈足罐、新石器时代“个”字刻符带盖黑陶鼎等国家一级文物19件。

［藏品保护］ 该馆建有专门的文物库房和配备相应的保护设施，严格按照《藏品管理办法》的各项规定进行管理。凡是具有历史、艺术或科学价值的一、二、三级藏品，经省级文物鉴定委员会专家组的严格鉴定，均建立文物藏品档案和电子文本；藏品的保管工作做到制度健全、账目清楚、鉴定确切、编目详明；运用传统方法对一些破损藏品器物进行修复保存；库房内配备必要安全防火器材。严格按照《博物馆安全保卫规定》和二级风险等级安全防护规定要求，馆内设立安全保卫部，选配专职保卫干部。重点要害部位安装技术安防设备和综合报警监控系统设施，落实完善了备项安全保卫制度，配备专职保卫人员坚持24小时值班。

考古发掘　黄冈市博物馆的考古发掘与研究工作起步于上世纪50年代中期，这一时期的成果甚微。一些重要的发现与发掘都是在国家、省考古研究所主持下进行的，如蕲春毛家咀西周木结构建筑发现，黄冈螺狮山遗址的发掘等。80年代以来，一批经过专业训练的年轻考古工作者成长起来，完成了工程浩大的全市文物普查及复查工作，建立了科学有序的专业档案，并在经费不足、条件艰苦的情况下加强科研研究，出了一批成果。

1980－1982年，黄冈国儿冲楚墓群、太平寺汉墓的发掘，初步揭示了以禹王城为中心的周围墓地的分布范围，为研究楚文化的东渐及禹王城的历史跨度提供了第一手资料。1985年配合地方生产建设，在黄冈螺狮山遗址共发掘新时期墓葬10座，并及时刊发报告，为进一步研究螺狮山遗址的文化面貌及其分布提供了新的资料。1987－1992年，在湖北省文物考古研究所的带领下，先后对黄梅陆墩、焦墩遗址、麻城栗山岗和罗田庙山岗遗址进行了发掘。在陆墩遗址发掘新石器时期墓葬21座，出土了一批属于薛家岗文化的器物和标本，在栗山岗遗址发现了一批以江汉地区石家何文化为主体的文化遗物，为长江流域石家何文化分布、分区及地域类型的研究提供了资料。1992－1994年，在黄州－团风公路建设中，对东周禹王城路段的古墓群进行了发掘，共发掘春秋－汉代古墓葬200余座，其中楚墓180余座，对于研究、建立鄂东的墓葬年代学系列及楚东国文化面貌具有十分重要的意义。1993－1995年，配合京九铁路建设，对蕲春段以罗州城为中心的几处汉墓进行了发掘，共发掘两汉墓葬100余座；对黄梅焦墩遗址进行发掘，发现了由卵石摆塑的龙型图案，这是在我国发现的新石器时期最大的龙型图案，被誉为“长江第一龙”。1996年以后，黄冈市文物保护考古发掘仍连接不断，如国家重点工程沪蓉高速公路、大广高速公路、三峡水利工程、国家粮食储备库等。黄冈市博物馆在湖北省文物考古研究所的统一安排下，参加上述项目的考古发掘，既配合了国家的经济建设，又抢救保护了野外文物。在配合地方生产建设考古发掘中也有重要发现，如2000年的黄冈市中环路对面墩汉墓的发掘，引起了中外专家的关注和重视，该墓为半地穴式砖室墓结构墓葬，同时也是一座东汉时期的地面建筑，从其建筑形制、结构、规模保存情况来看，在国内尚属首次发现。

科学研究

［科研队伍］ 现有专业技术人员21人，其中副研究员7人，馆员8人，助理馆员6人。

［科研设施］ 黄冈市是全国著名的革命老区，受经济条件制约，科研设施落后，办公条件简陋。新世纪以来，随着经济的快速发展，开展博物馆业务工作的必须设施得到更新充实，办公条件不断改善，现已配备电脑、打印机、扫描仪、数码相机等专业工作器材等。

［科研成果］ 考古调查、发掘，为学术研究提供了实物资料，黄冈市博物馆的考古工作者除了及时发出调查、发掘报告外，还在国家、省级专业刊物上发表各类学术论文。特别值得一提的是，1998年以来，黄冈市博物馆出版了《鄂东考古发现与研究》、《罗州城与汉墓》、《蕲春罗州城》和《探究与发现》等四部考古专著与论文集。

经营管理

［单位性质］ 社会公益性质的国营文化事业单位

［经费来源］ 市财政全额拨款

［机构设置］ 设有办公室、考古部、陈列部、安全

保卫部、文物征集办。

［人员编制、组成］ 核定人员编制数22人。全馆现有专业技术人员21人，其中副研究员7人，馆员8人，助理馆员6人。

［观众接待］ 年观众人数约20万人次

参观指南

［地址］ 湖北省黄冈市公园路7号

［邮编］ 438000

［电话］ 0713-8354810

［电子邮箱］ hgbwg@163.com

［开放时间］ 8:30－16:30

［票价］ 免费

（撰文：黄冈市博物馆）

黄石市博物馆

Huangshi County Museum

概述

类型 地方综合性博物馆

隶属关系 隶属于黄石市文化局

创建时间 1958年10月

所在位置 黄石市团城山人民广场东侧广会路12号

黄石市博物馆全景

面积 占地面积13583平方米

布局 主体建筑为陈列展览区和办公区两部分，并且相互连通。陈列展览区一层设有文物仓库、行政库房、配电房、主题展览序厅和临时展厅，二、三层为主题展览展厅及多功能厅等。办公区除设各类办公室外，另设多功能报告厅、图书室、资料室、会议室等。

建筑特点 黄石市博物馆主题寓意为中国之印，中央高出屋面的全玻璃幕墙寓意为印把，是整个博物馆的至高点，使中厅通达豁亮，三层框架式钢筋混凝土结构的建筑融入近10000平方米的休闲广场中央。建筑物的高度适度，与人民广场相呼应，其外墙的锈石贴面衬托出现代建筑的风格。馆址占地面积20.58亩，主体建筑面积6000余平方米，其中展览区面积4550平方米，文物库房面积550平方米，办公区面积1450平方米。

历史沿革 黄石市博物馆于1958年10月，经黄石市人委、市计委批复正式建立。1962年机构调整时，博物馆被撤销。1971年3月市革委会决定，市图书馆、市工人文化宫、市群众艺术馆三家合并，统称“黄石市工农兵文化馆”，由阵地宣传组兼管文物工作。1975年5月，市革委会以黄革文字［1975］1号文，通知市图书馆、工人文化宫、市群众艺术馆分家，恢复黄石市博物馆。博物馆恢复后，与图书馆挂两块牌子，一套班子，统一领导，合署办公。博物馆陈列大楼于1977年11月15日动工，1979年10月1日建成并正式对外开放。1978年，市革委会研究决定，市博物馆和市图书馆正式分开。1988年5月3日，黄石成立文物管理处（黄编［1988］043号），挂靠市博物馆。同年12月4日，市博物馆、文物处升格为副县级单位。

黄石市博物馆迄今已走过了50余年的发展历程。作为黄石市唯一的市级综合性博物馆，黄石市博物馆充分发挥了文物收藏、保护、研究、展示作用，先后荣获过全国先进文化集体、全省文明单位、湖北省爱国主义教育基地等光荣称号。2008年12月新博物馆落成并对外免费开放。目前含市博物馆和全国重点文物保护单位汉冶萍煤铁厂矿旧址（小红楼）。原由该馆所辖的铜绿山古矿冶遗址馆，已于2010年元月整体移交给大冶市政府管理。

历任馆长 张海（1958－1962）；周保权（1975－1994）；卢本珊（1994－1997）；张潮（1997－1999）；龚长根（1999－2002）；蔡维（2002－2007.10）；胡新生（2007.10至今）

业务活动

基本陈列 《天地一洪炉——黄石矿冶文化展》于2008年12月免费对外开放，展品共计507件/套，其中展出文物293件/套。陈列面积3960平方米。内容以黄石地区矿冶发展史为主线，通过展示大量的考古发掘资料、文献资料，结合现代声、光、电等高科技技术及大型场景复原等艺术工程，全面展现黄石地区以二、三十万年前的旧石器时代——“石龙头文化”为开篇，经新石器时代、商周、春秋战国、秦汉、唐、宋、元、明、清，直至现代，绵延数千年的矿冶发展史。陈列展览采用人工照明，安装了全天候、无缝隙的安防监控设备。

专题陈列　黄石博物馆自1979年建馆对外开放以来，先后举办《黄石革命斗争史展览》、《曾侯乙墓出土文物展览》、《周恩来同志纪念展》、《黄石市第三次全国文物普查重要新发现图片展》等各类临时展览50余场次，接待观众近千万人次。这些展览为加强黄石地区文物保护和研究，提高全民科学文化素质，全面推进黄石经济社会发展和两个文明建设等方面做出了不懈的努力和突出贡献，产生了良好的社会效益。2009年制作了《黄石地区出土文物精品图片展》流动展览，现正开展走进学校、走进社区、走进部队、走进农村、走进企业的“展览五走进”活动，让更多的民众了解《文物保护法》及黄石的人文历史。

藏品管理

［藏品来源］　主要通过考古发掘、征集、捐赠、收购等途径入藏。现馆藏文物大部分为铜绿山古铜矿遗址考古发掘的出土文物。

［藏品类别］　藏品有历史文物、传世文物、革命文物三大类，其中分为：石器、铜器、铁器、木器、陶瓷器、金银器、字画等。

［藏品统计］　截止2009年底，文物藏品总数为2704（件/组），其中一级文物69件，二级文物174件，三级文物791件。

［重要藏品］　东周圆角方銎弧刃采矿大铜斧；东周圆角方銎弧刃采矿大铜斧；西周圆弧口扁銎狭体铜镢；东周圆形铜锭；西周长柄木铲；春秋晚期-战国早期船形选矿木盘；春秋短柄木铲；战国-西汉圆柱形采矿木绞车轴；战国连体柄铁耙；战国圆柱体采矿铁锤；战国方孔斜扁弧刃铁锄；宋代龙泉窑影青瓷孔明碗；宋代金臂钏；宋代金双鱼牌饰等。

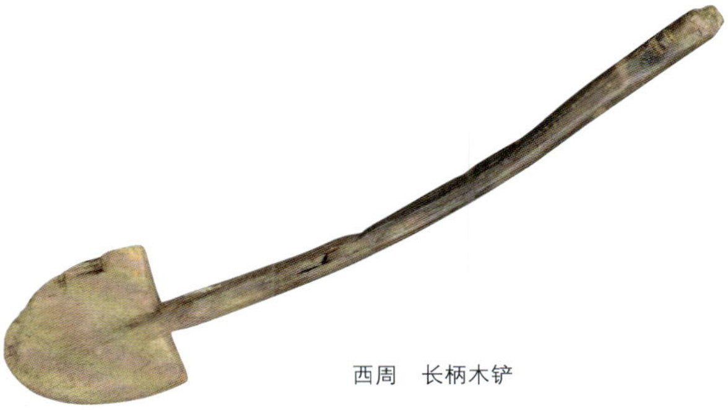

西周　长柄木铲

东周　圆角方銎弧刃采矿大铜斧

春秋战国　船形选矿木盘

西周　圆弧口扁銎狭体铜镢

战国　圆柱体采矿铁锤

战国 方孔斜肩弧刃铁锄

宋 龙泉窑影青瓷孔明碗

宋 金臂钏

宋 金双鱼牌饰

［藏品保护］ 博物馆建有专门的文物库房和配备相应的保护设施，严格按照《藏品管理办法》的各项规定进行管理。凡是具有历史、艺术或科学价值的一、二、三级藏品，经省级文物鉴定委员会专家组的严格鉴定，均建立文物藏品档案和电子文本；藏品的保管工作做到制度健全、账目清楚、鉴定确切、编目详明；库房内配备必要的温、湿度计、除湿机、恒温计以及安全防火器材，文物橱柜金属架等。按照《博物馆安全保卫规定》和三级风险等级安全防护规定要求，馆内设立安全保卫科，选配专职保卫干部坚持24小时执勤。现已配备电视图像监控信息系统、红外报警系统、玻璃破碎报警系统等安防设施。

考古发掘 黄石市博物馆考古发掘工作起始于上世纪70年代，到2009年底止，为配合地方城市建设及配合省内大型建设工程而进行的抢救性考古发掘50余次，出土了大量的文物，为研究地方历史文化演变、经济社会的发展提供了实物依据。

科学研究

［科研队伍］ 副研究馆员8人，馆员11人，助理馆员12人。

［科研设施］ 黄石市博物馆办公条件不断改善，现已配备电脑40余台/套（包括台式、手提，复印机等），各种型号的数码相机8台（套）及其它工作器材等。

［科研成果］ 近几年来，黄石市博物馆积极开展文博专业理论研究，先后在国家级刊物发表专著50余篇。如：黄石博物馆编辑《铜绿山——中国矿冶遗址图录》（文物出版社，1980）；《铜绿山古矿冶遗址》发掘报告（文物出版社，1999）；由周保权撰写《世界文化遗产瑰宝——铜绿山古铜矿》（香港天马图书有限公司，2000）；黄石博物馆编辑《独领风骚》（武汉大学出版社，2008）；龚长根、胡新生撰写《大冶之火》（湖北人民出版社）；黄石博物馆与吉林大学边疆考古研究中心合作编辑《巴东雷家坪》报告（科学出版社）。

交流合作 博物馆是一个服务于社会的文明窗口，开展交流合作是一项基本的业务活动。2009年制作了《黄石地区出土文物精品图片展》流动展览，现正制作《黄石矿冶文化展》流动展览，计划到省内及市内进行流动展出。

经营管理

［单位性质］ 国营公益性质的文化事业单位

［经费来源］ 地方财政全额拨款

［机构设置］ 下设办公室、考古部、陈列保管部、群工部、市场营销部、保卫科等。

［人员编制、组成］　截止到09年，博物馆核定人员编制数38人，原由该馆所辖的铜绿山古矿冶遗址馆，已于2010年元月整体移交给了大冶市政府管理。现核定人员编制数33人，全馆现有专业技术人员31人，工勤人员2名。

［服务观众的项目］　配有专职讲解员及多项方便观众参观的设施、设备，如电梯、无障碍通道、婴儿推车等。

［观众接待］　年观众人数约170000人次

参观指南

［地址］　湖北省黄石市团城山广会路12号

［邮编］　435000

［电话］　0714-3066371（传真）

［电子邮箱］　hsbwg@sougo.com

［开放时间］　9:00—17:00（16:30停止入馆，星期二及农历除夕休息）

［票价］　免费

（撰文：陈斌）

黄州区博物馆

Huangzhou County Museum

概述

类型　地方综合性博物馆

隶属关系　隶属于黄州区文化局

成立时间　1984年

所在位置　黄州区博物馆位于黄州历史文化名城、驰名中外的东坡赤壁风景区东侧，风景优美的龙王山南麓，北依龙王山庄，南临黄州体育馆。

建筑特点　1985年，黄州县建成了三层仿古建筑作为黄州区博物馆馆舍。1989年和1993年，经黄州市机构编制委员会分别批准黄州市李四光纪念馆、黄州市陈潭秋纪念馆与黄州市博物馆合署办公。2006年起该县对黄冈市李四光纪念馆馆舍进行两年的维修改造，将原仿古建筑彻底翻新为具有新时代气息的现代建筑。

黄州区博物馆

历史沿革　建制之初，黄冈县文物工作由黄冈县文物管理所管理，1985年，经黄冈县人民政府同意将“黄冈县文物管理所”改名为“黄冈县博物馆”，隶属黄冈县文化局。1990年，撤黄冈县，改为黄州市。1995年，经国务院批准，撤销黄冈地区和黄州市，设立地级黄冈市。1997年经黄冈市黄州区机构编制委员会批准，黄州市博物馆改名为黄冈市黄州区博物馆。

历任馆长　董之儒（1985—1996）；刘焰（1997—2006.5）；孙在本（2006.6至今）。

业务活动

基本陈列　黄州区博物馆于1990年开始，在馆内设有《黄州龙王山出土战国墓展览》。陈列面积500多平方米，展出文物包括战国时期的青铜器、铜剑、棺、椁等百余件，内容以黄州龙王山出土战国文物为主。陈列以黄州本地出土的珍贵棺、椁实物为信息载体，较为系统地展现了战国时期黄州墓葬情况。展陈采用全开放落地式展出，安装了报警器，配有专职讲解员。该展览共展出10年，后因安全隐患撤展。

1994年，引进固定陈列《恐龙展》。陈列一付完整的白垩纪食草恐龙骨架化石。该骨架高5米，长7米，再现了食草恐龙的完整形态。

2003年，制作并固定展出《历史文化名城黄州展》、《黄冈名人图片展》。《历史文化名城黄州展》展出黄州出土的各种文物，包括旧、新石器的器具、战国时期的青铜器、修复文物等近200余件文物、图片，以历史发展为线索，真实再现了古黄州灿烂的历史文明。后因保障文物安全等原因关闭撤展。《黄冈名人图片展》以黄州历代名人生存的年代为主线，采取大量的图片、文字说明，生动再现了黄州作为文化历史名城的光辉历史。陈列以围绕馆内二楼墙面悬挂图片为展陈形式。该展列于2003年开始展出。

2004年制作并固定展出了《鄂东将军展》。鄂东地区在大革命时期涌现出了百名将军，黄冈市红安县、麻城县是有名的将军县。《鄂东将军展》以照片、文字的形式，展出了近百名将军的生平事迹。陈列以围绕馆内三楼墙面悬挂图片为展陈形式。该展列于2004年开始展出至今。

专题陈列　该馆从1985年建馆至今，先后举办过近百次各种临时的专题展览。有的专题展览意义重大，影响深远，如1989年《黄冈县四十年建设成就展览》；1990年《江苏省

战国　彩绘漆盒

铜壶

铜鼎

江阴市明代古尸展览》；1991年《林则徐禁烟与鸦片战争展览》；1994年《中国古代科技成就与中国近代史》；2002年《民族魂——公民道德教育图片展》等。其中2008年“5.18国际博物馆日”举办的大型文物图片展，在黄州各中小学校、企事业单位、部队等进行流行展出，影响较大，共有5000多人次轮流参观展览。对普及文物保护相关法规，加强社会文物保护意识起到一定的积极作用。

藏品管理

［藏品来源］　主要通过征集、考古发掘、上缴、捐赠、收购等途径取得。现有的文物藏品中，绝大多数为考古发掘的出土文物，以东周时期的铜器和陶器为主。

［藏品类别］　博物馆藏品分为传世文物、出土文物和革命文物三大类。有石器、陶瓷品、铜器、铁器、木雕、石雕、石刻、金银器、玉器、字画、古书、钱币等。

［藏品统计］　截止目前，从新石器时代至现代各时期文物藏品总数为2766件，其中国家一级文物2件，二级文物6件，三级文物72件。

［重要藏品］　明代官窑黄釉瓷罐；东周铭文铜锅；战国彩绘漆盒等。

［藏品保护］　该馆建有专门的文物库房和配备相应的保护设施，严格按照《藏品管理办法》的各项规定进行管理。建立文物藏品档案和电子文本；藏品的保管工作做到制度健全、账目清楚、编目详明；运用传统方法对一些破损藏品器物进行修复保存；馆内设立安全保卫科，选配专职的保卫干部；安装技术安防设备和综合报警监控系统设备并二十四小时开启，落实完善了各项安全保卫制度，配备专职保卫人员坚持24小时执勤。

考古发掘　黄州区博物馆设有文物调查勘探工作队，在区域内履行文物保护的工作职责。90年初开始考古工作队建设，经过20多年的工作，通过发现、举报（报告）、勘探等各种形式，共有200余次的考古发掘并出土了数千件地下文物（其中包括一些珍贵的历史文物），为县域的历史演变和经济社会发展研究提供了不可或缺的实物依据。

科学研究

［科研队伍］　黄州区博物馆馆员5人，初级助理馆员20人。

［科研设施］　随着文博事业的快速发展，开展博物馆业务工作的必要设施得到更新充实。现已配备电脑6台/套（包括台式、手提、复印机、传真机等），各种型号的数码相机4部（套）及其它工作器材。

［科研成果］　董子儒撰写的论文《赤壁之战与黄冈

地理、文物》被省人事厅、科委、科协三家联合评为“优秀论文奖”。

经营管理

［单位性质］ 社会公益性质的国营文化事业单位

［经费开源］ 地方财政（县级）全额拔款

［机构设置］ 设有馆长室、办公室、综合部、安全保卫部。与陈潭秋纪念馆、黄州区博物馆三块牌子合署办公。并兼有地方文物保护的业务职能。

［人员编制、组成］ 黄州区人事局核定在职在岗人员31人，其中核定财政编制人员为7人。全馆现有文博专业技术人员26人。

［观众接待］ 年接待人数约25万人次

参观指南

［地址］ 黄冈市黄州区体育路21号

［电话］ 0713-8357540（传真）

［电子邮箱］ BWG8888@sina.com

［开放时间］ 周二至周日8:30－16:30（周一闭馆）

［票价］ 免费

（撰文：涂寅）

黄梅县博物馆

Huanmei County Museum

概述

类型 地方综合性博物馆

隶属关系 隶属于黄梅县文化局

创建时间 1984年12月

所在位置 位于黄梅县城中心区

面积 占地面积6600平方米

布局 主体建筑仅展览大楼一幢，展览大楼前有一条水泥道路，路左侧为门球场，右侧为空地，展览大楼后面为花园。展厅设于大楼一、二层，顶层为文物库房。

黄梅县博物馆

建筑特点 1984年10月一1986年12月，黄梅县建成了框架式结构的四层仿古式文物展览大楼。大楼为框架式钢筋混凝土结构，平面呈“一”字形，占地面积900余平方米，建筑面积2000平方米，尖顶。展厅面积1200平方米，文物库房面积81平方米，其余为办公等用房。

历史沿革 中华人民共和国建立初期，黄梅县的文物工作由黄梅县文化馆代为管理，1980年10月，黄梅县政府批准成立黄梅县五祖寺文物管理所，同时兼管全县境内文物业务工作，1984年12月黄梅县人民政府批准建立黄梅县博物馆，1985年11月20日，原国家主席李先念亲笔题写了“黄梅县博物馆”馆名，1986年黄梅县政府批准成立黄梅县文物管理委员会（为县属非常设议事机构），1996年5月，黄梅县机构编制委员会批准成立黄梅县文物保护管理所，与县博物馆（两块牌子一套班子）合署办公。

历任馆长 冯奇男（1980.1－1984.8 五祖寺文物管理所负责人）；王青松（1984.9－1986.8 副所长主持工作）；何新民（1986.9－1991.10 副馆长主持工作）；汪国球（1991.11－1994.6 副馆长、馆长主持工作）；于习祥（1994.7－1995.3 副馆长主持工作）；陈胜华（1996.4－1997.6）；聂习国（1997.7至今）。

业务活动

基本陈列 《华夏文物的曙光——黄梅焦墩卵石摆塑龙展》1994年9月面向大众开放，展出出土文物80余件，陈列面积150平方米。

《黄梅县历代进士展》于2008年7月向大众开放，展出县历代进士24位，主要介绍其生平事迹并附肖像草图，陈列面积150平方米。

专题陈列 该馆从1986年1月开始至今，先后举办过

黄梅焦墩卵石摆塑龙展

30多次各种临时的专题展览，有的专题展览意义重大，影响深远。如1999年10月，为纪念和庆祝中华人民共和国建国50周年活动，由县委宣传部主办，县博物馆承办布展的《黄梅历史文物精品展览》，从10月1日起开展，为期一年，全县党员、干部、学校及部分群众轮流参观展览。

藏品管理

［藏品来源］ 主要通过征集、考古发掘、上缴（交）、捐赠、收购等途径取得。现有的文物藏品中，大部分为征集所得，以陶瓷器、玉器为主。

［藏品类别］ 黄梅县博物馆文物藏品分为传世文物、出土文物和革命文物以及工艺品四大类。其类别有石器、陶瓷器、铜器、铁器、木雕、竹雕、玉器、石刻、金银器、字画、古书、钱币等等。

［藏品统计］ 截至2008年底，从新、旧石器时代至民国各时期文物藏品总数为10016件。其中各类藏品数为出土文物和传世文物9803件，革命文物28件，工艺品185件。国家一级文物4件，二级文物29件，三级文物92件。

［重要藏品］ 元青花牡丹塔盖瓶；元青花玉壶春瓶；唐绞胎瓷枕；元末徐寿辉政权统军万户铜印等。

元　青花牡丹塔式盖瓶

［藏品保护］ 该馆建有专门的文物库房和配备相应的保护设施，严格按照《藏品管理办法》的各项规定进行管理。凡是具有历史、艺术或科学价值的一、二、三级藏品，经省级文物鉴定委员会专家组的严格鉴定，均建立文物藏品档案和电子文本；藏品的保管工作做到制度健全、账目清楚、鉴定确切、编目详明；运用传统方法对一些破损藏品器物进行修复保存；库房内配备必要的安全防火器材，更新安全可靠的全封闭文物保险柜等。按照《博物馆安全保卫规定》和三级风险等级安全防护规定要求，馆内设立安全保卫部，选配专职保卫干部。重点要害部位安装技术安防设备和综合报警监控系统设施，落实完善了各项安全保卫制度，配备专职保卫人员坚持24小时执班。

考古发掘 考古发掘工作起始于1988年初，主要是协调配合中国社会科学院考古研究所长江考古队在本县塞墩遗址的发掘工作，尤其是1993年为配合合（肥）九（江）铁路的建设，本馆考古人员配合省考古所，在濯港张城村焦墩发掘出土了长江流域第一龙－焦墩卵石摆塑龙，在全国考古界影响深远。

科学研究

［科研队伍］ 黄梅县博物馆副研究馆员4人，馆员8人，初级助理馆员5人。

［科研设施］ 黄梅县博物馆因经济条件制约，科研设施落后，办公条件简陋。自2008年后，随着经济的快速发展，开展博物馆业务工作的必要设施得到更新充实，办公条件不断改善，现已配备电脑5台/套（包括台式、笔记本等），各种型号的数码相机2台，全球卫星定位仪（GPS）1台等。

［科研成果］ 多年来，黄梅县博物馆积极开展文博专业理论研究，且作品成果较多。由县博物馆业务人员撰写的《黄梅名胜古迹》、《佛教、禅宗与五祖弘忍》、《黄梅古文化遗址调查》、《内涵丰广的远古图腾－焦墩卵石摆塑龙》、《流落黄梅的乾隆玉磬和它的铭文》、《中国文物地图集》湖北分册（上、下）黄梅篇等专业研究成果均在国家、省、市级刊物上发表。

交流合作 博物馆是一个服务于社会的文明窗口，开展交流合作是一项基本的业务活动。如配合"两会"、春节团拜会等文艺舞台艺术演出设计、制作、布置，委与县内一些重大活动的陈列设计项目等等。开展与国内外一些知名院校的文化交流合作。2005年期间，本馆与体裁中科技大学建筑设计学院联合对五祖寺古建筑进行绘图设计，申报全国第六批重点文物保护单位，并且取得成功。

经营管理

［单位性质］ 社会公益性质的国营文化事业单位

［经费来源］ 地方财政拨款，国家免费开放经费补助

［机构设置］ 设有馆长室、办公室、业务部、陈列部、安全保卫部。

［人员编制、组成］ 核定人员编制数1996年为14

人，2008年为16人，全馆现有专业技术人员15人，其中文博专业技术人员10人。

［观众接待］ 年观众人数约8000人次

参观指南

［地址］ 黄梅县县城五祖大道134号

［邮编］ 435500

［电话］ 0713-3339608

［开放时间］ 周二至周日8:30—16:30（周一闭馆）

［票价］ 免费

（撰文：聂习国）

黄麻起义和鄂豫皖苏区革命历史纪念馆

Huang'an-Macheng Uprising and Hubei-He'nan-Anhui Soviet Area Revolutionary History Museum

概述

类型 社会科学类历史专题纪念馆

隶属关系 中共红安县委

创建时间 2005年4月5日

所在位置 位于红安县城东北稞子山（红安县烈士陵园内）

纪念馆外景

面积 占地面积3900平方米

布局 历史纪念馆位于陵园中心，坐北朝南，面向巍峨的纪念碑，背靠庄严的英烈墙，东西分别与将军纪念馆、烈士纪念馆形成对称，与董必武纪念馆、李先念纪念馆互为犄角。五馆之间有步道互通，既独立又统一，把陵园的各主体建筑联成一个有机整体。历史纪念馆主体建筑分三层，展厅为环形式结构，一层中间为序厅——《大别雄风》，左右两边为一、二展厅，背面为黄麻起义半景画，两边通道处为办公场所；二层中间为文物库房，其余是成弧形展厅；顶层为尾厅——《将军摇蓝》。

建筑特点 纪念馆以徽派建筑为主体，绿色琉璃瓦，仿古紫铜门，占地面积3900平方米，建筑面积6200平方米，陈列面积5000平方米，高22米，采用对称布局，呈“品”字形，稳重有力。每个展厅都有大体量、大尺度的展览空间，充分满足大型雕塑和大型主题画的需要。尤其尾厅，层高11.2米，面积达240平方米，中间不用一根立柱，全以挑梁承重，空旷的空间就极具震撼力。

后半部分的整面弧形墙围成半圆。全馆外墙都用灰色磨光花岗岩和磨茹石组合干挂，整体看来如同一座坚不可摧的城堡，而且正面墙壁留有长短不等的几个条形窗口，让人联想起当年的战火留在城堡上的弹孔。这种个性化的外观设计能把游人的思绪引入黄麻起义和鄂豫皖苏区厚重的历史，让人肃然起敬。

墙面干挂的花岗岩石板和砖混墙体之间都以塑料泡沫填充，能有效维持馆内的温度和湿度，有利于展品的永久保存，现浇的坡形屋面铺设深绿色琉璃瓦，既保证了建筑风格上同周围建筑的一致性，也避免了年久透水之忧。内部装有电梯、空调、电子监控等现代设施，提高了游人参观时的舒适程度，有利于展品和内部设施的安全。

纪念馆整体建筑荣获2008年度湖北省建设厅颁发的“湖北省建筑优质工程”（楚天杯），陈列布展荣获“武汉城市圈博物馆纪念馆优秀陈列展览评选精品奖”。

历史沿革 2005年4月，经中共中央宣传部和中共湖北省委批准兴建黄麻起义和鄂豫皖苏区革命历史纪念馆，2005年5月28日奠基，2007年11月13日开馆，全国政协副主席张思卿和原国家主席李先念夫人林佳楣为纪念馆落成剪彩。开馆以来，先后接待了中共中央政治局原常委、中纪委书记吴官正，中共中央政治局常委、国家副主席习近平等党和国家领导人。共接待中外游客100多万人次。

历任馆长 袁珊红（2007.10.16—2008.10）；潘雨林（2007.10.16—2008.3 代副馆长主持工作）；潘雨林（2008.3至今）。

业务活动

基本陈列 《黄麻起义和鄂豫皖苏区革命历史陈列》在黄麻起义80周年纪念日面向大众开放，布展面积5000平方米。硬件投资1462万元，软件投资2586万元，合计投资4048万元。展示文物645件，照片766张。艺术品33件（组），其中雕塑17组，大型背景油画6幅，小幅油画4幅，国画6幅。全馆分为序厅《大别雄风》和《黄麻惊雷》、《商南烽火》、《皖西烈焰》、《赤区新貌》、

1.展厅一角　2.陈列场景

《鏖兵大别》、《浴血孤旅》6个单元展开，以及尾厅《将军摇篮》。展现了从1927年黄麻起义到1937年抗日战争爆发，鄂豫皖地区人民十年浴血奋战，十年红旗不倒的光辉历程。布展采用了国内先进的高科技手段，文、物、图、声、光、电并举。中国博物馆学会纪念馆专业委员会有关专家参观后评价，该馆陈列大纲的设计水平和布展效果堪称全国一流。

专题陈列　2009年为纪念新中国成立60周年，纪念馆与县纪委联合举办了《开国将军廉政事迹展览》，展出历时半年，全省党政机关、企事业单位及各界人士纷纷参观，使广大党员干部受到了一次深刻的革命传统教育和反腐倡廉传统教育。

藏品管理

［藏品来源］　主要通过征集、捐赠、收购等途径取得。

［藏品类别］　文物藏品分为铜器、铁器、木雕、石雕、石刻、金银器、武器、纸币、布币、银币等。

［藏品统计］　征集的文物99件，复制文物435件，从总参谋部调拨武器32件。

［重要藏品］　妇女放足牌、苏维埃银行发行的纸币铜币布币、黄麻起义时用过的铜锣、共产党宣言、红安家庭证、红军歌单、革命歌谣、第五次常委会会议记录、黄安县苏维埃政府布告、革命标语一老乡，加入红军可以分到土地、看图识字、列宁小学初级国语教科书、工余课本第二册、识字运动周特刊、优待受伤红色战士证、受伤红色战士领款证、赤卫队袖章、少先队袖单日、自卫队袖章、童子团袖章、鄂豫皖经济公社流通券、湖北农协纪念章、铜钱锣罐、工农革命第七军用过的长短枪等。

［藏品保护］　该馆建有专门的文物库房和配备相应的保护设施，严格按照《藏品管理办法》的各项规定进行管理。凡是具有历史、艺术或科学价值的一、二、三级藏品，逐步请省级文物鉴定委员会专家组鉴定，均建立文物藏品档案和电子文本；藏品的保管工作做到制度健全、账目清楚、鉴定确切、编目详明；运用传统方法对一些破损藏品器物进行修复保存；库房内配备必要的温、湿度计、恒温计以及安全防火器材；淘汰陈旧的文物橱柜架和过时落后设施，更新安全可靠的全封闭文物橱柜金属架等。按照《博物馆安全保卫规定》和三级风险等级安全防护规定要求，馆内设立安全保卫科。重点要害部位安装技术安防设备和综合报警监控系统设施，落实完善了各项安全保卫制度，配备专职保卫人员坚持24小时执勤。

科学研究

［科研队伍］　拥有较强的文博专业队伍，现有副研究馆员2人，馆员4人，助理馆员2人。

［科研设施］　配有电脑5台/套，各种型号的数码相机5台（套）及其它工作器材等。

［科研成果］　近几年来，历史纪念馆积极开展专业理论研究，业绩显著。一、出版书籍：《红色记忆——黄麻起义和鄂豫皖苏区革命历史纪念馆、烈士纪念馆陈展纪实》画册（2008年）；《湖北省反腐倡廉传统教育丛书》（2009年）；同年出版《黄麻起义和鄂豫皖苏区革命纪念馆馆刊》第一期；《黄麻起义和鄂豫皖苏区革命烈士陵园志》等。二、发表文章：《提高官法队伍素质建议的初步思考》、《董必武法学思想研究文集》（人民法院出版社）；《彰显地域特色突出展览个性》（《中国文物报》，2007年）；《博物馆免费开放要做好三种准备》（《中国文物报》）；《浅谈董必武对黄麻起义的历史作用》、《从中共五大到八七会议》学术研讨会论文（中共党史出版社，2008年）；《依法办事，促进和谐社会构建——浅谈人民法院在构建社会主义和谐社会中的重要作用》（《董必武法学思想研究文集》）、《董必武法学思

想对构建和谐社会的作用和意义》（《董必武法学思想研究文集》，2008年）；《培养职业精神，传播红色文化》（《中国文物报》）；《珍藏的记忆——我为李先念主席做讲解》（《中国文物报》，2009年）。

交流合作 纪念馆是一个服务于社会的文明窗口，开展交流合作是一项基本的业务活动。积极撰写专业文章，参加馆际交流。2008年，选派研究人员参加由中共中央党史研究室、国家文物局、中共湖北省委和中共武汉市委在武汉联合举办的“纪念中共五大和八七会议召开80周年”学术研讨会，并提交论文《浅谈董必武对黄麻起义的历史作用》在大会上交流。2008年11月2日，湖北省董必武思想研究会首届年会在红安召开，来自省内的100余名专家、教授、学者出席会议。该馆提交论文《董必武与毛泽东》在大会上交流。

经营管理

［单位性质］ 国营事业单位

［经费来源］ 中央财政和地方财政全额拨款

［机构设置］ 设有馆长室、办公室、陈列研究科、保卫科。

［人员编制、组成］ 核定人员编制数2007年为8人，2008年为11人，2009年为13人（现实际在编人员11人）。2010年为20人。全馆现有专业技术人员12人，其中文博专业技术人员8人。

［观众接待］ 年观众人数约64万人次

参观指南

［地址］ 湖北省红安县陵园大道1号

［邮编］ 438400

［电话］ 0713-5280953

［电子邮箱］ 451478408@qq.com.cn

［开放时间］ 8:30－16:30

［票价］ 免费

（撰文：潘雨林、夏红梅）

黄麻起义和鄂豫皖苏区革命烈士纪念馆

Huang'an-Macheng Uprising and Hubei-He'nan-Anhui Soviet Area Revolutionary Martyrs Memorial Hall

概述

类型 社会科学类历史专题纪念馆

隶属关系 隶属于红安县县委县政府

创建时间 1987年10月

1.烈士纪念馆大门 2.序厅

所在位置 位于黄麻起义和鄂豫皖苏区革命烈士陵园内西侧

面积 占地面积4670平方米、建筑面积2460平方米

布局 烈士纪念馆位于历史纪念馆西侧，全馆为三进两院仿古庭院结构，左右对称，长廊环绕。南边正中大门宽2.05米、高2.5米，正中大门门额悬挂的匾额上是徐向前元帅题写的馆名：“黄麻起义和鄂豫皖苏区革命烈士纪念馆”。门前大理石平台两侧，沿墙根各有花坛，扁柏栽成八个大字。西花坛为“朴诚勇毅”，东花坛为“不胜不休”。进入大门，迎面一座高大仿古建筑矗立正中，将纪念馆分成前后两个院落，为序厅中央大殿。双级飞檐，回廊环绕，向南三幅大门，门前廊外有两级平台，三组台阶下达地面。前院东西宽38.5米、南北深28米，为办公和接待贵宾区。后院东西宽38.5米、南北深34.7米，为陈列展览区，从走廊可进入展室，地面由青灰色天然大石块铺设。所有走道用芝麻灰花岗岩石铺设，廊道由同样的石条凳将廊柱串连起来，供游客小憩。后院落中央为椭圆形水池，将各展室与绿化带有机结合起来。

建筑特点 占地面积4670平方米，建筑面积2460平方米，采用钢筋砖石混凝土建造，坡屋面现浇，绿色琉璃瓦铺盖。院落中各种名贵乔木、灌木及绿草立体绿化增添了高雅幽静的气氛。

历史沿革 1956年，经湖北省人民政府批准，在红安县建立黄麻起义和鄂豫皖苏区革命烈士陵园中先后修建烈士祠、革命博物馆和农业展览馆、烈士纪念碑、红军骨灰堂、烈士墓群、董必武纪念馆。建园30多年，建设烈士纪念馆的愿望一直未能实现。1985年，省委书记关广富来红安考察，强调指出红安这块土地是用先烈们的鲜血染红的，应把红安建设成为全省革命传统教育基地。1986年，烈士纪念馆选址烈士陵园内稞子山下西侧。

1987年6月，徐向前元帅题写馆名。10月22日县委、县政府成立黄麻起义和鄂豫皖苏区革命烈士纪念馆筹建办公室。11月13日，黄麻起义60周年，县委、县政府举行烈士纪念馆奠基仪式。省委、省政府、地委、行署的领导和红四方面军的一些老同志及金寨县、新县、大悟县、麻城市和红安县的代表应邀参加。

1988年3月22日，县委、县政府成立黄麻起义和鄂豫皖苏区革命烈士纪念馆筹建领导小组。1990年8月8日中共中央总书记江泽民为纪念馆题词："黄麻起义和鄂豫皖苏区革命烈士的精神流芳千古。"10月19日国务院总理李鹏题词："黄麻起义和鄂豫皖苏区革命烈士同山河共存。"同年，全国政协主席李先念为纪念馆题词："黄麻起义和鄂豫皖苏区革命烈士名垂青史、光照千秋！"

1990年10月，展馆的建设和布展全部完工。1992年，省委、省政府决定11月13日在红安县城举行黄麻起义65周年纪念暨黄麻起义和鄂豫皖苏区革命烈士纪念馆落成典礼。大会由省委常委、省纪委书记丁凤英主持，省委副书记回良玉及省委常委、副省长李大强、老红军代表、原武汉军区司令员张才千为纪念馆剪彩。

2004年8月12日，中共中央政治局委员、湖北省委书记俞正声再次考察烈士纪念馆，提出要把红安建成全省最重要的革命传统教育基地。11月11日，湖北红安革命传统教育基地建设领导小组召开会议，俞正声书记指出："烈士纪念馆的感染力和震撼力非常重要。馆舍原来的设计有局限，现在改造起来有一定的难度，虽然整个馆不可能拔掉重来，但某一个、几个地方结构方面可以彻底变一下，该怎么改就怎么改，可以大胆地提，该花的钱要花。整个馆要重新改造，灯光、地面、墙体都不行，都要改造到位，不能是现在的样子，这方面花的钱也不会少，既然要搞就一定要到位。在建筑上要形式服从内容，该动的要动。"

根据俞正声书记的指示，2005年6月，改造烈士纪念馆工程可行性研究报告经有关专家评审通过后，报省发改委审定。10月，中南建筑设计院对烈士纪念馆进行勘察后认为整个建筑风格及比例样式得体。本着不动主体结构的原则，对展馆的破损老化部分进行维修更新，对过时的建筑材料进行更换。2006年2月10日，设计方案评审通过；3月8日，省发改委批准改造烈士纪念馆；6月16日烈士纪念馆闭馆，武汉市新七建筑集团公司进入施工。2007年6月4日，烈士馆维修改造工程验收。10月18日，烈士纪念馆重新挂牌。11月13日，重新开馆。

历任馆长 夏先友（1991.1－1994.3）；袁珊红（1994.3－1996.11）；徐楚南（1996.11－2002.3）；阙和荣（2002.3－2006.8）；王桂娥（2004.10－2006.8 副馆长主持工作）；王桂娥（2006.8至今）。

业务活动

首次陈列 馆内分设序厅和烈士陈列室两部分。烈士陈列室分《血染山城、点燃工农武装斗争烽火》、《英勇捐躯、为创建根据地铺路》、《前仆后继、坚持大别山艰苦斗争》、《随军转战、英雄儿女长眠他乡》、《争独立求解放搞建设保国防、红安儿女高举红旗勇往直前》五部分。共展出著名烈士230余名；陈列烈士的遗物、照片、诗抄和雕塑等展品800余件；着重展现了在黄麻起义、商南起义、六霍起义、创建和坚持鄂豫皖苏区革命斗争中壮烈牺牲的烈士们的精神风貌和光辉业绩。同时，特设《红安籍病故老红军事迹陈列室》，展出236名病故老红军光辉业绩。

二次陈列 馆内分设序厅和烈士陈列室两部分。烈士陈列室分《革命先导》、《起义英雄》、《大别忠魂》、《天台铁骨》、《西征壮士》、《民族脊梁》共六大部分二十三小组展出鄂豫皖苏区29县著名烈士263名，文物174件，照片388张，艺术品41件。按照以时系史、以史系人、以人系事和突出主要烈士闪光业绩使陈列达到具有强烈震

烈士陈列室一隅

撼力和感染力的总原则，运用复原场景、雕塑、硅胶像、模型以及现代化的声、光、电，如纱幕投影、雪地留印、声音定位传播、可翻动式电子书等新颖的艺术手段，生动再现了从1923年红安建立党组织至1949年全国解放长达26年的革命斗争历程中，在黄麻起义，商南起义，六霍起义，创建和坚持鄂豫皖革命根据地、川陕革命根据地、鄂豫陕革命根据地，长征路上，西征途中，以及抗日战争和解放战争中壮烈牺牲的黄麻起义和鄂豫皖苏区革命英烈的无私奉献精神、大无畏的英雄气概和崇高的人格魅力。

专题陈列 该馆从1990年11月开始至2006年6月止，特开辟两间陈列室用于陈列《红安籍病故老红军事迹陈列室》，先后共展出236名病故老红军的光辉业绩，获得社会一致好评。2003年，举办《红土魂》流动展览，以宣传该馆重要烈士事迹为主题，到农村、学校宣传讲解，赢得社会赞誉。

藏品管理

［藏品来源］ 主要通过征集、上缴（交）、捐赠、收购等途径取得。

［藏品类别］ 藏品主要是革命文物，其类别有石器、陶瓷器、铜器、铁器、生活用品、字画、钱币、衣物、书信等。

［藏品统计］ 库存文物原件总数311件，复制文物总数89件，主要是大刀、长矛、手枪、机枪、衣物、功勋章等；征集收录绘画作品27件、书法作品110件；珍藏党和国家领导人及社会各界知名人士题字题词105件。库存书籍186本、烈士档案449份、老红军档案273份。

［重要藏品］ 刘光烈烈士《民国十年日记》、中国国民党陆军军官学校毕业证书第17号、民国七年第五版《注音字母国语讲义》、《康熙字典》、日本战刀、中南区革命牺牲证明书、鄂豫边建设银行发行伍圆币、王吉文烈士1944－1947年日记本。

土地革命时期的马灯

抗日战争时期的公文包

日本战刀

红军用过的铜锣罐

抗日战争用过的望远镜

［藏品保护］ 纪念馆建有专门的文物库房和配备相应的保护设施，严格按照《藏品管理办法》的各项规定进行管理。建立文物藏品档案和电子文本；藏品的保管工作做到制度健全、账目清楚、编目详明；运用传统方法对一些破损藏品器物进行修复保存；库房内配备必要的温、湿度计、恒温计以及安全防火器材。1990－1996年库房设专人专职保管，1996年后由副馆长兼管。库房设立后，多次请县档案局业务人员来现场指导档案管理，组织库房工作人员到县档案局学习管理知识。1995年10月5日和2000年11月20日，纪念馆文物库房两次获湖北省档案局授予的省二级档案管理合格证。

科学研究

［科研队伍］ 纪念馆有馆员3人，初级助理馆员7人。

［科研设施］ 随着经济的快速发展和政府的关怀，纪念馆业务工作的必要设施得到更新充实，办公条件不断改善，现已配备电脑、数码相机）及其它工作器材等。

［科研成果］ 近几年来，烈士纪念馆积极开展文博专业理论研究。红四方面军研究协会组织编著的《黄麻起义和鄂豫皖苏区革命烈士传》由中共党史出版社出版发行，馆长王桂娥、副馆长夏婷参与编写。2009年，《黄麻起义和鄂豫皖苏区革命烈士陵园志》正式出版，王桂娥和夏婷任《黄麻起义和鄂豫皖苏区革命烈士陵园志》编纂委员会委员，参与烈士纪念馆和陵园大事记等有关内容的撰写。

交流合作 纪念馆是一个服务于社会的文明窗口，开展交流合作是一项基本的业务活动。近几年来，先后赴河北西柏坡、重庆歌乐山、湖南绍山、江西井岗山、上海龙华烈士陵园、河南云台山、洛阳石窟寺、西安秦始皇陵墓、青岛海尔集团等地参观学习，借鉴其科学的景区管理经验，引进其先进的管理模式，建立适合当前发展需求的管理方式与框架。同时，先后有武汉大学、河南新县、安徽金寨、四川、江苏等地博物馆和陵园来馆参观学习和交流。

经营管理

［单位性质］ 社会公益性质的国营文化事业单位

［经费来源］ 财政全额拨款

［机构设置］ 设有馆长室、办公室、验票室、保安室。

［人员编制、组成］ 核定人员编制数1990年为10人，2010年免费开放后实行全额全编，目前有12人。全馆现有专业技术人员12人，其中文博专业技术人员10人。

［观众接待］ 年观众人数约80万人次

参观指南

［地址］ 黄麻起义和鄂豫皖苏区革命烈士陵园内西侧

［邮编］ 438400

［电话］ 0713-5258122

［电子邮箱］ 514393432@qq.com.

［开放时间］ 8:30－16:30

［票价］ 免费

（撰文：王桂娥）

曹禺纪念馆

Cao Yu Memorial Hall

概述

类型 社会科学类名人专题纪念馆

隶属关系 隶属于潜江市文物局

创建时间 2004年11月

所在位置 位于潜江市章华北路曹禺公园内

面积 占地面积3000平方米

曹禺纪念馆全景

布局 分上下两层，内设一个序厅，两个专业展馆，一个书画展厅，一个藏品室。

建筑特点 采用大跨度、全框架，透明敞开式建筑风格，象征着大师创作的时代风格和大胆探索的创新精神。

历史沿革 上世纪80年代，市图书馆为扩展业务范围，历尽艰辛收集地方文献，在馆内设立了曹禺著作陈列馆，后成为全省特色图书馆。2004年11月，潜江市图书馆争取到潜江市委、市政府的批准，另辟新址，兴建了曹禺纪念馆，两馆实行“两块牌子、一套班子”的运行体制。

业务活动

基本陈列 曹禺纪念馆2004年11月面向大众开放，展出曹禺著作、手稿、实物3000余件，陈列面积3000平方

1. 序厅 2. 第一展厅 3. 第二展厅 4. 书画展厅 5. 陈列场景

米。内容以曹禺先生生活、创作有关实物和照片为主。

专题陈列 该馆从2004年至今，先后举办过30多次各种临时的专题展览。有的专题展览意义重大，影响深远。如2009年，为配合开展党内廉政建设，对全市党员干部开展廉政文化教育。

藏品管理

[藏品来源] 主要通过征集、捐赠、收购等途径取得。现有的文物藏品中，绝大多数为通过征集获得。

[藏品类别] 分实物、照片、题字、手稿等。

[藏品统计] 截至2009年底，各类藏品数为共3000件。

[重要藏品] 曹禺用过的书柜、书桌手表、勋章等及其书信散文《我是潜江人》手稿，茅盾、董必武赠送给曹禺的题字，及全国其他著名书画家的作品。

[藏品保护] 该馆建有专门的文物库房和配备相应的保护设施，严格按照《藏品管理办法》的各项规定进行管理，并建立文物藏品档案和电子文本；藏品的保管工作做到制度健全、账目清楚、编目详明。按照《博物馆安全保卫规定》和三级风险等级安全防护规定要求，馆内设立安全保卫科，选配专职保卫干部。重点要害部位安装技术安防设备和综合报警监控系统设施，落实完善了各项安全保卫制度，配备专职保卫人员坚持24小时执勤。

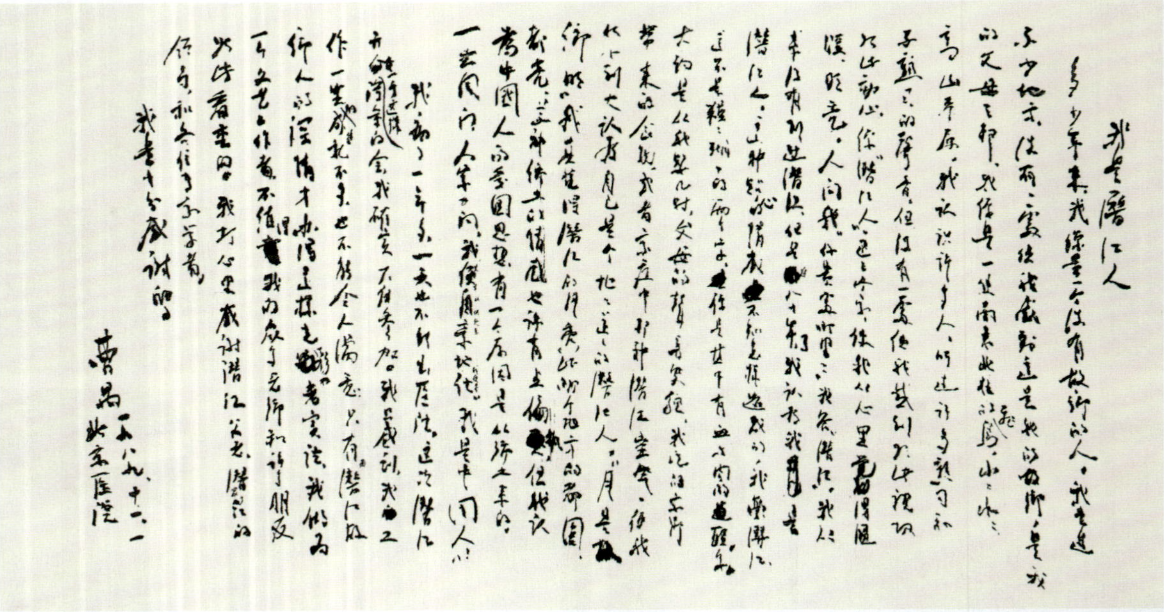
我是潜江人

曹禺 一九八九、十一、一 北京医院

《我是潜江人》书信

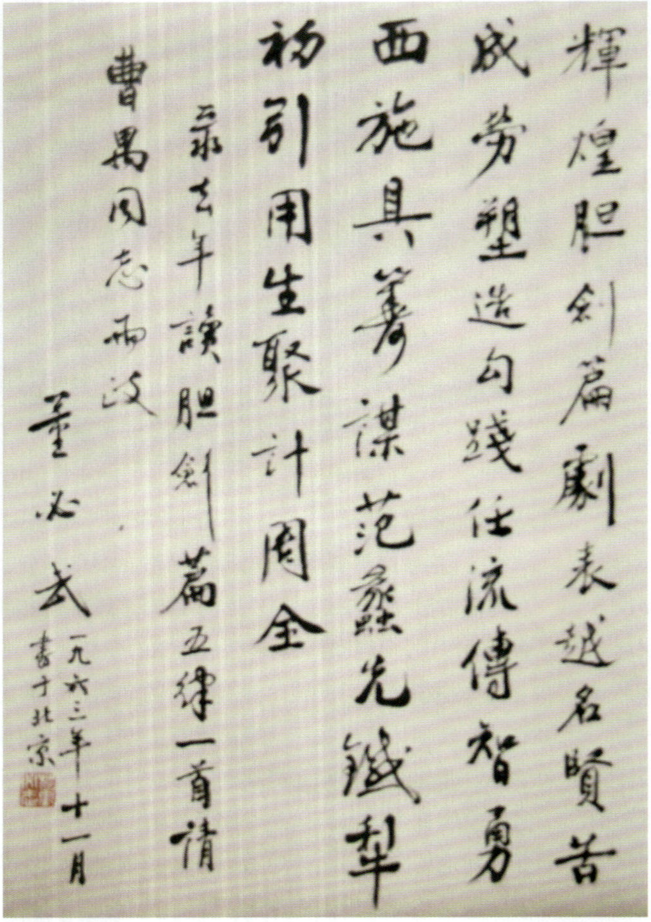
輝煌膽劍篇劇表越名賢苦戰勞塑造勾踐任流傳智勇西施具籌謀范蠡先識犁初引用生聚計周全

录去年讀膽劍篇五律一首請曹禺同志兩政

董必武

一九六三年十一月書于北京

董必武题词

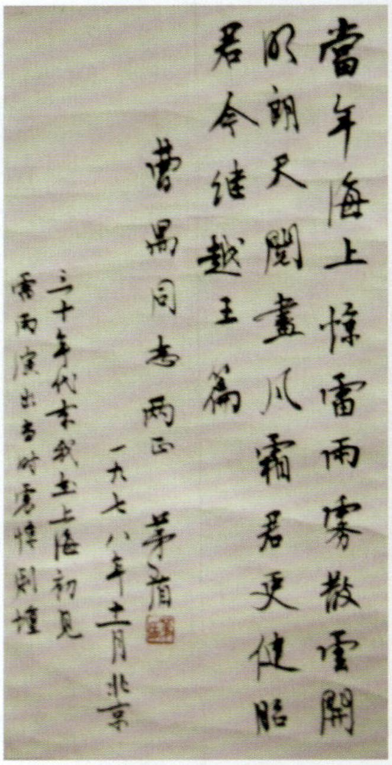
當年海上驚雷雨霧散雲開明朗天閱盡風霜君更健昭君今繼越王篇

曹禺同志兩正

茅盾

一九七八年十一月北京

三十年代末我在上海初見雷雨演出當時轟動劇壇

茅盾题词

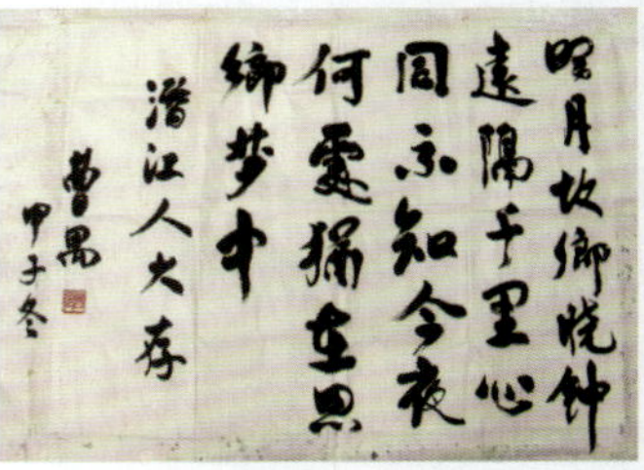
明月故鄉曉鐘遠隔千里心同亦知今夜何處獨坐思鄉夢中

潛江人大存

曹禺 甲子冬

曹禺题词

科学研究

［科研队伍］ 现有馆员4人，初级助理馆员2人。

［科研设施］ 2004年新馆建成后，业务工作的必要设施得到更新充实，办公条件不断改善，现已配备电脑4台，触摸屏2台，影像播放器材4台，各种型号的数码相机及其它工作器材等。

［科研成果］ 近几年来，曹禺纪念馆积极开展专业理论研究。2004年曹禺研究学会成立，每年出版一期专辑，现已出版了六辑《曹禺研究》，收集了国内外专家学者的研究成果。

合作交流 曹禺纪念馆是潜江市对外文化交流的窗口，开展交流合作是一项基本的业务活动。如开展与国内外一些知名院校的文化交流合作。2004年期间，德国海登海姆市政府代表团访问潜江市，就是以该馆为主要交流平台；多次开展与北京人艺、华中师范大学等知名高校的学术交流活动。

经营管理

［单位性质］ 社会公益性国营文化事业单位

［经费来源］ 地方财政（县级）全额拨款及上级文物部门补助

［机构设置］ 设有馆长室、办公室、文保业务科。

［人员编制］ 核定人员编制数2004年为4人，现有专业技术人员3人。

［观众接待］ 年观众人数约30000人次

参观指南

［地址］ 潜江市章华北路曹禺公园内

［邮编］ 433100

［电话］ 0728-6231906

［电子邮箱］ caoyujinianguan@yahoo.com.cn

［开放时间］ 8:30—16:30

［票价］ 开馆以来一直免费开放

（撰文：曹禺纪念馆）

鄂州市博物馆

E'zhou City Museum

概述

类型 地方综合性博物馆

隶属关系 隶属于湖北省鄂州市文化体育局

创建时间 1959年7月

所在位置 位于鄂州市西山风景区南麓

1.鄂州市博物馆陈列楼　2.张裕钊陵园

面积 占地面积9214平方米、建筑面积2754平方米

建筑特点及布局 主体建筑包括陈列大楼、办公楼和张裕钊陵园，陈列大楼位于馆区东部，为二层半砖混结构，办公楼位于馆区南部，为二层砖混结构，整体为现代风格，屋顶坡顶和女儿墙盖琉璃瓦；张裕钊陵园位于西北部，为仿明清园林建筑，包括门楼、樱花园、师生纪念碑亭、张体书法碑廊、张裕钊纪念馆和张裕钊墓。

正在建设中的鄂州市博物馆新馆（三国吴都博物馆）位于沿江大道与寒溪路交汇处，总占地面积45亩，总建筑面积1.9万平方米，主体建筑包括主陈列楼（含地下库房）和综合楼。其中展厅面积约8000平方米，计划设置五个基

新馆鸟瞰图

展厅一瞥

本陈列馆和一个临时陈列馆，即：“鄂文化馆”、“三国吴都文化馆”、“现代文化馆”、“铜镜文化馆”、“武昌鱼文化馆”、“书画艺术馆（临时馆）”。库房面积约4000平方米。

新馆已于2008年10月奠基并开工。2009年10月主陈列楼和综合楼西栋封顶，封顶面积1.59万平方米。预计2010年完成主体工程并启动陈列展览形式招标工作，2011年底前完成陈列布展设计和施工，并正式对外开放。

历史沿革　鄂州市博物馆前身是成立于1953年的西山文物陈列室，1959年7月，在现锻压机床厂内的城隍庙筹建了鄂城县地志博物馆。1961年，博物馆建制被撤销，与图书馆一起并入文化馆，1962年迁至西山古灵泉寺办公，1975年古灵泉寺归西山园林管理处管理后，博物馆搬到大西门广场文化站内办公。1978年3月，县革委会批准恢复鄂城县博物馆的建制。1982年8月，在西山风景区内兴建博物馆。1984年2月升级为鄂州市博物馆。1987年4月15日，陈列楼落成并正式对外开放。1994－2000年，引进日资，在陈列楼西侧修建张裕钊陵园。先后被命名为“湖北省爱国主义教育示范基地”、“湖北省科普教育基地”、“鄂州市青少年思想道德教育基地”、AA级旅游景区以及中科大、北科大、中国钱币学会“青铜范铸试验基地”，2009年被评定为国家二级博物馆。正在建设中的鄂州市博物馆新馆（三国吴都博物馆）预计于2010年底完工。

历任馆长　胡小树（1959.10－1960.2　负责人）；胡学庆（1979.2－1982.3　副馆长主持工作）；熊亚云（1982.3－1983　副馆长主持工作）；许宽帜（1984－1985.2　副馆长主持工作）；邱家延（1985.2－1991.3）；刘凌云（1991.3－2000.5）；胡莎可（2000.5至今）。

业务活动

基本陈列　现有《鄂州出土文物精品展》、《鄂州铜镜展》和《张裕钊生平及书法艺术展》三个基本陈列。《鄂州出土文物精品展》和《鄂州铜镜展》是2009年初，通过对展厅重新装修，并对原有陈列进行全面调整后推出的。它们均以历史年代为轴，着重突出鄂州历史中的闪光点。展陈面积共500平方米。

《鄂州出土文物精品展》从鄂州境内出土的历史文物中选取最能代表和反映鄂州人类文明和智慧的特色精品文物200多件（套），以时间顺序与专题结合的体例，通过文物照片、资料图片、线图等展示手段，客观形象地揭示了鄂州悠久的历史和灿烂的文化。展览分为时代久远的石器、精美别致的铜器、弥足珍贵的铁器、形态各异的青瓷器、独具特色的古铜镜和雍容华贵的金银器等六个部分，突出展现了战国青铜器、六朝青瓷器和古铜镜三大地方特色。特色鲜明、内容丰富。

《鄂州铜镜展》以历代铜镜中的精品百余枚和采用古代工艺复原复制的铜镜以及体现工艺流程的模具、范等为信息载体，通过照片、资料图片、雕塑等展示手段，较为系统地展现鄂州铜镜的兴衰史以及铜镜传统工艺的传承与发展。

《张裕钊生平及书法艺术展》张裕钊陵园内，以编年与专题结合的体例，通过大量的图片资料，辅以适当实物资料，配以宫灯、雕塑等艺术表现手段，展现了清末著名书法家张裕钊生平及其书法艺术形成、流传、发扬光大的过程，同时突出了中日睦邻友好的主题。

专题陈列　除基本陈列外，鄂州市博物馆自1987年4月陈列楼落成以来，每年都要举办1－5个短期的专题陈列，至今已有近百个。举办方式包括室内展出和室外巡展。其中《民族魂－中华传统美德展》、《鄂州人民抗日斗争史实展》、《邓小平与现代中国》、《长征精神永放光芒》、《弘扬延安精神争当时代先锋》等深受观众的欢迎。

藏品管理

［藏品来源］　主要通过考古发掘、征集、捐赠、收

购等途径取得。现有的文物藏品中，绝大多数是配合基本建设考古发掘出土的文物，以陶瓷器和铜器为主。

［藏品类别］　鄂州市博物馆文物藏品包括陶器、瓷器、铜器、铜镜、铁器、金器、银器、玉器、石器、图书、字画、纸币、玺印、漆木器、纺织品等等。

［藏品统计］　截至2008年7月，从新石器时代至民国各时期文物藏品总数为76858件，其中陶器类1287件（套）、六朝青瓷器类2982、唐宋明清瓷器类1463、铜器类1063、铜镜类533、铁器类128、金器类406、银器类518、玉器类395、石器类247、图书类5175、字画纸质文物类2361、纸币类460、玺印类66、漆木器类176、纺织品布质文物类265、其他59333件。经国家和省文物专家鉴定为国家珍贵文物的有4768件，包括一级文物79件，二级文物661件，三级文物4028件。

［重要藏品］　鄂州市博物馆以六朝青瓷器和青铜镜为特色，重要藏品有三国青瓷仓廪院落、三国青瓷薰笼、三国青瓷带盖簋形器、三国青瓷蛙形水注、三国猫头鹰插座、三国釉陶佛像；三国黄武元年铜罐、三国将军孙鄰错金银铜弩机、三国环首铁刀、三国铁戟；三国吴童子史绰木牍；三国金鸳鸯、三国银唾盂；建安六年分段式重列神兽镜、建安十年重列神兽镜、黄初二年重列神兽镜、赤乌五年对置式神兽镜、东汉兽首镜、六朝四叶八凤镜；宋代白釉褐彩瓷梅瓶；中华民国临时大总统黎元洪签署的辛亥革命首功证书；中国工农红军新兵接洽红布标等等。

三国　青瓷仓廪院落

三国　青瓷带盖簋形器

三国　金鸳鸯

三国　黄武元年铜罐

三国　青瓷猫头鹰插座

三国　环首铁刀

东汉　建安十年重列神兽镜

三国　将军孙鄰错金银铜弩机

西晋　青瓷蛙盂

西晋　磨花玻璃钵

［藏品保护］　该馆建有专门的文物库房，配备相应的保护设施，严格按照《藏品管理办法》的各项规定进行管理。藏品按质地分类存放，现有一级库、六朝青瓷库、字画库、明清瓷器库、陶器库、铜器库和标本库。库房内配备了必要的温、湿度计和恒温计。凡是具有历史、艺术或科学价值的一、二、三级藏品，经省级文物鉴定委员会专家组的严格鉴定，建立了珍贵文物藏品信息档案（包括纸质和电子文本），并运用藏品管理软件进行管理。藏品的保管工作做到制度健全、账目清楚、鉴定确切、编目详明。

为做好藏品的修复保护工作，专门培训组建文物修复队伍，通过传统技术和现代科技的综合应用，对一些破损藏品器物进行修复保存，2007年，取得了省文物局核定的可移动文物修复二级资质。

按照《博物馆安全保卫规定》和二级风险等级安全防护规定要求，落实完善安全保卫制度，馆内设立安全保卫科，选配专职保卫干部，坚持24小时执勤。重点要害部位安装消防设施和安全防范电子监控系统设施。

科学研究

［科研队伍］　鄂州市博物馆现聘有专业技术人员35人，其中文博专业技术人员34人。包括副研究馆员5人，馆员20人，初级9人。1996年，为弘扬发掘鄂州悠久的青铜传统文化，成立鄂州市博物馆文物复原复制研究所，复原复制古代青铜器，并进行青铜铸造工艺研究。1999年，依托文物复原复制研究所，成立了鄂州市青铜范铸研究会。

［科研设施］　近几年来，鄂州市博物馆投入大量经费添置科研设施，配备电脑16台（包括台式、手提），复印机、打印机、扫描仪等办公设备5台，各种型号的数码相机、数码摄像机11台（套）及其它工作器材等。

［科研成果］　鄂州市博物馆认真履行科学研究职

宋　白釉褐彩瓷梅瓶

责，积极开展文博专业理论研究。先后组织和参加编写了10部专著，现已出版《鄂城汉三国六朝铜镜》、《中国古代铜镜工艺技术研究》、《鄂州铜镜》、《范铸青铜》、《鄂州大学学报增刊》（青铜范铸研究会论文集）等青铜器铸造和铜镜研究专著（集）；参加编写了《鄂州文物志》和《鄂州六朝墓》等。在各类专业报刊上发表学术论文、考古发掘简报（报告）等近200篇。

根据国家文物局发布的全国重点文保单位"四有"（即保护范围、标志说明、记录档案、保管机构）工作规范（试行），2004年和2006年，编制了怡亭铭摩崖石刻和观音阁两处国保单位的“四有”档案。

宣传教育　鄂州市博物馆先后主持或参与编撰了《历代名人在鄂州》、《鄂州文物概略》（鄂州文史资料第十五辑）、《鄂州名胜古迹鉴赏》、《鄂州旅游文化丛书——吴王城》、《鄂州旅游文化丛书——葛山》等宣传鄂州文化的书籍和册子。先后协助中央电视台拍摄制作《王者之剑》、《复活的军团》、《孔方春秋》、《鄂州铜镜》、《鄂州秦剑》、《走遍中国》等专题片。配合重庆电视台等地方台拍摄制作《巴人之谜》等专题片。充分发挥爱国主义、科普教育基地的作用，每年都要组织送展下乡、送展到校、到社区、到公园等巡展活动。

交流合作

［学术交流］　鄂州市博物馆每年都要接待近百人次国内外专家学者来考察交流，先后多次与中科大、北科大、北京大学、中国钱币博物馆、中国钱币学会、湖北省考古研究所、湖北省钱币学会等科研院所合作，开展有关金属铸造模拟实验和研究项目，取得了显著的成果。先后主办和协办了3次全国性的项目鉴定和学术研讨会，主办了3次青铜范铸研讨会；约有30多人次专业人员参加国际、国内学术研讨会，交流论文30余篇。

［展览交流］　1994年以来，先后有《明代夫妻古尸特展》、《吴王孙权都城出土文物展》、《吴王帝都出土文物展》赴省内黄州、随州、荆州博物馆和湖南岳阳君山、广西桂林靖江王陵博物馆、安徽安庆市博物馆、浙江东阳市博物馆、永康市博物馆展出。先后参加过国家博物馆《中国古代科技文物展》和《全国考古新发现精品展》、参与湖北省博物馆在法国举办的《龙之声——中国钟铃艺术展》等展览，2008年，参加了由中国文物交流中心与日本东京富士美术馆、黄山美术社共同举办的《大三国志展》。

经营管理

［单位性质］　社会公益性质的国营文化事业单位

［经费来源］　地方财政全额拨款

［机构设置］　下设机构有办公室、保卫科、文物考古队、陈列保管修复部、地上文物保护部、怡亭铭观音阁庾亮楼管理处、文物复原复制研究所、吴都古肆文博物业管理中心等10个部门。成立了党支部、团支部、工会等基层组织。

［人员编制、组成］　1990年被鄂州市编委确定为正科级单位，定编24人；1992年增编2名。2003年增加自收自支编1个。至2009年底，鄂州市博物馆共有职工62人（包括11名离退休人员），在编人员22人（暂空5个编制），编外职工28人。

［观众接待］　原来年接待观众约10万人，自2008年免费开放后，年接待观众人数增至30万人次。

参观指南

［地址］　湖北省鄂州市武昌大道西段1栋222－4号

［邮编］　436000

［电话］　0711-3223467

［电子邮箱］　ezbwg@163.com

［网址］　www.ezbwg.com

［开放时间］　9:00－17:00（周一闭馆，法定节假日除外）。

［票价］　免费

（撰文：何建萍、方文）

崇阳县博物馆

Chongyang County Museum

概述

类型　地方综合性博物馆

隶属关系　隶属于崇阳县文化体育局

创建时间　1986年

所在位置　位于崇阳县天城镇民主路43号

面积　40平方米

布局　主体建筑为文化馆临街四层楼平房，其中在第三层分二间房屋作为博物馆临时办公和文物库房，办公室20平方米，文物库房20平方米。

建筑特点　1982年崇阳县在县城闹市中建成了占地面积约800平方米的水泥框架式结构的四层平顶房，系文化馆办公及开展群众文化活动的场所。

历史沿革　1976年县文化馆内设文物组，配专职文博干部1人。1979年湖北省革命委员会下发《关于修建崇阳县革命历史展览馆的批复》同意修建博物馆。1985年全国人大常委会副主任王任重来县视察时为崇阳县革命历史展览馆题字。1986年经县编制委员会批准，正式成立了崇阳县博物馆，办公地点设在县文化馆三楼。1987年博物馆由1人增至2人，1989年增至3人，2002年增至4人。全馆至今共有四人担负着全县文物征集、收藏、保护、管理、研究及宣传教育工作。

历任馆长　刘三保（1976－1986　负责人）；刘三保（1986－1990　副馆长主持工作）；刘三保（1990－2003）；徐春芳（2003至今）。

业务活动

专题陈列　该馆从1977年至2000年借用文化馆的展厅或举办流动性专题展览共达10多次，取得了较好的社会效益。如1977年举办的《出土商代铜鼓展》和《革命传统教育展》、1981年举办的《纪念建党六十周年革命文物展》、1985年举办的《崇阳县部分出土文物精品展》、1987年举办的《纪念建军六十周年革命文物展》、1992年举办的《崇阳县部分革命文物展》、1995年举办的《纪念抗日胜利五十周年展》、1998年纪念香港、澳门回归的《神州百年展》等。

藏品管理

［藏品来源］　主要通过征集、考古发掘、上缴、捐献、收购等途径取得。现有的文物藏品中，绝大多数为考古发掘的出土文物，以陶瓷器、玉器为主。

［藏品类别］　文物藏品分为传世文物、出土文物和革命文物以及工艺品四大类。其类别有石器、陶瓷器、铜器、铁器、木雕、石刻、银器、玉器、古书、钱币等。

［藏品统计］　截至2009年底，从新石器时代至民国各时期文物藏品总数为2750件。其中各类藏品数为出土文物和传世文物2470件，革命文物152件，工艺品128件。国家一级文物2件，二级文物7件，三级文物37件。

［重要藏品］　西周甬钟、战国青铜剑、东汉神兽铭文镜、宋代钧窑瓷枕、宋代送葬皈依瓶、南宋莲花瓷碗、宋宝祐二年陶枕、元代银碟、明代汪震龙墓志、明代水晶带钩、清代青花凤纹将军罐。

［藏品保护］　该馆建有专门的文物库房和配备相应的保护设施，严格按照《藏品管理办法》的各项规定进行管理。凡是具有历史、艺术或科学价值的一、二、三级藏品，经省级文物鉴定委员会专家组的严格鉴定，均建立文物藏品纸质档案和电子文本；藏品的保管工作做到制度健全、帐目清楚、鉴定确切、编目详明；运用传统方法对一些破损藏品器物进行修复保存；库房安装有报警器、红外线摄像头及消防器材等安防设备，并安排干部职工坚持24小时轮流值班。

西周　甬钟

东汉　神兽铭文镜

考古发掘 1984年7月由湖北省考古所及咸宁市博物馆组成联合工作队对崇阳沙坪镇太平冲春秋战国时期古墓葬群进行发掘，共发掘春秋战国至汉代墓葬26座，出土文物60余件；1985年6月由湖北省博物馆研究员陈贤一为领队对白泉商周至春秋时期古文化遗址进行科学发掘；2000年由省考古所副研究员付楚平为领队对团头嘴商周遗址进行试掘；2004年配合咸宁博物馆对崇阳县鹿门22万伏变电站用地进行考古发掘；2007年配合咸宁市博物馆时杭瑞高速公路崇阳段进行考古发掘；2008年配合湖北省考古所对崇阳县沙坪镇代家窝新石器时代遗址进行科学发掘。

科学研究

［科研队伍］ 馆员2人，助理馆员1人。

［科研设施］ 因经济条件制约，科研设施落后，办公条件简陋。近年来随着经济的快速发展，开展博物馆业务工作的必要设施得到更新充实，办公条件得到一定改善，现已配备电脑3台（包括台式、手提），打印机一台，各种型号的数码相机2台及其它工作器材等。目前崇阳县博物馆正进行新馆选址筹建的各项准备工作。

宋　钧窑瓷枕

宋　送葬皈依瓶

［科研成果］ 1977年崇阳县出土了震惊考古界的商代铜鼓，该馆在该年的《文物》杂志撰文论述；1997年该馆刘三保在1997年第1期《江汉考古》发表论文《崇阳县出土的一件西周铜甬钟》；1998年在《江汉考古》杂志上发表论文《崇阳县大莲山出土两件西周甬钟》；2008年该馆在中国文物报上发表题为《崇阳发现一处保存完好的清代官堰》的文章。

交流合作 博物馆是一个服务于社会的文明窗口，开展交流合作是一项基本的业务活动。如配合县纪委举办“反腐倡廉”巡回展览；2006年为支持《8+1武汉城市圈文化精品展》，崇阳县提供了十余件珍贵文物送展，取得了较好的社会效益。

经营管理

［单位性质］ 社会公益性质的国营文化事业单位

［经费来源］ 地方财政（县级）全额拨款

［机构设置］ 设有办公室、文保业务室。

［人员编制］ 全馆现有专业技术人员3人，其中文博专业技术人员2人。

参观指南

［地址］ 崇阳县天城镇民主路43号

［邮编］ 437500

［电话］ 0715-3393977

［开放时间］ 8:30－16:30

［票价］ 免费

（撰文：崇阳县博物馆）

麻城市革命博物馆

Macheng Revolutionary Museum

概述

类型 社会科学类历史专题博物馆

隶属关系 隶属于麻城市文化局

创建时间 1975年5月

所在位置 位于麻城市陵园路将军广场南侧，西邻烈士陵园，北与中共麻城县委旧址——麻城孔庙相对。

面积 占地面积5000平方米、建筑面积4200平方米

布局 主体建筑坐南朝北，共四层。集办公区、文

麻城市革命博物馆

物库房、展厅和文物修复整理室于一体，相互之间可以贯通。第一层为办公室、阅览室、档案室和文物库房，二、三层为基本陈列和专题陈列展厅，四层为流动展厅和文物修复整理室。观众接待中心和监控室分别置于展厅大门东、西两侧。

建筑特点　2004年9月－2005年12月，麻城市实施博物馆迁建工程，在将军广场南侧建成了四层钢混框架结构仿汉城楼风格的博物馆大楼。新馆大楼占地面积5000平方米，建筑面积4200平方米，其中展厅面积2000余平方米，文物库房面积400平方米，其余为办公室、经营店和通用场所等。平面呈长方形，正面设台阶和回廊，台阶和回廊周边镶嵌有花岗岩浮雕栏杆。方顶，中间设卷顶钢架弧形玻璃天井，四周坡面覆海兰色玻纤瓦。入馆大门便是长方形大厅，正面墙壁为《麻秋筑城》巨幅汉白玉浮雕。展厅平面作“凹”字形，第三、四层展厅外沿天井边缘四周设有内廊与左右楼梯相连。

历史沿革　中华人民共和国成立初期，麻城县的文物工作由县文化馆负责。1975年3月，麻城县革命委员会决定在县文化馆和县民政局抽调人员成立麻城县革命历史文物征集办公室，负责征集黄麻起义文物资料兼管全县文物工作。办公室设在麻城鼓楼，与县文化馆合署办公，业务工作由县革命委员会直管。1977年春该办公室迁至麻城师范学校，更名为麻城县革命历史文物纪念馆，隶属麻城县文教局。1979年11月原全国政协副主席陈再道和原武汉军区司令员王必成等分别回家乡视察，参观了麻城县革命历史文物纪念馆和《黄麻起义文物陈列》。

1979年12月湖北省人民政府批准成立麻城县革命博物馆。1980年在麻城烈士陵园内造址兴建馆舍。1981年成立麻城县文化局后，麻城县革命博物馆隶属县文化局。1982年11月13日——纪念黄麻起义55周年之际，麻城县革命博物馆正式落成并对观众开放。1984年1月原国家主席李先念题写馆名。1986年麻城撤县建市后，该馆改为麻城市革命博物馆。随着社会的发展，麻城市革命博物馆的业务工作面不断得到拓宽，由单一性的革命博物馆转为地方综合性博物馆。但由于原馆舍建在市烈士陵园内，发展空间狭小，二十多年来办公室、展厅、文物库房和安全值班室均拥挤在不足1000平方米的馆舍内，条件十分简陋，其功能和作用难以发挥。2003年5月麻城市委市政府决定迁建市革命博物馆于麻城将军广场南侧。迁建工程于2004年9月16日启动，2005年底竣工。2006年至2007年筹展，2008年春免费对外开放。

历任馆长　何正勇（1981.1－1984.3）；白开基（1984.3－1993.9）；吴长斌（1993.9－1995.10）；白开基（1995.11－1996.2）；徐志乐（1996.3至今）。

业务活动

基本陈列　《黄麻起义文物陈列》，1979年面向广大观众开放，展出文物80余件，展陈面积200平方米。《麻城革命斗争史陈列》于1982年11月13日在原馆舍落成开馆展出，展出文物200余件，展陈面积500平方米。由于该陈列展出多年，展版陈旧形式落后，1997年10月又投资20多万元对其进行提升改造，至2003年7月因迁建馆舍关闭撤展。

《追寻历史探索文化》——麻城历史与文物陈列，陈列展出麻城各时期文物（标本）1000余件，展陈面积1500平方米，于2008年4月新馆落成对观众实行免费开放。麻城市革命博物馆是湖北省首批对观众免费开放的博物馆之一。

专题陈列　1975年12月至2002年5月，先后举办了《周恩来总理视察麻城》、《黄麻起义》、《麻城籍将军事迹展》、《馆藏古字画》、《毛泽东在湖北》、《麻城楚墓出

展厅一隅

1955年授衔时配发丁宪法的上校礼服

土文物》、《胜利属于人民》、《人民公仆——孔繁森》和《香港百年》等各种临时和专题展览30多个。在社会上影响深远，省、市电视台和报社等新闻媒体多次报道，如2000年至2001年为做好全市未成年人的教育工作举办的《校园警示录》和《麻城革命史》流动展览，送到全市各乡镇中、小学巡回展出，为期一年，接待观众10多万人次。

《我们的红军》——丁氏红军三兄弟文物陈列。展出文物106件，展陈面积90平方米。于2009年9月28日庆祝中华人民共和国六十华诞暨纪念麻城籍开国将军丁先国少将诞辰百年之际对观众展出。

藏品管理

［藏品来源］　主要通过征集、捐赠、移交、考古发掘和收购等途径取得。现有的文物藏品中，绝大多数是捐赠的革命文物、民间征集的传世文物和考古发掘的出土文物。质地以陶瓷器为主，金属次之。

［藏品类别］　文物藏品从时代上划分为历史文物和近现代文物两大类。历史文物分为陶瓷、石器、竹木、骨器、金属、玉器、书画、碑刻等。近现代文物分为公文证件、报纸书刊、枪支刀矛、货币票据、标语印章和工具器皿，还有珍贵的古生物化石标本。

［藏品统计］　截至2009年12月底，从新石器时代至建国初各时期文物藏品总数为10200件，其中近现代文物3200件、历史文物7000件，国家一级文物9件、二级文物67件、三级文物215件。

丁先国荣获的“一级八一勋章”

丁先国获得朝鲜民主主义共和国“国旗勋章”

丁先国获得朝鲜民主主义共和国“解放勋章”

抗战时期丁宪法使用缴获的日军望远镜

［重要藏品］ 新石器单音孔灰陶埙，唐代绞胎杯，北宋麒麟纹白瓷枕，春秋战国时期铜鼎、铜矛，清代翠玉如意，民国牙雕八仙，1927年湖北省农民协会第一次代表大会通过的宣传大纲，1927年麻城农民自卫军使用的三条半枪，1928年工农革命军第七军树刻标语，土地革命时期红四方面军在苏家埠战役中缴获的高、平射两用机枪，王树声大将在第三次国内革命战争时期用过的文具，喻新华将军在反“围剿”中使用过的撇把枪和黄麻起义用过的刀矛。

［藏品保护］ 建有专门的文物库房和配备相应的保护设施，成立了文物藏品保管部和文物藏品安全保卫科，

战国　铜鼎

北宋　麒麟纹白瓷枕

清　翠玉如意

汉　“长生未央”陶砚

新石器时代　单音孔灰陶埙

民国　牙雕八仙

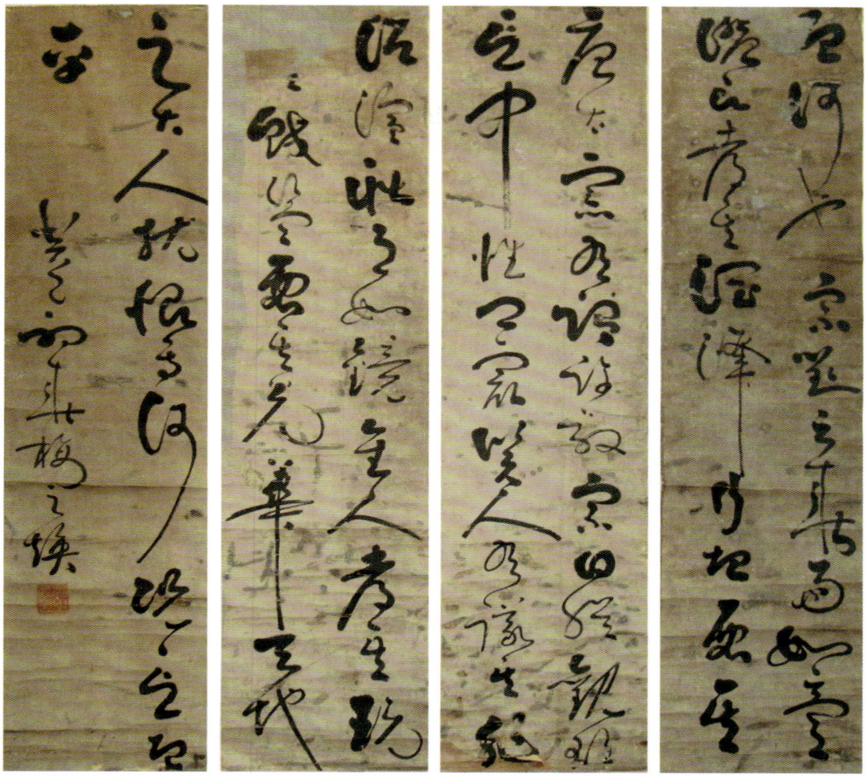

明　梅之焕草书通屏

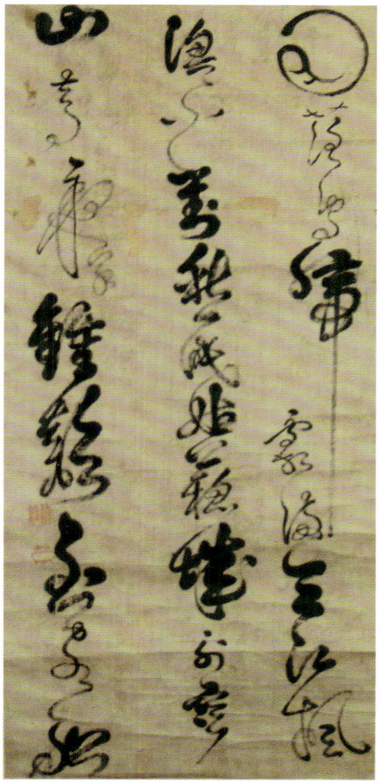

明　解缙草书立轴

麻城农民自卫军使用的三条半枪

红四方面军在苏家埠战役中缴获的高、平射两用机枪和麦克辛机枪

严格按照《博物馆藏品管理办法》规定进行管理。

保管部负责做好文物藏品分类、整理、编目、建卡和日常维护保养工作。对文物藏品实行分类存放。一级藏品和珍贵文物入保险柜存放。建立了文物库房工作日志和安全巡查日志。藏品管理工作制度健全、账目清楚、鉴定确切、编目详明。目前已建立一、二、三级藏品电子档案。近年来，文物库房办公室条件逐渐得到改善，安防消防设备不断更新，安全保卫制度全面落实，专职保卫干部坚持24小时值班。

考古发掘 考古发掘工作从80年代初开始，考古专业技术人员从无到有，队伍不断壮大。三十年来，麻城市革命博物馆配合中国社会科学院考古研究所和湖北省考古研究所、北京大学、武汉大学等有关单位和大专院校开展学术研究，在农田、水利基本建设和老城区改造以及京九铁路、大广北高速公路、沪蓉高速铁路、合武高速公路、大别山火电厂等国家重大建设项目中进行了上百次的考古调查和发掘，先后发掘了麻城宋埠白骨墩楚墓、铁门红山咀汉墓群、栗山岗新石器时代遗址、宋埠红梅山东周墓群、桃园岗西周遗址城、金罗家西周城址、吊尖新石器时代遗址、麻城老城区北宋钱窖、阎家河喻家楼西周城址等文物点100多处，出土文物3000余件。

2009年1月－12月开展第三次全国文物普查田野调查工作，新发现不可移动文物点1551处。目前麻城市共有不可移动文物点1718处。

科学研究

［科学队伍］ 文博副研究馆员3人，馆员6人，初级助理馆员15人。

［科研设施］ 麻城市革命博物馆因经济条件制约，科研设施比较落后。近几年随着各项业务工作的开展，办公条件才有所改善，现配备有电脑4台，各种型号的数码相机4台（套），打字复印机2台（套）及其它工作器材等。

［科研成果］ 麻城市革命博物馆始终注重地方历史、馆藏文物和文博专业理论的探讨和研究。主要成果有《麻城革命斗争史》（1975年与武汉大学历史系合编）、《麻城文物普查资料汇编》（1986年）、《麻城籍将军名录》（1990年3月）、《中国文物地图集》（2002年国家文物局主编·麻城部分）。除此，在《文物》、《考古》、《文物工作》、《江汉考古》和《中国文物报》等国家和省级刊物上发表《麻城市博物馆馆藏青铜器》、《京九铁路沿线几处新石器时代遗址》、《麻城胡家畈北宋墓》、《麻城吴益山出土的青铜器》、《曾衍东诗画条屏赏析》、《麻城北宋钱窖》、《谈博物馆的市场意识》、《陈列讲解的美育渗透》、《革命歌谣保护利用的实践与思考》等论文简报30多篇。2007年编写的馆藏珍贵文物档案资料，得到了上级主管部门的肯定和推广。

经营管理

［单位性质］ 社会公益性质的国营文化事业单位

［经费来源］ 地方财政（县级）全额拨款

［机构设置］ 设有办公室、财务室、考古部、群工部、保管部和保卫科。2009年3月，成立了全国重点文物保护单位麻城市柏子塔文物管理所、中央农民运动讲习所学生军指挥部旧址——乘马岗会馆文物管理所和中共麻城县委旧址——麻城孔庙文物管理所，文物管理所的日常业务工作和人员均由市博物馆派员统一安排、管理。

［人员编制］ 核定人员编制数20人，现有干部职工35人，在职人员33人，退休2人，有编人员22人（其中退休2人），无编人员13人，全馆现有专业技术人员24人，其中文博专业技术人员20人。

［观众接待］ 年接待观众人数20万人次

参观指南

［地址］ 麻城市陵园路48号（将军广场南侧）

［邮编］ 438300

［电话］ 0713-2912827（传真）

［电子邮箱］ mcsbwg@163.com

［开放时间］ 8:30－16:30

［票价］ 免费

（撰文：徐志乐）

随州博物馆

Suizhou Museum

概述

类型 地方综合性博物馆

隶属关系 隶属于随州市文化体育新闻出版局

创建时间 1978年10月

开放时间 1983年5月

所在位置 坐落于西北郊擂鼓墩古墓群保护区的东缘，濒临细流潺潺的水河，依山傍水，环境优美。

面积 占地面积118亩、建筑面积11000平方米

建筑、布局 楚汉宫殿式，为一主两翼呈“品”字

随州博物馆全景

形结构，采用楚国建筑"一殿"、"多台"组成的风格，外形主要体现"楚城"和"编钟"特色，是一座集陈列布展、文物保管、考古科研、办公、演艺与休闲于一体的综合性建筑。博物馆背靠擂鼓墩，设计主体为一个主馆和两个副馆，沿着高台拾阶而上进入序厅，左边为导讲室，右边为贵宾接待室。再往里进入主馆中庭大堂，正中央圆台是游客服务中心，大堂两侧分别为两个展厅，顺大堂旋转楼梯上去，便是三个展厅。参观结束后由大堂后门进入后庭，后庭是购物、饮食、休闲中心，其两翼分别为办公区、考古整理间、文物库房区和学术报告厅。主馆两侧北附馆为编钟乐舞演艺厅，南附馆为临时展厅。

历史沿革　随州博物馆创建于1978年10月，在此之前随州文物工作由随县文化馆代为管理。建馆之初，馆址设在原城郊公社粮站内，占地10亩，砖瓦房12000平方米，馆藏文物仅有随县文化馆移交的几十件收集品，1983年举办了简易的陈列展览对外开放。1990年迁至随州宾馆院内，为两层四合院式仿古建筑，建筑面积2200平方米。2008年12月迁至现址。

历任馆长　王世振（1978.10—1979.9　副馆长主持工作）；梁燕山（1979.10—1986.2）；樊友三（1986.3—1987.2）；张斌（1987.3—1990.2）；黄诗箴（1990.3—1992.10）；左德田（1992.11—1993.4　副馆长主持工作）；田涛（1993.5—1994.4　副馆长主持工作）；黄诗箴（1994.5—1995.4）；左德田（1995.5—1995.12　副馆长主持工作）；黄建勋（1996.1至今）。

业务活动

基本陈列　《随州出土文物展览》1983年5月面向大众开放，展出文物128件，陈列面积500平方米。《随州出土兵器展》、《随州出土音乐文物展》、《随州名人名家咏编钟书画展》1991年3月全面对外开放，展出藏品数为291件，陈列面积1200平方米。《汉东大国》于2008年12月8日在新馆正式免费对外开放，陈列面积5000平方米，展出出土文物共728件（套）。其中青铜器386件，陶器165件，金、银器16件，玉器47件，漆木、竹器75件，石器29件，角器2件，铁器1件，骨器1件，铅锡器5件，皮革器1件。

《汉东大国》内容包括有：《炎帝神农故里》随县厉山是炎帝神农的诞生地，炎帝与黄帝早已成为华夏始祖。展览是以随枣走廊地区新石器时代后期的考古资料为基础，结合其他相关文献，充分展示了炎帝神农的卓越贡献；《曾国迷踪》文献记载的随国与同地域出土曾国铜器是何种关系，已成为许多考古学家和历史学家讨论

1

2

3

4

1～4、展厅一角

的热点，本展览通过历年出土的曾（随）国铜器的展示，给观众透露一些历史信息让其走出迷雾；《曾侯乙墓》该墓出土文物多达15404件，其中国家一级文物就有143件（套），而且有9件（套）已列为国宝级文物，被评为“中国20世纪十大考古发现”；《擂鼓墩二号墓》该墓出土的36件编钟等珍贵文物是继曾侯乙墓之后的又一重大考古发现，此展厅全面真实地展现了当年考古发掘的场景；《汉风唐韵》秦以后随州地方经济发展迅猛，特别是庄园经济相当发达，这一展厅中展出的文物，从侧面展示了随州地区在汉唐时期的政治、经济、文化发展状况。

编钟乐舞　随州博物馆编钟乐团依据曾侯乙墓出土的全套战国古乐器，以编钟、编磬为代表的金石合鸣，与瑟、鼓、篪、排箫、笙、埙等配器，充分利用现代化的声、光、电技术，将2400年前宫廷乐舞盛况再现于观众面前。

专题陈列　该馆自1983年5月至今先后举办过20多次临时专题展览。具有代表性的展览有《预防青少年犯罪展览》、《随州公安局追缴文物展》、《随州科学发展观成就展》、《海峡两岸百名书画家瓷画展》等，这些专题展览意义重大，影响深远。

藏品管理

［藏品来源］　以考古发掘出土文物为主体，约占总藏品量的90%，兼以征集、上缴（交）、捐赠、收购等途径取得。以青铜器居多。

［藏品统计］　总计6524件。一级文物37件（套），二级文物218件（套），三级文物365件（套）；就类别而言，计有青铜器1125件（套），陶器2560件，漆木竹器549件，骨器1826件，金银器51件，玉器76件，石器96件，另有恐龙蛋化石75枚，近现代书画166幅，是一座丰富的文物宝库。

［重要藏品］　西周兽面扉棱尊、西周扉棱提梁卣、西周噩侯方彝、西周噩侯罍、西周双人纹盉、西周兽面纹甗、西周兽面纹鼎、西周噩中方盖鼎、西周四耳方座簋、西周起右盘、西周凤鸟扉棱镈、春秋陈公子仲庆簠、春秋曾仲姬提链壶、战国九鼎八簋、战国菱形勾连云纹敦、战国神人操蛇兽面纹甬钟、战国半两石范、秦背带纹量壶、西汉《日书》竹简。

［藏品保护］　该馆设有专门的文物库房及相应的电子监控设施。凡是具有历史、艺术或科学价值的一、二、三级藏品，经省文物鉴定委员会专家鉴定后，均建有文物藏品档案和电子文本；藏品的保管工作做到制度健全、账目清楚。该馆藏品的特点是先秦时期的青铜器居多，精美绝伦，而且多有铭文，是研究地方史不可多得的珍贵资料。近十年来，对残破的青铜器分期分批进行修复，对染上有害锈的青铜器进行除锈保护，对漆木器和简牍进行脱水保护，对珍贵的错金铁器进行加固保护。并计划在“十二五”期间申请建立文物保护中心。

西汉《日书》竹简

考古发掘　该馆考古发掘工作始于70年代末，考古工作者自1978年参加发掘战国早期曾侯乙墓开始，至2009年底止，在农田改造、房屋建设、水利工程、交通建设等工程中，通过考古调查、工程举报等形式，经过30多年百余次的考古发掘工作，出土了大量珍贵文物，为随州的历史研究提供了弥足珍贵的实物资料。

科学研究

［科研队伍］　副研究员2人，馆员26人，助理馆员22人。

［科研设施］　随州市博物馆老馆因经济条件制约，科研设施落后，办公条件简陋。自2008年12月8日新馆落成后，在市委市政府及各级领导的重视之下，博物馆业务工作的必要设施得到全面更新，办公条件得到明显的改善，

现已配备电脑22台/套（包括台式、手提），复印机、打印机各1台，程控交换电话机一套（30门），数码相机5台（套）及其它工作器材。

交流合作　1984年11月，赴香港中国文物展览馆展出；1990年8月，赴北京故宫博物院参加《中国文物精华展》；1995年5月至1997年5月，先后赴德国埃森、慕尼黑、英国伦敦、瑞士苏黎世和丹麦哥本哈根展出；1999年3月12日至6月13日，赴日本大阪府万博公园美术馆内参加《中国历代王朝2200展览》；1999年9月6日，参加法国巴黎联合国教科文组织总部公约厅举行的“99巴黎文化周”活动；2000年11月，赴法国巴黎参加《中国钟铃艺术展》；2002年10月，赴广东东莞博物馆展览；2003年10月26日，赴广东东莞展览馆展览；2004年3月8日，赴日本参加《中国历代王朝展》；2004年9月26日，赴广东省博物馆参加《荆楚辉煌》馆际文物交流展；2008年8月参加2008北京奥运会重大文化活动《奇迹天工——中国古代发明创造文物展》；2009年4月参加湖南省博物馆举办的《凤舞九天——楚文物特展》；2009年9月参加北京大钟寺古钟博物馆举办的《礼乐重器　国之瑰宝——豫·晋·鄂三省出土青铜编钟选展》，为新中国成立60周年献礼；2009年10月参加东莞鸦片战争博物馆举办的《中国古代冷兵器展》。

科研成果　建馆以来，该馆科研人员在《考古》、《文物》、《江汉考古》等刊物上发表学术论文70余篇，并出版《西花园与庙台子》、《随州孔家坡汉墓简牍》、《随州擂鼓墩二号墓》和《随州出土文物精粹》等专著。

经营管理

[单位性质]　社会公益性国营文化事业单位

[经济来源]　地方财政全额拨款

[机构设置]　设有办公室、财务科、保卫科、宣教部、保管部、考古队、文化产业部、游客服务中心、编钟乐团及后勤部。

[人员编制]　30人

[观众接待]　2009年观众人数近90万人次

参观指南

[地址]　湖北省随州市擂鼓墩大道98号

[邮编]　441300

[电话]　0722-3810518（传真）

[电子邮箱]　szbwg.good@163.com

[开放时间]　9:00－16:00（星期一闭馆）

[票价]　免费

（撰文：随州市博物馆）

董必武纪念馆

Dong Biwu Memorial Hall

概述

类型　社会科学类名人专题纪念馆

隶属关系　1985年至2005年6月隶属红安县文物局；2005年7月至今隶属黄麻起义和鄂豫皖苏区革命烈士陵园管理处。

筹建时间　1985年4月5日

开放时间　1986年3月5日

所在位置　位于湖北省红安县黄麻起义和鄂豫皖苏区革命烈士陵园内

董必武纪念馆

面积　占地面积5100平方米、建筑面积2370平方米

布局　位于黄麻起义和鄂豫皖苏区革命烈士陵园内历史纪念馆与红安将军馆之间后半山腰，依山势而建。分正、东两院，三个展厅，一个多功能报告厅。走进董必武纪念馆，首先要登上45级台阶，迎面抬头可见正面门楼匾额上徐向前元帅题写的“董必武纪念馆”六个鎏金大字，门楼采用木板铜钉的仿古门，有三个门框。从正门进入，便是纪念馆的正院，院子中央安放着董必武半身铜像；基座上“董必武纪念像”六字由邓小平题写；基座的后面是董必武和夫人何连芝的骨灰合葬墓，2000年10月6日（农历重阳节），董必武和夫人何连芝的骨灰安放在纪念馆内，实现了他们生前的愿望，也为人们提供了学习和瞻仰的良好场所。墓后是一道15米长，6米高的屏风，上面镌刻着著名书法家启功书写的“董必武同志生平”；正院的东面有一侧院，环绕正、东两院建有三个大展厅和一个多功能报告厅。

进入纪念馆序厅，迎面看到的是大幅万里长城油画，以恢弘的气势、强烈的民族凝聚感，表达了董老热爱祖国、热爱人民的浩瀚胸怀。第一展厅主要介绍的是董必武青少年时期的学习生活，辛亥革命失败后他东渡日本的内容。第二展厅主要介绍的是董必武参加创建中国共产党，站在抗日民族统一战线的前卫地位，出席联合国制宪会议的内容。第三展厅主要介绍的是董必武为新中国的政权建设和法制建设做出的突出贡献，以及他的崇高思想品德。

建筑特点 纪念馆的建筑设计与所纪念人物的身份、历史地位、革命功绩有着密不可分的关系。为了纪念董必武这位伟大的马克思主义者、无产阶级革命家、中国共产党的创始人、新中国的法制奠基人为中国人民的解放事业和社会主义建设事业所做的贡献，在建筑设计上保持了传统的民族风格，使得其古朴典雅、庄重大气，与董必武的人格气质相匹配。

根据不同时期和不同的历史事件，每个展厅的面积大小、展线长短都有所不同。因此，在传统的对称格式中又有不对称的变化。纪念馆为中国庭院式结构，是具有民族风格的仿古建筑，错落有致，古朴庄重，与陵园整体风格一致。环绕庭院建有三个展览陈列室，三室之间由上、下台阶连结，观众可两次休息放松，布局合理。展厅与庭院地面、踏步与护栏全部用花岗岩石砌成。

历史沿革 董必武（1886－1975），湖北红安人，一生经历了清末、北洋军阀割据、国民党统治和新中国不同的时期，在不断的革命斗争中，由一位清末秀才转变为一位革命的民主主义者，又由一位革命的民主主义者转变为一位坚定的共产主义战士。新中国成立后，董必武历任政务院副总理，最高人民法院院长，中华人民共和国副主席、代主席，全国人大委员会委员长等职，是我国老一辈党和国家主要领导人之一。

董必武纪念馆是根据中共中央《关于加强爱国主义宣传教育的意见》和有关指示精神而建的。1984年6月7日，中共红安县委采纳县文化局的建议，向黄冈地委并湖北省委呈送了《关于建立董必武纪念馆的请示报告》。8月4日，黄冈地委向省委、省人民政府转呈红安县委的请示报告。8月20日，湖北省委向中央转呈了红安县委的请示报告。中央宣传部于9月4日以中宣发函[84]189号文作了回复，复文如下：“湖北省委办公厅：你厅8月20日《关于在红安县建立董必武纪念馆的请示报告》，已由中央办公厅转给我部，同意你们的意见，在红安县建立董必武纪念馆，作为缅怀先辈，教育来者的活动阵地。”9月13日，省委办公厅复函并指示红安县委与有关部门和单位联系，着手进行建馆工作。1984年9月13日，红安县委收到中央批文后，县委多次赴黄州、武汉为建馆筹集资金。董必武生前好友潘怡如之子潘知（时任黄冈地区副专员，后任黄冈地委副书记）也多次到武汉、北京筹集建馆资金。王任重写信给民政部部长崔乃夫：“关于在红安建立董老纪念馆的问题，因经费不足难以如期建成。今由黄冈地区副专员潘知同志前去向你请示，望协助解决。”1985年4月，潘知为建馆筹资30万元。

董必武纪念铜像

1985年4月5日，董必武纪念馆破土奠基，县委成立了筹建领导小组，定专人挂帅，县文化局具体负责基建和筹建工作。5月18日，中宣部向中央书记处提交了关于《朱德、董必武、林伯渠、贺龙、王稼祥、李维汉诞辰纪念问题的请示报告》。报告中说：“考虑到董必武、林伯渠同志在建党和第一次国共合作时期，以及在整个党史、中国近代史上的贡献和影响，在他们100周年诞辰时应组织适当规模的纪念活动。”根据这一精神，县筹建领导小组决定，在董老诞辰100周年前，建成董必武纪念馆。

县城建局负责展馆设计和室内灯光设计。两项设计方案经中南设计院等单位专家评审后，县筹建领导小组批准动工兴建。从7月中旬开始，县城建部门主要领导深入工地调兵遣将，抓工程进度和质量，施工队伍日夜加点，得到县委领导表扬。

11日，纪念馆门楼、第一展厅、第二展厅（主厅）、接待室建成但未装修，原筹集的30万元已经用完，第三、第四两个展厅只下了基脚，面临停工。省委立即派省财政厅计财处处长来工地了解情况，增拨50万元资金（含筹展经费20万元）。建馆各项工作得以顺利进行。

12月至1986年元月，天寒地冻，给施工带来困难，为确保如期建成，施工人员土法上马，烧木炭提高室内温度，抢进度，保质量，2月15日主体工程竣工。3月5日开馆。

在开放的二十年间，2002年5月，董必武纪念馆进行了一次大规模维修。这次维修包括基础建筑和陈列布展。7月由董必武纪念馆馆长戴剑华将县文物局编制的《董必武纪念馆陈列修改预算方案》交董老长子董良羽呈送中共中央政治局委员、湖北省委书记俞正声。2003年1月8日，俞正声在预算方案上批示："清泉（时任湖北省省长）同志：董老长子董良羽同志去年七、八月份给我此件，因当时年度计划已定，我一直放在案头。请批转有关部门本着节俭的原则，对董老纪念馆维修予以支持。"1月9日，省长罗清泉批转常务副省长周坚卫，批示在当年的计划中安排。接着，省发改委多次对维修工程改造费用和陈列布展等项目进行论证。3月，省财政拨款369万元，其中房屋维修改造资金205万元，陈列布展资金164万元。

4月8日闭馆维修。8月13日，中共中央政治局委员、湖北省委书记俞正声在省委组织部长宋育英、省民政厅长傅德辉及市、县领导陪同下来董必武纪念馆维修改造工地视察，提出了指导意见。9月18日，维修改造工程竣工并验收。

2002年3月，县文物局已开始陈列方案的准备工作。6月10－15日，在北京举行了董必武纪念馆陈列方案审稿会。邀请到牛立志（曾任董老秘书）、中央文献研究室聂菊荪、杨瑞广、李惠斌研究人员、董老的子女等参加了会议。2005年，县委又请国家博物馆研究员夏传鑫、中央文献研究室副研究员李惠斌、湖北省党史研究室研究员胡传章来县，对陈列方案进行审查、修改和完善。

经过公开招标后，7月11日中标单位进馆开始布展制作。2006年2月底，布展结束。3月5日在董必武诞辰120周年之际重新开馆。6月3日，省文化厅博物馆处处长、武汉市博物馆馆长、"八·七"会址纪念馆馆长等来馆验收陈列布展工程。7月3日，中央政治局委员、湖北省委书记俞正声视察董必武纪念馆，满意地说，陈列布展"花钱不多，变化很大"。

历任馆长　夏先友（1986－1990）；陈建明（1990－1991）；孟晓慧（1991－1995）；戴剑华（1995－2006）；戴新平（2006至今）。

业务活动

基本陈列　序厅　以董必武座像为主体，以万里长城的油画为背景，左面墙壁上为前言和4张照片，照片按照时间的先后顺序展出了董必武曾经战斗过的重要地方，右面则是由玻璃板制作的隔墙，上面镶嵌着董必武亲笔题写的两首诗词，一首为《病中见窗外竹感赋》："竹叶青青不肯黄，枝条楚楚耐严霜。昭苏万物春风里，更有笋尖出土忙"，另一首为《车过嘉兴南湖有感》："革命声传画舫中，诞生共

序厅

党导工农，重来正值清明节，烟雨迷濛访旧踪"。在序厅的左角处设有一台触摸屏，用电子的方式，直观地介绍了董必武纪念馆的展览内容和形式，高度概括了董必武一生中各个重要历史时期的主要贡献及任职情况。

第一单元　革心荁面　探求救国救民道路（共分两个组，第一组：勤学少年　清末秀才。第二组：投身辛亥革命　开展反袁护法斗争。）

1886年3月5日（清光绪十二年正月三十日），董必武诞生在湖北省黄安（今红安）县城一户清贫的教书先生家庭。5岁入私塾，17岁中秀才。因愤恨封建官衙的暴戾，遂放弃乡试，转投新学。1905年入湖北省文普通中学前后，开始探求救国救民道路，接受了孙中山的民主革命思想。1911年，积极投身推翻清王朝统治的辛亥革命。从此以革命为职志，成长为民主革命战士，先后加入中国同盟会和中华革命党，并两次东渡日本攻读法律，坚持开展反袁护法斗争，参与领导鄂西护法军事运动，迭败迭起，愈挫愈奋。

第二单元　坚信马列　参与创建中国共产党（共分个三组，第一组：接受马列主义　组建湖北共产党组织。第二组：出席中国共产党第一次全国代表大会。第三组：发展中共组织开展工农运动。）

经历五四运动洗礼的董必武，不断总结旧民主主义革命的经验教训，开始接受马克思列宁主义，决心走俄国十月革命的道路。1920年8月，以他创办的武汉中学为基地，发起建立武汉共产主义小组。1921年，同陈潭秋一道出席中国共产党第一次全国代表大会，参与创建中国共产党。在指导反军阀统治的鄂西军事工作结束后，即致力于扩大中共组织和开展工农运动，使革命力量由学校、城市逐渐发展到工矿和农村，为即将到来的大革命在湖北奠定了初步基础。

第三单元　分清敌友　促进第一次国共合作（共分三个组，第一组：组建和领导湖北国民党组织。第二组：策

应北伐战争。第三组：领导湖北全省国民运动。）

二·七惨案的发生，使董必武更加深刻认识到广泛唤起民众的重要。1924年第一次国共合作实现后，根据中共中央指示，经国民党中央同意，他以国民党老党员的身份主持筹建湖北省国民党组织。在国民党二大上他当选为候补中央执行委员后，被派驻鄂指导国民党党务。他坚持共产党员站在中心地位的原则，领导国民党湖北省党部和湖北省政府，分清敌友，加强国共合作，将国共两党组织发展至全省大多数市县，推动以工农为主体的国民运动日益高涨，开展迎接北伐的策应工作，为北伐战争的胜利进军，为武汉成为大革命的中心做出了重大贡献。

第四单元　武装工农　投身土地革命洪流（共分三个组，第一组：发动工农武装起义。第二组：从莫斯科回国　进入中央革命根据地。第三组：长征到达陕北。）

在1927年面临大革命失败的危急关头，董必武明确提出“凡是革命，非武装不可”，力主以武装的革命反对武装的反革命，秘密组织干部投入工农武装起义。后按组织安排去苏联学习。1932年回国进入中央革命根据地，从事党的干部教育、纪律监察和革命法制建设的工作。1934年10月参加中国工农红军长征，历尽艰险，于次年10月胜利到达陕北。尔后，主持中共中央的纪检工作和干部教育工作，平反冤案，培养干部。

第五单元　再促合作　站在抗日民族统一战线前卫（共分五个组，第一组：恢复和领导中共在武汉地区的工作。第二组：在国民参政会上的斗争。第三组：发展和巩固抗日民族统一战线。第四组：参与领导中共中央南方局的工作。第五组：出席联合国制宪会议。）

1937年9月，为推动第二次国共合作，共同抗日，董必武以中共中央代表的身份离开延安到达武汉，贯彻党的全面抗战路线，开展和恢复中共在长江沿岸一带的工作，为

“再促合作”陈列

“为缔造新中国而奋斗”陈列

建立华中抗日根据地打下基础。

在武汉和重庆，董必武先后担任中共中央长江局、南方局的重要领导职务，一直协助周恩来将公开工作与秘密工作、统战工作与群众工作巧妙配合起来，在国民参政会内外运用又团结又斗争的策略原则，不断巩固和扩大抗日民族统一战线，为夺取抗战胜利付出了极大的心血。

1945年4月，董必武作为中国代表团成员赴美国旧金山出席联合国制宪会议，并在联合国宪章上签字。他在美期间的活动，大大提高了中共的国际地位。

第六单元　华北建政　为缔造新中国而奋斗（共分四个组，第一组：反对内战独裁　争取和平民主。第二组：领导华北人民政府　支援解放战争。第三组：参与筹建新中国。第四组：主导新中国的民主建政。）

1945年11月，董必武自美回国，参加旧政协同国民党进行谈判的斗争，继续协助周恩来在重庆、南京、上海坚持反对内战独裁，争取和平民主。

1947年3月撤回延安后，受中共中央委托，领导华北各解放区的财经工作，筹建和主持华北人民政府，全面建设华北，支援解放战争，同时参与筹备召开新政协，为新中国诞生铺设了基石。

1949年10月1日，新中国成立。作为政务院副总理的董必武，参与领导全国人民战胜建国初期的重重困难，并主导实行人民代表大会制度的民主政权建设，确立了新中国的基本政治制度。

第七单元　依法办事　为社会主义法制奠基（共分三个组，第一组：“依法办事”——董必武法学思想核心。第二组：“有法可依”——“依法办事”的前提。第三组：“有法必依”——“依法办事”的关键。）

董必武是中国共产党的一位有着系统的法学理论、丰富的司法实践和强烈的法制观念的领导人。新中国成立

后，受命主持政法工作。根据长期革命实践的探索和不同国家法律的比较，认定法制是人类现代文明的一项主要内容，率先提出了“依法办事”的治国主张，比较全面地阐述了有法可依、有法必依的法治思想，强调要教育人民守法，共产党员和国家机关工作人员要带头守法，政府要依法行政，党要在宪法和法律内活动。为此，他殚精竭虑，在社会主义法制建设方面做了一系列开创性工作，为我国社会主义法制建设奠定了基础。

第八单元　心系国家　出任中华人民共和国代主席（共分二个组，第一组：视察各地体察民情。第二组：对外交往　增进友谊。）

1959年4月，在第二届全国人民代表大会上，董必武当选为中华人民共和国副主席。1972年2月，出任中华人民共和国代主席。他怀着一片赤忱，自勉要“做些对子孙万代有益的事”，不顾年迈体弱，继续一面走遍祖国各地，深入进行调查研究，关心百姓冷暖，考察民情民意，并大力倡导植树造林、沼气利用等有利于国计民生的举措，一面积极开展对外交往，以增进与各国政府和人民的友谊，直至他生命的最后一息。

第九单元　甘为民仆　风范昭示后人（共分四个组，第一组：立党为公　永葆本色。第二组：热爱人民　战友情深。第三组：“勤则不匮”“俭以养廉”。第四组：诗书生活　情意盎然。）

热爱人民、为人民谋利，是董必武终生坚持不渝的追求。朴素诚实、勇敢刚毅，是他自幼养成的美德。酷爱诗书、尊师重友，是他一生的情怀。他那遵从马列的坚定信仰，立党为公的广阔胸襟，艰苦踏实的奋斗精神，勤俭清廉的革命品格，孜孜不倦的学习态度，联系群众的优良作风，体现了一个真正的共产党人为最广大人民群众谋利益的崇高精神风范。

纪念厅　展出中共中央在红安、北京为纪念董必武诞辰一百周年、一百一十周年举行座谈会。中国法学会董必武法学思想研究会在北京成立及其纪念活动。董必武纪念馆自开馆以来，党和国家领导人参观纪念馆的情景。部分党和国家领导人的题词以及部分全国知名画家为纪念董必武诞辰一百周年时所作的作品。

影视报告厅　播放董必武音像资料片。

临时展览　自1986年正式开放以来，董必武纪念馆先后举办过四个临时展览：《纪念董必武同志诞辰100周年全国名人书画展》（1986年）、《董必武革命功绩和革命风范展》（1987年）、《董必武珍贵文物展》（2004年）、《董必武照片展》（2005年），其中《董必武革命功绩和革命风范展》、《董必武珍贵文物展》两个展览赴武汉地区进行过长达三个月的巡回展出。

藏品管理

［藏品来源］　中央批准红安兴建董必武纪念馆后，县博物馆组成三个文物、资料征集小组，分别到中国革命博物馆、湖北省博物馆、上海“一大”纪念馆、南京梅园新村纪念馆、中央档案馆、湖北省档案馆、武汉市文物管理处等单位，请他们提供和复制有关董老的文物、资料；另一方面，向董老的亲属、同事、朋友和老部下进行征集。这样，在各方面的大力协助和无私支援下，于较短的时间内，共征集到文物、资料2669件，是原来7年征集文物数量的13倍，为建馆布展提供了丰富的文物、资料保证。

董必武纪念馆开馆后，副馆长夏先友（主持工作）陆陆续续带队或派人外出征集文物资料38件，以补充展览不足。1986年4月，借纪念董必武诞辰100周年之际，向全国著名书画家发函征集作品，共收到书法（画）作品70余件。2003年底，通过董必武纪念馆顾问夏传鑫的关系，将正在搬迁的中国革命博物馆有关董老的藏书10000册，捐给董馆，时任馆长戴剑华亲自从北京运回。

［藏品统计］　纪念馆馆藏文物2669件。书画作品100余件（含董老手迹、党和国家领导人题词、全国著名书画家作品），照片510张，艺术品9件。

［藏品保护］　自董必武纪念馆隶属黄麻起义和鄂豫皖苏区革命烈士陵园管理处后，库房及文物藏品暂由县文物局保管，还没移交。

科学研究　1986年3月5日，中共湖北省委在红安人民大会堂隆重举行“纪念董必武诞辰100周年大会”。6日在县青年公寓会议室举行“湖北省纪念董必武诞辰100周年学术讨论会”。出席大会的中顾委常委伍修权为学术会题词：“研究董老，学习董老，继承和发扬我党的优良传统。”这次研讨会共收到论文42篇。

1986年，《董必武纪念馆简介》、《董必武纪念馆两次布展陈列大纲》（1986年、2005年版）出版。

2002年5月12日，中国法学会董必武法学思想研究会首届年会在武汉召开，馆长戴剑华出席会议，提交的论文《浅谈董必武的经济法制思想》在大会上交流。

2003年8月，中国法学会董必武法学思想研究会年会在河北石家庄召开，纪念馆有三篇论文在大会上交流：馆长戴剑华的《弘扬董必武法制思想，推进基层司法体制改革》、副馆长戴新平的《董必武法学教育思想与法学教育改革》、馆员孙玲的《试论董必武同志法学思想的实践意义和理性光辉》。

2004年10月，中国法学会董必武法学思想研究会年会在山西太原召开，董必武纪念馆有二篇论文入选大会论文：戴剑华、辛向东的《董必武法制思想与依法执政、执政为民的理论及其实践》、戴新平的《董必武的人民司法思想》。

2005年10月29日，中国法学会董必武法学思想研究会年会在南京召开，戴剑华的论文《董必武人民司法思想与司法为民》入选大会论文。

2006年11月12日，中国法学会董必武法学思想研究会年会在广东深圳召开，黄麻起义和鄂豫皖苏区革命烈士陵园管理处主任陈敦学，董必武纪念馆副研究员、原馆长戴剑华合著的论文《关于提高法官队伍素质的初步思考》入选年会论文。

2007年11月3日，中国法学会董必武法学思想研究会年会在浙江杭州召开，戴剑华的论文《依法办事，促进和谐社会构建——浅谈人民法院在构建社会主义和谐社会中的重要作用》入选大会论文。

2008年10月20日，中国法学会董必武法学思想研究会年会在重庆召开，黄麻起义和鄂豫皖苏区革命烈士陵园管理处主任陈敦学，董必武纪念馆副研究员、原馆长戴剑华合著的论文《董必武早期法治思想与鄂豫皖苏区的法治实践》入选大会论文。

2008年11月2日，湖北省董必武思想研究会首届年会在红安召开，来自省内的100余名专家、教授、学者出席会议。副会长董老长子董良羽主持会议并作了研究会工作报告。中央文献研究室、中国法学会董必武法学思想研究会副会长杨瑞广作学术报告。这次大会收到论文46篇。董必武纪念馆原馆长、副研究员戴剑华撰写的论文《董必武与毛泽东》和馆长戴新平撰写的论文《董必武的外交风采》入选大会论文，后在《董必武思想与实践研究文集》（第二集）发表。

2009年9月16日，中国法学会董必武法学思想研究会年会在江西南昌召开，黄麻起义和鄂豫皖苏区革命烈士陵园管理处主任陈敦学，董必武纪念馆副研究员、原馆长戴剑华合著的论文《董必武以法促廉实践》，戴新平、夏红胜合著的论文《董必武法学思想与科学发展观》入选大会论文。

宣传教育 为了宣传、弘扬董老的丰功伟绩、革命风范，董必武纪念馆主要通过以下几种方式进行宣传。

一是阵地接待，每年接待国内外观众50余万人次。

重大接待有1986年3月5日，中共湖北省委、省顾委、省人大、省政府、省政协、省军区和省直部分单位以及黄冈地委、行署负责同志，及董必武亲属，中顾委常委伍修权、省委书记关广富等参加董必武纪念馆举行落成典礼，伍修权为纪念馆落成开放剪彩。

1986年5月，原全国政协副主席陈再道上将参观董必武纪念馆。

1988年4月20日，全国政协主席李先念参观了董必武纪念馆。他说："董老是湖北革命的一面旗帜，我们都是他的徒子徒孙"。随后，在黄麻起义和鄂豫皖苏区革命烈士纪念馆门前栽下一棵雪松。接着，他在烈士祠前与省、地、县干部代表及北京军区赴红安工作的医疗队一起合影留念。

1988年12月8日，全国政协副主席王恩茂参观董必武纪念馆。

1990年10月12日，中共中央政治局常委、全国人大委员长乔石视察红安，参观了董必武纪念馆。

1996年9月18日，中共中央总书记、国家主席、中央军委主席江泽民视察红安，陪同视察的有中共中央政治局候补委员、书记处书记温家宝、中共中央办公厅主任曾庆红、总后勤部部长王克等。11时许，江总书记一行在省、地、县领导的陪同下，冒雨来到烈士陵园，参观了董必武纪念馆。

1998年5月12日，全国政协副主席杨汝岱视察红安，参观了董必武纪念馆。

1998年10月6日，董必武和夫人何连芝骨灰安放仪式在董必武纪念馆隆重举行。全国政协副主席任建新偕夫人牛立志出席仪式并参观董必武纪念馆。

1999年5月18日，中央军委副主席刘华清偕夫人徐虹霞参观董必武纪念馆。

2001年7月17日，徐向前元帅之子、总参通信部部长徐小岩少将来红安县追寻父辈革命足迹，并参观了烈士陵园和董必武纪念馆。

2001年10月1日，全国政协副主席王文元偕夫人胡家卿在省政协副主席郑楚光陪同下，参加董必武文物库房奠基仪式。王文元先后参观了董必武纪念馆，并为董必武纪念馆写下了"风范永驻"和"名垂千古"的题词。

2002年4月10日，中共中央政治局常委、全国政协主席李瑞环偕夫人王淑兰，在省委书记俞正声，省长张国光，省委副书记、省政协主席杨永良，省委常委、省委秘书长宋育英，省委常委、政法委书记、公安厅长陈训秋及市、县领导陪同下，参观董必武纪念馆、敬献了花篮。李瑞环主席在董必武纪念馆写下了“宽厚慈祥垂风范，丰功伟绩照千秋”的题词。

2002年5月4日，中共中央政治局常委，全国人大常委会委员长李鹏偕夫人朱琳，在省委书记、省人大主任俞正声，省委副书记、省政协主席杨永良，省委常委、省委秘书长宋育英，省委常委、政法委书记、公安厅长陈训秋，省人大副主任邓国政，市委书记刘友凡，市委副书记蔡伦祥，市委常委、常务副市长夏润祥等陪同下，瞻仰了烈士陵园，参观董必武纪念馆，敬献了花篮，并签名留念。

2005年4月6日，中共中央政治局委员、中宣部长刘云山，中共中央政治局委员、湖北省委书记俞正声参观董必武纪念馆并瞻仰董老铜像。

2007年11月13日，纪念黄麻起义八十周年之际，举行黄麻起义和鄂豫皖苏区革命历史纪念馆落成典礼，黄麻起义和鄂豫皖苏区革命烈士纪念馆重新布展开放。中共中央政治局委员张思清，湖北省委书记罗清泉等领导来陵园参加了落成典礼，参观董必武纪念馆并向董老铜像敬献花蓝。

2007年12月，原中共中央政治局常委吴官正来陵园视察工作。参观董必武纪念馆并敬献花蓝。

2010年元月23日，中共中央政治局常委习近平参观董必武纪念馆，向董老铜像敬献花蓝。

二是共建教育基地，共建单位每年定期来馆参观。自开馆以来，与董必武纪念馆共建教育基地的单位有中共湖北省委党校、湖北省行政学院、湖北省地方税务局、湖北省烟草专卖局、湖北省监狱管理局、湖北省冶金矿业高级技校、湖北省非公有制经济工委、湖北教育学院、第二炮兵指挥学院、武汉军事经济学院、武钢集团公司、中共江汉区委党校、华中理工大学、中国地质大学、武汉市中级人民法院等43家单位挂牌共建基地，获得了良好的社会效益，赢得了社会的普遍赞誉。

三是举办巡回展览，把展览送到大专院校和青少年集中的场所。曾举办过《董必武革命功绩和革命风范展》、《董必武珍贵文物展》两个展览赴武汉地区进行过长达三个月的巡回展出。

四是办馆刊、发行纪念册、纪念邮册、简介等宣传刊物。另外，在举办重要纪念活动时，通过新闻报导加以宣传。

2010年元月以后，董必武纪念馆免费开放。

经营管理

［单位性质］ 国营文化事业单位

［经费来源］ 国家拨款

［机构设置］ 内设陈列研究部（负责陈列内容修改、展览维修、史料研究、文物保管、对外学术交流等）、宣教部（负责宣传接待、收集整理宣传资料、组织实施报告会）、综合服务部（纪念品开发与销售以及其他后勤工作）。

［人员编制、组成］ 在编人员10人。编外人员3人（参观旺季聘请保安、卫生人员3人）。正副馆长各1人，陈研人员2人，宣教人员4人，后勤人员2人。副高职称1人、中级职称4人，大专以上学历6人。

［服务观众项目］ 免费提供简介宣传资料、象征性收费讲解、报告厅出租、出售有关董必武的书籍资料。

［观众接待］ 2005以前年接待观众量30万人次。2005年红色旅游发展后，年接待量50余万人次。

参观指南

［地址］ 红安县城关镇陵园大道1号

［邮编］ 438400

［电话］ 0713-8321688　0713-5280956

［网址］ http://www.haly.com.cn

［开放时间］ 常年开放（每周一闭馆检修设备）

［票价］ 免费

（撰文：戴新平）

董必武故居纪念馆

Former Residence of Dong Biwu

概述

类型 社会科学类名人专题纪念馆

隶属关系 隶属于红安县文物局

创建时间 1977年

所在位置 位于红安县民主街文化馆院内

面积 占地面积376.6平方米

董必武故居

董必武故居纪念馆

董必武诞生地

建筑、布局　整个建筑均为砖木结构，是一栋坐西朝东清末时期的建筑。一共有七个陈列室，房前院港均用鹅卵石铺成，院港中生长着董必武幼年时栽种的石榴树，院墙正中有一直径两米的圆形大门，门上镶嵌着白色大理石，刻“董必武故居”五个大字。1886年3月5日，董必武就诞生在这里。

纪念馆为1977年在原址废墟上修复的一部份。整个平面呈“凸”型，占地面积376.6平方米，建筑面积193.7平方米。南面的厢房是增加的，作为辅助陈列室。其前檐高5米，进步深8米，正屋檐为硬山顶，两厢房为单檐悬山顶，均为布瓦盖，中间山墙为土砖墙，四周为青砖墙。正屋和厢房的前檐下为走廊，由七根石木立柱和七列挑梁支撑瓦面，立柱间镶嵌网眼式木格挂落，古朴雅致。

故居原貌有房屋三幢，十八间，第一幢有正屋六间，第二幢有八间，第三幢有四间，占地面积1017.8平方米，建筑面积581.2平方米，系董必武曾祖父、祖父、父辈们从清代初期至清末逐渐建立起的家业，檐高4米，进步8米深，第三幢比第一二幢高1米。每幢房屋之间有院落和深井，第二幢与第三幢的北面是批屋，将三幢房屋紧紧相连，形成四合院式平房。董必武出生时全家三十余口人，就居住在这紧凑的房屋里，由于董必武是中国共产党主要领导人之一，曾遭国民党反动派多次通缉，故居原貌于1928年6月3日被反动派全部烧毁。红安人民为了让子孙后代缅怀伟人的丰功伟绩，经调查考证，于1977年在原址废墟上修复了部份，整个故居全貌有待继续恢复。

历史沿革　董必武故居建立初期，由红安文化馆代为管理。1986年10月成立红安县文物局后，移交到红安县文物局管理。从1986年起文物局就安排专业人士在故居上班，坚持每天对外开放。红安县编委正式下文件成立董必武故居纪念馆，隶属红安县文物局管辖。1981年湖北省政府任命将故居列为省级重点文物保护单位。2006年5月被国务院公布为全国重点文物保护单位。

历任馆长　汪宝珠（1986.6－1987.12）；张继红（1988.1－1989.12）；戴剑华（1990.1－1994.12）；张继红（1995.1－2000.12）；刘清华（2001.1－2004.11）；袁英（2004.12至今）。

业务活动

基本陈列　故居南面的厢房为辅助陈列室，故居正中为小堂屋，为接待亲友的场所，室内陈设古朴，上方春台依墙高置，大方桌置于中央，两张圆椅八张背椅分列两旁，下方陈放其母亲用过的纺线车，织布机和灯架，堂屋北面的后半部是董必武诞生的地方，中半间是二伯父董基哲夫妇的卧室，上述两处各陈列一张四柱雕花床，床上铺盖棉布花床单和一条叠整齐的被单。堂屋前面是厨房，里面陈列着董家用过的炊具，堂屋侧面分别是祖父董其元和大伯董基浚的卧室。

董必武故居在复原陈列的基础上通过部份辅助陈列，反映了董家“朴、诚、勇、毅”的家风，真实地再现了董必武从出生到青少年时代的精神风貌。

专题陈列　董必武故居纪念馆是在1978年对故居进行整修和布展的基础上建立的，主要由三大部分组成：第一部分为故居复原陈列；第二部分主要是介绍董必武家族史展和董必武青少年时期至走上革命道路时期的历程展；第三部分是董必武书屋。1977年3月5日，董必武夫人何莲芝回红安时，同意将董必武藏书全部捐赠给家乡，经县委县政府同意决定在董必武故居旁兴建面积为300平方米的董必武书屋，展示董必武一生孜孜不倦的学习精神。2000年董必武的亲属筹资重新择址兴建了600平方米的董必武书屋。

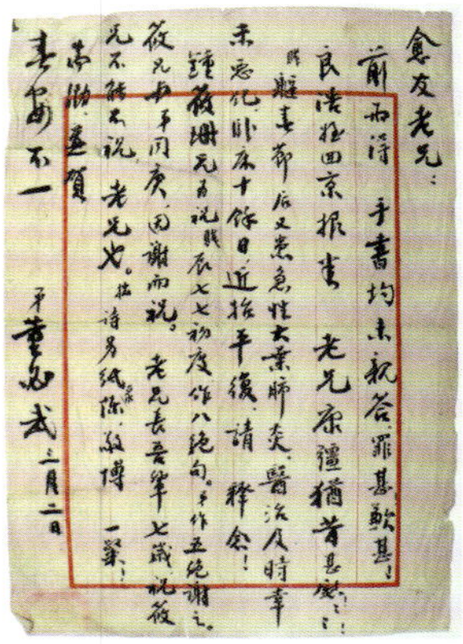

致李愈友的信

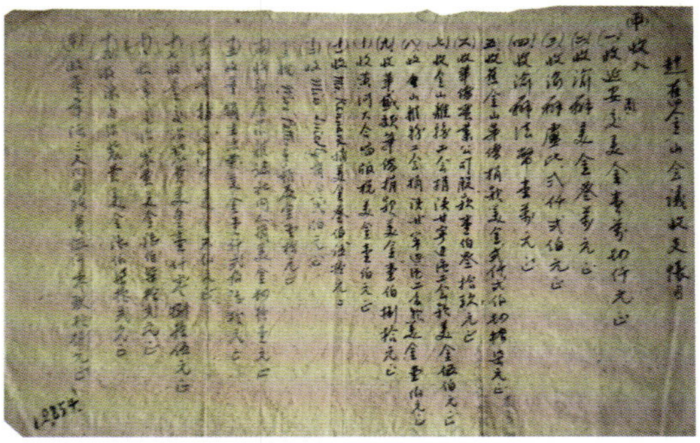

赴旧金山（联合国）会议收支帐（局部）

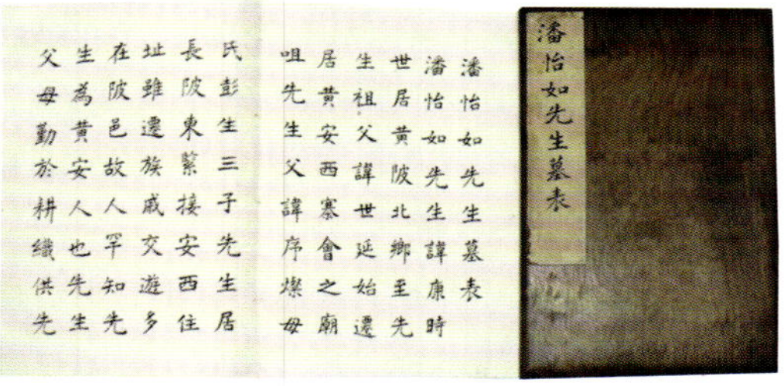

潘怡如先生墓表

潘怡如先生墓表
潘怡如先生諱康時
世居黄陂北鄉至先
生祖父諱世延始遷
居黄安西寨會之廟
咀先生父諱序燦母
氏彭生三子先生居
長陂東紫接安西住
址雖遷族戚交遊多
在陂邑故人罕知先
生為黄安人也先生
父母勤於耕織供先

董必武书《潘怡如先生墓表》

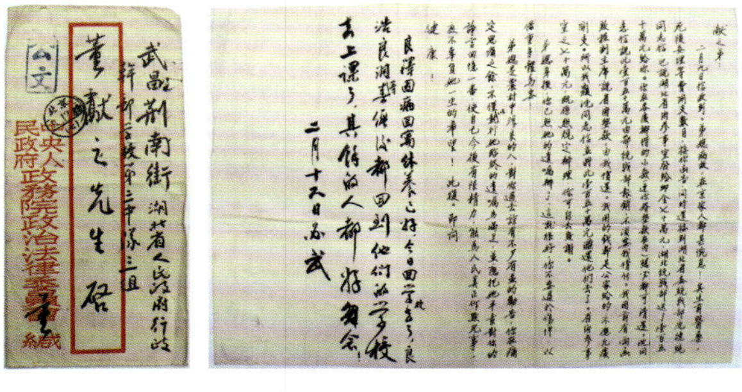

致董献芝的信

该馆利用"走出去请进来"的互动教育模式，在全县教育系统举办《董必武革命风范》展览，到全县所有的中小学校进行巡回展出、讲解、做报告，受到全县教育系统领导和老师的一致好评，收到了良好的社会效益。

藏品管理

[藏品来源] 董必武亲属捐赠，以书籍为主。

[藏品类别] 文献资料、董老手迹、生活用品。

[藏品统计] 该馆有馆藏文物12447件（套），其中国家一级文物2件，二级文物6件，三级文物9件。文物库房面积300平方米。

[重要藏品] 董必武出席旧金山联合国会议账单。

[藏品保护] 该馆建有专门的文物库房，配备了相应的保护设施，严格按照《藏品管理办法》的各项规定进行管理。凡是具有历史、艺术或科学价值的一、二、三级藏品，经省级文物鉴定委员会专家组的严格鉴定，均建立文物藏品档案和电子文本；藏品的保管工作做到制度健全、账目清楚、鉴定确切、编目详明；运用传统方法对一些破损藏品器物进行修复保存；库房内配备必要的温、湿度计、恒温计以及安全防火器材；淘汰陈旧的文物橱柜架和过时落后设施，更新安全可靠的全封闭文物橱柜金属架等。按照《博物馆安全保卫规定》和三级风险等级安全防护规定要求，选配专职保卫干部。重点要害部位安装技术安防设备和综合报警监控系统设施，落实完善了各项安全保卫制度，配备专职保卫人员，坚持24小时执勤。

科学研究

[科研队伍] 馆员1名、初级助理馆员2名。

[科研设施] 董必武故居纪念馆因经济条件制约，科研设施落后，办公条件简陋。随着经济的快速发展，纪念馆的必要设施得到更新充实，办公条件不断改善，下一步准备配备电脑、数码相机等工作器材。

经营管理

[单位性质] 社会公益性质的国营文化事业单位

[经济来源] 财政全额拨款

[人员编制] 全馆现有人员12人，在编6人。

[观众接待] 年参观人数8万人次左右

参观指南

[地址] 红安县民主街文化馆院内

[邮编] 438400

[开放时间] 8:30—16:30

[票价] 免费

（撰文：董必武故居纪念馆）

湖北艺术博物馆

Hubei Museum of Art

概述

类型　艺术类博物馆

隶属关系　湖北省文化厅

创建时间　2007年11月

所在位置　湖北省武汉市武昌区东湖路三官殿1号

湖北艺术博物馆鸟瞰

面积　建筑面积25000平方米、展厅面积约5000平方米

布局和建筑特点　该馆是构思独特、造型新颖的现代建筑，与相邻的省博物馆仿古建筑形成对比，充分体现出一个古代建筑与一个现代的建筑对立风格，展现出对立美。该主体建筑采用方和圆、直和曲等纯粹简洁的形体和线条构成，外观似鼓、似笛、似琴，具有“寓意本土、造型现代、建筑生态、空间丰富”的特点，给人带来对艺术的无穷憧憬和浮想。馆内设有公共大厅、10个展厅、3个典藏画库、1个音乐厅兼多媒体演示报告厅、4个电影厅、专家工作室、艺术培训教室、配套办公用房和设备用房等。该馆在平面布置上，严格按照动静分区的原则，将以上不同的功能区划分清晰，画库、研究用房、展示厅等集中在东侧，远离喧闹的道路；音乐艺术厅和公共大厅布置在西侧，紧邻道路，满足人流出入的便捷。

历史沿革　2004年8月兴建，2007年6月竣工，2007年11月开馆。

历任馆长　傅中望。

业务活动

基本陈列　自2007年11月开馆以来，湖北省艺术馆以八艺节展览为起点，成功策划和举办了60多项展览，举办研讨会及其他学术活动60余场，播放艺术教育片60余部，接待观众总数超过50万人次。在举办的展览中，有反映本土特色作品展10余个，如《黄河·长江·大海——周韶华艺术三部曲》、《回顾与展望——湖北雕塑艺术展》等，让人们看到了湖北本土艺术的发展水平；有引进国外的优秀展览7个，如《凝视——墨西哥当代艺术摄影展》、《永恒的博弈——莉扎·利窦作品展》、《亨利克·易卜生与泰勒玛克——挪威艺术家约恩·斯汀作品展》等，让广大观众接触优秀外国文化。

2007年11月，第八届中国艺术节展览艺术开幕式暨湖北省艺术馆开馆典礼隆重举行，该馆在八艺节期间共举办了八个展览，这些展览分别是《第四届全国画院优秀作品展》、《荆楚狂歌——周韶华画展》、《翰墨馨香舞乾坤——国际书法名家作品展》、《布拉格国际舞台美术展（PQ）——中国作品展》、《冶建之光——中国一冶版画50年回顾展》、《荆楚韵·梨园情——书画作品联展》、《2007湖北省集邮展览》和《国风归来——第二届全国剪纸艺术展》。八艺节是我国规模最大、层次最高的艺术盛会，也是湖北省有史以来所承办的最大、层次最高的全国性艺术活动，剪纸艺术展中特别推出了胡锦涛总书记的剪纸作品《回娘家》，取得良好的社会效果。八艺节的成功举办使我馆进一步明确了工作的方向，积累了多方面的工作经验，并树立了良好的公众形象。2009年9月至11月我馆还成功举办了第十一届全国美展油画展，五年一届的全国美展是反映国内美术最高创作水平的大展，在40天的展出中，迎来了全国各地的专业艺术家和观众12.8万人次，并推出了中国美术60年系列讲座，得到中国文化部、中国美协的高度评价以及社会各界的广泛好评。

其他展览如《三十年后再回首——纪念中美建交30周年图片展》、《湖北作家书画作品展》、《回顾与展望——湖北水彩画艺术展》、《写意神农架——关广富中国画作品展》、《无物之阵——当代抽象艺术学术邀

音乐厅

请展》、《触·觉——卢浮宫雕塑触摸艺术展》、《对视——乌拉圭摄影艺术作品展》、《新青年——汪凌作品展》、《传统神韵·创意文化——新媒体系列展》和《幸福着成长——南方油画作品展》等，都受到了群众的热烈欢迎，对市民群众艺术欣赏水平的提高起到了重要作用。

此外，我馆配合着展览，有计划、有组织地举办了多次公共教育推广活动，如《现场雕与塑》、《水彩艺术漫谈》、《一场穿越时空的西厢记——传统与创意的交集》、《幸福涂鸦》等互动活动，还定期在音乐厅举办古典音乐欣赏演奏会，为市民群众节假日休闲提供了高雅的选择，提供了良好的学习、沟通平台。

专题陈列 《湖北雕塑艺术展》，80件作品长期陈列，另外我们正在筹办《百年纵横——20世纪湖北美术文献展》，预计作品300件，计划于2011年展出。

藏品管理

［藏品来源］ 艺术家捐赠、奖励性购藏、专题展收藏、征集收藏等

［藏品类别］ 国画、油画、版画、雕塑、书法篆刻、摄影、影像、装置、连环画、漫画、漆画、拓片、玉器、水粉/水彩、陶艺、素描速写、海报/宣传画、民间艺术（剪纸、皮影、服饰、织绣、印染、年画）、综合材料、手稿

［藏品统计］ 2008-2010年981件作品收藏中，包括油画82件，水粉/水彩144件，国画56件，综合材料9件，摄影493件，民间艺术21件，装置2件，书法篆刻10件，连环画1套、版画37件、漆画1件、手稿125件。

［重要藏品］ 《狐假虎威》，雕塑，刘政德，40×60×12cm，花岗石；《静物之一》，郭正善，41×55cm，布面油画，1986年10月；《腊月》，白统绪，92×65.5cm，纸本水彩，1994年10月；《菩提树下》，雕塑，

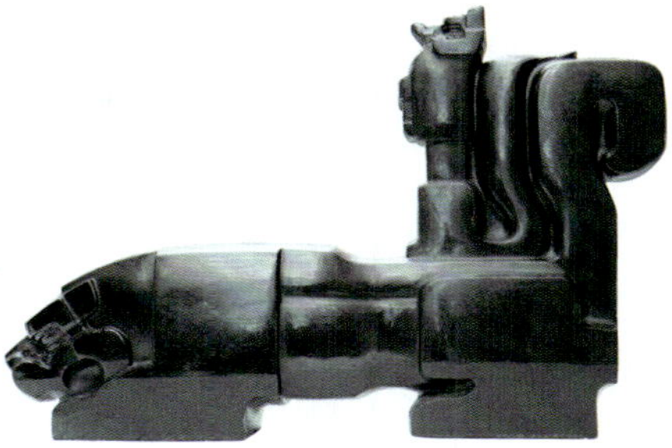

刘政德《狐假虎威》（雕塑）

项金国《菩提树下》（雕塑）

张祖武《志愿军》（雕塑）

王福臻《屈原头像》（雕塑）

郭正善《静物之一》（油画）

魏明《糖葫芦》（漆画）

麦柏森《秋上黄山》（水彩）

温少曼《渔船》（水彩）

金家齐《三峡初探》（水彩）

项金国，80×60×40cm，铜，2005年；《秋上黄山》，麦柏森，72×49cm，纸本水彩，1986年；《屈原头像》，雕塑，王福臻，35×35×85cm，铜；《三峡初探》，金家齐，80×97cm，纸本水彩，1987年；《糖葫芦》，漆画，60×45cm，魏明，1985年；《西游怪记》，连环画，钟孺乾26×34cm，1989年；《渔船》，温少曼，27×37cm，

李青萍《无名》油画

白统绪《腊月》（水彩）

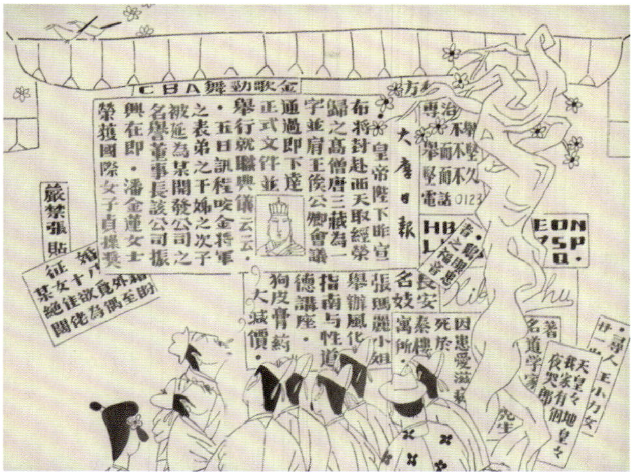

钟孺乾《西游怪记》（连环画）

纸本水彩，1949年；《志愿军》，雕塑，张祖武，27cm×27×48cm，铸铜，1957年；无名，油画，李青萍，53×75.5cm，纸本；特别是胡锦涛的剪纸《回娘家》在该馆展出并被收藏，产生了积极的社会影响。

［藏品保护］　软件：藏品管理系统软件。

硬件：恒温恒湿的画库设备、不锈钢网架式密集储藏柜、拉版式重型固定储藏柜、抽屉式重型密集储藏柜等。利用国家专项资金，按照政府的工程招投标程序，组织专业人员考查调研，认真设计，精心施工，高质量、高效率地完成了国、油、版、雕等诸多库房建设。2010年3月，我馆组织相关人员，对江苏省美术馆、浙江美术馆、宁波美术馆及画库设备生产厂家进行实地考察。在了解、熟悉了相关数据与资料后，制定工作计划并开始正式投入画库建设工作，包括画库布局规划、改造设计图纸、拟写《画库装修要求》与《画库招标要求》、全程协调与查看土建改造、装修、联系画库设备厂家等。按照工作计划，完成库房装修，为湖北美术作品的收藏提供安全保障。

科学研究

［科研队伍］　省内著名专家学者顾问团队，湖北美术学院理论人才资源

［科研设施］　建立馆图书室，和省市图书馆、档案馆等资源共享

［科研成果］　建立湖北艺术家资料库、梳理湖北美术发展史、出版馆刊等。

交流合作　与法国卢浮宫博物馆、中国美术馆、广东美术馆、上海美术馆等国内外著名美术馆交流合作，举办展览。

经营管理

［单位性质］　湖北省政府投资兴建、归口湖北省文化厅管理的、省级公益性文化事业单位

［经费来源］　省财政拨款

［机构设置］　该馆由馆长、书记副馆长领导，下设办公室、策划推广部、展览陈列部、收藏研究部、公共教育部、物业安保部等六个部门。

［人员编制、组成］ 核定人员编制数10名（现实际在编人员8人）

［观众接待］ 年均观众35万人次

参观指南

［地址］ 湖北省武汉市武昌区东湖路三官殿1号

［邮编］ 430077

［电话］ 027-86796067　027-86796002

［开放时间］ 周二至周日9:00－17:00（16:00停止入场），周一闭馆（法定节假日除外）

［电子邮箱］ hbmoa@hbmoa.com

［网址］ www.hbmoa.com

［票价］ 免费

（撰文：湖北艺术博物馆）

湖北地质博物馆

Geological Museum of Hubei

概述

类型 自然科学类地学专题博物馆

隶属关系 隶属于湖北省地质科学研究所

创建时间 1956年

所在位置 武汉市解放大道684号

面积 建筑面积8000平方米、大楼占地面积1000平方米

建筑及布局 该馆系上世纪50年代所建的砖混结构建筑（原为三层），后于80年代改建为八层框架结构，大楼占地面积1000平方米，建筑面积8000平方米，其特点宽敞牢固、简明统一。该大楼一楼中厅为宝玉石销售部，三、四楼为博物馆办公室与展厅，大门临街，后门有停车场。

历任馆长 顾久荣、唐秀英、陆智敏、李正琪、王用家、张汉清。

业务活动

基本陈列 本馆主要设有四个展厅。普通地质厅：介绍地球及宇宙的演化常识和基础地质科学常识，面积350平方米；资源环境一、二厅：介绍湖北地区矿产资源及地质环境情况，面积800平方米；古生物厅：介绍古生物化石的形成与演化历史，面积400平方米。

基本陈列展出藏品数量1500余件，重点展品有：大型恐龙化石标本、极其珍稀的恰尼虫化石、大型铁陨石、大型铁化木、大型孔雀石、大型铲齿象化石、大型幻龙化石标本等。

藏品管理

［藏品来源］ 主要来源于湖北省内外矿山、矿区及地质勘查地区。

［藏品总数］ 一万余件。

［藏品分类］ 主要为矿物岩石标本、矿物晶体标本、古生物化石标本、宝玉石及工艺品、大型和中型矿区模型。

［藏品统计］ 馆藏标本近万件，其中珍稀标本数百件。珍贵文物共700件（套），其中一级文物30件（套），二级文物150件（套），三级文物500件（套）。

［重要文物］ 本馆藏有我国唯一、世界罕见的距今约6亿年的“灯影恰尼虫”化石；重达328.5千克的国内最大的“铁化木”；位居全国前列重达数百公斤的“光化铁陨石”；湖北郧县发掘的长达14米的巨型恐龙骨化石。

经营管理

［单位性质］ 国营

［经济来源］ 国家拨款

［机构设置］ 馆长室、展览部、综合部、开发部

［人员编制］ 现在编人员8人

湖北地质博物馆外景

展厅

1～3.恐龙骨化石　4.水晶、黄铁矿、黄铜矿假象、白钨矿

铁陨石

铁化木

［观众接待］　年接待量约10万人次

参观指南

［地址］　武汉市解放大道684号

［邮编］　430C30

［电话］　027-85833247

［传真］　027-85833244

［电子邮箱］　ree@hbdk.gov.cn

［开放时间］　全年

［票价］　免费

（撰文：湖北地质博物馆）

湖北明代藩王博物馆

Hubei Seignior Museum in Ming Dynasty

概述

类型　社会科学类历史遗址专题博物馆

隶属关系　湖北省文化厅

创建时间　2003年4月

所在位置　武汉市黄陂区风景秀丽的木兰湖旅游开发区

面积　占地面积104562平方米、建筑面积12022平方米

建筑特点　湖北明代藩王博物馆的展馆建设，是将我省境内分散于民间具有重要历史、科学、艺术价值，原生态及周边环境已遭破坏而缺乏保护手段的的12栋名人故宅、富商豪宅、百姓民居、宗祠、会馆等明、清古建筑，实行集中搬迁保护，以明清古建筑为依托，展示湖北明代藩王历史，

1.馆区外观 2.山陕会馆 3.廖氏官堂外景 4.方言学堂

传承民俗文化，将遗产保护与合理利用有机结合。

历史沿革 2003年4月，经湖北省编制委员会批复同意，成立湖北省文化厅古建筑保护中心，为湖北省文化厅直属处级事业单位，由湖北省文物局管理。

湖北省文化厅古建筑保护中心在履行自身职能的同时，负责木兰湖“古民居建筑博物馆”的项目建设。

2007年6月，经省文化厅、鄂文化办[2007]105号文件批复，将湖北省文化厅古建筑保护中心承担建设的木兰湖古建筑保护项目——“木兰湖古民居建筑博物馆”更名为湖北明代藩王博物馆，实行两块牌子、一套班子管理。

业务活动

基本陈列 湖北明代藩王博物馆用四个展厅展出明清家具、生活用品、器物、建筑构件以及砖木石雕等。在陈列形式上，增设了场景、局部复原、雕塑等辅助展品和多媒体视听等现代手段，使陈列展览形式更趋丰富多样。

专题陈列 湖北明代藩王博物馆现有专题陈列《青少年素质教育展》。为了配合湖北省两型社会建设，结合中、小学历史、地理等课程的教学活动，博物馆引进了湖北青少年校外素质教育的展示活动，通过教育系统把这个展示活动送到青少年身边去，特别是那些没有机会去博物馆参观的农村青少年身边去，丰富了湖北省青少年校外教育活动。该展览分别陈列火具展、石展和钱币展三个展区，展品近2000件，另附声、光、电、文字图片等多种方式。

《火具展》 从摩擦取火（钻木取火、火镰打火等）到火柴、打火机等取火工具649件。火柴包含真实历史人物37人；包含二战、“文革”等20世纪多次重大历史事件；包含唐卡、脸谱等多种独特艺术形式；打火机包含工具、车辆、家具等27类造型。

《石展》 包括旧石器时期的工具、新石器时期的工具、动植物化石、观赏石、艺术品、工艺品、矿石等七大类373件，另有新能源模型、天文望远镜六件。

《钱币展》 从原始贝币到人民币等中国各时期的货币、纪念币；世界135个国家和地区的货币及其国旗、人口等简要情况介绍。

陈列形式按照进口（发放答题卡）→简介→各种摩擦取火（包括体验）→光学取火→人物火柴（讲述相关历史）→艺术火柴→打火机→火的用途→火的危害→火灾预防→火灾自救→旧石器时期的工具→新石器时期的工具→动植物化石→观赏石→艺术品→工艺品→矿石→新能源模型→天文望远镜→中国古钱币→人民币→世界各国钱币→纪念币→出口→展厅外收集答题卡、发放纪念品（火具、奇石、钱币）的展览。

多彩的异石让青少年直观地感受大自然的神奇和美丽；对取火工具、劳动工具、古今中外钱币制作技术的对比，使青少年直观地感受到人类的变迁，懂得“劳动创造历史”、“创新促进人类进步”的科学道理；培养了青少年热爱自然、热爱祖国大好河山的高尚情操；激发了青少年的学习热情和创新意识。

《湖北明代藩王历史文化专题陈列》 该展览以“赫赫明朝分封建藩”、“威仪棣棣明王府第”、“辉煌煊赫藩王陵寝”、“明宗藩与湖北社会”四个方面的内容，展现了湖北明代藩王历史文化的兴起、发展、消亡的全过程。

湖北是楚文化的发祥地，是多元文化的荟萃地。明代是湖北经济文化发展的繁荣时期，湖北在明代属湖广行省，武昌为湖广省会。

明代实行藩王分封制，先后有楚、湘、辽、郢、襄、梁、荆、兴、岐、寿、景、惠等12王分封于湖北，建府兴陵，一时“宗藩棋布，岁赋实繁”（《湖广图序》），对明代湖北地区社会生活诸层面产生了深远影响。

作为明代藩王聚集之地，在荆楚大地遗留下了丰富的明藩王历史文化遗存，这些遗存以独特的环境风貌、精巧的布局构思、宏大的建筑规模、丰富的地下宝藏，及其珍贵的历史、科技、艺术审美价值，成为我国优秀的民族文化遗产。

威威王气黯然收，彬彬文气蕴荆楚。让观众走近这批珍宝，揭开湖北明代藩王的神秘面纱，感悟明代文化的博大辉煌，从而体验愉悦的文化之旅。

为弘扬荆楚优秀历史文化、推进湖北文化文物事业的发展，博物馆特汇集了湖北省历年来考古发掘的明代武汉楚昭王墓、蕲春荆敬王墓等精美文物，王府、陵建筑构件及相关的科研成果等，以专题展示湖北明代藩王的历史人文轨迹。

藏品管理

［藏品来源］ 考古发掘出土文物、海关依法扣押移交文物和民间征集捐献三种途径。湖北明代藩王博物馆是在湖北明清古建筑博物馆的基础上更名建立起来的，因建立时间较短，文物征集工作正在有序进行，现馆藏文物中有金、银、瓷、玉、铜器、民俗家具、民间器物、建筑构件、砖、木、石雕等。收藏出土的大部分文物中，以明代金、银、玉、瓷器为主，其中，2007年湖北蕲春明代荆敬王及王妃墓出土的文物达180多件。

2008年，武汉海关一次性移交依法罚没的走私文物、民俗生活用品、器物、明清家具等多达200余件。

从2005年开始，该馆从湖北民间征集了大量的明清家具、生活用品、器物、建筑构件、砖木石雕等。

［藏品类别］ 分为历史类、陶瓷类、家具类、生活用品类、建筑构件等五大类。

［重要藏品］ 历史类藏品中最具价值的文物是玉器：玉步摇一套（有叶片、鱼、花、杆等共56件）；金器：金镶玉佩挂饰一套（一串7件）、金镶宝石龙凤簪一对；银器：银壶一件、银锭两件（嘉靖三十五年）等。

［藏品保护］ 湖北明代藩王博物馆地处武汉市黄陂

赵氏老屋室内厢房

阮和平老屋天井

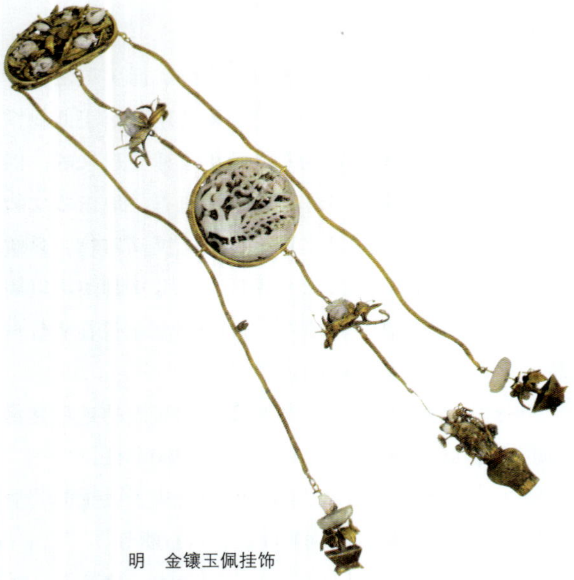
明　金镶玉佩挂饰

明　金簪

明　金镶宝石龙凤簪

明　银锭

区木兰湖畔，远离中心城区，气候环境条件较为复杂，文物库房的建设拟列入“十二五发展规划”。目前，该馆所有文物寄存在武汉市博物馆库房。在木兰湖馆区，湖北明代藩王博物馆针对展出文物的特点，分别采取整体科技监控、局部保卫人员24小时值班守侯的方法确保文物展品的安全。

科学研究　湖北明代藩王博物馆十分重视以藏品为主要内容，以陈列展览和文物保护为主要阵地，开展综合性的科学研究工作。目前，有研究员2名、副研究员2名、馆员5名，基本形成了老、中、青相结合，知识结构基本合理的专业队伍，在研究工作中取得了一定的成果。该馆将在事业单位体制改革中，以专业队伍建设为重点，全面推进博物馆学科研究队伍的建设和积极开展科研工作，制定《湖北明代藩王博物馆学科带头人和优秀中青年业务骨干选拔和考核办法》、《湖北明代藩王博物馆科研成果评选和奖励办法》和《湖北明代藩王博物馆研究课题出版资助办法》。成立湖北明代藩王博物馆学术委员会，采取指导学科带头人和优秀中青年业务骨干的选拔、科研成果评选和奖励、重点课题的资助等方法。

宣传教育　湖北明代藩王博物馆积极通过电视、网络、平面媒体等多种渠道向社会公众宣传介绍博物馆的各项展览及重要活动，承担起对社会的信息传播和文化教育的职能。

经营管理

［单位性质］　国营事业单位

［经费来源］　政府全额拨款

［经营方式］　免费开放

［机构设置］　设有技术保护部、陈列宣教部、办公室、财务科、保卫科、后勤保障部6个部门。

［人员组成］　正式职工15人，签约聘用30人。

［服务观众项目］　为观众参观提供免费宣传资料、免费茶水、以及设置小卖部等相配套的服务设施。

参观指南

［地址］　武汉市黄陂区木兰湖风景区，距武汉市城区70公里

［邮编］　430000

［电话］　027-61551196

［传真］　027-88848377

［网址］　www.hbfwmuseum.com

［开放时间］　9:00－17:00（周一闭馆维修）

［票价］　免费

（撰文：沈远跃）

湖北省博物馆

Hubei Provincial Museum

概述

类型 综合类博物馆

隶属关系 湖北省文化厅

创建时间 1953年

所在位置 武汉市武昌区东湖路156号

湖北省博物馆全景

面积 占地面积123亩

布局 湖北省博物馆馆区内绿荫掩映，综合陈列馆、楚文化馆、临展馆等高台基、宽屋檐、大坡面屋顶的仿古建筑三足鼎立，围绕在以“鱼沼飞梁”为中心的广场周围，构成一个硕大无朋的“品”字。在综合陈列馆内设有多功能报告厅、视听室、咖啡屋、书店、商品部，在临展馆内设有编钟演奏厅。目前，博物馆新规划在湖北省委、省政府的大力支持下已开始启动，下一步湖北省博物馆将建成集文物保护、展览、社会教育、休闲为一体的园林式博物馆。

建筑特点 湖北省博物馆总体布局高度体现了楚国建筑的中轴对称、“一台一殿”、“多台成组”、“多组成群”的高台建筑布局格式。整个建筑风格突出了楚国多层宽屋檐、大坡式屋顶等楚式**建筑特点**，建筑外墙为浅灰色花岗石装饰，屋面采用深蓝灰色琉璃瓦铺装。室外环境按景观式、园林式的特点进行布局，通过雕塑小品、休息庭院、园林绿化、配套的综合服务设施等形式，营造出与博物馆主体建筑和谐配套和浓郁的历史文化氛围，给观众提供一个休闲、舒适、幽雅、公园式的室外游览空间。

历史沿革 湖北省博物馆的前身是建国之初成立的湖北省人民科学馆，1949年5月22日，武汉市军管会接收省立科学实验馆，并改称“湖北省人民科学馆”。1953年3月16日经省人民政府批准，在原科学馆的基础上，成立湖北省博物馆（筹备处），并与湖北省文物管理委员会合署办公。1956年省人民政府决定在武昌水果湖新建湖北省工农业展览馆（简称省农展馆）。该馆建成以后，三分之一作为省博物馆的展厅和办公室。1959年春天，省人民政府拨款22万元人民币，决定省博物馆在东湖现址内建一栋新的陈列展览楼，以收藏和整理日益增加的文物及标本。1960年秋落成，董必武亲自为新楼题写了馆名：“湖北省博物馆”。

1981年，武昌辛亥革命纪念馆从省博物馆分离，成为独立的文博机构。

湖北省文物考古研究所于1987年自湖北省博物馆分离，成为隶属于湖北省文化厅的独立法人单位，具备国家文物局认可的考古发掘团体领队资格。在湖北省文化厅（文物局）的领导下，主要担负湖北省境内的文物保护、考古发掘、文物建筑保护设计维修等项工作，承担配合大、中型基本建设的文物保护与考古调查、勘探、发掘任务，组织编写考古报告，开展科学研究。

2002年湖北省博物馆与湖北省文物考古研究所重新合并。

2007年湖北省博物馆被评为国家一级博物馆

2009年湖北省博物馆被评为首批全国8家中央地方共建的国家级博物馆之一。

历任馆长 陈国钊、谭维四、舒之梅、陈中行、王红星。

业务活动

基本陈列 该馆在主体部分的综合陈列楼举办《曾侯乙墓出土文物展》、《九连墩纪事》、《郧县人》、《屈家岭》、《战国秦汉简牍》、《秦汉漆器艺术》、《梁庄

《曾侯乙墓》展

王墓》等11个展览。这些基本陈列在展览内容设计上，充分发挥馆藏的优势并考虑不同年龄、不同知识结构观众的心理特点和接受能力。每个展览都配备了多媒体设备，设置观众模拟、参与项目，视听室还循环播放与各展览有关的影像资料。其中，《曾侯乙墓出土文物展》作为湖北省博物馆最具代表性的基本陈列，全面的反映了曾侯乙时期的礼乐文化。陈列分祭厅、青铜器、兵器、车马器、竹简、漆木器、金玉器和乐器八大部分，共展出最具代表性的文物360件。其中，造型奇妙、工艺精湛、纹饰华美的青铜鹿角立鹤、联襟大壶、尊盘、鉴缶；迄今仍很锋利的多戈戟和三角剑形的殳；包容文字资料颇多、又系我国最早的竹简；重达2156克的特大金盏；制作方式与风格迥异于楚、秦的漆木竹器等，均是考古中所罕见的珍品。尤其是乐器展品中的一套青铜编钟，更是无价之宝。音域宽广，音色优美，可以演奏中外各种乐曲，被誉为世界音乐史上的一大奇迹。

楚文化馆作为湖北省博物馆展馆的另一翼，有固定陈列《楚文化展》，楚文化作为先秦时期的一个区域文化，独具一格、自成一体、博大精深，是构成先秦华夏文明的重要组成部分。该展览分为八个部分，集中地展出湖北地区出土的楚文物精华，力求全面展示楚文化的辉煌。展品中有越王勾践剑、吴王夫差矛，还有复原的2002年在湖北枣阳九连墩发掘的楚国车马坑中的部分车马。

专题陈列 该馆一直把爱国主义教育作为办馆宗旨之一，并做出了不懈努力。建馆至今，已举办各种展览300余个，其中重要展览有《湖北出土文物》、《湖北革命文物》、《馆藏珍品展》、《董必武纪念展》、《周恩来百年诞辰展》等。每年接待数以十万计的学生和各阶层民众，同时也不定期举办流动展览，到县区和学校巡回展出，取得了良好的社会效果。自2007年11月免费开放后，

1.曾侯乙墓展厅一角——编磬 2.曾侯乙墓展厅一角 3.曾侯乙墓展厅一角——《九连墩纪事》 4.曾侯乙墓展厅一角——柜内陈列

虎座凤架鼓

该馆已举办《天津博物馆馆藏文物精品展》、《七彩霓裳——云贵高原民族服饰展》、《丰子恺书画作品展》、《南张北溥——台北历史博物馆馆藏张大千、溥心畬绘画精品展》等34个临时展览。加强了与国内外及港澳台地区的文化交流，为观众提供多元化的文化大餐。

藏品管理

［藏品来源］ 主要通过征集、考古发掘、调拨等途径取得。以考古发掘的出土文物为主。

［藏品类别］ 器类主要有陶、瓷器，青铜器，漆木器，简牍、兵器、古乐器、金玉器，古代字画，古钱币等。该馆收藏的文物既富地方特色，又具有时代特征，基本反映了湖北地区古代文化的面貌。一部分器物在中国古代文化发展史上具有举足轻重的地位。

［藏品统计］ 该馆现有馆藏文物26万余件，其中，国家一级文物千余件（套）、国宝级文物16件（套）。

［重要藏品］ 青铜器、漆木器为该馆馆藏特色，1978年出土于湖北随州的曾侯乙编钟堪称中国音乐文物的代表之作；是双音钟的典范。它由不同批次的多组编钟组成，共65件，分三层八组悬挂在曲尺形的铜、木结构钟架上。全部都是双音钟。全套编钟音域跨五个半八度，十二律齐备、可以旋宫转调。曾侯乙编钟的钟及钟架、挂钩上共刻写了3755字的铭文，内容为编号、记事、标音以及记录诸如音名、阶名、八度组、各国律名对应关系等方面的乐律理论，并且错金。据学者研究，其基本音级与现代钢琴一致。1965年12月出土于湖北望山一号楚墓的越王勾践剑通长55.6厘米，剑格宽5厘米，剑身上满饰黑色的菱形暗纹，剑格的一面由绿松石镶嵌组成美丽的图案，而另一面则镶嵌着蓝色琉璃，整个装饰显得华贵、典雅。靠近剑格处有两行错金鸟篆铭文，内容为：“越王鸠浅自乍用剑”，越王勾践剑的工艺之精美首屈一指，无与伦比。

该馆其他代表性藏品还有彩漆透雕小座屏、联襟对壶、郧县人头盖骨化石、元青花四爱图梅瓶等。

［藏品保护］ 该馆建有7000平方米的现代化的文物库房，配备了相应的文物保护设施设备，严格按照《藏品管理办法》的各项规定进行管理。建有完善的藏品数据库管理系统；藏品的保管工作做到制度健全，账目清楚、鉴定确切、编目详明；设有专门的文保部对破损藏品器物进行修复保存；馆内设立安全保卫部，中心监控室实行24小时值班制。重点要害部位安装技术安防设备和综合报警监控系统设施，落实完善了各项安全保卫制度。

考古发掘 湖北省博物馆自成立之初就设有考古部门，1989年考古部分离，单独成立湖北省文物考古研究所，2002年湖北省博物馆、湖北省文物考古研究所重新合并，湖北省博物馆现有专业考古研究人员70余人，具备领队资格的有十余人。主要考古发掘项目有：曾侯乙墓、包

梁庄王墓展厅一角

曾侯乙编钟

山楚墓、九连墩战国楚墓等。

科学研究

［科研队伍］ 湖北省博物馆编制105人。副高以上人员25人，其中正高8人。

［科研设施］ 湖北省博物馆设有文物保护研究中心，是从事文物保护科学技术研究与实践的专业机构，同时也是国家文物局重点科研基地“出土木漆器保护国家文物局重点科研基地”的依托单位。中心下设：漆木竹器保护实验室（漆木竹器的脱色、脱水、加固）、微生物研究实验室（利用生物技术对文物进行保护）、遗址原址保护研究室、综合化学实验室、漆木竹器文物修复室、青铜器保护修复室、综合修复室。科研设施设备齐全，中心现有科研设备包括：不锈钢恒温设备、冷冻升华设备、微电脑恒温恒湿箱、红外线干燥箱、恒温冷冻摇床、高速离心机、超净工作台、可见光光度计、紫外线可见分光光度计、液相色谱仪、红外水分测定仪、数字式黏度计、数码显微镜、体视显微镜、微颗粒测定仪、自动测色色差仪、低浓度溶解氧分析仪、SONY三维显微摄影仪、显微摄像系统、扫描电镜、木材含水量测定仪、各型天平及基本的办公设备。目前专门的文保大楼建设正在申报立项中。

［科研成果］ 建馆几十年来，该馆积极参与国内外学术活动，并在科研工作中取得累累硕果。首创“乙二醛脱水加固定型古代饱水漆木器”技术，1988年获文化部科技进步一等奖，1989年获国家科技进步三等奖。“曾侯乙编钟复制研究”、“战国曾侯乙编磬复原研究”等项目分别获文化部科技进步一等奖及三等奖。双音磬的研制获国家发明三等奖，“采用加温矫形工艺修复古代青铜器”获1992年度湖北省科技进步奖二等奖，“湖北大冶铜绿山古铜矿遗址原地保护与合理采矿方案的研究”获1993年度湖北省科技进步奖一等奖，“中山舰防腐保护涂料的研制”获2002年度湖北省科技进步奖三等奖。“采用PEG（聚乙二醇）复合液脱水加固定型出土饱水木构件”，2005度获湖北省科技进步三等奖。该馆有学术刊物《江汉考古》（季刊），从1980年创刊以来，及时向海内外报道了湖北境内考古发现的新材料及最新研究成果，为学术研究提供了重要资料，成为全国人文社会科学核心期刊。同时编辑出版《湖北省考古学会论文选集》（一）、（二）、（三）共三辑以及三峡考古报告集。已出版《郧县人》、《宜都城背溪》、《盘龙城》、《曾侯乙墓》、《铄石镂金——长江流域出土青铜器研究》、《包山楚墓》、《云梦睡虎地秦墓》、《江陵九店东周墓》、《江陵望山沙冢楚墓》、《肖家屋脊》、《铜绿山古矿冶遗址》、《柳林溪》、《庙坪》，《赤壁土城》等考古报告及学术专著。在湖北省文化艺术科研成果评奖中《秭归庙坪》获一等奖，《铄石镂金——长江流域出土青铜器研究》获二等奖。

宣传教育 长期以来，该馆一直把社会教育功能放在非常重要的位置，不断强化博物馆的社会教育功能，举办了多次教育推广活动，包括到部队院校举办博物馆走进军营讲座，举办暑期家庭活动日，为大专院校提供实训平台，举办“小小讲解员带你看文物”活动，结合展览举办针对教师群体的培训讲座，等等。真正把博物馆变成大、中、小学的“第二课堂”，把博物馆变成人们的终身课堂。同时，该馆一直高度重视志愿者队伍的建设与发展。2007年以来，通过规范管理、加强培训、扩大宣传等一系列措施，志愿者队伍稳步发展，人员结构日趋合理；志愿者组织建设不断加强，志愿服务日常管理逐步规范；志愿服务成绩显著，引起社会较大反响。200余名各年龄层次的志愿者通过长年坚持为广大观众提供讲解、咨询、参观引导、资料发放等服务，逐渐成为博物馆与社会紧密联系的桥梁和纽带，为传播博物馆文化、提升博物馆形象、促进社会和谐和精神文明建设做出了积极贡献，受到社会各界的充分肯定和高度赞誉。

交流合作 为对外展示湖北形象，宣扬中华民族灿烂悠久的文明，该馆先后在美国、法国、日本、新加坡等国举办了一系列外展，包括《曾侯乙墓特别展》（日本）、《中国周代艺术品展》（卢森堡）、《龙凤共舞》展（美国）等。这些外展的成功举办为宣扬湖北形象做出了较大的贡献。

作为展览的延伸，该馆的编钟乐团表演在国内外享有盛誉，自成立以来，先后应邀出访了日本、香港、台湾、新加坡、美国、德国、英国、法国、荷兰、卢森堡等国家和地区，以及与日本NHK国家电视台长期合作制作音乐节目。曾经参加建国35周年大典及97香港回归的庆典等演出。并与亚洲青年交响乐团、美国波士顿交响乐团、苏格兰交响乐团、纽约交响乐团以及台湾的国乐团等世界著名乐团合作演出，受到一致好评。

经营管理

［单位性质］ 社会公益性质的全民文化事业单位

［经费来源］ 地万财政拨款与中央财政拨款结合

［机构设置］ 湖北省博物馆与湖北省文物考古研究所、湖北省文物保护中心三块牌子一套班子合署办公。内设办公室、人事部、计财部、后勤部、保卫部、老干办、陈列部、社教部、市场部、文保部、保管部、信息中心、

基建办、史前考古部、历史时期考古部、科技考古部、考古协调部等17个部门，

［人员编制］ 湖北省博物馆现有人员编制105人，其中专业人员80余人

［服务观众项目］ 为满足观众“把博物馆记忆带回家”的渴望，有效实现了博物馆社会效益与经济效益的“双赢”，湖北省博物馆积极开展文化产品的开发与销售。现有营业面积1600平方米，包括纪念品销售、中餐、西餐、书店、咖啡厅等固定营业点7个。1983年成立了编钟乐团进行战国曾侯乙编钟复制件演奏，乐团自成立以来，编创排练了一百多首古今中外的名曲，每年演出1600余场，年接待观众10万人次以上，并先后出访美国、英国、德国、法国、荷兰、卢森堡、日本、新加坡以及台湾、香港等国家和地区。

［观众接待］ 年观众人数约140万人次

参观指南

［地址］ 武汉市武昌区东湖路156号

［邮编］ 430077

［电话］ 027-86794127

［开放时间］ 09:00－17:00（15:30停止入馆，周一闭馆）

［网址］ http://www.hubeimuseum.net/

［票价］ 免费

（撰文：王亮）

湖北钱币博物馆

Hubei Numismatic Museum

概述

类型 社会科学类货币专题博物馆

隶属关系 中国人民银行武汉分行

筹建时间 2002年12月

正式开馆时间 2003年10月28日

所在位置 武昌洪山广场南侧，中南路69号，中国人民银行武汉分行办公大楼3楼。

历史沿革 2002年12月26日人行武汉分行办公会上通过了筹建湖北钱币博物馆的决议，并成立了由彭志坚行长任组长的筹建领导小组。下设专家鉴定、征集、清理和装饰装修设计筹备专班。筹备专班以确保筹备工作正常有序开展，特制定了《湖北钱币博物馆征集工作管理办法》、《湖北钱币博物馆会计核算规定》、《湖北钱币博物馆

湖北钱币博物馆大门

藏品管理办法》、《湖北钱币博物馆和保管库安全管理暂行办法》相关制度及管理办法，经过“非典”和酷暑的洗礼，用十个月的时间湖北钱币博物馆于2003年10月28日建成开馆。填补了湖北省钱币展馆的空白，在全国钱币界形成了一定的影响。湖北钱币博物馆是依据中国人民银行“银三定办”［2004］58号精神，正式成为分行机关正处级直属单位。并依2004年12月16日中国人民银行武汉分行行长办公会决定，钱币博物馆设置钱币陈列保管科。2005年8月－2006年5月人行武汉分行任命张卫星同志任湖北钱币博物馆馆长，2007年5月至今，张能斌为湖北钱币博物馆馆长。配备2名工作人员负责征集、实物清理、博物馆开馆、学术研究，并兼会计、出纳等日常工作。

业务活动

基本陈列 湖北钱币博物馆陈列展出面积230平方米。馆内陈列了历代货币2811件，浓缩了中国钱币发展的历程，展示了湖北丰富的钱币资源。展品实物材质有金、银、铜、铁、铝、镍、锑、石、陶、贝、竹、布、纸等，其特色、珍品以湖北地方货币为主，如先秦时期有楚国货币的蚁鼻钱、楚大布、郢爰；清代有“宝武局”发行的多

展厅一瞥

楚　大布

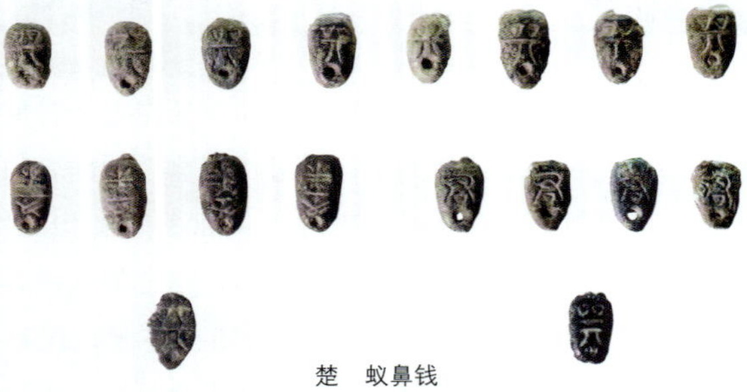

楚　蚁鼻钱

楚　郢爰

麦加利10元

麦加利50元

种版别的湖北铜钱、湖北官钱局、银元局等铸造发行的银锭、钱票和银元等；有近代中外银行在汉口发行和流通并负责兑换的近60种“汉钞”；有土地革命、抗日战争及解放战争时期，中国共产党领导的革命根据地在湖北发行的纸币、银元和铜元等等。

同时为体现博物馆“三贴近”的服务宗旨，馆内还陈列了第一套至第五套人民币票样，专设了人民币防伪展示区，为观众提供直观的真假人民币鉴别方法，了解到最新防伪知识和技能。

湖北钱币博物馆不仅在内容上，而且在陈列装饰风格上，注重体现湖北地方特色，展示出“楚风楚韵”的特色。

重点藏品　湖北钱币博物馆的藏品，以原人行中南分行保存下来的钱币实物为基础，通过人行武汉分行拨款征集、交换以及社会人士捐赠等多种途径获得，现有中国历代货币藏品约2万多件，外国货币约200多件。本馆重点藏品介绍如下：

一、镇馆之宝——“马克思银元”

本馆馆藏的马克思银元存世极为稀少，视为镇馆之宝。马克思头像银元正面主图案为马克思正面头像，长胡须，穿西装，系领带，头像上部铸有“中国苏维埃共和国造”字样。银元背面主图案有镰刀、斧头和壹元字样，顶部铸有五角星，相对应的底部有花瓣，主图与边缘环绕着装饰花纹以双层圈分开。外轮有齿。银元直径3. 9厘米，厚0. 25厘米，重约28克，含银量为80%左右。1931年7月中旬，地处鄂西北根据地的鄂北农民银行在湖北房县成立。鄂北农民银行成立后，印刷发行了兑换条和信用券，为提高苏区货币信誉，在缺乏铸造设备和技术力量的情况下，鄂北农民银行铸造了一种块状、上面打印有“维持”字样银质称量货币后，随着铸造技术的改善，开始铸造银元。有两种版式，一种是正面马克思头像，另一种正面是列宁头像，背面图案相同。1931年末因战争时局变化，鄂北农民银行被迫停业，其造币厂解散。

马克思银圆

二、襄河贸易管理分总局伍百元流通券

襄河贸易管理分总局伍百元流通券，为竖形，券宽66毫米、高136毫米，正面主图上有襄河贸易管理分总局流通券，中为行进中的火车、号码、凭券即付和边币伍百元字样，券面字样两侧为人名章，下边框印有“中华民国三十四年印”字样。背面印有“发行流通券条例”：（一）本局为调剂市面金融特发行五百元券一种；（二）凭券在本局及襄河建设银行分行及合作社官营商店即照票面兑换边币；（三）本券在襄河区各市镇流通并呈准三五专署缴纳田赋公粮关税公债一律通用；（四）本券由本局定期通告收回之。落款为局长、副局长之英文签名。豫鄂边区党委于1940年10月在根据地成立了财政经济委员会，建立了边区贸易管理局，下设分总局，如襄河贸易管理分总局，从事管理襄南地区的贸易经济活动。1945年襄河贸易管理分总局在残酷的战争形势下，因陋就简印制了少量的襄河贸易管理分总局伍百元流通券，在襄南乡镇发行，在很短的时间就停止流通，尤其是解放后收兑销毁了一部分，故此票也极为少见。

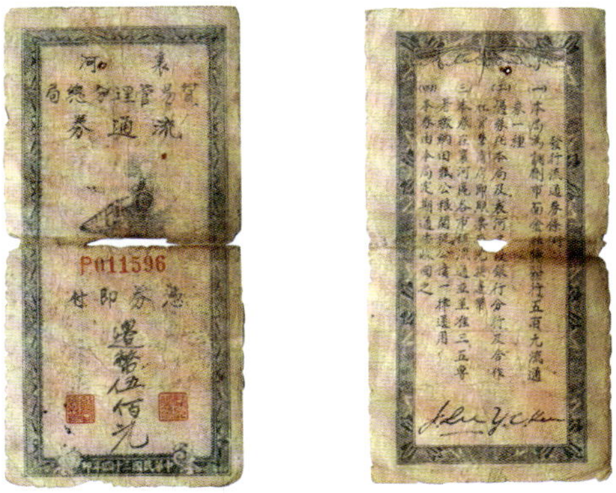

襄河贸易兑换券

铜印钞版

三、湖北省银行伍角铜印钞版

1926年11月5日湖北省立银行在汉口成立，两个月后被汉口中央银行接管。1928年11月1日由省财政厅拨付资本150万元，湖北省银行在汉口正式成立并开始营业。抗日战争期间（1938年8月）湖北省银行迁移恩施，抗战胜利后（1945年11月10日—12月10日）迁返汉口复业。于1949年5月16日由武汉市军事管制委员会物资接管部金融处接管。湖北省银行成立初便发行了一角、二角、五角石辅币券，之后陆续发行了五分、一元、五元、十元，共七种面额。该馆馆藏的伍角铜印钞版，是学会工作人员于80年代末出差时，在恩施州人民银行发现并收藏。钞版材质为铜，整版长442毫米，宽308毫米，厚为2毫米（周边4毫米略薄，约1.5毫米），伍角正面十二幅，以票面图案为界，尺寸长为116毫米，宽为57毫米。

四、“汉钞”

汉口是近代中国内地最大的贸易和金融中心，先后曾有70余家中外银行在此设立总行或分支机构，开展金融业务。1908年，浙江兴业银行汉口分行首次发行带有“汉口”字样的纸币，以后其他银行纷纷效仿。这些由汉口银行机构发行并负责兑换的纸币被称作“汉钞”，它可在武汉及其周边地区流通，信誉也较好。1927年以后，由于过量发行和政治纷争等因素，“汉钞”一度信誉大跌。1935年“法币”发行后，“汉钞”逐渐退出流通领域。该馆馆藏了其中23家银行的60多个品种。在众多的外商银行中，英国麦加利银行与汇丰银行是举足轻重的，其金融活动直接影响汉口银根的松紧、洋厘的高底。1853年经英王特

汉钞陈列

许，麦加利银行成立。1863年来汉临时赁屋营业，至1865年在汉口英租界内购买地皮，建立行址（洞庭街55号）正式开业。麦加利银行在中国发行的纸币，有银元票和银两票，汉口分行发行了票面为一元、五元、十元、五十元、一百元，五种银元券。该馆收藏了该行1924年3月1日发行的伍拾圆、拾圆、伍圆票三种，均为稀少品种。

五、湖北清代及民国银锭

清代至民国时期的湖北银锭种类繁杂、型制多样、造型优美、内涵丰富，有鲜明的地方特点，在中国银锭发展中占有重要的地位。该馆馆藏这个时期湖北地区27个县市43多个品种的银锭，如江汉关铸造的海关银锭，江汉关银锭为五十两的马蹄形锭，种类大约有十五、六种。锭面砸有三个长方形戳记，一横二竖。铭文内容上方横排为“江汉关”、竖排右侧为纪年、左侧为银号名和银匠名。现发现有两种样式的戳记，均为长方形，不同之处在于，一种戳记内的文字被一方框包围，而另一种则无框。江汉关银锭铸造的年代从光绪五年至宣统元年之间，数量以光绪年铸造的居多。铸造的银炉有“乾裕煒”、“有成号”、“协成号”；铸造工匠有“蔡春”、“蔡鸣”、“蔡长”、“王明”、“王松”、“罗芝”。江汉关银锭除五十两马蹄锭外，还有一种五两小圆锭，重175克，长5. 5厘米，高2. 8厘米，锭面正中有一方形戳记，铭文内容上方横排为“江汉关”，竖排右侧为“口税口”，左侧为“匠陶华”。这种银锭是湖北海关银中少见的品种。

六、湖北银元局银元票

光绪十九年（1893）十月初九日，湖广总督张之洞奏准，在武昌洗马池守备署旧址处改建湖北银元局，光绪二十年（1894），正式建成投产，开铸银元。光绪二十二年（1896），因湖北省市面上制钱奇缺，湖广总督奏准，湖北省银元局发行银元票，由日本印制。该馆收藏的银元票为光绪二十五年（1899）发行，中间直书“凭票取银元壹大元”，下端横书“重库平七钱二分”，其背面印有光绪二十五年二月二十一日官方谕示。目前仅发现湖北银元局发行的这一种纸票。

银锭

江汉关银锭

银元票

交流合作　湖北钱币博物馆的建成，是湖北钱币事业发展的一个重要标志，不仅成为弘扬钱币文化、宣传钱币知识的阵地，而且是收集和保护钱币及相关文献资料的机构，是培养和集结钱币研究人才的单位，也是开展钱币研究的基地，是钱币学会会员进行学术交流的平台。湖北钱币博物馆先后接待全国各省、市钱币专家、钱币爱好者，湖北省各大、中、小学生，金融系统职工及来自新加坡小学师生等，约上万人次。与辛亥革命博物馆联合举办了“反假币工作成果与教育展览”，2005年10月1日在辛亥革命博物馆免费对社会公众正式开放。展览两年中参观人数达到了2万多人次。为了扩大湖北钱币博物馆的影响，2007年在互联网上开辟了湖北钱币博物馆网站（HBNS.com.cn），建立了十几个栏目，力争把网站打造成“有特点、有亮点、有看点、受欢迎”的网站，充分利用图片、视频等方式，介绍湖北钱币博物馆近期活动、学术研究进展，泉园新闻，钱币文化基本知识以及百姓最关心地人民币知识等。

科学研究　湖北钱币博物馆充分利用馆藏资源，开展钱币学术研究，积极参加中国钱币博物馆、中国钱币与银行博物馆委员会组织的全国性学术交流活动，与中国钱币学会、鄂州（市）博物馆、鄂州市钱币学会等7个单位合作完成的《中国古代范铸法铸钱工艺模拟实验》课题，获得了全国银行科技进步二等奖；完成了《楚国蚁鼻钱的铸造工艺的研究》、该课题填补了钱币学和铸造史相关领域的空白，达到了国内外同行业的领先水平，是一项具有创新性工作，于2006年12月通过了总行科技司组织的部级鉴定会，同时与《清代至民国湖北银锭研究》、《湖北清代民国银锭形制和类别的研究》三篇论文分别荣获人民银行武汉分行重点课题二等奖、中国钱币学会第四届“金泉奖”中的优秀学术论文奖。湖北钱币博物馆陈列也荣获中国钱币学会第四届“金泉奖”优秀陈列奖。博物馆为进一步扩大钱币知识的宣传与武汉电视台制作的《湖北钱币博物馆》，在其魅力武汉栏目中播放一周，同时也获得中国钱币学会第四届“金泉奖”优秀陈列展览的提名。

注重研究成果的整理出版，对来自钱币学术研讨会或钱币研究者撰写的论文，进行整理、挑选，汇集，并分别于2006－2009年通过《武汉金融》出版了四期湖北钱币专刊，刊载文章152篇共计69万字。

经营管理

［单位性质］　非盈利性国营事业单位

［经费来源］　财政拨款

［机构设置］　设立馆长办公室，陈列室，文物库房

［人员编制及组成］　在编人员5人，其中高级职称2人，中级职称2人。

［观众接待］　年接待量2000人

参观指南

［地址］　武昌中南路69号人民银行武汉分行办公大楼三楼

［邮编］　430071

［电话］　027-87891014

［电子邮箱］　HBNS426@163.com

［网址］　http://www.hbns.com.cn

［参观时间］　需提前预约

［票价］　免费

（撰文：湖北钱币博物馆）

湖北警察史博物馆

Hubei Polic History Museum

概述

类型　社会科学类警史专题博物馆

隶属关系　隶属于湖北警官学院

创建时间　2008年6月

所在位置　位于武汉市古田三路特一号湖北警官学院北院

面积　占地面积1200平方米

布局　展厅设于湖北警官学院图书馆底层。同层附设业务办公场所及文物库房。

历史沿革　2008年6月，由湖北警官学院批准建立湖北警察史陈列馆，馆藏文物3000余件。2009年11月，为迎接湖北警官学院校庆60周年，湖北警察史陈列馆重新布展，购进警史文物500余件。2010年向湖北省文化厅申办设立湖北警察史博物馆。

基本陈列　湖北警察史陈列馆于2008年6月23日面向大众开放，展出警史文物3000余件，陈列面积1200平方米。

警史馆展厅

展示了从西周时期至共和国时期的湖北警察史的演变过程。展陈采用大通柜及立柜，使用人工照明方式，安装了报警器，配有讲解员。

藏品管理

［藏品来源］ 主要通过征集、捐赠、收购等途径取得。现有的文物藏品中，绝大多数为通过收购而得，以民国以后的警史文物为主。

［藏品类别］ 博物馆文物藏品分为证照类、徽章类、服饰类、胸章袖标类及综合类。

［藏品统计］ 截止2010年初，从战国时期至共和国各时期文物藏品总数为3520件。

民国二十四年湖北省竹溪县新建监狱落成纪念碑

民国消防头盔

［重要藏品］ 战国时期“警用”弩机、1931年武汉市警署辖区分布图

［藏品保护］ 博物馆建有专门的文物库房和配备相应的保护设施，严格按照《藏品管理办法》的各项规定进行管理。建立了文物藏品建档备案和电子文本；藏品的保管工作做到制度健全，账目清楚、鉴定确切、编目详明；库房内配备了必要的安全防火器材；更新安全了可靠的全封闭文物橱柜金属架等。重点要害部位安装技术安防设备和综合报警监控系统设施，落实完善了安全保卫制度。

科学研究

［科研队伍］ 博物馆有博士一名、研究生一名。兼职研究人员十名。

［科研设施］ 博物馆办公条件不断改善，每人配有电脑1台（包括台式、手提等），办公室配有传真机、数码相机及其它工作器材等。

［科研成果］ 近几年来，博物馆积极开展警史专业理论研究。自办有中国唯一一本警史读物——《警史钩沉》杂志。在《湖北警官学院学报》上发表了多篇警史研究论文。组织编写了《湖北警察史》。参加了武汉大学组织的国际学术研讨会。

交流合作 博物馆是一个服务于社会的文明窗口，开展交流合作是一项基本的业务活动。目前，每年接待参观人员近万余人。博物馆已经成为武汉市青少年爱国主义教育基地、硚口区委、区政府爱国主义教育基地。

经营管理

［单位性质］ 社会公益性质的国营文化事业单位

［经费来源］ 湖北警官学院全额拨款

［机构设置］ 设有馆长室、办公室、《警史钩沉》编辑部。与中国警察史研究所合署办公，并兼有中国警察文物收藏协会的业务职能工作。

［人员编制、组成］ 核定人员编制数3人。聘用人员5人。

［观众接待］ 年观众人数：约10000人次

参观指南

［地址］ 武汉市古田三路特一号

［邮编］ 430034

［电话］ 027-83301357

［电子邮箱］ hbeijingyuan@163.com

［开放时间］ 9:00－16:00

［票价］ 免费

（撰文：湖北警察史博物馆）

詹天佑故居陈列馆

Zhan Tianyou Room Memorial Hall

概述

类型　社会科学类名人专题纪念馆

隶属关系　隶属于武汉市文化局

筹集时间　1992年8月1日

开放时间　1993年4月26日

所在位置　武汉市江岸区

詹天佑故居陈列馆

面积　故居占地面积782平方米、建筑面积920平方米

布局　故居为一栋具有欧式建筑风格的砖木结构二层楼房，一楼左侧为主陈列展厅，右侧为詹天佑工作的书房陈列厅。二楼为居室陈列厅。

历史沿革　詹天佑是我国近代历史的伟人，是一代工程大师，是中国铁路建设的开拓者，1912年至1919年詹天佑在汉主持修建汉粤川铁路期间居住于此，直至去世。为了中国铁路建设，詹天佑一生几度举家迁移各地，汉口故居是唯一至今保存完好的旧址，2001年国务院公布为全国重点文物保护单位。该故居系詹天佑亲自设计建造。1912年詹天佑携全家由广州迁到此处，在汉期间詹天佑先后任汉粤川铁路会办、督办以及交通部首任技监，掌管全国铁道交通技术领导工作。他创立并领导多科性中华工程师学会，开拓祖国现代化工程学术专业。1916年获香港大学法学博士学位。1912年2月他代表中国政府赴海参崴、哈尔滨出席联合监管远东铁路会议，为维护国家利益，他针锋相对，据理力争，取得了我国武力护路的权利，粉碎了日本以武力护路进而侵占我国领土的阴谋。会议期间，詹天佑因日夜操劳，腹疾复发，于4月18日请假离开哈尔滨，20日回到汉口，21日入汉口仁济医院，24日因腹疾严重，导致心力衰竭，在汉口病逝，终年五十九岁。为弘扬祖国科技事业，激发后人爱国精神，1992年国家文物局，武汉市人民政府拨款160万元，将故居内20余户居民迁出，重新安置，对故居进行维修，恢复原貌。1993年1月建立詹天佑故居陈列馆，同年4月26日正式对外开放。1995年中共武汉市市委、市政府将詹天佑故居列为武汉市青少年爱国主义教育基地。

历任馆长　赵晓淋（1993）；余楚雄（1996至今）。

业务活动

基本陈列　《杰出的爱国工程师詹天佑》共分五个部分 1、留学美国 2、献身铁路精神 3、振兴科学技术 4、

詹天佑亲笔题字照片

1.“振兴科学技术”陈列　2.詹天佑工作学习的房间（复原）

竭力护路卫国 5、复原陈列；詹天佑工作学习（书房）。

藏品管理

［藏品来源］ 纪念馆筹建过程中，工作人员走访詹天佑亲人、朋友和同事，征集工作得到了大力支持，馆藏文物基本是亲属捐献而来。

詹天佑出国时使用的木箱

詹天佑工作时使用的计算尺

［藏品统计］ 馆藏文物43件，其中国家一级文物3件、国家二级文物2件、国家三级文物11件。

［藏品保护］ 詹天佑故居采光、通风性能相对较差，湿气、潮气较重。为了更好的保管和保存文物及相关资料，纪念馆派专人管理。

宣传教育 詹天佑故居是武汉市青少年爱国主义教育基地，该馆配备了专职讲解员，使基地充分发挥作用，大力弘扬爱国主义事业。

经营管理

［单位性质］ 国有事业单位。

［经费来源］ 财政全额拨款。

［人员编制］ 编制6人，在编6人

［服务观众项目］ 为观众提供专人免费讲解、简介，设有免费停车场。

［年接待量］ 3万人次

参观指南

［地址］ 武汉市江岸区洞庭街65号

［邮编］ 430017

［电话］ 027-82844493

［传真］ 027-82835804

［开放时间］ 9:00—17:00（节假日照常）

［票价］ 免费

（撰文：詹天佑故居陈列馆）

新四军第五师纪念馆

New Fourth Army 5th Division Memorial Hall

概述

类型 社会科学类历史遗址专题纪念馆

隶属关系 隶属于大悟县文化体育局

创建时间 1976年10月1日

开馆时间 2009年6月27日

所在位置 位于大悟县城南34千米处大悟山南麓的白果树湾

面积 占地面积近8000平方米、总建筑面积4142.03平方米

建筑特点 新四军五师旧址有28处（包括：五师军政首长住处、作战处、秘书处、参谋处、军需处、医务处、经济处、管理处、政治部、联络部、组织部、宣传部、《七七报》社、抗大第十分校、十三旅旅部、大山寺保卫战遗址、五师练兵场、党委办公室、鄂豫边区行政公署、鄂豫边区党校、礼南县政府、整风班、边区建设银行、边区消费合作社、医院、造纸厂、卷烟厂、兵工厂、宋斌烈士墓等），分

新四军第五师纪念馆

布在以白果树湾为中心约方圆5千米范围的11个自然村中。占地面积近8000平方米，总建筑面积4142.03平方米。房屋大都是清道光、咸丰年间的民用建筑，砖木结构硬山顶，小青瓦屋面。其中有的旧址原是宗氏祠堂，外墙青砖到顶，正屋前廊卷棚，室内方砖墁地，多间立柱梁架，雕刻花石柱础。部分旧址二层砖木结构，上房明间上下为鼓皮（当地明间柱之间的一种木）、雕花装修，有的旧址造型别致，外墙顶沿彩绘花纹，色泽鲜艳，石雕双龙雄居屋顶，通风叮当作响。旧址群体现了浓厚的民间建筑风格，是大悟县现存为数不多的古建筑佳作，具有重要的近代历史文物价值。

历史沿革 1939年2月，全国抗战进入相持阶段，李先念受中共中央的指派，率领一支小部队挺进鄂豫敌后，建立了新四军独立游击队。1940年1月，进驻大悟山，建立了新四军鄂豫挺进纵队。1941年4月5日，豫鄂挺进纵队改编为新四军第五师，通电全国，李先念任师长兼政治委员，刘少卿任参谋长，任质斌任政治部主任。1941年至1942年，新五师司令部驻扎在新屋畈，1943至1945年，移驻白果树湾，并以此为中心，与日伪顽展开了艰苦卓绝的武装斗争。新五师不仅自己卓有成效地抗击了日本侵略军，还对逼蒋抗日、巩固和维护抗日民族统一战线、配合华北八路军和华东新四军兄弟部队抗击日伪顽军起到积极的支持策应作用，为国家民族的独立解放立下了不朽功勋。抗日战争胜利后，新四军五师作为中原的主力部队，并于1946年6月26日成功地实施了震惊中外的“中原突围”，打响了解放战争的第一枪，揭开了解放战争的序幕。新中国成立以后，旧址得到了专门的保护，并于1977年正式成立四军第五师旧址保护机构，即为新四军第五师纪念馆。1981年新四军第五师旧址被确立为省级文物保护单位，1996年成为国家重点文物保护单位，2003年被中宣部确定为第三批全国爱国主义教育示范基地，是全国红色旅游百名经典景区之一，2009年被湖北省评定为“AAA”景区。

序厅

历任馆长 陈济民（1979－1980）；段守纪（1980－1986）；魏有刚（1986－1991）；陈冬泉（1991－1996）；黄代胜（1996－1998）；汪作泉（1998－2000）；陈冬泉（2000.1至今）。

业务活动

专题陈列 新四军第五师发展壮大史实陈列

经营管理

［单位性质］ 社会公益性国营事业单位

［经费来源］ 地方财政（县级）全额拨款

［人员编制、组成］ 专业技术人员5人，其中文博专业技术人员3人。

［观众接待］ 年观众人数约9200人次

参观指南

［地址］ 大悟县芳畈镇白果树湾

［邮编］ 432800

［电话］ 0712－7222517

［电子邮箱］ 253402618@qq.com

［票价］ 免费

（撰文：大悟县革命博物馆）

嘉鱼县博物馆

Jiayu County Museum

概述

类型 地方综合性博物馆

隶属关系 隶属于嘉鱼县文化体育新闻出版局

创建时间 1988年8月

所在位置 位于嘉鱼县北门湖，文庙山脚下，北靠长江干堤，东临金虾湖。新馆址位于茶庵岭，西邻梅蟹湖，南连工业区（暂未搬迁）。

面积 占地面积500平方米

嘉鱼县博物馆外景

县文体中心大楼

布局　主体建筑为嘉鱼县文化体育中心，共八层，博物馆位于五楼，设有大、小两个展厅，展览面积共374平方米，文物库房36平方米，文物整理室20平方米。

历史沿革　1988年8月，县编制办公室批准设立嘉鱼县博物馆，为县文化局直属二级单位，由文化局内部调剂，馆址借用县图书馆4楼一间办公室办公。1998年在文体局办公大楼上修建博物馆，2000年完成一期博物馆建设工程，建筑面积212平方米（其中文物库房17.5平方米，陈列室168平方米），2000年11月迁入新馆办公。2001年11月到2002年2月，完成二期博物馆建设工程，建筑面积35平方米（办公室、文物整理室各15平方米），博物馆现有馆舍面积247平方米。2002年底铺装陈列室及过道地砖180平方米。2004年2月对陈列室门窗进行了整修并刷了油漆。2006年通过土地置换，于2008年在县茶庵开发区开工修建嘉鱼县文化体育中心大楼，共八层，博物馆在第五层，2009年底，主体工程完工，现处于装修阶段。

历任馆长　尹业富（1989－1990）；雷兰春（1990－1991）；朱强（1991－2004.12　副馆长）；朱强（2004.12至今）。

业务活动

专题陈列　该馆从1995年开始，多次主办临时性展览。

1995年9月，制作了《纪念抗日战争暨世界反法西斯战争胜利45周年资料图片展》，在县工人俱乐部和全县各乡镇中学进行了巡回展览，后参加由咸宁地委组织部、地委宣传部和地区文化局组织的《纪念抗日战争暨世界反法西斯战争胜利45周年资料图片展》，荣获组织奖和特别制作奖，参观展览的社会各界人士和中学生约8000人次。

1998年该馆借用图书馆阅览室举办了《“恩来百年”图片展》，在十天时间里共接待全县9所中小学生和社会各届人士5000人参观，县电视台作了专题报道。

2000年春节期间，在县博物馆陈列室，举办了《肖烈炎个人书画展》，丰富了该县的春节文化生活。

藏品管理

［藏品来源］　主要通过征集、考古发掘、上缴（交）、捐赠、收购等途径取得。现有的文物藏品以陶器为主。

［藏品类别］　嘉鱼县博物馆文物藏品分为传世文物、出土文物和革命文物三大类。其类别有石器、陶瓷器、铜器、铁器、石器、石雕、石刻、化石、字画、古书、钱币等。

［藏品统计］　截至2006年底，从新石器时代至民国各时期文物藏品总数为265件。其中国家一级文物1件，二级文物4件，三级文物4件。

［重要藏品］　汉代宝鼎二年青铜镜、三国错金银青铜努机等。

唐　青釉辟雍砚

［藏品保护］　该馆建有专门的文物库房和配备相应的保护设施，严格按照《藏品管理办法》的各项规定进行管理。凡是具有历史、艺术或科学价值的一、二、三级藏品，经省级文物鉴定委员会专家组的严格鉴定，均建立文物藏品档案和电子文本；藏品的保管工作做到制度健全、账目清楚、鉴定确切、编目详明；运用传统方法对一些破损藏品器物进行修复保存；库房内配备必要的安全防火器材。按照《博物馆安全保卫规定》和三级风险等级安全防护规定要求，馆内重点要害部位安装技术安防设备和综合报警监控系统设施，落实完善了各项安全保卫制度。

宣传教育　在县棉麻公司基建工地考古发掘过程中，省、市、县三家电视新闻媒体对发掘工作做了大量报道。1999年7月15日湖北电视台在《湖北新闻联播》、《新闻早班车》、《新闻空间》中对该考古发掘工地进行了滚动报道；《咸宁日报》也在7月17日头版作了及时的报道，同时在发掘现场接待参观群众4万余人次。

2002年5月该馆为县赴韩国招商引资代表团摄制的介绍

嘉鱼投资环境的形象片《南有嘉鱼》提供风景名胜和文物资料，不失时机地宣传了文物保护，支持了该县的经贸活动，且参与了国际间的文化交流，对于该馆来说，在文物保护宣传工作上迈出的是一小步，在县文博事业上迈出的是一大步。目前这一短片作为该县电视台的题头片每晚播出（开、闭路同时播出），受众达几十万人次，取得了良好的社会效益。

2003年9月配合咸宁市竹文化节专题片的摄制，该馆向市电视台提供了二个省保单位、一个县保单位等三个摄制点，县文体局局长还亲自参与了关于嘉鱼县古代文明起源的访谈节目，向参加竹文化节的各地客商展示了嘉鱼县深厚的文化底蕴和独特的江南风情，使“文物保护人人有责”深入人心。

另外，该馆还为《诗词楹联湖北卷嘉鱼分卷》、县书画协会出版的书画集提供了清代、民国时期的名家名人楹联、书画资料，繁荣了乡土文化。

考古发掘 1998年嘉鱼县牌洲湾崩堤后，在国家拉动内需的大经济环境下，该馆抓住灾后重建，堤防加固，小区开发的机遇，积极开展文物保护工作。一是配合全县堤防岁修、道路开挖、移民建镇和小区开发等大型工程进行文物调查，范围涉及全县八乡镇二区（茶庵开发区、三湖连江风景区）50余处基建工程，如京珠公路连接线茶庵开区至朱砂段、武蒲公路茶庵至舒桥段、堤防加固取土场等，面积达30万平方米；二是加强在建工程文物抢救保护。1999－2000年配合省考古所、市博物馆对嘉鱼县棉麻公司、人行嘉鱼支行、茶庵开发区县教委基建工地、八斗仁安岭移民建镇、高铁龟湖农田改造工地等工程进行抢救性考古发掘，共清理、发掘汉至明代古墓葬10座，出土文物40余件，追缴流散文物20余件。该馆之所以能取得这些成绩，重要的是一点在于长期以来坚定不移地贯彻执行文物法规、依法行政，主动开展各项业务工作。通过协商、协调和听证会各种方式化解经济建设与文物保护的矛盾，消除对文物法规的误解，争取施工单位合作，以实际行动和工作成果赢得县委、县政府对文物事业的理解和支持。

经营管理

［单位性质］ 社会公益性国营文化事业单位

［经费来源］ 地方财政（县级）差额拨款

［机构设置］ 设有馆长室、办公室、文保业务科、安全保卫科。

［人员编制、组成］ 核定人员编制数1988年至2006年为2人（文体局内部调剂）。全馆现有专业技术人员1人，其中文博专业技术人员1人（搬迁新馆后人员会有所增加）。

参观指南

［地址］ 嘉鱼县城茶庵开发区

［邮编］ 437200

［电话］ 0715-6313968

［电子邮箱］ jyxbwg@126.com

［开放时间］ 8:30－16:30

［票价］ 免费

（撰文：朱强）

蕲春县博物馆

Qichun County Museum

概述

类型 地方综合性博物馆

隶属关系 隶属于蕲春县文化局

创建时间 1990年11月

所在位置 蕲春县博物馆位于蕲春县漕河镇付畈村，坐西向东，西依一小山，东临文化广场人工湖

面积 占地面积1万平方米

建筑、布局 建于2005年，占地面积约10000余平方米，水泥砖混结构，仿明清徽派建筑风格，按照总体设计规划，主楼和附属楼整体呈“品”字形布局，目前一期工程完工并投入使用，二期工程式待建，一期工程设有办公室、专题展厅、临设展厅、观众接待处、库房等。

历史沿革 1986年2月15日，蕲春县政府批准设立蕲春县李时珍纪念馆，编制13人。同年，纪念馆仿明代建筑风格的展馆和本草纲目碑廊初步建成并开馆。

1990年11月，县文化局向县政府报告，撤销文物保护股，设立蕲春县博物馆，12月29日，蕲春县编制委员会发文，同意设立蕲春县博物馆，为股级事业单位，人员编制三人。

蕲春县博物馆大门

博物馆成立后，对李时珍纪念馆存放的文物进行分类，属医药行业类的文物，留存李时珍纪念馆。历史文物及其它文物全部移交县博物馆对其进行清理、登记、造册、建卡，进行有序管理。随之对全县文物进行了普查，核实公布县内所有文物保护点和文物保护单位。

2000年初，根据国家《文物保护法》及省市文物主管部门文件要求，成立了文物调查勘探队，并在全县范围内进行多次文物考古调查勘探。从此，该县文物保护管理工作走上规范化、法制化道路。

历任馆长 田兴旺（1991－1993. 3 负责人），张寿来（1991－1993. 3 副馆长主持业务工作）；左俊文（1994. 3－1995. 4 负责人），张寿来（1993－1995. 4 副馆长）；刘延良（1996. 3－2000. 3 负责人），张寿来（1996－2000. 3 副馆长主持业务工作）；张雪冰（2000. 3－2007. 5 负责人），张寿来（2000－2007. 3 副馆长主持业务工作）；段涛涛（2007. 5至今 负责人），王宏彬（2009. 3至今 副馆长主持业务工作）。

业务活动

基本陈列 该馆近几年以来，先后举办了《蕲春名人教授展》、《蕲春县馆藏古字画精品展》、《蕲春县历史名人展》等融知识性、趣味性、观赏性于一体的陈列展览，陈列面积200平方米，图文并茂，通俗易懂，配有专业的讲解员，通过展览，为观众了解蕲春县历史，历代名人生平简历，生活轶事，蕲春县教授分布情况等，提供了一个好的平台，使观众开阔视野，增长知识，了解蕲春的历史底蕴，成为公众流连忘返的文化园地。

该馆于2009年11月份打造专题展览《明代荆王家族出土文物精品》，陈列面积200平方米，安装了报警系统，配有专业讲解员，展览分为十代荆王、近几年荆王家族墓出土文物、朱氏后裔今貌等几个部分，陈列以大量珍贵出土文物为载体，以历史事实为依据，再现了古城蕲州的辉煌历史和十代荆王的奢华生活，以及随着大明王朝的轰然倒塌，朱氏后裔回归平淡的艰辛历程。

《蕲春县墓碑石刻展》，陈列面积150平方米，展陈采用大通柜，人工照明方式，展览陈列了蕲春县历年出土及收集的各种墓志铭、石刻等，铭文为研究蕲春县的历史、考究历史原貌提供了珍贵的实物例证。

藏品管理

［藏品来源］ 藏品主要来源于捐赠、上缴、文物收购留存、考古发掘出土文物、公安部门在当地侦破案件移交五部分。馆藏文物展示了蕲春各历史时期的特色。

［藏品类别］ 文物藏品分为传世文物、出土文物和革命文物三大类。其类别涵盖石器、陶瓷器、铜器、铁器、木雕、石雕、石刻、金银器、玉器、字画、古书、钱币等。高等级的青铜器、瓷器、金器、古字画构成了该馆独领鄂东地区文物等级之首的特色。

北宋 青釉莲瓣纹瓷碗

明 金镶宝玉仙人乘车

战国 良金二铢铜钱牌

西周 铭文方鼎

［藏品统计］ 截至2007年底，该馆馆藏文物数量达到10086件，其中三级以上文物达到401件，国家一级文物15件。

［重要藏品］ 青铜器类有商周时期的铭文方鼎、圆鼎、爵、斗、杯及兵器；钱币类有钱币学界苦苦寻觅的珍稀币种良金一铢、二铢、四铢，尤其是二铢钱属海内外孤品；陶瓷类文物有越窑、龙泉窑、建窑、吉州窑、德化窑及景德镇窑系；金银类藏品1000余件（套）从宋代窖藏金器到明代荆王家族的金器种类齐全。该县收藏的文物还有如下三大特点：

一、商周至战国高级别的青铜重器（如鼎、鬲、爵、兵器、钱币等等）得到上级权威专家的肯定。

二、汉代文物的收藏十分丰富，有近千件之多。涵盖了当时社会各个领域的文物品类。除此之外，黄冈市博物馆收藏的一千多件汉代文物也全部来自蕲春。

三、明代文物的收藏数量之多，级别之高闻名全省。至目前，该馆共收藏明代荆王家族文物1000余件。其精湛复杂的工艺水平令今人叹为观止。

［藏品保护］ 该馆建有专门的文物库房和配备相应的保护设施，严格按《藏品管理办法》的各项规定进行管理。凡是具有历史、艺术或科学价值的一、二、三级藏品，经省级文物鉴定委员会专家组的严格鉴定，均建立文物藏品档案和电子文本，藏品的保管工作做到制度健全、账目清楚、鉴定确切、编目详明；运用传统方法对一些破损藏品器物进行修复保存；库房内配备必要的温度计、湿度计、恒温计以及安全防火器材；馆内设立安全保卫科，选配专职保卫干部。重点要害部位安装技术安防设备和综合报警监控系统设施，落实完善安全保卫制度，配备专职保卫人员坚持24小时值班。

考古发掘2001年初，根据省文物主管部门的要求，成立了文物调查勘探队，负责全县范围内的考古发掘工作。调查勘探队自成立以来，在全县公路建设、铁路经济开发区建设、罗州城粮食储备库的建设、横车火铺村招商引资工地发掘等建设中，抢救清理了一些古墓葬和遗址，出土了一批珍贵的文物，极大的充实了馆藏文物，在西气东输、红色旅游线路的调查勘探中，该馆工作人员本着严谨、负责的精神进行实地调查勘探，确保该县地下文物的安全。

科学研究

［科研队伍］ 馆员4人，初级助理馆员5人。

［科研设施］ 蕲春县博物馆自2009年5月份搬到文化广场新馆以来，为配合全国第五次文物普查和日常工作需要，办公条件得到极大改善，现已配备台式电脑4台，手提电脑4台，复印机2台，各种型号的数码相机3台及其它工作器材。

［科研成果］ 多年以来，蕲春县博物馆积极开展文博专业理论研究，先后在国家、省市各级刊物发表专业论文百余篇，如《湖北蕲春出土一批战国青铜器》（《文物》1990年第一期），《湖北省蕲春县坳上湾新石器时代遗址》（《考古》第七期），《蕲春县近年出土的铜镜》（《江汉考古》第43期）；《虎符初释》（《探究与发现》，湖北人民出版社）等。

经营管理

［单位性质］ 社会公益性质的国营文化事业单位

［经费来源］ 地方财政（县级）全额拨款

［机构设置］ 设有馆长室、办公室、文保业务科、安全保卫科。

［人员编制、组成］ 核定人员编数2005年9人，2009年为12人，全馆现有专业技术人员8人，其中文博专业技术人员7人。

［观众接待］ 年参观人数约50000人次

参观指南

［地址］ 蕲春县漕河镇文化广场人工湖畔

［邮编］ 435300

［电话］ 0713-7217281、0713-7228945

［开放时间］ 8:30—16:30

［票价］ 免费

（撰文：郑飞）

鹤峰县民族博物馆

Hefeng National Museum

概述

类型 地方综合性博物馆

隶属关系 隶属于鹤峰县文化体育局

鹤峰县民族博物馆陈列大楼

创建时间 1979年1月

所在位置 位于鹤峰县容美镇陵园路24号，鹤峰满山红革命烈士陵园风景区内。

面积 占地面积5000平方米

布局 主体建筑分为博物馆陈列大楼和民族碑林及红四军五路指挥部旧址三个部分，相互之间可以连通。展厅设于陈列大楼一楼，二楼为临时陈列展厅、业务办公场所、监控室简易文物库房，三楼为图书室、档案室。陈列大楼前建有花园、栽有树木、停车场。

建筑特点 博物馆陈列大楼筹建于1980年4月－1985年9月，为砖混结构两层平顶房，坐北面南，平面呈“∟”形，占地面积800平方米，建筑面积1420平方米，展厅面积800平方米。文物库房60平方米，还有办公室、会议室、监控室等其他用房。砖木结构的民族碑林长廊环绕陈列大楼南侧和西侧，面积260平方米。

主楼西侧建有一正一横悬山顶穿斗式板装瓦房，为红四军第五路指挥部旧址，该旧址为翘檐出水杆栏式廊道的典型土家民居吊脚楼建筑，占地面积204平方米。

历史沿革 自1950年至1978年，鹤峰全县的文物调查、文物收集、文物保护研究工作由鹤峰县文化馆具体承担。

1978年11月，鹤峰县革命委员会向湖北省革命委员会递交《关于成立鹤峰县湘鄂边苏区革命文物陈列馆的请示》的专题请示，1979年1月，湖北省革命委员会批复同意成立鹤峰县湘鄂边苏区革命文物陈列馆，同时从文化馆抽出一名干部负责鹤峰县湘鄂边苏区革命文物陈列馆的筹建工作。

1980年4月，鹤峰县革命委员会行文成立鹤峰县博物馆、并从文化系统调配四名干部负责博物馆工作，同时博物馆陈列大楼在县城满山红陵园风景区正式破土动工。

1989年5月28日，由廖汉生题写馆标的“湘鄂边苏区革命文物陈列馆”举行开馆仪式。州文化局、博物馆及恩施、长阳、五峰、湖南石门、桑植等文物部门派员前来祝贺。

1991年12月，经鹤峰县机构编制委员会同意，成立鹤峰县文物管理所，与博物馆（两块牌子一套班子）合署办公。

1994年5月，县博物馆推荐7件馆藏文物送宜昌，经国家文物鉴定委员会专家组鉴定，其中4件被确认为国家珍贵文物，2件为国家一级文物。

1995年4月，县博物馆推荐8件馆藏文物送宜昌，经国家文物鉴定委员会专家组鉴定，其中2件被确认为国家一级文物。

1995年8月，在陈列大楼西侧，兴建土司碑林，陈列反映容美土司和麻寮土司时期的碑刻15通。

1997年4月，鹤峰“湘鄂边苏区革命文物陈列馆”被恩施土家族苗族自治州州人民政府公布为首批爱国主义教育基地。

1997年，县博物馆被省文化厅、省人事厅授予“全省文化先进集体”称号。

1997年至2005年，县博物馆在恩施自治州文物工作评比中，6次荣获第一名。

2000年5月13日，省文化厅副厅长、省文物局局长沈海宁一行来博物馆视察文博工作，对“鹤峰县苏维埃政府旧址”、“官坟园石刻九峰桥”及博物馆文物库房等实地踏勘。并充分肯定了鹤峰的文博工作，称“鹤峰博物馆的工作在全省县市博物馆中都是一流的”。

2001年2月，县博物馆被省文化厅授予“全省十佳文博单位”称号。

2001年5月，县博物馆被省文化厅、省公安厅授予“全省文物安全保卫工作先进集体”称号。

2001年9月，对陈列大厅展柜进行升级改造。

2002年4月5日，经过全面改造后的《湘鄂边苏区革命文物陈列》举行新馆开馆仪式，对外开放。

2003年10月，扩建民族碑廊。

2004年7月22日，举行民族碑廊揭幕暨民族文物陈列开馆仪式。恩施州委宣传部部长和县委书记为仪式剪彩并讲话。恩施州各县市及湘鄂边地区文博单位派员前来祝贺。

2005年11月，湖北省文物鉴定专家组来馆，鉴定确认了一批国家珍贵文物，其中国家一级文物三件。

2007年对馆藏一、二、三级文物信息资料录入与照片信息资料的合成，完成了馆藏一、二、三级文物信息数据库的建设。

2008年3月，根据中宣部、财政部、文化部、国家文物局《关于全国博物馆、纪念馆免费开放的通知》精神，该馆三大基本陈列正式免费对外开放。

历任馆长 危祖华（1979.1－1984.2）；邓万忠（1984.2－1985.1）；危祖华（1985.1－1989.3）；洪家定（1989.3－1992.4 副馆长）；戴德明（1992.4至今）。

业务活动

基本陈列 该馆目前有《湘鄂边苏区革命文物陈列》、《民族文物陈列》、《民族碑廊》三个专题陈列长期对外开放：

《湘鄂边苏区革命文物陈列》主要反映第二次国内革命战争时期鹤峰土家儿女在中国共产党领导下，创建、巩固和

1.《民族文物陈列》厅 2.《湘鄂边苏区革命文物陈列》厅 3.民族碑廊

发展以鹤峰为中心的湘鄂边革命根据地的斗争历史全过程。展出革命文物藏品167件。陈列以时间为主线，陈列面积400平方米，以大量实物为信息载体，以沙盘模型、知名人士、战斗遗址、驻军旧址等图片和图表为辅助、把鹤峰重大革命历史事件串联起来，较为系统地展现了鹤峰苏区发展的历史兴衰。陈展采用大通柜，使用人工照明方式，安装了红外线探头和摄像机等监控设备。展出藏品170余件。分武器、医疗器具、生产、生活用品、文告等类别。

《民族文物陈列》主要陈列该县区域内发现的各种古生物化石；溇水流域考古发掘、出土的商周——魏晋南北朝时期的部分典型器物；容美土司时期的相关文物；近、现代民族民俗文物等。从土家族的衣、食、住、行、用等方面，重点反映本地区以土家族为主体的少数民族创造丰富而又绚丽多彩的民族民俗文化。展出藏品167件。陈列面积400平方米，以大量的珍贵实物为信息载体，较为系统地展现了鹤峰民族历史、土司文化发展的兴衰。陈展采用大通柜，使用人工照明方式，安装了红外线探头和摄像机等监控设备。展出藏品277件。分出土器物、随葬器物、生产、生活用品。

《民族碑廊》主要陈列以明清时期容美土司宗教信仰、制度公约、学校教育、疆域版图、诰封加爵、著名战例、农业经济、文化交流、进京朝贡等为主要内容的碑刻46通，分原始碑刻、复制碑刻。陈列面积260平方米，把收集的容美土司时期的原始石刻和部分复制石刻进行有序组合，采用亭廊结合，婉转曲折，并以“龙摆尾”的造型设计展示出来。

专题陈列 该馆从1983年5月开始至2009年12月止，先后举办20多次各种临时专题展览。部分专题展览意义深远，影响较大。

1982年3月，主办大型图片展《“红色的见证”鹤峰苏区革命文物图片展》，展线长20米，以革命旧遗址、革命文物、历史人物和老红军、老赤卫队员重访鹤峰、苏区新貌等为主要内容的图片，共展出图片285张。并在县城和各个乡镇进行了巡回展览，接待观众10000余人次。

1991年6月，主办《鹤峰苏区革命文物图片展》，展出图片284幅，革命文物74件，历时3个月，巡展于城区厂矿、学校及全县各乡镇和中小学，接待观众50000余人次，心得体会300余篇。

1992年8月，为庆祝鹤峰首届经贸大会的召开，推出鹤峰《民族文物精品展》，首次向与会代表和观众展示反映该县少数民族历史文化的图片68张，虎钮錞于、双兽钮铜钟、编钟、钺、洗、挑花织品、木雕等馆藏文物精品145件套，陈列占地面积200平方米。共接待来自4省39个县市的代表团、外地客商和游客5000余人。

1997年6月，为庆祝香港回归，博物馆推出了《香港百年》大型图片展览，展览分为“世纪屈辱”、“不屈不挠”、“百年心愿”、“东方明珠”、“喜迎回归”五部分。展线长达80米，图片近千张，展出时间一个月，在县城和部分乡镇展出，接待观众20000余人次。

1997年11月，鹤峰博物馆、鹤峰县科协在县科技馆举办了《考古发现与古代科技》专题展览。展出该县了铁炉江口、刘家河遗址出土文物及考古发掘现场图片资料。

1999年9月，由县委县政府主办，县博物馆承办的大型图片展览《光辉的历程》赴恩施州展出。展览分为“鹤峰概览”、“今日鹤峰”、“溇水文化”、“美好前景”四大部分，共展出图片200余幅。

2001年5月，为纪念中国共产党诞辰80周年，县博物馆承办的大型图片展《辉煌历程》创该县图片展规模之最，展线全长50米，展板面积达100平方米，展出图片200余幅。在馆内展出1月后下乡到燕子、五里潼泉、容美等乡镇巡回展出，共接待观众25000人次。

2004年5月，中日韩民俗演艺保护与研究学术研讨会在鹤峰召开，博物馆推出了《鹤峰县民俗演艺陈列》，陈列占地面积400平方米，以反映鹤峰地域的傩戏文化等为主要内容，展出傩戏脸谱、道具、书籍等相关文物藏品120件。

2007年5月至6月，为纪念5月18日世界博物馆日和中国的第二个文化遗产日，在县城举办了《鹤峰文物》大型图片展，以流动宣传车下乡宣传、免费参观文物陈列等多种形式的宣传活动。

专题陈列 展览总面积200平方米

藏品管理

［藏品来源］ 主要通过征集、上缴（交）、捐赠、收购等途径获得。现有的文物藏品中，绝大多数为通过征集、收购、考古发掘获得。1996年3月22日，前往桑植参加贺龙元帅诞辰一百周年纪念活动的薛明，委托鹤峰县代表团向鹤峰县博物馆捐赠贺龙元帅生前穿过的中山服一套；前全国人大副委员长廖汉生也向博物馆捐赠《贺龙年谱》、《贺龙文选》、电视专题片《长征纪事》等文献资料。

［藏品类别］ 文物藏品分为传世文物、出土文物、革命文物、货币、自然标本、文献资料六大类。其类别有石器、陶器、瓷器、铜器、金银器、牙角器、竹木器、石刻、字画、古书、玉器、字画、钱币、古生物化石、其他金属器等。

［藏品统计］ 截至2008年底，该馆从新石器时代晚期至民国各时期文物藏品总数为14877件（套）。其中传世文物和出土文物14363件（套），革命文物290件（套），文献资料218件，自然标本6件。其中国家一级文物7件（套），国家二级文物7件（套），国家三级文物81件（套）。

［重要藏品］ 河图洛书砖图 1979年在新鹤公社屏山村出土，方形，长33.5厘米，宽33厘米，厚5厘米，灰陶，面阴刻以八卦为基础的河图洛书图案。河图洛书排列组合与常卦差异较大，阴阳种类居多且变化无穷，对土家族历法有重要的研究价值，目前在我县周边县市乃之省均为少见。

虎钮錞于 1983年9月在县城附近鸡公洞峡谷出土，为战国时期青铜乐器。扁圆肩单虎钮直口式，通高42厘米，重7500克。

明永宁寺双兽钮铜钟 1976年5月，在走马镇锁坪乡征集了1件明代古庙宇“永宁寺”所使用过的双兽钮铜钟。此钟通高136.5厘米，壁厚1厘米，重约400公斤。钟身自上而下有12道圆圈，两圈连续波浪线图案，铭文占钟身的二分之一。钟身有四个打击点，打击点上下分别铸有大字吉祥语，上为“帝道遐昌，皇图巩固，法轮常转，佛日增辉”，下为“国泰、民安、风调、雨顺”，该铜钟钟声宏亮，是鄂西地区唯一的大铜钟。

大道会革命军委状 国家一级文物。纸质为毛边纸，长方形，长24.5厘米，宽17厘米，纸面印有红色乌丝栏，毛笔楷体书写，文字竖行排列，分为五行42字，“任命王吉甫为大道会革命军督办员大道会革命军兼司令部参谋长陈连振一九二九年二月”落款处加盖有“鹤峰大道会革命军司令部印”方形大印及“陈琛”方形印章。

容美土司官印 此官印呈长方形，该印为黄铜铸造，通高8.16厘米，边长6.9厘米，重1100克，印中心厚2.2厘

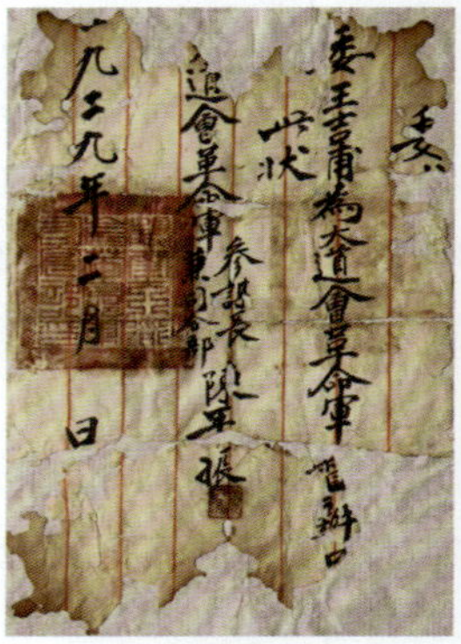

大道会革命军委状

清 河图洛书砖图

米，印面在0.7厘米宽的边框内阳文镌刻汉书九叠篆“容美宣慰司元帅府经历司印”十二个字，印背面用楷书阴刻有“礼部造洪武二十二年二月日”及“信字五十二号”字样。据考证此印为容美土司田光宝和其子田胜贵执政时使用的一方印。印面文字精美，其九叠篆书法艺术有一定的代表性，且容美土司历史久远，辖地宽广，与朝廷关系密切超过湘鄂西其它诸土司。这方官印的出土，对研究明、清时期的土司制度提供了重要的实物依据。

英商宝顺合茶庄标志牌　标志牌为木制板面，长方形，长0.74米，宽0.19米，板面通体为生漆面，呈黑色。自上而下刻有“英商宝顺合茶庄”七个楷书大字，为半浮雕状，且描金装饰。标志牌顶端装有铜饰挂环。1867年，英商耗巨资委托广州商人林紫宸来鹤峰采办茶叶，办起“宝顺合茶庄”，初制红茶，运往湖南泥市精制加工成“宜红茶”后，经常德出洞庭至武汉、上海出口。该标志牌是反映欧美与中国茶叶贸易的实物遗存，对研究土家族对外贸易经济具有较高的价值。

奉天诰命碑　一通石碑通高3.06米，宽0.94米，厚0.27米，碑首及两边浮雕五龙戏珠，碑座为龟形即赑屃，头部残缺。碑文共14行257字，阴刻楷体，为明崇祯皇帝诰封容美土司田楚产的碑刻。另一通石碑通高3.2米，宽0.94米，厚0.25米，碑首及两边浮雕五龙戏珠，碑座为龟形即赑屃，其头部残缺。碑文共15行468字，阴刻楷体，为清康熙皇帝诰封容美土司田舜年的碑刻。两通石碑是恩施土家族苗族自治州建州的主要依据之一。

［藏品保护］　鹤峰县博物馆由于经费所限，其文物藏品在保护措施及引用科学技术手段方面比较落后，除文献资料采用了部分防护手段（延缓自然老化、防止损伤、物化生物因素的破坏等）外，大部分藏品均在自然条件下保存。

考古发掘　1997年7月，由恩施州博物馆、鹤峰县博物馆联合组织，对湖南江垭水库工程鹤峰淹没区内的江口、刘家河等古文化遗址进行考古发掘，发掘1000平方米，文化内涵十分丰富，其文化序列自新石器时代晚期延续至宋元时期。

科学研究

［科研队伍］　馆员3人，助理馆员2人

［科研设备］　因经济条件制约，科研设施比较落后。办公条件比较简陋。自1998年后，随着经济的快速发展，开展博物馆业务工作的必要设施得到更新和充实，办公条件不断改善，现已配备电脑6台（台式机4台，手提机2台）、一体化数码复印机1台、数码照相机3台、数码摄像机1台、扫描仪1台。

［科研成果］　2004年9月，由山西人民出版社出版，宋兆麟、高可主编的《中国民族民俗文物词典》收录了博物馆撰写的“挑花手帕”、“土家童帽”、“雕花洗脸架”、“茶篓”、“嵌丝铜镜”等具有典型民族特色的文物词条近20条。

2005年，该馆罗建峰撰写的论文《保护利用“红色遗产”促进文化大州建设——浅谈鹤峰五里坪革命旧址群保护与利用》在《恩施州党校学报》2005年第3期发表。

宣传教育

［编辑出版物］　1998年，由博物馆主编了《鹤峰苏区歌谣》，并印刷300册，发放乡镇及学校。1999年元月，该馆自己编导、摄影、剪辑制作的专题录像片“溇水文明之光”在鹤峰县电视台、恩施州电视台播放。

［为宣传教育举办的讲座、影视录像］　为配合该县文物保护与宣传，县博物馆摄制的部分以文物保护为题材的录像片被县新闻单位多次采用，为鹤峰精神文明建设发挥了较大作用。

交流合作　作为一个服务于社会的精神文明窗口，一个文化遗产科研部门，开展对外交流合作是博物馆一项最基本的业务活动。如积极参与县里举办大型活动的筹划，为县直相关单位提供对外宣传资料和展览设计制作；邀请湖南考古专家龙京沙、柴焕波，湖北省考古研究所冯少龙、宋有志等一批专家先后来鹤峰参与或指导文物工作，提升我县文博工作水平；与恩施自治州博物馆进行藏品交流合作，相互充实文物陈列所需；选派工作人员去考古工地学习业务技能，提高博物馆业务能力。

1999年该馆向宏理赴江西南昌参加中国民俗文化讨论会。

经营管理

［单位性质］　社会公益性国营文化事业单位

［经费来源］　县财政全额拨款

［机构设置］　办公室、文物保护组、保管陈列宣传组、安全保卫科等内设机构。1991年成立的鹤峰县文物管理所，与县博物馆两块牌子一套班子合署办公，并兼有县文物局办公室的职能工作。

［人员编制及组成］　1988年10月县机构编制委员会核定博物馆人员编制为8人，（现实际在编人员7人）。全馆现有专业技术人员6人，其中文博专业技术人员5人。

［为观众服务的项目和设施］　现有观众休息处，设置有沙发、开水器、水杯等，博物馆陈列楼前建有大型停车场。

［观众接待］　年接待观众15000人次。1993年4月7日，全国人大副委员长廖汉生与夫人白林一行在省、州、

县各级领导陪同下，参观博物馆。并为博物馆题词“利用老区文物优势，坚持革命传统教育”。

参观指南

［地址］ 鹤峰县容美镇陵园路24号

［邮编］ 445800

［电话］ 0718-5263516（传真）

［电子邮箱］ hfxbwg5263516@163.com

［开放时间］ 9:00—17:00（周一闭馆）

［票价］ 免费

（撰文：罗建峰）

潜江市博物馆

QianJiang County Museum

概述

类型 地方综合性博物馆

隶属关系 隶属于潜江市文物局

开放时间 1991年6月正式开馆

所在位置 位于潜江市城区章华南路27号

面积 占地面积7300平方米

建筑特点 建筑风格为具有民族特色的仿古建筑，屋顶翘角重檐，绿色琉璃瓦，仿石雕栏杆、台阶，质朴典雅，别具一格。

历史沿革 潜江市的文物工作是1956年由县文化馆社会教育股，兼管文物工作开始的。1958年8月，抽调小学教师和部分文化干事共56人，在全县范围内进行第一次文物普查，同年，还举办过土地革命时期文物展览和抗日战争时期革命文物展览。1959年5月20日，被县人民委员会公布为第一批文物保护单位。1963年11月16日，县人民委员会颁发了《关于在水利建设工程中必须加强文物保护工作的指示》和《关于在收废杂铜中注意保护重要文物的通知》。直到1984年春，在县文化馆设立文物管理股，设专人管理。1984年，县委常委会议研究决定成立潜江县博物馆，配备专业人员4名，与文化馆合属办公。同时，公布了潜江县文物保护单位。1986年春，县政府划拨土地6600平方米，建简易平房8间，博物馆从文化馆分离出来。1988年，潜江撤县建市，潜江县博物馆更名为潜江市博物馆。1989年10月，展览大楼破土动工，1990年7月落成。1991年6月开馆，举办有《潜江历史文物展》和《潜江革命历史展》。1999年职工住宅楼动工，2000年10月落成。2004年5月办公楼动工，10月落成。庭院、展览大楼亦同期进行了改造和装修，展览进行了重新设计和布置，博物馆开始以全新的面貌接待观众。2002年12月潜江市博物馆被国家人事部、国家文物局评为全国文物系统先进集体。2003年12月潜江市被国家文化部、国家文物局评为全国文物先进县。

历任馆长 白崇章（1984.9—1986.2）；罗仲全（1986.3—1993.3）；刘益容（1993.4—1998.7）；徐德英（1998.8—2000.12）；刘钢（2003.1—2005.2）；郑爱平（2005.3至今）。

业务活动

基本陈列 博物馆常年举办的展览有《潜江龙湾遗址专题展》、《书画珍藏》、《明清文物精粹》、《走向现代-潜江近现代革命历史陈列展》、《民俗文物筹备展》。

《潜江龙湾遗址专展》展览面积620平方米。序厅是以龙湾遗址为背景创作的50平方米的大型壁画《故国神游》，展出文物154件，向观众展示了龙湾遗址的地理位置、历史演变、出土遗迹和遗物、科研成果、专家论证、远景规划等内容。龙湾遗址展览属楚宫殿基址展，根据发掘放鹰台I号基址揭露的方型柱洞，将展板、展台设计成方柱，穿山架结构，让观众步入展厅就感受到古代建筑基址展览的鲜明主题。

独立展柜和遗址模型，均为断裂柱造型，示意展品乃是历史截面的典型器物。

潜江市博物馆

展厅一隅

在实物展柜中，以浮雕形式和表现文物历史用途的模型展示文物，这样既形象生动又利于文物知识的普及与提高。展板、展柜一体造型，布展打破展板、展柜二元设计模式，图片内容与实物相辅相承，强化展览内容的连贯性和主题鲜明性，以及展览的整体风格特色。

楚人尚赤，根据史料记载和龙湾遗址出土文物的色彩，该馆把展览总体色调定为红、黑、灰，突出历史文物的雄浑与厚重感。

《书画珍藏》展览面积120平方米，展示了明清至现代书画作品32幅。展品有明代书画家文徵明手书，清代八仙图等珍贵文物。展柜以古家具为原形设计，配以传统雕花造型。展览总体色调为古代生漆色和白色，简洁明了，高雅大方。

《走向现代——潜江近现代革命历史陈列展》展览面积400平方米，展出文物139件，历史图片165张，展览分人杰地灵、星火燎原、抗日烽火、解放战争、建国初期、建设年代、撤县建市七个部分，展示了潜江人民在各个历史时期为中国革命和建设所做出的巨大贡献。

展览采取展板、展柜一体造型布展，展线流畅。展览图文并茂，文物佐证，紧扣主题。展览以黑色为主色调，文物、图片对比强烈，主题突出。

《明清文物精粹》展览面积120平方米，展出文物67件，有明代丝绸、官鞋、明清瓷器、石雕、佛像、印章等文物精品。采用通体玻璃柜。色调为浅灰色，主题突出，简洁，给观众以赏心悦目的感觉。

《民俗文物筹备展》展览面积200平方米，展出文物43件，展览分洞房花烛、生产工具、生活用品、民间文化四个部分，展示近代潜江人淳朴的民风民俗和生产劳动的场景。

展览采用古民居的门、窗把文物展览分隔，给人直观明了的感觉。

藏品管理

［藏品来源］ 主要靠征集、考古发掘、接受捐赠和收购、移交。

［藏品类别］ 革命文物、历史文物、民俗文物、书画。

［藏品统计］ 藏品总数2503件，其中革命文物584件、历史文物1708件、书画48幅、民俗文物163件。藏品中有国家一级文物5件，分别为明代玉瓦子2件，中华苏维埃银币1件，湘鄂西水利借券2件。

［重要藏品］

白玉缕雕螭虎穿花瓦子 潜江市杨市办事处祈湾村明墓出土，长方圆形，正面顺看为“二龙戏珠“，龙头凤身，两边凤尾上翘，托起中间的珠。逆看为双凤踩绣球，上下球、珠呈等腰三角形，它们之间饰一片云纹。反面周边为平面，边两端偏上有对称的穿。

龙湾遗址贝壳路

青白玉缕雕夔龙纹瓦子 潜江市杨市办事处祈湾村明墓出土，长方圆形，上端正中一夔首，两角上翘，龙身缠绕，直至器下部，形如腾云驾雾之势。反面周边为平面，两端有穿，穿不对称，左低右高。

中华苏维埃银币 潜江市高石碑镇蚌湖街陈焕英捐赠。圆形，直径2.4厘米，正面上端有“中华苏维埃共和国”字样，首尾字旁各饰一五角星，中间为纵向大写“贰角”，下面为“公历一九三三年”年号，反面上端铸有“每五枚壹圆”，中间为地球图案，上端铸一五角星，地球两边饰麦穗，中间为“党徽”。

苏维埃水利借券 潜江市老新镇徐李村胡安光捐赠，纸质，长方形，正面为红色图案，正上方印有“水利借券”，正中印“壹圆”字样，右边纵向印有“湘鄂西省苏维埃政府发行”对称为一九三一年，右下部印有“水灾是帝国主义国民党统治下的必然结果”左下部印有“只有全国苏维埃的胜利，才能彻底整顿水利”背面印有“本卷条例”共五条，字迹模糊，采取了视网膜技术保护。

［藏品保护］ 馆藏文物在自然状态下进行防潮、防霉处理，保持通风，对铁器、铜器进行防锈处理。配备了二氧化碳干粉灭火器。门窗进行加固防盗处理，安装报警设备，使人防、技防、物防相结合，坚持24小时执勤，健全仓库管理制度，实行帐、物分开，馆藏文物建馆以来安全无事故。

科学研究

［科研队伍］ 潜江市博物馆从事专业工作的有25人，其中副研究馆员2名，高级工艺美术师2名，馆员18人，主要从事田野考古、文物保护、文物展览等业务研究工作。

［科研成果］ 1985年编印了《章华台遗址专刊》；1986年编印了《潜江革命文物专刊》2期，分土地革命时期和抗日战争时期，共印发14000份。

1987年6月26日－28日，在潜江召开了“楚章华台遗址学术研讨会”，1988年10月由武汉大学出版社出版发行了《楚章华台遗址学术讨论会论文集》。

1987年，与潜江市电视台合作录制了《楚王宫殿－章华台》电视专题片，在潜江电视台、湖北省电视台播放。2000年，又录制了《楚王离宫，重见天日》电视专题片。在省、市电视台播放，并在博物馆内常年向观众展演。

2002年至2004年，由潜江博物馆、荆州博物馆专业人员历时三年，编制完成了《潜江龙湾》考古发掘报告，2005年10月，由国家文物出版社出版发行。该报告60万字，430余张图表及180余幅照片，对出土遗迹、遗物进行了认真细致的研究，全面客观的报告了龙湾遗址的起止年代、文化特征、性质等诸多情况。

2005年5月，博物馆副研究员罗仲全主编的《中共一大代表李汉俊》一书由四川人民出版社出版发行。该书以详实的史料记载了中国早期马克思主义传播者，中国共产党创始人之一李汉俊烈士光辉而短暂的一生。

2005年，罗仲全编著的《谱写世纪光辉篇章的潜江两兄弟李书诚、李汉俊》，由武汉出版社出版发行。

2006年，罗仲全编著的《楚王宫殿－潜江历史文明之光》由中国文史出版社出版发行，该书全面系统的介绍了潜江的人文、地理、历史、艺术以及文博事业的历程，是一部了解潜江的大百科全书。

此外，潜江市博物馆业务研究人员还在国家、省级专业刊物上发表论文、简报数十篇。

交流合作 1987年，潜江龙湾放鹰台I号基址试掘取得重大发现，应潜江县人民政府邀请，6月26日至28日，省内历史、考古、古建、地理、民族等方面的专家学者40余人出席了在潜江召开的“章华台遗址学术讨论会”，对章华台遗址进行了多学科分析、研究和讨论。与会专家一致认为“潜江放鹰台东周遗址为楚王宫殿基址，这是我国考古史上的空前重大发现”。会后，方酉生、陈元高主编的《楚章华台遗址学术讨论会论文集》由武汉大学出版社出版发行。

1999年12月26日－28日，应潜江市人民政府邀请，全国知名考古专家黄景略、邹衡、俞伟超、杨鸿勋、高崇文及省内知名专家陈振裕、王红星等，召开了“潜江龙湾楚宫殿基址学术论证会”。专家们一致认为“龙湾楚宫殿基址群的建筑面积之大、规格之高、建筑形式之独特、保存之完好，在我国先秦建筑史上独领风骚”。将龙湾楚宫殿基址的考古资料结合历史、地理、文献资料考证，该宫殿基址应定名为“楚章华台宫苑群落”遗址。

2000年8月19日－20日应潜江市人民政府邀请，全国知名考古专家邹衡、俞伟超、高崇文、刘绪及省内知名专家学者二十余人，召开了“黄罗岗遗址学术论证会”，与会专家高度评价了龙湾遗址的考古价值，一致认为：“龙湾遗址是一处东周时期重要的大遗址群，它的发现为研究东周时期楚国历史、文化、经济、建筑等诸多领域提供了珍贵材料，为保护、合理利用展示龙湾遗址提供了科学依据”。

2006年5月，潜江市博物馆组织文物参加“8+1武汉城市经济圈文物精品展”，出版了展览图录，参加了学术研讨会，进行了学术交流。

经营管理

［单位性质］ 国有事业单位

［经费来源］ 主要靠地方财政拨款

［机构设置］ 馆内设有办公室、陈列室、考古部、文物稽查大队、保卫部。

［人员编制、组成］ 在编人员33人，其中专业技术人员25人，具有高级职称4人，中级职称18人，具有大专以上学历的22人。

［观众接待］ 年接待观众1万余人次

参观指南

［地址］ 湖北省潜江市园林办事处章华南路27号

［邮编］ 433100

［电话］ 0728-6955661（传真）

［电子邮箱］ 21079058@qq.com

［开放时间］ 8:30－16:30

［票价］ 免费

（撰文：潜江市博物馆）

潘家湾土家族乡民族文化陈列馆

Panjiawan Township Museum of Tujia Culture

概述

类型 社会科学类民族文化专题陈列馆

隶属关系 隶属于潘家湾土家族乡人民政府

创建时间 2008年3月

所在位置 宜都市潘家湾土家族乡石林路134号

面积 1700平方米

布局 陈列馆平面布局为长方型，主要由工作区和生活区两部分组成，坐北向南，依山势而建，由前往后，依次为活动场地、陈列馆主体大楼、职工住宿，东西两侧分别为派出所和民族街，大楼一层和二层为乡综合文化站办

潘家湾土家族乡民族文化陈列馆

公和活动用房，三楼和西面房屋为陈列馆。

建筑特点　2008年潘家湾土家族乡文化陈列馆与乡综合文化站同时开工建设，由乡政府划拨原乡人造板厂办公楼1700平方米进行维修改造，成为具有土家民族文化特色和风格的现代建筑，总建筑面积1700平方米，占地面积2400平方米。进楼后为门厅，两侧和二楼分别为乡综合文化站活动用房，门厅正面为土家民族风情壁画一幅，右侧为楼道口直达三楼展厅，展厅为“回”字形分布，中间为走廊，二楼右侧展厅为土家族居住屋形式，布局为生活展示区，陈列馆总面积500平方米。

历史沿革　潘家湾土家族乡自古以来行政建置属宜都市，2000年7月，经省政府批准，成为全省第十个少数民族乡，一直以来，潘家湾土家族乡的民族文化和文物保护工作，均由乡综合文化站负责。

2008年，为把潘家湾打造成湖北省“民族文化强乡”，乡政府决定成立潘家湾土家族乡民族文化陈列馆，并与潘家湾土家族乡综合文化站合并办公。至2009年底，陈列馆已基本按规划要求建设完成，逐步开放供观众参观。

历任馆长　李福荣（2008至今）。

业务活动

基本陈列　建馆以来，潘家湾土家乡民族文化陈列馆以土家族先民生产、生活实物为主，配以土家民族特色文化图片和生产生活习俗的文字介绍，实行全免费参观，陈列总面积450平方米。实物展示主要采用大通柜，自然采光和人工照明相结合的方式，图片和文字展示主要为自然采光为主，配以声像资料，其陈列面积250平方米。基本陈列展出为民族文化传承图片和文字资料，生产生活食物200余件，主要有油篓、圈椅、纺车、水车、斗，石磨、雕花木床等，包括陶器、铁器、篾器等物品。

重要展品有油篓、风车、水车、擂子、纺车、陶罐。

专题陈列　该馆自2008年建成以来，主要以土家族生产生活实物和民族特色文化为主线，举办了《土家民族特色文化图片展》，共接待参观5000人次。随着陈列馆建设的不断完善，该馆将逐步扩大展出内容的实物，并举办多个专项展览，供观众参观。专题陈列馆面积350平方米，2个展厅。

藏品管理

［藏品来源］　主要为收购、捐赠，主要以木器、铁器、篾器为主。

油篓

纺车

擂子

漆桶

［藏品数量］ 潘家湾土家族乡民族文化陈列馆藏品总数量250件，其中该馆定级一级藏品2件，二级5件，三级21件，一般藏品200余件。

［重要藏品］ 清代雕花木床、清代陶罐。

［藏品保护］ 该馆按照《文物管理法》规定对文物进行管理，目前一、二、三级文物管理数据库系统建设已启动，全馆设有安防、消防系统，实行24小时值班制。

科学研究

［科研队伍］ 现有助理馆员1人，聘请人员2人。

［科研设施］ 电脑3台，相机1台，打印机1台。

宣传教育 该馆自2009年开馆以来，已举办一期土家传统文化培训班，摄制土家族民歌专题片一套。

经营管理

［单位性质］ 社会公益性质国营文化单位。

［经费来源］ 上级扶持和乡财政拨款。

［机构设置］ 该馆设“一部一室”，即陈列部和馆办公室。

［人员编制及组成］ 2004年全省乡镇综合配套改革，乡文化服务中心实行全员聘用制，由乡政府聘用一名中心主任兼任乡综合文化站站长和民族文化陈列馆馆长，另由乡政府出资聘请一般工作人员2人。

［观众接待］ 年观众35000人次

参观指南

［地址］ 潘家湾土家族乡石林路134号

［邮编］ 443309

［电话］ 0717-4735478

［电子邮箱］ 1398538812@qq.com

［开放时间］ 8:00—12:00，14:30—17:30

［票价］ 免费

（撰文：李福荣）

襄樊市博物馆

Xiangfan Municipal Museum

概述

类型 地方综合性博物馆

隶属关系 隶属于襄樊市文化旅游出版（文物、广电）局

创建时间 1983年8月

所在位置 位于历史悠久、环境优美的襄阳古城内，北临汉江，南望岘山诸峰。

面积 占地面积4208平方米、建筑面积9739平方米

布局 襄樊市博物馆现辖全国、省、市级重点文物保护单位各一处，即襄阳王府绿影壁、谯楼和昭明台。襄阳王府绿影壁为市重要的旅游景点，在王府大殿内设有绿影壁历史沿革图片展和文物标本室。博物馆旧馆谯楼及其南边三层楼为砖混房，设有文物修复中心、资料室和临时库房。新馆昭明台为砖混仿古结构，共七层，其中地下室设为会议室和学术报告厅；一层为序厅、观众服务中心；二、三层为基本陈列展厅、文物库房和办公室；四—六层为临时展厅。昭明台上东西分置有钟、鼓亭。

建筑特点 谯楼又称“滴漏台”，始建于明成化年

2

3

1.襄樊市博物馆—昭明台 2.谯楼 3.绿影壁

间，楼为置于砖石台基上的二层重檐硬山顶砖木结构建筑，台内设有两券门，前后贯通。楼南北面阔五间，进深三间，高9.6米；台座南北长40米，东西宽16米，高5.4米。昭明台，为青砖筑台，中有条石拱砌券洞，洞高4.5米，宽3.5米。台上建三檐二层歇山顶楼房5间，高约15米，东西各建横房4间，台南有鼓楼、钟楼各一。昭明台又称“文选楼”、“山南东道楼”、“钟鼓楼”。昭明台雄踞城中，巍峨壮观，被誉为“城中第一胜迹”，是襄阳古城的标志性建筑之一。

襄阳王府绿影壁为仿木结构四柱三楼庑殿顶式建筑，全长26.2米、通高7.6米。整个影壁用绿泥片岩和汉白玉拼砌而成，其壁顶、柱枋、框架、须弥座等构件都用榫卯相接。绿影壁用材独特，造型别致，纹饰精美，画面生动，融浮雕、圆雕、平雕于一体，雕刻技巧粗犷豪放中又显细腻精致，浑厚古朴，在全国现存的影壁中别具一格，是我国现存唯一的一座大型石质龙壁，堪称古代石刻艺术的珍品和建筑艺术的瑰宝。

历史沿革 襄樊市博物馆正式成立于1983年，其前身是1951年襄阳专署设立的“湖北省文物管理委员会襄阳分会”。1953年改称“湖北省文史研究襄阳工作组”，并分管隆中。馆藏古籍四万分册（后移交到襄樊市少儿图书馆），各种文物数百件，在襄阳谯楼设有临时陈列室。1975年在原基础上成立“湖北省襄阳地区文物博物馆”。1977年7月，正式成立“襄阳地区博物馆”，兼管全地区文博工作。1983年8月，襄阳地区与襄樊市合并，“襄阳地区博物馆”改称“襄樊市博物馆”，2006年加挂襄樊市文物考古研究所牌子。

历任馆长 陶明新（1983 副馆长代行馆长职责）、叶植（1987）、潘杰夫（2002 副馆长代行馆长职责，2006馆长）、王先福（2009）。

业务活动

基本陈列 《襄樊古代历史文化展》陈列以“聆文明之足音·品南北之遗韵”为主题，分为史前时期、先秦时期、秦汉时期、三国两晋南北朝时期及隋唐至明清时期五个单元。展览以通史为点，紧密围绕陈列主题，辅之以各个时期的精品文物及相关资料，全面系统地再现了襄樊地区悠久的历史文化，让观众认识襄樊历史、认识襄樊辉煌灿烂的文明史。展览着重突出具有地方特色的“精品文物”、“代表性文物”，注重辅助展品的运用，同时利用多媒体触摸屏、电子显示屏等高科技手段增强展览的表现力度。

该展览陈列面积近2000平方米，展出各个时期文物900多件（套），器类有金银器、青铜器、陶瓷器、玉石器、砖瓦等。展出的史前时期的文物主要体现了襄樊文化主体特征——基本以长江流域大溪文化、屈家岭文化为主，同时受到黄河流域的仰韶文化和龙山文化的冲击，兼具南北文化特征。先秦时期的文物，见证了襄樊作为楚文化的主要发祥地，与诸姬文化交流、融合，楚国也由滥觞而鼎盛，从西周时期寓居蛮夷之地的小国成为“地方五千里”的泱泱大国，谋就了春秋五霸、战国七雄的大业的历程。大量带有铭文的青铜器，涉及到古诸侯国邓、曾、蔡、鄂、黄、徐、鄀、吴、郑、卫、弦等，构成了襄樊馆藏文物和历史文化的特色。秦汉至明清时期，襄樊成为历代府、道、州、县的治所，并一度成为全国的学术文化中心。作为历代兵家必争的战略要地，襄樊留下了大量珍贵文物，如反映了庄园经济的发展和“事其死如事其生”天地思想观念的汉代模型明器；反映南北文化及道、佛、儒家文化交流的南北朝画像砖；反映唐宋时期不同窑系特征的瓷器；反映明代造像艺术、鎏金技术、铸铜技术和道教文化的鎏金青铜造像和当时的篆刻工艺、用兵制度和官品制度的印章等。

重要的展品有：西周晚期邓公牧铜簋、春秋早期邦季铜鼎、春秋早期龙纹铜器座、春秋中期上鄀府铜簠、春秋晚期徐王义楚之元子羽铜剑、战国邓尹疾鼎、战国错金嵌玉鎏金鳖形铜带钩、战国“王”字铜印、三国青铜马、唐长沙窑釉下褐绿彩胡人瓷碗、明磁州窑白釉黑花瓷罐、明云龙纹鎏金铜钟、明鎏金真武铜像等。

专题陈列 襄樊市博物馆先后举办了三次临时性的专题陈列。2009年1月25日－2月24在临时展厅举办《中国近现代名家书画展》。此次临展的51幅书画是从武汉市博物馆馆藏的数百幅字画中精心挑选的作品，作者都是近现代史上响当当的艺术大师，包括任伯年、黄宾虹、徐悲鸿、张大千、齐白石、吴昌硕、潘天寿、李苦禅、谢稚柳、王雪涛等。观众通过参观浏览，亲身感受艺术珍品的神韵和文化瑰宝的魄力。

2009年11月21日至2010年元月十二日，襄樊博物馆与襄樊市档案局联合举办《襄樊记忆——百年老照片展》。此次共展出300余幅老照片珍品，其中加拿大著名外交家切斯特·朗宁的女儿提供的老照片，尤其珍贵。展览分为“历史脚步”、“往事回眸”、“城市印痕”、“城乡百业”、“楚风汉韵”和“外国人在襄樊”六个部分，全面反映襄樊近百年的历史变迁及风貌。

2009年12月，辞旧迎新之际，襄樊市博物馆举办了《华夏第一铜马——樊城三国墓出土铜马展》，青铜马身高163厘米、身长162厘米，重约2吨，是目前国内出土的最大的青铜马，堪称襄樊市博物馆“镇馆之宝”。东汉末年至三国时期是襄樊历史上的鼎盛时期，襄樊地区经济繁荣，文化兴盛，成为士族、名士聚集之地。本展览通过珍贵文物——铜马展示，辅助于墓内出土文物精品图片，及时展示了考古研究成果，宣扬了襄樊三国文化，让观众认识襄樊，认识汉魏时期襄樊辉煌灿烂的历史文明。

藏品管理

［藏品来源］　主要通过考古发掘、田野采集、社会捐赠、民间征集、接收移交等途径获得。

［藏品类别］　文物藏品分为传世文物、出土文物，文物类别有金银器、青铜器、陶瓷器、砖瓦、玉石器、牙角器、漆木器、字画、碑帖墓志、石刻木雕、印章等，质地多样，类别丰富、形制各异，时代特征明显。

［藏品统计］　经过半个世纪的努力，襄樊市博物馆通过不同的方式共收藏不同时代、不同类别的文物及标本4万余件（含考古研究所周转库房文物），其中一级文物61件（套），二级文物307件（套）。

［重要藏品］　馆藏文物包括石器时代彩陶器，商周时期青铜器，汉魏南北朝的陶瓷器、画像砖到唐、明、清时期的青铜造像、墓志铭、书画石刻等，真实地反映了襄樊地区生产力发展状况和社会生活图景，具有极高的历史研究和艺术观赏价值。特别是在本地区出土的诸多带有铭文的两周时期的青铜器，如西周早期䣄侯弟历季铜尊、西周晚期侯氏孟姬铜簋、西周晚期邓公牧铜簋、西周晚期曾中大夫铜簋、春秋晚期徐王义楚之元子羽剑、蔡大膳夫铜簠、春秋晚期郑臧公之孙铜鼎、春秋中期上鄀府铜簠、春秋早期卫伯须铜鼎等，涉及楚、邓、卫、曾、蔡、黄、徐、鄀、吴、鄂、郑等十余个古诸侯国，构成了襄樊市博物馆馆藏文物的一大特色，为研究襄樊历史、楚文化和襄樊的政治、经济、文化的历史发展进程提供了丰富的实物资料。

［藏品保护］　根据《中华人民共和国文物保护法》、《博物馆藏品管理办法》等有关文物藏品保护的规定，严格藏品管理制度出入库登记制度，认真做好文物藏品建档工作，并依照科学的步骤和方法做好文物藏品的登记、鉴定、分级、入库排架、编目、统计、建档、检查和清点工作，藏品管理基本做到了“制度健全、帐目清楚、鉴定确切、编目详明、保管妥善、查用方便”。同时购置了空调、电脑及外设、数码相机和藏品管理系统软件等，实现了文物藏品信息化、科学化、规范化管理。

藏品日常管理工作中，有计划、有目的地对馆藏文物进行清理，摸查馆藏文物的受损状况，并及时制订科学合理的文物修复保护方案。文物藏品修复保护设备有超声波清洗机、蒸馏水发生器、空压机、电动鼓风箱、喷砂仪、恒温恒湿处理容器、显微镜、PH计等；修复用具有矫形工具、电动工具、玻璃器皿、塑料容器及修复后做旧所需的

春秋　邦季鼎

战国　铜带钩

春秋　龙纹器座

三国　青铜马

明　磁州窑罐

唐　长沙窑胡人碗

明　鎏金铜钟

各种矿物颜料、化学试剂、封护剂等。

加强文物库房设施建设和安全防范工作。现文物库房文物标本保存设备有贮存密集柜、保险柜、柜架、书画专用存放柜、囊匣等。文物存放环境设备有空调、恒温恒湿机、排风扇、温湿度计等。库房及展厅内设有相对完备的安防、消防设施，并有一支相对稳定的安保队伍，人防与技防紧密结合，确保文物安全。

科学研究

［科研队伍］　馆内现有专业技术人员40人，其中研究馆员2人，副研究馆员3人，馆员27人。

［科研设施］　襄樊市博物馆在做好陈列展览、藏品管理、田野考古发掘等基础性工作的同时，也致力于区域文化、文物保护的科学研究工作。1996年7月成立襄樊市考古队，2006年改名为襄樊市文物考古研究所，购置了专业相机、摄像机、电脑等较先进办公设备，主要以考古发掘出土文物为研究对象，探讨本地文化源流、特征及演变。

本着“保护为主、抢救第一、合理利用、加强管理”的文物工作方针，2003年11月，襄樊市博物馆正式筹建成立文物修复中心，并购置了较为先进的修复设备和修复用具。在文物修复中以科学严谨的态度，把中国传统修复技术与现代科学保护技术完美地结合在一起，认真做好配方、用料、有害锈分布、工艺流程等文字图像记录，全面掌握本地区文物受损的原因，建立完善科学规范的文物修复档案。截止目前，已完成2000多件珍贵文物的修复保护，并成功揭取了南宋檀溪彩绘壁画墓中的壁画，修复能力处于全国同级城市一流水平。

［科研成果］　在学术研究上，襄樊市博物馆先后出版《襄樊市文物史迹普查实录》（1995）、《枣阳郭家庙曾国墓地》（2005）、《襄阳王坡东周秦汉墓》（2005）、《襄樊考古十年》（2006）、《襄樊市博物馆馆藏文物精品图录》（2007）、《襄樊考古文集》（2007）、《老河口九里山秦汉墓》（2009）和《襄樊博物馆文物陈列》（2010）8部专著报告；参与湖北省、襄樊市相关课题，分别出版《中国文物地图集·湖北分册》（2002）、《文化襄樊》（2009）；在《考古》、《考古学报》、《文物》、《江汉考古》、《考古与文物》、《中原文物》、《中国历史地理论丛》、《襄樊学院学报》等专业性学术刊物或相关论文集上发表文物考古学研究论文和考古学简报、报告100多篇，在多个国内国际学术会议上交流论文10余篇。

宣传教育　襄樊博物馆充分发挥爱国主义教育基地和城市文明窗口的作用，先后与市教育局、市团委、市关心下一代工作委员会等机关团体合作，开展对全市中小学生、青少年进行传统文化和爱国主义教育的活动，博物馆也日渐成为市民旅游、文化休闲的主要场所。新闻宣传是博物馆发展的重要力量，借助媒体宣传优势，该馆多次在新华网、中央电视台、湖北省电视台、襄樊市电视台和报刊上进行“从文物看襄樊”、“走进博物馆”、“文化襄樊”为主题的系列宣传报道，新闻媒介以其真实性、时效性、广泛性，使社会民众及时了解襄樊文物，了解博物馆。充分利用博物馆日、文化遗产日、文物法宣传日，印发内容丰富的文物宣传册页，走进广场、走进校园，大力宣传文物法律法规、宣传文物知识，进一步唤醒人们的文

铜簋铭文

铜簠铭文

西周　邓公牧铜簋

春秋　上鄀府铜簠

物保护意识和观念。考古所组建的城区文物普查队深入乡村、社区开展文物普查工作的同时，也采用发放宣传册、挂横幅标语等形式宣传文物保护，创办的《考古快报》主要向领导及时宣传考古发掘新成果。。

交流合作　襄樊是全国著名的历史文化名城，文物资源丰富，作为文物收藏、宣传研究机构的襄樊博物馆，充分发挥阵地优势，扩大对外交流，充分发挥文物的价值，提高学术研究水平，采用走出去、请进来的方式加强交流合作。密切与专家学者的联系，襄樊市博物馆多次邀请国家文物修复保护专家如陆寿麟、奚三彩、万俐等先后来馆指导，并召开文物保护座谈会，探讨文物保护的新思路、新方法，极大地促进了该馆文保事业的发展。为配合故宫博物院、中国文字博物馆、随州博物馆、宜城博物馆等陈列布展工作，襄樊市博物馆先后为其借展、复制、修复100多件珍贵文物。市考古所通过近年来大量重要的考古发现，吸引了法国、美国、德国、日本等国家和我国台湾、香港地区的20余批次专家来访交流，王先福研究员于2006年9月受邀参加在日本东京举行的"楚墓发掘和楚文化的地域性"国际研讨会，并在会上交流发言，国内众多文物考古研究机构和知名大学的专家学者也经常到市考古所参观交流，市考古所还成为了武汉大学、华中师范大学的教学实习基地。市考古所还举办了两届有省内主要考古研究机构、大学及相邻地区文物考古专家参加的学术成果报告会。

经营管理

［单位性质］　社会公益性质的国营文化事业单位

［经费来源］　地方财政全额拨款

［机构设置］　设有考古研究所、保管部、陈列部、法制宣教部、办公室、保卫科及文物修复中心等。

［人员编制、组成］　核定人员编制数为49人，其中专业技术人员40人，行政后勤人员9人。

［观众接待］　年观众人数约30万人次

参观指南

［地址］　襄樊市襄城北街二号

［邮编］　441021

［电话］　0710-3511443

［电子邮箱］　xf99zj@126.com

［开放时间］　每周二至周日9:00—17:00，周一（国家法定节假日除外）及农历除夕全天闭馆。

［票价］　免费

（撰文：张靖）

INDEX

中国博物馆志

云南卷

《中国博物馆志》云南卷

编辑委员会

序

云南省文化厅副厅长
云南省文物局局长

云南是一个历史悠久、民族众多、文物古迹丰富而又特色浓郁的省份。新中国建立后，特别是改革开放以来，云南省博物馆事业从无到有，获得了巨大发展和长足进步。云南省最早成立的省级博物馆是云南省博物馆，创建于1951年；最早成立的州、市级博物馆是大理州博物馆，创建于1986年；最早成立的县级博物馆是丽江东巴文化博物馆（现已升格为市博物馆），创建于1984年；截止2010年底，全省共有各级各类博物馆、纪念馆151座，其中有文物系统博物馆70个，其它行业博物馆48个，民办博物馆33个，馆藏文物总数达43万件。2008年，全国开展博物馆评估定级，云南省博物馆、云南民族博物馆被国家文物局评定为国家一级博物馆；大理州博物馆等5家博物馆被评为二级博物馆；禄丰县恐龙博物馆等17家博物馆被评为三级博物馆，使我省博物馆纪念馆的管理工作逐步走上规范化的轨道。2009年，云南省委、省政府核定公布了100处爱国主义教育基地，其中有90项是各级文物保护单位和博物馆、纪念馆。我省以国有博物馆为主体，民办博物馆为补充的博物馆体系初步形成。

《中国博物馆志·云南卷》截稿至2012年1月，共收录云南省境内的博物馆、纪念馆52座，其中省级馆1座，州市级馆12座，县（区）级馆27座，行业国有博物馆5座，大学博物馆、纪念馆3座，企业博物馆2座，私人博物馆2座，涉及类型有综合类、历史类、社会科学及自然科学专题性纪念馆等。本书对各馆的历史沿革、文物保护、陈列展览、科学研究、社会服务等方面做了较为详尽的介绍。本书的编撰是云南博物馆事业发展阶段性成果的集中展现，也是我们继往开来，迈向更高层次的新起点。

党中央和国务院高度重视博物馆、纪念馆免费开放工作，为博物馆事业发展提供了大好机遇，越来越多的人走进博物馆，渴望在这里得到文化享受和精神愉悦，这是博物馆事业发展的重要推动力。目前，云南省共有103座博物馆、纪念馆实行了免费开放，其中有43座国有博物馆获得财政经费补助。2008年以来，云南各级各类博物馆共举办陈列展览920个，参观人数4500万人次，其中旅游者1800万人，外宾150万人；博物馆、纪念馆向社会公众实行免费开放，极大的促进和改善了博物馆工作条件，提升了博物馆、纪念馆的公共服务能力，使博物馆事业成为一项“民生”工程，大大提升了博物馆事业的社会影响力。博物馆、纪念馆作为公益性社会服务机构，不仅具有收藏、保护历史文化遗产的职能，更重要的是通过博物馆的收藏开展社会教育，进行文化传播。免费开放吸引更多的公众走进博物馆，使博物馆成为大众启迪智慧、陶冶情操、欣赏艺术、文化休闲的理想场所，成为普及科学文化知识，开展爱国主义和革命传统教育的重要阵地。做好博物馆、纪念馆免费开放工作，充分发挥其社会功能，对于满足各族群众日益增长的精神文化需求，弘扬优秀文化传统，增强民族团结，维护祖国统一，推动社会主义文化大发展大繁荣，均具有十分重要的意义。我们要继续创新发展观念、创新展陈内容、创新传播手段，把博物馆建设成为爱国主义教育的示范基地，成为传播先进文化、愉悦群众身心的精神家园，成为广大青少年接受文史教育的第二课堂，成为对外文化交流的重要窗口和学术研究、科普教育的最佳平台，开创云南博物馆事业发展新局面，为云南民族文化强省建设做出更大贡献！

目录

大理白族自治州博物馆

Dali Bai Nationality Autonomous Prefecture Museum

概述

类型　地方综合性博物馆

隶属关系　隶属于大理白族自治州文化局

筹建时间　1985年

正式开放时间　1986年11月22日

大理白族自治州博物馆外景

所在位置　位处大理市下关，东临兴盛路，南临双鸳路，西接洱海码头，北濒洱海。

面积　占地面积3.02万平方米、建筑面积8800平方米、绿化面积1.4万平方米

建筑、布局　是一坐南朝北，仿唐式古代建筑与白族“三坊一照壁”、“四合五天井”民居建筑相结合的建筑群。一进四院，具有浓郁的地方园林风格。分为展览、文物库房、办公三个区域。

历史沿革　为了迎接大理白族自治州建州三十周年，推动地方文博事业的发展。1985年，大理白族自治州州委、州政府聘请云南省和州内的部分专家及相关单位组成创建领导小组，着手大理州博物馆的项目建设工作。1986年11月22日，博物馆作为自治州建州三十周年献礼工程顺利竣工并正式对外开放。1996年，博物馆在自治州党委、州政府的大力支持下，进行了陈列提升改造，陈列设计荣获该年度国家文物局“全国十大精品陈列”提名奖。2006年，为迎接自治州建州五十周年，自治州党委、政府将博物馆改造列为州庆献礼工程，对博物馆再次进行提升改造，进一步丰富了展览内容，提升了展览的科技含量，使博物馆的陈列展览、环境总体上了一个新的台阶。同年，博物馆还被国家文物局列为“博物馆展示、服务提升项目”试点单位，圆满完成了试点单位项目要求的展览特色化改造工作。2009年，被国家文物局评定为国家二级博物馆，同年5月，向观众免费开放。

历任馆长　张开元；谢道辛；苏金川。

业务活动

基本陈列　陈列展览以南诏、大理国历史和白族历史文化为主题，设有《大理青铜文化》、《南诏大理国历史与文化》、《南诏大理国佛教艺术》、《大理石文化》、《大理陶瓷艺术》、《白族文化》等共十二个长期性陈列展厅。

《南诏大理国历史与文化》展厅一隅

［陈列面积］　共4600平方米。

［重要展品］　展品共900多件，有新石器时代早期的陶、石器；青铜时代云南早期的铜鼓、动物铜俑；也有从汉至元明清时期不同风格的陶瓷器。其中以南诏、大理国时期的佛教艺术文物展品最具特色，有佛、菩萨、天王、力士造像，还有佛经以及塔模、金刚杵等各式法器，具有典型的白族佛教密宗风格。特色展品有南诏时期（唐）的铜鎏金大日如来坐像、大理国时期（宋）的铜鎏金阿嵯耶观音立像、元青花缠枝花卉纹盖罐等。

临时展览　有2个临时展厅，面积400平方米。除长期性展览外，博物馆还经常主办、协办、合办海洋生物展览、昆虫标本展、书画邀请展、摄影展、地方建设成就展等一系列专题性临时展览。2006年被国家文物局列为“博物馆展示、服务提升项目”试点单位后，每年都积极开展送展下乡活动，到全州各县举办文物保护法和大理历史文化宣传巡展，并积极开展“热爱家乡、热爱祖国”博物馆展览进校园爱国主义教育活动。

藏品管理

［藏品来源］　考古发掘、调拨、征集、捐赠

［藏品类别］　石器、青铜器、陶器、瓷器、铁器、纸质、木质

东汉　干拦式陶房模

战国　铜鼓

战国　铜牛俑

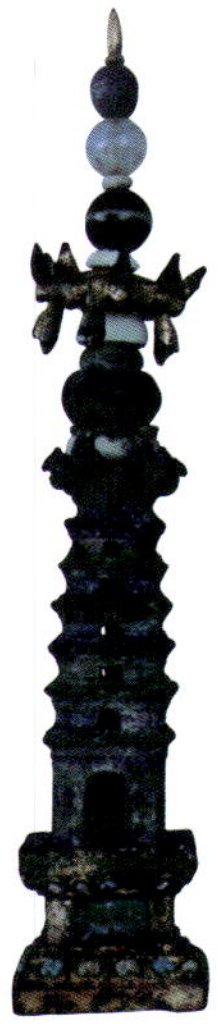
大理国　铜鎏金密檐式宝珠塔模

大理国　铜鎏金"万"字背光大日如来坐像

大理国　写经卷

元　青花缠枝花卉纹盖罐

［藏品统计］　文物藏品总数1万件，其中一级文物25件，二级文物31件，三级文物105件。

［重要藏品］　大理国（宋）铜鎏金阿嵯耶观音立像（一级）；大理国（宋）铜鎏金“万”字背光大日如来坐像（一级）；东汉“干栏式”陶房模（一级）；元青花缠枝花卉纹盖罐（一级）。

大理国（宋） 铜鎏金阿嵯耶观音立像

［藏品保护］ 建立规范的文物库房管理制度，文物档案健全，实行藏品分类、分库房保管，上等级文物全部专柜、分囊、分盒安放。建有文物修复、养护技术处理实验室，有专业的文物修复、养护技术人员，能进行文物藏品的修复、防虫、除锈等技术性工作。

科学研究 近年来，先后参与完成了云南省政府和美国大自然保护协会联合的“滇西北地区保护与发展行动计划·少数民族文化多样性保护”调查、北京大学和云南大学联合的“石宝山石窟调查”、“大理日本四僧塔”修葺保护工程、巍山双圈河大理国遗址考古发掘等重要考古及课题调查工作，并建立了白族服饰资料库，收集整理100多件（套）不同地区的白族服饰和相关调查资料，填补了白族服饰研究的一项空白。举办了“文化区和古迹文物的保护与利用专题讨论会”等国际学术研讨会。博物馆还是大理学院的教学科研基地和云南大学西南边疆少数民族研究中心大理调研工作站。近年来，馆内员工在全国、省级刊物上发表文章200余篇，馆内研究人员出版专著近10余部。

交流合作 博物馆注重馆际交流，与美国、德国、日本、台湾以及国内许多博物馆和大学等科研机构交流合作，开展形式多样的课题研究，2007年，博物馆深入云龙县“千年白族古村”诺邓调查研究，帮助建立了两家农村“家庭生态博物馆”，在云南省尚属先例。

宣传教育 作为“全国百家中小学爱国主义教育基地”、“云南省国防教育基地”和“云南省科学普及教育基地”，博物馆常年对中小学生、驻军官兵、离退休老人实行免费参观。

经营管理

［单位性质］ 国有公益性事业单位

［经费来源］ 地方财政全额拨款

［机构设置］ 设有宣传教育部、保管研究部、保卫部、办公室三部一室。

［人员编制、组成］ 人员编制41人，现在职职工39人，其中专业技术人员有29人，管理人员4人，工勤人员6人，大专学历以上达27人。专业技术人员中，有文博研究馆员1人，副研究馆员4人，馆员12人，助理馆员12人。

［服务观众项目］ 免费提供语音导览讲解、小件物品寄存、婴儿车、宣传册页及中、英文、白族语讲解服务。

［观众接待］ 建馆以来，共接待来自二十多个不同国家和地区的专家、学者和省内外游客达百万人次，并先后接待了李鹏、朱镕基、李岚清、李长春等党和国家领导人到馆参观视察。年观众达5万多人次。

参观指南

［地址］ 云南省大理白族自治州大理市下关洱河南路8号。

［邮编］ 671000

［电话］ 0872-2128614

［传真］ 0872-2128614

［电子邮箱］ zxj6988@163.com、591363768@qq.com

［开放时间］ 8:00－17:00（全年开放）

［票价］ 免费

（撰文：赵向军）

大理市博物馆

Museum of Dali City

概述

类型 地方综合性博物馆

隶属关系 隶属于大理市文化体育广播电视局

创建时间 1986年6月

正式开放时间 1988年10月1日

所在位置 位于大理古城复兴路111号

面积 占地面积16133.54平方米、总建筑面积为2656平方米、展厅总面积1170平方米、库房面积320平方米

建筑、布局 建筑坐西向东，东面临街为大门，进大门25米是紫禁门，紫禁门西行25米拾阶而上为元帅正堂，大堂后是议事厅，为四合院式建筑，四合院左侧为办公院及文物库房，办公院正前方是碑林和钟亭。整个建筑布局

1.大理市博物馆大门 2.紫禁门 3.历史文物展厅 4.碑林

将陈列展览与园林古建融为一体，形成了大理市博物馆独特的风格。

历史沿革 馆址为明代分巡迤西道署，清康熙二年（1663）建为云南提督衙门。1856年，滇西爆发了以杜文秀为首的农民起义，攻占了大理府城，在提督府内设元帅府，推举杜文秀为“总统兵马大元帅”，1872年起义失败后恢复为提督府。辛亥革命后先后归腾大、楚大及滇西师管司令部。解放后移交解放军十四军，建为幼儿园。1986年移交地方政府，建为大理市博物馆。1993年11月，馆址被云南省政府公布为第四批重点文物保护单位。先后被评定为州级、省级“爱国主义教育基地”和“云南省科普教育基地”。2009 年被评为国家三级博物馆，2010年被评为“国家级科普教育基地”。2009年5月18日，正式面向社会免费开放。

清初至今，帅府内的建筑已有不少改变，但仍保持原有格局。博物馆成立后，本着“保护为主，修缮为辅”的维修方针，恢复、修缮了帅府大门、紫禁门、大堂、议事厅及杜文秀书房等建筑，并分别作为陈列展厅及文物库房使用，建筑风格及格局基本保持原有的清代建筑风貌。

大理市博物馆将以传承历史文化为使命，通过精美的展览，传播历史科学文化知识，弘扬民族精神，提高公民的科学文化素质，提升大理城市形象，提高大理文化软实力，打造一流的县市级精品博物馆。

历任馆长 杨益清（1986.8－1992.4）；沈亚松（1992.4－1994.10）；李家骅（1994.10－1999.1）；段进明（1999.1至今）。

业务活动

基本陈列 馆内基本陈列为《大理出土历史文物展》、陈列面积192平方米，采用大通柜式陈列方法展出藏品百余件，按时代顺序展出精美的出土文物，配合相关文字说明，史物结合，直观、真实地再现了大理从新石器时代到元明清时期的灿烂文化和悠久历史。整个展览布局简洁、朴素，有力地突显出展品的精彩和丰富，是大理历史发展进程的精简概括。

专题陈列 馆内现有《明代陶俑馆》、《佛教艺术馆》、《古代书画艺术馆》、《云南提督历史沿革展》、《杜文秀起义图片展》和《大理艺术家沙龙作品展》6个专题展馆，同时依托丰富的碑刻资源，建有占地面积2650平方

1.书画艺术展厅 2.扎染展厅 3.佛教艺术展厅

米的碑林展区，收藏大理国至民国的675通碑刻，内容涉及历代政治、经济、文化、宗教、文教、名人传略、风土人情等，成为独具特色的研究大理历史文化的实物资料库，是我国西南规模最大和国内收藏元碑数量最多的碑林。

临时展览 作为展示历史文化名城风貌的窗口单位和大理市重要的爱国主义教育和科普教育阵地，该馆充分发挥宣传阵地的作用，积极举办各种临时展览，吸引观众走进博物馆，扩大宣传，提升博物馆知名度。近年来，举办的临时展览有：《人文大理—中国书画展》（2006）；《“远离毒品、抗击艾滋”防艾禁毒知识展》（2007）；《茶花文化展》（2007）；《发现云南之美走进大理丽江摄影展》（2007）；《大理市博物馆、保山市博物馆明代高官张侍郎墓葬及古尸展》（2008）；《大理·昆明“人文大理、盛世丹青”书画联展》（2008）；《大理市‘庆七一、迎国庆’廉政文化美术书法摄影展》（2009）；《“大地无言”——大理州60年以上党龄的60名基层老党员代表事迹展》（2009）；《民进开明画院抗旱救灾美术作品义展》（2010）；《“迎新春”点苍五子书画展》（2011）；《翰墨流韵——大理市博物馆昆明市博物馆云南明清名家书画作品联展》（2011）；《“古道观瞻”廖一穆中国画大理邀请展》（2011）；《庆祝建党九十周年党史暨美术、书法、摄影展》（2011）。

藏品管理

［藏品来源］ 旧藏、征集、发掘、捐赠

［藏品统计］ 藏品总数为4883件，其中铜器539件，铁器4件，金器17件，银器146件，锡铅器77件，铜钱2454件，纸本字画280件，绢本字画67件，碑贴120件，石雕8件，石刻4件，石碑208件，玉石2件，砚台3件，印章16件，丝织品12件，毛织品20件，棉织品43件，麻织品1件，皮革制品1件，竹器1件，木器22件，象牙6件，陶器627件，瓷器157件，其它49件。内含一级文物17件，二级文物257件（套），三级文物190件（套）。

［藏品保护］ 该馆对馆藏文物主要采取防盗、防火、防潮、防虫、控制温度、湿度的保护措施，对外展出的藏品为防止其损伤和人为破坏，采取了玻璃密封的保护措施。2006年投资了26万元，对馆内的安全防范系统提升改造，安装了监控设备，进一步加强了馆内的安全防范措施。

［重要藏品］ 东汉青铜双龙衔柱摇钱树：1982年在下关大展屯汉墓出土，两蟠龙首尾相联，合并为椭圆形底盘，两龙昂首张口，口中垂直一铜柱，柱高31.5厘米，柱上绕一条细长形龙，柱顶部有一“十”字交叉，两边各铸有一个小方孔，用以插摇钱树枝，钱树主干扁圆形，树枝上铸有方孔圆钱。

明舞乐俑：1965年大理苍山中和峰李氏墓出土及1960年大理三月街韩政夫妇合葬墓出土，形态各异，栩栩如生，具有较高的艺术和研究价值。

明彩釉陶十二生肖（共13件）：苍山中和峰下余家田火葬墓地出土，高为7.5～13厘米，保存完好、形态逼真，施釉技术已达到较高水平。

明四大天王木雕像：1956年在凤仪北汤村法藏寺发

东汉　青铜双龙衔柱摇钱树

明　吹箫俑

明　彩釉陶十二生肖

明　舞乐俑

大理国　铜阿弥陀佛坐像

大理国　鎏金铜尊胜佛母像

南诏　砂石雕释迦佛坐像

明　木雕文殊菩萨骑狮

南诏　绿釉陶火葬罐

春秋　铜柄铁刃剑

现，通高1.27米，服饰精美、形象生动，显现出白族人民高超的木雕手工艺。

大理市博物馆碑林是云南省目前最大的碑林，收集了大理国至清的200余通碑刻，其中“山花碑”是用汉字记录白语的仅存硕果，距今已500多年。是白族著名诗人和学者杨黼所作，碑文主要赞颂大理的美景风光和抒发个人思想

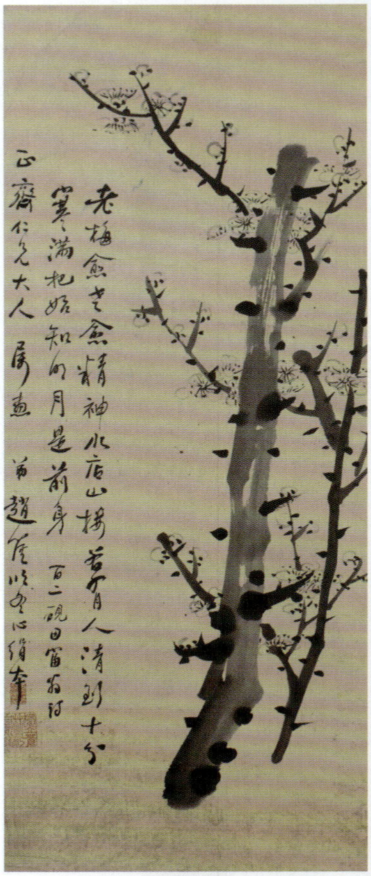

清　赵藩墨梅图轴

感情，需用白语才能诵读。

考古发掘　大理市博物馆始终重视文物研究工作，积极参加文物考古调查、清理和发掘。1993年，先后抢救性清理了新石器时期墓葬2座，明代墓葬3座。1993年3月至6月和1995年3月至6月，与云南省文物考古研究所联合，先后两次对凤仪大丰乐火葬墓群进行发掘。1996年3月至5月，参加了云南省文物考古研究所主持的下关苗圃山古窑址的发掘。2003年10月至5月，2006年3月至5月大理市博物馆先后两次与省文物考古研究所联合，对大理海东银梭岛贝丘遗址进行考古发掘，共出土陶器、石器、铜器、贝器、骨器和玉器等文物10000余件，最深的文化层堆积达7米，为研究洱海地区新石器时代及汉晋时期的历史文化提供了大量的实物资料。据C14年代测定，银梭岛贝丘遗址堆积距今已有5000年，延绵新石器时代、青铜时代、铁器时代，是迄今云南省发掘年代最早的新石器遗址。2004年4月至5月，大理市博物馆对大理凤仪狮岗村“大理窑”进行勘探调查，确立了“大理窑”在云南乃至中国陶瓷考古研究中的地位。2004年11月至2005年5月配合大凤公路建设，大理市博物馆协助省考古所对大理羊苴咩城遗址和太和城遗

址进行抢救性考古发掘，出土大量南诏大理国时期文物，对研究这段历史具有极其重要的意义。2005年9月至10月，大理市博物馆配合崇圣寺重建工程，对段功墓遗址进行发掘清理，撰写了详细的发掘报告。对龙首关古城墙遗址和鹿鹅山墓葬群遗址也进行了抢救性考古发掘。

宣传教育　大理市博物馆是大理市面向广大群众进行历史唯物主义和爱国主义教育的重要窗口。建馆以来，大理市博物馆坚持全年开放，十余年来共接待中外游客200多万人次，年平均接待国内外观众10万人次，平均每年组织大理市中、小学生免费参观，进行爱国主义教育活动、科普教育活动4次，每次参加活动的中、小学生人数均超过300人。对老年人、残疾人及现役军人实行免票参观，重大节假日对社会免费开放。2009年5月18日免费开放以来，年参观人数突破70万人次，为观众进一步了解大理历史文化遗存，弘扬爱国主义精神和宣传科普知识起到积极的推动作用。

科学研究　大理市博物馆文物工作者自建馆以来先后在国家级刊物《考古》、《文物》以及《云南文物》、《大理文化》等省、州级刊物发表了40余篇发掘、清理报告及学术论文。还注释出版了《山花碑》、撰写了《大理文物志》，参加了《南诏大理文物》、《大理金石录》等书的编辑整理工作，2002年6月，与省文物考古研究所共同对凤仪大丰乐发掘资料进行整理、研究，出版了20余万字的考古研究专著《大理大丰乐》，2003年8月出版了《大理市博物馆藏品精粹》一书，是建馆以来第一本全面系统介绍馆藏品的专业书籍。

明　山花碑拓片

交流合作　近几年来，该馆还先后和丽江博物馆、中甸博物馆、保山博物馆、云南省博物馆、昆明铁路博物馆、禄丰恐龙博物馆、玉溪市博物馆、西安兵马俑博物馆、北京故宫博物馆、孟连民族博物馆、深圳市博物馆、广东省博物馆、湖南省博物馆、陕西省博物馆、浙江省博物馆、咸阳市博物馆、杭州市博物馆、扬州市博物馆、广州南越王博物馆和市博物馆、南京市博物馆等进行过馆际交流。1991年，馆内佛教文物四大天王像被云南省文化厅选送到瑞士、日本等国参加《云南佛教艺术展》，2006年馆内的彩釉陶十二生肖及各类佛像共40余件被选送到广州参加云南省博物馆在广州南越王墓博物馆举办的《云南文物精品展》，引起了海内外学者的极大兴趣和广泛关注。

经营管理

［单位性质］　国有文化事业单位

［经费来源］　由财政全额拨款。

［机构设置］　内设三部三室，分别是征集部、保管部、宣教部、财务室、保卫室、资料室。

［人员编制］　编制10人，实有9人，其中初职4人，中级2人，高职1人，技工2人

［服务观众项目］　馆内设有休息椅和卫生间，免费提供宣传折页和展馆介绍，展厅配备专职讲解人员，免费为观众进行历史文物知识讲解。

［观众接待］　免费后年参观人数为70万余人。

参观指南

［地址］　云南省大理市大理古城复兴路111号

［邮编］　671003

［电话］　0872-2670196（办公室）

0872-2661777（售票处）

［电子邮箱］　dlsbwg@126.com

［开放时间］　周二至周日免费开放；夏令时：8:30－17:30（17:00起停止入场）；冬令时：9:00－17:00（16:30起停止入场）；周一闭馆（除国家法定节假日外）

［票价］　免费参观

（撰文：苏逸娟、吴艳，摄影：段进明）

广南县民族博物馆（含柯仲平纪念馆）

Guangnan County Ethnic Museum & Memorial Hall of Ke Zhongping

概述

类型　地方综合性博物馆

隶属关系　隶属于广南县文化局

创建时间　1992年6月筹建柯仲平纪念馆，1993年9月成立广南县民族博物馆。2006年4月后两馆合一。

正式开馆时间　1994年4月柯仲平纪念馆正式建成开放，时由县党史办管理。1993年10月县民族博物馆简易展厅开放，2005年12月，广南县民族博物馆新馆正式落成开馆。

所在位置　广南县城莲城西路龙井社区9号（广南莲湖大门前原县委大院内）。

广南县民族博物馆全景（含柯仲平纪念馆）

面积　占地3860平方米，其中：县民族博物馆2460平方米，柯仲平纪念馆1400平方米。

建筑、布局　从大门进入，县民族博物馆、柯仲平纪念馆分别坐落原县委大院左、右侧，均为砖混结构，琉璃瓦覆面。博物馆三层建筑，一、二层设4个展厅共480平方米，三层为文物库房和办公300平方米，框架仿古式建筑风格，极具壮族干栏民居特点。柯仲平纪念馆为“中西结合”开放式四合院，柯仲平铜像塑于院中心，由大门、厢房、花园、正房等组成，共计建筑面积772平方米。正房两层建筑，一层为柯仲平专题展厅140平方米，二层为临时展览。

历史沿革　为缅怀出生于广南县城、被毛泽东誉为“狂飙诗人”的“云南三杰”之一——柯仲平，1992年6月筹建柯仲平纪念馆，于1994年4月建成正式对外开放，时由县党史办管理；针对广南是滇东南文物聚集区、世界铜鼓文化发源地之一、土地革命时期革命老区县等实际，1993年10月成立广南县民族博物馆，与县文物管理所一套人马，但人员编制由4人增至10人。时无馆舍，在原文化馆三楼设简易展厅开放。2005年12月，县民族博物馆新馆正式落成开馆。之后为实现该县历史、民族、革命文物统一管理和开放，2006年4月柯仲平纪念馆划归县文物部门管理，现为县文物管理所、民族博物馆、柯仲平纪念馆三块牌子一套班子的工作机构。

历任馆长　张祖光（1993.9－2006.9）；陈祯祥（2006.10至今）

业务活动

基本陈列　陈列面积620平方米，由《青铜馆》、《综合馆》、《白龙坡汉墓馆》和《柯仲平纪念馆》4个部分组成。《青铜馆》陈列该县出土的春秋早、中、晚期万家坝型铜鼓各1面，西汉骑士辫纹耳铜釜、铜矛、铜剑，元明广南侬氏土司府遗存铜簋、铜鼎等青铜器共40件；《综

柯仲平纪念馆

合馆》最具本土气息，以古动物化石、旧（石器时代）新（石器时代）石器、瓷器、玉器、古字画、牌匾、民族文物7个单元展出；《白龙坡汉墓馆》专题陈展2007年9月该县黑支果乡牡宜村白龙坡汉墓出土实物。复原墓室，展出漆木车马具、漆木耳杯、木牍、黄釉陶、铜鼎、铜灯、铜盘等珍贵文物45件（套）；《柯仲平纪念馆》陈展分图片展和实物展两部分。图片展出柯仲平革命履历照片100余帧；实物展出柯仲平生前衣物、著作、相关证件、出访苏联、波兰的遗物等80余件。

临时展览　临时陈展面积300平方米，每年都举行临时展览3次以上，其中包括《县情展》、《铜鼓神韵展》、《句町神韵展》、《书画展》、《壮族风情展》等。最为壮观的是2007年5月“昆明国际文化旅游节·广南分会场暨广南壮族花节”期间举办的《铜鼓神韵展》，达众20万人次。之外，也常与外来协办《秦兵马俑展》、《古生物化

石展》等，每年1－2次。

藏品管理

［藏品来源］　汉代青铜器多为出土，明清时期青铜器、古字画大部分是1952－1953年土改复查没收所得；瓷器、民族文物以征集为主（部分捐赠）；柯仲平文物一是柯仲平夫人王琳及生前战友捐赠，二是广南县政府于1992－1994年成立“柯仲平文物征集组”到全国各地征集；石器为县内采集；其它文物以征集为主，部分捐赠。

［藏品统计］　共有藏品1264件。其中：青铜器70件，古钱币49件（近万枚），瓷器474件，木制品42件，石器74件，漆木竹器35件，玉器22件，银器5件，黄釉陶14件，织绣品8件，古字画149件，铁器8件，柯仲平纪念展厅250件，其它64件。

［重要藏品］　该县出土春秋早、中、晚期万家坝型铜鼓各1面；白龙坡汉墓出土漆木器、黄釉陶、青铜器45件；牡宜村青铜墓群、小尖山古墓群出土骑士辫纹耳釜、铜柄铁剑等汉代青铜遗珍；广南侬氏土司遗存明、清青铜器；距今3300万年－4000万年的犀牛化石，5万年前的旧石器，历代名家书法；柯仲平遗物等。

《青铜馆》展厅

春秋　万家坝型铜鼓

汉　木牍

西汉　铜柄铁剑

犀牛化石

［藏品保护］　制作铁质收藏架，分类收藏，防止人为破坏。采用漆护和药物保护等措施，防止藏品虫蛀和自然老化。安装电视监控防盗报警系统，配置灭火安全设施，聘请保安实行24小时监控。

科学研究　广南一地商周至汉初为句町国，汉置句町县，唐为侬氏据地，宋为特磨道，元明清由侬氏土司和广南府“土流并治”，加之是以壮族为主的西南边陲少数民族聚居区，历史文化极为厚重。多年来，云南省、文山州、广南县及相邻的广西壮族自治区联合对广南的历史文化（主要是句町文化）、铜鼓文化、土司文化、民族文化等展开深层次、宽领域的研究。有《句町论文集》、《句町神韵》《句町与广南》、《广南古今》《广南名胜古迹要览》、《广南文物志》、《声震世界的广南铜鼓文化》等近200万字的著作发表。对柯仲平的研究著有《柯仲平传》等。

宣传教育　举办“句町与广南史源探讨”、“广南壮族土司与中原文化的关系”、广南“民族文化·历史文化·名城文化”等讲座；编辑出版《广南历史文化名城简介》、《广南县民族博物馆简介》、《柯仲平纪念馆简介》。请省民族大学何正庭等教授授课，全县18个乡镇科级领导、县城股所级以上领导参加。

合作交流 2007年、2008在该县组织2次“句町历史文化专题讨论”，2008年12月参与广西西林举办的“桂滇句町历史文化暨壮族土司文化研讨会”等。

经营管理

［单位性质］ 国有公益文物事业单位

［经济来源］ 财政拨款

［机构设置］ 馆内设馆长1名，副馆长2名，下设办公室、名城解说室、不可移动文物保护室、民间文物征集室、考古调查室、档案室、文物库房、安全保卫室等机构。

［人员编制、组成］ 核定人员编制10人，实有在岗16人，其中正式职工13人，临聘2人，借调1人。性别：男6人，女10人；职称：馆员2人，助理馆员8人，管理员2人，专业职称4人；学历：大学1人，大专8人，高中、中专6人，初中1人，平均年龄35岁。

［服务观众的项目］ 专设“名城解说室”，全年提供优质的免费开放服务。

［观众接待］ 年接待观众50余万人次

参观指南

［地址］ 广南县城莲城西路龙井社区9号（莲湖大门前原老县委大院内）

［邮编］ 663300

［电话］ 0876-5152242

［传真］ 0876-5153551

［邮箱］ bnlesh@126.com

［开放时间］ 8:30－11:30，14:30－17:30

［票价］ 免费

（撰文：广南民族博物馆）

云南大学人类学博物馆

Anthropology Museum of Yunnan University

概述

类型 社会科学类人类学专题博物馆

隶属关系 隶属云南大学民族研究院暨教育部人文社会科学重点研究基地——西南边疆少数民族研究中心

筹建时间 2003年筹备建设

正式开放时间 2006年4月10日

所在位置 位于昆明市翠湖北路2号云南大学本部东门旁

云大人类学博物馆外景

面积 占地4154平方米

历史沿革 博物馆坐落于云南大学校本部东门之侧，建筑面积4000余平方米。云南大学人类学博物馆始建于2003年9月，由香港著名实业家伍达观和夫人伍马瑶慷慨捐资70万美元，加以云南大学的配套资金建设而成。云南大学作为中国人类学和民族学学科建设和教学科研的重要机构之一，以1939年正式成立社会学系为起点至今，所开展的一系列田野调查、理论方法研讨、边疆问题和少数民族研究，均有效地促进了中国民族学、人类学学科的规范化和本土化建设，在各个历史阶段都发挥了积极作用。博物馆既是云南大学民族学、人类学教学科研辅助单位，又是学校素质教育基地和对外宣传展示的窗口，在弘扬云大学术传统、丰富校园文化生活、开展相关科研教学，及向社会普及人文科学知识等方面发挥着积极的作用。

博物馆经过“十五”、“211工程”民族学重点学科子项目建设，目前已初具规模。博物馆展览和接待服务面积近2000平方米。现有藏品两千余件，设有《民族艺术》、《云南民族文化生态村》、《云南大学人类学和民族学七十年回顾展》三个专题展览。影视人类学实验室现有16个视频点播终端。影视实验室建立了国内高校首家专业人类学影视资料库，可供点播内容包括国外经典纪录片、中国早期民族志电影、民族民间艺人系列、人类学者访谈等近千部影视片。我国生态人类学研究领域为数不多的拓荒者之一、在民族文化生态村建设、博物馆建设、物质文化研究与保护等几个领域都取得了创造性的成果的尹绍亭教授，在担任云南大学人类学博物馆馆长期间，依托6个民族文化生态村和云南大学的影视人类学实验室，他不仅创立了一个城乡结合、动静结合的“1+6”的人类学博物馆模式，还创建了三个人类学数据库：一是中国人类学家数据库，目前已经拍摄了宋蜀华等老一辈学者60多人的访谈，二是影视人类学数据库，迄今已经收集了1000多部中外人类学影片，三是非物质文化遗产数据库，已经拍摄制作完毕记录60余部民间艺人及其技艺的专题片。这些都是云南大学人类学博物馆的特色和亮点。

历任馆长 尹绍亭（2003－2005.11）；王文光（2005.12－2007.7）；何明（2007.7至今）。

业务活动

基本陈列 《民族艺术》展览分“穿戴艺品”、“宗教艺物”、“器乐丛集”、“假面荟萃”四个单元从不同角度对中国民族艺术进行了展示。

《民族文化生态村》展示了云南六个 “民族文化生态村”试点的建设理念、运作模式和建设成果，开创了都市大学博物馆和乡村博物馆相结合的展示模式。

《云南大学人类学和民族学七十年回顾展》按学科的设立、发展与第一次辉煌（1922－1953）、民族学、人类学研究的调整时期（1954－1986）、学科的重建与发展（1987－）三个历史阶段，系统展示了云南大学人类学和民族学七十年的发展历程。

［重要展品］ 《彝文经籍》 云南、贵州、四川、广西四省区的彝族都使用本民族文字，使用历史悠久，民间有丰富的彝文文献。传世彝文典籍所记载的内容丰富，涉及天文、地理、数学、医学、生物、政治、经济、军事等等多方面。它是研究彝族社会历史、民族文化的珍贵资料。彝文文献以手抄本为多，也有一部分木刻本。馆藏文献都是手抄本，来自南部方言和东部方言两个方言区。为20世纪中后期征集，云南大学旧藏。

水族《水书》 水书是水族用自己独创的文字写成的文献，内容有水族古代天文、地理、宗教、民俗、伦理、哲学、美学、法学等诸多方面，内容博大精深。水书大部分掌握在民间被称为“鬼师”或“师人”的水书先生手里。馆藏23册，征集自贵州省三都水族自治县，大都是讲测算吉凶、推演甲子、占卜、算卦等过去民间使用较多的书籍。

“瑶族道画”（组图） 瑶族做渡戒等一些宗教民俗活动时用的宗教画。各种民俗活动，都要设置庄重肃穆的民俗活动场所，让人从俗事中脱出，进入超越世俗的神圣境界。道画就悬挂在这种道场之中。所画的神祇很多，多是道教神仙和瑶族传统神灵或崇拜的祖先。挂什么神灵象，就表

1.《民族艺术展厅》面具单元 2.《民族艺术展厅》乐器单元 3、4.《云南大学人类学和民族学七十年回顾展》

凉山彝族铠甲

彝族《彝文经籍》

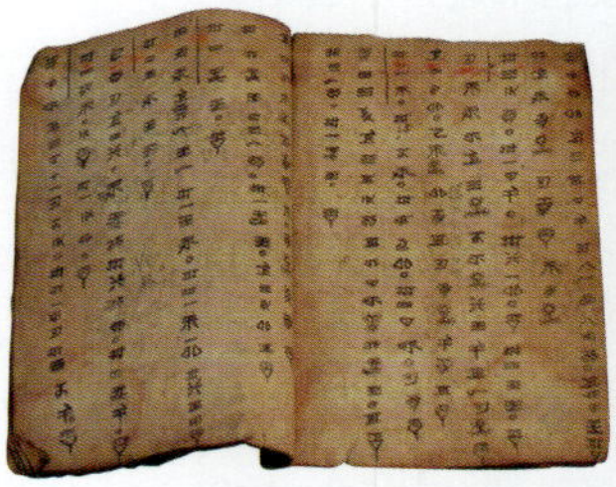

水族《水书》

示请谁到道场。通常都挂很多的神象，装点成盛大的神仙法会。既表示道场的神圣，与神灵沟通，也表示神灵的认可。

“彝族铠甲” 彝族尚武，重军事装备。云南、四川、贵州的彝族，古代都有各自出名工匠，制造工艺精良，史志记载的不少。田雯《黔书》卷一说：“（水西彝族）……盘盂皆用漆皮。”（清）阮元等修（道光）《云南通志》卷七十《物产四》之《弩弓箭壶》条说：“《东川府》：弓箭制极轻便，壶极雅，其上雕花涂漆，价极贵，每壶约值三金，其箭发辄中。”（清）张澍《续黔书》卷三录文赞美水西皮革加工工艺。保留至今的凉山彝族皮甲及武器，可以见证旧时的盛况。皮铠甲、护腿、护腕、臂甲、头盔、盾牌等组成的护具，最好的选出材是上好的犀牛皮或野牛，工艺考究。一套皮制护具的制成，集中体现凉山彝族在皮革加工、艺术设计、传统漆工艺等多方面的技术水平。凉山彝族崇尚的红、黄、黑三色、传统图案设计及尚武的人文精神，都在护具与武器制造中得到尽情展现。

临时展览 《缅甸民族文化展》（2008.3－2008.5）、为国际人类学与民族学联合会第十六届大会召开举办《中国人类学百年展》、《多彩中华——中国民族工作成就展》（2009.7－2009.8）

藏品管理

［藏品来源］ 藏品有三个方面的来源：一是20世纪中叶云南大学征集，西南边疆民族历史研究中心转交的部分，有301件；少数为私人捐献；其余为2003年以后博物馆自己征集。藏品来源地涵盖国内云南、贵州、广西、海南、湖南、四川、福建、青海、西藏、新疆、黑龙江、内

瑶族道画（组图）

蒙、江苏、天津等省（区、市），国外由泰国征集9件。分属国内汉族、彝族、藏族、白族、苗族、瑶族、基诺族、傣族、傈僳族、阿昌族、景颇族、壮族、纳西族、蒙古族、水族、布依族、哈尼族、佤族、毛南族、侗族、土家族、黎族、畲族、京族、仫佬族、羌族、撒拉族、裕固族、土族、门巴、珞巴族、鄂温克族、鄂伦春族、达斡尔族、满族、维吾尔族等36个民族，国外属泰国清迈泰族、泰国缅人、克伦族等。

［藏品类别］ 该馆以用途分类整理，分成生产工具、生活用具、宗教民俗器物、音乐舞蹈器具、服饰、书画古籍等六大类进行管理。以材质分，有铜、铁、银、石、土陶、竹、木、丝、棉、皮毛等质地。

［藏品统计］ 至2009年12月，云南大学人类学博物馆共有藏品约3000件。

科学研究

［科研队伍］ 云南大学人类学博物馆的定位是为科学研究和教学服务，依托教育部人文社会科学重点研究基地-西南边疆少数民族研究中心、云南省民族研究院/云南大学民族研究院，科研力量较强，队伍知识结构合理，现有员工14人，其中获得硕士以上学位者10人，拥有高级职称者3人，其中不乏具有全国影响的学者。作为人类学专业博物馆，科研人员的研究方向广泛分布在民族文化遗产传承保护研究、艺术人类学、影视人类学、生态人类学与历史人类学等领域。

［科研成果］ 人类学博物馆科研人员结合各自的岗位需要，发挥特长，群策群力、积极开展各种科研和学术活动，在研国家级、省部级项目多项，成果显著。

尹绍亭教授主编的《云南物质文化》丛书是他多年来埋头田野调查发掘出来的宝藏。该丛书在掌握大量的第一手资料的基础之上，对各类器物的结构、功能、分布、分类、源流、传播、变迁进行了深入了研究，描绘了一幅丰富、宏阔的物质文化图卷。该丛书先后获得了第六届国家图书奖提名奖和第十一届中国图书奖。此外，日本“东京第一书房”还将该丛书中由他撰写的《农耕卷》（上、下册）以《云南农耕文化源流》的名称出版了日文版。

尹绍亭教授致力于生态人类学的学科建设，出版了《一个充满争议的文化生态体系》、《云南刀耕火种志》、《人与森林——生态人类学视野中的刀耕火种》、《云南の烧畑——人类生态学研究》等4本专著和《基诺族刀耕火种的民族生态学研究》等十几篇论文。这一系列研究成果全部来自扎实的田野调查，同时运用文化适应的观点和人类生态系统的方法进行研究，是我国生态人类学领域重要的奠基性作品。不仅花费大量精力指导学生，大力培养学术队伍，还发起并主办了《生态 环境人类学通讯》，给国内外的学术同仁们搭建了一个良好的学术交流平台。生态环境史的研究是尹绍亭教授近年来关注的领域，先后与日本京都大学、日本地球环境研究所等合作，组织了精干的学术队伍进行长期的田野调查，出版了《民族生境——从金沙江到红河》、《雨林啊胶林——西双版纳橡胶种植与文化和环境相互关系的生态史研究》、《人类学生态环境史研究》三本论文集，都聚焦于云南少数民族文化和环境的变迁及其相互影响，并尝试推动生态学、植物学、历史学、地理学等学科的跨学科合作。“民族文化生态村建设”是尹绍亭教授身体力行，将人类学知识付诸社会实践的创造性尝试。面对中国传统文化的迅速消亡，生态环境的急剧恶化，1997年，他率先提出了建设“民族文化生态村”的构想，次年获得福特基金会资助，在云南选择了6个民族村寨作为试点。经过8年的建设，摸索出了一套村民自主，学者指导，政府领导的模式，出版了《云南民族文化生态村试点报告》，吸引了不少学者到试点村寨进行调查研究，基本实现了以保护和宏扬优秀民族民间文化、保护和重建良好的生态环境，谋求乡村的和谐和可持续发展的宗旨。

王文光教授出版了九部民族史专著，在国内外发表民族史论文五十余篇。2006年出版了《百越源流发展史——壮侗语族各民族的由来与发展》，本书的绪论作为单篇论文发表后，被多家文摘转载。先后主持《云南历史上的民族融合现象研究》和《中国西南氐羌民族源流史研究》两项国家社科基金项目和教育部重大项目《西部大开发条件下民族关系的变化与调适》。此外，还先后主持云南省社科规划项目三项，省教育厅项目三项。论文《中国西南民族关系散论》，专著《中国南方民族史》、《中国古代的民族识别》分别获云南省社会科学优秀成果一、二、三等奖。在上述研究积累的基础上，出版了专著《中国民族发展史》。论文《中国民族史研究论》、《中国西南民族史研究的回顾与展望》，对民族史研究的理论与方法、中国西南民族史研究学术史作了相关的探讨与研究。

何明教授目前主要从事中国西南民族及其与东南亚族群的互动关系、艺术人类学以及民族志理论方法等方向研究。迄今为止，在《民族研究》、《哲学研究》、《文学评论》、《光明日报》（理论版）、《学术月刊》、《文史哲》、《广西民族大学学报》等重要学术报刊上发表研究论文百余篇，其中多篇论文被《新华文摘》、《中国社会科学文摘》和《中国高校文科学术文摘》全文转载或摘登；出版学术专著7部；曾获第二届中国青年社会科学优秀成果奖、云南省哲学社会科学优秀成果一等奖等学术奖励多项。近期代表性论文有：《文化持有者的“单音位”文化撰写模式》（《民族研究》2006年第6期）、《学术范式转换与艺术人类学学科建构》（《学术月刊》2006年第12期）、《回到生活：关于艺术人类学学科发展问题的反思》（与洪颖合著，《文学评论》2006年第1期）、《问题意识与意识问题》（《学术月刊》2008年第10期）、《艺术人类学的视野》（《广西民族大学学报》2009年第1期）、《中国少数民族农村社会文化变迁略论》（《思想战线》2009年第1期）。近期出版的学术著作有：《中国竹文化》（与廖国强合著，人民出版社2007.6）、《云南十村》（与卢成仁等合著，民族出版社2009.7）、《全球化背景下少数民族农村变迁的符号表征》（与吴晓等合著，民族出版社2009.7）；主编有《新民族志实验丛书》（10部，中国社会科学出版社2007.7－2009.5）、《非物质文化遗产的田野图像》（10部，云南出版集团、云南人民出版社2009.7）、《西南边疆民族研究（第6辑）》（云南大学出版社2009.5），与张跃合作主编《中国少数民族农村30年变迁》（民族出版社2008.12），与冢田诚之合作主编《中国边境民族的流动与文化动态》（云南出版集团、云南人民出版社2009.3），与李志农合作主编REVIEW OF ANTHROPOLOGY AND ETHNOLOGY IN SOUTHWEST CHINA（Volume 1）（社会科学文献出版社2009年7月出版）。主持的科研项目主要有：国家哲学社会科学基金项目“当代中国少数民族农耕社会经济文化变迁研究”，教育部人文社会科学基金项目“中国艺术人类学研究理论方法探论及其学科化建设”，云南大学“211工程”二期民族学重点学科建设项目“云南少数民族调查研究基地与小康社会建设”和三期民族学重点学科建设项目“中国西南民族及其与东南亚的族群关系”，国家社科基金“西南工程”特别项目“云南边疆民族的民族认同与国家认同的实证研究”，教育部重大课题攻关项目“边疆民族心理、文化特征与社会稳定—西南地区部分”并担任首席专家。

［科研设施］ 作为大学专业展览和研究机构，云南大学人类学博物馆拥有完备的科研设施。除主馆外，在福特基金会的资助下，云南大学人类学博物馆尚在云南民族村寨中建有5个生态博物馆——民族文化生态村，作为科学研究和实践基地。以“学者引导、政府领导和村民主导”的形式进行的民族文化活态传承工作在一些地区已经取得了很好的效果。作为云南大学“211”工程建设重点建设项目，位于人类学博物馆三楼的影视人类学实验室是国内高校成立较早的影视人类学教学科研机构，拥有较为先进和完备的影视拍摄、编辑和播放设备，现已初步建成影视人类学影片数据库，并可提供观众现场点播。

宣传教育

［编辑出版］ 云南大学人类学博物馆现已出版《藏品图集》一册，该书收录馆藏精品文物照片及相关的田野资料和说明，全书中英文对照，对国内外学者了解藏品，开展研究工作大有裨益。以博物馆藏品研究为主要内容的《知识丛集》业已完成。

［讲座］ 云南大学人类学博物馆平均每学期举办学术讲座十余次，吸引了大量云南大学和周围高校、科研机构的学者和学生参加。

［影视录像］ 实验室每周定期开办影视人类学沙龙，播映并讨论年轻学子的作品。

交流合作

［学术交流］ 为使博物馆的业务更好的开展，云南大学人类学博物馆广泛聘请国内外专家来馆举办培训或交流活动。以该馆人员为主组建的云南大学生态环境人类学研究中心和国内外相关机构保持着密切联系，并和国内另外两所大学合作编辑印制《生态环境人类学通讯》。

经营管理

［单位性质］ 国营事业单位

［经费来源］ 财政拨款

［机构设置］ 内设办公室、研究教育部、艺术部、影视人类学实验室、藏品部

［人员编制、组成］ 现有职工14人，均为事业编制。办公室：4人、研究教育部：2人、艺术部：2人、影视人类学实验室：3人、藏品部：3人。男女人员比例：男43%、女57%。

［服务观众项目］ 开放影视实验室的视频点播系统，观众可以自由点播系统当中的任何一部影片观看。在“民族艺术”展厅内设有四个点播终端，观众可以自由播放任何一部系统当中的影片观看。多功能报告厅定期每周举行学术报告及影视人类学沙龙。

［观众接待］ 年均约1万人次

参观指南

［地址］ 昆明市翠湖北路2号

［邮编］ 650091

［电话］ 0871-5034167、0871-5031297

［传真］ 0871-5031297

［电子邮箱］ museum_ynu@126.com

［网站］ www.ynu.edu.cn

［开放时间］ 除周六、日，寒暑假及国家法定假日以外，每周一至周五9:00—11:30，14:30—17:30。

［票价］ 具体商议

（撰文：云南大学人类学博物馆）

云南民俗博物馆

Yunnan Museum of Ethnic Custom

概述

类型 社会科学类民族民俗专题博物馆

隶属关系 隶属于云南民族村有限责任公司、云南省文物总店

创建时间 2010年11月8日

所在位置 云南民俗博物馆坐落于云南省昆明市滇池国家旅游度假区昆明故城内，与云南民族文化主题公园——云南民族村相毗邻，周边多度假休闲酒店，具有得天独厚的自然条件和民俗文化氛围

云南民俗博物馆

面积 占地面积2250平方米、建筑面积1350平方米

建筑特点 昆明故城是仿照昆明古民居建筑样式建设开发的文化商业街区，云南民俗博物馆就坐落在故城内，整体建筑青砖灰瓦、雕梁画柱，体现了昆明独特的民居建筑文化，馆前有茶马古道、马帮文化雕塑广场，体现了浓郁的民俗特色。

历史沿革 云南民族村于1992年建成开放，是弘扬、展示云南少数民族文化的窗口，在做好民族文化展示的同时，注重对各民族民俗文物的征集工作，在云南少数民族地区征集了部分民族民间文物在各村寨进行展示。2006年，经云南省民族事务委员会批准，成立民族文化抢救保护中心，专门从事云南省各民族民间文化的挖掘收集、整理研究与开发利用。2007年，在云南省文化厅、云南省文物鉴定委员会及云南省文物总店的支持下，举办了首届云南省民族文物艺术品赛宝节活动，在大理、玉溪、建水等地建立了活动分会场，广泛征集民间遗留的文物艺术品，加大了对民族民间文物艺术品的征集力度。借此契机，中心在云南民族村内筹建的民族文物艺术品展示中心顺利开放，首期举办了云南民族文物艺术品赛宝节入围民俗文物展览。同年，中国古陶瓷学会在昆明召开了“云南青花暨边疆地区青花学术研讨会”，云南民族村、云南省文物总店参与了研讨会的承办工作，为此次研讨会专门举办了《云南青花瓷器专题展览》，展示了百余件云南本土青花瓷器。

云南省文物总店是云南省经国家批准唯一可以经营文物的单位，成立于1962年，“文革”期间停止经营，1976年恢复经营活动，通过收集流散在社会上的各类文物，并对其进行维护，为博物馆和有关科研部门提供藏品和资料，并为民间文物的收藏提供协调和交流。恢复建店初期，国家拨款10万元作为文物总店的启动资金，从社会上征集了15万多件流散文物，交云南省博物馆收藏超过1500件，配合文物行政部门为公安，工商，海关培训了一批初级文物鉴定人员。恢复建店以来，文物总店发挥文物经营主渠道的作用，致力于开拓云南文物艺术品市场，培育云南的文物市场，与文博系统合作，长期举办各类文物知识讲座，引导热爱中国传统文化而缺少文物知识的广大爱好者进入收藏界。多年来，云南省文物总店与云南民族村有着良好的合作。

在云南省文化厅和社会各界的支持下，由云南民族村有限责任公司和云南省文物总店合作兴办的云南民俗博物馆，于2010年11月18日正式开馆，先后举办多次专题展，展品不断丰富并定期进行更换。

历任馆长 张永康、杨甘雨（执行馆长）

业务活动

基本陈列 云南民俗博物馆基本陈列，分云南宗教、云南青花瓷器、云南民族乐器、云南马帮文化、云南民族民间工艺、云南民族服饰、云南青铜器七个板块。主要展示了与云南民族民间生活、生产、风土人情等文化息息相关的文物及艺术品。通过图片、文字、实物、视频等陈列方式，从多个方面展示了云南民族民间特有的风俗文化，

1.《云南青花瓷器》展厅 2.《云南民族服饰》展厅

五代 石雕佛头

明 木雕彩绘大黑天造像

清 兽骨镶嵌狮纹马鞍

清 大象铃铛

展览内容丰富。

专题陈列 除基本陈列外，云南民俗博物馆二楼的活动展示区常年多次进行如《民族刺绣展》、《民族书画展》、《非遗作品展》、《民俗摄影展》等专题展览。

临时展览 包括对外承接的各种形式的展览。

非遗活态展区 常年进行云南代表性非物质文化遗产活态展示。

藏品管理

［藏品来源］ 部分为云南民族村通过民间征集提供博物馆展出、部分为社会捐赠，另外一大来源是由云南省文物总店提供民俗文物进行展出。

［藏品统计］ 云南民俗博物馆现有云南民族民俗类藏品4000余件，现正进行藏品分类和定级。

科学研究 云南民俗博物馆内设文物鉴定专家组和非物质文化遗产研究组，组员由博物馆外聘的云南省知名的文物鉴定专家、非遗研究专家及博物馆工作人组成。

宣传教育 云南民俗博物馆通过电视、网络、平面媒体等多种渠道向社会公众宣传介绍博物馆及馆内藏品。博物馆还专门组织拍摄了一定数量的关于云南民俗活动、节庆活动及非遗制作技艺专题片在馆内进行视频播放宣传。

清　昭通苗族服饰

清　麻江型铜鼓

近代　傣族錾花银槟榔盒

明　建水窑青花鱼藻纹玉壶春瓶

现已成为市民及游客了解云南民族风俗，宣传爱国主义精神的一个重要的基地。

交流合作 云南民俗博物馆依托云南民族村、云南省文物总店的资源优势，与全国各省市文博系统、非遗传承保护单位建立了密切的业务交流与合作关系，同时，不断增进与国外相关机构进行文化交流活动。为加强博物馆的建设，还长期与各省市博物馆进行学习交流。

经营管理

［单位性质］ 民营博物馆

［经费来源］ 企业拨款、自筹

［机构设置］ 综合办公室、保管部、陈列部、保卫部

［人员编制］ 10人

［服务观众项目］ 非遗纪念品

［观众接待］ 云南民俗博物馆毗邻国家AAAA级景区云南民族村，依托云南民族村近200万/年的客流，云南民俗博物馆每年接待进馆参观人数40万人次。

参观指南

［地址］ 云南省昆明市滇池路昆明滇池国家旅游度假区云南民族村昆明故城13栋

［邮编］ 650228

［电话］ 0871-4163501

［传真］ 0871-4163501

［E-mail］ yangganyu@yahoo.cn

［开放时间］ 周二至周日 9:30-17:00

［票价］ 免费

（撰文：杨甘雨、杨帆，摄影：杨甘雨、李良）

云南民族大学民族博物馆

Nationality Museum of Yunnan Nationalities University

概述

类型 社会科学类边疆民族专题博物馆

隶属关系 隶属云南民族大学领导；行业内受国家文物局——云南省文物局管理和指导。

筹建时间 1958年

正式开放时间 1981年10月26日

所在位置 坐落在昆明市云南民族大学本部（莲花校区）校园内

面积 占地面积约520平方米、室内面积1280平方米（其中展厅面积1070平方米）

建筑、布局 主体馆舍是一座绿荫拥绕造型别致的完

民族博物馆外景

全用于陈列的三层独立建筑，建筑正面上方镶嵌着著名民族文化艺术学家、文物博物馆学家和该馆创始人杨德鋆教授1981年题写的馆名和设计的名为“从历史走来”（同时包含“向未来走去”意蕴）的内涵丰富的羽人舞步行进浮雕馆徽。特色鲜明，异常引人注目。办公用房和库房散落在主体馆舍附近其他教学、行政楼内，共约200余平方米。

历史沿革 筹建经历较长过程。1954年庆祝新中国诞生五周年之际，昆明市各族各界举办云南古物和民间艺术品展览，云南民族学院（云南民族大学原名）应邀参展，派青年教师王万春（37岁）、杨德鋆（17岁）依展览要求带着校藏和借来的多件少数民族精美手工服饰、绣件、织锦、彩绘象脚鼓、雕花龙头月琴、刮花铓锣、刻花铜嘴葫芦笙、刻花套筒口弦、藤编红漆斋盒、竹编饭盒针线盒烟盒腰箩组件、镂花银钵、镶银铜刻花酥油筒、小件精雕木座彩花山水础石屏等实物去参加。由于观众对少数民族展品充满好奇，参观踊跃，展览结束后杨德鋆在给校领导的书面汇报中建议对各民族历史文化遗物和传统服饰、乐器、工艺品等进行有意识的搜集，条件成熟时可在校内布置一个专门房间陈列供师生参观欣赏。1956年，博学和富有开拓精神的文化学者、民族问题专家、教育家王以中到任云南民族大学校长后，提出大力推进民族教育发展的一系列主张，对杨德鋆的建议十分赞赏，把对民族传统文化用品、生产生活用品和历史文物的搜集解释为是调查、认识各民族社会历史状况和进行民族优秀文化传统教育、民族政策教育及有助于科学识别（划分）民族的重要物证，决定在实物搜集有一定数量积累时建立一座为学校教育和社会任务服务的“云南民族概况和民族政策教育展览馆”（博物馆）。在他倡导和主持下，1958年学校正式成立了白光（时任校党委委员、教务处处长，后为党委副书记）为组长、杨德鋆（艺术教师）为业务（常务）副组长的博物馆筹备组，准备将原校园民族形式建筑教学楼之一的西下楼楼层五间教室打通改造成未来博物馆的陈列厅，学校教具室同时兼作文物搜集品的存放室。杨德鋆随即编写了《云南少数民族历史文物和生产生活用品手工艺品搜集要目》；民族文物调查、征集、积累、研究和博物馆设计进程由此正式开始。1958年学校在参加全国《教育为无产阶级政治服务/教育与生产劳动相结合成果展览》后，由担任展览设计、展品征集、布展实施的杨德鋆负责，青年美工杨方贵参加，在校内志公堂二楼布置了内容以学校概况、云南民族形象、教学成果为主并穿插少量民族服饰、民族乐器、民间工艺品等在内的“云南民族学院教学成果陈列室”（以后又叫“云南民族概况展览室”、“民族文物陈列室”），成为拟议中校博物馆的雏形和先声。1959年3月越南胡志明主席到校访问时曾入室参观并热情题词留念。1959年国庆10周年，“陈列室”部分展品参加云南省《新中国十年辉煌成就展览》中“民族团结谱新篇——民族工作成就”单元展出，口碑极佳。1965－1966年，民族文物藏品搜集已达相当数量，改造西下楼教室为展厅的工程顺利实施，博物馆问世指日可待。然而，意想不到的是“文革”打乱了一切——云南民族大学被撤消，王以中、杨德鋆随全校教职工去思茅（今普洱）“省第四五七干校”劳动，博物馆筹建被迫中辍。1971年学校恢复重建后，1973年才又在复职不久的王以中校长主张和领导下建立由梁之洲（干部）、杨德鋆（业务）负责的筹备组重新开始有关工作。杨德鋆迅速编写出《云南民族文物征集提纲》发往全省各地，请各地有关单位、人士协助继续征集文物或提供文物线索；设计制作出“云南民族和民族文物概况”预展小样；1976年设计完成，请天津艺术学院特种工艺系来滇体验生活的师生在“泥人张”第四代传人张铜等教师指导下制作22组云南民族形象彩塑。1977－1978年，筹建复

1959年越南胡志明主席参观民族陈列

因“政治运动”干扰和校领导变更再次陷于停顿，至1979年著名历史学家、民族学家、教育家马曜教授到任新校长后工作才又获恢复。经马曜提议校党委作出决定，杨德鋆任筹备组组长全权负责继续开展筹建事宜。文化修养深厚，知识渊博全面，精通多种专业技术的杨德鋆教授以其过人的智慧、吃苦耐劳精神和极好的人缘条件，在困难重重和没有任何可供参照的现成模式的情况下，亲手设计、制作、写绘并组织、指挥全盘业务运转，先后绘制大大小小各种设计图纸、画样、装饰图形、示意标牌图稿等上千张，经夜以继日努力，终使博物馆在1981年完成从原来的“室”上升变成一个完整规范的专业“馆”的全部事宜，一座科学、系统地收集、保存、陈列、研究、传播云南彝、白、哈尼、壮、傣、苗、傈僳、回、拉祜、佤、纳西、瑶、藏、景颇、布朗、普米、怒、阿昌、德昂、基诺、水、蒙古、布依、独龙、满族等25个少数民族和汉族的各类文物及其历史文化的小型综合博物馆，国内较早出现的符合多民族边疆地区社会经济文化发展状况和大众需求的因地制宜展现地域民族文化特色的博物馆新类开始建成。于同年10月26日庆祝云南民族大学建校30周年之际由云南省委书记安平生剪彩——隆重、正式向社会开放，云南少数民族文物自此首次得以全面系统和高水平地登上“大雅之堂”，以展示区域性少数民族文物及其历史文化特色为主的“民族博物馆”模式由此诞生。云南省委、省政府主要领导和各部委办负责人、大多数省委委员和全省地县委书记参加剪彩仪式，体现了党和政府对这一新生事物的重视，这是前所未有的事。省委书记安平生评价说，这个个性色彩很浓的博物馆在多民族边疆云南出现，价值非同一般，不仅对保护民族文化遗产，弘扬民族文化传统，促进社会主义民族文化事业建设发展有重要意义，而且对提高少数民族的自信心和自豪感，增进各民族人民的团结和睦和巩固国家统一也将产生不可估量的积极作用。

历任馆长 杨德鋆教授（白族 1981－1984 之后一直兼任业务指导至退休）；马毅生（回族 1992－2002）；玉腊（女 傣族 2002.7至今）。

业务活动

基本陈列 《云南民族文物》主题为“云南民族多姿多彩历史文化的展现”。分三大部分：1. 一展厅（绿色厅）/生产工具与生活器用；2. 二展厅（蓝色厅）/服装、饰品、织染；3. 三展厅（红色厅）/古文字和宗教、风俗、艺术文物。按照文物博物馆学专业的特性和长处，以云南地域、民族历史发展的“线”贯穿，依不同时期不同区域、民族的社会、生产、生活、文化活动基本内容和实物类型特征分类，展示实物为主，配以少量图片，结合运用虚实交融（即写实性与象征性结合）的场景再现、情景显示和意境概括等方式进行陈列，使“边疆的、民族的、悠久历史与多样性文化的”基本特质得以充分展现。创意新颖，主题鲜明，内容深入浅出，形式优美直观，布置简练精致，陈设活泼生动，科学性和观赏性自然融为一体，充满浓郁的乡土气、生活味与艺术情调，好看耐看，富有与众不同的魅力。

陈列面积1070平方米。展品近2000件。重要展品有：1. 原始风俗遗物：佤族木架竹瓦木鼓房、大型木鼓（雌鼓雄鼓各一）和猎获髑髅原物、猎头长刀、背头口袋、人头桩、接血盘等古老猎首祭祀系列文物；佤族明代木雕男性裸体舞蹈人形门板等，记录着云南一段极为特殊的早期历史文化遗俗景象，是国内仅见的文物绝品。2. 古代民族乐器、官服和特殊用物：已知云南早期型最小铜鼓牟定鼓、

明 西盟佤族舞蹈浮雕

战国 牟定早期型小铜鼓

1.孔雀身形道具　2.西盟佤族古老风俗遗物木鼓、髑髅祭祀房系列文物
3.宣慰铜鼓（右）、哈尼铜鼓（中上）、昆明铜鼓（中下）、佤族铜鼓（左）
4.风俗乐舞器（居前者为耿马傣族马鹿舞双人身形道具）

明代西双版纳宣慰司仪仗队铜鼓、昆明铜鼓、红河哈尼族铜鼓、清代佤族铜鼓、明末昌宁帕旭傣族佛寺椿木平头大鼓（鼓腔）、清代白族龙头月琴；元代潞西象皮千总帽；清代武定彝族土司蓝地缎面绣龙宽袖女上衣、武定彝族土司夫人“纳姆”（祭祖大典）穿的缎面绣龙双片式女大褂、宁蒗彝族土司黑地镶蓝绣花袖口缎面女上衣；清代钦赐傣族土司龙袍；清代傣族镂花舞蹈人形银桶、傣族象牙雕赞哈（歌手）坐唱及西双版纳田园村景烟盒、梁河傣族土司象牙柄傣汉双文题款佩刀、苗族地弩；藏传佛教法器，南传上座部佛教佛龛、法器；彝族民间宗教毕摩衣帽法物；纳西族东巴泥偶祭物和法器；白族墓葬彩绘陶偶等，是一批印证云南民族古代文化艺术状貌、社会经济制度、生活情景和宗教信仰风俗状况的难得珍品。3. 原始生产生活工具：石斧、石刀、木柄石槌砸器、木锄、木锸，狩猎网具、弩弓，竹根瓢勺盆碗，竹壶，多格木碟，古老度量衡器等，是研究人类工具发展史和早期生存状况的形象物证。4. 手工服装、饰品、染绣件和织染器具：山草衣、草蓑、火草布衣、麻布衣、带毛羊皮褂等具有早期特点的初始型服装；毡、褐、麻布、棉布、丝绸类并加装饰（刺绣等）的民族服装；古代皮甲、漆面皮甲；扎染、蜡染工具及加工半成品、成品；形态较早的纺织机具如腰机、单边拉架织机、布依族织机、苗族台式织机、木轧花机、麻棉火草纺车；竹木植物和石、骨、角等制成的饰件；银质雕花、嵌花、坠花、坠玉项圈、项链；各种金属镂花和镶珠手镯、臂镯、戒指、耳环、耳柱；银质鎏金镂刻龙凤、人物、动物、山水、植物等造型或故事的新娘花冠；银或铜质纽扣、扣饰；刻花护乳饰乳银牌；珊瑚、绿松石、琥珀头饰、挂饰、胸饰和银质护身佛盒等，从中可窥见衣饰及其工艺技术从起始至近现代的演进历程。5. 节日风俗和民间艺术用品：大象、马鹿、孔雀、狮子舞道具；彝、傣、汉族舞蹈、戏剧面具；各类弦、鼓、管乐器；舞装、戏装等，是了解、研究保护云南民族非物质文化遗产的极好资证。6. 近现代文物：1923年云南军阀唐继尧40寿辰时四川军阀刘湘赠送的礼品“香港万耀荣制”红木雕花松鹤遐龄牡丹奇石彩绘大型座镜；20世纪30年代红军长征过云南时使用的老枪；40年代云南省政府主席龙云任昆明南菁学校董事长时用的进口织花桌毯；近代怒江傈僳族人民在片古岗地区抗击英国侵略者用过的皮甲；1934年沧源班洪佤族人民抗击英国侵略者使用的铁炮筒、梭镖等。7. 特殊文物：主要是20世纪50年代云南一批有影响的少数民族上层人士作为贺礼或祝福礼赠送给被誉为“云南

民族服饰展柜（瑶、景颇族服饰）

清末民初　怒族皮甲、彝族漆皮护腕（上左）、傈僳族竹护腰（上右）

各族人民团结友爱象征和最高学府”的云南民族大学的物品：德宏傣族景颇族自治州首任州长刀京版（原为盈江土司）赠傣族竹胎髹漆大红立式斋盒；迪庆藏族自治州首任州长松谋·昂旺洛桑丹增嘉措活佛赠清代藏传佛教法剑、象牙雕加彩护法神像、双人头骨法聋；原西双版纳宣慰司一位大臣赠旧时召片领（领主）权威象征物“吾依尧罕”（长柄金色翣扇）；西双版纳傣族自治州首届副州长刀有良（原傣族上层人士、云南民族大学1952届学生）代表州政府捐赠原西双版纳宣慰司明代召片领宫廷仪仗队铜鼓；

清　彝族土司服

云南民族大学教师、原西双版纳傣族上层人士刀忠祥赠清代土司赕佛用镂花舞蹈人银桶；原景洪大勐龙土司波信赠清代傣族象牙圆雕赞哈（歌手）演唱形象和浮雕树木、大象、人物、脚踏碓舂米、田园村景烟盒；原梁河土司龚绶赠清代钦赐精绣龙袍；原潞西县芒市傣族土司方化龙赠其母遗物“土司夫人绣装”；原中甸（今香格里拉）藏族上层人士汪学鼎赠家传清代佛教素面铜净水壶、藏族护身符佛像银盒等，是党和国家民族政策实施取得胜利的活见证。8、艺术品：1981年杨德鋆、陈雄勋创作的反映云南民族历史文化概貌及其史影的大型丙烯绘画《在人类丰饶华美的广阔大地上》；1976年杨德鋆设计并请天津艺术学院特种工艺系师生以天津“泥人张”工艺制作的云南民族形象彩塑（22组）；1981年杨德鋆、张松林、张志禹创作的仿真人大小古代彝族穿皮甲武士雕塑；1989年纳西族著名东巴和即贵捏制的东巴教祭祀自然神灵的小型精巧泥偶一套等。

专题陈列　先后主办、承办《纳西族现代东巴画展》、《纪念毛泽东主席百年诞辰像章邮品展》、《离退休老同志书画作品展》、《全国彝族服饰展》、《云南省少数民族文字古籍荟萃展览》等专题展览。展出面积400－600平方米。其中1989年举办的《云南省少数民族文字古籍荟萃展览》将云南全省少数民族的多种古老文字典籍、书画、碑刻、原始交流方式等汇集一堂，是前所未有的事，展出景颇、布朗、藏、独龙族等的以物代言亦即实物书信，令观众交口称道。

藏品管理

［藏品来源］ 1. 多数为20世纪50年代起至60年代中期从民族地区直接征集获得。其中相当一部分是杨德鋆1959－1963年任艺术教师时用作教具、乐器和演出服装、道具的搜集品、1964－1965年在西双版纳农村参加“社会主义教育运动”办“忆苦思甜”展览时征集的展品；个别敏感度高政策性强极难获得的文物（如佤族祭祀髑髅）系王以中校长乘边疆开展“铲除人头桩/建设新生活”运动之机，亲自与当地政府函电联系（并派到过阿佤山的职工索成财、张路保前往西盟）秘密通过佤族干部从拆除的村寨“人头桩”上获得然后委托解放军运到昆明。2. 少量为少数民族上层、知名人士或当地政府、组织馈赠、捐赠；3. 50年代末至60年代初杨德鋆、赵晋民（学校职工）参加云南省民委为北京民族文化宫征集展品，北京方面挑选拿走多数后剩下一小部分（主要是竹木生产工具、生活器皿），应王以中要求，省民委转给了云南民族大学；4. 20世纪70至80年代博物馆开馆前后，继续从实地征集获得一些。征集过程充满艰辛，有不少感人故事，有的文物是冒着生命危险获得的。

［藏品统计］ 藏品总计约3000件。按质地划分，各类藏品数量大致如下：1. 石器，40多件；2. 铜器，50多件；3. 铁器，40多件；4. 其它金属器，200多件；5. 漆器，40多件；6. 织绣，300多件；7. 皮革品，20多件；8. 竹木器，200多件；9. 牙骨器，30多件；10. 陶器，15件；11. 绘画，10件；12. 雕塑，70多件；13. 文献，10件；

清　傣族赞哈（歌手）村景牙雕烟盒

战国　剑川铜剑、环首刀

清　傣族舞蹈银桶

大型丙烯绘画《在人类丰饶华美的广阔大地上》（局部）

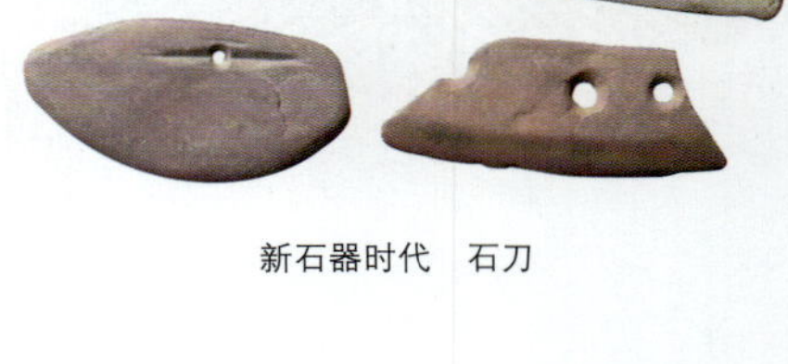

新石器时代　石刀

基诺族大鼓（中）和傣族光养（大小头双面鼓，左、右）

14. 货币，100多件；15. 其它，1000多件（含重要图片资料）。由于征集时间较早并且长期坚持不懈，积累了不少不可多得的宝贵文物。藏品时代从新石器时代、青铜时代至近现代。有部分堪称少数民族文物的罕见珍品。

［藏品保护］ 藏品入馆先作消毒和卫生处理，然后分类入库保存。藏品皆放置在干燥通风和避光处。有机物多数用臭蛋、樟脑防虫，定期进行翻动检查，以防虫蛀。泥塑、服饰、重要字画、文献等放（挂）置在大玻璃橱中，同观众隔开。展厅装有安全防盗设备。

科学研究 科研与工作紧密结合，围绕云南民族文物与传统文化主题进行。先后拍摄电视教学片《晋宁观音洞壁画》、《滇东北面具艺术》、《人类思维的古老辙痕－云南民族文字概观》、《探寻滇东爨文化》等；在文物出版社出版《云南少数民族织绣纹样》、《云南民族文物·身上饰品》，云南美术出版社出版《泰国民族传统艺术》，云南教育出版社出版《百彩千辉－云南民族服饰》等著作；在各种报刊发表论文、文章百余篇，《中国文物报》曾辟专版对该馆进行介绍并多次发表该馆人员文章。

宣传教育 博物馆有体现自己品位、特色的视觉文化符号：馆徽（羽人行进形象）、馆色（象征各民族智慧如海的蓝色）、馆吉祥物（以古代木雕文物和民间传说为依据代表团结、智慧、力量化身的云南森林至尊“九首大象”造型）；有彩色入场卷、说明书；有馆刊《民族文物论苑》、宣传栏《博物馆之友》；曾摄录介绍馆情馆藏的电视片《南土一珠——云南民族学院民族博物馆概览》。在校内建立“馆”“系”连接制度，同二级学院联合请文博专家来校给师生做《云南物质文化遗产与非物质文化遗产保护》等学术讲座；培训学生“博物馆之友”——组织学生志愿者参加博物馆活动和担任义务解说员；博物馆工作人员除经常在展厅给校内外学生（包括外国留学生）讲授外，还在本校艺术学院、职业技术学院担任《云南民族服饰文化》《云南民族饮食文化》《云南民族文物赏析》等课程教师和精品课程《民族民俗文化》领衔人。博物馆作为传授科学文化知识生动课堂的作用因此得到较充分的发挥。

交流合作 国内外学术交流较多。同美、泰、韩、日等国专家学者交流较频繁，曾合作举行会议、讲座。常出席国内行业会议和有关学术会议。先后承办全国高校博物馆学会1999届年会暨第四届学术研讨会、《全国彝族服饰展》、《云南省少数民族文字古籍荟萃展览》、《云南现代东巴画展》等和参加举办赴京展出的《云南民族民俗展览》、全国性的《中国民族服装服饰展》等大型展览；参加筹建云南省民族博物馆工作；向州市县筹建博物馆提供有力支持和帮助（如1993年帮助创建勐腊县民族博物馆等）。

经营管理

［单位性质］ 国营事业单位

专栏《博物馆之友》（2006.8中国第一个文化遗产日专刊）

［经费来源］ 经费由国家拨给

［人员编制］ 人员编制5－7人，目前在岗人员未达编制数。

［观众接待］ 开展以来，为学校教育、科研、社会公共教育、民族工作和对外宣传服务，共接待国内外观众170万余人。先后接待了多位中国国家领导人和世界多个国家的领导人、高级人士前来参观。英国女王伊丽莎白二世伉俪（1986.10.17）、挪威国王哈拉尔五世及王后（1997.10.24）、摩尔多瓦总统弗拉迪米尔·沃罗宁和夫人（2006.4.14）、美国前国务卿基辛格博士（1985.11.14）等曾光临参观；泰国前后有两届总理莅临观赏；泰国公主诗琳通曾三次到馆参观；邻邦越南、缅甸、老挝等国党政高级人士先后多次来访参观。

参观指南

［地址］ 中国·云南省昆明市一二一大街134号云南民族大学（莲花校区）校园内

［邮编］ 650031

［电话］ 0871-5134825（办公室）

［电子邮箱］ ynmzdxbwg58@126.com

［票价］ 不售门票。按约定时间开放。接待参观频率较高。

（撰文、摄影提供：玉腊、杨德鋆、杨雪果）

云南民族博物馆

Yunnan Nationalities Museum

概述

类型 社会科学类民族民俗专题博物馆

录属关系 隶属于云南省民族事务委员会

筹建时间 1988年5月

正式开放时间 1995年11月

所在位置 位于风景秀丽的中国昆明滇池国家旅游度假区内

面积 占地13万平方米、展区建筑面积3万平方米

建筑、布局 建筑坐南朝北，展区采用庭院回廊式结构，上下两层，分中庭院、东侧馆和西侧馆三部分。

历史沿革 1977年主持云南省民委工作的张子斋提出建设云南民族博物馆计划并上报中国共产党云南省委。1984年借赴北京举办《云南民族民俗展览》之机，云南省民族事务委员会向中国共产党云南省委、云南省人民政府上报《关于筹建云南省民族博物馆的报告》。1986年8月20日，云南省五套班子主要负责同志审查赴北京《云南民族民俗展览》时，白族著名学者马曜教授进言在昆明建设一个省级民族博物馆，得到省委副书记刘树生同意，梁家、颜义泉、刀国栋、李瑾等云南省领导亦赞同。中国共产党云南省委书记普朝柱也极力赞成。同年11月中国共产党云南省委决定，云南省人民代表大会常务委员会通过，在昆明筹建云南民族博物馆，责成云南省民族事务委员会负责筹建。1988年5月11日，云南省编制委员会下文，同意成立云南民族博物馆筹备组。1991年9月，云南省民委党组任命王正芳为云南民族博物馆筹备组组长，高宗裕为筹备组常务副组长兼办公室主任，谢沫华、尹绍亭为办公室副主任。云南省人民政府将云南民族博物馆列入云南省“八五”重点建设项目，并在云南省七届人大四次会议正式通过。1993年云南省人民政府56次常务会议作出决定，云南民族博物馆总投资1.37亿元人民币，一次性投资，一次性建成，要求在1995年全国第五届少数民族传统体育运动会在昆明举行之前建成。1993年3月23日云南省编委批准撤销“云南民族博物馆筹备组”， 正式成立“云南民族博物馆”。云南省民族事务委员会党组任命高宗裕为馆长，谢沫华、尹绍亭为副馆长，12月28日任命普卫华为副馆长。同年4月4日，在昆明滇池国家旅游度假区隆重举行了

云南民族博物馆

云南民族博物馆开工奠基仪式。1995年11月9日，云南民族博物馆正式建成开馆，国家民委主任司马义·艾买提、云南省人民政府省长和志强等领导出席并为开馆剪彩，出席第五届全国少数民族传统体育运动会的运动员及各族同胞万余人出席开馆典礼。

云南民族博物馆一直致力于民族文化的收藏保护和研究展示，取得了骄人的成绩，先后被授予“全国科普教育基地”、“全国民族团结进步教育基地”、“云南省爱国主义教育基地”、“省级文明单位”以全国大、中、小学校“教学、科研、实习基地”，并已成为旅昆民族同胞欢度民族节日活动的重要场所，2004年3月在云南民族博物馆内创建“海埂艺术家基地”、“598地下空间”。

历任馆长 高宗裕（1993.3—2000.3）；谢沫华（2000.3—2001.3 副馆长主持工作）；谢沫华（2001.3至今）。

业务活动

基本陈列 云南民族博物馆开馆时推出了：《云南少数民族社会形态、改革与发展》、《云南生态生业》、《民族服饰与纺织工艺》、《民族服饰艺术》、《传统生产生活技术》、《民族节日文化》、《民族乐器》、《民族民间美术》、《民族文字古籍》、《民族民间器具》、《民族民间面具》、《奇石珍宝》等十二个陈列，从多方面反映了云南少数民族多彩的文化生活。陈列面积约6000余平方米，共展出藏品8000余件（套）。后来根据观众需求和经费条件的改善陆续对各个专题陈列进行了从形式到内容的提升改造，现有陈列为：《民族服饰与纺织工艺》、《民族民间美术》、《民族文字古籍》、《民族乐器》、《民族传统生产生活技术》、《云南民间瓦当》、《民族民间面具》、《民族民间陶艺陈列》等，这些陈列采用了现代的声、光、电的技术，使得展览效果更趋新颖、生动，呈现给观众更加完美的视觉感受。

临时展览 为了丰富展览内容，为观众提供更好的服务，充分发挥博物馆展示的功能，云南民族博物馆与国内外博物馆及学术科研机构合作在馆内先后举办了《台湾原住民服饰展》、《中国西南民族服装服饰展》、《中韩民族造型艺术特别交流展》、《织物上的文化——加拿大原住民织品艺术展》、《伟大的航海家、外交家、和平使者——郑和展》、《遗失与重生——2005年云南手工造纸现代艺术品展》、《共饮一江水：澜沧江湄公河纪实摄影展》、《湄公河流域傣族纺织品展》、《中韩百人书画艺术品展》、《云岭颂歌——云南民族工作60年成就展》、

2

3

1.《人类的记忆》展出 2、3.展厅一隅

《以色列中国友好交流历史图片展》等100余个临时展览，其中《人类的记忆——云南民族古籍文化遗产展》获得第六届全国博物馆十大精品陈列展览最佳宣传推广奖，这是云南省文博界首次获得的最高殊荣。还有一些展览也引起了很大的社会反响，对促进中外文化的交流和民族文化的传播、宏扬发挥了巨大作用。

藏品管理

［藏品来源］ 民间征集、捐赠

云南民族博物馆早在筹备期，就注重民族文物的征集工作，先后派出10余个工作组奔赴全省各民族地区深入调

查和征集民族文物，至1995年开馆时征集文物达8000余套（件）。开馆后，在经费有限的情况下也曾多次进行民族文物征集工作。

［藏品统计］ 目前，云南民族博物馆共收藏各民族服饰、工艺美术品、纺织、交通运输工具、乐器、生产工具、生活用品、饰品、文字古籍、宗教等13类的文物4万余件（套）。1996年云南省人民政府拨专款收购动植物化石标本、观赏奇石、矿物标本等1181件。1997年入藏大型木雕《张胜温画卷》。2000年借首届中国服装服饰博览会之机，征集全国五十六个民族服装服饰549套，成为收藏民族服装服饰最全的博物馆。2002年省政府斥资收购翰荣轩文化艺术博物馆（私立）民族服装服饰838套（件）。

各界人士也用行动表达了对文博事业的关注，纷纷捐出所收藏的部份文物。2000年8月，南京博物院原副院长、著名文博专家宋伯胤教授向云南民族博物馆捐赠了一批上世纪50年代初中央慰问团访问云南的资料照片1064张，对研究云南少数民族历史文化具有重要参考价值。2006年12月，民间人士张葆棠向云南民族博物馆捐赠了瓦当190件，这些瓦当是张葆棠老人珍藏多年，富有浓郁地方特色的珍品。还有白族著名的扎染艺人张德和老人，中国民间工艺美术大师段国梁、赖国庆，著名画家曾晓峰等人也将自己珍藏的作品扎染、木雕、斑锡、银饰品捐赠给云南民族博物馆永久收藏。日本横田素子，韩国柳顺玉、旅日著名书画家魏来五道等国际友人也先后把所收藏的部分文物捐给

哈尼族银泡外挂

铜鼓

彝族古式女服

白族九龙银酒具

云南民族博物馆。

2004年底初步建成《云南民族博物馆藏品信息管理系统》，文物藏品实现微机化管理。

科学研究 云南民族博物馆自建馆以来一直鼓励专业人员从事学术研究，为专业人员提供了很好的平台，在馆内形成了浓厚的学术氛围，培养了一批高级技术职称的研究队伍。先后主持完成了“民族文物基础理论与民族博物馆建设”等10余项国家级和省级课题。以及亚行项目“新建大理--丽江铁路少数民族发展实施监测与评估”、世行项目“贵阳--广州铁路少数民族发展计划实施监测”等中外合资项目。出版了《云南民族博物馆藏品选》、《民族学与博物馆学》、《观众与博物馆——云南民族博物馆陈列科教集》、《民族博物馆论文集》、《民族文物探索》、《民族文物征集实践》等系列学术文库。专业人员在不断的研究中也硕果累结，先后出版了《亚洲博物馆馆长和人类学家论坛文集》、《原始物象——村寨的守护和祈愿》、《信仰的灵光——彝族原始宗教与毕摩文化》、《图象及其变迁》、《“三江并流”区的怒族人家》、《云南民族博物馆图文丛书》、《跃于一方土纸中的神鬼——云南纸马研究》、《中国云南彝族》等20余部专著。

交流合作 随着经济全球化，国际间的文化交流日益彰显，云南民族博物馆实施“走出去，请进来”战略，积极拓展对外文化交流渠道，与福特基金会、洛克菲勒基金会、亚洲开发银行等国际组织有良好的合作关系，同韩国国立民俗博物馆、越南民族学博物馆、俄罗斯民俗博物馆、美国史密森博物馆协会、美中艺术交流中心、美国国家工艺基金会纺织专家、美国芝加哥大学教授、美国民俗学会、韩国高丽大学民族文化研究院民俗学研究所、泰国研究会哲学分会、日本昭和女子大学等机构建立了长期合作关系，开展了一系列展览交流、学者互访工作。2003年12月、2004年9月，云南民族博物馆分别派出两批学者赴韩国国立民俗博物馆进行为期两个月的文化交流活动，同时也接待了韩国国立民俗博物馆到云南的两批文化交流学者。2005年11月28日至12月14日，云南民族博物馆馆长应邀参加了由加拿大驻中国大使馆组织的“中国博物馆馆长考察团”赴加拿大进行为期半月的交流访问。2008年应日本国立民族学博物馆邀请，云南民族博物馆馆长赴日本大阪参加了国立民族学博物馆建馆30周年庆祝活动，鉴于多年来在中日文化交流中的杰出贡献，东京富士美术馆授予云南民族博物馆馆长特别荣誉奖。2006年9月17日－23日在云南民族博物馆召开了与越南国家民族学博物馆联合主办的“亚洲博物馆馆长和人类学家论坛”，越南、柬埔寨、韩国、新加坡、日本、老挝、美国及国内众多知名博物馆馆长和专家出席，国际博协副主席加拉专程出席了会议，会议开得很成功，并取得了实质性的成效。提升云南民族文化的影响力，也提高了云南民族博物馆在国际博物馆界的地位。

云南民族博物馆也积极对外推介展览，曾在国内外许多城市成功举办了近70个展览，精心打造的《云南民族服饰文化展》分别在南京博物院、武汉市博物馆及顺德、北京、广州进行了巡回展出，所到城市，观众如潮，引起了强烈的反响。2003年10月中法文化年活动，云南民族博物馆应邀赴法国巴黎举办了《中国民族服装装饰展》，2007年中俄文化年，云南民族博物馆应邀赴俄罗斯圣彼得堡、莫斯科等城市举办展览《锦绣中华——中国少数民族服装服饰和手工艺品展》，对促进国际文化交流起到了积极作用。另外还先后应邀赴香港、泰国、芬兰、韩国、越南等国家以及陕西历史博物馆、上海图书馆、广西民族博物馆、内蒙古博物院、山西博物院、甘肃省博物馆、宁夏博物馆、中国黄梅戏博物馆、中国丝绸博物馆、厦门华侨博物院等地举办了《中国云南民族文化展》、《薪传——中国少数民族非物质文化遗产展》、《七彩秘境——云南民族手工记忆展》、《云岭飞歌——云南民族民俗展》、《多彩中华——中国民族服饰文化展》等颇具民族特色的展览，将云南民族文化推向国际，进而也扩大了云南民族博物馆的知名度。

经营管理

［单位性质］ 国有公益性文化事业单位

［经费来源］ 全额财政拨款

［人员组成］ 云南民族博物馆现有在编人员82人，有汉、彝、白、回、藏、哈尼、壮、苗、纳西、傈僳、普米、独龙、布郎等18种民族成份，其中汉族34人，少数民族47人，少数民族占61%。其中专业技术人员63人，正高职称2人，副高职称18人，中职33人，初职6人，都是大专学历以上，硕士学历以上有13人。管理人员3人。

［机构设置］ 馆内设一位馆长，一位书记，三位副馆长，下设办公室、文物部、陈列部、研究部、科教部、开发部、保卫科七个部门，办公室负责日常行政事务，含财务、文秘、人事、对外交流等工作；文物部负责馆藏文物的整理、保管、养护以及民族文物补充征集方案计划的拟定和实施；陈列部负责馆内固定陈列展览和一些临时展览策划、维护和修改，以及照片资料的分类保管工作；研

究部负责全馆专业技术人员科研规划、策划项目及图书资料的保管借阅，以及影视资料的拍摄制作和保存；科教部负责展厅的值守、讲解，对外联络等；开发部负责馆内后勤保障，包括馆区绿化卫生和驻馆艺术家的管理及项目开发；保卫科负责全馆消防、安全保卫工作。

［服务观众项目］ 云南民族博物馆除了日常开放的长期固定展览外，还创造性地在馆区开辟了20余位著名艺术家工作室。另设有工艺品店、书店、茶室、餐饮等对外服务的设施。

［观众接待］ 自1995开馆到2010年，共接待国内外观众近千万人次。先后接待了吴邦国、乔石、王光英、杨汝岱、布赫等党和国家领导人考察，接待日本秋筱宫文仁亲王及王妃殿下、泰国诗琳通公主等重要贵宾。年均观众约60万人，其中外宾占30%，学生占40%。

参观指南

［地址］ 云南省昆明市滇池路1503号

［邮编］ 650228

［电话］ 4311389（办公室）、4311385（科教部）

［传真］ 4311394

［电子邮箱］ YNMZBWG@yahoo.cn

［网站］ http://www.ynnmuseum.cn

［开放时间］ 每周二至周日 9:00－16:30

［票价］ 免费

（撰文：李宁，供图：张金文、段明明、民博资料室）

云南吉鑫餐饮文化博物馆

Yunnan Jixin Dining Culture Museum

概述

类型 民营餐饮业专题博物馆

录属关系 隶属于云南吉鑫集团股份有限公司

筹建时间 筹建于1999年5月

正式开放时间 2000年4月

所在位置 位于昆明市白龙路431号

面积 占地面积2548平方米、建筑面积1954平方米

建筑特色 是一座坐北朝南，红瓦粉墙的民族风格楼房建筑，凸现白族的照壁，傣族的笋塔和汉族的大红圆柱等建筑元素，彰显各民族大团结的文化内涵。

布局 博物馆陈列室沿一、二层楼大厅布局陈设：第一层为《云南餐饮史话》基本主题陈列：第二层为《大理石天然石画展》及《民族银饰展》等临时展览。

历史沿革 吉鑫博物馆始建于1993年5月8日，原名为“云南吉鑫大理石天然艺术博物馆”，馆址先后在昆明机场吉鑫园民族文化走廊和昆明东风路102号吉鑫园滇味城；2000年迁入现址，更名为“云南吉鑫餐饮文化博物馆”对外开放。

历任馆长 林钢（1993－2000）；徐康宁（2000至今）。

业务活动

基本陈列 《云南餐饮史话》以云南各地出土的新石器时代、青铜器时代与餐饮相关的文物资料，简述从钻木取火、石烹法、陶器的发明、青铜器具的使用、云南青花瓷的出现、独具特色的建水紫陶汽锅、以及南方茶马古道上的炊具等；其中重点阐述西汉时期的滇王宫宴，唐代南诏王宴以及云南历史上的名特小吃过桥米线和汽锅鸡的传说等，并以云南吉鑫园民企办国宴为结束。

临时展览 《大理石天然石画展》以云南大理石天然石画，组成人物肖像、妙香佛国、神话传说、动物世界、春回大地、生命之源、西洋石画、千峰叠翠、云山天成、彩云南现等单元，惟妙惟肖地再现了大理石天然石画的艺术魅力。

《民族银饰展》以云南傣、佤、苗、哈尼、彝族等独

吉鑫餐饮文化博物馆

《云南餐饮史话》展厅

战国　青铜乳钉纹双耳罐

汉　青铜鼓

明　云南青花瓷瓶

清乾隆　残贴纹紫陶汽锅

具特色的银饰品，分别以头、帽、腰、胸、衣、裤、裙等部位，再现了云南作为主产银地诸少数民族显示财富，彰显传统和艺术欣赏的魅力。

藏品管理

［藏品来源］　征集、收购

［藏品类别］　金属、石质、陶质

［藏品统计］　石器450件，陶器800件，瓷器300件，青铜器2000件，竹木器500件，大理石4000件，银饰1000件鎏金器300件，化石1000件。藏品共计10350件。

［重要藏品］　战国青铜乳钉纹双耳罐，西汉青铜鼓，明云南青花瓷瓶，清乾隆残贴纹紫陶汽锅，现代大理石天然艺术石画《双龙奉吉图》。

科学研究

［科研队伍］　有文博副研究馆员1名、文博馆员2名

［科研成果］　先后著有《石烹初探》、《从青铜釜到铜鼓的演变》、《云南青花瓷的成因》、《南国烹饪奇葩——汽锅》、《奇石惊天》等。

宣传教育

［编辑出版］　2009年编辑出版《世博吉鑫园文化景观》等；

［讲座］　与省旅游局相游进行《吉鑫宴舞》相关知识的培训讲座；

《云南餐饮史话》展厅一隅

《大理石天然石画展》

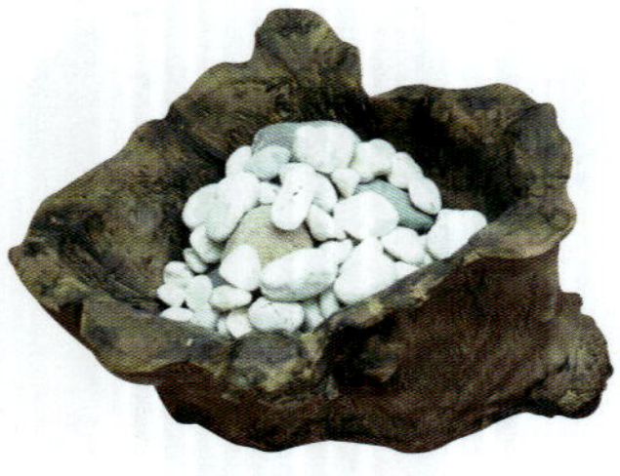

新时器时代　石烹木桶

双龙奉吉图

［影视录像］ 拍摄《电视博物馆之——吉鑫餐饮文化博物馆巡礼》在昆明电视台《街头巷尾》栏目播出。

交流合作

［学术交流］ 与泰中文化交流协会、印尼中国文化交流协会、新加坡阿一鲍鱼集团及澳门餐饮行业协会就《滇味餐饮的民族性》等专题进行学术交流座谈和研讨。

经营管理

［单位性质］ 民营事业单位

［经济来源］ 集团公司划拨

［机构设置］ 陈列部、保管部、办公室

［人员编制］ 5名

［人员组成］ 馆长1名、陈列部主任1名、保管主任1名、工作人员2名

［服务观众项目］ 为观众提供免费讲解导览服务

［观众接待］ 年15万人次

参观指南

［地址］ 云南省昆明市白龙路431号世博吉鑫园

［邮编］ 650224

［电话］ 0871-5013168

［传真］ 0871-5012875

［电子邮箱］ jixin@jixin.cn、jxy431@sina.com

［网址］ www.jixin.cn

［票价］ 免费

（撰文：徐康宁，图片：王天慧）

云南师范大学“一二·一”运动纪念馆

Yunnan Normal University the December First Movement Memorial Hall

概述

类型 社会科学类历史专题纪念馆

隶属关系 隶属于云南师范大学

筹建时间 1982年

正式开馆时间 1985年12月

所在位置 位于昆明市一二·一大街298号云南师范大学校本部（原国立西南联合大学校本部）校园东北角

面积 7000余平方米

布局 馆舍建于国立西南联合大学旧址内，南北向，位处“一二·一”运动四烈士墓南侧为办公区，北侧为展馆（国立西南联合大学纪念馆展馆、“一二·一”运动纪念馆展馆）。办公区与展馆间为“一二·一”运动四烈士墓。办公区东侧为国立西南联合大学原教室。展馆东侧为西南联大“天地课堂”文物景观。“一二·一”运动四烈士墓正前方有国立西南联合大学校门（仿制）及“12·1”雕塑广场。

建筑特点 馆舍设计为现代风格建筑，框架结构，外墙用灰色花岗岩刚挂，展馆间错落有致，占地2000余平方米。

历史沿革 1945年，昆明爆发了著名的“一二·一”爱国民主学生运动，运动中牺牲的四位烈士（于再、潘琰、李鲁连、张华昌）葬于国立西南联合大学校本部校园东北角。1946年7月15日，闻一多被杀害，后建衣冠冢于四烈士墓前。同年组成西南联大的北大、清华、南开三校复员北返，留下师范学院独立设置办学，更名国立昆明师范学院。解放后，改称昆明师范学院。1965年，四烈士

“一二·一”运动纪念馆全景

1.四烈士墓　2.一二一纪念广场　3.西南联大纪念馆

墓被列为云南省文物保护单位。“文革”期间，四烈士墓后刻有自由女神及挽诗的浮雕石屏受到破坏。1979年，对整个墓地进行修葺，建成一个占地4937.1平方米的烈士陵园。1980年，在墓地左侧建盖国立西南联合大学校史陈列室。同年3月，李公朴衣冠冢由昆明西山迁入陵园。1982年设“一二·一”运动陈列室。1985年，在四烈士墓右侧扩建展室，并成立“一二·一”运动纪念馆，邓颖超题写了馆名。同年12月1日，“一二·一”运动四十周年纪念日开放。1997年6月，“一二·一”运动四烈士墓及纪念馆被中宣部列为首批全国百个爱国主义教育示范基地之一。2004年，云南师范大学启动了“西南联大旧址保护及‘一二·一’纪念馆改扩建工程”，投资900余万元，全面整治“一二·一”运动纪念馆内部环境，拆除学生宿舍一幢，新建占地1000平方米的国立西南联合大学纪念馆，同时，全面改版纪念馆展馆的陈列布展。整治后，纪念馆占地面积从原来3000余平方米扩大为7000余平方米。2005年2月，“一二·一”运动纪念馆及四烈士墓被国家发展和改革委员会等六个中央部委、局选定为全国红色旅游经典景区，并被纳入全国红色旅游精品线，成为昆明市唯一一家入选的单位。2006年6月，国立西南联合大学旧址被国务院核定并公布为第六批国家重点文物保护单位。

历任馆长　贾兴魁、包云燕、李红英、周本贞

业务活动

基本陈列　有《国立西南联合大学纪念馆校史陈列》、《“一二·一”运动历史陈列》、《李公朴、闻一多生平事迹展陈》三个陈列展览。通过实物、照片、模型、绘画、雕塑、景观等多种表现形式，并辅以声、光、电等科技手段展示了西南联大、“一二·一”运动及李公朴闻一多等各个历史重要阶段的事件与人物。展览基调真实、庄严、激昂，既充满了厚重的历史感，又折射出了深刻的理性精

展厅局部

展厅局部

神，表现了当代学人对西南联大、“一二·一”运动、李公朴闻一多事迹的深刻解读，有着浓厚的学术性及丰富的学术内涵，具有较强的教育及艺术吸引力和感染力，是目前全国有关西南联大及“一二·一”运动历史图片资料最多、最集中的展馆。

［陈列面积］　1222平方米

［重要展品］　西南联大时期图书、教材、教具、教案、毕业证书、毕业论文、校旗、校徽；烈士遗物；“一二·一”运动时期传单、书籍、刊物等。

藏品管理

［藏品来源］　征集、捐赠

［藏品类别］　棉织品、纸质、木质、金属

校旗

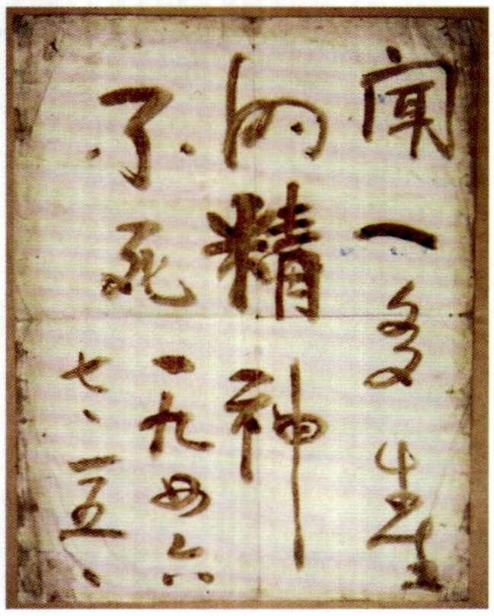

血书

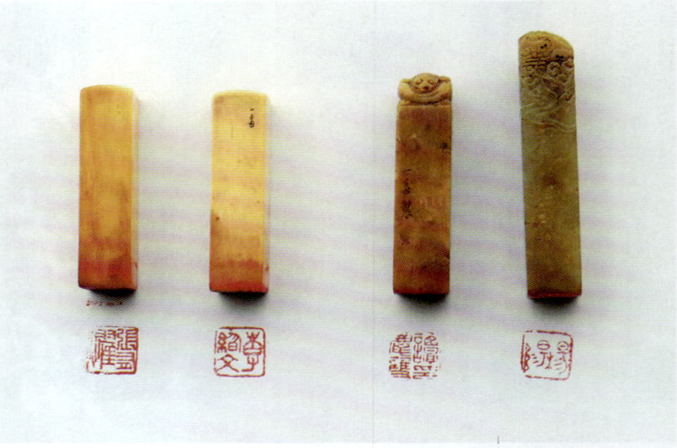

闻一多篆刻印章

［藏品总数］　1000余件

［重要藏品］　国立西南联合大学校旗（二级）；“闻一多先生精神不死”血书（二级）；“一二·一”运动诗集《抢火者》（三级）；“一二·一”受伤同学病历（三级）；英雄猎鸟图（三级）；特务解剖图（三级）；西南联大闻一多治丧委员会稿簿（三级）。

科学研究

［科研队伍］　教授1人，副教授1人，讲师2人。

［科研成果］　《“一二·一”运动史》、党史资料文集《“一二·一”运动》、《中共西南联大地下组织和群众革命活动简史》、《西南联大纪念画册》、《云南师范大学校史稿》、《“一二·一”运动纪念画册》、《“一二·一”运动与联大》、《“一二·一”汇编》（1－5辑）、《新的“一二·九”》、《西南联大研究专辑》、《守望大学精神》、《西南联大与现代中国》等书籍，影响面较广。

宣传教育　配合摄制《西南联大启示录》电视片。精心打造了《“一二·一”运动与时代特征》、《光辉的西南联大》、《做联大精神的弘扬者》等精品讲座。还制作了流动展板到社区展出宣讲。

交流合作　结合位处高校平台，开展各类国际交流学习活动。举办了“西南联大在昆建校65周年”、“西南联大与现代中国”两次国际学术研讨会，为全国研究西南联大及“一二·一”运动的专家、学者提供了一个交流平台，并为推进该领域的研究工作做出了积极的贡献。

经营管理

［单位性质］　国有教育事业单位

［经济来源］　以充分发挥社会效益进行管理，无社会经济收入来源。无专项经费，靠学校教育行政经费维持日常管理。

［机构设置］ 馆长由学校主管校领导（副厅级）兼任，下设办公室负责日常事务管理。

［人员编制］ 现有职工7人。其中事业编制4人，合同聘用工3人。

［服务观众项目］ 入党、入团、入队、成人宣誓等各类活动仪式服务，会场租赁服务，花篮代购服务，团体参观预约。设有纪念广场，纪念品销售服务部。

［观众接待］ 年均10万人左右。

参观指南

［地址］ 昆明市一二一大街298号云南师范大学“一二·一”运动纪念馆

［邮编］ 650092

［电话］ 0871-5516087

［传真］ 0871-5516087

［开放时间］ 8:30－11:30，14:30－17:30

［票价］ 免费开放

（撰文：李红英）

云南李家山青铜器博物馆

Lijiashan Mountain Bronze Museum

概述

类型 社会科学类青铜文化专题博物馆

隶属关系 隶属于江川县文化局

筹建时间 1993年1月筹建

开馆时间 1994年10月19日

所在位置 位于云南省江川县大街镇星云路西段1号，抚仙路与兴江路相交处，馆东、西、北三面临街，南面与江川县信用联合社相接。

面积 总占地面积3665.9平方米、建筑使用面积1459.4平方米

建筑、布局 博物馆为明清风格建筑呈四合院形式，坐南朝北，黄色琉璃瓦覆顶，内有一人工挖掘的水池。展厅上下二层共8间，《李家山古滇青铜文明》基本陈列位于东北面二楼。办公及库房楼位于南面，一楼办公，二、三楼为文物库房。西南角为一小后院，西面建有一幢二层保卫用房。

历史沿革 江川县内的文物收藏管理工作原来由成立于1988年的江川县文物管理所承担。1992年江川李家山古墓群进行第二次大规模发掘，出土了大量以青铜器为主、极具民族艺术风格的古滇国文物，为切实做好出土文物的收藏保护和研究展示工作，云南省、玉溪市和江川县三级财政共同投资约400万元，于1993年1月开始筹建云南李家山青铜器博物馆。1994年10月建成开馆后，云南李家山青铜器博物馆与江川县文物管理所实行一套班子、两块牌子的管理。1997年初，云南李家山青铜器博物馆与江川县文物管理所分设，博物馆主要负责李家山古墓群出土文物和江川县境内各类文物的收藏、研究、保管、征集、展览等工作。

历任馆长 郭家义；石明荣；马丽辉（主持工作）；陈玲。

业务活动

基本陈列 馆内以《李家山古滇青铜文明展》为基本陈列，共展出各类制作精美、造型奇特的藏品近200件，内容主要分“序言”、“51号墓复原场景”、“开滇立国——滇国军事”、“经济生产（农业、畜牧、渔猎、纺织、冶金业）”、“生活姿采”、“装饰艺术”、“音乐舞蹈”、“宗教祭祀”等部分，全面展现了古滇国神秘悠久的历史文化和灿烂发达的青铜文明。陈列面积共400平方米。

临时展览 突出馆藏李家山古滇文物特色，进一步丰富馆内展览内容，充分挖掘展示本地历史文化，开馆以

云南李家山青铜器博物馆外观

李家山古滇青铜文明展厅

来先后举办了《古滇国青铜文物科普展》、《恐龙化石展》、《江川古碑刻拓片展》、《江川县毒品预防教育展》以及书画、雕塑艺术等各类临时性展览40次。陈列面积共800平方米。

藏品管理

［藏品来源］ 考古发掘

［藏品统计］ 馆藏文物编号2715件（套）计31020件，其中青铜器1522件（套）计3021件、铁器69件（套）计123件、铜铁合制器201件（套）计217件、金银器289件（套）计6021件、玉器220件（套）计3977件、竹木漆器6件（套）计23件、陶器13件（套）计37件、石器20件（套）计21件、杂器（玛瑙、绿松石、琉璃等）375件（套）计17580件。

［藏品保护］ 馆内文物现主要存放于整理修复室、库房和展厅内，针对所有文物尚未定级的情况，采取分类上架、分柜分箱保管办法，注意保持文物所处环境洁净，配置相应温湿度监测仪。由于藏品以古滇国青铜器为主，挑选部分青铜文物，开展古滇国青铜器锈蚀调查及试验性除锈综合保护工作。

［重要藏品］ 具有强烈民族文化特色的青铜贮贝器、铸造精美的铜鼓、铜编钟、各类形状的铜扣饰、“仿生式”动物纹兵器、大批青铜农具、众多金玉饰品等。

祭祀铜贮贝器

纺织铜贮贝器

三骑士铜鼓

镂空铜锄

二牛交合铜扣饰

金腰带及圆形铜扣饰

金扳指

玉镯

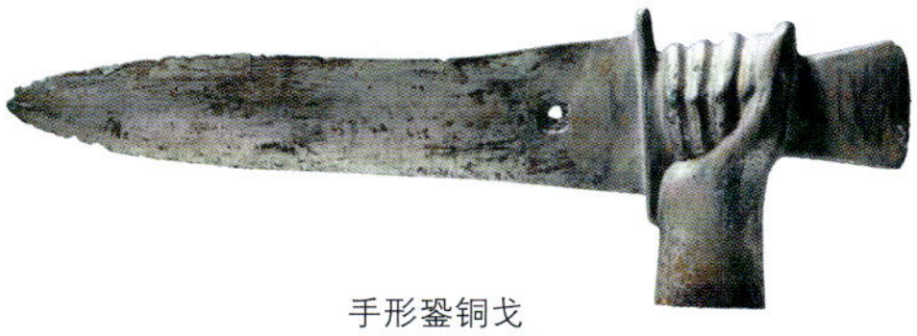

手形銎铜戈

铜蛇形镂孔器

铜编钟

孔雀铜镇

科学研究 以馆内文博专业人员为主，重点开展古滇国文化专题研究，累计撰写发表相关专业论文近20篇，10余万字。

宣传教育

［编辑出版］ 先后编辑出版的图书有：《云南李家山青铜器博物馆》、《李家山文物精品》、《江川历史碑刻》等。

［第二课堂］ 云南李家山青铜器博物馆分别是江川县幼儿园开展“青铜文化在幼儿教学中的补充运用”课题主旨参观活动点、江川县大街镇中心学校小学生义务讲解员示范点和江川县第一中学共青团员团教活动阵地，被授予挂牌“江川县未成年人思想道德教育基地”、“江川县毒品预防教育基地”、“玉溪市爱国主义教育基地”、“云南省爱国主义教育基地”和“云南省科学普及教育基地”。

交流合作

［文物外展］ 开馆至今，积极组织馆藏文物送外参展，主要有：1993年9月上海《93中国文物精华展》；1999年4月至10月《全国文物事业五十年成就展》；2004年1月国家博物馆《云南文明之光——滇王国文物展》；2004年4月至10月广州《图像王国探秘——云南古滇文物特展》；2004年9月至2005年3月日本《中国国宝展Ⅱ》；2004年11月香港《猎鹿与剽牛——云南古滇国文物展》；2005年3月深圳《古滇国文物展》；2005年4月至6月长沙《照亮彩云之南的火把——滇王国文物特展》；2006年4月广州《苍山洱海滇池魂——云南文物精品展》；2009年5月至8月南昌

《滇王归来——云南古滇国文化展》；2009年7月北京《秦汉—罗马文明展》。

经营管理

［单位性质］ 国有文化事业单位

［经费来源］ 全额财政拨款

［机构设置］ 设置有办公室（含财务室）、保卫科、宣教部、保管部、陈列部和研究部。

［人员编制、组成］ 编制人数20人，在职工作人员20人，其中专业技术人员11人（文博副研究员1人、文博馆员7人、文博助理馆员3人），工勤人员8人，科员1人。

［服务观众项目］ 设有专职讲解员、古滇国文物工艺品和书籍销售处。

［观众接待］ 年均3万人次。

参观指南

［地址］ 云南省江川县大街镇星云路西段1号

［邮编］ 652600

［电话］ 0877-8013320

［传真］ 0877-8013320

［电子邮箱］ ynjcbwg@163.com

［开放时间］ 全年开放，每天8:30－16:30

［票价］ 10元

（撰文：李红成）

云南陆军讲武堂历史博物馆

Historic Museum of the Yunnan Army's Jiangwutang Military Academy

概述

类型 社会科学类历史遗址专题博物馆

隶属关系 隶属于昆明市文化局

陆军讲武堂全景

云南陆军讲武堂历史博物馆大门

正式开放时间 1991年

所在位置 位于昆明市五华城区的翠湖西畔

面积 占地1万8千平方米、建筑面积7611平方米

布局 整个建筑呈四合院形式，其中东楼、南楼为主题展览部分；西楼二楼为临时展厅；北楼一楼为办公管理用房，西楼一楼和北楼二楼为配套服务用房。

建筑特点 讲武堂主体建筑为清末民初修建的走马转角楼。由4幢长120米、宽10米、高10米的四幢两层楼组成，楼内走马转角通廊，将东、西、南、北楼连为一体。正门设在东楼正中，南楼中部建有抱厦式阅操楼，面阔13米。东西两楼两端下各有拱券门一道。楼房为土、木、石结构，黄墙灰瓦，建筑风格为中西结合。

历史沿革 云南陆军讲武堂始建于1909年，是中国近代史上影响较大、保存较好的一所著名军校，培养造就了我国乃至亚洲近代史上一批杰出的军事将领，如朱德元帅、叶剑英元帅以及朝鲜的崔庸健委员长、韩国开国总理李范奭等。这里曾是昆明“重九”起义的重要革命据点，在护国运动、抗日战争、解放战争中，一大批讲武堂的师生为国捐躯，舍生成仁，在近代历史上产生了重大影响。

云南陆军讲武堂历史博物馆的前身是云南陆军讲武堂文物保护管理所，它是1990年经市政府批准成立的专门的文物管理机构，依法对讲武堂进行保护、管理工作。从1990年至2002年，在国家文物局及省、市政府的关心、支持下，投资7700余万元实施讲武堂的保护管理，维修完成了讲武堂原址建筑。利用原址布置1200多平方米的展厅，举办了《云南陆军讲武堂校史展》、《辛亥革命在云南》、《护国运动》等相关主题展览，全天对公众开放。使其成为昆明市主城区一个重要的公益性文化活动场所和窗口单位，是提升昆明历史文化名城形象的重要资源。

2005年，中宣部将其命名为第三批全国爱国主义教育示范基地。为打造品牌，增强宣传、教育效果，自2009年1月起，在上级相关部门的支持下，完成了《百年军校　将帅摇篮》主题展览的布展工作，并于2009年10月27日正式对外开展。同时，利用举办云南陆军讲武堂建校百年庆典活动之机，在原来文物保护管理所机构人员编制不变的前提下，加挂了“云南陆军讲武堂历史博物馆”的牌子。

历任馆长　康世民（1996－2003.11）、徐承谦（2003.11至今）。

业务活动

基本陈列　主题展览《百年军校　将帅摇篮》从2006年起筹办，历时三年，在建校百年之际，完成布展并正式向公众开放。

主题展览分布于东楼、南楼，面积2600多平方米，展线500米。分为“讲武堂的创办”、“辉煌业绩”、“将帅录”等三个部分，全方位阐述了讲武堂与中国近现代史上若干重大历史事件间的联系，全面介绍了讲武堂的创办背景、军事教育体系及历史作用等，并首次系统介绍了从讲武堂走出去的300余名将帅生平事迹。

主题展览的展品近2000件（套），包括历史照片、军事器械、证章、纪念币、纸质文物资料、生活用品等。其中叶剑英元帅的讲武堂毕业证书（复制件）、朱德、叶剑英两位元帅的元帅服（复制件）、《步科笔记》（教材）、光绪铁炮等都属难得的展品。

主题展览首次复原了讲武堂原有的校长室、实验室、医务室、图书室、教室、食堂等教学、生活场景，再现了昔日军事名校的概貌。同时，采用三维动画沙盘、幻影成像、电子放大器和献花墙等声、光、电、多媒体的高科技展示，还增设了音像室、多功能厅、观众休闲场所。重点复原“护国运动胜利”、“血战台儿庄”、“河内受降”等历史场景，增强了历史叙述上的吸引力和震撼力和观赏性、互动性。

1

2

3

4

1.《百年军校　将校摇篮》主题前言部分　2.展厅一角　3.讲武堂教官寝室复原　4.“河内受降”场景复原

藏品管理

［藏品征集］　由于历史原因，与云南陆军讲武堂相关的文物和历史资料十分匮乏。近几年来通过向社会广泛征集、接受社会捐赠以及向相关博物馆、档案馆、图书馆征集、交流。

［藏品统计］　馆藏品总计有410件，其中书法类61件、金属器类220件、石器类4件、文献类36件、近现代文物89件。

［重要藏品］　有《讲武堂步科笔记》、讲武堂同学录（部分）、讲武堂原校长赵又新佩戴过金怀表、护国军刀等。

讲武堂教材《步科笔记》

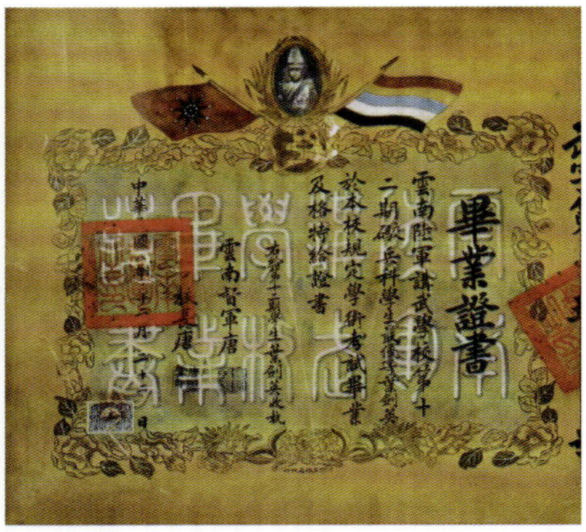

叶剑英元帅的讲武堂毕业证书（复制品）

护国军刀

云南陆军讲武堂同学录

清光绪　铁炮

［藏品保护］　藏品的保护措施以运用传统技术进行分类保管为主。保护处理为修复、揭裱、复制。建立藏品保护工作记录。包括藏品保护方案、藏品保护工作日期、保护处理前后藏品状况登记等。建立藏品管理工作文档：建立《藏品总登记帐》、《藏品编目卡》、《出库凭证》、《捐赠证明》。

科研与宣教

［科研队伍］　有文博副研究馆员1名，文博馆员5名，会计师1名。

由于讲武堂纪念馆自成立以来主要工作是对文物主体建筑进行保护、维修，因此，科研工作相对滞后。现有科研成果有《云南陆军讲武堂史》。编辑出版的宣传材料有《护国运动》画册、《云南陆军讲武堂简介》。拍摄有专题片《百年讲武堂》。与韩国独立纪念馆共同进行对在云南陆军讲武堂学习过的韩国学员的考证工作，2007年6月在讲武堂与昆明社科院、韩国碑林博物馆共同举行了《云南陆军讲武堂与韩国独立运动》国际学术讨论会。

2009年，在纪念讲武堂建校百年之际，成立了专门的讲武堂学术研究机构——昆明云南陆军讲武堂研究会。并召开了纪念云南陆军讲武堂建校百年学术研讨会，会后，出版了专题论文集。论文集收录论文近50篇。

交流合作

［展览］　多年来，该馆十分注重与省内外兄弟文博单位的交流与合作。在展览交流方面，先后引进了《香港回归图片展》、《澳门回归图片展》、《世纪回眸——昆明百年老照片》、《黄埔军校及世界著名军校展》、《怒之江——纪念抗日战争胜利六十周年展》、《纪念中国人民解放军建军80周年书画展》等内容健康、形式生动的公益展览，深受各界观众和市民的喜爱，共接待社会各界观众80余万人次。 2007年，制作完成了74块《百年军校　将

帅摇篮》活动展板，在云南师范大学、云南大学及陆良县博物馆巡回展出。

［馆际交流］ 2006年年底，为更好地完成《百年军校　将帅摇篮》主题展览，派出工作人员到沈阳“九·一八”历史博物馆、山海关长城博物馆、中国人民革命军事博物馆、首都博物馆、黄埔军校纪念馆、中共“一大”会址纪念馆、玉溪博物馆等省内外三十多家博物馆、纪念馆学习、交流陈列布展及展览形式设计方面的经验和做法。

经营管理

［单位性质］ 国营文化事业单位。

［经费来源］ 政府财政全额拔款。

［人员编制］ 现有在编工作人员10名，其中男性4名，女性6名，专业技术人10名。

［观众接待］ 自1991年开展以来，每年平均接待观众人数为10万人左右。共计接待观众1700万人。新的主题展自2009年10月27日开展到11月20日，已接待观众5万1千多人。

参观指南

［地址］ 云南省昆明市翠湖西路22号

［邮编］ 650031

［电话］ 0871-5322488（办公室）

0871-5395952（展览厅）

［传真］ 0871-5322488

［网址］ www.陆军讲武堂.cn

［开放时间］ 9:00－17:00

［票价］ 免费

（撰文：张文清）

云南省元谋县元谋人陈列馆

Yuanmou Man Exhibition Hall of Yuanmou County Yunnan Province

概述

类型 自然科学类古人类专题博物馆

隶属关系 隶属于元谋县文化体育局，系下属二级法人

筹建时间 创建于1985年1月

正式开放时间 1989年9月25日建成正式开馆

所在位置 位于元谋县城中心元马镇龙川街111号

面积 总占地面积4188.6平方米、总建筑面积1815.73平方米

1

2

1.元谋人陈列馆大门　2.展厅大楼

建筑、布局 总体布局略呈梯形结构，含6个单体建筑，展厅大楼为钢混仿古建筑，分三层，一、二层为展厅，三层为会议室、办公室、资料室，职工宿舍楼和招待所各一幢。

历史沿革 1965年5月1日，原地质部地质研究所钱方在元谋县老城乡大那乌村东约200米的一座小山包下部褐色粘土层中发现两枚人类门齿化石，后经国家地质博物馆胡承志研究鉴定，命名为直立人元谋新亚种，简称“元谋人”；1974年夏，《元谋县出土文物展览》在云南省博物馆汇报展出，时任中共云南省委宣传部部长梁文英提出在元谋县建立博物馆事宜；1979年春，云南省文化局副局长彭少彭到元谋同元谋县党政领导共商建立元谋人陈列馆事宜；1984年2月，中科院院士、我国著名古人类学家贾兰坡教授在云南省博物馆作学术报告，并为元谋人陈列馆命名和题字；1984年12月，元谋人发现二十周年纪念会上，云南省博物馆副馆长李家材代表云南省文化厅宣布《元谋县人民政府关于建立元谋人陈列馆的请示报告》的批复；

1985年1月，元谋县人民政府正式批准建立元谋人陈列馆，开始筹备基建工作；1985年12月20日，元谋人陈列馆展厅大楼破土动工；1986年9月，中共元谋县委宣传部发文正式任命姜础为元谋人陈列馆馆长；1987年6月，元谋人陈列馆展厅大楼竣工验收；1989年9月25日，元谋人陈列馆基本陈列布展结束，正式开馆剪彩。

历任馆长　姜础、李绍学

业务活动

基本陈列　由人类起源、元谋人、元谋古猿及其伴生哺乳动物化石群；元谋旧石器、细石器、新石器文化系列及元谋青铜器。

［陈列面积］　共648.8平方米。

［重要展品］　有“元谋人”门齿化石（模型）、“元谋人”胫骨化石（模型）、1.3亿年的鱼化石、新石器时代鸡型陶壶（模型）。

临时展览　元谋人陈列馆还先后举办过《红军长征过元谋》、《建国50周年——元谋成就展》两个专题展览，展厅面积433平方米，接待观众2万多人次。

藏品管理

［藏品来源］　捐赠、征集、收购

［藏品类别］　化石、石器、青铜器、陶器、其它

［藏品统计］　3800多件，其中古生物化石2400多件，新石器293件，青铜器47件，陶类140件，玉器、杂项5件。

［重要藏品］　有元谋古猿完整下颌骨（化石）、元代青花火葬罐等。

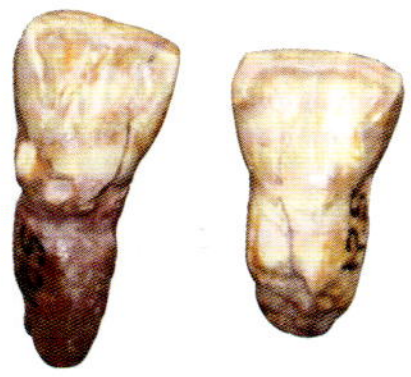

“元谋人”门齿化石

元谋人胫骨化石（女性）

新石器时代　鸡形陶壶

科学研究

［科研队伍］　有文博副研究馆员1人，馆员2人，初级职称3人。

［科研成果］　姜础《元谋江边龙街渡发现新石器时代文化遗址》（《云南文物》）；姜础等《从元谋“东方人”和“蝴蝶腊玛古猿”的发现三论滇中高原与人类起源》（《云南社会科学》）；姜础等《云南元谋腊玛古猿属一新种》、《云南元谋发现人属一新种》（《思想战线》1987.6）；姜础《云南元谋发现新的古猿化石地点》（《化石》1990.3）；姜础等《元谋新第三纪食肉动物化石的初步观察》（《古脊椎动物学报》）；姜础《云南元谋雷老发现的古猿牙齿化石》（《人类学学报》1993.5）；姜础等《元谋盆地含古猿化石地层时代的初步划分》（《人类学学报》第10卷第2期）；付丽娅、张加华《元谋姜驿中侏罗世——蜥脚龙新种》（《云南地质》2004.1）；吕君昌、李绍学等《云南元谋发现的新的兽脚类恐龙》（《地质学报》（英文版）2006.1）；李绍学《德之典范——从〈王氏严慈行实碑铭〉看明代中原儒学思想、文化对云南的影响》（《云南文物》2005）；李绍学《元谋人陈列馆新征集的几件青铜器》（《云南文物》2005）；吕君昌、李绍学等《中国云南禄丰首次发现的恐龙足印》（载日本国福井县立恐龙博物馆馆刊、2006.3）；出版学术专著《元谋人》、《元谋古猿》、《元谋人发现三十周年纪念暨古人类国际学术研讨会文集》、《元谋人发现四十周年纪念会暨古人类国际学术研讨会文集》。

宣传教育

［编辑出版］　元谋人陈列馆重视宣传教育工作，编辑出版简介《人类的摇篮——云南元谋》、《天然人类原始社会博物馆》。

［讲座］　自上世纪80年代以来，先后有中科院院士贾兰坡、吴新智到馆讲授古人类学知识。

交流合作

［学术交流］ 元谋人陈列馆积极组织元谋姜驿恐龙标本到日本爱知县丰桥市自然史博物馆展出，在日本社会引起广泛关注；为了进一步促进云南的古人类学研究及其国际学术交流与合作，扩大“元谋人”及其文化的国际影响，中共元谋县委、县人民政府在中科院古脊椎所、云南省文化厅、省文物局、楚雄州委、州政府、云南省文物考古研究所、楚雄州文化局等单位和部门的支持和协助下，先后举办了“元谋人”二十周年、三十周年、四十周年纪念会暨古人类国际学术研讨会，有力地推进了古人类学研究工作及元谋文博工作的国内国际交流与合作。

经营管理

［单位性质］ 国有公益性文化事业单位

［经费来源］ 属财政全额拨款

［机构设置］ 设馆长室、办公室、宣教部、保卫部、保卫部等。

［人员编制］ 现有干部职工6人。

［服务观众项目］ 常年提供“元谋人”文化书籍、宣传折页、元谋人遗址导游服务、讲解服务、元谋旅游指南、元谋民族文化书刊服务、元谋特色小吃等。

［观众接待］ 年均5.6万人次

参观指南

［地址］ 元谋县元马镇龙川街111号

［邮编］ 651300

［电话］ 0878-8211064

［电传］ 0878-8211064

［开放时间］ 8:00—11:30，14:30—17:30

［票价］ 3元/人

（撰文：李绍学）

云南省博物馆

Yunnan Provincial Museum

概述

类型 社会科学类历史与艺术综合博物馆

隶属关系 隶属于云南省文化厅

筹建时间 1951年8月23日

正式开放时间 1952年8月1日

所在位置 现址：昆明市五一路118号，新馆位于昆明市广福路宝象河左岸，计划2013年5月建成开馆。

面积 现馆址占地面积15亩，11740平方米，建筑面积16465平方米，展览面积4500平方米，库房面积3900平方米。新馆址占地150亩，建筑面积6万平方米。

云南省博物馆外观

建筑特点 现馆建成于1965年，苏联建筑风格。墙面为明黄色，为一座主楼高7层、两翼高3层的宝塔式建筑，通高40米。迎面12根大柱撑起整座建筑，气势恢宏，建筑一至三层为展厅，展览面积共4500平方米。新馆由香港著名设计师严迅奇主持设计，建筑创意来自具有强烈昆明地域特征的石林，平面大致呈方形，地面五层，地下二层，边长104米，通高39米。

历史沿革 1951年8月23日，云南省人民政府批准筹建云南省博物馆，1952年4月，上级将圆通寺拨交该馆作为临时馆址，1952年8月正式开办展览。1953年初，正式建立起正规组织机构，是年职工人数已达29人。1965年云南省博物馆迁至五一路现馆址。1969年底，省博物馆被取消，与省农业展览馆、省工业展览馆、省阶级教育馆合并，名为“云南省展览馆”。1972年8月，云南省革命委员会批准云南省博物馆从“云南省展览馆”分出，正式恢复建制。1988年9月，文物工作队从省博物馆分离出来，成立了云南省考古研究所。2007年5月18日，云南省博物《滇国——云南青铜文明陈列》荣获“第七届全国博物馆十大陈列展览精品奖”；2007年6月，云南省博物馆被国家文物局授予“全国文化遗产保护工作先进集体”称号；2007年，云南省博物馆还被国家文物局列为“全国十五家重点博物馆”之一；2008年，国家文物局评定云南省博物馆为国家一级博物馆；2008年5月18日开始，云南省博物馆率先在云南省对外永久性免费开放。

2006年4月27日，云南省发改委批准云南省博物馆新馆立项，地址选在广福路宝象河左岸。2009年6月17日，随着打下第一批8根试压桩，新馆主体建筑正式破土动工。新馆占地150亩，建筑面积6万平方米，投资近5亿元，由香港著名设计师严迅奇主持设计，建筑创意来自具有强烈昆明地域特征的石林，计划2013年5月建成开馆。

历任馆长　陈一得（1953－1958）；王立政（1961－1984）；李昆声（1988－2002）；郭净（2002－2003）；马文斗（2005. 2至今）。

业务活动

基本陈列　《滇国——云南青铜文明陈列》

青铜器是云南文物中最为重要的部份，它不仅在云南历史上，而且在世界青铜史上都占有重要的地位。以滇青铜器为中心的云南青铜文化具有极高的艺术水平和丰富的社会文化内涵，自上个世纪起就备受世人瞩目。

《滇国——云南青铜文明陈列》

滇国，出现于战国至西汉时期的云南，拥有极度发达的青铜文明。迄今为止，我们已发现了石寨山、李家山、羊甫头等多处滇文化墓葬群。云南省博物馆现收藏云南古代青铜器近百种，8000余件，其中绝大部分是滇国文化遗物，包括牛虎铜案、四牛鎏金骑士贮贝器、鎏金掳掠扣饰、广南羽人船纹铜鼓等稀世珍品。可以这样说，迄今为止世界上已知的，铸造最精美、纹饰最丰富、内容最精彩的滇国青铜器，大部分都收藏在云南省博物馆。滇国青铜器虽然在时代上成熟较晚，但青铜器种类丰富，铸造精美，合金比例趋于完善，特色十分鲜明，与中原青铜文化有明显的区别，与世界所有青铜文明相比毫不逊色，在青铜发展史上占有特殊地位。

展览分四个部分：“发现滇国”、“走进滇国”、“探秘滇国”、“触摸滇国”。我们精选包括战争场面叠鼓贮备器、祖型铜铲、五牛一鼓贮备器、四牛鎏金骑士贮备器等国家级珍贵文物在内的滇国文化遗物共计978件（套），向观众予以展示，全面反映了滇国的政治、经济、文化、生产生活。形式设计简洁明快，极富创意，并

鎏金盘舞扣饰

鎏金献俘扣饰

虎噬猪铜扣饰

人物屋产铜模型

蛙形铜矛

吊人铜矛

傣族银鎏金项圈

大量采用现代化技术手段提升展览效果。

2007年，“第七届全国博物馆十大陈列展览精品奖”评选在西安举办，“滇国——云南青铜文明陈列”入选十大精品陈列。

《记忆云南——云南少数民族传统技艺展》

2009年12月迄今，推出的常设陈列《记忆云南——云南非物质文化遗产传统技艺展》，受到社会广泛好评。

云南，是全国少数民族最多的省份，拥有多姿多彩的少数民族文化。该展览，旨在全面展示云南少数民族之独特传统技艺。

展览入展展品584件，采用图片近400幅，包括土陶制作、宗教绘画、民族雕刻、民族剪纸、民族服饰、金银器、玉器制作和民族乐器八个类别。云南省有代表性的传统技艺绝大部分均囊括其间，将传统技艺之精妙展现无遗。

展览分为三个部分：第一部分“追溯印痕”，列举了几项该省面临消亡的传统技艺，使观众感受到非物质文化遗产保护紧迫性。第二部分是整个展览的核心，分为五个单元：“泥巴故事”作为第一单元主题，收纳傣族手工制陶、藏族黑陶与擦擦制作、昆明瓦猫、建水紫陶五个板块的展品；第二单元“众神之美”以傣族壁画、东巴经、彝族面具、水族吞口、藏族唐卡、白族甲马纸为代表，介绍少数民族宗教信仰与绘画；彝族剪纸、各民族服饰、布艺、蜡染放入第三单元“图案隐语”；第四单元“敲敲打打”和第五单元“吹拉弹唱”介绍了云南银器、铜器、玉器制作和少数民族乐器和歌舞。第三部分“守望家园”作为展览尾声，包括了云南省非遗传承人简介及云南省非物质文化遗产保护大事记。

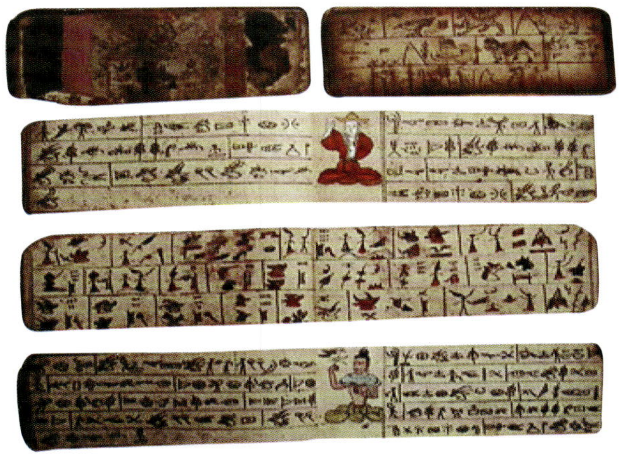

纳西族东巴经

同时，在陈列中还采用高科技手段提升展览效果，包括运用视频播放建水陶与苗族蓝染、白族扎染技艺，玉雕、茶叶与纸张制作技艺，东巴文字的演变；安放电子翻书，让观众自己动手翻动60幅民族盛装电子照片；设计甲马纸印刷模板，鼓励小观众自己动手印刷甲马纸；设计皮影戏台，邀请观众击鼓操作皮影演绎“孙悟空三打白骨精”故事等。

专题陈列及临时展览　以1952年8月1日的《八一建军节》展览为起点，建馆以来云南省博物馆举办了400余个专题陈列及临时性展览。2007年5月18日，云南省博物馆《滇国——云南青铜文明陈列》荣获“第七届全国博物馆十大陈列展览精品奖”，标志着该馆陈列水平迈上一个新的历史高度。

自办展览方面，以普及云南历史文化为主要目标，以该馆藏品为依托，举办了诸如《云南省少数民族文物展》、《云南出土文物展》、《云南历史文物陈列》、《红军长征过云南实物资料汇报展》、《云南石器文化》、《云南青铜文化》、《云南省博物馆藏宋元明清绘画作品展》、《滇西抗战展览》、《云南少数民族乐舞展》、《云南少数民族风俗风情展》、《云南民族民间纺织工艺展》、《云南古代佛教艺术展》、《云南恐龙、古生物化石展》、《云南省博物馆馆藏瓷珍展》、《滇国——云南青铜文明陈列》、《南诏与大理——佛光普照的国度》、《南桥机工回国抗战档案史料图片展》、《滇越铁路图片展》等大型展览，在社会上产生重要影响。

该馆还大量引进国内外展览，引进了诸如《徐悲鸿——留在云贵高原的艺术足迹大型书画展》、《千年瓷都——江西省博物馆馆藏景德镇瓷器展》、《大千世界——张大千临摹敦煌壁画作品展》、《大颐寿者——潘天寿书画特展》、《名人名枪——中国人民革命军事博物馆馆藏枪械珍品特展》、《潘玉良画展》、《深海奇珍——中法合作大型自然科普展》等展览，丰富了民众的文化生活。

多年来，该馆所办专题陈列及临时展览，在丰富人民文化生活，普及科学文化知识、提升社会文化实力方面做出了巨大贡献。

在2013年即将开馆的云南省博物馆新馆中，将策划出以云南从古至今的历史发展为主线，推出专题陈列，以全面反映云南古今历史文化。

藏品管理

［藏品来源］　文物部门考古发掘出土文物移交、国有收藏单位调拨、社会捐赠、社会征集、文物流通部门移交和价拨、公安、海关等罚没移交、银行、冶金厂及废品回收部门移交。

建馆以来，向社会征集到文物74273件，占该馆文物藏品总数的三分之一，是该馆文物藏品的主要来源方式，征集种类包括民族文物、铜器、书画、陶瓷、工艺品、近现代文物、自然标本、钱币。征集文物中包括多件上级别文物。其中规模较大的征集为2006年从昆明翰荣轩艺术博物馆征集到多件文物。

［藏品统计］　截止2011年10月云南省博物馆拥有藏品204641件（套），其中一级文物781件（套），二级文物1556件（套），三级文物12977件（套），收藏的国家三级以上珍贵文物约占全省的90%。

［藏品类别］　分为（出土）石器、出土铜器及传世铜器杂项、（出土）陶器、陶瓷工艺、书画、玉器、金银器、珠宝杂项、宗教造像、铜鼓、玺印、钱币、邮品、近现代文物、民族文物、自然标本。

［重要藏品］　云南省博物馆的特色藏品为滇文化青铜器、南诏大理国佛教文物及云南少数民族文物。

著名器物包括晋宁石寨山出土的鎏金骑士贮贝器、江川李家山出土的牛虎铜案、大理三塔出土的金阿嵯耶观音立像、呈贡沐氏墓地出土的明代嵌宝石金发冠、北宋郭熙《溪山行旅图》、元代黄公望《剡溪访戴图》、明代嵌宝石金冠、清康熙青花人物凤尾尊等，均属国宝级文物。

鎏金骑士贮贝器

战国　牛虎铜案

滇王编钟

青铜器是该馆最重要也是最具特色的藏品之一，该类藏品总数达到9819件，其中多数为滇国青铜器，器物可分为兵器、乐器、生产工具、生活用具、装饰品等类别，在造型及纹饰上与中原文化有较大差别，与世界所有青铜文明相比毫不逊色，特别是贮备器及扣饰均属滇文化特有器物。著名器物包括鎏金骑士贮贝器、牛虎铜案、祥云大波那铜棺、广南羽人船纹铜鼓、滇王编钟、三水鸟扣饰、虎噬牛铜枕、祖形铜铲、四人一牛铜啄、立牛铜葫芦笙等。

云南居住着除汉族以外的25个少数民族，其中15个少数民族为云南所特有，因此馆内之少数民族藏品拥有独树一帜之特殊地位。现馆有少数民族藏共计10000余件。包括生产工具、生活工具、服装服饰、宗教器具、工艺品、民间美术、文字书籍等。其中彝族、白族、傣族、哈尼族、景颇族文物较多，年代多为清代及民国时期。特色器物如贯头衣、火草衣、彝族铜鼓纹男上衣、苗族蜡染布、傣族五彩织锦、傈僳族火镰、彝族单耳碗、阿昌族户撒刀、哈尼族彝族刻木记事、傣族贝叶经、彝族毕摩经、纳西族东巴经、纳西族《神路图》、藏族唐卡等。

馆藏的宗教文物以佛教文物为主，其中最重要的是大理三塔出土的南诏大理国时期的佛教文物，反映了南诏大理国时期“滇密”的佛教造像艺术，如五方佛、大黑天、金翅鸟等。佛像大多保留了早期密宗造像的面貌，并加以民族化的改造，形成了自己独特的风格，成为研究中国早期密宗造像的基本资料。特别是阿嵯耶观音，为云南所仅见，目前全世界仅发现20余尊，被誉为“云南福星”。代表器物包括银背光金阿嵯耶观音立像、银鎏金镶珠金翅鸟、木莲花龛一佛二侍金银坐像、铜宝冠佛坐像、银大黑天立像、大理国写经等。

此外，担当书画收藏、云南青花瓷器、建水紫陶、近现代文物等均独具特色。

［藏品保护］ 藏品保管方面，以日常养护为主，对上级别文物进行重点保护，配备各种先进的消防、防盗报警设施，展厅部分展柜除采用添加纯净水器皿、物理调湿块外，引进文博时空生产的自动调湿展柜用于书画类文物的展示，并在四个展柜引进控制与监测并用的调控系统用于对环境湿度敏感文物的展示。

藏品修复方面，拟定文物修复方案，分期分批根据文物价值、受损程度，对不同文物进行修复。馆内文物保护的技术设备及工作环境均已进入现代化行列，技术保护从过去以一般性保护手段为主发展到以深度去除有害物质为主；从单一对文物实体采取措施发展到采取环境改善加实

四人乐舞铜俑

大理国　银背光金阿嵯耶观音立像

大鹏金翅鸟

体抢救两条腿走路的办法降低文物的损坏速度；从表观复仿制发展到细致复仿制，并一直致力于无害保护修复的研究与实践，现为国家定点的西南地区文物技术保护平台，是云南省唯一的技术保护部门。

自1985年开始将拟除虫菊酯应用于木结构古建筑的白蚁防治，经过20年的实践在云南木结构古建筑的白蚁防治方面效果显著。自1989年开始将拟除虫菊酯、植物精油试用于有机质地文物的虫霉防治，也取得了较好的效果。

建立并完善藏品的总账及分类帐，编制藏品编目卡，分类建档。2003年起组织库管员将文物信息录入电脑，目前馆藏品已基本拥有电子帐。2010年，在国家文物局的要求下，该馆启动藏品信息化工程。

科学研究　云南省博物馆将科学研究作为工作重点，采取多种方式提高该馆的科研水平。该馆涌现出一大批知名专家学者，出版了多部学术专著，主持了多项学术研究课题。

建馆以来，博物馆专业人员在《文物参考资料》、《文物》、《考古》、《考古学报》、《古脊椎动物与古人类》、《文物天地》、《中国博物馆》、《收藏》、《收藏家》等国家级、省级刊物上发表多篇论文，内容涉及云南古脊椎动物与古人类、旧石器文化、新石器文化、南诏大理国、近现代史、民族研究等诸多方面，为科学研究提供了重要资料，引起了国内外学术界的广泛重视。

元　黄公望剡溪访戴图

同时，博物馆多年来编辑出版了一系列书籍，包括《滇南书画集》、《云南艺术史》、《担当书画全集》、《云南考古学论集》、《云南冶金史》、《云南古代石刻丛考》、《云南考古》、《云南民族服饰》、《滇国与滇文化》、《中国西南民族考古》、《玉溪窑》、《云南建筑史》、《铜鼓及其纹饰》、《云南传世书法》、《云南佛教史》、《云南铁器时代文化论》、《薪火南来——云南青花的故事》、《滇国寻踪》、《佛国遗珍——南诏大理国的佛陀世界》、《云南物质文化——纺织卷》、《云南省博物馆馆藏精品全集》、《云南民族美术全集》、《从牧童到艺术大师——廖新学艺术创作史料集》、《云南省博物馆铜鼓图录》、《云南晋宁石寨山古墓群发掘报告》、《云南省博物馆藏画集》、《云南青铜器论丛》、《云南青铜器》等，近百册书籍的出版对传承民族文化，推动社会文化发展起到重要作用。

另外，博物馆自1973年创办刊物《云南文物》，迄今已近40年，出版发行73期，作为云南省唯一一份集云南文物考古发掘、博物馆学及民族文物研究于一体的专业性学术期刊，《云南文物》的发行在提升云南文博研究实力、加强学术交流方面发挥了重要作用。

博物馆组织了多项研究课题，包括湄公河流域手工造纸考察、傣族贝叶经的保护研究及实物试用、植物杀虫抑菌成分提取、拟除虫菊酯防治白蚁效果试验、诺邓白族社会历史情况调查、帽天山古生物化石进行研究、昆明官渡区撒梅人社会文化调查、廖新学绘画史料研究、滇王墓研究、茶马古道沿线文物研究、安宁市草铺镇权铺办事处四个苗寨的民族文化保护需求调研、东南亚云南铜鼓纹饰调查、一二一运动史料汇编等。

同时，还多次派出职工赴国内外参加培训学习，内容涉及文物鉴定、文物修复、博物馆展示设计、博物馆社会教育等方面，并邀请国内外知名专家学者来馆进行学术讲座，极大提高了职工的科研水平。

宣传教育　云南省博物馆积极通过电视、广播、网络、平面媒体等多种方式向社会公众进行宣传。先后与新华社云南分社、云南电视台、昆明电视台、云南日报、春城晚报、昆明日报、都市时报、生活新报、云南人民广播电台、昆明人民广播电台等媒体进行合作。

清乾隆　青花莲瓣八吉祥宝月瓶

明宣德　青花缠枝莲纹大盘

清康熙　五彩空城计故事图盘

社会教育方面，截止到2010年12月，云南省博物馆共与五华区文明办、昆明阶梯你和我培训中心、太阳花幼教集团、红旗小学、大观小学、春城小学等6家单位共建未成年人教育基地；与云南大学、云南财经大学等10多家单位共建实习体验基地；与云南女子劳教所、云南未成年犯管教所等10多家单位共建爱国主义教育基地；与澳门旅游学院共建实习基地。

近年来，我们先后制作了《云南发展简史》、《古滇国与青铜文化》、《佛光普照的国度》、《解读张胜温画卷》、《云南岩涯画的特点与分布》、《多姿多彩的民族民间工艺》等近20个课件，准备展览讲座，撰写展览讲解词，深入云南省女子劳教所、云南省未成年犯管教所、武警云南总队、大中小学、社区等基层单位，举办形式多样的知识讲座、图片展览。还举办了多项特色活动，如：农民工免费到博物馆过春节，以学校学生会为龙头建立志愿者分站，尝试“云博小小志愿者”、“我是小小发明家”、“有奖知识问答”等社会教育活动，策划“百姓喜爱的十大文物精品评选活动”，举办“牛虎铜案”杯讲解大赛，组织文博考古专线旅游等。由志愿者撰写的《云南省博物馆讲解词汇编》印刷出版。

2008年，该馆“博物馆小小志愿者”获中央文明办“第三届全国未成年人思想道德建设工作创新案例”三等奖。“爱我云南、爱我家乡”爱国主义教育活动获省文明办“云南省第二届未成年人思想道德建设工作创新案例评选活动”二等奖。2009年，云南省博物馆志愿者李铁军在“牵手历史——首届中国博物馆十佳志愿者之星”中获得“十佳志愿者之星”提名奖，2010年，云南省博物馆志愿者团队被评为“牵手历史——第二届中国博物馆十佳志愿者之星”优秀团队及“云南省2009年度优秀志愿者服务团队”。近年来该馆社会教育工作取得巨大成绩，共获得国家级奖项3个，省级奖项3个。

交流合作　近年来，云南省博物馆采取多种方式，加强与国内外其他博物馆的交流及合作。上世纪80年代，该馆在北京自然博物馆、黑龙江省博物馆、吉林、河南等地举办《云南少数民族服饰展》，《中国云南省博物馆青铜器展》赴日本东京、名古屋、瑞士苏黎世、奥地利维也纳、联邦德国科隆、西柏林、斯图加特、意大利罗马举办，受到国外观众的广泛好评。90年代，《云南古代佛教艺术展》在瑞士苏黎世李特伯格博物馆展出，《南诏大理国时期佛教文物精品展》在日本名古屋展出，在短短13天展期内，共接待日本观众20000余人。并于美国奥兰多市举办《少数民族服饰及工艺品展》。《云南少数民族乐舞展》在深圳博物馆开展，《改革十年来云南对外文化交流成果展》在北京展出。进入21世纪以来，云南博物馆交流合作展览取得长足的发展。2007年，在瑞士苏黎世李特伯格博物馆举办《古滇文物大展》，在新西兰新普利茅斯市图书博物馆举办《黄金针——云南民族风情展》，这是云南少数民族文物首次赴南半球展览，也是云南少数民族文物赴国外展览中规模最大、级别最高、精品最多的一次展览。2009年，与巴西达成滇国青铜器展览初步合作意向。2004年，《云南文明之光——滇王国文物展》在北京中国国家博物馆开展，中共中央政治局常委李长春亲临观展，中央电视台2次报道展览，北京主要媒体对展览的报道一个月内达27次，这也是该馆在北京举办的规格最高、影响最大的展览。同年，《古滇国文物展》在广东省博物馆、香港历史博物馆开展。2006年，在浙江省博物馆举办《滇国传奇——红土高原的青铜传奇展》，接待观众27万人次。2006年，与云南省考古研究所、大理州博物馆、祥云县文管所、江川李家山博物馆等7家单位合作举办的《苍山洱海滇池魂》在广州南越王墓博物馆举办。2008年，与贵州省博物馆合作的《七彩霓裳——云贵高原民族服饰展》在湖北省博物馆展出。2010年，《云南少数民族春节习俗展》在澳门博物馆开展，《云南佛教艺术展》在贵州省博物馆举办，《廖新学油画展》在浙江省博物馆举办。

经营管理

[单位性质] 全民事业单位

[经费来源] 政府全额拨款

[机构设置] 保管部；社会教育部；鉴定站；信息部；技术部；后勤保障部；合作交流部；保卫科；办公室；人事教育科。

[人员编制、组成] 人员编制83人。专业技术人员60人，副研究馆员以上17人，馆员23人，助理馆员19人。

[服务观众项目] 为来馆参观展览的观众提供语音导览器、残疾人轮椅，在博物馆一楼设有特色小卖部，为中外观众提供专业书籍和云南民族特色的旅游工艺品。

[观众接待] 2008年5月免费开放后，年参观人次约96万人。

参观指南

[地址] 云南省昆明市五一路118号

[邮编] 650032

[电话] 0871-6179528

[传真] 0871-6179528

[网址] www.ynbwg.cn

[开放时间] 9:00—17:00，周一闭馆

[票价] 免费

（撰稿：田晓雯、王永胜、陈一览，图片：邢毅）

云南铁路博物馆

Yunnan Railway Museum

概述

类型 科技类铁路交通专题博物馆

隶属关系 隶属于昆明铁路局

云南铁路博物馆外景

创建时间 1990年创办陈列馆，2001年扩建博物馆

正式开放时间 2004年12月28日正式对外开放

所在位置 云南昆明市北京路913号昆明火车北站

面积 建筑面积3176平方米

建筑、布局 展馆分为主馆和附馆。主馆与昆明火车北站为同一建筑，一楼为门厅，二楼为展馆，整个建筑坐南朝北，按前后两厅分布，门外有醒目的“云南铁路博物馆”馆名和人字形钢架标志。附馆位于主馆西面，离主馆200米，名为“窄轨机车车辆馆”，主要陈列蒸汽机车等大件文物，门面具有法国建筑特点。

历史沿革 该馆于1987年开始收集文物，整理资料，于1990年4月1日在云南开远火车站创办“云南窄轨铁路历史陈列馆”。2001年昆明铁路局将陈列馆搬迁到昆明火车北站进行重新筹建，2003年2月经云南省文化厅批准成立了“云南铁路博物馆”，2004年12月28日正式对外开放。现该馆已被命名为“全国青少年教育基地”、“铁道部全路爱国主义教育基地”、“云南省爱国主义教育基地”、“云南省科学普及教育基地。”

历任馆长 叶炳泉、张晓明、李志明

业务活动

基本陈列 《百年铁路》陈列展示了①中国修建较早的百年“滇越铁路”：这条跨国铁路纵贯中国云南南部和越南北部，北起中国云南昆明，南至越南海防，全长854千米，轨距1米。因其工程艰巨浩大，曾被当年的英国《泰晤士报》将其与苏伊士运河、巴拿马运河并称为“世界三大工程奇迹”。滇越铁路中国部分简称滇段，全长465千米，于1903年10月动工修建，至1910年3月31日全线通车运营。1958年2月，滇越铁路滇段改称“昆河铁路”，是中国铁路网中至今仍在运营的最后的窄轨铁路；②云南人自建自营的“个碧石铁路”：全长177千米，轨距600毫米，因途经个

旧、鸡街、蒙自、碧色寨、临安（今建水）、石屏等地，又称“个碧临屏铁路”。该铁路于1915年4月开工修建，至1936年10月全线通车。它创下中国铁路的几个之最：轨距最小（仅600毫米）、运行速度最慢（最高时速仅25千米）、修建时间最长（长达21年）、机车和车辆体积最小（不及准轨的三分之一）。该铁路后经改造扩展，现仅存34千米（鸡街至个旧）的线路保留了600毫米轨距；③抗日战争时期民国政府在云南修建的“滇缅铁路”和“叙昆铁路”：这两条铁路因战争需要而修建，也因战局变化而停建，是中国在第二次世界大战的抗战烽火中修筑的战略铁路。其中：滇缅铁路计划修建为东起中国昆明、西至缅甸腊戍的跨国铁路，全长约1000千米。该路于1938年12月25日开工建设，于1942年4月在基本完成了过半的土石方、隧道和桥梁工程量并从昆明铺轨35千米至安宁后停建，现仅存昆明北站至石咀站12.4千米线路改称“昆石支线”，至今仍在运营。叙昆铁路原计划修筑北起四川叙府（今宜宾）、南至云南昆明，打通云南通往内地的战略通道。工程于1938年12月25日开工，于1944年完成昆明至沾益173千米线路铺轨后停建，现仅存昆明北站至小石坝13.6千米线路改称“昆小支线”，至今仍在运营。《百年铁路》陈列主要展出云南铁路近百年以来的历史文物450件、文献110件、照片522幅。其独特的历史、文化价值和丰富的教育资源，得到了专家学者和广大观众的好评。

藏品管理

［藏品来源］ 设备报废处置调拨、馆员普查收集、职工捐赠

［藏品统计］ 馆藏文物、文献资料等10150件（册），其中一级文物8件、二级文物10件、三级文物118件。

［主要史料］ 运营百年的“铁路活化石”（滇越铁路）史料；中国最小的“袖珍铁路”（个碧石铁路）史料；二战时期修筑的“抗战铁路”（滇缅铁路和叙昆铁路）史料。

［重要藏品］ 美国费城鲍尔温机车厂制造的600毫米轨距SN型29号蒸汽机车（车轴排列为0-5-0；车长8米、宽2.4米、高3.15米、自重24.19吨；附属煤水车长7米、宽2.4米、高1.9米、自重6.6吨。馆藏的寸轨SN型29号机车于1923年购进，一直运用到1990年12月31日停运。29号机车是目前国际上独有的600毫米轨距蒸汽机车中保存最完好的一台，它与6辆相配套的寸轨客货车厢被成组确定为国家

1

2

3

4

1.主馆门厅　2.美国造600毫米轨距蒸汽机车　3.展厅一隅　4.法国造“米其林”内燃动车

一级文物）；法国“米其林”公司生产的套装橡胶轮胎的内燃动车（1914年滇越铁路公司就购进了法国制造的内燃载客动车。其车长16米，宽2.6米，自重8吨，牵引动力为汽油内燃发动机，功率120千瓦，车厢厢体为铝合金，两侧各配置6对3层结构车窗，车内设软席19个，硬座24个，有卫生间、洗漱间、餐饮加工间，并拖挂附属行李车一辆。1932年法国著名的“米其林”公司为该车组的车轮踏面套装了可自动或人工充气的凸形橡胶外胎及内胎，增强了避震性能，降低了运行噪音，提高了乘坐舒适度，加快了行驶速度，最高速度可达100千米/小时，是当时最先进的内燃动车，为滇越铁路公司法国高管及国内贵宾乘坐的专用公务车。该车因采用法国米其林橡胶厂生产的胶轮，被民间俗称为“米其林”，它质量上乘，速度快捷，一直使用到1984年后停用，2006年被鉴定为国家一级文物。）；民营个碧石铁路股票（二级文物）；日本川琦公司生产的KD55型蒸汽机车（三级文物）等。

［文保单位］　滇越铁路著名的“人字桥”，由法国桥梁建筑专家保尔·波丁设计、法国“巴底纽勒公司”承建，建于滇越铁路波渡箐和倮姑站之间的高耸山涧绝壁上，跨度67米，凌空飞架在100多米深的河谷之上。全桥采用短而轻的钢件铆拼而成，因形似“人”字故而得名。此桥运营百年，至今仍风姿依旧。2006年，“人字桥”因其独具匠心的设计、坚实可靠的质量、雄伟壮观的身姿和弥久愈新的珍贵文物价值，被确定为国家“重点文物保护单位”。

科学研究　馆藏文物和史料深受铁路内外专家学者和社会人士的喜爱和关注，纷纷前来参观、研究。研究专著主要有：昆明铁路局编撰的《滇越铁路百年史》、《昆明铁路局志》；段锡撰写的《1910年的列车(滇越铁路百年纪事)》；和中孚编撰的《个碧石铁路》。影视作品主要有：中央电视台拍摄的六集纪录片《滇越铁路话沧桑》；云南正园文化传播公司拍摄的《滇越铁路—中国最后的窄轨铁路》。近年来，馆内工作人员在部级、省级、市级等报刊杂志上发表文章二十余篇。

宣传教育　博物馆始终注重抓好“青少年教育基地”、“爱国主义教育基地”和“科普教育基地”的建设，发挥宣传教育功能作用，以馆藏的铁路文物为载体，以云南铁路历史为脉络，面向广大青少年、大中小学生开展爱国主义教育；面向企业内部职工开展革命传统教育、党支部党课教育、新工人路史教育；面向学龄前儿童开展铁路科普教育，分别举办了“看铁路博物馆、懂科技小知识”、“乘窄轨小火车、知百年老铁路”等系列活动；同时每年定期开展“国际博物馆日”和“科普宣传周”活动。通过开展上述形式多样的宣传教育工作，使更多的人认知博物馆，走进博物馆，在参观中感受历史、接受到教育。

1.滇越铁路“人字桥”　2.“乘窄轨小火车，知百年老铁路”活动

经营管理

［单位性质］　全民事业单位

［经费来源］　昆明铁路局企业自筹经费

［人员编制］　管理干部3人、讲解员2人、保安4人

［服务观众项目］　提供讲解服务、出售史料书籍和纪念品

［观众接待］ 年均1万人次

参观指南

［地址］ 昆明市北京路913号（火车北站）

［邮编］ 650051

［电话］ 0871-6138161、0871-613610

［开馆时间］ 每周二至周日9:00－16:00

［票价］ 10元（优惠价5元）

（撰文：李志明）

云南锡博物馆

Tin Museum of Yunnan

概述

类型 科技类锡业专题博物馆

隶属关系 国营云南锡业集团有限公司

筹建时间 2004年9月成立筹建机构，2006年2月13日主体工程奠基。

正式开馆时间 2007年2月试开馆，2007年5月18日正式开馆。

所在位置 地处祖国西南边陲云南省个旧市市区东北部老阴山山麓，西临金湖，个旧市金湖东路121号云南锡业集团（控股）有限责任公司总部大院内。

面积 占地5600平方米

云南锡博物馆

云南锡博物馆馆徽

建筑、布局 云南锡博物馆主体建筑面积共5760平方米，总投资2892万元，分为陈列展览区和辅助功能区。

建筑结构为四层钢筋混凝土框架结构。平面形状为L型，坐南朝北，东西长40.8米，宽16.5米，南北长52米，宽23.2米。建筑物高度为20.4米，基础为孔径800-2000毫米的C20人工挖孔灌注桩，上部为C35、C40四层钢筋混凝土结构，设电梯一台。

各层功能如下：

第一层：设《序厅》、《综合厅》、《历史厅》、《演播厅》、工艺品展览厅、休息室、值班室、及卫生间等；

第二层：设《资源厅》、《科技厅》、中厅、贵宾接待室、馆长室、馆员办公室、卫生间等；

第三层：设《品牌厅》、《文化厅》、《回顾与展望》、休息室等；

第四层：设大、小报告厅、休息厅、大、小会议室、荣誉室。

屋面：设有屋顶花园。

辅助功能区面积2330平方米，有藏品库房190平方米，文物保护技术区102平方米，公共服务区1820平方米，办公区818平方米，集文物收藏及研究、办公、大型会议、小型展览为一体，功能配套齐全。

历史沿革 穿越千年历史时空隧道，展现百年云锡建业风彩。物华天宝、人杰地灵的锡都个旧，是中国锡工业摇篮。

个旧锡业开发历史久远，上溯至汉代，兴盛于乾隆年间，1909－1937年达到鼎盛。建国前，大锡产量及出口量均占全国的90%，成为世界著名的产锡地。

云南锡业集团历经百年沧桑，跨越了两个世纪，划分为三个阶段。

第一阶段：初建期（1905－1950）。前身始建于光绪三十一年（1905），为个旧厂锡务股份有限公司，宣统元年（1909）改组为个旧锡务股份公司，民国二十九年（1940），个旧锡务股份公司、云南炼锡公司、云南锡矿工程处合组为云南锡业股份有限公司。1950年个旧解放，云锡股份有限公司收归国有，更名为云南锡业公司。

第二阶段：扩建和快速发展期（1950－1996）。建国以后，被列为国家“一五”计划156个重点建设项目之一。从国家“二五”计划到“八五”期间基本建成拥有7座露天采矿场、5座坑下矿山、9座选矿厂、3座冶炼厂的特大型以锡为主的有色金属工业联合企业。建国后至1996年，锡产量占全国的50%以上，提供国家90%以上的统配锡，为国民经济和社会发展起到了基础产业的重要作用。

第三阶段：脱困改制，跨越式发展（1997－2005）。上世纪80年代末至90年代，由于受群采和地表资源提前消失的影响，以及国有企业长期处在计划经济体制束缚下所遭遇的困难，一度处于低谷，陷入困境。在国企改革大潮中，云锡公司不负党和国家的重托，风雨兼程，大胆改革。1997年以减人增效为突破口，通过98年打基础、99年攻坚战、2000年大决战，锡业股份成功上市，2001年整体改制为云南锡业集团有限责任公司（简称云南锡业集团）。至此，基本完成了三年改制脱困的目标，进入了“两个大多数”，实现了工厂制向现代企业制度的历史性转变。

进入新世纪，云南锡业集团又以崭新的面貌，按照“十五”规划描绘的蓝图，朝着云锡五年战略构想第三步发展目标，万众一心，开拓奋进，实现了观念上、体制上、机制上、产业上、地域上、科技上的跨越式发展，创造了个旧地区和云南省矿山资源整合的新模式，主动参与国际化竞争，大力向省外、国外拓展，提前一年实现了云南省委、省政府“三年深化改革”的目标任务，迅速做大做强，形成了以锡为主，锡、铜、铅、锌、镍、贵金属六业并举的产业格局，成为全球最大的锡生产、出口基地，最大的锡材加工中心，中国最大的锡化工加工中心和世界最大的砷化工加工中心，中国最大的贵金属研发中心，总资产为89.64亿元，实现销售收入51.85亿元。作为国家520户重点企业、云南省重点培育的十大企业集团之一，凭借创新、管理、制度的优势，2005年锡产量排位世界第一，荣列“中国大企业集团竞争力500强”中第91位。

云锡的百年发展历史，是中国锡工业发展的缩影。创建云南锡博物馆，不仅是展示云锡百年发展历史、彰显锡文化品牌，对历史文物和工业遗产进行抢救性收藏，也是全面追述中国锡工业发展史、编年史的一次尝试。为此，云锡集团公司领导集团和全体员工高度重视锡博物馆的建设。

云南锡博物馆早在2000年就开始策划构想。2004年9月30日云锡集团公司正式成立《锡博物馆》筹建机构。组成由集团党委书记兼董事长、总经理为首，集团公司领导班子参与的顾问团；组成由集团公司党委常务副书记为首、有关处室（部门）和集团公司专家委员会部分成员参与的领导小组；组成由领导小组副组长直接负责，有较高文艺素养和实际经验的在职和退休人员参加的筹备办公室，开始作征集文物计划及总体构想策划。至此，锡博物馆筹建机构正式启动运转。

2006年2月5日，云锡集团公司向云南省、红河州文化局提出筹建锡博物馆申请，同年8月16日云南省文物局云文博（2006）46号文件批复“同意成立云南锡博物馆”。

云南锡博物馆工程于2006年2月13日举行奠基仪式，2007年2月8日竣工交付使用。工程土建主体由云锡建设集团设计与施工，室内、外装饰。展厅陈列布展由云南省博物馆澳科展示公司总体设计制作，雕塑部分由云南艺术学院昆明开方公司承办。整个锡博物馆工程经省内外有关专家专家进行方案评审，通过后分别与云锡建设集团签订施工合同并完善方案和负责施工。历经一年的施工，工程施工质量等级合格。

云南锡博物馆为云锡集团股份公司投资建设的“彰显百年商号，整合锡文化品牌，推动世纪腾飞”的公益性单位。2007年5月18日正式开馆。

历任馆长 唐俊（2007至今 云南锡业集团有限责任公司党委常委兼）

业务活动

基本陈列 全馆共由八个展厅组成。第一厅《综合

序厅全景

厅》，第二厅《悠久的历史》，第三厅《丰富的资源》，第四厅《先进的技术》，第五厅《卓越的品牌》，第六厅《独特的文化》，第七厅《回顾与展望》，第八厅《演播厅》。八个部分既独立成章，自成体系；又承上启下，相互联系。

序厅　由三层立体大型组合模型和青铜浮雕壁画组成。组合模型第一层展现云南锡资源分布及锡业整合情况。第二层以百里矿区全景沙盘展示锡工业摇篮地理概貌，个旧市区、云锡总部及重点厂矿、文化及工业旅游景点，突出锡业股份优良资产部分。第三层由澳斯麦特炉主体、烟化炉主体、天井钻机、电热机械结晶机、生漆面摇床、集团公司总部艺术组合立体模型，突出展现云锡集团以国内领先的采选工艺、领先世界的冶炼技术装备，现代化的管理引领国内外锡工业潮流，支撑着云南锡业在新世纪腾飞。大型模型背后是一副阳光照耀下的锡都全景，左右两幅大型浮雕壁画为“千秋锡业”、“世纪跨越”，寓意古今传承，继往开来。整个序厅天圆地方，和谐统一，金壁辉煌，气势宏伟，使参观者对云南锡业、个旧锡都、云锡集团有一个全貌性的认识。

第一厅《综合厅》　扼要展示云南锡业集团公司领军国内外的整体实力。通过世界、中国锡资源的分布，云锡的生产能力、技术状况、现代管理，主要产品精锡在全国及世界市场的销售份额、以及多元化产业和资源重组整合等内容，展现百年云锡百年老店长盛不衰的建业风采。

第二厅《悠久的历史》　云锡百年沧桑巨变，穿越历史时空。该厅以云锡百年历史为主线，选取个旧和云锡百年长河中的重大事件构成。该厅以文物为主，辅以大量珍贵文档、典籍及历史遗址的照片；解放前后云锡的股票、档案、劳动工具等生产资料实物；锡采、选、冶演变；陈列有为云南、个旧及中国锡工业发展作出重大贡献的“云锡三杰”陈鹤亭（1874－1931）、缪云台（1894－1988）、吕冕南（1894－1971）的青铜雕像及生平事迹；个旧地下党创始人李鑫事迹简要介绍；朱德、周恩来等党和国家领导人关心云锡的照片、题词；解放后云锡重大历史事件的照片、资料、仿真雕塑等，展示个旧灿烂的青铜文化、个旧锡业发展简史、云锡从1905－2006年百年发展史。揭示锡都个旧的悠久历史和云锡百年的发展变化，生动再现中国锡工业发展的轨迹。

该厅展出实物：战国时期青铜器22件，历史文书挡案49件。其中有个旧黑马井出土的国宝级文物“铜俑灯”（展出为仿制品），国家二级文物“明代铜钟”，个旧卡

1.序厅“巨型组合模型鸟瞰”　2.综合厅：全球锡资源分布　3.悠久的历史“旧社会砂丁劳作”　4.《悠久的历史》灿烂的青铜文化

《丰富的资源》精美的矿石标本

房冲子坡千年冶炼遗址发掘的“炉渣”。还有上世纪20年代、30年代、40年代的企业股票等珍贵实物。

第三厅《丰富的资源》　物华天宝，尽显锡资源优势。该厅是云南锡博物馆展示亮点之一。该厅展出个旧矿区以锡为主、与锡相关的矿物（矿石）、岩石标本七个系列、15类、258件精美矿石标本。电动图表和精制的工艺模型重点介绍展示个旧锡矿床生成及特点，揭示个旧地质成矿规律，讲述对个旧地质事业有突出贡献的丁文江、孟宪民、熊秉信等著名地质学家的事迹；多角度、全景式展现云锡集团资源现状，个旧地区锡资源整合这一带有全国矿业改革典型事件，以及中长期资源发展战略。

该厅展出模型：创造全国矿山资源整合模式——“个旧模式”的老厂锡矿矿山采掘1800坑、松树脚锡矿1360坑、卡房锡矿1600坑的实景电动模型。使参观者身临其境感受中国著名锡矿山新世纪开发矿业的震撼场面。

第四厅《先进的科技》　勇于攀登，锲而不舍，创新科技。该厅是云南锡博物馆展示亮点之二。采用现代化手段，通过介绍21项具有自主知识产权的科技项目，并突出其中17个项目制作微缩自动化模型，重点展示一批居国内外领先的锡业科技项目，科研成果、专利发明，突出“云锡选、冶技术领先世界”这一核心主题和有突出贡献的科技精英人物。展现云锡人继往开来，敢为人先，追赶世界潮流，勇攀科技高峰的自主创新和勇于进取精神。

该厅采用现代科技手段制作的仿真微缩景观和科技工艺模型，真实再现云南锡业集团采、选工艺技术国内一流，锡冶炼工艺、技术、设备国际领先的面貌。在这里，参观者还将亲眼目睹“20世纪锡冶炼工艺技术最伟大的发明之一——电热机械结晶机”的原型、神州飞船模型以及创造发明者的风采和感人事迹。

1.《悠久的历史》历史档案展柜　2.《悠久的历史》云锡三杰　3.《先进的科技》云锡专利电热机械结晶机　4.《先进的科技》模型及工厂景观

第五厅《卓越的品牌》 质量和品牌是企业的生命。百年商号，经营有道，货殖无遗。该厅是云南锡博物馆展示亮点之三。重点展示云锡历史上曾使用过的五代商标实物，以及从上世纪20年代到新世纪打造“YT”这一世界著名品牌的艰辛历程。以雄辩的史料为证、三届国优金质奖章和12类40个系列、1074种规格型号等实物展示，突出展示云锡在百年历程中诚信为本，不懈追求，坚持全面质量管理、不断健全和完善国内外营销体系、参与制订锡和锡产品国家标准，再现云锡几代人打造卓越质量管理的动人情景，揭示云锡百年长盛不衰的奥秘。

该厅展出云锡公司从上世纪30年代—90年代使用过的五代商标图案实物及文档、20世纪历史上在国际国内博览会上获奖档案、以及解放后三获国优金奖实物，再现云锡公司百年发展中“诚信为本，信誉至上，经营有道，产业报国”的企业理念和制胜法宝。

第六厅《独特的文化》 以人为本，产业报国，企业之魂。该厅将以近百年中形成的主要史料、文化类实物，展示云锡人以产业报国为己任，在振兴民族锡工业的生产生活中形成的经营宗旨、精神追求、价值观念。还通过为“国家栋梁、云锡楷模、科技精英、锡业功臣、能工巧匠”造像及照片展示等手段，凸现云锡人薪火相传，产业报国，振兴锡业，无私奉献的企业之魂。另外还展出主要以个旧地区出土为主的明代、清代、民国、现代精美锡工艺品；知名作家反映个旧、云锡的作品，以及职工创作的优秀文学、艺术作品。展示锡都百年厚重的文化积淀和人文关怀。

该厅展出文化类实物六个类别40个方面的内容。其中锡工艺类有清代70件、民国43件、现代21件。以雕塑和图片展示国家栋梁、云锡楷模、科技精英、锡业功臣、能工巧匠等50多名有影响的人物。实物中有著名文坛巨匠巴金30年代到个旧矿山考察后创作的《砂丁》小说（国家二级文物）及珍贵照片，反映解放前个旧矿山历史的文史资料等旧档案，展现百年云锡厚重文化的积淀。

第七厅《回顾与展望》 坚持科学发展，打造世界锡业。该厅由两个单元组成。第一单元着重介绍云南锡业集团公司“十·五”期间取得的主要成就，第“十一”计划的重点，中长期发展战略及目标，展示云南锡业集团“和谐、诚信、创新，与社会共享成功”，坚持科学发展，打造世界锡业的美好未来。第二个单元为一组古朴而生动的时空隧道景观造型，它将引领参观者走进历史长河，感受历史的昨天和今天……

1

2

3

4

1.《卓越的品牌》历代商标 2.《卓越的品牌》高精度精锡天枰 3.《独特的文化》国家栋梁、科技精英 4.《回顾与展望》时空隧道新社会景观

第八厅《演播厅》　演播厅规模能容纳40－50人（座位）。该厅设大型投影，配置相应放映设备，针对不同的参观团（队）播放各类专题片。并兼具举办小型学术报告、专题会议的功能。

专题片目录有《百年商号——云锡集团公司简介》（约20分钟）；《锡水奔流——领先世界的锡冶炼》（约20分钟）；《科技为魂——占领世界锡业制高点》（约20分钟）；《锡业的春天——云南省资源整合纪实》（约20分钟）；《腾飞吧！云锡——组歌大型演唱会》（约150分钟）；《诚信天下——卓越的质量管理》（约20分钟）；《向深部挺进——锡材锡化工的开发》（约20分钟）；《经营有道，货殖无遗——“YT”品牌誉满全球》（约20分钟）；其它各类专题片。

展出藏品合计1920件。

展厅面积2770平方米。

藏品管理

［藏品来源］　收藏、捐赠、征集

［藏品类别］　实物、模型、图片

［藏品统计］　2439件。（含未展出的519件）

其中清代锡工艺品70件，战国时期青铜器22件，明代锡工艺品53件（含10件未展出的），现代锡工艺品21件；矿石、岩石标本907块；各种规格型号的锡材、锡化工产品1074种；模型48个；历史文书挡案49件；其他藏品205件。

内有国家二级文物1件，三级文物19件。

宣传教育　编辑出版《云南锡博物馆》画册；《云锡百年》大事纪文字及图册；《云南锡博物馆宣传册》一册；《云南锡博物馆》光碟一张；开馆纪念邮册（一套共12张云锡公司工业遗产邮资明信片）。

战国－汉　青铜兵器

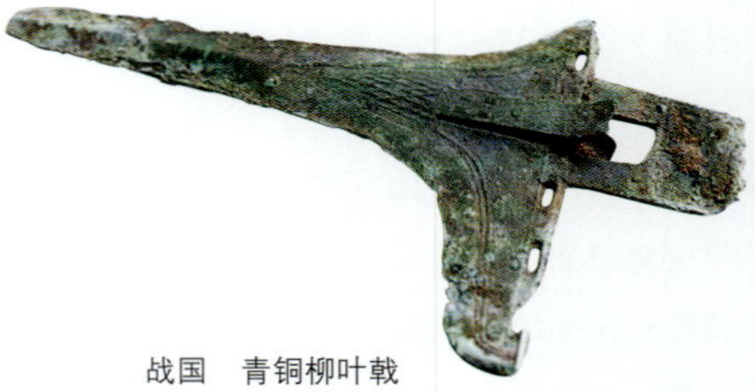

战国　青铜柳叶戟

经营管理

［单位性质］　国营文化事业单位

［经济来源］　企业自有资金。

［机构设置］　云南锡业集团公司直管的科级建制。

［人员编制、组成］　6人，云南锡博物馆正馆长1人，副馆长二人，由云锡集团综合办公室主任、宣传部长兼任；平面设计、多媒体1人。

［服务观众项目］　参观个人导览器、团体导览器。

［观众接待］　自开馆至2010年有13595人参观。

展出的历史云锡工艺品

参观指南

［地址］　云南省个旧市金湖东路121号云锡办公大楼内

［邮编］　661000

［电话］　0873-3151398

［开放时间］　每周一至周五，8:30－11:30，14:30－17:30

［票价］　免费参观

（撰文：云南锡博物馆）

扎西会议纪念馆

Memorial Hall of Zhaxi Conference

概述

类型　社会科学类历史遗址专题纪念馆

隶属关系　威信县文化体育局

筹建时间　1976年12月筹备维修

正式开放时间　1977年12月

所在位置　云南省昭通市威信县扎西镇、水田乡，地处云贵川三省结合部。

面积　占地19618平方米、建筑面积5458平方米

建筑、布局　扎西会议会址含三个部分：a、位于威信县城扎西镇东北隅的江西会馆和湖广会馆；b、位于威信县城扎西镇东南15公里的石坎村庄子上的庄子会议旧址；c、位于县城东南40公里的水田乡水田村花房子的水田寨中央红军总部驻地旧址。三个会议旧址的建筑结构均为穿架式木结构，具有川南民居风格特点，屋顶皆为悬山式两面坡，小青瓦。

新建的扎西陈列馆位于威信县城北端，东南据江西会馆、湖广会馆150米，为钢筋混泥土结构建筑的水泥平房，具庄重、肃穆的风格特点。

历史沿革　威信是红一方面军（即中央红军）长征经过的地方。红军于1935年2月4日进入，于2月14日离开威信县境，前后经过11天。这期间，党中央政治局于5日在水田寨花房子，6日至8日在石坎子（当时属大河滩）庄子上，9日至10日在扎西镇连续召开会议，作出了一系列关系红军前途命运的决定和决策，成为党在历史转折关头的依次重要会议，史称“扎西会议”。

1975年，中共云南省委作出对会议旧址按原貌修复的指示。1976年筹建扎西会议纪念馆，1977年12月正式开放。

“江西会馆”（又名江西庙），建于清咸丰六年

1.扎西会议旧址——江西会馆外景　2.扎西会议旧址——水田花房子全景　3.扎西会议旧址——庄子上会议旧址外景　4.扎西会议陈列馆外景

（1856）。属居于威信境内的江西籍人氏筹款建造，用于同乡集会祈祷。光绪三十年（1905），秀才张祝清在馆内创办扎西小学。1935年2月，中央红军集结扎西时，在江西会馆戏楼召开中共中央政治局会议。解放后，这里仍为扎西小学。1975年，根据毛泽东和周恩来长征时期的警卫员陈昌奉、吴洁清和范金标、魏国禄等人提供的资料和实地考察，以及其他一些老红军的回忆证实和党史专家的调查研究考证，1977年12月，按原貌修复完毕，并布置复原陈列，正式对外开放。

“湖广会馆”（又称禹王宫），建于清光绪四年（1878），属居于威信境内湖广籍人氏筹款建造，用于同乡集会祈祷。1935年2月，红军集结扎西时，为红军总部第四局驻地。周恩来在此宣布中共川南特委和红军川南游击纵队的成立和组建，并作动员报告。

“水田寨中央红军总部驻地旧址”，原名花房子（又称花屋子），建于清末。该房屋初建于果佐底（今镇雄县茶木乡），因门窗均雕饰有花草虫鸟图案，故名“花房子”。民国初，水田一郑姓乡绅购买，将原建筑拆迁后重建于水田寨。1935年2月5日，中央红军至水田寨，党中央在花房子召开政治局会议。根据周恩来警卫员范金标、魏国禄等回忆考察，恢复了常委会议室复原陈列。于1988年5月对外开放。

“庄子上会议旧址”，原称“庄子上”。该旧址是一王姓乡绅住宅，建于清道光十五年（1835）。因其德高望众的房主王氏房大屋宽，又住“官道”旁边，与庄园近似，为当地少有，远近闻名，故名“庄子上”。1935年2月6－8日，党中央和军委进驻庄子上，在此召开政治局会议，讨论通过了《中共中央关于反对敌人五次“围剿”的总结决议》及《决议大纲》。1996年，经周恩来警卫员范金标实地考察和党史专家调查研究和考证确定会址，至今保持原貌，于1996年12月恢复会议室作复原陈列，并正式对外开放。

历任馆长　张治升；赵有伦；林庆明；郭璋琼；雷连松。

业务活动

基本陈列　扎西会议纪念馆基本陈列包括扎西会议会址原状复原主体陈列和扎西陈列馆辅助陈列两部分。主体陈列有《江西会馆中共中央政治局扩大会议室复原陈列》、《江西会馆红军总令部复原陈列》、《湖广会馆红军总部第四局驻地复原陈列》、《水田寨中央红军总部驻地复原陈列》、《水田寨中央政治局常委会议室复原陈列》、《庄子上中共中央政治局会议室复原陈列》，扎西会议陈列馆的辅助陈列有《扎西会议》、《红军长征过威信》、《川滇黔边区游击纵队》、《云南游击支队》等。

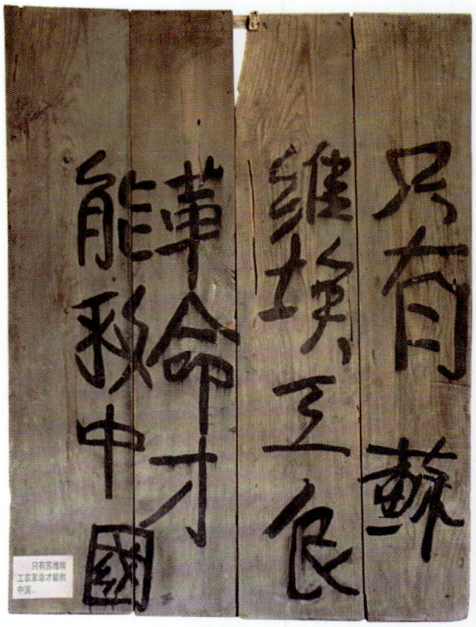

红军标语

陈列面积共4200平方米。

［重要展品］ 有马克沁重机枪、十大政纲、红军标语、迫击炮弹、医药书籍和医疗器械、X光机等。

临时展览　临时陈列面积1230平方米，1985年2月举办

1

2

1. 红军使用过的X光机　2. 马克沁重机枪

《纪念红军长征过威信50周年书画作品展》、1991年7月举办《中国共产党成立70周年大型图片展》、1999年10月举办《建国50周年图片展》、2005年10月举办《威信县历史文物展》、2006年10月举办《发展中的威信图片展》。

藏品管理

［藏品来源］ 捐赠、收购

［藏品类别］ 棉质、纸质、金属、木质

［藏品统计］ 99件，其中三级11件

［重要藏品］ 《中国共产党十大政治纲领》、红军使用过的X光机、《中共中央关于反对敌人五次“围剿”的总结决议》、红军漫画式标语、红军使用过的电台等。

科学研究

［科研队伍］ 有文博馆员4名。

［科研成果］ 《扎西会议纪念馆馆藏文物巡礼》（《中国艺术报》2006年10月）；《张闻天与扎西会议》、《毛泽东与扎西会议》（《昭通党史》）；《从长征以来的第一次大胜仗看扎西会议的历史功绩》、《留守扎西的两个女红军》（《昭通社会科学》）；《怀念张闻天》（《云南政协报刊》2007年9月1日）；《历史地评价扎西会议的功绩及其地位》、《扎西会议实录》、《扎西会议的内容及其作用》、《浅谈扎西会议》、《扎西会议简论》，（《光辉的扎西会议》收录，中共党史出版社出版）。

宣传教育

［编辑出版］ 《红军长征过昭通》、《中国工农红军川滇黔边区游击纵队斗争史》、《云南游击支队的革命斗争》、《威信春晖》、《扎西会议史料选编》、《红军长征集结扎西暨扎西会议史料选编》等。

［讲座］ 1986年10月，特请云南艺术学院院长张建忠教授来馆进行陈列艺术讲座。

交流合作

［学术交流］ 1996年10月，来自中央党史研究部门和省市党史与军科部门的党史专家到扎西参加的“红军长征过扎西学术讨论会”；2006年6月，中央党史、军史部门有关专家在北京召开“扎西会议理论研讨会”。

［展览交流］ 2006年9日送馆藏文物到北京中国国家博物馆和军事博物馆以及省委宣传部参加纪念中国工农红军长征胜利70周年展览活动。

经营管理

［单位性质］ 国有文化事业单位

［经费来源］ 由政府下拨经费

［机构设置］ 设置办公室、宣教科、陈列艺术科、保卫科等机构。

［人员编制］ 现有职工12人，事业编制12人。

［观众接待］ 年均5万人次。

参观指南

［地址］ 威信县扎西镇老街、水田乡水田村花房子、扎西镇石坎村庄子上。

［邮编］ 657900

［电话］ 0870-6121776

［电传］ 0870-6121765

［开放时间］ 8:30—17:30（全年开放）

［票价］ 免费

（撰文：郭璋琼）

中国科学院昆明动物研究所动物博物馆

Kunming Natural History Museum of Zoology, Kunming Institute of Zoology, Chinese Academy of Sciences

概述

类型 自然科学类动物学专题博物馆

隶属关系 隶属于中国科学院昆明动物研究所，是云南省文化局注册的博物馆，是中国科学院国家知识创新工程的重要项目，也是中国科学院与云南省人民政府合作共建的重点项目。

正式开放时间 2006年11月

所在位置 云南省昆明市教场东路32号，五十七医院对面

面积 建筑面积7350平方米、展出和公共服务面积约6000平方米

建筑、布局 主要由科普馆、科研标本库、多功能学术报告厅组成，是一座造型独特、用赭红色手工拉毛砖精

昆明动物博物馆外观

心镶砌的建筑。

历史沿革 云南拥有得天独厚的生物资源和丰富的物种，这些天赐的珍贵宝藏造就了一个绚丽多彩的“动物王国”。中国科学院昆明动物研究所几代科学家在近50年时间里采集到的各种标本为动物博物馆的建立奠定了基石；也是促成在昆明建造一个与国际接轨的、具有高水准的动物博物馆的机缘。昆明动物博物馆于2000年开始立项兴建，2006年11月正式开放。

昆明动物所为昆明动物博物馆的建设发展倾注了大量的心血，50多年标本的积累、几代工作人员的努力、新老科学家的科研成就以及为云南省科普教育事业的发展兢兢业业奉献着的工作人员的辛勤汗水，使博物馆发展成为目前为止中国较大的动物专题博物馆。

“昆明动物博物馆”建设的宗旨、定位、设计、功能等均遵循和采用现代一流自然博物馆的成功模式，是一座馆藏丰富，科学性、系统性显著，面向国内外公开开放，以科研带动科普、以科普反映科研，具世界发达国家先进水平的国内乃至东南亚最具规模和特色的动物博物馆。

昆明动物博物馆的标本制作团队，具有先进的设计理念，开放和灵动的思想和丰硕的实践经验。标本的展示采用国际博物馆界流行的主题单元展示法。以中国南方系动物为主，围绕“地球与生命”这一主题，通过动物的姿态标本、骨骼标本、皮张标本、生景生态等，按照动物从古代到现代、从水生到陆生的进化、生息和分布规律，集中反映这些动物的形态、性格、特点、生活、环境、分布等状态，体现物种和生态的多样性、动物与环境的统一、人与自然的和谐。

昆明动物博物馆成功地组建和培养了一支能够独立进行博物馆规划、设计、制作和布展的队伍，现已完成昆明动物博物馆的大部分展品设计、制作和陈列，能够制作从小型的昆虫到大型的亚洲象和恐龙的标本，还能够制作声光电控制、前景和后景配合的生境柜，并独创了很有特点的形象化展厅即骨骼展厅、昆虫展厅和动物内脏铸形标本，形成了一整套具世界水平的完整设计制作技术，因而可以确保本项目在设计和制作水平上达到发达国家同类博物馆的水准。

历任馆长 第一任馆长杨君兴；执行副馆长梁醒财博士。

业务活动

基本陈列 一层以时间顺序为主线，以显示从古代到现代、从水生到陆生的进化途径。以展示大型展品动物标本为主，其中包括现代气息浓郁的序厅、以图片为主反映云南省地形地貌和丰富动植物资源的生物多样性展厅、震撼人心的亚洲象展厅、年代古远的恐龙及化石展厅、独具匠心的骨骼展厅，以及代表昆明动物所多年科研积累的两栖爬行动物生境柜和鱼类、两爬类瓶装标本展厅。

二层以生物多样性为主，展出数量众多、色彩缤纷的鸟类标本及其生境；种类丰富的昆虫资源及其生境；以及形态各异的兽类动物标本。人与自然、熊猫、湿地三大生态景观淋漓尽致地表现了生物及其生境的关系。同时，开放式生境柜麂子和湾鳄分别表示了麂子的悠闲自得与湾鳄的顽皮打闹特征。

1.恐龙展区 2.亚洲象展区

1.湿地生境柜　2.熊猫生境柜　3.昆虫展厅　4.春季兰花展

三层呈现别致新颖的是水生生物（含淡水鱼和海洋生物）及其生活环境、滇西北生境的缩影寒温带生境柜和热带-亚热带模拟自然综合大型室内生态景观。

专题陈列　昆明市兰花协会、昆明市野生动植物保护协会，云南省野生兰收藏基地公司主办，昆明动物博物馆承办的《2007年春季兰花展》，参展兰花数近两百盆，囊括了云南主要的兰花品种，其中有三分之一都是兰花中精品。

爱鸟周活动是由云南省林业厅、国家濒管办昆明办事处、云南省野生动物保护协会、昆明市林业局、昆明市野生动植物保护协会主办，由昆明鸟类协会、昆明动物博物馆、昆明动物园及云南省野生动物园承办的以“亲近自然，关爱鸟类”为主题在昆明动物博物馆举办的活动。

藏品管理

［藏品统计］　现有库存标本65万余号，展示标本数量两万余号，包括国家一二级重点保护动物90余种，还有许多珍惜种、濒危种、观赏种、药用种、资源种及食用种等。充分展现了云南“动物王国”的风采。

［藏品保护］　按照国家文物局指定的文物管理办法和中国科学院的标本管理的标准和办法执行。每个标本资料都输入专门的数据库，由计算机进行管理。

标本的通风、排气、防水防潮、防紫外线等条件都符合标准要求。

科学研究

［科研队伍］　中国科学院昆明动物研究所是中国科学院直属的研究所，拥有职工近300人，研究生400余人，建所以来在动物学及相关领域做出了显著成绩，是我国知名的生物学方面的研究所。

［科研设施］　拥有一万二千平方米的实验大楼，拥有分子生物学、遗传学、生物学、神经生理学、动物行为和繁殖、形态学研究的各种仪器设备。

［科研成果］　自2000年以来，研究所共发表动物学和相关领域的论文1151篇，出版科学著作78部，获国家和地方各种奖74项。

宣传教育　自从2006年10月31日昆明动物博物馆开馆以来，经过努力，博物馆累计接待各界参观人员约5万人。与云南人民广播电台合办少儿成长体验活动“热爱自然，保护环境”。与云南电视台少儿频道合办走近自然活动，与昆明市野生动植物保护协会合办生物可持续利用活动“2007年

爱鸟周活动

"我与动物做朋友"环保活动

春季兰花展"。学生第二课堂活动接纳云南师范大学、云南农业大学、云南中医学院学生实习约800人；少先队活动400人；科普联谊活动200人；云南绿色网国际学生活动100人次；云南省科技厅学生家属保护环境活动300人。

2007年5月19日，在昆明动物博物馆举办了"第三届中国科学院公众科学日"活动。为了让更多的人对科普有更进一步的认识，并将科学知识进行更广泛的宣传。特邀大自然保护协会中国灵长类研究会专家组组长龙勇诚，对滇金丝猴的保护进行专题讲座。云南省生态经济学会徐志辉秘书长进行了人类与自然环境科技讲座。昆明动物博物馆执行馆长梁醒财也作"动物博物馆让科技走近大众"的相关报告，使公众对科普有所了解，让科技走进寻常生活。

2007年7月24日在昆明动物博物馆由五华区关心下一代工作委员会和五华区环保局主办，昆明动物博物馆协办的"我与动物做朋友"环保夏令营活动，意在重视下一代的成长，受到省、市及五华区领导的高度重视。此次活动的开展，让贫困学生在环境保护及保护濒危野生动物的意识方面起到了良好的科普教育意义。他们的成长都将受到社会各界的共同关注。

交流合作 自昆明动物馆开始筹建和开馆以来，得到了社会各界的高度关注和大力支持，并积极与多家同行单位就博物馆设计和标本制作进行合作，取得了一系列可喜的成绩。

馆内设有宣传教育、研究开发、动物标本剥制、模型制作、化石修复、骨骼标本制作等部门。愿与博物馆同仁及社会各界进行全方位的交流与合作，共同推动博物馆事业的发展！

经营管理

［单位性质］ 国有事业单位。昆明动物博物馆依托着已有40多年科研积累的中国科学院昆明动物研究所，作为动物标本保藏和研究待挖掘资源的重要场所之一，以其独有的物种基因库的功能，通过以科研带动科普、以科普反映科研的形式，为国家、科学院、云南省及国内外交流与合作提供有效的科学依据及服务。

［人员编制］ 昆明动物博物馆现有30多名员工。

［机构设置］ 设有办公室、制作室和团体部三个部门，分别负责行政事务、标本制作及技术开发、对外营销与馆内服务等事务，同时博物馆常年聘请具有专业水平的国外专家进行技术指导，以崭新的技术形象和服务理念为大众提供服务。

［服务观众项目］ 科普教育基地。博物馆立足于社会公益事业，积极为营造良好的科普教育场馆而努力。稳步走出一条具有自己特色的发展道路，使之成为云南省乃至中国西南地区最具特色的科普教育基地，为当地的科学及科普事业发展做出自己应有的贡献。

序厅 宽敞明亮的序厅现代气息浓郁，是举行大型文化活动的理想场所。

展厅 不同类型的展厅相对独立，既便于观众有选择的参观，又便于安防管理。宽阔的展厅面积和充足的高度，为丰富多样的展陈设计提供了理想空间。

教育互动区 开辟少儿动手自制动物标本项目、互动多媒体等观众参与项目。主要有昆虫标本制作、恐龙骨架拼图仪、下蛋霸王龙，仿真青岛龙，手势仪等等。以寓教于乐的方式，让参观者在互动体验中，接受现代科学技术和艺术的熏陶。

多功能会议室 具有多媒体设备，能够为中小型会议提供一个良好的场所。

IMAX影院 即将建设的IMAX以极具震撼力的媒体形式给

世界各地人民带来最高质量的，寓教于乐的巨幕电影体验。通过引进高科技的产品带给云南人民乃至全国人民全新的感受，并以此来推动我国科教电影事业的前进。

休闲空间 拥有咖啡厅，MINI网吧，纪念品商店、书店，餐厅等，全方位满足参观者的需求。

参观指南

［地址］ 云南省昆明市教场东路32号

［邮编］ 650223

［电话］ 0871-5199680、5130099

［传真］ 0871-5190441

［网站］ www.knhmz.cn

［开放时间］ 周一至周日9:00－17:00

［票价］ 40元/人

（撰文：杨劲松）

文山州博物馆

Museum of Wenshan Prefeture

概述

类型 地方综合性博物馆

隶属关系 隶属于文山壮族苗族自治州文化局

创建时间 1990年

所在位置 位于文山县开化镇学海巷18号（文山州文化中心二楼）

面积 2000平方米

历史沿革 文山州博物馆的前身是文山州展览馆。1988年为庆祝文山州建州30周年，举办的展览中，除了展出建州三十年来各族人民在党的领导下所取得的成绩外，还展出了大量的历史文物、革命文物和少数民族文物，展览获得了非常好的社会评价。1990年州人民政府批准成立文山州博物馆，与州展览馆两块牌子，一套班子。2002年由于城市建设的需要拆除了州展览馆。文山州博物馆现寄住在文山州民族文化中心二楼。2008年州委、州人民政府将文山州民族博物馆建设纳入文山州“十一五”规划。文山州民族博物馆正在建设，占地22亩，建筑面积15000平方米。

文山州博物馆成立以来，在州委、州人民政府的领导和上级有关部门的支持帮助下，取得了一定成绩。1999年被评为云南省文博系统先进集体、文山州“民族团结进步先进集体”奖。2000年被云南省文化产业展洽谈会组委会授予“优秀设计制作奖”、“组织奖”；2004年文山州委、州人民政府授予“州级文明单位”。

历任馆长 高联昌、王定尧、李加能、张灵、刘永剑、王林斌

业务活动

基本陈列 文山州博物馆现有《铜鼓展厅》、《民族馆》、《艺术展厅》、《爱我文山》、《神草三七》和《文山地区革命斗争史》等基本陈列，展厅面积1400平方米。展示“少数民族传统文化”、“民族民俗”和“古代铜鼓”等主题。

特色展品：丘北的黑箐龙20万年前人类活动的遗迹，西畴人、麻栗坡小河洞遗址等众多的新旧石器遗迹便是见证了文山地区旧有早期人类在居住、生活、繁衍；全州发现岩画共10处11个点是云南省发现岩画最多、内容最为丰富的地区之一，文山岩画出现的单色、双色、三色岩画在世界岩画史上也并不多见，灿烂的青铜文化，特征明显，铜鼓、靴形铜钺、羊角编钟、人面鱼形四鸟纹盾牌极富特点，特别是铜鼓，更是因铜鼓在文山分布广、数量多、种类全，从春秋战国到明清直至现代的流传历史被国内外众多专家誉为有“铜鼓之乡”；少数民族文化绚丽多彩，源远流长，浓郁的民族风俗、形式各异的生产、生活用具和方式，以及神秘宗教艺术为民族学、人类学等提供文化研究基地。

文山的富宁、广南、麻栗坡3县还是邓小平领导的右江革命根据地的重要组成部分，革命先烈遗留下的革命文物见证先烈们不怕牺牲、艰苦奋斗的革命历程，现代自卫反击战为保卫国家安全、边疆幸福牺牲的烈士更使得英雄的火炬代代相传。

有代表性的文物展品：“西畴人牙标本化”“古木铜鼓”、“大革大铜鼓”、“人面鱼形四鸟纹盾牌”、“苗族百楔鼓”、“白族宗教面具”。

人面鱼形盾牌

古木铜鼓

壮族服饰

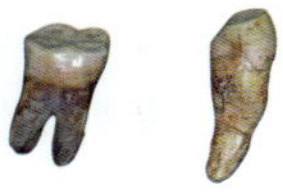

“西畴人”牙化石

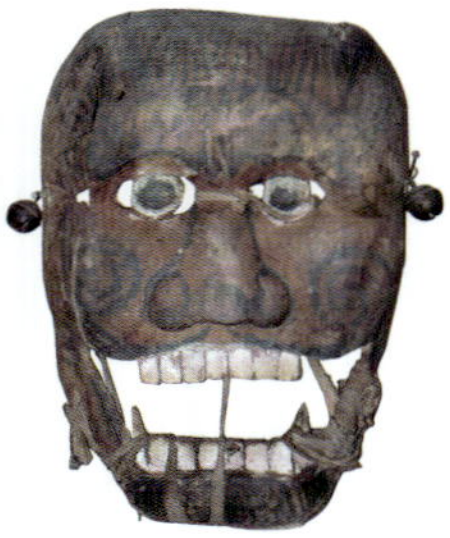

彝族面具

彝族服饰

彝族服饰

藏品管理

［藏品来源］ 主要靠征集

［藏品类别］ 文山是个多民族自治州，有壮、苗、彝、瑶、回、傣、白、布依、蒙古、仡佬10个少数民族50余个支系各具民族民俗特色，尚保留着优秀的民族文化特征。包括民族服饰、民居建筑、节日庆典等文物及文献资料。

［藏品统计］ 博物馆现有文物藏品6000余件，其中国家一级5件、二级2件、三级10件。

［重要藏品］ 文山州博物馆征集收藏了以铜鼓为代表的大量的文物藏品，青铜藏品“人面鱼形盾牌”精美绝伦，堪称唯一；文山铜鼓，量大型齐，“开化鼓”、“广南鼓”早已蜚声海内外；民族民俗文物丰富多彩。早在20世纪晚期，邓小平领导的红七军就在州境内活动，云南地下党在文山成立了党支部，留下了丰富的革命文物。

科学研究 多年来，文山州博物馆在坚持把扩充藏品数量和质量的同时，认真贯彻“以人为本”的工作方针，努力提高专业队伍素质。编撰出版发行了《文山铜鼓》、《文山岩画》和《文山铜鼓暨民族历史文化国际学术研讨会论文集》。

交流合作 2004年8月11日至15日承办了“文山铜鼓暨民族历史文化国际学术研讨会”和《西南五省区壮族民族民俗展》。

经营管理

［单位性质］ 全民事业单位

［经济来源］ 全额财政拨款

［机构设置］ 设置办公室、保管科技部、研究部和陈列群教部。

［人员编制、组成］ 2003年核定博物馆编制23人。单位现有在职人员21人，其中，专业技术人员19人，高级专业技术职务3人、中级专业技术职务5人、初级11人；本科学历8人、大专学历9人、中专学历1人，初、高中3人。

［观众接待］ 年均3万余人。

参观指南

［地址］ 云南省文山县开化镇学海巷18号

［邮编］ 663000

［电话］ 0876-2122368

［电子邮箱］ wszbwg@126.com

［票价］ 自开馆始，即实行免费

（撰文：郭光焱）

玉溪市博物馆

Yuxi Museum

概述

类型 地方综合性博物馆

隶属关系 隶属玉溪市文化局

筹建时间 1997年筹建

正式开放时间 2006年5月正式开馆

所在位置 玉溪市红塔大道30号（聂耳公园旁）

面积 占地面积40亩、建筑面积12076平方米

建筑、布局 主体建筑由椭圆形、叶形、多边形等组成，造型新颖独特，既有时代气息，又体现出恐龙、烟草文化、青铜文化等内涵，是一处标志性的城市建筑和人文景观。

历史沿革 博物馆成立于1997年4月，同年新馆建设正式开工，1998年主体建筑完工，其后几年，陆续完成博物馆的基本陈列展览，同时举办各类临时性展览。

历任馆长 朱奇琦

业务活动

基本陈列 具有突出本地特色的陈列体系，展现本土的自然和人文内涵。共设有7个基本陈列，展览面积近5000平方米，有《古生物》、《玉溪史前文化》、《玉溪青铜文化》、《瓷器厅》、《书画厅》、《滇中地区革命斗争史》和《聂耳与玉溪文艺》等7个基本陈列。展出有被誉为“20世纪最惊人的科学发现之一”的澄江动物群化石、被列为“1992年中国十大考古新发现”的李家山青铜器、在中国陶瓷史上占有重要地位的玉溪窑青花瓷器等。展厅应用新颖的陈展理念，配合声、光、电技术，辅以雕塑、触摸屏、影视、仿真场景等多种形式设计制作，重视观众的参与和互动。

临时展览 与政府部门、教育机构、企事业单位合作举办《红岩魂》、《神奇古墓——长沙马王堆汉墓出土文物展》、《崇尚科学文明、反对迷信愚昧》、《中国第14届兰花博览会》、《西部行——大型汽车博览会》、《云南省交通法规大型公益展览》、《云南省反腐倡廉成果展》、《玉溪五十年成就展》等80多个临时性展览，参观人数累计达85万人次，展览内容涉及文物、科技、卫生、政法、美术等方面，在开展爱国主义教育和科普教育中发挥了积极作用。1999年被选为“云南省科普教育基地”，2000年被评选为“云南省爱国主义教育基地”。除了搞好阵地工作外，还努力把展览送进社区、乡镇、农村、学校，制作了《玉溪市禁毒成果展》和《预防爱滋病》以及文物保护展览到市属各县区和有关学校、乡镇巡回展出。

藏品管理

［藏品来源］ 通过考古发掘、征集、调拨、购买等方式不断充实馆藏文物的内涵。

玉溪市博物馆外景

书画展厅

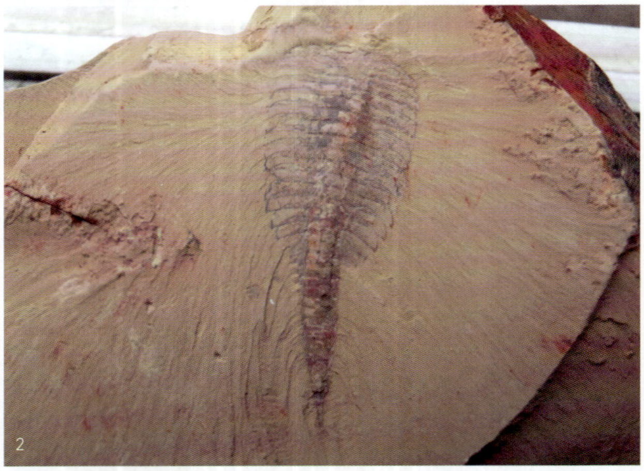

1.恐龙化石　2.湖虫化石　3.古生物展厅

清　李诂《仙山楼阁图》

［藏品统计］　目前各类藏品已达到10250余件，包括古生物化石、历史文物、民族文物等。其中一级文物11件，二级文物16件，三级文物123件。

［藏品保护］　博物馆积极研究藏品保管的先进设施配置方案，引进复旦大学开发的“藏品数字化管理系统”，并按要求对现有藏品进行拍摄、鉴定、分类、建档等工作，完成了藏品资料数据库的文档录入，初步建立起藏品数字化管理系统，建立健全了藏品总帐，做到馆藏文物帐目清楚。在部分库房内安装了藏品密集柜架，改善了藏品保管的条件。本着“保护为主，抢救第一”的原则，配合展厅的陈列布展工作，对一批残损文物进行了科学规范的修复整理，修复内容包括古生物化石标本、古代书画、青铜器、关索戏面具和民族民间乐器等，有效地保护了馆藏文物。

科研宣教　重视业务建设，配合陈列布展组织开展考古调查和文物征集，新发现了好几个古生物化石点和历史遗址。努力为业务人员创造理论学习、研究和学术交流

战国　青铜虎牛铜枕

明　青花堆贴人物纹盖罐

的机会，多次派出业务人员到知名博物馆参观、考察、学习，有针对性地派出专业人员参加业务知识培训班。由博物馆专业人员编著的《云南玉溪窑》被列入《中国古陶瓷标本丛书》，并由广东岭南美术出版社出版，先后有数十篇学术论文发表于各类学术刊物上，部分研究成果多次被评为玉溪市科学技术进步奖和社会科学优秀成果奖。为扩大对外宣传和学术交流，配合中国科学院古人类与古脊椎动物研究所在玉溪成功举办了“中国古生物学会古脊椎动物第七次年会”。

经营管理

［单位性质］　国有文化事业单位

［经济来源］　财政拨款

［机构设置］　考古研究部、藏品保管部、宣传教育部、安全保卫部、行政办公室等机构

［人员编制、组成］　在编人员24人，大专以上学历的20人，副高职称3人，中级职称6人。

［观众接待］　每年观众约10万人次左右

参观指南

［地址］　玉溪市红塔大道30号

［邮编］　653100

［电话］　0877-2063860

［票价］　免费

（撰文：陈泰敏）

艾思奇故居

Former Dwelling Ai Siqi

概述

类型　社会科学类名人专题博物馆

隶属关系　腾冲县文化广播电视体育局

创建时间　1981年

所在位置　腾冲县和顺镇水碓村56号

面积　占地面积2290平方米，建筑面积2201平方米

布局　坐东向西，二层木楼，四合院，一层设陈列厅共300平方米。

建筑特点　主体建筑以地方本土文化特色为主，中轴对称形式，走马串角楼，整幢建筑均以红色调为主，同时引进西方建筑特点，中西合璧式。

历史沿革　艾思奇故居建于1918年，是艾思奇之父李曰垓任云南民政、司法两司司长及矿物督办时所建的新居。

艾思奇（1910.3－1966.3）原名李生萱，我国杰出的无产阶级革命家、著名的马克思主义哲学家、教育家，

1. 艾思奇纪念馆大门　2. 艾思奇故居花园

中国共产党在理论战线上的忠诚战士。他青年时代所写的《大众哲学》和《哲学与生活》两部著作，曾引导了无数青年走上革命道路。1935年加入中国共产党，1937年奉调延安，先后担任中央文委秘书长、《解放日报》总编辑、新华通讯社副总编辑。解放后，历任中央党校哲学研究室主任、副校长。为传播和发展马克思主义哲学，做出了重要贡献。著有《大众哲学》、《辩证唯物主义纲要》、《哲学与生活》等哲学著作，发表哲学文章360余篇。1979年艾思奇夫人王丹一回腾冲有意将故居捐赠给腾冲县人民政府。1980年2月，腾冲县人民政府正式接受王丹一的捐赠。1984年10月故居正式对外开馆，1985年腾冲县编制委员会设编制，并隶属腾冲县文化局下属二级单位。

老宅的楼上原作展厅，展出艾思奇的生平事迹。2008年2月对艾思奇纪念馆的大门、花园、卫生间和展室进行了改造。按照园林式古典建筑结构结合艾思奇故居的特点修建了大门、卫生间。按照保护为主的原则，在保持故居原貌的前提下，纪念馆展室从楼上迁至楼下。

1987年云南省人民政府将该故居公布为第三批省级重点文物保护单位，1997年4月公布为云南省爱国主义教育基地。

历任馆长　王定泰、李祖汇、杨素红、龙济存

业务活动

基本陈列　由序言、家学渊源、初历磨练、大众哲人、延安洗礼、一代宗师六个部分组成，展览通过大量的图片、资料、实物展现了一代哲人的光辉事迹，激励后人，奋发向上，爱国爱乡。

［陈列面积］　300平方米

［重要展品］　艾思奇的部分生活照片、留学时用过的绘图工具、部分著作、部分生活用品、相关证件、参加重大活动的电文、书信等。

展厅一角

藏品管理

［藏品来源］　捐赠、收购、借展、

［藏品统计］　699件

［重要藏品］　留学时用过的绘图工具、部分著作及手稿、旧版《大众哲学》、参加重大活动及决策的电文、艾思奇个人部分证件。

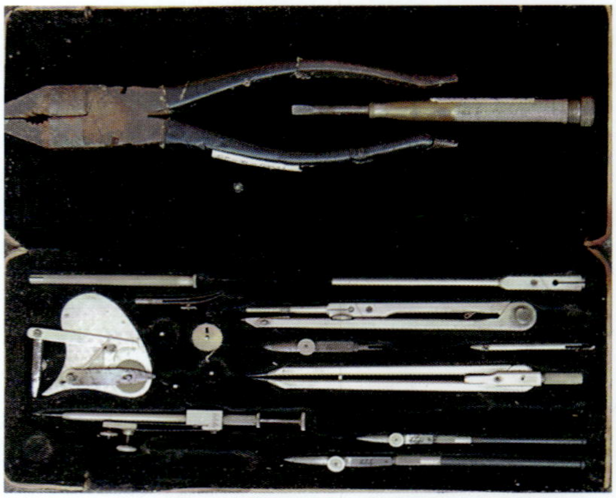

艾思奇留学时用过的绘图工具

艾思奇使用过的证件

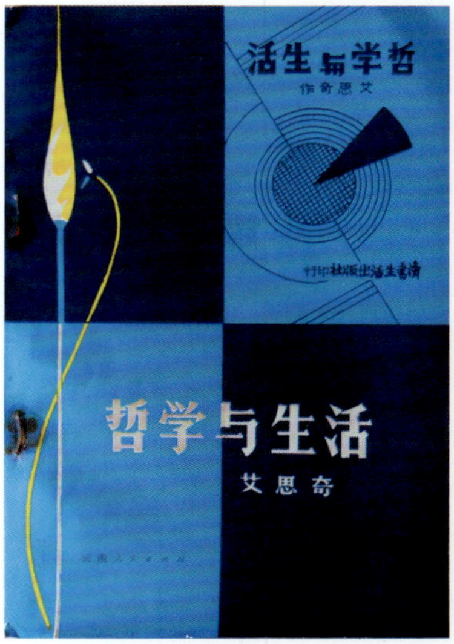

艾思奇著《哲学与生活》

科学研究

［科研队伍］ 有文博馆员2名。

［科研成果］ 主要对有关艾思奇的一些作品进行研究，主要有《哲学大众文化第一人，艾思奇哲学思想研究》、《艾思奇传》、《大众哲学楼》、《一个哲学家的道路—回忆艾思奇同志》、《战士学者艾思奇》等。

经营管理

［单位性质］ 国有文化事业单位

［经费来源］ 腾冲县财政局拨款

［机构设置］ 设馆长室、办公室、安全室。

［人员编制］ 现在职工4人，其中专业技术人员3人，工人1人。

［服务观众项目］ 对故居实施保护管理，陈列展览，园林绿化、安全防火、免费讲解等工作。

［观众接待］ 年均20多万人次

参观指南

［地址］ 腾冲县和顺镇水碓村56号

［邮编］ 679100

［电话］ 0875-5135378

［开放时间］ 8:00—18:30（全年开放）

［票价］ 与和顺景区套票（每张50元人民币）

（撰文：龙济存）

石龙坝水电博物馆

Shilongba Hydropower Museum

概述

类型 科技类工业遗址专题博物馆

隶属关系 华电云南发电有限公司石龙坝发电厂

创建时间 1990年8月

所在位置 位于云南省昆明市西山区海口镇螳螂川上游，青鱼村旁，距省城昆明40公里。

面积 建筑面积10337.76平方米，展厅面积392.8平方米

建筑特点 石龙坝水电博物馆由不同历史时期建成的生产车间、拦河大坝、引水渠、护厂炮楼、日军轰炸电站留下的弹坑遗址（飞来池）、中天井文物古建筑群等组成一个统一的工业遗址博物馆。第一车间为天然条石镶砌，石墙瓦顶。第二车间为典型的欧式建筑。中天井文物古建筑群为中国传统民居建筑，三进四合院，土木结构。

历史沿革 石龙坝水电站，它是开工建设在清末、建成在民国的中国第一座水力发电站，是集“文物、教学、旅游、发电”四位一体的综合型电站。1885年中法战争以后的20世纪初，法国侵略势力进入云南并大肆扩张，企图更快捷地掠夺云南资源，开始修建从昆明到越南海防的滇越铁路，并以铁路通车需要用电为由，于1908年与清朝滇政府交涉，胁迫准其在滇池出口的螳螂川上游建水电站。法国人企图染指云南水电资源的举动，激起云南各界爱国人士的强烈反对，并酝酿自办电站。因官府当局无力出资，提出官商合办之设想。1909年，云南劝业道道台刘岑舫找到云南商会总理王筱斋（钱王王炽之子）商议，决心以商界为主自办石龙坝电站。次年初，“云南商办耀龙电灯股份有限公司”成立，公推王筱斋为董事，左益轩为第一任总理，筹备前期工作，继续向社会招股筹资，并通过德商礼和洋行向德国西门子公司和奥地利福伊特公司订购设备，聘请德国工程师指导建设。

水电站于1910年农历七月十七日正式动工修建，1912年农历四月十二日正式发电，工程历时21个月，实际耗资50万银元。安装了240KW水轮发电机组两台（发电机为德国西门子制造，水轮机为奥地利福伊特制造）。电源通过23千伏32公里线路向昆明供电。至此，中国第一座水力发

电站全貌

水电博物馆大门

电站问世。水电站的建成，使得当时的昆明工业有了新的发展平台，推动了造币、水厂、灌溉、五金加工等产业的发展，同时，也出现了云南第一批电力产业工人，从此成为水电技术工人的摇篮，先后为中国的水电事业输送了大批优秀的技术人才，为云南的经济发展和社会进步做出了不可磨灭的巨大贡献。后因照明用户不断增多以及工业上的启用，导致电力供应逐渐紧张，1923年，公司又招新股，扩建河道，建设第二机房，置2×276KW发电机组，于1926年3月7日投产发电。落成典礼上，云南状元袁嘉谷激动万分，挥毫题词："石龍地，彩云天；灿霓電，亿万年。"，并勒诸石上，以作纪念。后又在该机房增设一台448KW机组。1931年，公司又向德国西门子公司购得一台720KW机组，增置于一机房，再次缓解电力紧张局势。1933年此项工程竣工后，公司改名为"昆明耀龙电灯股份有限公司"。

经几次扩建之后，石龙坝水电站在抗战前已经成为中国最大的水力发电站。而对那些西方世界的人们来说，这是一个惊人的奇迹！1927年1月德国《西门子杂志》第一期载文赞扬石龙坝：云南府·中国的第一个水电站。文章写道："在中国这个大国的内地，还很少能够找到现代工业设施。但是，我们认为，由于它有着极为丰富的自然资源和四亿人口，工业的发展必然会得到认真考虑。一般的中国人比其他任何人民都守旧，墨守于祖辈的东西。因此对于那些可以改善他们从祖辈以来就习惯了的简朴生活的革新，他们自己是很难接受的。但是，在这个国家偏僻的内地，在那远离世界贸易潮流和西方文化隔绝的地方，也已有人准备将西方技术成就移植到自己的土地上。一些卓越的知识分子和有关方面敢于开拓的人士就是这么说的。……"

更让人感到惊讶的是这家公司的账目。石龙坝水电站至今保存了当时股份公司修建电站的账目。它是刻在名为"用實核明"的一块石碑上的。在这个公布给所有股东的"账本"上，不仅每一项工程所耗费的资财都有记录，甚至小到招用了几个马夫，几个茶房，几个小工的花费都清楚入目，而且精确到"毫"。在抗战期间，虽四次遭到日本飞机轰炸，始终未能阻止电站由民用电转为军工生产和防空报警电源的供电，为夺取抗战胜利和云南的和平解放作出了不可磨灭的贡献。1938年6月，耀龙公司与玉皇阁电厂（云南纺纱厂动力车间，属火电厂）合并为"昆明市、县官商合办耀龙电力股份有限公司"，卢汉任董事长。从中国的水电史来说，还在发电的石龙坝历史意义要远大于经济价值。然而，很多人忽视了它的另一层经济含义：今天，许多人仍然认为基础设施建设领域是民间资本所无力承担的，并在苦苦探索，欲找寻到一个民间资本进入基础设施领域的最佳路径……然而，云南商人早在100年前就以最成功的方式创造了中国水电的历史。中国民间资本所演绎的故事，至今仍然闪耀出云南人民智慧结晶的火花，成为今天仍然具有特殊价值的经典篇章。

石龙坝水电站开工建设在清末，建成已是民国，其间经历了蔡锷起兵讨袁、军阀混战时期、国民党政权时期，各种政局跌宕起伏。1950年被中国人民解放军接管后，于同年7月，耀龙电力公司与昆湖电厂合并，成立了"云南省电力工业管理局"，统一管理全省的电力工业，从此结束了几十年来"商办"、"官商合办"的历史。1950年8月，中央燃料工业部在北京召开全国第一次水力发电工程会议，决定扩建石龙坝电站。此后，建成第四车间，架设石一安（宁）、石—海（口）35KV两条线路。安装3000KW发电机组一台（瑞士进口设备），于1954年12月31日投产发电。安装国产（哈尔滨电机厂自主设计制造）首批3000KW机组一台，于1958年6月30日投产发电 。至今仍有8

1910年建设的办公楼现在是文物展览室

1910年建设的第一车间

台机组，总容量7360千瓦。

1984年，电站恢复发展成为“文物、教学、旅游、发电”的综合型电站；1987年，电站被昆明市命名为“昆明市重点文物保护单位”；1992年被中共云南省委宣传部等部门命名为“昆明地区中国近现代史和国情教育基地”，1997年4月更名为“云南省爱国主义教育基地”；1993年被云南省命名为“云南省重点文物保护单位”；2006年6月入选全国第六批九处近代工业文化遗产之一，被国务院命名为“全国重点文物保护单位”；2008年12月，被昆明市文化局挂牌为“水电博物馆”；2010年8月被国家能源局授予“中国第一座水电站”称号；2011年7月云南省文物局发文同意设立“石龙坝水电博物馆”并报国家文物局备案。

2003年2月，电力体制改革后由云南省电力集团公司划归中国华电集团公司，改称为“中国华电集团公司云南石龙坝发电厂”，2008年8月改称“华电云南发电有限公司石龙坝发电厂”。

历任馆长　田井华

业务活动

基本陈列　陈列以中天井文物古建筑群作为基本的展厅，以中国水电发展历史为主线，用文字、图片、实物等形式进行展示。展厅共分为“开篇的话”、“孕育与诞生”、“创业与发展”、“关心与爱护”四个专题，从历史的视角介绍了“中国第一座水电站”诞生的背景，创业与发展之路，历届党和国家领导人以及地方各级各部门领导对我国水电建设事业的关心和支持。一车间保持了原有摸样，内置1912年投产的德国西门子公司生产的发电机和奥地利福伊特公司生产的水轮机一台，至今仍能发电。二车间保持了原有欧式建筑风格，有1927年云南清末经济特科状元袁嘉谷亲笔题词和水轮发电机组发电示意图石刻。四车间有瑞士爱仕维斯生产的发电机组和我国哈尔滨电机厂自主设计制造的第一批3000千瓦机组各一台，这两台机组已实行了全过程自动化，配合第一车间的老机组可展示我国水电发展技术从原始向现代化迈进的过程。日军轰炸电站留下的弹坑遗址（飞来池）和未爆炸的燃烧弹静静的诉说着当年侵略者的罪行。

1、2.展厅一角

藏品管理

［藏品来源］　历史遗存和民间收集

［藏品类别］　历史类、科技类、石刻类

［藏品统计］　120件

1923年建设的第二车间

1946年日军飞机轰炸电站时留下的弹坑遗址

1910年德国西门子公司制造的发动机和奥地利福伊特公司生产的水轮机

［重要藏品］ 第一台水轮发电机组

［藏品保护］ 石龙坝水电博物馆通过企业投资和政府投入两方面对所有文物实施保护。藏品中的金属类和石刻加装了玻璃外罩以防风化和气腐。历史资料等纸质藏品进行了防霉保护，避免如虫、微生物、霉菌等的生物危害。

宣传教育 石龙坝水电博物馆通过网络、电视、平面媒体及举办各种庆典活动等多种方式、多种渠道面向社会宣传中国第一座水电站的历史、文化和科研价值。依托“爱国主义教育基地”为大、中、小学生进行“爱国主义、集体主义、民主主义、敢为人先、艰苦创业”等精神教育。广大观众通过参观“石龙坝水电博物馆”实物、图片和文字，不仅了解了中国水电发展历史，增长了电力科技知识，而且增强了热爱祖国、热爱家乡的热情，进一步发挥了博物馆的宣传教育作用。

中国作家协会云南分会会员杨选民以电站事迹为素材创作《石龙奇月》、《神龙盗火》两部章回小说。石龙坝先后成为《滇池上的月亮》、《傣王》、《天火》电视剧的拍摄基地。

经营管理

［单位性质］ 国有事业单位

［经费来源］ 企业自筹和政府拨款

［机构设置］ 企业设置政工部兼职管理

［人员编制、组成］ 兼职人员两人

［服务观众项目］ 为观众销售宣传册、历史资料和相关纪念品，提供水电科技体验。

［观众接待］ 年接待观众约5000余人次。

参观指南

［地址］ 云南省昆明市西山区小海口石龙坝电厂

［邮编］ 650117

［电话］ 0871-8666978、8666964、13312514980

［传真］ 0871-8666964

［电子邮箱］ ldp1919@sina.com

［开放时间］ 周一至周五，8:30－17:30

［票价］ 40元

（撰文：刘德鹏，摄影：刘德鹏）

龙陵抗日战争纪念馆

Longling County War Against Japan Memorial Hall

概述

类型 社会科学类历史专题纪念馆

隶属关系 隶属于云南省龙陵县文化体育局

创建时间 2004年1月4日

正式开放时间 2004年11月

所在位置 云南省龙陵县龙山镇龙山路

面积 总占地面积5190.98平方米（7.786亩）、建筑面积486平方米

布局 以纪念馆主体建筑为中心，四周配以大型浮雕景墙、侵华日军碉堡、抗战雕塑、出征泉、怀思池、纪念坛、警示钟等附属设施。其总体构思是：①、以龙陵抗战

1

2

1.龙陵县抗战纪念馆全景　2.龙陵抗日战争纪念馆

史实、抗战时序为主轴，主题鲜明，以表达历史的震撼力强调勿忘历史，以史为鉴；②、用现代景观设计的手法来塑造纪念性文化景观，景观的多层次化以达到小中见大的效果；③、建筑的简洁化、雕塑化以突出纪念性；④、通过构筑物及外围树木配置来避免外界杂乱环境对抗战纪念馆的干扰。

建筑特点 纪念馆主体建筑为两层框架结构，建筑面积486平方米，建筑以简洁的形体和雕塑般的质感来体现纪念性建筑的文化涵义。由门口的大台阶与广场空间相连，人们由广场踏上大台阶，随着台阶的升高和台阶空间的收缩，人的心理也将逐渐归于平静，从而产生出凝重的心理气氛，为参观展览做好心理准备。

历史沿革 1942年5月，日军由缅甸入侵中国滇西，龙陵沦陷。因龙陵地处滇缅公路的咽喉要道，日军在龙陵修筑了大量坚固的永久性防御工事，奴役龙陵人民达两年之久，现存龙陵东卡日军碉堡就是见证之一。1944年11月，龙陵光复，滇西抗战取得全面胜利。龙陵做为二战中滇西抗日的主战场，战后遗留了大量丰富的抗战文物。为了以史为鉴，教育后人勿忘国耻，2004年（龙陵光复60周年）龙陵县委、县政府在现存日军碉堡所在地——龙陵县城东卡修建龙陵抗日战争纪念馆，将中华民族不甘奴役奋起抵抗外来侵略的斗争史实展示后人。纪念馆于2004年11月建成开馆以来，每年接待观众10000余人次，收到了良好的社会效益。

历任馆长 张国阳（2004. 11至今）

业务活动

基本陈列 《天地正气　血肉丰碑》陈列展墙面层采用暖灰墙毯贴面，灯光架和展柜台面层用灰色塑铝板装饰，展板的文字和图片采用写真喷绘。展厅大面积为暖灰色色调，体现庄严、肃穆。

展览内容分为“万众一心　共筑血线”、“日军入侵　断我后路”、“不甘奴役　奋起抗争”、“调集大军　组织反攻”、“仰攻松山　打开通道”、“三攻龙陵　夺回要塞”、“涤荡芒畹　驱除日寇”、“历史丰碑　永存人间”八个部分。采用文字、图表、实物相结合的方法，系统介绍了滇西龙陵抗战历史的全过程。陈列面积150平方米。

［主要展品］ 美制“龟壳”山炮、龙潞游击队“智勇”徽章、美军缝合线、日军滤水器、日军重机枪脚架、日军望远镜，展出各种抗战文物156件。

临时展览 龙陵纪念滇西抗日战争胜利60周年《滇西反

1

2

3

4

1.大型浮雕景墙　2.侵华日军碉堡　3.展厅一角　4.展厅一角

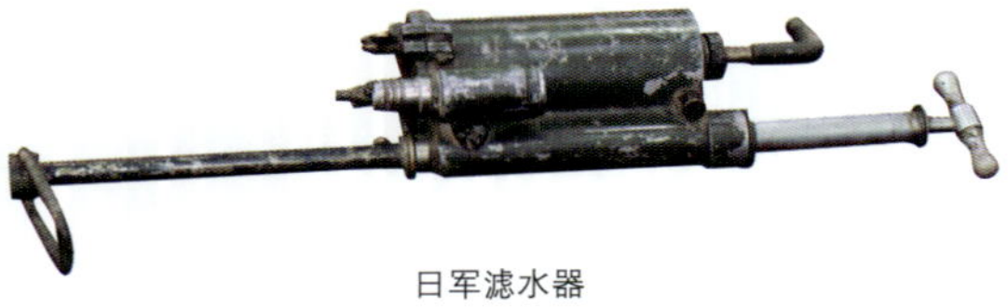

日军滤水器

日军重机枪脚架

日军望远镜

美制"龟壳"山炮

攻史实展》、《龙陵县诗书画展》、《龙陵奇石文化展》、《保山市张侍郎墓葬暨古尸展》。展厅面积200平方米。

藏品管理

［藏品来源］　龙陵县文物管理所征集及群众捐赠、社会收藏、发掘出土。

［藏品类别］　抗战文物、石器、书画、古墓藏。

［藏品统计］　256件

经营管理

［单位性质］　全民事业单位

［经济来源］　由政府下拨经费

［机构设置］　设置陈展宣传、文物库房保管、征集室。

［人员编制、组成］　在编人员5名，4名中级职称，1名初级职称。

［观众接待］　年均10000余人次

参观指南

［地址］　云南省龙陵县龙山镇龙山路抗日战争纪念馆

［邮编］　678300

［电话］　0875-6121547

［开放时间］　每周一至周五，上午8:00—11:30，下午14:30—17:30。

［票价］　免费

（撰文：杨兴卫）

西双版纳民族博物馆

Xishuangbanna Nationality Museum

概述

类型　地方综合性博物馆

隶属关系　隶属于西双版纳傣族自治州文化体育和新闻出版局

创建时间　2010年

所在位置　西双版纳傣族自治州旅游渡假区曼弄枫片区雨林大道

面积　占地100000平方米、建筑面积20000多平方米

历史沿革　西双版纳民族博物馆工程于2008年11月10日开工建设，2010年11月11日建成开馆。是一座立足西双版纳，面向东南亚，充分体现傣民族特色，集各民族文化、文物收藏、科学研究、宣传教育为一体的综合性民族博物馆。"三块牌子，一套班子"，兼负西双版纳州文物管理所和普洱茶历史研究院的职责。全面负责西双版纳州各级文物保护单位的日常管理、保护维修；负责文物的保护、征集、登编、保管、考古发掘、文物研究、文物鉴定、文物展览、文物宣传、文物复制与修复、建立文物数据库、文物讲解及历史文化和民族文化的保护、研究、传承和普及；负责普洱茶历史文化资料的收集、整理、研究；贯彻落实《中华人民共和国文物保护法》，制止一切破坏文物或违犯法律、法规的行为。

西双版纳民族博物馆

西双版纳民族博物馆不仅是一个服务教育机构，还是一个科研机构和文物执法机构，负责管理西双版纳州境内国家级重点文物保护单位——曼飞龙白塔、景真八角亭、曼短佛寺；省级重点文物保护单位——曼春满佛寺、曼阁佛寺、中缅会谈纪念碑、李定国祠；州级重点文物保护单位——周恩来总理泼水遗址、庄莫塔、白云洞摩崖、景真中心塔、勐遮佛寺壁画、勐龙烈士陵园。

历任馆长　余少剑（2010）

业务活动

基本陈列　博物馆主要由一个序厅、五个基本陈列厅和两个临时厅组成。五个基本陈列包括《历史篇》和《当代篇》一个展厅，《民族篇》三个展厅、《自然篇》一个展厅，两个临时展厅用于举办一些临时引进的展览，展厅面积4300平方米。序厅以文字和LED显示屏的方式全面介绍西双版纳概况。《历史篇》和《当代篇》主要以历史线索为脉络，通过各个时期的实物资料来展示西双版纳源远流长、厚重的历史文化。《民族篇》通过各民族的生产生活工具、民族服饰、民族乐器等民族文物以及非物质文化遗产来展示各民族丰富灿烂的民族文化以及各民族相互依存、和睦共处的民族关系。《自然篇》通过立体沙盘、照片、标本等实物资料来展示西双版纳得天独厚的自然环境和区位优势，说明西双版纳享有“动物王国”、“植物王国”和“物种基因库”的美誉乃实至名归。

藏品管理

［藏品来源］　西双版纳州政协移交文物，西双版纳州文物管理所原有文物、考古发掘出土物和民间征集文物几种途径。

西双版纳民族博物馆是在西双版纳州文物管理所的基础上建立起来的，藏品大多为石器、铜器、陶器、瓷器、银器、竹木器、货币、民俗文物、知青纪念物。

［藏品统计及类别］　总计2400件藏品，分为古代

唐　铜佛像

明　象牙土司印

清　木质土司印

唐　蝉珠纹银钵

新石器时代　有肩石斧

类、民俗类、知青类。

［藏品保护］　为使藏品得到系统、科学、规范的保管，在文物库房内设置了文物保存设备及安全防盗防火、通风、恒温恒湿实施，基本上达到有关的文物保护标准。对展厅的文物，安装监视器及闯入报警系统。

宣传教育　通过西双版纳州委、州人民政府发文，组织我州广大干部职工、武警官兵、大中小学校师生以及社区、村寨群众到博物馆参观，通过这种方式不仅使观众在感受了爱国主义教育，同时也了解了西双版纳历史文化、民族文化、热带雨林文化，提高了该州各族群众的综合素质，同时也提升了博物馆的影响力和知名度。

充分利用“5.18”国际博物馆日和“文化遗产日”等活动，积极开展文物法等法律法规的宣传，组织单位职工走上街头散发宣传资料，张挂宣传条幅，现场讲解文物知识。并充分利用广播电台、报纸等新闻媒体，进行文物法律法规的宣传，向广大群众进行普法教育，以提高广大市民的文物保护意识。

经营管理

［单位性质］　全民事业单位

［经费来源］　财政全额拨款

［机构设置］　行政办公室、宣教部、陈列部、研究部、文物保护部、保管部、安保部

［人员编制］　人员编制数22人

［观众接待］　年观众人数为30多万人

参观指南

［地址］　西双版纳傣族自治州旅游渡假区曼弄枫片区雨林大道

［邮编］　666100

［电话］　0691-8930999、0691-8930552

［传真］　0691-8930552

［电子邮箱］　xsbnmzbwg2010@163.com

［开放时间］　每天9:00—17:00，周一休息，周六、周日照常开馆

［票价］　免费

（撰文、摄影：李浩）

安宁市博物馆

Museum of Anning City

概述

类型　地方综合性博物馆

隶属关系　云南省安宁市文化体育旅游局

筹建时间　2000年1月

正式开放时间　2000年10月

所在位置　安宁市市区连然街中段122号

面积　占地面积 2500平方米、建筑面积1500平方米

布局　是一座坐北向南的木构建筑。由四个部分组

安宁市博物馆

成，第一部分为临时展区（长廊）；第二部分为历史文物展厅（大成殿）和碑廊；第三部分为历史文化遗迹展厅（崇圣祠）、传统农业生产生活用具展厅（东厢房）、传统民族民间工艺展厅（西厢房）；第四部分为办公区。

建筑特点 大成殿。坐北向南，为抬梁式木构架，面阔五间（16.6）米，进深三间前后出廊（14米），单檐九脊歇山顶，脊高10米，檐口为琉璃瓦剪边。殿内中间采用减柱、移柱做法扩大空间。此殿建筑之精华在于粗大疏朗的斗拱，外檐当心间有二朵斗拱，次间一朵，稍间无。前檐斗拱出双下昂五铺作计心造，里转六铺作重拱出三秒计心造。内檐斗拱均为三跳六铺作计心。大成殿斗拱的卷杀式样，除清康熙年间翻修时，局部有些改变外，总体上仍保持着宋、元时期的建筑风格，是云南现存最早的木结构建筑之一。

崇圣祠。位于大成殿之北13.7米。清雍正元年（1723）建。为抬梁式木构架，面阔五间（16.12米），进深五间带前廊，明间及两次间均设有格扇门，单檐硬山顶。

历史沿革 安宁市博物馆原系安宁文庙。据《重修安宁州文庙碑记》载，安宁文庙创建于元成宗大德六年（1302），明宗天历元年（1329）毁于兵燹，至元三年（1337）宣威将军、中庆路达鲁花赤当道闾主持重建。又据地方志载，经明永乐元年（1403）、宣德二年（1427）、天顺元年（1457）崇祯二年（1629）及清康熙五十五年（1716）等多次重修扩建，安宁文庙鼎盛时期占地面积约4500平方米，当时有文明坊、照壁、泮池、金声玉振坊、棂星门、大成门、大成殿、崇圣祠，以及东西两院、黉门、乡贤祠等7进6院共22座建筑物。解放后仅存主体建筑大成殿及崇圣祠，安宁市连然小学、安宁市粮食局、安宁市文化局、安宁市文物保护管理所先后在此办公。1990年安宁市政府对文庙进行维修，后院恢复重建东、西厢房，前院增建长廊。2000年筹建博物馆，把连接前后院的过道建为碑廊。2000年10月安宁文庙改建为博物馆正式对外开放。2006年国务院公布安宁文庙为国家级重点文物保护单位。

历任馆长 邬振宇

业务活动

基本陈列 2000年10月至2008年3月，基本陈列由《历史文物》、《历史文物遗迹》、《传统农业生产工具》、《民族民间工艺》、《安宁碑刻》组成。

《历史文物》展厅由安宁文庙大成殿改造而成，占地面积约300平方米，展出文物100余件。该展厅主要展出战国古墓葬出土的陶器、西汉古墓葬出土的青铜器、唐代墓葬出土的陶制动物、清代吴三桂家族墓葬出土的锡器以及一些社会流散文物。该展厅重要的展品有西汉墓葬出土的铜啄、铜鼓，均为国家二级文物；有唐代墓葬出土的陶制骆驼、陶牛、陶犬、陶骑马俑，均为国家三级文物。

《历史文化遗迹》展厅由安宁文庙崇圣祠改造而成，占地面积约200平方米。采用图片及文字说明的形式展出该市32项文物保护单位，其中包括3项国家级重点文物保护单位、1项省级文物保护单位、1项市级文物保护单位、27项市县级文物保护单位。

《民族民间工艺》展厅由安宁文庙西厢房改建而成，占地面积约50平方米，展出民族民间手工艺品50余件，均为民间征集，主要是该市的一些民族刺绣品、银饰品及手工雕刻作品。

《传统农业生产生活用具》展厅由安宁文庙东厢房改建而成，占地面积50平方米，展出犁、纺车、肩担等农具60余件，均为民间征集。

《碑廊》占地面积约50平方米，保存着元、明、清时

《历史文物遗迹》展厅

碑廊

期的古碑30余方，碑刻复制品14件。其中较为重要的碑刻有《圣旨碑》、《重修安宁州文庙记碑》、《杨文襄公故里碑》、《松风水月》石刻、《不可不饮》石刻等。

2008年4月至今陈列修改后，由《历史文物》、《安宁碑刻》、《安宁名碑及温泉摩崖石刻拓片展》组成。《安宁名碑及温泉摩崖石刻拓片展》以拓片的形式向人们展示安宁丰富的古碑及摩崖石刻，反映安宁深厚的历史文化积淀。

临时展览 安宁市博物馆把长廊辟为活动展厅，占地面积50平方米，专门用于举办各类长期或短期专题陈列展览。2001年7－8月与安宁市政府党史办公室联合举办《安宁市党史展》；2004年5－6月与安宁市文化馆联合举办《安宁市首届美术、书法、摄影展》；2005年9月与华南理工大学联合举办《恐龙化石展》等。

藏品管理

［藏品来源］ 青铜器为上世纪60年代发掘清理太极山西汉墓葬所得；陶器为80年代发掘清理唐代王仁求墓葬所得；锡器为70年代发掘清理虎岳山清代墓葬所得。其余为历年来征集或个人捐献所得。

［藏品统计］ 安宁市博物馆藏品总数为1014件，古代文物362件，近现代文物278件。其中青铜器62件，陶器308件，锡器16件，玉器37件，木器88件，银器21件，铜器16件，铁器5件，石器53件，动物化石128件，纸质文物296件。二级文物2件，三级文物22件，一般文物708件。

［重要藏品］ 西汉铜鼓、铜啄；唐代陶骆驼、陶骑马俑；清代岳氏家谱等

唐 陶骑马俑

西汉 铜鼓

西汉 石范

唐 陶骆驼

西汉 铜啄

西汉 铜剑

［藏品保护］ 采取分件上架、入柜保管的办法。凡文物入库都将进行保洁，而后修复，对上等级的文物藏品都分盒保存，古书画类做到件件有囊匣装置，施药后装入专用箱、柜。

经营管理

［单位性质］ 国有事业单位

［经费来源］ 财政全额拨款

［机构管理］ 内设馆长室、办公室、宣教部、保卫部、服务部五个部门。

［人员编制］ 在编人员4名，其中中级职称3人，初级职称1人；另聘3名保安人员及1名服务部工作人员。

参观指南

［地址］ 云南省安宁市连然街122号

［邮编］ 650300

［电话］ 0871-8699848、8685291

［电子邮箱］ t77001409@163.com

［票价］ 免费

（撰文：何丽红）

红军长征柯渡纪念馆

Kedu Memorial Hall of the Chinese Workers' & Peasants' Red Army on the Long March

概述

类型 社会科学类历史专题纪念馆

隶属关系 隶属昆明市寻甸县文化体育局

筹建时间 1974年

正式开放时间 1977年10月6日

所在位置 位于寻甸县柯渡镇丹桂村，东距寻甸县城72公里，西南离昆明市88公里。

面积 占地面积3237.9平方米，其中建筑面积3000平方米、展厅面积2200平方米。

建筑特点 中央红军总部驻地旧址和中央领导人路居旧址为晚清建筑。土木结构。中央领导人路居旧址书房为广式阁楼，其余属云南民居“一颗印”。

历史沿革 柯渡纪念馆建成于1977年，包括“中央红军总部驻地旧址”和“毛主席路居旧址”。

1935年4月，中央红军长征到达寻甸，毛泽东、周恩来、朱德等领导率部驻扎柯渡镇丹桂村，对抢渡金沙江作出具体部署。1936年4月，贺龙、任弼时、肖克等率领的红二、六军团再次进驻寻甸，进行了著名的“六甲之战”，胜利强渡金沙江，粉碎了滇军企图围歼红军的阴谋。

丹桂村为回族聚居点，村内有清真寺。“中央红军总部驻地旧址”原为丹桂村何本恩家的四合院，1935年4月30日，中央红军总部进驻于此。当晚，中革军委在院内一楼总参谋部作战室对渡金沙江作具体部署；中央领导人路居旧址原为丹桂村杨家郎的私宅，1935年4月30日，中央红军政治局常委路居于此。“毛主席路居旧址”原为杨家郎私宅的广式阁楼。1952年土改后，何本思家四合院有七户农民居住，1966年8月，收归柯渡镇管理使用，1974年由国家征收筹建柯渡纪念馆，现由柯渡纪念馆管理使用。杨家郎家的广式阁楼及四合院，1952年土改后，有11户农民居住，2007年由国家征收，交给柯渡纪念馆使用。

1983年红军长征柯渡纪念馆被云南省人民政府公布为云南省重点文物保护单位，1992年被昆明地区确定为昆明地区中国近现代和国情教育基地。1997年被云南省委省政府命名为云南省爱国主义教育基地。2005年被国家列为全国红色旅游百个经典景区之一。

历任馆长 张本宽、毕发昌、崔金顺、张永杰、马成云、马东纯、马子昆

纪念馆大门

总部旧址四合院

1. 展厅 2. 陈列的群雕

红军使用过的八音琴钟

业务活动

基本陈列 该馆包括复原陈列和辅助陈列。中央红军总部驻地旧址、中央领导人路居旧址为复原陈列。

[陈列面积] 3000平方米

[展出藏品数] 200余件

藏品管理

[藏品来源] 捐赠、收购

[藏品类别] 木质、纸质、竹质、金属

宣传教育 红军长征柯渡纪念馆编辑了珍贵历史资料《老红军回忆长征过柯渡》，有《红色足迹》红军长征过寻甸DVD。

交流合作 红军长征柯渡纪念馆参加了首届毛泽东纪念馆联谊会，参加过全国红色旅游办公室举办的讲解员培训会两次。

经营管理

[单位性质] 国有文化事业单位

[经费来源] 财政拨款

[人员编制] 现有职工5人。其中事业编制4人，合同聘用工1人。

[服务观众项目] 讲解服务、休息室

[观众接待] 年均8万人。自建馆至2007年，共接待全国各地观众50万人次，还接待了著名科学家钱学森，中央军委李继耐上将，原云南省军区司令员姚双龙上将，老省委书记马继孔、普朝柱，省人大主任尹俊等省级领导前来参观。

参观指南

[地址] 昆明市寻甸县柯渡镇丹桂村195号

[邮编] 655212

[电话] 0871-2778125

[开放时间] 8:00—17:00（全年开放）

[票价] 免费

（撰文：马子昆）

红河哈尼族彝族自治州博物馆

Honghe Prefectural Museum

概述

类型 地方综合性博物馆

隶属关系 隶属红河哈尼族彝族自治州文化体育局

筹建时间 2003年

红河州博物馆外观

正式开放时间 2005年10月8日

所在位置 坐落于蒙自市天马路65号，州级行政中心广场西侧

面积 占地面积3266平方米、建筑面积8121平方米

建筑、布局 属框架结构建筑，分为展厅和办公区两部分，展厅三层、办公区两层。展厅面积约5000平方米，库房面积250平方米。

历史沿革 红河州博物馆成立于2003年12月。宗旨和业务范围：收藏展览文物、弘扬民族文化。文物征集、鉴定、登编、修复、保管；文物展览；文物复制与修复；文物及相关研究；文物宣传出版；考古发掘（相关文物产业经营）。

2009年，红河州博物馆被评为国家二级博物馆、云南省科普教育基地；2010年被评为云南省基层文化工作先进集体、红河州工人先锋号、云南省“三生教育实践基地”；2011年，被评为“十一五”云南文化遗产保护先进单位。

业务活动

基本陈列 设有《古老神奇的红河》、《绚丽多彩的红河》和《奔腾图强的红河》为主题的三大展厅，共展出青铜器、陶瓷器、铜鼓、书画艺术、民族服饰、民族工艺品、民间乐器、宗教祭祀用品及锡工艺品等共1520件文物以及1510多幅图片资料，其中，有国宝级文物铜俑灯的复制品、文征明墨宝《西苑诗十首》、万家坝铜鼓等，每一件作品，都代表着先人们不朽的科技成就和艺术才华，凝聚着祖先的辛勤汗水和聪明才智。

临时展览 在保证基本陈列展示功能的同时，充分发挥自身优势，积极引进和举办各类型展览和活动。开馆以来，成功举办了“2006国际服饰文化研讨会”、《北京哈尼族国际服饰展览》、《红河哈尼族彝族自治州建州五十周年成就展》、《红河哈尼族彝族自治州改革开放三十周年成就展》、《百年滇越铁路大型展览》、《世界哈尼梯田文化展》、《万佩升书法艺术展》等50余次重要展览，接待各类观众群体共计120余万人次。已成为展示红河特色文化，宣传红河精神的重要窗口，成为对青少年进行爱国主义教育和科普教育的基地。

藏品管理

［藏品来源］ 州文物管理所移交、文物征集和社会捐赠等途径。

通过调查征集系统性地收集藏品是红河州博物馆建立

1

2

3

4

1.民族乐器 2.民族服饰 3.陶瓷厅 4.书画厅

明 青花人物凤纹盖罐

藏品体系的一个重要渠道。

［藏品类别］ 分为古生物化石类、青铜类、陶瓷类、书画类、马帮类、锡文化类、铁路类和民族文物等。

［藏品统计］ 红河州博物馆共有青铜器、陶瓷器、民族服饰、字画、锡器和古生物化石等各类馆藏文物7180余件、各类文物资料5000余件和借展文物269件。馆藏文物中：二级文物5件，三级文物126件。

［藏品保护］ 文物库房配备良好的文物保存设备、通风和安全防盗设施，达到有关的文物保护标准。库房和展厅安装了监控探头和联网报警系统，有力地确保了文物安全。

科学研究 发表的论文和著作有：李克山《充分认识红河州在对外开放中的重要地位》；李朝春《云南建水窑陶瓷》、《红河国际大通道研究》、《从高原走向大海的红河国际大通道》。主持与中国民族博物馆合作研究项目《东南亚民族文化研究》课题的研究工作等。

宣传教育 一是开通红河州博物馆网站，全面宣传红河本土文化和文物博物馆专业知识，受到社会各界的广泛好评。二是与中央、省、州等新闻媒体广泛合作，宣传该州改革开放取得的伟大成就、宣传文化遗产保护取得的重要成果、宣传多姿多彩的民族风情，为红河州改革开放和和谐社会建设做出了贡献。三是免费开放。2008年6月，该馆率先在云南省实行免费开放。充分利用博物馆资源为社会服务，加强同中国民族博物馆、云南省博物馆的交流与合作，充分利用博物馆人力、物力、管理、技术资源，取长补短，建章立制，跨越式地提升了服务质量。州博物馆免费开馆以来，已接待观众60余万人次，逐渐成为红河州各民族文化生活中的重要组成部分。四是开展文化惠民活动。组织职工和志愿者，深入农村、工厂、学校、军营等基层一线，开展送展览、写春联、搞联欢等一系列文化惠民活动。

交流合作 2006年，加入中国民族博物馆合作网。同年，与中国民族博物馆联合举办了“2006国际民族服饰文化研讨会”，2007年在州博物馆成立了中国民族博物馆东南亚民族文化研究中心，并与中国民族博物馆联合举办了哈尼族服饰研讨会。2008年，参加中法博物馆合作论坛和世界人类学大会的筹备工作。2009年，成功举办《台湾、昆明、重庆、成都当代艺术展》，为加深两岸文化交流和区域文化发展做出了积极贡献。2011年，与中国民族博

汉 单栓铜矛

汉 心形铜锄

汉 铜柄铁剑

明 青花火葬罐

物馆西安画院联合举办《万佩升书法艺术展》，进一步深化与中国民族博物馆的业务交流与合作。聘请20多名国内外民族学方面的知名专家学者参与东南亚民族文化研究工作，为边境地区的和谐外交做出自己的贡献。

经营管理

[单位性质] 全民事业单位

[经费来源] 财政全额拨款

[机构设置] 设办公室、研究部、保管部、会展部、社教部和安保部六个部门。

[人员编制] 人员编制数31人。

[观众接待] 年观众人数为20万人次

参观指南

[地址] 云南省蒙自市天马路65号

[邮编] 661199

[电话] 0873-3728801

[传真] 0873-3728801

[网址] www.hhzbwg.com

[电子邮箱] honghemuseum@163.com

[开放时间] 周二至周日，9:00－17:00

[票价] 免费

（撰文、图片：李峰）

杨升庵祠纪念馆

Memorial Hall of Yang Sheng'an

概述

类型 社会科学类名人专题纪念馆

隶属关系 隶属于昆明市文化局

筹建时间 1986年筹备维修

开放时间 1990年10月正式开馆

所在位置 位于昆明市西山区碧鸡镇高峣

面积 占地6500平方米、建筑面积2860平方米

建筑、布局 坐西朝东，整体由11幢房屋组成，房屋为土、木、砖、水泥结构，主体建筑罗汉堂为清代土砖、青瓦红墙的建筑群。

历史沿革 升庵祠始建于明万历三十八年（1610），由云南布政使刘之龙把“碧峣精舍”改建为“太史祠”，供奉杨慎塑象作为纪念。清初，太史祠毁于战火，康熙十五年（1676）按察使来仪倡议在旧址上重建太史祠，次年初竣工。康熙十八年秋（1679.10），太史祠在清军平定吴三桂的战乱中又被毁坏。后，云贵总督范承勋又在旧址上重建太史祠。

1.杨升庵祠纪念馆正门 2.徐霞客纪念馆 3.升庵祠

建国后，在“文革”期间，升庵祠及毗邻的普贤寺、毛公祠遭到破坏。1986年经省、市两级人民政府拨专款在升庵祠原址及毗邻的普贤寺和毛氏祠旧址上以仿古建筑的形式修复和重建了升庵祠的所有房舍和普贤寺的正殿及厢房，同时对罗汉堂进行大修。在1987年12月21日升庵祠被公布为云南省重点文物保护单位。1989年10月19日正式成立昆明市升庵祠文物管理所，对原升庵祠及毗邻的普贤寺和毛氏祠旧址全面启动了依法保护、统一管理。1990年杨慎纪念馆、徐霞客纪念馆成立，布展并对外开放，2001年、2007年分别对杨慎纪念馆、徐霞客纪念馆展览进行了更新。

历任馆长 蔡杨华、吴祥

1、2.展厅一隅

业务活动

基本陈列　由《杨慎生平事迹》展和《徐霞客生平事迹》展两部分组成。陈列内容上突出历史人物的生平事迹和重要贡献，形式上采用与内容相结合的仿古并加以现代手段来刻画，为丰富展览的观赏和展览的价值含量，还增加了一批文物及艺术作品。杨升庵纪念馆展出藏品43件，徐霞客纪念馆展出藏品52件。

［陈列面积］　共630平方米。

［重要展品］　有清晚期雕花木质贡桌、明代铜双耳瓶、四方红木盒端砚、青花缠枝狮纹盘、青花缠枝盘、圆形狮盖铜香炉。

藏品管理

［藏品来源］　收购

［藏品类别］　纸质、金属、木质、瓷器

［藏品统计］　124件，其中三级2件

［重要藏品］　青花花卉高足碗、青花缠枝鱼纹碗

合作交流　1994年11月15日至18日举办中国云南徐霞客旅游文化活动暨学术讨论会。之后，每两年举办一次纪念徐霞客诞辰的纪念暨学术研讨活动。

经营管理

［单位性质］　国有文化事业单位

［经费来源］　由政府财政拨款

［机构设置］　所长室、办公室等

［人员编制、组成］　事业编制6人，现在编职工4人。

［观众接待］　年平均1.6万人次

参观指南

［地址］　云南省昆明市西山区碧鸡镇高峣

［邮编］　650111

［电话］　0871-8413035

［电子邮箱］　shenanci@sina.com

［开放时间］　9:00－17:00（全年开放）

［票价］　免费

（撰文：升庵祠文物管理所）

丽江市博物院

Lijiang Municipal Museum

概述

类型　地方综合性博物馆

隶属关系　隶属于丽江市文化广电新闻出版局

筹建时间　1983年7月

正式开放时间　1984年7月正式开馆

所在位置　云南省丽江市古城区黑龙潭公园北端

面积　占地面积约7000平方米

建筑、布局　建筑格局沿用了丽江纳西族传统的“三坊一照壁”、“四合五天井”的建筑形式，分为办公区、文物库房区和展览区三个部分。

历史沿革　丽江市博物院的前身是丽江县博物馆，于1983年7月在丽江黑龙潭公园明清古建筑五凤楼内开始筹建，

丽江市博物院

并于1984年7月正式开馆。馆长赵净修在任期间，从原丽江县文化馆手中接管了部分文物，这批文物成为丽江市博物院的第一批藏品，他还主持了文明坊、法云阁等古建筑的保护性搬迁，明代白沙壁画抢救性整体修复等多项文物古迹遗址的保护工作。1987年，李锡继任馆长后提出了博物馆建设向“东巴文化倾斜”的指导方针，并提出了东巴文化“学术国际化、产业市场化、传承民间化”的指导思想。1990年在原丽江县委、县政府的关心和支持下，在距五凤楼50米的空地上开始扩建新馆。1993年7月新馆建设完成并正式对外开放。同时，丽江县博物馆更名为丽江东巴文化博物馆。期间，还创办了东巴文化学校和《东巴文化报》；倡议并成功在丽江举办国际“东巴文化艺术节”和“世界文化遗产论坛”；建议原丽江纳西族自治县人民政府划定县内的塔城、鲁甸、太安、大东、大具、鸣音等六个乡镇为第一批东巴文化原始生态保护区。由李锡牵头起草的《云南省丽江纳西族自治县东巴文化保护条例》于2001年6月由云南省人大常委会批准颁布实施，2005年12月2日又经省人大常委会批准将该条例升格为《云南省纳西族东巴文化保护条例》，促使东巴文化的保护工作走上了法制化轨道。1993年，博物馆被授予“全国十大地县级优秀博物馆”称号，1994年，荣获“全国文化先进集体”称号，1997年，被列为“云南省爱国主义教育基地”；2003年，被授予“纳西东巴古籍文献申报世界记忆遗产先进集体”称号。2004年，丽江东巴文化博物馆与原丽江市文物管理所合并办公并加挂丽江市博物院牌子，实行一套班子三块牌子的运作方式，统一管理丽江市文物、博物工作。

历任馆长　赵净修、李锡

业务活动

基本陈列　经过一年多筹备的《东巴故事——纳西东巴文化展》于2006年7月1日正式展出，该展览陈列面积为1350平方米，展出藏品1573件。整个展览由序厅、民俗厅、古籍厅、艺术厅四个部分组成，采用图文并茂、声像

礼仪厅

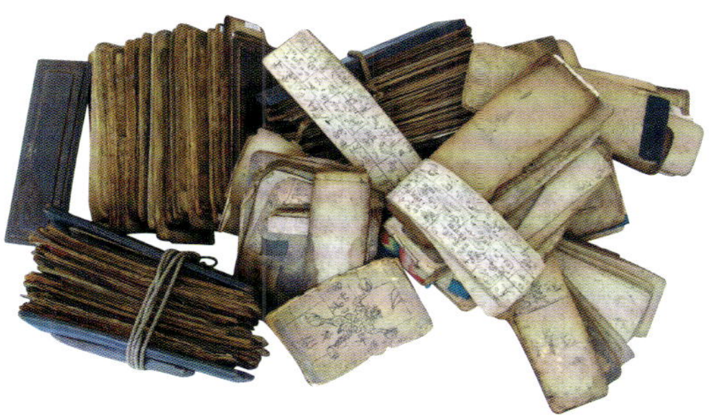

东巴经书

东巴神路图

东巴神轴画

相促、动静结合、辅以视屏导读，从而产生视觉、听觉、触觉立体效果的现代陈列手段，全面展示了纳西族丰富多彩的东巴文化。

临时展览　专题陈列包括历年来承办的《丽江古城文化资料展》、《丽江风光风情摄影展》、《历代名家书画展》、《馆藏唐卡精品展》、《历代瓷器精品展》、《吴丽摄影作品展》、《丽江近现代革命文物展》、《丽江历史文化展》、《丽江四十年建设成果展》、《博南古道文物图片展》、《周霖遗作展》、《王志鸿、杨礼吉书画作品展》、《丽江文物保护成果展》、《毛泽东生平事迹图片展》、《丽江白沙壁画临摹作品展》、《历代书画精粹》、《千姿百态云南风光摄影展》、《国际摄影展》、《丽江近现代书画展》、《现代东巴书画艺术展》、《廖仲旋现代东巴艺术展》、《香格里拉展》、《和钟泽摄影展》、《和志强生平陈列馆》等各种主题的大型展览。除此以外，丽江市博物院还利用博物院依山傍水的自然环境，设置了纳西族传统祭祀仪式《祭署》、《祭天》、《祭风》等动态展演场景。

徐悲鸿《双马》立轴

藏品管理

［藏品来源］　征集、捐赠、移交、考古发掘

［藏品统计］　目前共收藏有11906件，20种不同类别的藏品。其中书法2470件、绘画1860件、民族文物3843件、瓷器194件、金银器42件、铜器241件、铁器43件、玉器16件、石器82件、砖瓦95件、竹木器161件、钱币1800件、化石87件、玺印32件、织绣270件、中文文献资料159件、徽章19件、陶器247件、漆器48件、其他藏品197件。

在这些藏品中，纳西族的东巴文物是最为丰富的类型，共有2500件，丽江市博物院已成为全世界范围内收藏东巴文物门类最多、最全的机构。

［重要藏品］　蜀郡铁锄（一级）；唐代吐蕃碑（一级）；徐悲鸿鹫图立轴（一级）；徐悲鸿双马立轴（一级）；明代担当山水长卷横幅（一级）；宝山州印（一级）；东巴文物。

科学研究　丽江市博物院有坚实的科研队伍，历年来博物院做了《束河传统皮革业调查报告》、《 狮子山文物考古调查勘探报告 》、《白沙文物现状考察》，《世界文化遗产—丽江古城保护现状》等科研调查；编辑出版了《东巴文化报》、《博物馆论文集》、《近神之路》、《东巴文化教材》、《丽江白沙壁画》等文集和刊物，并于1991年配合中央电视台、北京电视台完成了电视纪录片“神秘的东巴文化”；1993年拍摄了4部东巴文化系列录像片；1994年丽江古城申报联合国教科文组织“世界文化遗产”办公室设在该院，由李锡馆长担任办公室主任，在院内全体专家、学者的努力下，于2007年申报成功。

交流合作　对外交流合作也是丽江市博物院的重点工作之一。1989年在北京举办东巴文化展览；1994年4月丽江市博物院参加临沧滇西文化艺术节，举办纳西东巴文化展览；1997年4月，参加上海民族文化大观园活动，举办纳西东巴文化展；1999年、2003年分别筹办第一、二届国际东巴文化艺术节；2000年9月，参加石家庄“云南民族文化节”，举办纳西东巴文化展；2000年8月，到昆明参加云南省文化产业洽谈会，举办纳西东巴文化展；另外，丽江市博物院还分别与加拿大夏洛特皇后岛博物馆、瑞士苏黎世大学人类学博物馆和美国拉斯维加斯艺术博物馆建立了姊妹博物馆关系，并于1997年12月、1998年11月分别在瑞士、加拿大举办了纳西东巴文化展。

经营管理

［单位性质］　国有公益性事业单位

［经费来源］　由政府下拨经费

［机构设置］　内设办公室、保卫科、陈列宣教部、

元　高禾塔砖

明　宝山州印

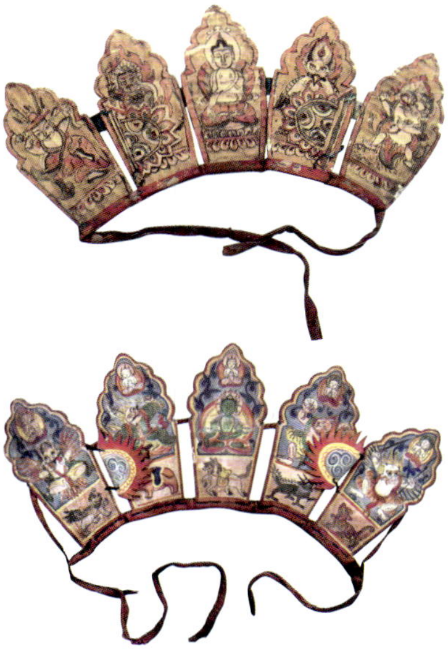

东巴五幅冠

唐卡《时轮金刚》

保管部、文物保护管理部和产业开发部等。

［人员编制、组成］　核定人员编制数为50名，其中管理员3名、专业技术人员40名，工勤人员7名。

［观众接待］　年均近7万人次

参观指南

［地址］　丽江市古城区黑龙潭公园旁

［邮编］　674100

［电话］　0888-5180270

［传真］　0888-3103591

［电子邮箱］　museumlj123@126.com

［开放时间］　8:30－17:30（全年开放）

［票价］　30元

（撰文：丽江市博物院）

迪庆红军长征博物馆

Red Army Long March Museum of Diqing Prefecture

概述

类型　社会科学类历史专题博物馆

隶属关系　隶属于迪庆藏族自治州文化局文物管理

迪庆红军长征博物馆

陈列景观——爬雪山

所，系下属二级法人

创建时间　1984年7月1日

所在位置　香格里拉县城独克宗古城大龟山东麓

面积　总占地面积4049.34平方米、建筑面积3106.92平方米

建筑、布局　建筑群坐北朝南，全国重点文物保护单位中心镇公堂坐落中央，是一座土木结构三重檐歇山顶两层建筑，外观为汉式楼阁，内部为藏式佛堂格局，建筑面积706.92平方米。红军长征博物馆展厅围绕公堂四周而建，外观以当地的藏文化为特色，结合现代建筑材料，砖混结构，外墙面为灰白色，山墙用土红色装饰，建筑面积2400平方米。

历史沿革　迪庆红军长征博物馆所在地为全国重点文物保护单位“中心镇公堂”，始建于清雍正二年，后数次被毁并修复，现存建筑为光绪八年修复。公堂是当地藏民祭祖诵经、集会议事、办理婚丧事的场所。1936年，贺龙、肖克、任弼时等率红军长征经过中甸，设指挥部于此，并在此召开了著名的“中甸会议”。“文革”中公堂被驻军作为仓库而得以保存，1984年中甸县委、县政府利用大殿进行红军文物展览，将其辟为红军长征纪念馆，由中甸县文化局管理。1995年成立中甸县文物管理所，在其中办公。2006年底，迪庆州政府搬迁了公堂周围的居民，迪庆军分区又将卫生所划给纪念馆，投资1599万元建设了2400平方米的展厅，对原纪念馆的陈列进行提升改造，将纪念馆更名为“迪庆红军长征博物馆”，并于2007年8月20日开馆。

馆长　李钢

业务活动

基本陈列　红军长征博物馆的基本陈列在结构上分为六大部分：一、序厅，二、红军不怕远征难，三、雪山草地的铭记，四、爬雪山过草地实景再现、五、红旗卷起农奴戟，六、雪域高原新面貌。陈列以红军二方面军长征为主线，全方位展示红军三大主力踏破千难万险胜利完成长征的伟大壮举。陈列中突出展示红军第一、二、四方面军长征，红军爬雪山过草地，红军经过藏区时模范执行党的民族宗教政策，红军在藏区播下革命火种和迪庆各族人民发扬红军长征精神建设美好家园等内容，其中最有特点的是484平方米爬雪山过草地互动景观，它利用声、光、电等现代陈展手段生动再现了当年红军爬雪山过草地的情景，是目前国内同类题材中面积最大、展示手段最先进的互动景观。展出藏品265件，有珍贵文物16件。

临时展览　开馆15年来，还结合党委、政府的中心工作举办了内容丰富、形式多样的临时展览1、1986年10月为纪念红军长征胜利五十周年，举办《兴盛番族之光——红军长征过中甸》展览。2、1991年7月1日为纪念中国共产党成立70周年，举办《党在中甸的战斗历程》展览。3、1997年9月10日为了庆祝迪庆州成立40周年，举办《高原红旗飘》展览。

藏品管理

［藏品来源］　征集、捐赠、收购

［藏品类别］　纸质、棉质、木质、金属

［藏品统计］　359件

科学研究

［科研队伍］　有文博副研究馆员1名，文博馆员4名，文博助理馆员2名。

［科研成果］　近年来，该馆员工在《古脊椎动物学报》、《中华文化论坛》、《中国文物报》等报刊发表文章二十多篇，30余万字。

经营管理

［单位性质］　国营纯公益性事业单位

［经费来源］　财政全额拨款

红军送给藏民的马灯

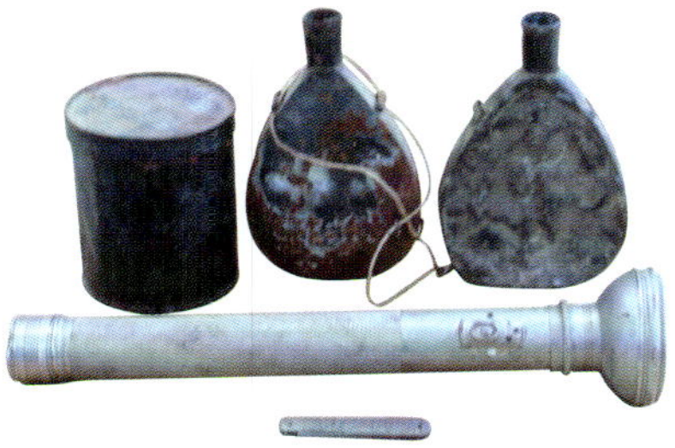
电筒、水壶

贺龙赠送给归化寺的锦幛

[机构设置] 设有办公室、文保室、研究部、展教部、安全保卫部。

[人员编制、结构] 核定编制数9人，实在编制人员9人，临时工2人。其中学历硕士1人、大学本科5人、大学专科3人。

[观众接待] 年均接待观众3万人次。

参观指南

[地址] 云南省迪庆藏族自治州香格里拉县城独克宗古城月光广场

[邮编] 674400

[电话] 0887-8224753

[电子邮箱] dqwwbh@sohu.com

[票价] 免费

（撰文：李钢）

迪庆藏族自治州博物馆

Diqing Tibetan Autonomous Prefecture Museum

概述

类型 地方综合性博物馆

隶属关系 隶属迪庆州文化局下属正科级

筹建时间 1996年

正式开放时间 1997年9月正式开馆

所在位置 位于云南省迪庆州建塘镇独克宗古城月光广场南侧，北面隔月光广场与国家级文物保护单位中心镇公堂及红军长征博物馆相对，西面为大龟山及大佛寺，四周为独克宗古城的民居建筑。

面积 占地面积3239平方米、建筑面积5420平方米

建筑 是一处座北朝南三层藏式建筑。

历任馆长 和桂华

业务活动

基本陈列 由《迪庆历史文化展览》、《迪庆藏医药文化展览》二部分组成。通过实物、图片、场景复原，展现了迪庆悠久的历史、多彩多元的民族文化、藏医药文化、宗教文化。

[陈列面积] 共800平方米

临时展览 临时陈列面积600平方米，举办了《迪庆摄影作品展》、《康巴地区书法美术摄影展》、《红土情爱国主义教育展》、《崇尚科学反对迷信邪教大型科普展》、《走进香格里拉摄影作品展》、《四季香格里拉摄影展》、《昆明农民画联展》、《蝴蝶标本及系列开发产品展》、《科普宣传周系列宣传展》、《迪庆建国60年成就展》、《人之由来图片展》、《迪庆老年书画展》等近二十个临时展览。

迪庆藏族自治州博物馆

糌粑盒

藏坎肩

藏文银汁手写经书

藏品管理

［藏品来源］ 社会征集

［藏品类别］ 石质、金属、布帛、土陶

［重要藏品］ 新石器、青铜器、佛像、唐卡

［藏品统计］ 1576件套，其中二级4件，三级22件

交流合作 2006年与昆明市博物馆合作赴苏州博物馆《云南民族服饰展》、2007年与四川三星堆博物馆联办《南丝路青铜文化展》。

经营管理

［单位性质］ 国有文化事业单位

［经费来源］ 迪庆州财政局拨款

［机构设置］ 内设办公室、业务部、陈展部、宣教部、保管部、信息部。

［人员编制］ 现有职工9人，为事业编制。

［观众接待］ 年均10万人次

参观指南

［地址］ 香格里拉县独克宗古城月光广场

［邮编］ 674400

［电话］ 0887-8226610

［传真］ 0887-8226610

［开放时间］ 9:00—17:00（全年开放）

［票价］ 免费

（撰文：陈树珍）

昆明市博物馆

Kunming Museum

概述

类型 地方综合性博物馆

隶属关系 隶属于云南省昆明市文化局

创建时间 1993年12月

开馆时间 1997年9月

所在位置 昆明市拓东路71号

面积 占地面积19929.34平方米，建筑面积8250平方米，其中展厅面积5088.86平方米，库房面积2200平方米，其它建筑（配电室、保安人员住房、票房等）约900平方米。

建筑、布局 昆明市博物馆的建筑结构为钢筋混凝土式，整体建筑风格融合了庑殿式、斗拱、盝形顶、通天柱等中国古代建筑特点。主体建筑共两层：底层为青铜器陈列厅、古幢陈列厅、1号机动展厅和2号机动展厅；第2层为恐龙化石陈列厅、3号机动展厅和贵宾接待室。2002年，昆明市博物馆被评为云南省十大标志性建筑之一。

历史沿革 昆明市博物馆是在地藏寺经幢旧址上建盖而成。地藏寺经幢建造于大理国时期，于1911年从淹没的泥土中被发现，1923年进行修整后此地改建为公园，并以古幢命名为古幢公园。1993年昆明市博物馆以经幢旧址为馆址开始筹建，1997年博物馆建成并正式向观众开放。1982年2月23日，地藏寺经幢被国务院公布为国家级重点文物保护单位，是昆明市博物馆的“镇馆之宝”。

历任馆长 叶铸、田建

业务活动

基本陈列 由《滇池地区青铜器陈列》、《地藏寺经

1.昆明市博物馆全景　2.昆明市博物馆外观　3.地藏寺经幢

幢陈列》和《恐龙化石陈列》三部分组成。

《青铜展厅》展出的是滇池地区出土的青铜器，以晋宁石寨山、江川李家山、呈贡天子庙、官渡羊甫头等大型墓地为代表，典型器物有铜鼓、贮贝器、执伞俑、铜枕、扣饰等。《地藏寺经幢展厅》由地藏寺旧址出土而得名并在其原址上建盖。经幢建造于大理国时期，为方锥形石幢，由五段紫砂石雕刻而成，通高6.5米，幢体呈七层八面，宝塔形，是我国民族宗教史、佛教艺术史、南诏大理国历史研究极其珍贵的实物资料。《恐龙化石陈列》除了运用实物、图片、文字说明等传统陈列形式外，配合5具恐龙骨架的陈列，复原了一个约300平方米的史前时代的地质地貌场景，使整个展览具有一定的活力和动感，集科学性、知识性、趣味性于一体，深受未成年观众的喜爱。

临时展览　建馆以来，昆明市博物馆在巩固基本陈列的同时，充分发挥公共文化设施宣传教育的作用，以引进集思想性、艺术性、观赏性为一体的展览为龙头，举办了《回归——熊秉明艺术作品展》、《张建中艺术作品展》、《丁绍光作品展》、《中、韩民族造型艺术展》、《美国国家地理百年经典摄影作品展》、《清代帝后宫廷御用珍品展》、《云岭霓裳—云南少数民族服饰展》、《中华国宝进云南——清代扬州八怪书画精品展》等130余个具有一定质量和影响力的临时性展览，接待海内外观众近240万人次，充分发挥了博物馆在精神文明建设中独特的、不可替代的作用。

藏品管理

［藏品来源］　征集、发掘、捐献

［藏品类别］　书画、青铜、陶瓷、民族服饰、现代文物、民俗文物、杂项

二人御牛鎏金铜扣饰

杀牛祭柱铜扣饰

持伞铜俑

铜啄

人形柄铜剑

铜鼓

[藏品统计]　总登记号2814号，实际数量5809件。其中书画638件、青铜842件、陶瓷325件、杂项408件、民族服饰223件、现代文物366件、民俗文物12件。

[重要藏品]　双钺形铜戈、持伞铜俑、青花缠枝莲纹罐、青花暗八宝贯耳瓶、宽边玉镯、徐悲鸿《双马图》、缪嘉惠《牡丹图》、黄慎《东坡赏砚》等。

科学研究

[科研队伍]　现有文博系列副研究馆员6人，馆员14人，助理馆员职称15人

[科研成果]　1999年《昆明市博物馆论文集》由云南美术出版社出版，该论文集对滇文化考古、博物馆学、民俗、名城保护提出了一些管见。2001年，王海涛撰写的《云南佛教史》，由美术出版社出版，该书引证文献资料、地面佛教遗存、地下出土文物，介绍了云南佛教的产生发展过程。2004年，昆明市博物馆参与由市政协文史委、市旅游局发起的《昆明旅游文史》编写，并于2004年6月由云南人民出版社出版。昆明市博物馆与云南省考古所、官渡区博物馆共同编写了《昆明羊甫头墓地》（四卷），昆明羊甫头墓地，被国家文物局列为1999年全国考古十大新发现之一，该书2005年由科学出版社出版。

交流合作

[学术交流]　1998年10月至2003年10月，抽调该馆人员参与云南省考古研究所组织的文物调查、考古发掘、资料整理、编写发掘报告等工作。2005年5月，馆长应邀赴广州参加“广州2005国际博物馆日馆长论坛”，并提交了题为《流动博物馆在经济欠发达地区的社会意义》的论文。2007年4月至2007年6月，该馆专业人员参与由云南省文物局组织的联合考古调查队，赴呈贡新区建设工地开展考古调查工作。

[展览交流]　1999年4月23日至6月30日，承德避暑山庄博物馆在昆明市博物馆举办《清代帝后宫廷御用珍品展》。2007年2月5日至3月20日，昆明市博物馆赴扬州博物馆举办《云岭霓裳—云南少数民族服饰展》。2007年7月20日至8月24日，扬州博物馆在昆明市博物馆举办《中华国宝进云南——清代扬州八怪书画精品展》。2007年8－9月，该馆人员赴云南省迪庆州博物馆，协助该馆进行陈列设计、布展及讲解员培训工作。

经营管理

[单位性质]　国有文化事业单位

[经费来源]　由政府下拨经款

[机构设置]　全馆设6部1室，即办公室、展览部、

考古部、保管部、研究部、保卫部和产业部。

［人员编制、组成］ 人员编制50人。现有在职职工44人，其中副研究馆员职称6人，馆员职称14人，助理馆员职称15人，管理人员5人，工人系列4人。

［服务观众项目］ 讲解服务、数码讲解器、字画装裱、休息座椅、免费纯净水供应。

［观众接待］ 年均接待观众约2.3万人次。

参观指南

［地址］ 昆明市拓东路71号

［邮编］ 650041

［电话］ 0871-3153256（办公室）

0871-3153559（展览接洽）

［传真］ 0871-3123001

［电子邮箱］ kmmuseum97@yahoo.com.cn

［开放时间］ 每周二至周日，10:00－17:00

［票价］ 免费

（撰文：昆明市博物馆）

昆明聂耳纪念馆

Kunming Nie Er Memorial

概述

类型 社会科学类名人专题纪念馆

隶属关系 昆明市文化广播电视体育局

创建时间 1985年10月

所在位置 昆明聂耳纪念馆坐落于风景秀丽的西山公园内，坐西向东，背依青山，前临滇池。

面积 12000平方米

建筑特点 聂耳墓地平面呈云南少数民族乐器月琴状，汉白玉雕塑的聂耳全身立像，高3.28米，置于琴头，

聂耳墓

聂耳汉白玉雕像

雕像前的7个花坛代表7个音阶。墓穴位于“月琴”的发音孔位置——圆形，直径3.8米，墓体由24块墨石叠砌，象征聂耳24岁年轻的生命。墓上安放着直径1.5米用云南山茶花造型的汉白玉花圈，花圈上镶嵌聂耳的生卒年“1912—1935”的铜质金字。墓碑正面刻有郭沫若手书“人民音乐家聂耳之墓”，背面为郭沫若撰书的墓志铭。墓前平台由24圈石料铺成音波状，象征时代的最强音由这里发出，也寓意着聂耳的生命历程。墓后屏风墙上雕刻有以义勇军进行曲、万里长城、抗日救亡运动为主题的大型浮雕和田汉惊闻聂耳逝世挥毫写下的悲愤诗。在聂耳雕像右侧，建有聂耳生平展厅和音像放映室。

历史沿革 聂耳（1912－1935），云南玉溪人，我国著名的人民音乐家，中华人民共和国国歌曲作者。1935年7月17日聂耳在日本藤泽鹄沼海滨游泳不幸遇难。同年8月聂耳骨灰由挚友张天虚、郑子平护送回国。1937年10月葬于昆明西山华亭寺前公路旁。1954年人民政府重修其墓。由于墓地面积狭窄不能满足广大群众瞻仰、凭吊，1980年在昆明市市委、市政府的高度重视下，聂耳墓迁葬于西山森

林公园管理处西侧200米处，1985年重建落成。由昆明市聂耳墓文物管理所负责保护、管理。1988年1月13日聂耳墓被国务院公布为第三批全国重点文物保护单位；1992年被云南省委宣传部、市委、市教委、省文化厅、省总工会、共青团云南省委、云南省妇联等，联合公布为昆明地区中国近现代史和国情教育基地；1995年被共青团中央公布为全国青少年爱国主义教育基地；1996年被昆明市政府公布为昆明市爱国主义教育基地；1997年被省委、省政府公布为全省爱国主义教育基地；2009年被中宣部公布为第四批全国爱国主义教育示范基地。

历任馆长　石岩（1990－2003）；董之兵（2003－2010）；吴祥（2010至今）

业务活动

基本陈列　昆明聂耳纪念馆由聂耳墓、聂耳生平展厅和音像放映室组成。主要以拜谒聂耳墓，参观聂耳生平展及介绍与之有关的历史人物、历史事件为主线，以文字、文物复制品、图片的介绍及音像放映和聂耳音乐的演奏为主要展示形式。昆明聂耳纪念馆自1985年对外开放至今，接待观众近千万余人次，对于弘扬爱国主义精神，更加深入地开展群众性爱国主义教育活动，激发广大人民群众的爱国热情发挥着极其重要的作用。

宣传教育　昆明聂耳纪念馆作为全国、全省和全市开展爱国主义教育、进行对外文化交流的重要场所，自建馆以来，每年都积极组织多种活动并通过电视、网络、新闻媒体等多种形式、多种渠道向社会公众宣传介绍纪念馆相关内容与活动。每两年举办一次“聂耳音乐周”；每周日在聂耳墓前举办一场“聂耳音乐会”。这些活动的开展对广大观众了解聂耳音乐、聂耳历史、激发爱国热情，取得了显著成效。近年来江泽民、李瑞环、李岚清等多位党和国家领导人曾到聂耳墓拜谒，并对利用聂耳纪念馆这一平台，继承和发扬好爱国主义精神寄予了很高的希望。日本、美国、瑞士等50多个国家的政府、学生代表团也曾前来举行拜谒活动。同时，聂耳纪念馆也是昆明地区党政机关、企事业单位、部队、社会团体等开展入党入团宣誓；少先队入队活动和青少年组织夏令营活动的重要平台之一。昆明聂耳纪念馆在进行爱国主义教育的活动中具有十分显著的重要地位。

1

2

1、展厅入口　2.展厅一角

经营管理

［单位性质］　国有事业单位

［经费来源］　政府全额拨款

［机构设置］　办公室、业务部

［人员编制、组成］　人员编制10人，其中管理人员2名；专业技术人员6名；工勤技能人员2名。

［服务观众项目］　免费参观，免费为观众提供音乐会、宣传画册、资料等；销售相关纪念品。

［接待观众］　于1985年对外开放以来，截止到2011年，接待观众近千万余人次。

参观指南

［地址］　云南省昆明市西山区西山森林公园

［邮编］　650111

［电话］　0871-8426034

［传真］　0871-8426034

［电子邮件］　kmnieerjinianguan@163.com

［网址］　http://museum.kunming.cn/index/node_26288.htm

［开放时间］　9:00－17:00

［票价］　免费开放

（撰文：杜殿淮，图片由文管所提供）

昆明警察博物馆

Policeman Museum of Kunming

概况

类型　社会科学类公安专题博物馆

隶属关系　《昆明警察博物馆》作为昆明市公安局的非常设机构，挂靠在市局档案管理部门，由警令部负责主管，鑫安会务中心协管。

创建时间　2001年7月12日

正式开馆时间　2002年4月1日

所在位置　位于滇池湖畔，毗邻大观公园水道南岸

面积　占地面积1800余平方米

布局　博物馆为两层楼房，一楼为多功能会议厅、禁毒馆、英烈馆，占地约1100平方米；二楼为博物馆序厅、警史厅、道路交通管理厅、消防管理厅、侦查破案厅、治安管理厅、后勤装备厅。

建筑特点　建筑结构为框架结构，共两层楼。馆内各厅、馆的内部装饰装修与征集展品相结合，利用屏风、主题墙及雕塑、展板、玻璃展柜和展台进行分段，自然形成各展厅。展板、展柜、色彩、形式统一，声、光、电、型现代科技手段为辅助，结构布局合理。

历史沿革　昆明警察博物馆创建于2001年7月，2002年4月建成开馆。

历任馆长　张军（警令部分管档案工作的副主任兼）。

业务活动

基本陈列　《昆明警察历史沿革史》从五个单元展示内容叙述了昆明市公安局各个历史时期的发展过程。由第一单元解放前的警察机构（1904－1950年）；第二单元新中国前十七年的人民公安机关（1950－1966年）；第三单元“文化大革命”时期的公安局（1966－1976年）；第四单元新时期的昆明市公安局（1976－1997年）；第五单元步入新时代（1999－2001年）组成。陈列的展品，是从征集史料实物中精选出精品，以声、光、电、型现代科技手段为辅助，历史发展为主线，用文字、照片、实物、图表及雕塑，使之思想化、艺术化、观赏化，围绕着公安工作鲜明的主题进行展示。

陈列面积2219.73平方米。展出藏品数4000余件。重要展品有原云南省主席龙云使用过的左轮手枪一支。

藏品管理

［藏品来源］　由市公安局向各分县（市）公安局、以及市公安局下属各部门下发筹建“昆明警察博物馆”史料实物征集通知。离（退）休老同志专题征集工作，请政治部老干处协同负责。各筹展部门可对口征集史料实物。所有征集的史料实物聘请文物管理专家协助鉴定、选出精品入馆。

［藏品类别］　文字、照片、实物、图表、典型案例（实物、照片、图表）。

［藏品总数］　7000余件（含未展物品3000余件）。

［重要藏品］　原云南省主席龙云使用过的左轮手枪一支。

［藏品保护］　对各类展品进行保洁、吸尘、放置防霉、防虫药品、擦拭上油和打蜡。为确保馆内的安全，安装了防盗和防火的监控器、控头、红外线报警器。按照要求放置消防栓。

宣传教育　在昆明市公安局公安局域网页上开设了警察博物馆窗口，用文字材料、数据、照片进行宣传。

经营管理

［单位性质］　国营

［经济来源］　经费来源，按照昆公发〔2005〕43号文件执行。

［机构设置］　作为昆明市公安局非常设机构，挂靠在市公安局档案管理部门，由警令部负责主管，鑫安会务中心协管。

博物馆设馆长1名，副馆长2名。馆长由警令部分管档案工作的副主任张军兼任，副馆长由警令部综合处分管档案工作的副处长朱锦红及鑫安会务中心主要负责人詹晓梅兼任。

警令部负责博物馆的综合管理工作，对博物馆的综合布局、内容要求、管理方式、发展方向等提出意见和建议，提交市局研究决定，并负责组织落实市局对博物馆建设的决定和要求。综合处档案科负责对展示物件的收集、布展、维护、保养及更新等工作，并且通过日常档案管理，收集、积累史料，扩充相应内容并积极注册馆名，申报登记。档案科全科民警共6人。

鑫安会务中心负责博物馆的安全保卫及使用中的安全，做好防火、防盗、防泄密工作；负责场馆的日常维护，负责卫生保洁。以及24小时值班管理，确保安全。鑫安会务中心设博物馆、会议厅管理办公室，办公室主任1人，副主任2人，管理部主管2人，监控人员9人，工作人员6人，内巡保安4人。

［观众接待］　年均8000余人。

参观指南

［地址］ 昆明市滇池路彰家楼133号

［邮编］ 650032

［电话］ 4636111（办公室、售票处）

［传真］ 4605333

［开放时间］ 10:00－17:00（星期六、日10:00－16:00）。

（撰文：昆明警察博物馆）

罗炳辉纪念馆

Memorial Hall of Luo Binghui

概述

类型 社会科学类名人专题纪念馆

隶属关系 隶属于彝良县文化体育局

筹建时间 1987年筹备维修

正式开放时间 1988年2月正式开馆

所在位置 位于彝良县城将军路八角亭处

罗炳辉纪念馆外景

面积 占地面积6500平方米、建筑面积1300平方米

建筑、布局 纪念馆坐落在县城东南面的将军山脚下，由广场、浮雕、绿化地、展馆和风景竹林五部分组成。是一处坐北向南、砖混结构的平房建筑，一字形布局，三层楼，第一层设值班室、多媒体放映厅、会议室、库房和办公室，共1250平方米；第二层设陈列展厅，共1250平方米；第三层为彝良县群体英模展、彝良县情展（自然博物展）和临时展厅，共220平方米。

建筑特点 馆舍设计面貌以本土文化为特色，结合现代建筑材料，砖混结构，外端采用青灰色、白色和黄褐色花岗岩凸显纪念馆庄严肃穆气氛，正面呈船形前进之势。

历史沿革 罗炳辉纪念馆的前身是罗炳辉事迹陈列室。1986年彝良县成立文物管理所，编制2人，实际配备专职干部1人，即所长钟大凯从彝良县文化馆文物组调过来从事文物管理工作。1987年5月，罗炳辉故居被省人民政府公布为全省第三批重点文物保护单位。县委政府把弘扬将军精神作为革命传统教育和革命英雄主义教育的重要内容。为了深切缅怀罗炳辉将军，传承和发扬罗炳辉将军的革命精神，并用罗炳辉将军的精神昭示后人，激励来者，县委政府和文体局相关领导探讨商量后决定查找资料着手成立"罗炳辉事迹陈列室"，经文体局向县委政府请示后，县委政府成立了专门机构，派专家组前往罗炳辉将军生前生活和战斗过的地方搜集整理资料。经过半年时间的筹备，1988年2月，借用文物管理所二楼两间面积不足200平方米的业务用房，以大量记载历史的图片、资料和实物再现将军传奇人生，以"矢志从军争自由"、"红军名将逞英豪"、"千里江淮扫敌顽"、"将星陨落天地悲"四个主题板块布展的"罗炳辉事迹陈列室"终于向社会开展。

1997年，罗炳辉将军诞辰100周年之际，罗炳辉事迹陈列室进行了第二次改版，改版后更名为"罗炳辉事迹陈列

罗炳辉将军骑马塑像

馆"，并于这年12月举行了隆重的庆典，当时时任中共中央总书记江泽民亲自为罗炳辉事迹陈列馆题词"人民功臣罗炳辉将军"。

1998年，中共中央秘书局、国务院秘书局以中秘文发（1998）12号文将"罗炳辉事迹陈列馆"正式命名为"罗炳辉纪念馆"。

2005年11月20日，中宣部公布将罗炳辉纪念馆命名为全国第三批爱国主义教育基地之一。2007年11月11日对罗炳辉纪念馆第三次改版。此次改版通过充实教育内容、创新展示手段，缩短历史与现实的距离来不断增强爱国主义教育的现实意义。改扩建后的罗炳辉纪念馆，高大雄伟，气势磅礴，雄踞在高高的将军山上。

从“罗炳辉事迹陈列室”1978年成立至今，罗炳辉纪念馆22年的发展历程一路走来，虽然人员少，资金短缺，但一直免费向社会开放。

历任馆长　钟大凯（1988－1999）、舒家伦（2000－2002）、李霞（2003至今）

业务活动

基本陈列　用大量有关罗炳辉将军生平的图片、资料以及实物辅助布展，整条展线以“矢志从戎争自由”、“赴汤蹈火建奇功”、“千里江淮扫敌顽”、“血洒疆场炳青史”四个板块来再现将军的光辉事迹，传奇人生。

［陈列面积］　1250平方米.

［重要展品］　陈毅给罗镇涛的亲笔信：1946年6月24日，罗炳辉将军与世长辞三天后，陈毅元帅为使将军的大女儿罗镇涛（罗堂真）从失去慈父的悲痛中振作起来，便给罗镇涛写了一封慰问信，希望她能牢记父亲的嘱咐，沿着父亲的足迹，坚定地走上革命道路，此信为国家一级文物，罗炳辉纪念馆镇馆之宝；罗炳辉吉安起义时使用的左轮手枪和子弹带；1933年8月，罗炳辉因战功卓著，被授予

纪念馆正厅

“二级红星勋章”；1933年罗炳辉参加“水口战役”荣获的奖章；1933年10月，红九军团在闽西建宁成立时的政治部印鉴；长征途中，藏民送给罗炳辉的玛瑙；罗炳辉抗日战争时使用的水笔和笔记本；罗炳辉从日伪手中缴获的日本战刀、支那地图和皮包；罗炳辉逝世后，安徽省天长县改名为“炳辉县”时的政府印章。

临时展览　临时展览陈列面积120平方米，结合该馆的历史特点、办馆方向和彝良民风民俗，办了多次展览。2005年10月，《海洋生物标本展》；2006年1月，《彝良民风民俗摄影展》；2007年7月，《彝良七月书法展》；2008年1月，《彝良新春美术作品展》；2009年10月，《彝良改革开放30年成果摄影展》；2010年3月，《彝良妇女刺绣

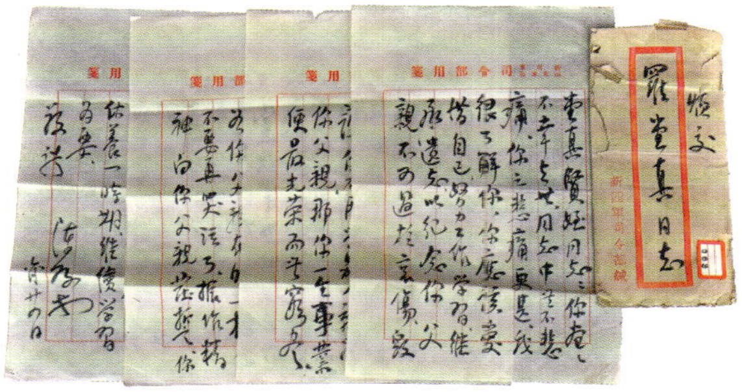

陈毅给罗镇涛的亲笔信

展》等。

藏品管理

［藏品来源］　捐赠、收购

［藏品类别］　棉质、纸质、金属、石器、木质、复合类

［藏品统计］　馆藏文物38件，其中，原物28件，复制品10件；展出图片资料154幅，描写罗炳辉生平的书籍14本。

［重要藏品］　陈毅给罗镇涛的信

［藏品保护］　采用玻璃专柜陈放展览。

科学研究　多年来，罗炳辉纪念馆得到各级各部门的大力支持和高度关注，该馆协助龙美光创办了“抗日先锋罗炳辉”网站；杨生华在中共党史出版社出版了《军事家罗炳辉》，宋霖、罗新安在安徽人民出版社出版了《罗炳辉在淮南抗日根据地》，曾令云在作家出版社出版了《罗炳辉将军》，及在云南人民出版社出版了《怀念罗炳辉同志》等书籍。

经营管理

［单位性质］　公益性国营事业单位。

［经费来源］　财政全额拨款。

［机构设置］　业务部、外联部、陈列展览部。

［人员编制］　编制6人

参观指南

［地址］　云南省昭通市彝良县将军路八角亭处

［邮编］　657600

［电话］　0870-5122306、0870-5126716

［开放时间］　8:00—11:30，14:30—18:00（全年开放）

［票价］　免费

（撰文：李霞）

孟连县民族历史博物馆

Menglian County Museum of Ethnic History

概述

类型　社会科学类历史专题博物馆

隶属关系　孟连县文化局，系下属二级法人

筹建时间　1984年在孟连宣抚司署筹备

正式开放时间　1985年4月正式开馆

所在位置　位于孟连县城西娜允傣族历史文化名镇最高处，面临孟连坝子，依山傍水而建

1.孟连宣抚司署鸟瞰　2.孟连宣抚司署外景　3.孟连宣抚司署门堂

面积　占地面积6738.19平方米、建筑面积3400平方米

布局　孟连宣抚司署建筑群坐北朝南，二层楼，由北向南依次为门堂、议事厅、正厅、东厢房、西厢房、粮仓、厨房等组成。主体部分由议事厅和正厅组合而成的一个对称式带内院的二层建筑，后宅部分作一正两厢布置，围成一个四合院，各建筑之间有回廊相通。

建筑特点　孟连宣抚司署建筑群的主体建筑议事厅为三重檐歇山顶干栏式木建筑，檐下斗栱施以浮雕工艺装饰，上二楼的楼梯不设在正中，而是设在左端，楼上有装饰精美，取材于傣族传统民间工艺金水漏印纹饰的藻井，顶下为贴金宝座，是土司议事和册封官员的地方。议事厅底层架空为半开放式厅堂，为舞台，设有地楼和座栏，是土司观赏歌舞和休息的地方。主体建筑正厅为一楼一底硬山式木结构，前檐额枋上有象鼻昂大斗栱6朵，檐下施于浅浮雕工艺装饰，楼上设有三个夫人的房间和客厅，客厅内设有“勐神神坛”。东西厢房为一楼一底硬山顶对称建筑，是家人和办公用房。西侧是厨房，东侧是粮仓。门堂为木结构单檐歇山顶式大门，檐下施斗栱，有石踏跺13级。

历史沿革　元至元十三年（1271），元朝廷在怒江西岸设柔远、茫施、镇西、镇康、平缅、麓川等路，全面推行土司制度。至元二十六年（1289），在孟连设“木连路军民府”，委托傣族首领罕罢法为总管。孟连的土司制度由此开始。其管辖范围除孟连城外，还包括蒙雷甸（今澜沧县募乃）、蒙索甸（今西盟县勐梭）、俄麻甸（今孟连县勐马）等地。据《明史·云南土司》载：“孟连长官司，永乐四年（1406）四月设。时孟连头目刀派送谴子怀罕来，孟连旧属麓川、平缅宣慰司，后隶属孟定府，而孟定知府刀名杠故平缅头目，素与等夷，乞改隶。遂设长官司，隶云南都司，命刀派送为长官，赐冠带印章。“《明史·职官五》土司条载：“长官司，长官一人，正六品”。后来，孟连长官司辖区地不断扩大，据《中国历史地图集》载：东北隔澜沧江与威远州（今景谷县）相望，东南与车里宣慰司（今西双版纳州）接壤，南与孟艮府相连，西与喳里江（萨尔温江）与木邦宣慰司（今缅甸腊戍、东枝一带）为界，北与勐缅司（今双江县）和孟定府（今耿马县和沧源县）毗邻。清康熙四十八年（1709），刀派鼎被授予孟连宣抚司世职，官居从四品，管辖范围与长官司时期相同，孟连土司的声誉由此大振。民国元年（1912），全国实行共和体制，而云南边境地区仍依清朝旧习保留土司名位，照例予以世袭，管理所属村寨，享有清朝时期的土司特权，孟连宣抚司署仍然是土司行使统治

权力的衙门。1949年4月，中国共产党领导下的澜沧临时专员公署成立，宣布废除土司制度，委任原第二十八任刀派江伙孟连县临时人民政府民族事务委员会主任。历时660年（1289－1949）的孟连土司统治制度结束。1950年，孟连宣抚司署由临时人民政府管理。1965年，孟连宣抚司署被云南省人民委员会公布为云南省第一批文物保护单位。1985年4月，经云南省文化厅批准，在孟连宣抚司署内成立孟连县民族历史博物馆。1989年11月，孟连宣抚司署被云南省委、省人民政府公布为爱国主义教育基地。2006年5月25日，孟连宣抚司署被中华人民共和国国务院公布为全国重点文物保护单位。

历任馆长 康朗相贡（1985－1988.10 副馆长）；陈少昆（1988.11－1994.12）；张海珍（1995.1－2001.6）。郑静（2001.7至今）。

业务活动

基本陈列 正厅的一楼为序厅，设有《孟连历史简介》，二楼为《土司居室复原陈列》；议事厅和东西厢房设有《孟连土司文物陈列》、《民族服饰陈列》、《民族生产、生活用具陈列》、《缉私文物陈列》，陈列面积1400平方米，展出文物230件，其中重要文物有土司印章、清朝蟒袍、土司仪仗、公文、神龛等。 陈列设计与孟连宣抚司署古建筑相吻合，体现了古朴典雅的设计风格。

临时展览 议事厅一楼为临时展览区，有展览面积640平方米，通过承办的方式进行展览，长期专题展览有孟连民族习俗与风光展览。

藏品管理

［藏品来源］ 藏品主要是土司传世文物，其次是从民间征集的民族文物和相关部门拨交的缉私文物和社会捐赠的文物。

［藏品类别］ 分为工艺品、生活用品、生产工具、货币、服装饰物及其他文物

［藏品统计］ 共计藏品1600余件，其中土司传世文物304件，傣族经书410件，傣族文物193件，拉祜族文物27件，佤族文物163件，哈尼族文物54件等

［重要藏品］ 土司传世官服6件，土司印章3枚、傣族贝叶经26件，银饰20件等。

［藏品保护］ 对藏品采取分类分架入柜保管的办法，器型较大的藏品上底层架，小件藏品施药后装小袋入柜保管，在库房内安装有空气杀菌机和空气除湿机。

清 土司蟒袍

象牙印章

贝叶经

勐神神坛

银盒

银腰带

科学研究

［科研队伍］ 有文博副研究馆员1人，文博馆员1人。

［科研成果］ 孟连县民族历史博物馆工作人员编辑出版的书籍有《娜允傣王秘史》、《边地绿宝石》、《勐马档案》和《孟连县傣文古籍编目》；在全国、省级报刊上发表文章近十篇。

经博物馆研究、推荐，2000年11月，孟连娜允古城被公布为省级傣族历史文化名城；2003年12月，孟连中城佛寺、孟连芒中佛寺被公布为省级文物保护单位；2006年5月，孟连宣抚司署被公布为全国重点文物保护单位。

经营管理

［单位性质］ 全民事业单位

［经费来源］ 政府全额拨款

［机构设置］ 内设办公室、保管室、征集室

［人员编制］ 现有职工12人，其中事业编制11人，合同聘用工1人

［观众接待］ 年均1万人次

参观指南

［地址］ 孟连县城西娜允傣族历史文化名镇孟连宣抚司署内

［邮编］ 665800

［电话］ 0879-8723591

［开放时间］ 8:00—18:00（全年开放）

［票价］ 10元

（撰文、图片：郑静）

昭通市博物馆

Zhaotong Municipal Museum

概述

类型 地方综合性博物馆

隶属关系 隶属于昭通市文化体育新闻出版局

创建时间 2011年12月

所在位置 位于昭通市北部新区昭通大道东侧、昭通广播电视中心旁

面积 占地面积3722平方米、建筑面积13400平方米、展区面积6500平方米

建筑特点 昭通市博物馆外观由一方汉印和一艘乘风破浪的船有机组合而成。

昭通市博物馆

历史沿革 工程建设于2002年立项，由于地方财政困难，直至2009年9月开始进行地勘，10月开始施工。2010年9月土建工程完工，总投资6千万元。2010年4月，市委常委会决定：博物馆外立面装饰装修工程由玻璃改为石材，博物馆外装内装同时进行；陈列布展装修工程由昭通市投资公司负责完成；市文体新闻出版局负责内容设计。2010年初，市文体新闻出版局聘请省级博物馆专家撰写博物馆陈列大纲。2011年7月外装饰工程开始施工，8月内装饰工程开始施工，12月中旬陈列布展开始，12月20日布展工作完成。12月28日昭通市博物馆正式面向社会开馆。

建馆之初，由于机构尚未组建，市文体新闻出版局委派市文物管理所所长丁长芬代为管理。

业务活动

昭通市博物馆内开辟了七个展厅，陈列内容有基本陈列和专题陈列。

基本陈列　该陈列以富有特色的本土文物，展示了昭通市发现的600万年以前的古象、古猿化石以及新石器时期、青铜时期、汉晋时期、唐宋元明清时期的历史变化。在陈列形式上，除固有的文物及图片外，制作了场景复原、动画，丰富了陈列展览形式，陈列面积550平方米，占总展区的五分之一以上，为昭通博物馆的主要陈列，共展出藏品520余件。重要展品有600万年以前的古象、古猿化石、汉晋时期的朱提堂狼铜洗、三连子母铜印、青铜提梁壶、朱提银等。

专题陈列　昭通市博物馆设有六个专题展厅，即《革命老区　红色记忆》、《民国昭通　喋血抗战》、《团结家园　民族风姿》、《展翅腾飞　走向未来》、《文光艺彩　人才辈出》、《时代·家居·生活》。通过革命文物、民俗文物、古书画、图片、文字、数据、模型、雕塑、绘画等多种艺术形式展出了昭通市多姿多彩的民族文化和文化生活。

非遗展厅

藏品管理

［藏品来源］　考古发掘出土文物、接受捐赠和民间征集三大途径。

成立昭通市博物馆之前，所有藏品均藏于昭通市文物管理所。藏品主要来源于昭通市十一县区古遗址、古墓葬的考古发掘出土文物，有一部分藏品来源于民间征集、调拨和捐献。其中属非物质文化遗产类藏品，由昭通市文化馆征集。

［藏品类别］　分为石器、陶器、铜器、铁器、其他金属器类、书画、服饰、民俗文物、革命文物。

［藏品保护］　昭通市博物馆地处云南东北部云贵高原，气候环境条件较为复杂，为了适应馆藏各种质地文物

汉建初八年　矢提造铜洗

汉　朱提银

汉　带盖提梁壶

汉　劳作俑

汉　三连子母铜印

的保存要求，针对馆藏文物特点和环境特点开展文物保存和保护科学的研究，在文物库房建设、陈列室设施的完善等方面，按照实际情况，探索高效、 节能、有针对性的文物保护方法。

经营管理

［单位性质］ 国有事业单位

［经费来源］ 财政全额拨款

［机构设置］ 领导职数3名，下设四部一室，即宣教部、安全和保管部、研究部、文物保护部和办公室。

［人员编制、组成］ 人员编制数20人。开馆时只到位10人。

［服务观众项目］ 设置了安检处，存包处、咨询处领票处和展厅语音广播等一系列细致周到的服务设施。

［观众接待］ 由于昭通市博物馆开馆伊始，接待观众人数开始统计。

参观指南

［地址］ 昭通市北部新区昭通大道东侧广播电视大楼旁

［邮编］ 657000

［开放时间］ 上午9:30－11:30，下午13:30－16:00，每周五为闭馆日。

［票价］ 免费

（撰文：丁长芬，摄影：严志坚）

保山市博物馆

Museum of Baoshan City

概述

类型 地方综合性博物馆

隶属关系 隶属保山市文化广播电视新闻出版局

筹建时间 1999年2月1日破土动工

正式开放时间 1999年9月29日

所在位置 位于保山市隆阳区文化中心广场永昌文化园4号

面积 占地面积5300平方米、建筑面积3224平方米、待改扩面积1200平方米

建筑、布局 馆舍坐南朝北，建筑仿中国古代南方铜鼓造型，鼓壁以反映保山历史文化为题材的“九龙传说”、“丝道双虹”、“永昌象耕”、“强渡怒江”四幅大型浮雕装饰。整座建筑通高19.6米，最大直径56.6米。

历史沿革 保山市博物馆1999年9月建成并布展开馆，但属有馆而无机构，暂由原保山地区文物管理所代行管理职能。至2003年5月市政府批准成立保山市博物馆机构，与成立于1981年的保山市（原地区）文物管理所实行两块牌子一套人员，合署办公。2004年在事业单位人事制度改革中，三定方案批准下设陈展部、文保考古部、办公室、保卫科。设编14个，在编14人。并以竞选方式产生了首任馆、所领导班子。

博物馆是保山市对外宣传展示的重要窗口，是培养青少年科普教育的第二课堂。自开馆以来，积极发挥着对内教育和对外宣传、展示的重要作用，2003年被云南省人民政府命名为“云南省科学普及教育基地”；2005年9月被保山市关心工作下一代工作委员会命名“青少年优秀文化教育基地”；2006年中共保山市委、市人民政府命名为“保山市首批爱国主义教育基地”；2009年被云南省人民政府命名为“省级爱国主义教育基地”；2007年中共保山市委、市人民政府授予“市级文明单位”称号；2006年被云南省文物局授予“云南省文物工作先进集体” 荣誉称号；2007年6月被中华人民共和国人事部、国家文物局授予“全国文物系统先进集体”荣誉称号。

历任馆长 王黎锐（2004.9至今）

业务活动

基本陈列 保山市博物馆设有《史前文化》、《哀

保山市博物馆

牢青铜文化》、《永昌文化》、《滇西抗战》、《历代人物》、《民族民俗文化》、《自然资源》、《高黎贡山人类与环境》等7个特色固定展览。

《史前文化》展览　主要从距今400－800万年的羊邑古猿、8000－12000年的塘子沟旧石器文化和5000－3000年前的新石器文化三个板块，以最具代表性的实物标本，展示了保山史前文化的形成发展历程。

《哀牢青铜文化》展览　从古哀牢国历史和出土青铜器两大板块向观众展示保山灿烂的青铜文化。出土器物又分礼乐器、兵器、生产工具和生活用具四大门类共20余个品种进行展示。其中，最具有代表性的有案、编钟、鼓、箭箙、人面纹弯刀、钺、剑、矛、斧、锄、盒、镜、镯和各类饰物等。

《永昌文化》展览　展览分为历史沿革、历代古城、古代墓葬、永昌古道遗存、永昌农牧、永昌文教、传统工艺、民间艺术、宗教名胜等八个板块以图文并茂的方式系统展示了保山近2000年的铁器时代历史。

《滇西抗战展》　展览从“修筑滇缅路，建成输血线”、“滇西沦陷，惨剧环生”、“不畏强暴，奋起抗日”、“重组远征军，准备大反攻”、“强渡怒江，大举反攻”、“光复腾冲”、“血战松山”、“三攻龙陵”、“乘胜追歼，会师芒友”、“万众一心，支援抗战”、“友军支援，陆空并进”、“卫国英烈，永昭万世”等13个版块。以大量珍贵图片史料和实物，系统展示了这场爱国战争从失败到胜利的曲折历程。

《历代人物展》　保山自古是中央经略西南边区的军政基地，各个历史时期涌现出很多功绩卓著、名冠四方的思想家、政治家、军事家、文学家和教育家，展览选择介绍了历史上43位著名代表性人物及其生平事迹。

《民族文化展》　保山全市共有少数民族26个23万多人，占全市总人口的9.6%。展览选择了11个世居民族为展

哀牢文化展厅

羊邑古猿下颌骨化石

西汉　青铜案

战国　青铜箭箙

战国　铜饰盒

示对象，从传统节日文化、民族服饰文化、饮食文化、民间歌舞、风土人情和生产生活用具等方面展示了独具特色的少数民族文化。

《自然资源展》　展览分植物，动物，矿藏和水生、两栖、爬行动物四大板块向观众展示保山独具特色的自然资源。其中具代表性的有树蕨、大树杜鹃、红花油茶、素心兰花；高山羚牛、小熊猫、峰猴、鼯鼠、石鳎子；金、银、铜、铁、铅、锌等。

《高黎贡山人类与环境展》　展览以高黎贡山古生物调查、研究成果为内容，揭示了高黎贡山地区更新世以来动物群随时间和空间进化的规律，讨论自然和人为因素对动物进化的影响，着重介绍了与人类活动有关的古生态环境，是公众了解高黎贡山地区古环境的一个窗口。

临时展览　临时陈列面积1200平方米，结合该馆的特点和办馆方向，举办了多次临展：1999年开馆时，举办了《保山建国五十年成就展》，2005年先后举办了《航天及陆海空军事科普教育展》、《保山师专艺术系02级美术教育专业—美术作品毕业汇报展》、《中国保山—滇西抗战主战场—中国人民抗日战争暨世界反法西斯战争胜利60周年纪念邮票首发式大型集邮展》、《保山市、怒江州纪念中国人民抗日战争暨世界反法西斯战争胜利60周年老年书画展》、《保山市文联、市书法家协会书法保山—会员作品展》、《四川成都理工博物馆—古生物化石、昆虫标本展》、《四川成都.保山艺术联合举办—追寻抗日战争展》、2007年举办了《明代高官张志淳墓葬及古尸展》、2008年举办了《辉煌保山—改革开放30周年成就展》、2009年举办了《保山市摄影家协会—保山市“三农”摄影展》，2011年举办了《纪念建党90周年特别展览—永远的旗帜》、《庆祝中国共产党建党90周年美术、摄影、书法作品展》、《保山市委三届“红盾情.光彩心”杯迎国庆书画摄影展》、《泰国国际书画院院长李国栋书法艺术国际巡展》、《2011保山市首届旅游商品创意设计大赛展》等。

藏品管理

［藏品来源］　主要来源于考古发掘、调查采集、征集、移交、调征和少量捐赠。

［藏品类别］　按类别主要为化石、石器、陶器、铜器、铁器、瓷器、书画、金银器、货币、竹木器、牙骨器、文房四宝和少数民族文物等。

［藏品统计］　市博物馆现有各类馆藏文物6217件（套）。其中一级文物2件、二级文物4件、三级文物180件。

［藏品保护］　馆内设有专门的库房，置有较简单

铜鼓

明　葡萄纹铜熏炉

清　鎏金铜佛造像

明　石像生——马

的箱、柜、囊、匣、架的保管设备，有专职的藏品管理人员，能采取简单的措施和技术对藏品进行保护管理。

文物保护 保山文物普查始于是1981年，作为全省的试点，本次普查发现文物点100多处（包括古生物化石点、新石器遗址、古城址、古墓葬、古建筑、驿道、碑刻等），采集征集和试掘出土各类文物613件，为该市文物工作的开展和此后的不断发展奠定了坚实的基础，也为该市文博队伍培养了首批专业人才，开创了文物工作的初始局面。

多年来为确保地下文物工作见成效，结合本地实际，根据不同时期学术研究的需求，对一些面临自然和人为破坏的重要遗址和墓葬进行了全面清理发掘，积极争取省文物局、省考古所以及相关单位的大力支持、有计划的组织各种形式的专题考古调查。20多年来，已在本市范围内进行文物考古调查20余次，其中有腾冲来凤山元明火葬墓群（1985）、保山汪官营蜀汉墓（1988）、保山蒲缥塘子沟旧石器遗址、保山清水沟古猿化石出土地、保山白塔元明火葬墓、龙陵大花石新石器遗址（1992）、保山白塔汉晋砖室墓（1993）、昌宁大田坝坟岭岗青铜时代墓地（1994）、腾冲西山坝古城址（1995）、保山陶官火葬墓（2000）、保山张家山明代高官户部右侍郎张志淳墓地（2004）、保山蒲缥蒲阳寺遗址（2004）、保山诸葛营古城址（2005）。

为配合地方基本建设做了一些建设项目文物调查工作并对所发现的遗址进毯子清理发掘。完成了保腾高速公路、小平田至三大地桥区沿线、卡湾电战、槟榔江电战、六曼公路、昌宁县城至耇街四季利河二级公路、习谦至昌宁县城二级公路等建设项目的文物调查、勘探和保护工作、取得了很好的效益。

科学研究 以多年的考古发掘、野外调查为基础，组织有关专业人员对已有的各种资料进行了系统地研究整理，先后与有关部门合作编撰出版了全面揭示保山丰富历史内涵的《边陲古道》、《保山史前考古》、《中国远征军滇西大战》、《哀牢文化论》、《哀牢文化研究》、《保山博物馆》、《保山历史文化名镇（乡）》专集等文物考古与历史文化图书，在省内外及本市刊物上发表田野考古报告11篇，调查报告11篇，学术著述61篇。

交流合作 在完善管理制度的基础上，狠抓接待环境整治服务质量提升，同时，采用宣传与举办市级展览示范双管齐下的办法，使社会各界对博物馆“宣传展示平台”的作用有了新的认知。摒弃保守思想，推动馆藏文物外展宣传工作。2006年3月，博物馆与保山市委宣传部、云南黄埔同学会组团赴美进行了“滇西抗战文物”交流活动；

徐悲鸿绘赠龙云《奔马图》

2006年与三星堆博物馆、凉山州博物馆等馆、所的“南方丝绸之路青铜文化”展联展活动。自2002年开展了与中美合作“高黎贡山生物多样性”课题古生物项目的考古调查研究工作，并在此基础上由美方基金资助于2009年在保山市博物馆成功举办了《中美合作高黎贡山人类与环境》展览，取得了很好的社会效益。2011年举办了《泰国国际书画院院长李国栋书法艺术国际巡展》，对开拓博物馆服务艺术和跨国界交流打下了良好基础。

经营管理

[单位性质] 国有文化事业单位

[经费来源] 市级全额财政拨款

[机构设置] 内设办公室、陈展部、文保部、保卫科四个部室。

[人员编制、组成] 编制14人，现在职13人，临时合同工5人，大专以上学历13人，占全馆在职职工的100%；正高职称1人，副高职称4人，中职6人，初职2人。

[观众接待] 开馆以来，已接待国内外观众近30余万人次，其中有中央、中国人民解放军、武警官兵、外省市领导、我驻华大使、对外文化交流、中心、外国朋友、旅游团队、大中小学生等。

参观指南

[地址] 保山市隆阳区永昌文化园4号

[邮编] 678000

[电话] 0875-2229371、2229372、2229373

[传真] 0875-2220259

[开放时间] 8:30—11:30，14:30—17:30(全年开放)

[票价] 免费

（撰文、供图：王黎锐、张玉群）

剑川民族博物馆

Jianchuan County Ethnic Museum

概述

类型 地方综合性博物馆

隶属关系 隶属于剑川县文化体育事业局

筹建时间 2001年3月正式开始筹建

正式开放时间 2004年2月正式开馆

所在位置 位于剑川县金华镇景风公园内。有一分馆在剑川县沙溪镇寺登街，馆名沙溪茶马古道陈列室。

1.剑川民族博物馆外景 2.沙溪茶马古道陈列室外景 3.张伯简革命史实陈列室

面积 占地面积4100平方米、建筑面积1854平方米

布局 剑川民族博物馆由坐西朝东、一进两院的财神殿、坐北朝南的呈“L”型的综合馆及办公楼、坐东朝西的莱薰楼，以及坐东朝西的剑川县沙溪镇的茶马古道陈列室组成。财神殿建于清乾隆四十八年（1783），占地面积483.16平方米，建筑面积476.56平方米，一进两院，为剑川第一代白族共产党员张伯简的革命史实陈列室。财神殿东面即为呈“L”型的综合馆及办公楼，二层楼，由框架结构的一幢和砖混一幢组成，建于1992年10月，占地面积394.28平方米，建筑面积757.56平方米。为《剑川历史文物展》的主要展厅。沙溪茶马古道陈列室的主体建筑为魁阁带戏台，两侧为二层楼房，系清代建筑。占地面积306平方米，建筑面积400平方米。主要展出历史上著名的茶马古道上的文物。

建筑特点 除综合馆为现代建筑外，张伯简革命史实陈列室所在财神殿为云南省省级文物保护单位，沙溪茶马古道陈列室所在的魁阁带戏台是国家级文物保护单位兴教寺的重要组成部分，二者均利用原有的清代建筑改造而成，其中魁阁带戏台是非常典型的白族建筑，建筑本身也是一个景点。

历史沿革 1987年7月，为了缅怀白族第一代共产党员张伯简革命烈士，剑川县委、剑川县人民政府在财神殿大殿内布置了张伯简革命史实陈列室，并由剑川县文物管理所负责管理。2001年3月，剑川县委、县人民政府决定成立剑川博物馆，并成立了相关的领导组，由4个工作人员组成筹备组，由白族美术家杨郁生任筹备组组长（2001.3—2003.11）。2003年11月，剑川县人民政府决定撤销剑川县文物管理所，成立剑川民族博物馆。2003年9月至2004年2月，剑川民族博物馆综合馆的《剑川历史文物展》布展完成。2004年2月20日，剑川民族博物馆正式开馆，共展出文物82件。2004年3月，剑川县人民政府决定在剑川民族博物馆加挂剑川县文物管理所的牌子，实行两块牌子一套人员的管理体制，人员编制6人。2007年，经剑川县人民政府同意，在剑川县文物管理所下设两个国家级文物保护单位兴教寺、西门街古建筑群管护小组，增加编制4人。目前剑川民族博物馆（剑川县文物管理所）共有编制10人。2004年8月，沙溪茶马古道陈列室开始筹建，11月，陈列室于中国瑞士沙溪寺登街复兴工程庆典上正式开馆。

历任馆长 杨德志（2003.11至今）

业务活动

基本陈列 《剑川历史文物展》以剑川出土的文物为主体，按时间顺序布展。第一部分展出剑川新石器时代遗址的出土文物。第二部分展出元明时期出土的以火葬墓为主体的文物。第三部分主要展出剑川明朝时期的壁画临摹图。第四部分主要展出木雕艺术之乡剑川的木雕、石雕精品和剑川历史文化名人。其中的明代壁画和木雕、石雕精品是最吸引人的展品。共展出文物82件。

[重要展品] 有大理国时期的柱础，明代的壁画，明代的木雕本主像，云南青铜文化发源地海门口遗址铸造青铜的石范。

临时展览 临时展览以书画展为主。其中影响最大的临时展览是《剑川海门口遗址第三次考古发掘出土文物展》。该展览展出了云南省内首次发现的彩陶罐、磨光黑

《历史文物》展

陶、农作物种子，以及出土的石器、玉器、骨器等共300多件文物。参观人数达2万多人，影响非常广泛。

藏品管理

[藏品来源] 字画部分主要为剑川县文化馆移交，剑川县公安局和工商局在打击文物犯罪时，移交查获的文物近2000件。其余文物主要为征集、考古发掘、采集、捐赠而来。

[藏品统计] 共3702件，其中青铜器1029件，陶瓷器508件，石器294件，字画364件，木器1367件，其他140件。其中石器和木器为馆藏的特色藏品。

[重要藏品] 战国的螺旋纹山字格青铜剑；大理国时期的柱础；明代白族木雕本主像等共33件。

[藏品保护] 实行分类管理，分室存放。对字画采用防虫的木材作保管柜进行保管，其他青铜器、铁器等容易腐蚀生锈的文物，则保存在环境干燥的保管室中。木雕文物采取防虫处理后进行保管。三级以上文物采取专室专柜保管。

科学研究

[科研队伍] 有文博馆员2名。

战国 双圆剑首

玥 玉壶春瓶

玥 葫芦执壶

明 木雕本主像

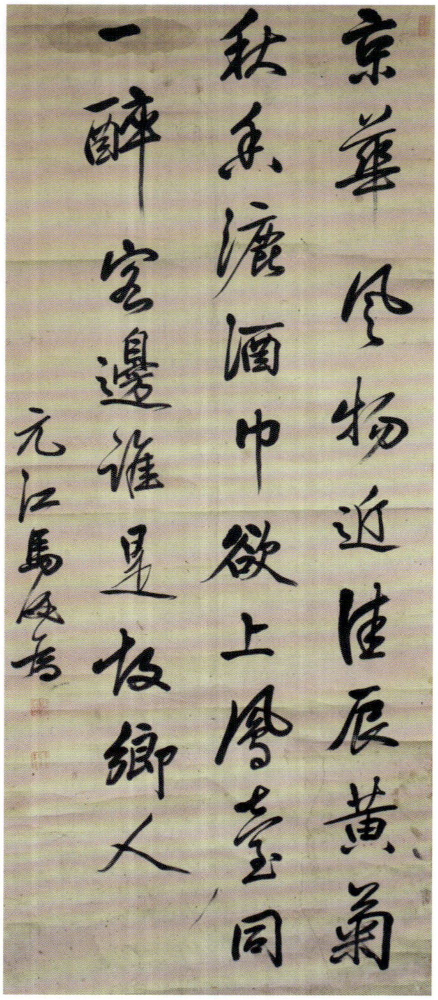

清　马汝为直幅

战国　螺旋纹山字格青铜剑

大理国柱础

［科研成果］　建馆以来，馆内职工先后在各种刊物上发表了10多篇文章，参与举办了剑川海门口遗址考古发掘成果论证会，编辑了《剑川海门口遗址第三次考古发掘图集》、《剑川海门口遗址考古发掘资料集》、《大理州文物大全》剑川部分等。

经营管理

［单位性质］　国有文化事业单位

［经济来源］　财政拨款

［机构设置］　设置宣教部、保管部、研究部、文物保护部及办公室等机构。

［人员编制、组成］　在编人员9人，其中2名为文博中级职称。保安1名。

参观指南

［地址］　云南省剑川县金华镇景风公园内

［邮编］　671300

［电话］　0872-4520941

［电子邮箱］　ydz377@163. com

［开放时间］　每天8:00－12:00，14:00－17:30开放，沙溪茶马古道陈列室实行全天开放

［票价］　免费开放

（撰文：杨德志）

怒江驼峰航线纪念馆

Nujiang Prefecture's Memorial Hall of the Hump Line during the World War II

概述

类型　社会科学类历史专题纪念馆

隶属关系　隶属于泸水县文化局

创建时间　2004年7月6日

所在位置　位于泸水县片马镇东北部

面积　总占地面积3300平方米、建筑面积1209平方米

布局　建筑坐北朝南，陈列厅面积1040. 62平方米，库房面积33. 06平方米。

建筑特点　为框架式砖混结构为主，屋顶铺设钢瓦架，展馆外形以飞机形状设计建造，象征驼峰航线飞行的飞机。

历史沿革　怒江驼峰航线纪念馆是根据1996年6月在泸水县片马镇南部，中缅边境原始森林内发现的一架原驼峰航线C-53型运输机坠机残骸而修建的一座公益性为主的纪念馆。

1.怒江驼峰航线纪念馆全景　2.纪念馆大门　3.展厅一隅　4.修复后的C-53坠机

1942年初，日军继发动太平洋战争之后，迅速占领了缅甸，中国政府曾派遣10万远征军入缅作战，未能抵挡日军侵略的铁蹄。凭借怒江天险，将日军挡在了怒江西岸，但运送援华抗战物资的滇缅公路被迫中断。当即，中美两国政府决定开辟一条空中航线——驼峰航线。驼峰航线从印度北部的阿萨姆邦的汀江机场将援华抗战物资运往中国云南昆明、呈贡、云南驿、重庆等机场。从1942年初开辟至1945年底，驼峰航线共投入飞机2000多架，坠毁609架，牺牲中美飞行员近2000名。三年多时间内，共运送援华抗战物资80多万吨，为中国抗战作出了巨大贡献。C-53坠机是1943年3月11日，由美国飞行员吉米·福克斯，中国飞行员王国梁、谭宣驾驶，从昆明巫家坝机场起飞，飞往印度汀江机场，途经高黎贡山怒江上空，遇到强对流天气后失控，坠毁在怒江州泸水县片马镇中缅边境9－10号距中缅边境线137米处中方一侧。1996年6月，由缅甸猎人发现，11月，中国政府接收C-53坠机残骸，现场保护540天后，于1998年5月27日，将坠机残骸全部运抵片马抗英纪念馆存放。2003年县委、县政府决定筹资兴建以坠机残骸为主体的纪念馆，经过规划、设计、招标，2004年7月6日破土动工修建，2005年8月至10月，将坠机残骸重新组装，2005年12月21日正式开馆。

历任馆长　普建雄、麻应忠

业务活动

基本陈列　怒江驼峰航线纪念馆展厅以C-53型坠机为主，四周展示大量图片、文字资料，以少量实物原件为辅。其中，C-53坠机残骸发现后搬运，收藏；实物小件，如发动机、仪表盘，飞行员使用过的钢笔、眼镜为征集；图片、文字资料为制作陈列。图片、文字资料从前言到结束语悬挂于展厅四周，详细介绍了驼峰航线，滇缅公路，飞虎队，C-53坠机的寻找、发现、搬运。实物，将已修复的C-53坠机停放在展厅中央，展厅西北部展有坠机发动机，轮胎及电台、仪表盘，飞行员的钢笔、眼镜。整个展厅陈列面积共1040.62平方米，展出图片、文字资料及实物共301组件。重要展品，即已修复的C-53坠机，飞机全长18.3米，左右机翼各长13米，宽4.2米，其中右翼残缺。

藏品管理

［藏品来源］　搬运、征集、捐赠

［藏品统计］　共计301组件

［重要藏品］　已修复的坠机残骸1架，发动机2只，电台1部，轮胎2只，仪表盘2只，飞行员钢笔1支，眼镜1副，二战老兵赠送的飞机模型1架，陈香梅女士及二战驼峰

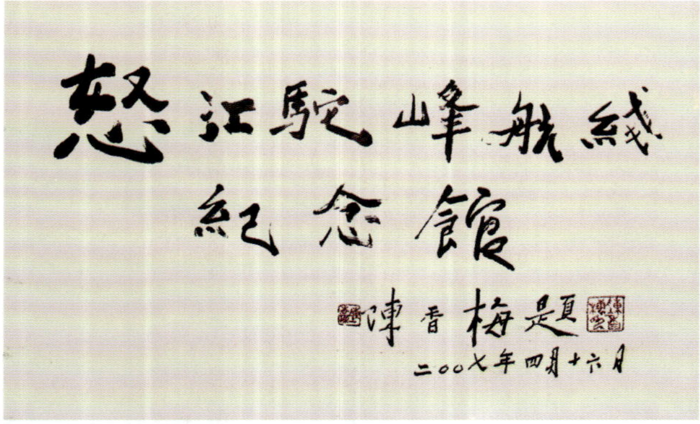

陈香梅题字

坠机机组人员遗物

航线退伍老兵相片及赠送的图书，实物，光碟，相关图片及文字资料展板。

［藏品保护］　已将坠机残骸重新组装恢复原样，小件藏品使用干燥剂密封展柜存放。为了对展厅内的展品进行更加安全的保护，在展厅内放置了监控探头，对陈列品及藏品进行24小时监控保护，以防展品被损坏和被盗。

宣传教育

［编辑出版］　1999年4月编辑出版了《五十三年的挂念》一书，由欧志明主编，云南德宏民族出版社出版。详尽介绍了驼峰航线及C-53运输机的发现、搬运过程。

［制作光碟］　先后制作了C-53坠机发现、保护、搬运，建馆，开馆的宣传教育光碟2碟。

［举办展览］　2005年12月8日至10日，纪念馆组团到云南省昆明市参加中国西部博览会，加大对怒江驼峰航线纪念馆的宣传力度，此次展览厅面积约12平方米。

交流合作　1998年2月，泸水县片马镇中心完小的师生们从C-53坠机点旁采摘了53片大树杜鹃叶，制作了一条长5.3米，名为“五十三年的挂念”的横幅，用杜鹃叶拼成飞机模型，粘贴于横幅上，并签上自己的名字。这一横幅被作为礼物，赠送给美国圣地亚哥航天航空博物馆。2007年4月，以云南省外事办邓美瑛、泸水县文化局局长阿南三、普建雄三人组成的考察团受美国邀请赴美国就怒江驼峰航线纪念馆有关问题，访问原飞虎队总司令陈纳德将军遗孀陈香梅核对的相关实物及图片、文字资料。2008年6月，驼峰航线退伍老兵赠送C-53运输机模型。

经营管理

［单位性质］　国有文化事业单位

［经费来源］　财政拨款

［机构设置］　内设馆长室、办公室、馆藏文物研究室、门卫室等。

［人员编制、组成］　在编人员9名，全属事业编制，其中有2名文博馆员，4名助理馆员。

［服务观众项目］　提供宣传折页，讲解服务。

［观众接待］　年均3万人次

参观指南

［地址］　云南省怒江傈僳族自治州泸水县片马镇

［邮编］　673207

［电话］　0886-3861017

［开放时间］　9:00—17:00（全年开放）

［票价］　免费

（撰文：周龙山）

姚安县博物馆

Yao-an County Museum

概述

类型　地方综合性博物馆

隶属关系　隶属于楚雄州姚安县文体广电旅游局

创建时间　1987年1月1日

正式开放时间　1987年10月1日

所在位置　位于姚安县德丰路37号

1.姚安县博物馆全景　2.德丰寺大殿

面积　占地面积3396平方米、建筑面积2235平方米

建筑、布局　馆址所在地德丰寺，始建于明永乐二年（1404），是一座坐北朝南、青瓦红墙的三重堂古代斗拱建筑群，由大殿、两耳、两厢、过厅、前门及附属建筑地藏寺组成，整体呈长方形，具有明显的中轴线对称特点，与北京故宫为同时代建筑。馆院的南、西、北三侧与县城文化活动中心——梅葛文化广场连为一体，是一个聚文物参观、古建观赏、休闲娱乐为一体的特色文化旅游景点。

历史沿革　姚安县博物馆的前身是姚安县文化馆，成立于1950年3月，有一名文物专干从事文物的管理、征集、保管工作。1987年1月经云南省文化厅批准姚安县博物馆正式从文化馆析出，成立博物馆，以省级文物保护单位德丰寺为馆址，同年10月1日开馆对外开放。

该馆已成为姚安县进行爱国主义教育活动的重要场所，2003年7月被中共云南省委、省人民政府授予“省级爱国主义教育基地”。

历任馆长　郭开云（1987.1－1993.2）；王文武（1993.2－2000.12）；李洪（2000.12－2004.3）王文武（2004.3－2010.9）。

业务活动

基本陈列　现有固定文物展厅2个，展室面积480平方米，分别为《姚安历史文化展》和《姚安名人字画展》。陈列有新石器时期至姚安解放前夕各个历史阶段的各类文物千余件，其中以青铜文物和佛雕文物最有艺术特点，这些展品突出“迤西文献名邦——姚安”的灿烂、悠久的历史和丰富的文化内涵，整个馆院建筑格调优雅、古朴，具有鲜明的民族特色，展厅门面安制有姚安境内收集而来的48扇明、清时期风格各异的雕花格扇门，其木刻浮雕图案以“八仙庆寿、山水、花鸟风景和人物历史传说故事，及参与公车上书的姚邑进士胡寿荣镌刻的“文昌帝君阴骘文”为主要内容，雕工细腻，惟妙惟肖，均极灵动，书法与雕工堪称双绝。中院收藏有10件石雕造像文物和24块姚安历史上著名文化名人镌刻的碑刻文物，尤其以镌刻于大理国元亨二年（1186）的“兴宝寺德化铭碑”碑刻较为珍贵，该碑为一碑三文，碑刻史料与镌刻字体极具历史性和艺术性，碑文内容反映了姚安高氏在大理国时期的历史政绩和大理国的官制及行政设施等史料。

临时展览　该馆高度重视文物的陈列展览以满足群众的文化需要，前后共举办《馆藏古钱币展》、《馆藏古字画》、《东山区革命根据地活动展》、《红军长征过姚安》、《徐霞客游姚州风光图片展》、云南、四川两省14个地州市合办《西南丝绸之路文物展》、《高奣映书画作品、馆藏精品文物展》、《毛泽东诞辰一百周年图片展》、《香港回归图片展》、《党史、国情、爱国主义教育图片展》、《邪教、法轮功图片展》、《姚安县五十年成就展》、《姚安县改革开放三十年成就展》、《姚安县六十年成就展》等机动灵活的专题性临时流动性展览37个，接待观众、游客80余万人次。

藏品管理

［藏品来源］　主要来源于民间征集和部分土改时期政府划拨

历史文物陈列展厅

［藏品类别］　种类较齐，有古生物化石，石器、陶器、玉器、瓷器、青铜器、铁器、古钱币、印章、古字画、大理画屏、碑帖、木雕文物和大量民族文物及现代革命文物，这些馆藏文物尤其以青铜文物数量多，种类齐，连续性强，质量高而享誉云南。它既有滇池文化特点，又有洱海文化特点，同时又有独特的地方文化内涵，造型精致，纹饰多彩。

［重要藏品］　高氏家谱（一级）；靴型铜钺（一级）；高量成画像（一级）；高奣映铜像（二级）；阿嵯耶观音（一级）；铜鼓（三级）；编钟（一级）；李贽砚台。

［藏品统计］　现有馆藏文物1045件，其中，一级文物11件，二级文物7件，三级文物83件。

［藏品保护］　采取分件上架、入柜保管的办法。凡文物入库都将进行保洁，而后修复，对上等级的文物藏品都分盒保存，古书画类做到件件有带囊装置，施药后装入专用樟木箱、柜。文物藏品分盒、分囊、分箱、分柜保管的好处，一是避免文物之间相互碰撞受损，二是出入方便，三是避免病虫害感染。

科研宣教　在科学研究和对外学术交流方面，姚安县博物馆努力发挥专业技术人员的特长和馆藏文物资源丰富优势，取得了很大成绩。馆内研究人员先后在《考古》、《中国文物报》、《文物天地》、《云南文物》等国家级、省级刊物上发表报告、论文、简报53篇。博物馆编撰出版《姚安文史》、《文化姚安》、《博物馆志》宣传内部书籍三部。2000年10月17日，该馆配合云南省委宣传部、云南民族大学举办“李贽与云南姚安”国际学术研讨会，2006年7月26日配合云南省文史馆，楚雄州社科联举办“云南姚安历史文化名人高奣映学术研讨会”。2005年10月配合中央电视台7台摄制“李贽与姚安”

明　高氏肖像画

大理国时期　铜鎏金阿嵯耶观音立像

清　缅白玉佛像

战国　靴型铜钺

战国　单耳铜鼓

明　高命铜像

元　鎏金持书童子像

电视专题片，2006年1月又配合中央电视10台摄制“坝子上的福禄之地光禄”、“年关里的彝家山寨马游”两部电视专题片在科学探索栏目中播放。通过开展对外学术研究活动，摄制电视专题片等宣教活动，极大地提升了姚安县在国际国内的知名度和影响力，从中也使博物馆的对外宣传、交流活动得到加强，增强了博物馆的宣教地位，为弘扬地方历史文化，加强文化遗产，开展爱国主义教育活动作出了应有的贡献。

经营管理

［单位性质］　全民事业单位

［经费来源］　政府全额拨款

［机构设置］　内设办公室、文管所、陈列宣传、文物库房保管、保卫科等机构。

［人员编制、组成］　在编文物工作人员3名，临时合同工4人　（保安人员2名，讲解员1名，清洁员1人　）3名在职干部，其中1名为中级职称，2名为助理馆员。

参观指南

［地址］　云南省楚雄州姚安县栋川镇德丰路37号

［邮编］　675300

［电话］　13769263046

［传真］　0878-5712770

［电子邮箱］　bwgchenling@126. com

［票价］　免费

（撰文：姚安县博物馆）

通海县博物馆

Tonghai County Museum

概述

类型　地方综合性博物馆

隶属关系　隶属通海县文化局

通海县博物馆

创建时间　2003年6月

正式开馆时间　2005年5月

所在位置　位于通海县文献里50号

面积　占地面积2400平方米、建筑面积1000平方米

建筑、布局　通海县博物馆位于秀山北麓山脚的万寿宫内，坐北朝南。一进两院布局，主要由大殿、中殿、前殿及两厢组成。万寿宫为秀山古建筑群（第七批国家级文物保护单位）之一，始建于清乾隆十八年（1753），为清乾隆时的内阁御史赵城告老还乡后所建盖。

历史沿革　通海县博物馆与通海县文化馆、通海县文物管理所，现为三块牌子一套班子的管理体制。1933年成立的民众教育馆，1951年3月改称文化馆。1956年通海、河西两县合并成通海县，并把通海、河西两县解放初期征收、没收的财产交文化馆保存。藏品主要以字画为主，还有青铜器、瓷器、陶器、木器、新石器时代石器、杂件等。2003年正式成立通海县文物管理所，2005年成立通海县博物馆。为更好的保护馆藏文物，改善文物的保存条件，于2007年至2008年投入80余万元，在原址上拆除重建了两层框架结构的仿古建筑,作为文物库房，库房总建筑面积360平方米。展室、展厅主要是利用万寿宫大殿及两边厢房进行展出。

历任馆长　李景泰、徐军

明　青花鱼藻纹盖罐

大理国　釉堆塑莲纹盖火葬罐

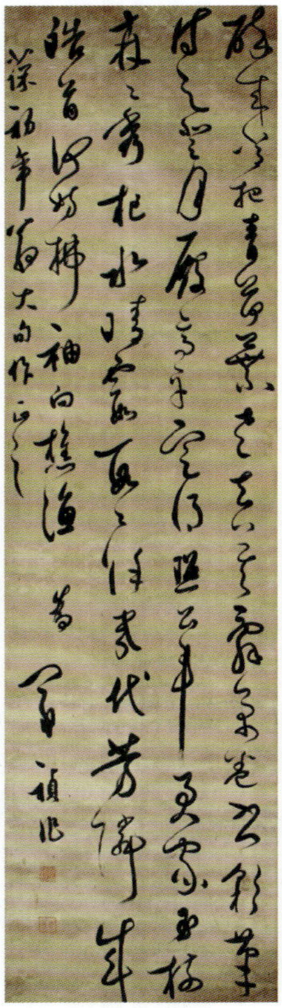

清康熙　阚祯兆书法

清　过峰《墨兰中堂》

清光绪　木雕格子门（高应美作）

业务活动

基本陈列　通海县博物馆主要以古建筑进行陈列展览。因条件限制，没有设置长期的陈列室。结合馆内的基本情况及特点，举办多次临时展览：曾经与石屏县、建水县、会泽县、昆明、蒙自等进行了多次字画的交流展览。

藏品管理

［藏品来源］　征收、没收、移交、收购

［藏品类别］　棉质、纸质、金属、瓷、木质

［藏品统计］ 总数4500余件，其中字画3100件、瓷器（传世）250件、（出土）300件，新石器时代120件、杂件500件、木雕20件。馆藏上级文物共计152件，其中：一级2件、二级7件、三级143件。

［重要藏品］ 木雕格子门一樘（6扇）（二级）

［藏品保护］ 主要采取分件分类入柜保管的办法

经营管理

［单位性质］ 国营事业单位

［经费来源］ 政府全额拨款

［机构设置］ 文物库房保管、财务管理及办公室、保卫等机构。

［人员编制、组成］ 在编人员5人，副高职称1人、中级职称3人、初级职称1人。

参观指南

［地址］ 云南省玉溪市通海县文献里50号

［邮编］ 652700

［电话］ 0877-3011493、3013622

［电子邮箱］ thwhg@yahoo.cn

［票价］ 免费

（撰文：通海县博物馆）

景东博物馆

Jingdong Museum

概述

类型 地方综合性博物馆

隶属关系 隶属于景东彝族自治县文化体育局

创建时间 1996年5月16日

正式开馆时间 1996年6月18日

所在位置 景东县锦屏镇玉屏路111号

景东文庙棂星门

面积 占地面积5511平方米、建筑面积2300平方米

布局 景东博物馆以景东文庙为馆址，整体建筑坐西向东，呈中轴对称的台阶式庭院结构。以文庙的厢房为库房和展室，共有3个永久性展览和两个临时展室，展室总面积为312平方米。

建筑特点 博物馆依文庙的建筑格局，以纵向建筑为主，建筑宏伟，布局合理，是儒家神圣、庄重、正统、主次分明和整体和谐思想的最好体现。

历史沿革 景东自明初修建有文庙，庙址几经改变后，于清康熙二十一年（1682）改建于现址；清末民初，景东县境内兵匪祸患频繁，文庙闲置；民国二十四年（1935），景东政府在文庙内建民众教育馆；民国二十五年（1936），土地清丈开始，文庙大部分房屋划归清丈处作为办公用地；民国三十二年（1943），文庙为“地方行政人员训练所”；民国三十三至三十五年（1944－1946），文庙为简易师范学校教学场所；解放初期，“景东整训总队”在文庙办公；清匪反霸期间，文庙大成殿被当做关押罪犯的囚禁室；1956年，景东广播站和电影放映小组把文庙当做办公和住宿用地；1957年，景东文化馆迁入文庙办公；“文革”期间，文庙部分建筑受损，部分典籍被烧。1983年至2004年，云南省文化厅、景东县人民政府相继拨款，先后对景东文庙进行了几次修缮。1986年，景东文庙被公布为县级文物重点保护单位，1987年12月，景东文庙被公布为省级文物重点保护单位。1994年，景东县文管所成立，1996年6月，景东博物馆成立，县文化馆迁出文庙，文物管理所、景东博物馆一套班子两块牌子在景东文庙合署办公。

历任馆长 李奕（1996－1999）；李昌荣（1999至今）

业务活动

基本陈列 《古墓遗珍——明代景东陶氏土司墓葬出土文物展》是景东博物馆永久性展览。该展览以抢救性发掘陶氏土司墓葬所出土的文物为内容，精选其中具有代表性文物，按出土文物的功用划分单元，以图片形式永久展示，逢重大节庆日用实物展览。

《景东教育史展》是景东博物馆从景东教育局引进的一个永久性展览，分古代部分、现代部分两个展室，景东古代教育展将长达507年（1442－1949年）的景东古代教育浓缩在展室之内，以丰富的内容和深入浅出文字解说，使观众对景东古代的各种教育形式及教育成果有较全面的认识。

景东博物馆因以景东文庙为办公场所，为使观众对孔子生平和儒家文化有较系统的了解，以《圣迹图》、《大哉》为蓝本，特设永久性展览——《孔子生平展》，详细介绍了孔子生平、儒家文化以及孔子所创立的儒家文化对当今世界的影响，与文庙的建筑、文庙供奉的孔子及“四配”、“十二哲”石像相辅相成。

临时展览　景东博物馆自成立以来，一直履行着自己的职能。根据现有的展出条件，不定期地独立承办和协办过一些内容丰富、形式多样的临时展览：《景东历史文物展》、《景东解放50周年成就展》、《景东地方文献展》、历年春节《花卉盆景展》、《“崇尚科学，反对迷信”图片展》、《景东法院院庆展》、《景东县医院建院50周年成就展》、《景东民俗展》、《景东首届“电信杯”青少年书画展》、《景东首届兰花展》、《景东六人书画展》、《景东五中师生书画展》、《爱国主义教育展》、《退伍军人朱家富个人画展》、《二十四孝图片展》、《“走进黄草岭”新农村建设成就展》、《景东自然保护区珍稀动植物图片展》、《景东县锦屏镇改革开放三十年成就展》、《“一切为了孩子”——景东儿童福利院成就展》。

藏品管理

［藏品来源］　景东博物馆的主要藏品来自1988年至2003年先后四次对陶氏土司墓葬遗址的抢救性发掘所出土的文物；除此外，还有个人捐赠的历史文物、省市知名书画家捐赠的书画作品、出资收购的民族服饰和生产生活用具、县内各地各个时期发现的碑板墓志。

［藏品统计］　景东博物馆共有藏品4526件，其中金器737件，银器288件，铜器3132件，铁器7件，陶器78件，瓷器41件，现代书画作品37件，木器5件，石器16件，石碑5件，石砚2方，狮钮铜印1枚。藏品中二级文物5件，三级文物14件，有部分陶氏土司墓葬出土文物尚未鉴定评级。

［重要藏品］　明代金质人面像、明代镶宝石金盒、明代镶宝石金酒杯、镶宝石双龙头银手镯、鱼藻纹陶制火葬罐、龙泉窑瓷缸。

明　金质人面像

明　镶宝石金盒

明　镶宝石双龙头银手镯

明　龙泉窑瓷缸

明　镶宝石金酒壶

［藏品保护］ 专人管理，采取分件上架，入柜保管。

经营管理

［单位性质］ 全民事业单位

［经费来源］ 政府财政全额拨款

［机构设置］ 设置办公室、宣教室、陈列室、保管室、保卫室等机构

［人员编制、组成］ 在编人员7人，保安1人，其中4人为中级职称。

［观众接待］ 每年2万余人次

参观指南

［地址］ 云南省普洱市景东县城玉屏路111号

［邮编］ 676200

［电话］ 0879-6222072

［开放时间］ 8:00-17:00（全年开放）

［票价］ 免费

（撰文：罗一华）

富宁革命纪念馆

Revolutionary Memorial Hall of Funing

概述

类型 社会科学类历史专题博物馆

隶属关系 隶属于云南省文山州富宁县文化局

所在位置 富宁革命纪念馆坐落于县城西面的玉泉山山坡上，与富宁县委相邻，绿树环绕显得宁静庄严。

面积 占地面积3247.16平方米、建筑面积835平方米

建筑、布局 纪念馆建筑坐西朝东，高9米，两层楼，屋顶为钢性防水屋面板，外墙用马赛克瓷砖拼贴成白兰两色花纹图案，屋檐上方采用琉璃瓦呈现双龙戏珠，馆前广场上两棵高大的桂花树衬托出纪念馆的典雅之韵。

富宁革命纪念馆外观

历史沿革 1984年，中共中央书记处同意拨款建立“富宁红军革命纪念馆”，1985年纪念馆建筑工程开工，1986年10月完工，中共中央宣传部批准命名为“富宁革命纪念馆”，由原全国人大常委会副委员长、原中央民盟主席楚图南题写“富宁革命纪念馆”作为门匾，1987年1月12日纪念馆正式开馆，从此开始了她的发展之路，她是文山州唯一一座纪念地方革命斗争史的博物馆。1997年，被省委省人民政府授予“云南省爱国主义教育基地”，2005年，纪念馆外围环境进行扩建和维修，更加使纪念馆增添了几分雄伟，2005年11月，富宁县委批准成立了富宁县文物管理所，与富宁革命纪念馆实行二块牌子一套人马的工作制度。众多全国知名人士为纪念馆的顺利落成作出了重要贡献。

纪念馆虽然是一个小馆，但内容十分丰富，她肩负博物馆对文物的收藏、研究、宣教的任务的同时也承担着对富宁县各类文物保护、调查、管理工作，成立至今，对富宁县文物的保护、管理及社会宣教做了大量工作，得到了社会的一致认可与高度评价，在今后的工作中，期望把该馆建成有特点的小而精的特色馆，任务虽然艰难、复杂，但随着社会的发展，国家的重视，经过文博工作者的共同努力，富宁革命纪念馆的未来必将更加辉煌！

历任馆长 黄照祥、王明良、农廷相、韦加力

业务活动

基本陈列 《富宁县近现代革命史系列展》自1987年开始展出。陈列运用大量珍贵图片资料和革命文物，真实生动的展示1929年百色起义后，主力军红七军二十一师在遭到敌人围剿时转移到富宁县开辟了右江革命新据点，创建了“滇黔桂边区革命根据地”，各族群众纷纷加入到革命的行列中，在红军带领下历尽坎坷开展各种革命活动，1949年5月解放富宁县城，6月成立县人民政府，1949年12月，第二野战军第四兵团入滇部队由百色市经富宁县剥隘镇向文山方向挺进，此举在中国解放战争史中占有一定地位。富宁县军民在1949年底开展迎军工作，迎军工作团深入乡村， 到1950年4月富宁县委成立。这一陈列分三个部分：“土地革命时期”、“抗日战争时期”、“解放战争时期”。共展出99件革命文物，包括红军领导及战士们的笔记本、公文包、衣服、大刀、枪支、手榴弹袋、修械工具及边纵领导的地图、手表、肩章等。

富宁革命纪念馆以丰富的资料、图片、实物、发挥着爱国主义、社会主义革命传统教育的功能，是富宁县爱国主义教育的重要基地。整个陈列面积达327.48平方米，展

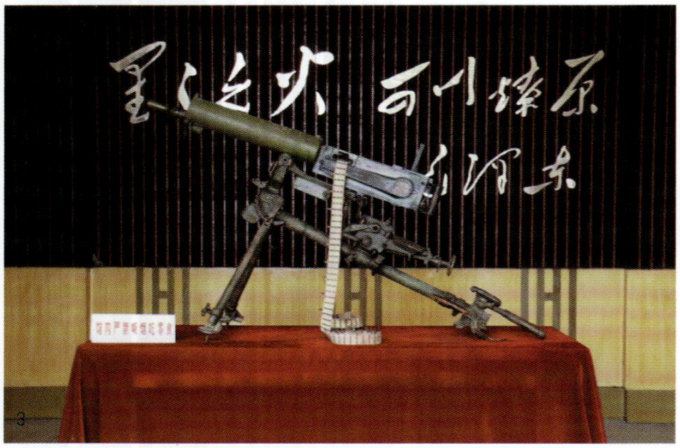

1、2.展厅一隅　3.马克沁重机枪

厅总面积达498平方米。

临时展览　在一楼序厅的左面，设有临时展厅，展出中短期的专题陈列展览。展板面积75平方米，展厅面积82平方米。自开馆以来，最引人注目是2004年举办《纪念邓小平诞辰100周年枪支陈列展》，将长期保存的革命时期武器公开陈列展览，掀起全县爱国主义教育高潮；2009年10月在富宁县新落成文化中心举办《富宁县历史文物展》陈列有134件文物，分别有壮剧剧本、化石标本、石碑拓片、铜鼓、其他，大多数文物首次亮相，观众如潮；《富宁县少数民族服饰展》陈列有22件套本地区内少数民族服饰，展厅好似服装秀场，唯美绚丽。自办和引进的临时展览陈列内容丰富，形式多样，主要有：《迎香港回归祖国书画展》（1997年，县委宣传部主办）；2006年，以富宁县归朝镇老街三寨列为“中国壮族稻作文化科学研究基地”之机《稻作文化实物陈列展》（引进）；《富宁县改革开放30周年成就展》（2008年，县委主办）；各种形式的展览极大的满足了广大人民群众的精神文化需求，获得良好的口碑。其中，民族服饰展极具民族地域特点，服饰在参加云南省文化旅游节展出时获各界人士的高度评价。

藏品管理

［藏品来源］　分别来自征集、个人或集体捐赠、发掘等。根据地创始人黄松坚（任红七军二十一师副师长、中共广西省工委书记、中共广州市委书记、中共粤赣湘边区委员会副书记）、红军游击队副参谋长朱鹤云（解放后任南京军区装甲兵司令员，少将军衔）、滇桂黔边纵队第四支队司令员廖华（国防大学科研部部长）等为纪念馆的建立提供了大量宝贵的史实资料并捐赠了珍贵革命文物。

［藏品类别］　革命文物（地图、枪支、大刀、敌军飞机残骸等）和历史文物（铜鼓、切烟机、新时代石器、古生物化石、服饰、古籍等）。

［藏品统计］　共271件

［藏品保护］　馆内采用传统的维护措施避免光、热等自然因素的损害，尽量延缓藏品自然老化过程。

考古发掘　2007年曾参加云南省普洱市糯扎渡电站淹没区遗址发掘工作。

宣传教育　根据观众的知识结构、工作背景等差异，运用多种讲解方式为各界人士提供温馨服务。为了提高工作业务综合素质，积极参加各种馆际交流活动，不定期派人参加省、州举行的各种培训活动，此外，纪念馆每年都会以其独特的地位及声誉迎来拍摄红军题材的各界传媒，特别是对红七军斗争史的宣传具有重要地位。这也充分证明了社会对富宁革命纪念馆的认可，为了提高全县民众文物保护和管理的知识，加大对文物保护管理的力度，纪念馆专门制作了文物保护法的音像光盘、展板、展品走进社区和乡镇举办流动展览，产生广泛的社会影响，取得良好的社会效益。

经营管理

［单位性质］　国有文化事业单位

［经费来源］　财政全额拨款

［人员编制］　现有工作人员9人（实际在馆工作7人），皆大专以上文凭，其中：专业技术人员7人，工人2人。

红军战士用过的武器——枪

红军战士用过的武器——刀、枪

红军缴获的军刀

红军使用的修械工具

［机构设置］ 设馆长、副馆长各1人。

［观众接待］ 年均参观人数达5500人（次），开馆至今共接待参观人数18.4475万人（次）。

［服务观众项目］ 应观众要求，提供讲解介绍，在序厅旁专设办公室，为接待观众提供茶水、休憩的人性化服务。

参观指南

［地址］ 富宁县新华镇团结社区团结街126号（富宁县委办公楼后）

［邮编］ 663000

［电话］ 0876-6122441

［传真］ 0876-6122752

［开放时间］ 每周一至周五开放，（8:00—11:30，14:30—17:30）节假日不休。

［票价］ 免费参观

（撰文：富宁革命纪念馆）

普洱市博物馆

Pu'er Municipal Museum

概述

类别 地方综合性及普洱茶文化专题博物馆

隶属关系 隶属于普洱市文化局

筹建时间 2007年10月9日

正式开放时间 2011年10月10日

所在位置 坐落于普洱市思茅区思城北部新区滨河路市文化中心内

面积 占地面积15亩、建筑面积10000平方米

建筑、布局 普洱市博物馆是普洱市文化中心主体建筑之一。顶棚相连形状似弯曲的孔雀羽毛，外围绿化富有

普洱市博物馆正门

独特韵味的热带和亚热带园林风光。普洱市博物馆整体建筑布局为三层，底层为车库、监控室，建筑面积2500平方米，一层、二层为展厅、库房和办公区域，建筑面积7500平方米。一层主要以民族民俗和民族文物为主，展示普洱市14个世居民族和民族文物。分为4个展区，分别为民族服饰、民族厅、文物厅、非物质文化遗产展厅等。二层主要以普洱茶文化专题展览，分为2个展区，是目前中国最大的普洱茶文化博物馆。

历史沿革　2007年普洱市委、市人民政府决定在思城北部新区统一建设市文化中心，占地面积500亩，建设项目：普洱市图书馆、普洱市博物馆、普洱市文化馆、普洱市美术馆、普洱市科技馆、普洱市档案馆、普洱市健身馆、普洱市大剧院等项目。于2007年7月相继动工，于2011年10月全部竣工。

普洱市博物馆于2007年10月9日动工至2009年6月土建竣工。在博物馆筹建期间（2008－2011.9）由普洱市文物管理所负责博物馆前期的陈列大纲撰稿和文物征集工作，由普洱市文物管理所所长汤新华兼博物馆负责人主持工作。普洱市博物馆、市文物管理所两块牌子一套班子，普洱市博物馆于2010年12月12日公开招标，由云南澳科展示设计有限公司中标，陈列布展工作于2011年2月开工至2011年9月底竣工，博物馆于2011年10月10日正式对外实行免费开放。

历任馆长　谢峰

业务活动

基本陈列　一层主要以民族民俗和民族文物为主，分为4个展区。第一展区，是普洱市25个少数民族服饰展示区，主要围绕着民族团结誓词碑巨幅人物情景雕塑，展现普洱市各民族文化，民族平等和睦相处，团结进步。通过多媒体视屏让您直观了解普洱市丰富多彩的民族文化，以及物产、森林、动物、矿藏、水资源、交通等各方面的知识。

第二展区为民族厅：主要以14个世居民族，以傣、拉祜、哈尼、佤、彝5个主体民族为主，采用不同民族的建筑形式，节庆、祭祀活动，民族服饰和民族文物，再现丰富多彩的民族文化和民风民俗。

第三展区为文物精品厅：展出内容大致分为：新石器、陶器、瓷器、青铜器、铁器、金银器等珍贵文物。上至新石器时代，下至中华民国。这些珍贵的文物都来源于普洱市十县（区）文博单位的文物工作者长期以来发掘、征集到的部分馆藏文物，从各个不同侧面反映出了普洱市的一些历史概貌。

1.一层展厅主题雕塑　2.民族文化展厅　3.文物展厅

第四展区为非物质文化遗产展厅：主要展示普洱市非物质文化遗产国家级、省级保护项目。

二楼主要是普洱茶文化专题展馆，分2个展区6个部分。第一展区以“茶树之源”、“用茶之史”、“贡茶春秋”展示普洱茶文化的厚重的历史。该展厅主要看点是从故宫博物院请回普洱的“百年贡茶”实物，为普洱市博物馆普洱茶文化展厅的镇馆之宝。第二展区分三部分：“茶业振兴”、“茶萃茶俗”，展示普洱茶兴盛，茶庄茶号、饮茶习俗、茶节活动、奥运礼茶、科技普洱、近代普洱茶

1.茶文化展厅　2.贡茶展厅　3.清　百年贡茶

获奖产品等；“茶马古道”，从古道起点普洱起，展示普洱茶兴盛时期普洱府所在地街道、驿站、茶马古道线路等厚重的历史文化。

藏品管理

［藏品来源］ 发掘出土、民间征集、捐赠、借展、调拨、公安、工商、海关等有移交等为藏品的主要来源。

普洱市博物馆把文物征集作为贯穿博物馆经常性工作的一个重点，并不断创新征集手段，拓展征集渠道与思路，加强文物征集工作，在充实馆藏文物的同时，提高藏品档次，为新馆陈列展览打好基础。着重征集与普洱地方历史相关的文物，注意对有关民族、民俗文物和相关标本的征集，取得了一定成效，为新馆陈列布展和顺利开馆打下坚实的基础。

［藏品类别］ 新石器、瓷器、陶器、青铜器、金银器、铁器、民族文物、普洱茶、普洱茶文化相关历史文物及与普洱茶相关的古代、近现代物质及非物质文化遗存、遗物都成为博物馆的征集和收藏对象。

［藏品统计］ 藏品总数11000余件（套）。

［藏品保护］ 藏品库房及陈列展览厅采取防盗、防潮、防火、防蛀、防霉等措施安装报警（与当地辖区公安110报警连网）、消防、去湿等设施。针对不同类别的文物，采取不同的保护。文物库房，严格按照国家及省市相关藏品管理要求对馆藏文物进行保护。对陈列展示的文物采用封柜式陈列，定期检查，以得到更好的保护。

经营管理

［单位性质］ 国有公益性事业单位

［经费来源］ 财政全额拨款

［机构设置］ 内设办公室、宣教部、保管部、保卫科、文物保护管理科。

［人员编制、组成］ 事业编制15人。现在编12人，非在编5人。事业编制中大学本科5人，大学专科5人，中专1人，专业技术人员11人，管理人员1人，其中高级职称1人，中级职称2人，初级职称8人。

［服务观众项目］ 语音导览、开设小卖部、提供茶叶制品、民间工艺品及相关文化用品，供游客选购。

［观众接待］ 新馆正式开馆3个月以来，接待观众约2万人次。

参观指南

［地址］ 云南省普洱市思茅区思城北部新区滨河路市文化中心内

［邮编］ 665000

［电话］ 0879-2124699

［电传］ 0879-2124699

［电子邮箱］ peswwgls@126.com

［开放时间］ 9:00—16:30，（节假日照常开放）星期一闭馆。

［票价］ 免费

（撰文：汤新华，摄影：杨立中）

禄丰博物馆

Lufeng Museum

概述

类型 地方综合性博物馆

隶属关系 隶属于禄丰县文化体育局

正式开放时间 1991年10月26日

所在位置 禄丰县金山南路95号

面积 总占地面积2000平方米、建筑面积1998平方米

布局 一楼设古生物厅、临时展厅，二楼设青花瓷器厅、历史文物厅和金铜造像厅，三楼为办公室和库房。

建筑特点 砖混三层结构，墙面用墙砖贴面。博物馆正立面设计采用三台错落层叠，象征三叠纪时代。

历史沿革 禄丰县恐龙博物馆的前身是禄丰县文化馆。根据云南省文化厅1951年颁发的《云南省各专区、市、县局成立文化馆暂行办法》之规定，1951年11月原禄丰县成立了禄丰县文化馆，随后广通、盐兴、罗茨三县也成立了文化馆。1958年原禄丰、广通、盐兴、罗茨四县合并为禄丰县，四县文化馆也合并为禄丰县文化馆。文化馆内成立文物管理组，配置文物干部1－3人，专门负责文物保护管理工作。1989年3月4日，在禄丰县文化馆文物管理组的基础上，禄丰县成立了文物管理所。为妥善管理好文化馆逐年征集、发掘的禄丰本土文物和古生物化石，1991年6月27日，禄丰县决定建设禄丰县恐龙博物馆，与禄丰县文物管理所合署办公，事业编制12人（1992年增加保卫干部2人，编制增至14人）。1991年10月26日，博物馆建成举行开馆，恐龙厅、古生物厅、青铜器厅、瓷器厅正式对外开放。为建设世界恐龙谷，2007年3月，州人民政府作出楚雄州恐龙化石资源整合的决定，按照州、县人民政府的要求，禄丰县恐龙博物馆馆藏恐龙化石分批次移交世界恐龙谷，最后一批化石于2008年3月6日移交完毕。恐龙化石移交以后，经县人民政府同意，禄丰县恐龙博物馆正式更名为禄丰博物馆。

1.《金铜造像厅》 2.《历史文物厅》

禄丰博物馆外景

历任馆长 杨兆龙、李祖耀、倪志群（兼）、潘世刚（代）

业务活动

基本陈列 目前博物馆开放的常设展厅《金铜造像厅》、《青花瓷器厅》和《历史文物厅》。另外，在大洼恐龙山、川街阿纳等地还建有两处《恐龙化石埋藏形态展厅》和一处《恐龙化石发掘现场展厅》。《金铜造像厅》展出的主要是明代金铜造像群，《青花瓷器厅》展出的是元明时期禄丰青花瓷器，《历史文物厅》展出的主要是禄丰各历史时期的代表性文物。博物馆藏有历史文物550余件，其中有国家级珍贵文物105件。

藏品管理

［藏品来源］ 发掘、捐赠、收购

［藏品类别］ 石质、瓷质、铜质、纸质、陶质、玉质

［藏品统计］ 550件，其中一级5件、二级42件、三级58件。

［重要藏品］ 明代金铜造像群（34尊）和元明时期的青花瓷器。

东汉　“永初二年堂狼造作”铭文洗

元　青花菊纹盘

明　人俑马首流陶壶

明　王灵官铜造像

明　阿弥陀佛铜造像

宣传教育　自2000年以来，禄丰县恐龙博物馆每年均与其它单位或社会团体举办一至二次学生科普夏令营活动。2006年，禄丰县恐龙博物馆和日本H. I. S旅行社、云南科技国际旅行社合作，推出了面向日本青少年的不定期的禄丰恐龙科普旅游项目。

科学研究　从1939－2003年，禄丰县境内共发现动植物化石460余种，经杨钟健、路兆洽、徐汇等地质、古生物学家研究，先后共发表研究文章达110余篇500万字，其中研究禄丰恐龙的23篇，研究禄丰古猿的34篇，研究禄丰动植物的有53篇。

禄丰县恐龙博物馆自成立以来，先后发掘、修复、装架了13具恐龙化石骨架。1997－2003年，对禄丰县川街乡阿纳恐龙化石地点中侏罗纪的恐龙化石进行了发掘，经过进一步的调查后，在川街盆地同一连续的剖面上发现了连续的早、中、晚三套侏罗世恐龙动物群化石和伴生的古生物化石，从而使禄丰成为世界上目前唯一一处同时发现三个不同时期恐龙的地方，对世界恐龙研究产生了重大的影响。

1995年，该馆杨兆龙和重庆自然博物馆张亦宏合作出版了恐龙研究专著《金山龙》，2003年，出版了面向普通读者的科普读物《禄丰恐龙》。

合作交流　博物馆对外交流主要是恐龙化石对外展出。到过的地区和国家有：台湾（1995年），美国（1998年），加拿大（2005年），日本东京（2004年），韩国固城（2006年），香港和美国（2007年）。

多年来，与中国科学院古脊椎与古人类研究所、北京自然博物馆、重庆自然博物馆、成都理工大学博物馆、自贡恐龙博物馆、天津自然博物馆、上海自然博物馆、昆明动物馆、云南省博物馆均建立了长期稳定的馆际交流合作关系。

1997年至2001年，与美国圣姆大学合作，对川街阿纳恐龙化石地点进行联合发掘。2005年，与加拿大皇家自然博物馆合作研究禄丰双脊龙，并进行人员交流访问。

经营管理

［单位性质］　国营事业单位

［经费来源］　由禄丰县财政下拨

［机构设置］　设置野外文保、陈列宣传、库房保管、档案保管、办公室、保卫组等

［人员编制］　在职22人，其中事业编制14人，临时聘用8人。

参观指南

［地址］　禄丰县金山南路95号（禄丰小花园旁）

［邮编］　651200

［电话］　0878-4122718

［传真］　0878-4122718

［开放时间］　全年对外开放。8:30－11:30，13:00－17:30

［票价］　15元

（撰文：禄丰博物馆）

嵩明县兰茂纪念馆

Memorial Hall of Lan Mao

概述

类型　社会科学类名人专题纪念馆

隶属关系　嵩明县文化体育局

创建时间　1985年3月

所在位置　杨林镇老城南街141号

面积　占地面积1500平方米、建筑面积600平方米

建筑、布局　纪念馆由前院、馆舍及后院三部分组成，馆舍坐南向北，为单座小型庭院建筑，主要建筑有正房一层三间，两厢楼及门楼各三间，后院有兰茂墓塚。门楼正面为欧式建筑形制，内部为传统四合院格局。

1.兰茂纪念馆外景　2.兰茂纪念馆内景

历史沿革　兰茂纪念馆馆舍为兰茂纪念祠堂。兰茂（1397－1470年），云南省嵩明县杨林人，我国明代著名医药学家、音韵学家，其《滇南本草》成书比李时珍的《本草纲目》早142年，是中国较早的医药学典籍，至今仍为人类的健康发挥着重要作用；其音韵学著作《韵略易通》将当时的北方话的声母标准注出来，成为现在以北京语音为标准的普通话声母的前身，为中国《现代汉语拼音方案》的建立奠定了重要基础。明成化十二年（1476）乡人在兰茂墓前修建了兰茂纪念祠堂，现建筑为民国四年重修后的格局。建国后，祠堂曾作为小学校舍、加工厂，　1983年1月云南省人民政府公布兰茂墓及兰茂祠堂为省级保护文物单位，1985年3月，嵩明县人民政府在兰茂祠堂内挂牌成立“嵩明县兰茂纪念馆”，负责兰茂宣传及学术研究，1998年11月，兰茂纪念馆被命名为云南省爱国主义教育示范基地。

历任馆长　李兆祥、许福荣、毕汝云

业务活动

基本陈列　《兰茂生平事迹展》由“兰茂其人”、

1.展厅一隅 2.展厅内

“医药学家兰茂”、“音韵学家兰茂”、“兰茂与诗文”、“兰茂传说”、“兰茂学术研究及发展”6部分组成，展览通过大量的图片、实物及资料，展示了兰茂为人类社会进步及发展做出的卓越贡献。

藏品管理

［藏品来源］ 移交、征集

［藏品类别］ 纸质、中草药标本、石刻

科研宣教 兰茂纪念馆一直致力于兰茂学术的研究，发表了《兰茂生平初探》、《兰茂和他的诗》等多篇论文，并整理出版了《兰茂传》、《兰茂诗词新注》、《兰茂》、《兰茂传说》等书籍。

经营管理

［单位性质］ 国有文化事业单位

［经费来源］ 财政拨款

［人员编制］ 有事业编制6人，其中4人为文博馆员中级职称，2人为初级职称。

参观指南

［地址］ 昆明市嵩明县杨林镇老城南街141号

［邮编］ 651701

［电话］ 0871-7916542、7971042

［传真］ 0871-7916542

［开放时间］ 全年8:30－17:00

［票价］ 免费开放

（撰文：兰茂纪念馆）

楚图南故居

Former Dwelling Chu Tunan

概述

类型 社会科学类名人专题博物馆

隶属关系 隶属于文山壮族苗族自治州文山县文化局

创建时间 2006年1月10日

所在位置 处于文山县开化镇上条街27号至29号

面积 建筑面积480. 32平方米

布局 坐北朝南。第一层设有声像室，原有的各类生产、生活用具，小菜园。第二层设临时陈列厅，主要为《楚图南生平展》，楚图南生前笔记，生活用品等历史文物，书法厅等。

建筑特点 故居由楚图南祖父建（据考为清道光年间），二进式四合院，硬山顶，穿斗式土木结构，院落用高高的照壁和带暗销的大门与前面临街院落隔开。院内房屋平面布局方正规矩，板壁，门窗装修简洁，线条流畅，

1.楚图南故居 2.故居内景

建筑用色以土、木、瓦、石灰之本色为主。

历史沿革 楚图南（1899－1994），云南省文山县人。1919年考入北京高等师范学校（北京师范大学前身）史地系。后参与组织“劳动文化社”主编出版《劳动文化》周刊。1922年加入社会主义青年团，成为中国早期接受和宣传马克思学说的青年知识分子之一。1923年北京高等师范学校史地系毕业后，到昆明省立一中等学校任教。1925年受李大钊的委派赴东北工作。1926年转为中共党员，并在哈尔滨、长春、吉林等地以中学教师为职业掩护，从事党的工作。1937年后，任云南大学文史系主任、教授，还曾被选为中华全国文艺界抗敌协会昆明分会会长。1943年加入中国民主同盟。1945年在民盟第一次全国代表大会上当选为民盟中央执行委员。

新中国成立后。历任西南军政委员会委员兼文教委员会主任，中央人民政府扫除文盲工作委员会主任，中国人民对外文化协会会长。民盟第三、四届中央副主席，第五届中央代主席、主席，第六届中央名誉主席。1992年12月被推举为民盟第七届中央名誉主席。1994年起任中国黄河文化经济发展研究会名誉会长。第一至六届全国人大代表，第五届全国人大常委，外事委员会副主任委员。第六届全国人大常委会副委员长。

楚图南著有散文集《刁斗集》、《荷戈集》，译有[美]惠特曼诗选《草叶集选》、[德]威尔布《希腊的神话和传说》、[俄]涅克拉索夫长诗《在俄罗斯谁能快乐自由》等。楚图南在旧体诗词和书法上造诣很深，生前曾任中国书法家协会第一届、第二届名誉理事。楚图南书法具有庙堂气象，写正书，取势中正，体格近颜而直逼汉人。他有诗作：“先有风骨俊，始能翰墨香”。他把做人的情操放在书法的技艺之上。

1994年4月11日楚图南在北京逝世。享年95岁。

家乡云南，乡贤一直以他为荣，把他和聂耳、艾思奇、柯仲平看成是麟凤龟龙，誉之为云南四杰。地方政府2005年4月25日专门将其在文山的故居修缮整理，辟为专馆，以作纪念。现为云南省省级文物保护单位。云南省省级爱国主义教育基地。2009年11月成立楚图南故居管理办公室。目前，地方财政正着力改造楚图南故居周边环境，围绕故居文化建设楚图南文化街和楚图南文化广场。

历任馆长 邓云昌、李忠茹

业务活动

基本陈列 《楚图南生平展》通过大量图片、资料、实物、展现故居文化和楚老形象，讴歌楚老光辉灿烂的一生。陈列面积共160平方米。设有“楚图南生平展厅”、“实物展厅”、“书法展厅”。

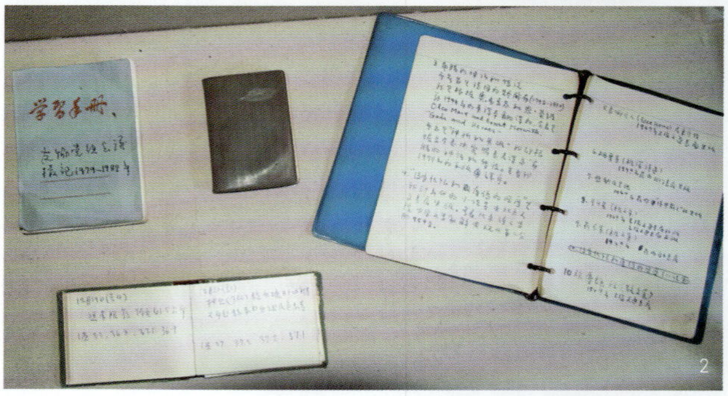

1.展厅一角 2.楚图南生前笔记

藏品管理

［藏品来源］ 捐献

［藏品统计］ 100件

［藏品保护］ 安有监控系统

经营管理

［单位性质］ 国营事业单位

［经济来源］ 国家拨款

［机构设置］ 办公室、档案室

［人员编制、组成］ 编制3人。男职工2人，女职工3人。学历结构为：大专4人，中专1人，中职1人，助理馆员1人，管理人员3人。

［服务观众项目］ 为游客讲解

［观众接待］ 年21034人次

参观指南

［地址］ 云南省文山县上条街27、28、29号

［邮编］ 663000

［电话］ 08762131576

［开放时间］ 上午9:00－11:30，下午15:00－17:30，全年开放

［票价］ 免费

（撰文：楚图南纪念馆）

楚雄彝族自治州博物馆

Museum of Chuxiong Yi Nationality Autonomous Prefecture

概述

类型 地方综合性博物馆

隶属关系 隶属于楚雄州文化局，县处级独立法人事业单位

筹建时间 1992年11月23日

正式开放时间 1995年7月21日

所在位置 位于自治州首府楚雄市鹿城南路471号

面积 占地38201.91平方米（60亩）、建筑面积11200平方米

建筑、布局 坐东南朝西北，建筑依山布局，七个主要展厅呈中轴对称，长廊互相连通，展厅西边有独立的办公院。主楼为三层居山顶，大屋顶具有古建筑殿堂风韵，与逐层下降的土掌房、垛木房等彝族传统民居式建筑有机结合，既体现出现代建筑的宏伟气势，又突出了浓郁的彝族建筑特色，是楚雄市标志性建筑之一。

历史沿革 楚雄州历史悠久，文物资源丰富。早在1965年，在元谋县发现了距今约170万年的亚洲地区最古老人类——“元谋人”牙齿化石；1975年在禄丰县发现了距今800万年的人类的猿型祖先腊玛古猿化石；1974年在楚雄万家坝古墓群出土了最早的铜鼓——春秋战国时期的万家坝铜鼓。故楚雄州被誉为“恐龙之乡”、“人类摇篮”、“铜鼓之乡”等。另外，随着文物调查、征集、考古工作的不断深入，当时全州十县市计有文物4000多件，包括古生物化石、古人类化石、青铜器、民族文物及红军长征过楚雄时留下的革命文物。而且，全州境内先后出土了五亿多年前的三叶虫化石、三亿多年前的鱼化石、一亿八千万年前的恐龙化石。1980年9月，云南省第二次文物工作会议在昆明召开，会议建议历史悠久、文物众多、经济条件较好的玉溪、楚雄、大理、曲靖4地州建立博物馆。自1982年以来，楚雄州文化局、州文物管理所曾多次向州人民政府请示报告建盖州博物馆事宜。1984年12月，国内数十名专家学者联名“关于在楚雄州建立博物馆”的呼吁曾登载于《光明日报》、《云南日报》，省委书记普朝柱、省长和志强曾表态同意建盖。1986年2月，中共中央总书记胡耀邦莅楚亲笔署名题字“楚雄彝族自治州博物馆”（即现馆名）。1988年省文化厅根据姜兴长等在省人代会的提案，拨给建馆前期工程费3万元，用于绘制博物馆气氛图和平面设计图。1989年7月28日州政府批复同意文化局所报方案建设项目及投资规模350万元，州人大常委会第十五次会议审议《贯彻文物法情况的报告》时，认为建馆条件基本具备，政府应迅速落实。1990年5月8日，州人民政府发文同意建盖博物馆，馆址定于南门坡葡萄园。1992年11月23日，州政府发文成立楚雄彝族自治州博物馆。1992年12月4日，成立楚雄彝族自治州博物馆筹建领导小组。1993年6月8日举行了奠基典礼，同年12月1日开工兴建，主体工程于1994年12月29日竣工。1995年7月建成开馆。初建投资2400余万元，2005－2007年又投资999万元对博物馆展厅、陈列、外观等内容进行了两期提升改造。

楚雄彝族自治州博物馆

历任馆长 李朝真（1995－2004.2）、钟仕民（2004.3至今）

业务活动

基本陈列 开设了《序厅》、《古生物厅》、《历史文物厅》、《彝族厅》、《楚雄州建州50周年成就展厅》、《动物标本厅》、《影视报告厅》、《机动厅》等展厅，陈列展出了楚雄州出土的恐龙、禄丰古猿、元谋古猿等古生物化石标本；旧石器、新石器、青铜器、陶瓷器等历史文物；彝族生产生活用具、服饰、毕摩文化等实物；云南地下党、红军长征过楚雄留下的遗物、遗迹及图片；楚雄原生兽类、鸟类、两栖类、爬行类、鱼类标本。古生物化石、青铜文物及彝族服饰收藏、陈列为该馆特色。现展览与1995年相比增加了陈列内容，使陈列形式多样化、立体化，充分利用了墙面、地面及地下的空间进行布展，配以声、光、电等现代化手段突出了特色展品、精品，外观更具民族特色，博物馆面貌焕然一新。

[陈列面积] 共7000平方米

[重要展品] 重要展品有恐龙骨架、万家坝型铜鼓、春秋晚期独木棺、彝族服饰、瓷器、玉器、书画等。

1.《古生物厅》恐龙骨架　2.《历史文物厅》春秋晚期独木棺　3.《彝族厅》彝族服饰　4.《历史文物厅》万家坝型铜鼓

临时展览　机动厅为临时展厅，每年至少举办5次临时展览，建馆以来曾主办或合办《香港的历史与未来图片展》、《红岩魂——白公馆、渣滓洞革命先烈斗争史实展》、《楚雄州建州40周年成就展》、《楚雄州文物精品展》、《航天及陆、海、空军事科学教育展》、《中外名蝶科普艺术展》、《释印严书画展》、《海洋生物化石科普展》、《夏暄国画展》、《云南非物质文化遗产保护成果展》、《袁陆华画展》、《庆祝建党87周年楚雄州企业党员职工书画展》、《楚雄州、红河州书法联展》等数十个展览。

藏品管理

［藏品来源］　考古发掘、征集、收购、捐赠

［藏品类别］　金属、陶瓷、石质、竹木漆器、棉质纸质

［藏品统计］　2500余件，三级以上文物101件，其中一级文物3件，二级文物15件，三级文物83件。

［重要藏品］　春秋绳纹柄山字格铜剑、春秋铜矛、春秋圆形扣饰、春秋三叉发簪、战国鎏金铜臂甲、战国绳纹柄山字格铜剑、汉单耳铜洗、汉小铜碗、清乾隆校秤砝

码、元末青花缠枝牡丹纹罐、明初青花开光花鸟纹盖罐、明青花开光凤穿牡丹纹罐、明初青花缠枝牡丹纹罐、明初青花缠枝牡丹纹盖罐、明青花狮球牡丹纹罐、清乾隆仿哥开片大盘、清青玉盖罐、清浮雕翠玉灵芝葫芦瓶、民国郭燮熙梅花图轴、清浮雕翠玉灵芝葫芦瓶、民国赵祚传手稿、当代郭沫若行书轴、当代十世班禅藏文书法横轴、禄丰龙头骨、彝族木雕龙首月琴、彝族刺绣兜肚、彝族刺绣挎包、彝族经书、羊皮鼓等。

考古调查发掘　参加安楚公路、楚大公路、昆攀公路、青山嘴水库等国家基本建设项目地区的文物调查。调查发掘新石器时代、青铜时代墓葬、遗址300余处，出土新石器时代文物3000余件及大批青铜文物；对元谋大墩子、永仁菜园子新石器文化遗址再次进行发掘研究，出土了大批新石器时代文物；不间断地对禄丰、元谋、双柏、牟定等地的恐龙化石产地进行调查发掘。其中，元谋姜驿恐龙是楚雄州近几年考古调查中的一次重大发现，该恐龙化石产地面积为40平方千米，出土恐龙头骨2件，出土的一具恐龙化石长达18米，是楚雄州目前出土最大的恐龙之一，扩大了彝州“恐龙之乡”的声誉。

科学研究

［科研队伍］　有文博研究馆员1名，副研究馆员6名，文博馆员13名。

［科研成果］　楚雄州博物馆参加了由中科院和科技部“人类起源及环境背景研究”（即“攀登计划”）课题组，于1998年至2004年对元谋盆地古人类遗址进行发掘研究。出土古猿头骨2具；参加云南古人类研究课题组，对元谋人环境、时代进行再研究。出土完整的古猿头骨化石1具及元谋人碳屑、烧骨等遗物。该馆研究人员出版有专著《彝州考古》（李朝真、段志刚著）、《楚雄文物考古与文化论集》（张家华、杨甫旺著）、《中国彝族服饰》（钟仕民、周文林主编）、《楚雄彝族自治州文物志》（钟仕民、杨丽美主编）。2008年博物馆编有《楚雄文博工作年报》，全面反映了全州文物工作情况。

交流合作　2006年8月－2007年9月，以楚雄州恐龙化石为代表的《恐龙与生命的大进化——中国云南5亿年之旅》展览在日本爱知县丰桥市自然史博物馆、三重县四日市市立博物馆和岐阜县博物馆举行，共展出99件146块古生物化石标本及10件化石模型。2007年7月20日，州博物馆6件展品参加在日本举办的《亚洲恐龙大陆展》。2008年10月23日，由香港历史博物馆、古物古迹办事处香港探知馆与州博物馆共同筹办的《魅力楚雄——楚雄彝族自治州文

禄丰龙头骨

战国　鎏金铜臂甲

元末明初　蓝釉盖罐

清　浮雕翠玉灵芝葫芦瓶

彝族木雕龙首月琴

彝族刺绣肚兜

彝族刺绣挎包

化展》在香港历史博物馆开展。

经营管理

［单位性质］ 国有文化事业单位

［经费来源］ 财政全额拨款

［机构设置］ 与楚雄州古生物化石研究中心和州文物管理所合署办公，内设考古队、陈列部、保管部、保卫部和办公室。

［人员编制、组成］ 现有职工45人，其中事业编制44人，合同聘用工1人。

［观众接待］ 建馆以来计接待观众60余万人次。

参观指南

［地址］ 云南省楚雄市鹿城南路471号

［邮编］ 675000

［电话］ 0878-3127463（办公室）
0878-3127470（门卫）

［传真］ 0878-3129974

［电子邮箱］ Zongsiming@sina.com

［网站］ www.cxbw.gov.cn

［开放时间］ 每天8:00—11:30，14:00—17:30

［票价］ 原为10元，自2009年1月起免费开放

（撰文：杨丽美）

锡都博物馆

Gejiu Tin Industrial Museum

概述

类型 地方综合性博物馆

隶属关系 个旧市文化体育局

创建时间 1987年11月4日

所在位置 个旧市金湖文化广场（金湖东路）

面积 总占地面积3000平方米（4.5亩）、建筑面积4642平方米

建筑、布局 建筑坐东朝西，四层钢混结构建筑，第一层（半地下层）设保管部、文物库房和总监控室，1163平方米；二层设公共服务大厅和多功能机动展厅，展厅面积共500平方米；三层设《出土文物陈列》展厅，贵宾接待室，展厅面积共800平方米；四层设《锡文化历史发展陈列》展厅，观众休息厅，展厅面积共800平方米。

建筑特点 馆舍设计面貌以本土文化为特色，图书馆与博物馆联合同建，右边为图书馆，左边为博物馆，采用现代建筑材料，钢混结构，把两馆连成一个整体建筑。建

锡都博物馆外景

青铜文化展

筑外观装修采用褐色与白色，褐色代表原生矿，白色代表大锡，整幢大楼呈八字造型结构。

历史沿革 锡都博物馆原名为个旧市博物馆。成立于1987年11月4日，办公地点设在云庙内，并配备专职干部，行政管理由文化馆兼管。1997年8月28日，个旧市文物管理所成立与个旧市博物馆两块牌子一套人马合署办公，办公地点云庙财神殿内，编制4名。2005年2月5日为了规范管理文物工作，个旧市博物馆从群众文化馆单列出来行使文物工作职能。2008年个旧市人民政府高度重视文物工作，总投资5000多万元，新建博物馆和图书馆，2008年11月14日，个旧市人民政府下文"个旧市博物馆"更名为"锡都博物馆"，人员编制增加到8名，2010年底对外正式开放。

历任馆长 文世坤（1987. 7. 11－2005. 2. 5 兼）；汤文忠（2005. 2. 5至今）

业务活动

基本陈列 二层《个旧地区出土文物陈列展》，主要陈列内容：新石器时代文化、春秋战国墓葬出土文物、汉代墓葬出土文物、元、明墓葬出土文物等；展览表现手法：声光电、图片、实物、墓葬结构等来展示，展出文物石器、瓷器、青铜器329件；三层《锡文化陈列展》，主要展示个旧地区2000多年来矿业开采、冶炼、加工的发展过程，反映个旧锡矿从青铜时代到现代的工业发展过程。展览表现手法，采用声光电、浮碉、图片、实物等展示。

临时展览 每年举办一次最引人注目的《地区民间收藏展》，展期六十天，观众5000余人／次。每年举办各类书画摄影展6次，每次展览10天，参观人数达3000人次。历年来，该馆自办的各类展览内容丰富、形式多样，具有知识性和趣味性。

藏品管理

[藏品来源] 捐赠、征集、墓葬发掘出土

[藏品类别] 纸质、瓷器、金属

[藏品统计] 4000多件，其中二级1件、三级73件、635件一级文物，其余汉墓出土的大部分器物还未定级。

[要重藏品] 汉青铜俑灯、汉三足盘、汉三羊盒（通高17. 5厘米，簋形盒，子母口带盖，腹两侧有二铺首衔环。盖顶桥形钮衔环，上有圆雕的三只卧羊，象征三羊开泰。盖顶正中为四柿蒂纹和"青龙、白虎、朱雀、玄武"四神）。

汉　青铜俑灯

汉　三羊盒

汉 青铜孔雀灯

汉 青铜提梁壶

汉 原始瓷

科学研究

［科研队伍］ 有文博馆员2名

［科研成果］ 《高原窄轨铁路》、《文物保护与利用》、《个旧大锡与青铜元素分析》、《个旧文史资料》

宣传教育

［编辑出版］ 2008年该馆与政协联合编写出版《个旧市文物概览》、参与编写《红河州文物志》

经营管理

［单位性质］ 国有文化事业单位

［经费来源］ 个旧市财政全额拨款

［机构设置］ 设置野外文保室、陈列宣传部、文物保管部、财务室、办公室、安保部。

［人员编制、组成］ 在编人员8名，保卫人员14名交物业管理公司管理。8名在职干部，其中两名中职职称，6名初级职称。

参观指南

［地址］ 云南省个旧市金湖东路（金湖文化广场）

［邮编］ 661000

［电话］ 0873-2192860

［电子邮箱］ gjwwgls@163.com

［票价］ 免费

（撰文：汤文忠，摄影：全洁）

腾冲县李根源旧居管理所

Tengchong County's Admin for the Former Residence of Li Genyuan

概述

类型 社会科学类名人专题纪念馆

隶属关系 隶属于腾冲县文化广播电视体育局，系下属二级法人

筹建时间 1988年筹备维修

正式开放时间 1998年6月正式开放

所在位置 位于腾冲县腾越镇天成社区叠园小区38号

面积 占地3037.4平方米、建筑面积960平方米

建筑、布局 建筑东西向分为前、后两进共4栋房屋，基本坐落于大门至展室的中轴线两侧，左右对称。西面大门内第一进为新建纪念楼，第二进为老屋院落。

旧居大门为牌楼式，土木砖石结构，与西面围墙连成一体，呈“一”字形，门头大理石横匾“李根源故居”为

李根源故居

孙太初题书。大门外两侧开六方形窗洞，内以铁片焊接形成“叠园”二字。大门外建有长方形水泥广场，外围设石栏，作停车场。门内紧贴门墙建有砖石结构小平房二间，为门房和值班室。

纪念楼建于第一进院落的正中，石砌方形台基之上，台基长25.1米，宽10.7米。仿清代建筑，坐东向西，重檐歇山顶回廊式木结构，面阔7间，通23.3米，进深7间，通12米。纪念楼正面突出门楼，楼上檐悬民革云南省委赠送的正书“垂范千秋”匾额。左右分挂两联，黄苗子篆书“中原策马；禹国搜文”及唐仿寅“叠水如带，勇历人间险恶，制英、反满、倒袁、抗倭，勋劳比贡山，心存天下为公爱百姓；曲石作砺，文增大地光华，平叛、扶正、殓烈、解悬，恩泽及囚骨，志在世界大同足千秋”长联。中堂设李根源半身仿铜塑像，左右为黎元洪题赠李根源旧作“关中贤相思王猛；天下苍生忆谢安”。楼上下明间、稍间、次间皆为展厅。纪念楼东、南、北三面围墙作为碑廊，嵌“叠园集刻”和“凤翅园石刻”部分作品。

第二进为老屋院落（叠园），略呈正方形，占地2.36亩，由正房、厅房、厢房组成，皆硬山顶土木结构。正房坐南向北，前后设廊，面阔3间，通面阔11.7米，进深10.7米，设暗楼，檐下悬赵藩手书“得未曾有”木匾；厅房靠天井设廊，面阔三间，通面阔11.5米，进深7米；厢房面阔2间，通面阔5.9米，进深2.3米。

历史沿革 李根源，字印泉、雪生，别署高黎贡山人，1879年生，1965年卒，终86岁，是腾冲籍英武人才的杰出代表。早年先后入日本振武学校及早稻田大学，是第一批37名同盟会员之一。回国后历任云南讲武堂总办、军政部总长兼参议长、陕西省省长、航空督办、农商总长兼国务总理、云贵监察使、西南军政委员会委员等职，授陆军上将衔。

李根源幼怀报国之志，学成后更以华夏振兴为已任，

故居院落

先后参与了控制英国入侵滇西事务、辛亥昆明“重九起义”、讨袁护国运动等军事革命运动。最难能可贵的是，他在1942年，以63岁的高龄，扶病西上，参加了著名的滇西抗战。抗战胜利后，仍坚持治理腾冲的善后，其筹建的腾冲国殇墓园，现为国家级文物保护单位。政务上，李根源在任云南陆军讲武堂总办、军政总长兼参议长、航空督办、农商总长兼国务总理等职时，在民主、法制的建设和政策的实施上，都有自己独到的见解和建议。特别是任陕西省省长期间所施行的十多条政令，关乎水利、交通、教育、文化各方面，措施有力、进步、开明，更体现了他“出将入相”的政治风范。李根源同时是一位著作等身的学者，其著述《永昌府文征》、《雪生年录》、《景邃堂题跋》、《曲石文录》、《曲石文录续编》、《曲石诗录》、《叠翁行踪录》等，皆广泛印刷传世，为滇西地区特别是腾冲县的地方史留下了极为丰富的研究材料。

叠水河畔的李氏老宅，原是李根源之十世祖李镇雄卜居之所，毁于清咸同之兵燹。1945年抗日战争胜利后，李根源奉重庆国民政府命，回滇西善后。同年九月，辞去云贵监察使职，欲于家乡颐养天年。1947年在祖宅基上重建住宅，命名“叠园”，同时新辟“凤翅园”（今腾冲县人民医院家属区），广搜海内名贤手迹，勾勒上石，嵌于四周围墙之上。解放后，叠园由叠水河第二农业社管理使用，1988年11月被公布为腾冲县重点文物保护单位。1989年8月，李根源之子李希纲、李希泌，儿媳杨学礼向腾冲县人民政府递交叠园产权捐赠书。同年11月，成立腾冲县李根源故居管理所，专门对故居进行保护和管理至今。1996年，各级政府先后拨款40余万元，向叠水河第二农业社征用土地1.15亩，新建木构纪念馆一栋，用为李根源生平展览，纪念馆围墙通嵌“叠园集刻”及“凤翅园石刻”的部分作品，形成碑廊。

2003年12月，云南省人民政府将李根源旧居公布为第六批省级文物保护单位。

历任馆长 谢培盛、彭文位、王成英

业务活动

基本陈列 由《李根源先生生平图片展》、《书画展》、《碑廊石刻》三部分组成。通过丰富的图片、资料、实物，展现了李根源的光辉业绩，弘扬了李根源爱国爱乡的精神。

[陈列面积] 共519平方米。

[重要展品] 主要有毛毯（盛世才赠）、毛呢中山装上衣（朱德赠）、铜水盂（程潜赠）、铜墨盒（龚自

展厅一角

碑廊石刻

知、彭望澄赠）、青花瓷碟、石砚、国庆观礼证件、重庆市居民身份证、《内王外霸》拓片、《和顺感旧诗》手稿、“得未曾有”木匾、石刻作品65块。

临时展览 主要展出的是腾冲职工书画研习会的书画作品。

藏品管理

［藏品来源］ 捐赠、收购

［藏品类别］ 纸质、石质、金属

［藏品统计］ 397件

科学研究 关于李根源生平，在其著作《雪生年录》中已有大概的记载，近年来，随着一些学者的认真研究，更有了详细、深入的了解。1998年，中国文史出版社出版的陆星著《李根源传》，是第一本系统介绍李根源生平的传记。而由李根源之孙李成森和谢本书合著的《民国元老李根源》，在1999年由云南教育出版社出版，该书通过大量、详实的资料，更全面地介绍了李根源的丰富阅历和历史功绩。2005年在腾冲举行了李根源学术讨论会，会后结集出版了讨论会论文集，作者或为李根源旧友、亲属，或为认真对李根源作过研究的学者，这些论文充分肯定了李根源的学术、政治、军事成就。

在对李根源旧居的研究上，有原李根源旧居管理所所长彭文位编的《腾冲李根源故居》印行，系统介绍了旧居的历史沿革、现状及展示情况。

宣传教育

［编辑出版］ 1999年原李根源旧居馆长彭文位编写了《腾冲李根源故居》一书，现任馆长王成英发表了《革命先驱黄兴与李根源》、《李根源与滇西抗战》。

交流合作

［学术交流］ 1999年6月6日在李根源旧居举办李根源诞辰120周年座谈会；2005年9月在腾冲召开李根源研讨会。

经营管理

［单位性质］ 国有文化事业单位

［经费来源］ 财政拨款

［机构设置］ 设置文物保护、陈列宣传、文物库房保管、档案保管、财务管理、安全保卫等机构。

［人员编制］ 现有职工4人，属于事业编制。保安人员1名，在职干部3名，其中2名中级职称（文博馆员），1名初级职称（文博助理馆员）。

参观指南

［地址］ 腾冲县腾越镇天成社区叠园小区38号

［邮编］ 679100

［电话］ 0875-5133450

［开放时间］ 8:00－19:00（全年开放）

［票价］ 免费

（撰文：李根源旧居管理所）

腾冲县国殇墓园

Gemetery of the Revolutionary Martyrs Tengchong

概述

类型 社会科学类历史遗址专题博物馆

隶属关系 腾冲县文化广播电视体育局

筹建时间 1944年冬

正式开放时间 1945年7月7日

所在位置 腾冲县腾越镇天成社区太极小区2号

面积 53300平方米

布局 主体建筑采用中轴对称台阶式演进布局形式，由大门、甬道、忠烈祠、烈士墓塚、纪念塔及展览厅组成，陵园内遍植苍松翠柏，古木参天，环境幽静，庄严肃穆。

建筑特点 主体建筑均为木结构建筑，大门呈牌楼影壁式；忠烈祠为仿清祠建筑，重檐歇山顶，四周设廊，格门圆窗，面阔五间；主体建筑由大门、忠烈祠、烈士塚 、纪念塔、展厅组成，园内遍植苍松翠柏，古木参天，檐下悬挂蒋中正题“河岳英灵”匾额，门额上悬于右任题书的“忠烈祠”匾额。明间及外廊柱上悬挂有何应钦，卫立煌、霍揆彰、周福臣、阙汉骞、顾葆裕等各级军事将领的题联。廊沿上碑石林立，有蒋中正签署的《国民政府军事委员会布告》，霍揆彰的《腾冲忠烈祠》。李根源的《告滇西父老书》、张问德的《答田岛书》。祠内正中正面墙壁上镶嵌孙中山先生肖像，两侧悬挂中华民国国旗和中国国民党党旗，上有“天下为公”横额，两旁分嵌“革命尚未成功，同志仍须努力”的遗训，中嵌“总理遗嘱”。两侧墙壁上嵌有76方抗日阵亡将士名录碑。祠前平台正中嵌有蒋中正题、李根源书的“碧血千秋”石匾。忠烈祠的右侧，是重修的滇西抗战盟军阵亡将士纪念碑（原碑址在忠烈祠后）。纪念碑由一个主碑和19个副碑组成。主碑上刻有的碑文为中英文对照，副碑上刻有19名盟军将士的姓名及军衔，成斜卧式；祠后小团坡，高约30米，坡顶呈一圆形平台，正中耸立着巍峨雄伟的纪念塔，塔顶呈方锥体，东、西、北三面镌刻“远征军20集团军克复腾冲阵亡将士纪念塔”字样，塔身呈矩形，正面刻有李根源书的《民族英雄》四字，其余三面刻有第20集团军总部所撰写的《腾冲会战概要》。烈士墓塚以塔为中心呈辐射状，按作战序列成纵队排列，碑上刻有烈士的姓名及军衔，碑下埋葬有烈士骨灰，共计3346塚。

历史沿革 1942年5月，日军进犯中国滇西边境，怒江以西的大片国土沦陷敌手，中国抗战大后方唯一的一条国际运输通道—滇缅公路被彻底截断。1944年5月，为了收复滇西失土，打通西南国际运输大动脉—滇缅公路，使盟国（美）的援华物资顺利进入中国，最终取得抗日战争的胜利，中国远征军发起了滇西大反攻。中国远征军右翼军第20集团军以6个师的兵力（含远征军直属部队）强渡怒江，仰攻高黎贡山，血战南、北斋公房。接着在盟军（美）的配合下，围攻腾冲古城，与敌人展开殊死巷战，经过43天的浴血奋战，于1944年9月14日将日寇全部歼灭，收复了我国抗战以来的第一座城池—腾冲。此次战役共歼灭日军6000余名，远征军官兵阵亡9168名，盟军（美）官兵阵亡19名。腾冲光复后，为了纪念在战争中牺牲的民族英雄，在云贵监察使李根源的倡导下，政府拨出专款，海外华侨

1

2

3

4

1.国殇墓园大门 2.纪念塔 3.忠烈祠 4.浮雕墙

慷慨解囊，修建国殇墓园。工程始于1944年冬，1945年7月7日（“泸沟桥事变”8周年纪念日）竣工落成。

1986年成立“腾冲县国殇墓园管理所”，1984年6月被腾冲县人民政府公布为县级重点文物保护单位，1988年2月被云南省人民政府公布为省级重点文物保护单位，1995年腾冲国殇墓园被评为全国文物系统优秀爱国主义教育基地，1996年被国务院公布为全国重点文物保护单位。2005年11月，国殇墓园被中宣部公布为全国青少年爱国主义教育示范基地。现在是滇西抗战纪念馆的所在地。

历任馆长 莫泽洋（？－1984）、刘春明（1984－1986）、刘维圻（1986－1990）、毕世铣（1990－1995）、谢培盛（1995－1999）、彭文位（1999－2002）、李新波（2002－2004）、张龙（2004－2009）、杨素红（2009至今）

业务活动

基本陈列 《极边第一城的血色记忆》，陈列采用现代博物馆的布展理念，声、光、电相结合，给观众全新的感受，在参观的过程中60年前的那场战争重新浮现在观众的眼前。展出的内容分为“驿路商旅翡翠诚”、“救亡的呐喊”、“859个日日夜夜—腾冲抗战”、“炮火中诞生的大动脉”、“历史的丰碑”五个部分。共展出版面31版，照片168张，战斗序列图2张，抗战示意图9张，被日军残酷杀害的民众统计表1份，浮雕3幅，抗战实物139件，纪念物一件。第二展厅的功勋柱上分别列有李颐、叶佩高、威廉C·麦姆瑞、顾葆裕等12人的生平事迹。另外陵园内还建有60米长的大型概念性石质浮雕墙一座，著名将领、人物的锻铜雕像十组。

［陈列面积］ 650平方米

［重要展品］ 141件

临时展览 临时陈列面积96平方米，结合单位自己的历史特点，定期或者不定期举办腾冲抗战实物展览和抗战书画展览。

藏品管理

［藏品来源］ 主要为社会各界人士捐赠，部分向社会征集。

［藏品类型］ 棉质、纸质、石质、金属等。主要为抗战纪实照片、碑刻、匾额、楹联、枪械、飞机残损部件等。

［藏品统计］ 400余件

［重要藏品］ 重机枪、公文包、日军指挥刀、收音

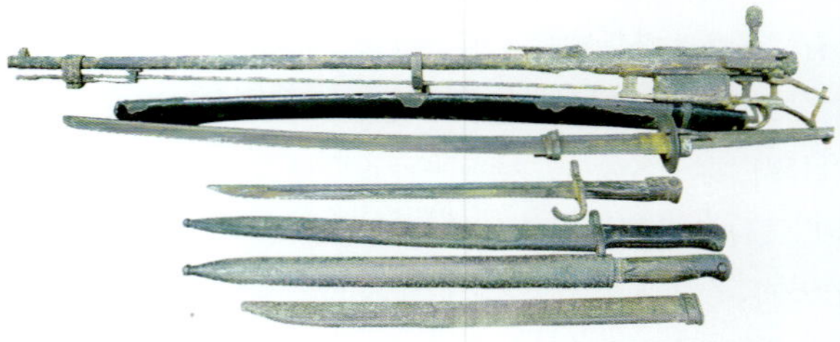

三八枪、枪刺

远征军使用的炮弹

展厅一角

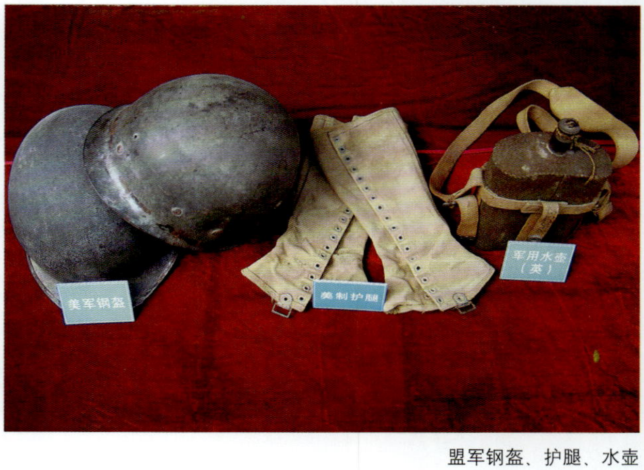

盟军钢盔、护腿、水壶

收音机

机、飞机残损部件等。

科学研究

［科研队伍］ 有文博馆员2名、助理馆员3名。

［科研成果］ 《碧血千秋》、《国殇墓园》、《滴血丰碑》等。

宣传教育

［编辑出版］ 《腾冲文史资料选集》第一集—抗日战争专辑、《极边第一城的血色记忆》—腾冲抗战见证录、《腾越文化研究》第二集—腾冲抗战专辑、农民作家段培东的《松山大战》、《剑扫风烟》、《怒水洪波》等。

［讲座］ 定期邀请健在的抗战老兵、黄埔学员、研究抗战历史的专家到园开办青少年爱国主义教育活动、抗战历史专题讲座。

［影视录像］ 《难忘国殇》、《中国远征军》等。

交流合作

1994年举行“腾冲抗战胜利50周年”学术交流纪念活动、2004年举行“腾冲抗战胜利60周年”学术交流纪念活动、2005年张龙馆长应邀赴台北，参加了台湾纪念抗日战争系列活动“走过殖民岁月”学术论坛。

经营管理

［单位性质］ 全民公益性事业单位

［经费来源］ 财政拨款

［机构设置］ 内设文物保护、陈列宣传、档案管理、财务管理、办公室、免费讲解服务及安全保卫。

［人员编制］ 现有职工21人（正式职工11人、合同聘用工7人、保安公司下派保安3人）。

［服务观众项目］ 设有游客服务中心、小卖部（常年提供抗战书籍、旅游纪念品、宣传折页）、免费讲解等。

［观众接待］ 年接待观众约24万人次

参观指南

［地址］ 腾冲县腾越镇天成社区太极小区2号

［邮编］ 679100

［电话］ 0875-5133679

［电子邮箱］ gsmy19450707@126.com

［开放时间］ 8:00－18:00（全年对外开放）

［票价］ 免费

（撰文：张龙）

腾冲县柏联和顺滇缅抗战博物馆

Museum of Yunnan Myanmar Anti-Japanese War

概述

类型 社会科学类历史专题博物馆

隶属关系 隶属于柏联和顺旅游文化发展有限公司

筹建时间 2005年5月

正式开放时间 2005年7月7日

所在位置 坐落在云南省腾冲县和顺镇。和顺位于腾冲城外四公里处，四周火山怀抱，山上名木古树郁郁葱葱。一江一河穿越马蹄窝形状的坝子，四时景色不同。百亩湿地中，鹭鸶、野鸭、秧鸡嬉戏其间。古镇环山而建。明清古建筑有8万多平方米。清溪绕村，垂柳拂岸，夏荷映日，金桂飘香，让人留连忘返。

在2005年中央电视台举办的中国魅力名镇评选活动中，和顺以面向南亚的第一镇、火山环抱的休闲胜地、大马帮驮来的翡翠之乡、汉文化与南亚文化、西方文化交融的窗口、六千居民和谐生活六大魅力的古镇景区，入围中国十大魅力名镇并获得唯一的年度大奖。

滇缅抗战博物馆是和顺古镇景区内的主要景点之一：其余景点还有和顺图书馆、文昌宫、弯楼子民居博物馆、

滇缅抗战博物馆门口

刘氏宗祠、元龙阁、艾思奇纪念馆。

面积　占地面积1300平方米、建筑面积1200平方米

建筑、布局　典型的古建筑群，三进四院，房屋属砖木结构，用优质木材构建，平房高楼依地形的高低而建，和谐壮观，从大门至后院所有地面都采用本地火山石方块镶成，平整光滑，大门外面的石阶石栏也都是火山石所做，雅洁悦目。

历史沿革　滇缅抗战是世界反法西斯战争的重要组成部分，是中国远征军和中国驻印军与美、英盟军对日本军国主义实行歼灭战的主战场，是中国人民在近现代史上第一次将侵略者赶出国门的战斗。

滇缅抗战博物馆是我国第一个民间投资、民间收藏的抗战博物馆。它的开馆是云南省纪念抗战胜利60周年的一项重要活动，对于打造该省抗战品牌、弘扬爱国主义精神具有重要作用。

收藏家段生馗用了将近二十多年的精力收集和保存二战文物。经保山市、腾冲县党政领导牵线搭桥，云南柏联和顺旅游发展有限公司与段生馗签订了合作协议，由柏联集团建设滇缅抗战博物馆，并对段生馗以资金支持，柏联集团取得这些文物40年的使用权，段生馗任柏联滇缅抗战博物馆馆长，共同把这件有意义的事情做好。柏联集团总裁郝琳和董事长刘湘云伉俪是一对以文化为企业发展灵魂的企业家。他们决心投资滇缅抗战博物馆，共同办好这一有意义的事业。

2005年7月7日，由柏联集团投资，与收藏家段生馗先生合作，滇缅抗战博物馆在云南腾冲和顺正式开馆。博物馆设在1944年中国远征军20集团军司令部的旧址。旧址原为明清时期的和顺土主庙和三元宫所在地，见证了滇缅抗战的历史，解放后长期作为和顺镇镇政府至2005年初。建立博物馆后按照“修旧如旧”的原则对其进行了修缮，建筑保留了历史上的结构和原貌。

历任馆长　段生馗

业务活动

基本陈列　陈列分5个部分：山河破碎、悲壮远征、沦陷岁月、剑扫烽烟、日月重光。在七个展厅中通过大量老照片、纪录片、史实资料、油画、连环画、采用声光电等多种手段和馆藏实物一起，真实再现了滇缅抗战的历史。展览大纲在2005年5月17日经云南省委宣传部、省文化厅、省委党史研究室领导和有关专家审定通过。陈列面积600平方米，展现310米。

临时展览　2005年底为纪念世界反法西斯胜利60周年，由省宣传部组织到云南省农展馆进行了为期一个月的展出。

1

2

3

1.馆徽雕塑　2、3.展厅（局部）

藏品管理

［藏品来源］　收购

［藏品类别］　纸质、金属、棉质

［藏品统计］　7000件

［重要藏品］　包括中国远征军、驻印军、美英盟军、民众抗战和日寇的文物，有李宗仁送给抗日县长张问德的红藤杖，张问德《腾北偏安录》手稿，民国元老、滇缅抗战领导人李根源、远征军司令长官卫立煌、杜聿明、孙立人等在滇缅抗战时使用过的物品，多把中正剑，飞虎队全套徽章、血幅、飞机用品、日军沾满血的军刀、毒气

中正剑

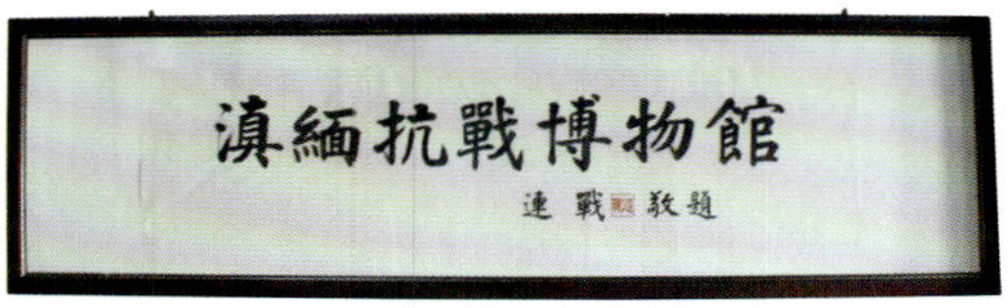

中国国民党主席连战题字

弹、慰安妇用品等一大批绝品、精品。

宣传教育　2009年，四川远征军抗战老兵组织重走滇缅路的活动，博物馆组织腾冲的抗战老兵与他们在滇缅抗战博物馆内座谈。2005年央视《面对面》栏目做了反映滇缅抗战历史的三期节目。

交流合作　2006年下半年，该馆与中央电视台著名主持人崔永元和顺荣誉村民合作，历时近半年，对108位滇缅抗战亲历者进行采访、拍摄，这些采访对象，职务最高的是198师少将参谋长，年龄最大的95岁，有参加过战斗的老兵，还有华侨机工、沦陷区的老人、滇缅公路的筑路者、飞虎队的翻译、驻印军…。三年多过去了，许多当年的被采访者如今已经告别人世，抢救下来大量滇缅抗战亲历者口述历史的影像记录，显得愈加珍贵。

经营管理

［单位性质］　民营文化事业单位

［经费来源］　自筹（景区门票收入）

［机构设置］　有专门的办公室和管理团队

［人员编制］　目前博物馆内共有管理员、讲解员共14人。

［服务观众项目］　特色旅游纪念品、宣传资料、滇缅抗战历史的相关书籍、讲解服务。

［观众接待］　年30万人次

从开馆至2007年10月，博物馆已累计接待参观者150多万人，其中有学生、农民、工人、战士，有中央和国务院的40多位部长、省级党政领导，有曾经参加当年滇缅抗战的远征军战士、美国飞虎队老兵，有不少专家学者。参观者都被博物馆所展现的历史所震撼，纷纷写下了留言、题词给予了肯定。台湾新党党主席郁慕明访问和顺，为滇缅抗战博物馆题写对联“前人抗日保江山，今世齐心谋一统”。

2009年4月，史迪威将军的后人包括他的孙子约瑟夫·史迪威、外孙约翰·伊斯特布鲁克等共七人，参观了滇缅抗战博物馆，深受感动。约瑟夫·史迪威写的是：“很高兴有这次机会到此博物馆参观，此博物馆记载着中美士兵共同战斗的历史，在此纪念了战争中牺牲的士兵。我们将会永远记住中美两军士兵之间的友谊，这份友谊将永世长存。”

参观指南

［地址］　云南省腾冲县和顺镇（文昌宫右侧）

［邮编］　679116

［电话］　0875-5158777

［传真］　0875-5150010

［开放时间］　8:00－19:00（全年开放）

［票价］　和顺古镇景区通票80元内含柏联和顺滇缅抗战博物馆等十个景点。

（撰文、摄影：卢林）

INDEX

中国博物馆志

海南卷

《中国博物馆志》海南卷

编辑委员会

目录

五画

八画

十画

东坡书院
Dongpo Academy

概述
类型 社会科学类历史遗址专题纪念馆
隶属关系 隶属儋州市文化广电体育出版局
创建时间 1097年冬
正式开放时间 1984年8月1日
所在位置 坐落于海南省儋州市中和镇东郊
面积 占地面积49亩、建筑面积2398平方米

1

2

3

1.东坡书院山门 2.载酒亭 3.载酒堂

建筑、布局 东坡书院以头门、载酒亭、载酒堂、大殿为主轴。主轴两旁分别设耳房、庑房。主轴东园建钦帅堂、迎宾堂、望京阁、卫生间，西园建陈列馆、东坡笠屐铜像、尊贤堂。载酒亭两侧保留原莲花池。后园设假山、怀贤亭。整个书院古建筑均以绿色琉璃瓦铺盖，古色古香，型制多样。

历史沿革 东坡书院是北宋大文豪苏东坡贬居儋州时讲学场所，原名载酒堂，苏东坡到儋州的当年十一月，与军使张中同访黎子云，座上有人提议在黎子云涧上捐钱筑屋作东坡会友和讲学之用。苏东坡欣然同意，带头捐款，由张中主持筹建。第二年屋建成，东坡取《汉书·扬雄传》“载酒问字”的典故命名为载酒堂。明嘉靖二十七年（1548），改名东坡书院。

苏轼（1037－1101）字子瞻，号东坡，四川眉山人。与父苏洵、弟苏辙都是北宋著名的文学家。世称“三苏”，同属“唐宋八大家”之列。绍圣四年（1097），谪居惠州的苏轼据说因写了一首《纵笔》诗，其中有“报道先生春睡美，道人轻打五更钟”之句，此诗传到京城，宰相章惇闻而怒曰：“苏子瞻尚尔快活！”于是责授琼州别驾昌化军安置。把苏轼从惠州再贬到海南岛儋州。元符三年（1100）五月遇赦北归。次年七月卒于常州。终年六十六岁。

东坡书院原名载酒堂，始建北宋绍圣四年（1097）。元泰定四年（1317），南宁军军判彭应雷寻拓旧基重建载酒堂，并把初在城南桄榔庵的东坡祠移于载酒堂后。迎苏公像祀于其中。明永乐七年（1409）知州陈敏重修。成化二年（1466）知州谭缙坤重修，成化九年（1473）知州罗杰，千户张鈅相继重修，罗杰加筑垣墙。成化十九年（1483）知州林坤还于废宜伦学旧址，成化二十二年（1486）州同知徐时中还复旧址。正德七年（1512）陈衮复一新之定春秋祀仪。正德年间定编一门子工奉祠事。万历九年（1581）副使唐可封创建八角亭，重修载酒堂，作《重修载酒堂记》记之。万历二十三年（1595）知州陈荣选重修载酒堂、建载酒亭、钦帅堂，浚钦帅泉并立碑纪念。清顺治十七年（1660），钦差分巡海南道整饬兵备道兼提学广东按察副使韩庭岂和奉直大夫儋州事徐凤鸣捐资重修东坡祠。清康熙九年，知州滕元鼎重修东坡祠，并立碑记。清道光三年（1823）副贡唐书启重修。道光十五年（1889）雷琼兵备道朱采重修。清光绪十九年（1893）绅士周秉忠重修，增造两廊、耳房、头门。光绪三十二年（1906）观察使朱为潮修葺书院。

民国七年（1927），琼崖道尹梁迈巡儋，捐俸四佰

东坡笠屐铜像

元，增筑左右围墙，修葺上中殿、耳房、池塘，匾对神袍。民国九年之难，祠宇虽存，而剥落荒凉，不堪寓目。民国二十三年，国民革命军独立团团长王定华全面维修，增开东坡公路设东坡公园。解放后，政府多次维修，“文革”期间略受破坏。期间政府在书院内创办中和中学（今中和东坡中学）、中和第二小学（今东坡希望小学），1982年起中央文化部、广东省人民政府、海南行政区政府、儋县人民政府拨款大规模维修。1984年8月1日成立儋县东坡书院管理处，并于1984年中秋节正式对外接待参观。1985年建陈列馆、立东坡笠屐铜像。1987年建望京阁、迎宾堂、接待室、回廊。同年中和中学、中和第二小学彻底迁出。1992年夏季王彦捐资建怀贤亭，1992年5月旅台同乡陈理之、王在武等十三人捐资建假山（仰苏池）。1993年3月儋县撤县设市，更名儋州市东坡书院管理处。1994年11月2日海南省政府公布为省级重点文物保护单位。1995年修复钦帅堂、建春牛景点。1996年11月20日国务院公布为全国第四批重点文物保护单位。同年列为省爱国主义教育基地。2007年市政府建东坡文化广场。同年市检察院、林业局、法院、等捐资刷新头门、载酒堂、大殿、庑廊、围墙及四间耳房。2008年增设劝耕圃、翰林园，洋浦管理局、市工商局、市民政局捐资维修尊贤堂和制作两庑廊书画展柜。

自开放接待叁观以来，前来参观海内外游客络驿不绝！

历任主任 谢良蕭（1984.8.1－1993.3）、林开鸿（1993.3－2006.1）、朱壮才（2006.1至今）

业务活动

基本陈列 陈列馆设《苏东坡专题展览》，共分三部分：第一部分简要介绍苏东坡生平；第二部分着重陈列苏东坡在儋州期间的大量史料，包括书法、东坡在儋所著的诗、词、赋、书信、表、论文、杂记等；第三部分为后人对苏东坡景仰。展览通过图文并茂形式展示。

大殿主要陈列东坡书法、拓片、后人研究苏东坡著作书刊。大殿正中设苏东坡讲学彩雕组像。

载酒堂主要陈列历代碑刻，有纪事、吟咏两大类。

院内各馆还挂历代楹联、名匾。

临时展览 院内东西两庑廊分别展出名家书画作品和中央领导视察东坡书院图片。

1998、1999年东坡书院在钦帅堂举办两届以缅怀苏东坡居儋为内容的《儋州之春》书画展，2000年举办《林东兴个人油画展》，2001年举办《旅台同胞黄日辉先生书画展》，2004、2005年“博物馆纪念日”在院内庑廊举办两次《苏轼贬儋诗意画》专题展。通过展览，丰富了社会各界和青少年的业余文化生活，也发挥了书院作为爱国主义教育基地作用。

藏品管理

［藏品来源］ 藏品主要来自书院原藏，收集和历年征集。

大殿

［藏品统计］ 藏品主要分为书画、文献资料、碑刻、器物、楹联、名匾六大类。其中书画约500件，文献资料200余册，器物2件，碑刻13通，楹联15副，名匾11块。

［重要藏品］ 书画类有郭沫若、关山月、楚图南等书法真迹；碑刻类有元代《东坡先生祠记》碑，清代乾隆九年《重修东坡祠记》碑，清顺治十七年副使韩庭岂、儋州知事徐凤鸣《捐资重修东坡祠碑记》。器物类有明代酒醒一个。

［藏品保护］ 书画类保护基本采取玻璃橱窗封闭陈列，平均每月检查二次，并根据展品破损情况进行调整、更换、修复重裱。库存书画藏品用铁柜保存，平均每月开柜检查三次，通风、防霉、防潮和施药防蛀。器物类、文献类均置放于玻璃柜内陈列展示，保管员每天查看确保及时了解文物状况。

宣传教育

［编辑出版］ 1、原东坡书院管理处主任谢良鼐编《天涯雪爪》、《苏东坡胜迹诗联选》、《东坡书院、桄榔庵历代诗选》等。2、原市文化馆朱玉书编著《苏东坡在海南岛》、《海外奇踪》、《千古风流》。3、原东坡书院管理主任林开鸿编著《狗仔花》。4、原市文体局长韩国强著《寻访东坡踪迹》、《苏东坡在儋州》、《意境清新、情趣盎然——苏轼海南诗文选读》、《东坡居儋故事》。5、原海南日报总编助理林冠群编注《新编东坡海外集》等。

［影视录像］ 海南卫视拍摄《苏东坡在儋州》宣传片用中英文对海内外播出宣传。

合作交流

［学术交流］ 1987年12月16日在东坡书院举办纪念苏轼贬儋890周年学术研讨会。1995年8月全国第八届苏轼研讨会在儋州召开。

经营管理

［单位性质］ 全民事业单位

［经费来源］ 市财政全额拨款，市财政、省文体厅省文管办、省财政厅及国家文物局专项补助。

［机构设置］ 儋州市东坡书院管理处设主任1人，副主任2人。内部机构设置：1、办公室；2、文物保管讲解部；3、营销部；4、保卫安全部；5、园林组；6、苏轼学术研究组。

［人员编制、组成］ 东坡书院管理处编制6个，财拨人员6人，自筹11人。专业技术人员6人。现有人员学历构成：大专2人，高中生15人。

［观众接待］ 年均接待5万人次。

参观指南

［地址］ 海南省儋州市中和镇东坡书院管理处

［邮编］ 571747

［电话］ 0898-23571206

［电传］ 0898-23571206

［电子邮箱］ dzsdpsy@126.com

［网址］ http//www.hainandpsy.com

［开放时间］ 8:00－18:00（全年开放）

［票价］ 15元

（撰文：王圣阳）

昌江黎族自治县博物馆

Changjiang County Museum

概述

类型 地方综合性博物馆

隶属关系 昌江黎族自治县文化广电出版体育局直属

创建时间 1987年9月

正式开放时间 1988年

所在位置 位于县城石碌镇东风路9号文化大楼

面积 展厅面积220平方米、办公面积20平方米、库房面积20平方米

布局 展厅呈东西走向，框架结构，于文化大楼四楼，库房、办公区在三楼。

历史沿革 1983年5月，海南黎族苗族自治州举办文物普查培训班，昌江县文化局派5人参加培训，成为昌江第一批经过专业培训的文物工作者。

1983年10月，昌江县文化局从文化馆和区文化站抽调人员组成文物普查队，在全县进行了为期4年的文物大普查，为博物馆的设立打下基础。

1987年9月6日，昌江县编委正式下文成立昌江县博物馆，为文化局下属股级事业单位，编制7人。

2005年，昌江县编委下文，博物馆编制5人。

历任馆长 陈吉琼、杨春盛、黄兆雪

业务活动

基本陈列 《昌江文物展》是在历年征集文物的基础上充实调整改陈的。1988－1997年，展出的文物主要分为历史文物、民族民俗文物、革命文物、自然标本四部份。展出按共处一室、分类排放的形式在文化大楼四楼展出。1998年，鉴于自然标本的保存不善及革命文物数量单一而撤架，展台也全部更换为展柜，现在展出主要分为历史文

历史文物展厅一角

民族民俗展厅一角

物和民族民俗文物二部份，历史文物主要为各时代的陶瓷器及新石器等。民族民俗文物主要为黎族的生产生活工具及服饰等。展出的文物数为432件，较有价值的藏品有战国时期的绚纹环形器，汉代的铜釜，七差信冲洞的古脊椎动物化石，叉河新石器时代石锛，反映黎族生活的独木舟、生活用具、服饰等。

藏品管理

［藏品来源］ 藏品主要通过博物馆人员从村民家中有偿征集而来，一部份通过田野调查采集和考古发掘而来。

［藏品统计］ 经登记进入藏品总帐的文物件数为759，其中古代文物分为化石类、石器类、陶器、瓷器、铜器、铁器、其它金属器七大类，共274件，近现代文物分为陶器、瓷器、武器及其它四大类，共94件，民族民俗文物分为陶器、竹木器、棉麻制品、饰品及其它五大类，共354件，货币主要为清代的方孔钱，共37件。

［重要藏品］ 绚纹环形器，汉代的铜釜，七差信冲洞的古脊椎动物化石，叉河新石器时代双肩石锛，反映黎族生活的独木舟、树皮被、树皮服饰等。

更新世中期　犀牛臼齿化石

黎族服饰

战国　绚纹环形器

新石器时代　双肩石本锛

黎族藤编器

［藏品保护］　昌江县博物馆现有库房20平方米，库房仅配有简易排放架。

宣传教育　该馆始终坚持以社会教育为中心，开展形式多样的宣传教育活动，即通过陈列讲解、不定期举办文物有奖知识问答、上街文物鉴定等。

科学研究　该馆现在职人员4人，2人获文博馆员专业技术职称，2人获文博助理馆员专业技术职称。主要对民族民俗文物进行研究，撰写了《昌江美孚黎的宗教信仰》、《从民族学材料看黎族与骆越民族的关系》、《黎族使用露兜草的习俗》等论文。

合作交流　昌江县博物馆自成立以来，一直积极与省内同行进行密切交流。积极参加上级业务主管部门举办的各类专业技术培训班。

经营管理

［单位性质］　全民所有制事业单位

［经费来源］　全额财政拨款

［机构设置］　现设办公室、文物收鉴组、文物管理组、文物宣展组等四组一室。

［人员编制、组成］　事业编制5名，现在职人数4人。事业编制人员大学学历1人，大专学历3人；专业技术人员4人，其中中级职称2人，初级职称2人。

［服务观众项目］　以免费发放文物简介为服务观众的特色经营项目。

［观众接待］　年均观众人数约为5000人次

参观指南

［地址］　海南省昌江县石碌镇东风路9号

［邮编］　572700

［电话］　0898-26635129

［电传］　0898-26635129

［电子邮箱］　cjbwg@163.com

［开放时间］　8:30－17:00

［票价］　免费

（撰文：黄兆雪）

海口市博物馆

Museum of Haikou City

概述

类型　地方综合性博物馆

隶属关系　隶属于海口市文物局

创建时间　1979年12月24日

海口市博物馆全貌

所在位置　位于海口市海府路169号（全国重点文物保护单位五公祠院内），西北对“海南第一楼”，东南靠海南省农科院，南面临近海南省农经干校，环境优美。

面积　建筑面积4800平方米

布局　建筑坐东南朝西北，主楼三层，裙楼二层，共有十个展厅。整体建筑呈纵向对称分布。第一层为办公区以及文物库房，另设两个纵向相对应的临时陈列展厅，约190平方米；第二层设七个展厅，约1300平方米；第三层为一个展厅。

建筑特点　馆舍设计面貌与五公祠内的古建筑群相协调，整个建筑为围合院落式三层砼混结构园林仿古建筑，规模壮观，气势宏伟。建筑为悬山顶，黄色琉璃瓦。

历史沿革　1979年12月24日，经海口市革命委员会批准，海口市博物馆正式成立，但未建馆舍。1994－1996年间，海南省人民政府十分重视五公祠的修缮工作，下拨专款1800余万元，在五公祠游览区内修建高三层、建筑面积达4800平方米的园林仿古建筑——五公祠陈列馆。2005年6月28日，经市委、市政府批准，在海口市博物馆基础上组建海口市文物局，加挂海口市博物馆牌子，形成“两块牌子，一套人马”的机构，重点开展全市文物保护、管理和文物行政执法工作，办公地点位于五公祠陈列馆内。2009年8月7日，根据海口市文化体制改革实施方案，海口市机构编制委员会正式下文，单独设置海口市博物馆。2009年12月28日，举行海口市博物馆揭牌仪式，正式将五公祠陈列馆更名为海口市博物馆。2010年2月8日，由海口市文体局、文物局主办，海口市博物馆承办的《海南黄花梨藏品展》在海口市博物馆开幕，标志着海口市博物馆正式对外免费开放。

历任馆长　梁杰成（1982－1993）、邱达民（1993－2001）、张昆荣（2001－2010.3）

业务活动

基本陈列　主要展出五公（唐宰相李德裕；宋宰相李纲、赵鼎；南宋抗金将领李光、胡铨）史迹、海南明清名人

《五公史迹》展

《百年大事》图片展

史迹、海南革命名人业绩、琼籍华侨业绩、馆藏精品文物等展览。

博物馆一层的第八展厅为《琼籍华侨业绩展》。近90平方米的展厅内共展出72张图片，介绍了海南解放革命运动的发展以及海南籍各界名人为海南经济的发展所做出的巨大贡献。

博物馆二层为《五公史迹》、《海南明清名人史迹》以及《中国共产党党史图片展》和《二十世纪世界百年大事件图片展》等。

博物馆三层为《馆藏精品文物展厅》，其中包括汉代铜鼓、宋代诏碑、明代铜钟、清代铁炮等四大镇馆之宝。

专题展览　海口市博物馆先后举办了《海南民族民间工艺精品展》，《河北满城汉墓金缕玉衣文物精品》，《海南黄花梨藏品展》，《六十年看海口》图片展等专题展览30余场次。其中，《海南黄花梨藏品展》作为海口市博物馆正式对外开放的里程碑，具有重要的纪念意义。

2010年2月8日，海南黄花梨藏品展在海口市博物馆正式开幕。此次黄花梨藏品展得到了海南10余位收藏家的积极支持，在海口市博物馆二层1000多平方米的展厅内共展出140余件藏品，分三大类：生活用具、传统家具以及根雕艺术品。展品中的一对顶箱柜最为瞩目，它由单板黄花梨木制作而成，长113厘米、宽55厘米、高234厘米，这在黄花梨成品中极为珍贵，收藏价值不菲。它们充分展现了海南独一无二的花梨文化以及精湛的雕工技艺。为期三个月的展期，吸引了广大游客和市民慕名参观，取得了良好的社会效益。

海南黄花梨顶箱柜

藏品管理

［藏品来源］　主要以上级调拨、社会捐赠和征集、考古发掘等方式作为藏品来源。

调拨：馆藏文物来源中，广东省有关部门调拨的文物占了相当一部分。建省前，市和省文博部门曾多次收到了广东省文管会调拨的文物。大多数为青釉、青花瓷器。

捐赠：广东的丁延咏上世纪80年代曾多次向该市捐赠文物，如东汉的陶鬲、陶罐等140余件，如今这些文物在市博物馆收藏和陈列；1998年10月，万宁市后安镇小海附近的村民陈玉川将收藏了30多年的一个奇怪的小石头捐献给海口市文博部门。经专家鉴定，该石头内为一只螃蟹化石，距今约5500年。

考古发掘：1993年6月，某施工队在滨海天桥靠近海甸溪河道用挖掘机开挖土方时，挖出了4尊锈迹斑斑的铁炮，以及多个铁质轮式支座。其中最大一门炮长2.9米，炮管尾部外径0.5米，前部外径0.36米；其他炮的长度依次为2.48米、2.44米、2.32米。在铁炮上，还有“庆”、“十四”等字迹依稀可见。经过文物专家考证，铁炮系清代嘉庆十四年（1809）的文物。

［藏品统计］　馆藏文物共有3000多件，其中一级品8件，二级品15件，三级品51件，多为陶瓷器。

［重要藏品］　汉代铜鼓：1967年，出土于海南省昌江县南岭，高0.65米，直径1米，体形硕大，保存完好，属铜鼓分期中的“北流型”。汉代铜鼓的出土，反映了海南

宋　神霄玉清万寿宫诏碑

明　铜钟

岛悠久的历史文化，具有较高的历史研究价值。

宋代神霄玉清万寿宫诏碑：北宋宣和元年（1119）八月，宋徽宗赵佶为京师（今河南开封）神霄宫制《神霄玉清万寿宫诏》，令神霄宫立碑刻记，以拓本颁赐天下，募勒立石，宣扬道教。神霄玉清万寿宫诏碑由碑首、碑身、碑座三部分组成。碑首已不存在。碑身呈长方形，高2.53、宽1.3－1.38、厚0.29－0.3米，重约2吨，瘦金体，阴刻，直书。碑文连题及年款共16行392字，字大约4厘米见方。碑四边饰云雷纹、龙纹，内侧阴刻直书小楷，计3行138字，因风化部分字迹已漫漶难辨。碑座为龟趺，长2.3、宽1.57、高0.78米，重约7吨，龟趺背中部有一“凹”形榫眼，与碑身下部榫头相接。神霄玉清万寿宫诏碑是海南现存时代最早的碑刻之一，是秦汉以来中央封建王朝对海南集权统治的重要实物，是道教传播海南历史的最早实物，对研究海南宋代政治、文化、宗教发展历史具有重要的史料价值。

明代铜钟：铜钟是明英宗正统元年（1436），由海南卫指挥佥事信官张玉等人同琼州知府程莹合出自己的俸资铸造而成。原放在海南卫府楼中，专在早晨和黄昏击响以示时间的。钟高198米，重1160公斤。是目前海南现存年代最久、体型最大的铜钟。

［藏品保护］　海口市博物馆建有专门的文物库房，按照《中华人民共和国文物保护法》的要求，区分文物等级，设置藏品档案，建立严格的管理制度。为了更好的保护馆藏文物，2008年，国家文物局下拨专款，在馆舍（原五公祠陈列馆）内安装防盗监控系统以及消防设施，并安排安保人员轮流值班，确保馆藏文物的安全。

宣传教育　作为普及文物知识的传播媒介，海口市博物馆在不断提升自身服务水平的同时，还积极宣传有关文博的理论知识。海口市博物馆在每年的“5·18国际博物馆日”和“中国文化遗产日”，都组织干部职工到市内广场上，以散发宣传资料、解答疑问、接受捐赠、义务为广大市民鉴定文物等形式，宣传文物政策法规和文物知识。此外，还在馆舍内常年展出中国共产党党史图片展，介绍中国共产党的创建历程，开展爱国主义宣传教育。

科学研究　海口市博物馆编：《海口文物志》，1990年（内部刊物）。

经营管理

［单位性质］　国有事业单位

［经费来源］　财政全额拨款

［机构设置］　办公室、陈列部、宣教部、保管部、考古部、保卫部。

［人员编制］　海口市博物馆编制4人，在岗20人（超编人数为文化体制改革保留人员）。其中，中级职称2人，初级职称12人。

［服务观众项目］　提供免费停车场；内设艺术品商店，方便游客购买商品。

［观众接待］　年均30－40万人次。

参观指南

［地址］ 海口市海府路169号五公祠内

［邮编］ 571100

［电话］ 0898-65353047（办公室）

0898-65327823（馆长办公室）

［电传］ 0898-65855353

［电子邮箱］ xu68312@163.com

［开放时间］ 8:30－17:00

［票价］ 免费

（撰文：于洋、陈长精）

海南师范大学生物多样性博物馆

Hainan Biodiversity Museum

概述

类型 自然科学类博物馆

隶属关系 隶属海南师范大学

创建时间 2000年7月

正式开馆时间 2001年7月

所在位置 海口市龙昆南路99号，海南师范大学生命科学学院院内

面积 占地面积5000平方米

布局 共设三层：第一层（二楼）为《海兽多样性》展厅；第二层为《人·社会·自然》展厅和标本储藏室；第三层为《生物多样性》展厅。

建筑特点 结构为普通钢筋混泥土楼层，规模为5000平方米，中式建筑风格。

历史沿革 2000年7月由海南师范大学生态学科创建，2001年海南省人民政府和海南师范大学共同投资165万元（仅包括设计和布展部分）兴建完成。是海南省第一个自然科学类博物馆。

历任馆长 史海涛（2001至今）

业务活动

基本陈列 《海兽多样性》展厅陈列鳀鲸、儒艮、小鰛鲸、海狮、海豹等海兽骨骼和内脏标本；《人·社会·自然》展厅陈列海南当地黎族、苗族与传统文化有关的生产、生活用具；《生物多样性》展厅陈列从海洋生物到鸟、兽等生物多样性标本。

陈列艺术设计特点，以标本为主线，配以丰富的自然照片，图文并茂。陈列面积为1200平方米。展出藏品数7000余件。

［重要展品］ 大熊猫、小熊猫、海南云豹、鳀鲸、小鰛鲸、玳瑁、海龟。

专题陈列 有《海南“生态省”建设专题》展；《SARS专题》展（2003）；《甲型H1N1流感防控专题》展览（2009）。

展厅面积为2000平方米。有特色的展品有鳀鲸骨骼标本。

藏品管理

［藏品来源］ 海南师范大学生命科学学院1983年以来的收藏标本。大熊猫标本来自陕西佛坪自然保护区。

［藏品类别］ 生物标本。

［藏品总数］ 20000件。计有动物标本15000件；植物标本5000件。

［重要藏品］ 鳀鲸骨骼标本。

［藏品保护］ 无延缓自然老化的保护。采取空调、抽湿和药品处理。

科学研究

［科研队伍］ 博士8人，硕士2人。教授6人，副教授4人。

海南师范大学生物多样性博物馆

鳀鲸骨骼标本

［科研设施］ 无线电遥测仪器，光纤光谱仪，望远镜。

宣传教育 举办过讲座50余次。备有野生动物影视录像。

交流合作 和美国、英国、日本、加拿大、香港、台湾等有过学术交流。

经营管理

［单位性质］ 国营事业单位

［经济来源］ 海南师范大学实验室维持经费

［机构设置］ 副处级

［人员组成］ 馆长1人，副馆长1人，义务兼职科研人员10人，临时工2人。

［观众接待］ 年均观众50000人。还先后接待过泰国诗琳通公主、中国科学院郑光美院士、孙儒泳院士、赵尔宓院士、蒋有绪院士以及教育部袁贵仁部长等参观访问。

参观指南

［地址］ 海口市龙昆南路99号，海南师范大学生命科学学院

［邮编］ 571158

［电话］ 0898-65818360（办公室、售票处）

［传真］ 0898-65818360

［网站］ www.hainnu.edu.cn

［开放时间］ 8:00－17:30，预约

［票价］ 免费

（撰文：梁伟）

海南省民族博物馆

Hainan National city Museum

概述

类型 地方综合性博物馆

隶属关系 隶属海南省民族宗教事务委员会、海南省文化广电出版体育厅

筹建时间 1981年秋

正式开放时间 1986年10月1日

所在位置 海南省五指山市海榆北路

面积 占地50025平方米、建筑面积4557平方米、陈列面积2200平方米

建筑、布局 馆舍依山面城，总体布局为庭院回廊式，具有中国传统四合院式建筑群，风格别致，宏伟壮观。

历史沿革 前身为广东省海南黎族苗族自治州民族博物馆，隶属广东省海南黎族苗族自治州文化局。1981年秋筹建，1986年10月1日建成并正式对外开放。1988年4月海南建省后，升格并更名为海南省民族博物馆，隶属海南省民族宗教事务委员会和海南省文化广电出版体育厅的正处级事业单位。2001年机构改革后隶属海南省民族宗教事务委员会。2009年9月后又隶属海南省民族宗教事务委员会和海南省文化广电出版体育厅共管。曾被国家文物局授予“全国优秀地县级博物馆”，被海南省评定为千里环岛文化长廊建设达标单位、贵宾接待定点单位、涉外旅游定点单位、民族团结先进单位。

历任馆长 王国全；杨忠泽；黄新仁；羊海强；彭桂荣；李华权。

业务活动

基本陈列 陈列面积2200多平方米，展出藏品800多件。

《海南历史馆》 陈列从新石器时代至清代，以朝代为单元，以文物、图片和史料为基本材料，组成海南岛的史诗，展现海南岛历史发展过程中各个时代在经济、政治和文化等方面的特点及其相互联系和发展。

《海南革命史馆》 陈列海南旧民主主义革命和新民主主义革命时期的各类文物、资料，系统地介绍了海南各族人民在中国共产党的领导下开展革命运动，坚持二十三年红旗不倒，最后接应中国人民解放军渡海作战，解放海

民族博物馆外景

展厅一角

南岛取得新民主主义革命胜利的光辉业绩，体现了海南各族人民光荣的革命传统。

《黎族传统文化馆（1）》 陈列黎族各种农耕生产工具、生活用具、钻木取火的材料和各类陶器等。陈列辅以图片和文字说明系统地介绍黎族的社会生活、文化习俗等。

《黎族传统文化馆（2）》 陈列黎族的狩猎工具、捕捞工具、纺织工具、各类黎锦。

《黎族传统文化馆（3）》 陈列黎族的编织品、生活用具、交通工具、各种黎族服饰和宗教用品。

《海南苗族传统文化馆》 陈列苗族的农业耕作工具、狩猎和捕捞工具、各种生活用具、妇女服饰、织绣和蜡染工艺品，系统地介绍苗族优秀的传统文化。

《海南回族传统文化馆》 陈列回族的农业耕作工具、捕捞工具、生活用具、妇女服饰，系统地介绍回族优秀的传统文化。

陈列通过实物、文字、图片等介绍海南的历史和黎、苗、回等民族的族源、从业、社会生活、文化习俗。展览融知识性、科学性、艺术性和趣味性为一体，让国内外宾客和博物馆同行了解海南历史、少数民族优秀传统文化的一个重要窗口。

临时展览 《黎族服饰展》、《文物征集成果展》、《铜鼓展》、《民族文物精品展》、《乐嗣炳教授捐献文物展》、《海南少数民族风情摄展》、《海南建省十周年少数民族地区社会经济发展图片展》、《邓小平丰功伟绩展》、《五指山市双拥图片展》、《保持共产党员先进性教育图片展》、《纪念抗日战争胜利60周年大型图片展》，这类展览具有良好的社会效益和经济效益。

藏品管理

［藏品来源］ 考古挖掘、捐赠、征集（购买）。

［藏品类别］ 历史、民俗、工艺美术、宗教等。

［藏品统计］ 藏品27572件，其中珍贵文物593件（一级文物29件、二级文物83件、三级文物481件），一般文物3209件，待鉴定和确认的文物20000多件。

［重要藏品］ 朱庐执圭、蛙锣、崖州龙被、骨簪等。

科学研究

［科研队伍］ 馆内有副研究馆员1名、馆员6名、助理馆员9名。

［科研成果］ 学术研究是博物馆一项重要的工作任务，自开馆以来积极组织业务人员进行理论研究工作，并取得良好的成果。

1、派业务骨干参加《黎族传统文化》、《中国少数民

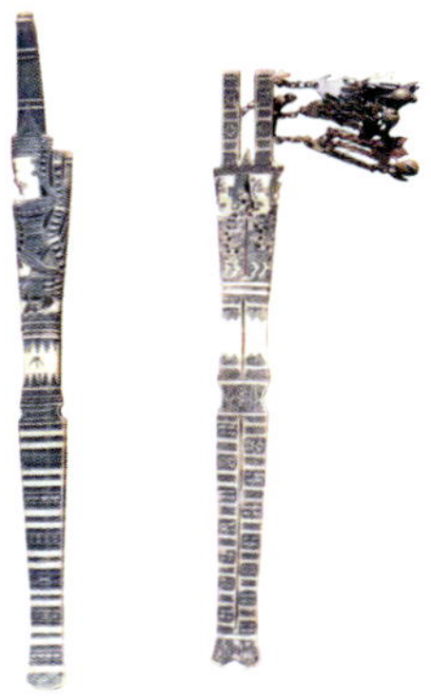

人形骨簪

蛙锣

崖州龙被

族大辞典·黎族卷》、《中国黎族》、《中国少数民族古籍总目提要·黎族卷》、《中国织锦大全》、《中国黎学大观》等书籍的编撰工作。

2、业务人员撰写学术论文及美术作品500多篇（幅），分别发表在国家级、省级各类学术刊物上，造成一定的影响。

3、派业务人员下乡对黎族葬丧、民间舞蹈、民间工艺等进行专题调研，并撰写了20多篇的调研报告。

4、与国内外科研机构合作研究课题。一是与日本国立历史民俗博物馆、东京大学、中央民族大学合作“海南省民族地区人与自然”研究课题；二是与三亚市文体局联合申报《黎族民间舞蹈——打柴舞》国家级非物质文化遗产保护名录（第一批）；三是与乐东黎族自治县文体局联合申报《乐东哈黎志强人麻纺织工艺》国家级非物质文化遗产保护名录（第一批）。

5、出版第一期《海南省民族博物馆馆刊》，为海南文博界提供一个学术理论研究交流平台和窗口。

6、出版《黎族风情》、《海南民族民间工艺性美术》等专著。

7、应邀参加国家级、省级学术研讨会20多人次，并提交多份有份量的论文和美术作品。

宣传教育 通过展览达到继承和弘扬民族优秀文化。

爱国主义教育是博物馆的一项重要职能。1993年被海南省定为全省爱国主义教育基地，每年向大中专院校学生、当地驻军官兵、中小学生等进行爱国主义宣传教育，激发广大学生、官兵、群众及社会各界人士的爱国热情，发挥了博物馆的教育功能，取得了良好的社会效益。

交流合作 先后与北京故宫博物院、南京太平天国历史博物馆和湛江市博物馆联合举办了《清宫帝后用品展》、《黎族服装服饰展》、《铜豉展》。这类展览增强该馆与兄弟博物馆馆际之间的合作、交流、学习，提高博物馆的知名度。

另外，与日本国立历史民俗博物馆、东京大学等合作研究课题“中国海南民族地区人与自然共存”。

经营管理

[单位性质] 国有公益性事业单位

[经费来源] 财政全额拨款

[机构设置] 馆长办公室、行政办公室、考古征集科、陈列群工科、修复保管科、保卫科。

[人员编制、组成] 核定编制30人，现有在编人员25人，其中专业技术人员16人，高级职称1人、中级职称6人、初级职称9人。

[服务观众项目] 有初级、中级、高级专职的讲解员为游客讲解服务。宽大的游客中心有专门供游客休息的沙发，游客可以欣赏到黎族大型的织锦壁挂、海南第一龙门等，可以免费拿到该馆的宣传资料，设有海南省最大的民族文化资料收藏中心，游客又能购买各类研究海南民族文化的图书资料，同时又可以咨询到与旅游相关的信息。

[观众接待] 先后接待观众120多万人次，其中国内观众118万人次，国外观众2万多人次。曾接待李鹏委员长、万里委员长、贾庆林主席、钱琪琛副总理等多位国家领导人、70个国家驻华大使馆官员、国内外学术代表团、台湾少数民族代表团等。李鹏委员长曾称赞说：“通什（五指山）有一个很漂亮的博物馆”。

参观指南

[地址] 海南省五指山市海榆北路

[邮编] 572200

[电话] 0898-86622336（办公室）

[电传] 0898-86631898

[开放时间] 8:00－17:30（节假日正常开放）

[票价] 10元，自2008年起免费

（撰文：罗文雄）

海南省博物馆

Hainan Museum

概述

类型 综合类博物馆

隶属关系 隶属于海南省文化广电出版体育厅

筹建时间 1984年

正式开放时间 2008年11月15日

海南省博物馆外观

所在位置 位于海口市国兴大道68号

面积 占地面积60余亩、第一期建筑面积1.8万平方米

建筑特点 海南省博物馆位于海南省会海口市国兴大道南侧的南渡江西岸，是海南省文化公园的重要设施之一。建筑以富有海南地域特色的建筑与连廊组合而成，在设计上引入了“浮游之岛”的概念，三条矩形建筑平行展开，水面穿插其中，为了充分利用阳光、空气，使馆内外景色穿透厚重的墙体，将室外景观空间引入到建筑中来和谐共生，馆内还专设了阳光大厅、水景庭院和特有的热带园林，营造出宁静沉稳、高雅清新、文化气息浓重的氛围。

历史沿革 海南省博物馆于1984年筹建，由当时海南行政区党史办管辖（海南隶属于广东省），任命朱奋为主任，负责博物馆的筹备工作。1990年海南省政府正式下文，批准成立海南省博物馆，改隶海南省文化广电出版体育厅，副厅长裘之卓兼博物馆馆长。1996年9月挂牌成立海南省文物考古研究所，11月任命郝思德副馆长兼所长；2003年任命丘刚馆长兼考古所所长。2005年12月博物馆动工兴建，占地60余亩，第一期建筑面积1.8万平方米。2008年11月15日建成开馆至今，目前是海南省唯一的一座现代化综合性博物馆，也是全国最后一座建成并免费开放的省级博物馆。

历任馆长 裘之卓（1990－1995）、乔德龙（1995－2001.12）、丘刚（2002至今）

业务活动

基本陈列 海南省博物馆基本陈列展厅有6个，面积6000平方米，展出文物有1000多件，分《海南历史陈列》、《海南少数民族陈列》、《海南非物质文化遗产陈列》、《海南馆藏文物陈列》4个基本陈列。

《海南历史陈列》以历史发展为主线，较为全面、系统地展示了海南60－40万年史前时期直至1950年海南岛全岛解放的漫长历史发展阶段中的重要事件、卓越人物以及精美文物，勾勒出海南历史发展的大致脉络。陈列共分五大板块。1.拓荒大洲；2.迁徙融合；3.奇甸文明；4.近代琼崖；5.琼崖丰碑。在陈列形式上，以写实与写意交融的创作手法，运用场景艺术、影像艺术、声效艺术、光构成艺术和综合媒体艺术等多种高科技手段，概念性地升华陈列内容，尽力营造出幽远大气且具有浓郁的海南地域文化特色的氛围。该陈列荣获国家文物局第八届全国博物馆十大陈列精品评选最佳形式设计奖。

《海南少数民族陈列》以海南少数民族经济文化为主脉，以馆藏民族文物为基础，以征集民族文物为补充，

1.《海南历史陈列》序厅 2.《海南历史陈列》骑楼 3.《海南少数民族陈列》序厅 4.《非物质文化陈列》序厅

较为全面、真实地展示了海南原住民族——黎族和世居民族苗族、回族三大少数民族和平共处，团结一致，共同开发海南，建设海南，创造悠久的历史和独特的文化。展览共分为六大板块。1. 谋生手段；2. 家庭手工业；3. 物质生活；4. 人生习俗；5. 文化艺术；6. 宗教信仰。该陈列在形式设计上，以历史性与地域性的高度融合，通过景观场景的变化来系统展示海南各少数民族质朴醇厚的民风民俗和乐观向上的精神面貌。

《海南非物质文化遗产陈列》是目前全国省级博物馆中唯一的“非遗”专题陈列。由于海南岛地处一个得天独厚热带雨林区，野生动植物资源十分丰富，这使得岛屿上生活着的人们过着自给自足的生活，受外界影响较小。而海南岛丰富的物质文化和精神文化，也因为孤悬于大陆而得以较完整地保留，更显得相对独立和封闭，海南岛特有的非物质文化遗产大多保留至今。该展览共分四大板块。1. 传统表演艺术；2. 民俗活动、礼仪、节庆；3. 传统手工技艺等；4. 非物质文化遗产知识窗（虚拟翻书）。考虑到这种展览在国内尚属首创，也无经验可循，所以在陈列内容设计与形式衔接上，避开传统的说教形式，力图在观赏性、趣味性和互动性上有所突破，使观众能够一目了然。

《海南馆藏文物陈列》荟萃了海南全省博物馆馆藏精品文物近百件，有浑厚凝重的铜器、绚丽夺目的陶瓷器、笔墨精妙的书画等。这些文物是海南历史和文化的重要见证。它们浓缩地再现了海南古代文明的发展轨迹，展示其同祖国大陆源远流长的密切联系和丰富的文化内涵。

在我国改革开放三十年、海南建省办经济特区二十年的2008年、海南省博物馆新馆在开馆前夕，迎来了国家文物局借藏海南省博物馆的“越王亓北古”错金铭文青铜复合剑、唐三彩马和宋青白釉花口凤首壶三件珍贵文物。这三件珍贵文物是国家文物局利用“国家重点珍贵文物征集专项经费”从海外抢救征集而来的。它们的入藏，充分体现了国家文物局对海南省文博事业的关心和支持；体现了海南省文化广电出版体育厅积极争取，也体现了海南省博物馆不辱使命、恪尽职守的工作作风。本陈列中还着重对这三件珍贵文物进行了展示。

《琼黎风俗图》册页

专题陈列　海南省博物馆临时展厅约2000平方米，从开馆至2009年底共引进各类专题展览30多个，其中《开拓奋进二十年——海南省办经济特区20周年成就展》，展出不到一个月，接待观众20万人；与中国国家博物馆联合举办的《国家宝藏——中国国家博物馆典藏精品（海南）展》，从四川自贡引进的《龙行天涯——四川自贡侏罗纪恐龙（海南）展》等大型临时展览，深受观众的欢迎和喜爱。

藏品管理

［藏品来源］　主要有考古发掘、社会征集、单位移交调拨以及民间捐赠几种途径。

1990年该馆成立以来，先后进行了三亚落笔洞遗址、东方荣村遗址、琼山龙塘镇珠崖岭遗址、海口金牛岭公园陶贵墓、澄迈县福安古窑址等重要遗址的考古发掘工作，出土了古人类牙齿、华南虎、亚洲象等动物化石，还有石器、骨器、陶瓷器等大批文物。1997年、2007—2008年配合国家博物馆水下考古中心，对西沙华光礁Ⅰ号沉船进行水下考古工作，出水了陶瓷器、铁器等文物上万件。

长期以来，该馆注重于文物征集工作，尤其是对海南少数民族文物进行抢救性的征集。目前，馆藏民族文物比较丰富。

同时，依靠单位移交和调拨，该馆还收藏了一批珍贵文物。海南省公安厅、海口市公安局、琼海市公安局等单位，曾移交一批查没的文物，海南省各市县文物收藏单位曾调拨支援该馆399件藏品。尤其是2008年国家文物局借藏该馆的越王亓北古错金铭文青铜复合剑、唐三彩马、宋青白釉花口凤首壶，更是极大提高了馆藏品的品质。

此外，民间捐赠，也是馆藏品来源的一个重要途径。在书画方面：海南省美术家协会、海南省收藏家协会，著名书法家祝嘉等单位和个人捐赠了一批珍贵的书画、画报。特别是老一辈无产阶级革命家胡绳捐献的杨木甍，《行书丘濬五指山诗》；民族文物方面：著名历史学家、民族学专家宋兆麟，海南省知名画家、民族文物收藏家蔡于良等先后捐赠了一批珍贵的民族、民俗文物，尤其是河南省新乡市博物馆通过有偿调拨到馆的《琼黎风俗图》册页十分珍贵。

［藏品类别］　主要分为考古发掘文物、传世文物、

唐　三彩马

宋　青白釉花口凤首壶

水下文物、民族文物和近现代文物。

［藏品统计］　总计19375件，其中一级藏品79件，二、三级藏品2790件，参考藏品16500余件。藏品以南海出水陶瓷器为最多，有10000余件。

［重要藏品］　藏品中最具有价值的是：三亚落笔洞新石器时代人牙化石、华南虎、亚洲象动物化石；国家文物局借藏该馆的越王亓北古错金铭文青铜复合剑、唐三彩马、宋青白釉花口凤首壶以及河南新乡市博物馆捐赠的《琼黎风俗图》册页等。

［藏品保护］　藏品按不同类别分库管理。字画、纺织品类藏品存放于樟木文物柜，珍贵藏品专库保存。平时注意通风、防潮、防霉、防虫、防火等保护工作。

为使馆藏品得到更好的保护环境，加强了文物库房和陈列展厅设施建设，文物库房全部设置了恒温、恒湿设备，根据不同藏品的保护要求，进行温、湿度控制，基本达到有关文物的保护标准。重要展厅安装了恒温、恒湿设备，对陈列展厅的文物进行调控，以达到更好保护文物的目的。

科学研究　该馆现有文博专业人员22名，其中研究馆员1名、副研究馆员6名、馆员9名、初级6名，基本形成了老、中、青相结合，知识结构合理的专业队伍，在各项研究工作中取得了丰硕的学术成果。1998年，郝思德副馆长等人撰写的《三亚落笔洞遗址》，由南方出版社出版；2008年4月，丘刚馆长主编的《海南历史文化大系·文博卷》，由海南出版社/南方出版社出版；1999年，编写的《中国文物地图集·海南分册》即将出版；2005年，由丘

越王亓北古错金铭文青铜复合剑

龙被

刚馆长主编的《海南省文化志• 文物编》即将出版；专业人员先后在《考古》、《考古与文物》、《中国文化遗产》、《中国博物馆》、《文物天地》等国家、省级刊物上发表研究论文数十篇。

考古发掘 1992－1993年，与海南省文物管理办公室、三亚市博物馆对三亚落笔洞遗址进行了发掘。在第二层灰色或灰黄色砂质土堆积中发现人牙化石13枚和石、骨、角制品及大量动物遗骸。石制品多数用砾石单面打击而成，主要是砍斫器、敲砸器、石锤、刮削器和石核。骨、角制品有铲、锥、匕和尖状器等。动物化石包括无脊椎动物和脊椎动物两大门类，分属50余种。遗址年代经碳14测定为10642±207年，系海南发现时代最早的一处人类活动的石器时代遗存。该遗址于2001年7月被国务院公布为全国重点文物保护单位。

1992年4月发掘陵水石贡遗址，遗址堆积厚约0.6－1.5米，分为三层，中层为主要文化层，出土遗物十分丰富。石器以磨制居多，打制的较少，梯形斧、锛多见。陶器以粗砂红褐陶最多，次为粗砂灰褐陶，有少量细砂陶，常见器形有罐、釜、钵、碗、盆及纺轮、网坠等。还发现房址、柱洞、灰坑等遗迹。该遗址的年代经碳十四测定，距今4205±159年，属于新石器时代中期的沙丘遗址。1994年11月被海南省人民政府公布为省级文物保护单位。

1998年试掘东方四更镇荣村遗址，发现有灰坑、灶、柱洞及瓮棺墓等遗迹。遗址出土有斧、锛、敲砸器、磨制石片和打制石片；陶器以夹砂陶和几何印纹陶为主，器形为釜、钵、罐、瓮及陶拍等。出土骨器较多，有锥、针、匕、纺轮和管形器等。此外，还出土个别残铁器和红铜环。碳十四测定年代约为2600余年。1994年11月被海南省人民政府公布为省级文物保护单位。

2000年12月，与海口市博物馆合作对美秋墓群进行发掘。该墓葬范围东西长20米，南北150米。已发现4座墓。墓丘均由不规整的火山石块垒砌，长方形，长3.5－5米，宽1－1.5米，高2－3米。其中墓主人明确的墓为林大娘墓，南北向。墓丘高约2米，墓穴长4.5米，宽1.2米，深1.5米，随葬品有釉陶魂瓶、罐，青白瓷碗，陶盂，买地砖券等。买地砖券两块，形制相同，长24.4、宽18.2、厚2.5厘米，刻墓主籍贯、生卒年月及下葬日“大观元年(1107年)丁亥九月一日”等400余字。这是海南出土有明确纪年的墓葬，其出土物具有标准器的作用。

2002年6月、2004年3－4月，先后两次对澄迈县福安清代窑址进行发掘。窑址分布面积2045平方米，发掘面积近400平方米。发现窑炉5座，从形制来看都属龙窑类型，其中2座保存稍好，1号窑平面呈长方形，大致为东南方向，分有7间窑室，窑室由梯形砖砌成隔墙分隔开，每间窑室里边有4排用条砖砌成的烧台，每间窑室前端有投柴孔。2号窑形制结构基本与1号窑相同，但比前者稍宽，窑室稍大。福安窑的建造充分利用地理环境，顺着山坡地形走向建窑。出土的瓷器主要有碗、壶、罐、杯、盅、盘、盆、缸、瓮、盏、香炉、砚台、烟斗、器盖、瓷杈（秤砣）等。其中青花器形带字款、花卉图案，有的瓷罐带有海南地方特色的青蛙纹样。同时，还发现了大量窑具，主要有垫饼、垫圈、垫钵等2000余件。该窑以烧造青花、青釉、酱釉瓷器为主，另有少量青白釉和黄釉瓷器，多为日用器皿。福安窑址的发现和发掘填补了海南省古窑址考古的空白，为研究海南古陶瓷技术的发展提供了新的有价值的实物资料。

2006年5月，与中国科学院古脊椎与古人类研究所联合发掘昌江七叉镇混雅岭信冲洞遗址。洞穴内已发现的动物化石主要有剑齿象、中国犀、最后瘰狗、鹿、麂、牛、龟等，均属爬行类或哺乳类化石，其中剑齿象的发现是目前海南岛的首次记录。从地质时代来看，洞穴内的堆积应属晚更新世，经碳十四测定，距今约18000年，是目前在海南岛发现年代最早的动物化石出土点。

2008年11－12月，与国家博物馆等单位联合开展了“华光礁Ⅰ号” 沉船遗址水下考古发掘工作。此次发掘是2007年“华光礁Ⅰ号” 沉船遗址发掘的延续。发掘工作历时42天，整个过程包括：搭建水面工作平台，清理搬运凝结物、外围发掘，船体全景记录，拆解船体、起装出水，船板编号、打包装箱、文物整理、遗址清理，资料汇总。2008年12月28日，“华光礁Ⅰ号”沉船的511块船板安全运至省博存放，开始进行船体保护和复原的初步工作。这次船体发掘填补了我国水下考古工作上的一个空白。

宣传教育 海南省博物馆积极通过电视、网络、媒体等多种渠道向社会公众宣传介绍博物馆的大型展览及重要活动，承担起对社会的信息传播和文化教育的职能。海南省博物馆宣教部自办了《海博宣教》内部刊物，用于互相交流；大型刊物《海南省博物馆展览图录》即将出版。此外，该馆增加了无干扰讲解系统和语音导览器，自助式语音导览器具有中、英、俄、法、德、日、韩、西班牙八种语音可供选择，帮助观众理解展览内容；印制精美的展览册页，供观众免费阅读。

海南省博物馆充分发挥“爱国主义基地”的作用，与海南师范大学文学院历史系、海口经济技术学院等院校

《恐龙展》

共建科研实践基地。该馆在引进四川自贡恐龙展之时，结合科普展览的主题，推出了“与恐龙同行——少儿绘画创作大赛”活动，通过互动式的方式，孩子们不仅学到了科普知识，而且引起兴趣，玩得高兴，收到了预期的展览效果。同时还推出了“学会感恩　与爱同行”、“爱我中国　爱我海南”、“梦想课堂”、“心随历史动·情系同胞福”以及义务鉴宝等活动。

交流合作　海南省博物馆是全国最后一个对外开放的省级博物馆，对国内外文化交流工作刚开始起步。2004年4月，应香港中文大学中国考古艺术中心邀请，馆长丘刚、研究员郝思德、副馆长王大新一行三人赴香港中文大学参观考察，并洽谈双方学术合作等相关事宜。2005年4月，应香港中文大学中国考古艺术中心邀请，丘刚馆长参加在香港中文大学举办的“东南亚及太平洋史前考古研讨会”，在会上做了《海南史前文化的基本特征》的学术发言。2006年5月，馆长丘刚、专业人员王翠娥、陈佩参加在云南昆明召开的亚洲博物馆馆长和古人类学家论坛，丘刚在会上做了《海南岛史前文化与东南亚的关系》的学术演讲。2007年7月，台湾中央研究院史语所副所长臧振华一行五人前来海南省文物考古研究所和陵水、三亚等地进行学术考察，并于海南省博物馆、省文物考古研究所洽谈合作交流等事宜。2008年7月，应台湾中央研究院和香港中文大学考古中心邀请，馆长丘刚、郝思德研究员赴台湾和香港进行学术交流，两人分别在台湾中央研究院史语所做了海南史前文化的学术演讲，并洽谈双方合作交流事宜。2008年11月，在海南省博物馆开馆之际，在海口召开了中国（海南）博物馆馆长论坛，就免费开放后的中国博物馆进行了学术探讨，全国共有50余位博物馆长参加。2009年12月，孙雪冬、王翠娥、陈佩到湖北省博物馆进行参观学习。2009年6月，馆长丘刚、公共服务部主任孙雪冬、讲解员魏玮赴北京故宫博物馆、首都博物馆、山西博物院考察宣教工作。2009年9月，王翠娥副研究员参加了在贵州贵阳召开的中国博物馆学会民族博物馆专业委员会2009年年会暨专题学术研讨会。2009年10月，应新加坡海南同乡会邀请，馆长丘刚、征集部主任张健平、省文博学会秘书长王辉山三人在受邀参加第11届世界海南乡团联谊大会之机，广泛动员海外海南华侨捐献文物，征集到的首批海南华侨文物已经收藏入馆。2009年12月，馆长丘刚、陈列部主任章佩岚参加了在杭州召开的博物馆建设馆长论坛及博物馆学会区域博物馆专业委员会杭州论坛2009年会。

经营管理

[单位性质]　国营事业单位

[经费来源]　政府全额拨款

[机构设置]　设有考古部、水下考古研究中心、征集部、陈列部、保管部、宣教部、办公室、保卫部8个部门

[人员编制、组成]　人员编制总数为50人，在编在岗35人。专业技术人员22名，工勤人员4名。

[观众接待]　2008年11月15日海南省博物馆正式开馆，截止到2009年底，累计接待观众达110万人次。

参观指南

[地址]　海口市国兴大道68号

[邮编]　570203

[电话]　0898-65238880

[传真]　0898-65238880

[电子邮箱]　HaiNanMUSEUM@163.com

[网址]　www.hainanmuseum.org

[开放时间]　周二至周日9:00－17:00，周一闭馆

[票价]　免费

（撰文：丘刚、王翠娥）

陵水黎族自治县博物馆

Museam of Lingshui Li Autonomous County

概述

类型　地方综合性博物馆

隶属关系　隶属于陵水黎族自治县文化广电出版体育局

成立时间　1983年11月25日

正式开放时间　1985年2月20日

所在位置　海南省陵水黎族自治县椰林镇中山东路22号，处于县城中心老市区解放路、中山东路交汇处的“琼山会馆”内

面积　占地面积1127平方米、建筑面积768平方米

布局　整体建筑坐西朝东，建筑布局呈长方形，为多进式建筑，共有前、中、后三进建筑，每进建筑之间有天井分隔。二进、三进天井两侧有厢房。总进深40.7米，宽13.3米。第一进前有一座欧式抱厦，四柱三间，青砖砌筑，券拱门，四柱顶设狮，明空顶部为圆弧形，饰卷草脊饰，脊下彩塑双凤，其建筑形式明显受到巴洛克建筑风格的影响。第一进明间内有隔扇式屏风。入口门顶镶嵌一块石匾，题写“琼山会馆”馆名。一进为单层，二、三进均为二层楼，其间有天井相隔。二进前后设轩蓬式廊。明间梁架结构特殊，用镂空花板替代抬梁结构，装饰性很强，且简洁明快。三座建筑均为硬山式，板筒瓦、裹灰垄、绿琉璃勾头滴水剪边屋面。地板采用红方砖、石板铺设，方砖用于室内和楼面，石板用于天井等室外地面。一进设办公室、值班室；二、三进设大小展厅5个，展厅面积400多平方米，展线长度近500米。南侧另有附属建筑一栋140平方米，设为文物库房。

陵水县博物馆全景

建筑特点　馆舍采用中国多进式建筑的平面布局形式，建筑外形吸收了西洋建筑手法，结合中国传统建筑的门窗；丰富的檐口装饰、岭南地区清代以后常见的彩色剪瓷贴塑屋脊装饰等手段，朴实中见细腻，既实用又不显奢华。

历史沿革　馆址原为始建于1921年的“琼山会馆”；1926年9月至1927年4月，陵水县农民运动训练所在此设立；1927年12月16日，陵水县苏维埃政府将其作为政府驻地挂牌成立。解放后，这里曾一度成为椰林乡人民公社和陵水县工商局的办公地址。1979年12月16日，广东省人民政府将其列为省级文物保护单位；1982年8月，经请示广东省文化厅同意，陵水县博物馆在陵水县苏维埃政府旧址的基础上筹建；1983年11月25日，中共陵水县委组织部批准成立，配备正、副馆长各1名，工作人员5名。建馆伊始，前后投资40多万元，搬迁了周围4户民居和对馆舍进行维修及布展，于1985年2月20日正式对外开放参观；1987年12月，改称陵水黎族自治县博物馆；1992年至1994年，海南省人民政府相继将其公布为“海南省青少年革命传统教育基地”、“海南省爱国主义教育基地”、“海南省千里环岛文化长廊示范点”、“海南省文物保护单位”。1995年，增加工作人员1名。1998年11月机构改革后，调整编制为2人，其余人员下岗或清退。2006年，国务院将其公布为“全国重点文物保护单位”；国家民委、共青团中央将其命名为“民族团结进步教育基地”、“全国青少年教育基地”。同年，增加编制2人；2008年8月，补录工作人员2人。

历任馆长　李居礼（1983.11－1987.9）；李其畅

陵水县博物馆第一进大门

（1987.10－1989.12　副馆长主持全面工作）；何邦强（1990.1－1998.11）；吴武军（1998.12－2001.8）；陈奋飞（2001.9至今　负责人主持全面工作）。

业务活动

基本陈列　主要陈列为《陵水县苏维埃革命斗争史》，系于2006年斥资120万元重新打造，采用了声、光、电、形、物、照、画、影等综合陈列元素和导览机、DVD播放机等现代科技手段，用现代化的展示技术和传统展示手段相结合，以通廊与局部有机分段的陈展形式，以强烈的感情视觉色彩对比效果，通过场景展示、展板展示、实物展示、声像展示等方式，分“琼岛星火”、“风暴前夜”、“三打陵水”、“苏区建设”、“血染陵崖”、“不屈不挠”、“前赴后继”、“老区巨变”等八大部分，全景式展示陵水县苏维埃革命斗争波澜壮阔的历史画卷。集中体现了展览的思想性、艺术性、观赏性。展厅面积400多平方米，展线长度近500米，展出图片资历800多幅，实物110多件，其主要藏品有：牛角号、粉枪、军号、卖妻契约、卖田契约、征粮票据等。

专题陈列　《千年古木》和《馆藏文物精品展》，分

别展出1600多年树龄的红椤古木，以及自新石器时代至近现代时期石器、陶瓷器、铜器、钱币、棉麻织品等各类文物精品200余件，展厅面积达400多平方米。

藏品管理

［藏品来源］ 主要源自考古发掘、民间征集和捐交、上级调拨等。

［藏品类别］ 主要有古代文物、民族文物、近现代文物、传世品文物四大类。

［藏品统计］ 到目前为止，共有藏品731件，其中古代文物319件、民族文物56件、近现代文物42件、传世品文物314件。

唐 珊瑚石俑

陵水县博物馆屋顶梁架

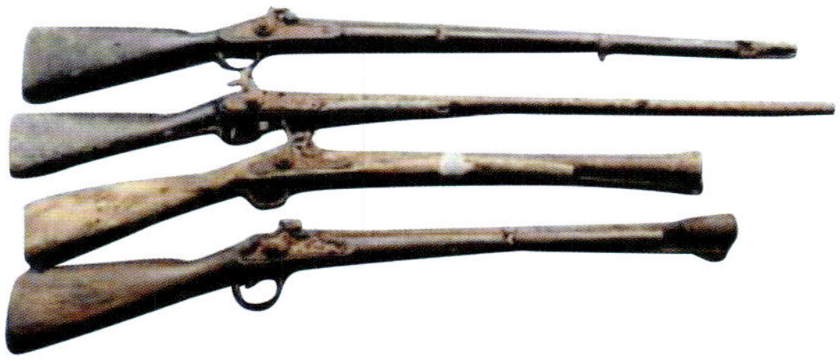

陵水县苏维埃政府农军使用过的武器

牛角号

陵水县苏维埃政府农军使用过的武器

清 树皮被

唐　伊斯兰教徒墓碑

［重要藏品］　唐代珊瑚石雕人头像、唐宋伊斯兰教徒珊瑚石碑、清代铜香炉和树皮被等。

［藏品保护］　所有文物均进行分类造册登记，设有专库和专柜保管，制定了一系列的保管使用制度，明确落实了岗位职责，建馆至今从未出现文物被损坏、被盗窃及安全事故。

宣传教育

［编辑出版］　先后编印了《琼崖第一个苏维埃政权》、《陵水县苏维埃斗争简史》等书刊；还在《珍珠海岸美丽陵水》等宣传画册刊登专页；同时还配合中央电视台《走遍中国》栏目进行专题介绍等。

交流合作　多次接洽香港中文大学邓聪博士等国内外专家学者前来参观考察和交流，曾与海南省博物馆进行藏品交流展览。

科学研究　发表的著作有：潘先愕、李居礼《陵水县文物志》（1985）；李居礼《海南陵水县发现印纹硬陶》（《考古》，1985）；李居礼、王克荣《陵水三亚发现的穆斯林墓葬看古代穆斯林在海南道的活动》（《海南黎族苗族自治州民族博物馆馆刊》创刊号，1987）；潘先愕、李居礼《海南岛福湾海湾伊斯兰墓葬群及伊斯兰后裔去向查考》（《海南伊斯兰文化》，1991，后转载于《海南文史资料专辑》第10辑）。

经营管理

［单位性质］　全民所有公益性事业单位。

［经费来源］　县财政全额拨款。

［机构设置］　设办公室、保管组、征集组、宣传组四个部门。

［人员编制、组成］　事业编制数为4人，现有正式在编工作人员4人（女2名，男2名；高中文化程度1名，大专文化程度3名）；临时聘用职工5人，主要为安全保卫人员和讲解员。

［服务观众项目］　常年向社会免费开放参观，提供免费讲解，包括基本陈列讲解、专题讲解、临时讲解服务；提供免费咨询服务，配有导览机、趣味问答触摸屏互动项目等；配有卖品专柜，出售展览内容的相关书籍及特色纪念品。

［观众接待］　年均1.5万人次左右。

参观指南

［地址］　海南省陵水黎族自治县椰林镇中山东路22号

［邮编］　572400

［电话］　0898—83317957

［传真］　0898—83310387（转）

［电子邮箱］　lingshuiwenwu@163.com

［开放时间］　8:30—12:00，14:30—17:30（除星期一下午整理内务外，节假日不休息）

［票价］　免费

（撰文：陈奋飞）

INDEX